80년대 중국과의 대화

지은이 | **자젠잉**(查建英) 필명은 자시뒤(扎西多). 1959년 베이징에서 태어났으며, 문혁 이후 첫 대학 신입생으로 베이징 대학에 입학하였다. 1981년 도미하여 사우스캐롤라이나대학(석사), 컬럼비아대학(석사)에서 수학한 뒤 90년대에 미국에서 집필가로서의 삶을 시작하였다. 2003년 구겐하임 창작기금의 수혜자(논픽션 부문)가 되었으며, 『뉴요커』, 『뉴욕 타임스』, 『만상』(萬象), 『독서』(讀書) 등 다양한 매체에 글을 기고하고 있다. 논픽션 『중국 대중문화』(China Pop), 잡문집 『이러저러한 이야기들』(說東道西), 소설집 『정글 속 차가운 강』(叢林下的氷河) 등이 대표작이며, 그 중 China Pop은 미국 Village Voice Literary Supplement지가 선정한 '1995년도를 빛낸 25권의 책' 가운데 하나로 선정되었다. 지금은 주로 베이징을 중심으로 활동하고 있다.

옮긴이 | **이성현** 영남대학교 중어중문학과를 졸업했으며, 서울대학교 중어중문학과에서 석사 및 박사과정을 수료했다. 현재는 중국 복단대학 중문과에서 19세기 중국의 그림신문인 『점석재화보』에 관한 박사논문을 준비하고 있다. 「홍루몽의 색은적 독법 연구」, 『중국 근대의 풍경』(공저) 등을 썼다.

八十年代訪談錄 © 2006 by Zha Jianying
Translation rights arranged by Zha Jianying
through Shinwon Agency Co. in Korea
Korean edition © 2009 by GreenBee Publishing Co.

80년대 중국과의 대화

초판 1쇄 인쇄 _ 2009년 11월 10일
초판 1쇄 발행 _ 2009년 11월 20일

지은이 · 자젠잉 | 옮긴이 · 이성현

펴낸이 · 유재건 · 주간 · 김현경
편집팀 · 박순기, 박재은, 주승일, 박태하, 강혜진, 김혜미, 임유진, 박광수
마케팅팀 · 이경훈, 정승연, 서현아, 황주희 | 디자인팀 · 이해림, 신성남
영업관리 · 노수준, 이상원, 양수연

펴낸곳 · (주)그린비출판사 | 신고번호 · 제313-1990-32호
주소 · 서울시 마포구 동교동 201-18 달리빌딩 2층 | 전화 · 702-2717 | 팩스 · 703-0272

ISBN 978-89-7682-515-5 04900
　　　 978-89-7682-506-3 (세트)

이 도서의 국립중앙도서관 출판시도서목록(CIP)은 e-CIP홈페이지(http://www.nl.go.kr/ecip)에서 이용하실 수 있습니다.(CIP제어번호: CIP2009002778)

이 책의 한국어판 저작권은 신원에이전시를 통해
지은이 자젠잉과 독점계약한 그린비출판사에 있습니다.
저작권법에 의해 한국 내에서 보호를 받는 저작물이므로 무단 전재와 무단 복제를 금합니다.
책값은 뒤표지에 있습니다. 잘못 만들어진 책은 서점에서 바꿔 드립니다.

그린비 출판사 나를 바꾸는 책, 세상을 바꾸는 책
홈페이지 · www.greenbee.co.kr | 전자우편 · editor@greenbee.co.kr

80년대 중국과의 대화

자젠잉(査建英) 지음 ─ 이성현 옮김

그린비

| 일러두기 |

1 이 책은 자젠잉(查建英)의 인터뷰집 『八十年代訪談錄』(三聯書店, 2006)을 완역한 것이다. 이 원서의 편집 과정에서 누락된 부분은 홍콩 Oxford University Press(2006)본을 참조하여 보충하였다.

2 본문 중에 옮긴이가 첨가한 말은 대괄호([ ]) 안에 두어 구분했으며, 각주는 모두 옮긴이의 주이다.

3 외국의 인명이나 지명, 그리고 작품명은 〈국립국어원〉에서 2002년에 펴낸 '외래어 표기법'에 근거해 표기했다. 다만 일부 고유명사는 독자들에게 익숙한 한자음을 그대로 따랐다.
예) 三聯書店 → 삼련서점, 『讀書』 → 『독서』

4 단행본·전집·정기간행물·장편소설 등에는 겹낫표(『 』)를, 논문·단편소설 등에는 낫표(「 」)를 사용했다. 다만, 영화·연극·드라마·다큐멘터리 제목 등에는 원작과의 구분을 위해 가랑이표(〈 〉)를 사용했다. 영화 제목은 예외적인 경우(예: 〈귀주 이야기〉→〈추국의 소송〉)를 제외하고 국내에 소개된 제목을 따랐으며, IMDb(The Internet Movie Database, www.imdb.com)를 참조하여 '원제, 연도'를 병기했다.

본 번역은 포스코청암재단의 아시아지역전문가 연구지원으로 수행하였습니다.

한국어판 서문

저의 책이 한국어로 번역되어 한국 독자와 만날 수 있게 된 것을 굉장히 기쁘게 생각합니다. 몇 년 전 한 젊은 중국인 친구가 저에게 '광주민주화운동'을 추모하는 긴 논문을 보내온 바 있습니다. 저자와 출처는 이미 잊어버렸습니다만, 감정과 논리가 결합된 그 사건에 대한 기록이 얼마나 저에게 감동을 주었는지 지금도 또렷이 기억하고 있습니다. 특히 광주민주화운동 이후 십여 년의 세월 동안 한국 각계각층의 인사들이 역사적 진상을 규명하기 위해 불요불굴의 노력을 바쳤다는 점에 깊은 인상을 받았습니다. 이는 역사적 기억에 반드시 책임을 지겠다는 강인한 정신을 잘 보여 준 것입니다. 또한 비극을 끝내고 민주를 실현한 날 고도의 이성적인 태도로 민족적 화해를 이루어 내었다는 점에서 정치적 지혜가 얼마나 성숙되어 있는지 잘 알게 되었습니다. 이러한 점들에 저는 진심으로 감탄을 금할 길이 없었습니다.

『80년대 중국과의 대화』는 필자가 몇몇 친구들과 함께 지난 세기 80년대 중국에서 펼쳐졌던 진귀한 역사적 기억을 보존하기 위해 진행한 개인적인 노력의 일부입니다. 이 책은 2006년 5월에 중국에서 출판된 뒤 여러 독자들의 뜨거운 호응을 받았으며, 지식계나 문화권에서도 각종 토론과 논쟁을 불러일으켜 기대 이상의 반향을 이끌어 내었습니다. 여러 매체는 물론 사회 전체에서 '80년대 회고붐'이 일어날 정도였습니다. 이 책에서 냉정하고 철저하게 반성하고 있는 그 시절 뜨거운 청춘시대는 세월의 흐름과 함께 더 많은 사람의 마음에 하나의 문화적 기호로 자리매김하고 있습니다. 그것은 이상, 열정, 진실, 희망의 시대를 대표합니다. 이 기호는 물론 단순하고 평면적이며 미화된 감이 없지 않습니다. 분명 그러한 한계를 알지만 저는 여전히 그것에 감동받습니다. 그 시절의 역사는 확실히 우리가 반성하고 비판하고 따져 봐야 할 것임에 분명하지만, 그보다 더욱 기념하고 아껴야 할 만한 것이기도 합니다.

　몇 가지 사항에 대해서는 간략하게 설명할 필요가 있을 것 같습니다. 90년대로 접어든 이후 중국 경제가 급속도로 발전하여 수십 억 중국인의 생활수준이 대폭 개선되었으며, 문화적 형태도 날로 다양화되어 개인적인 표현 공간이 크게 확장되었습니다. 그러나 정치체제의 개혁은 거의 제자리 수준이며 게임 규칙에서의 금기 또한 상존하고 있습니다. 작가, 편집자, 기자, 출판인 등은 오랜 기간 자기검열에 익숙해져 글을 쓸 때나 원고를 심사받을 때 신중하게 따져 보지 않을 수가 없습니다. 이 책만 하더라도, 분명히 민감한 화제임에도 불구하고 인터뷰 과정에서는 별로 꺼리지 않고 의견을 주고받았지만 삼련출판사의 편집·검열과정에서 어떤 부분은 삭제하거나 수정하지 않을 수 없었습니다. 어느 정도인가 하면, 인터뷰 중의 하나는 삭제 분량이 너무 많아서 출판을 포기해야 할 정도였습니다. 여러 가지로 유감스러운 점이 많지만, 진정 자유롭고 성실하며 용감한 마음가짐으로 중국 민족의 곡절 많은 역사를 직시해야 한다는 사실을 받아들일 수밖에 없습니다. 아직 중국인에게는 가야 할 길이 남아 있으니까요. 그러나 옛 말에 천리 길도 한 걸음부터이며, 빗방울이 바위를 뚫는다고 했지 않습니까? 저는 후속연구를 위한 예비 작업에 불과한 이 책이 중국인의 시대적 기억과 문화적 반성이라는 어려운 작업에 조금이나마 보탬이 되었기를 바랍니다. 또한 한국의 독자들이 이 책을 통해 당대 중국의 잊을 수 없는 문화적 역사의 한 측면을 느끼고 이해하게 되기를 바라 마지않습니다.

한국어판 번역자와 출판사에 진심으로 감사의 말을 전합니다.

2007년 9월 26일
베이징 방초지에서
자젠잉

머리말

1980년대는 당대 중국역사에서 짧고도 취약한 시기임에 분명하지만, 그럼에도 불구하고 굉장히 특징적이고 사람의 마음을 움직이게 하는 낭만시대였다고 나는 줄곧 생각해 왔다. 세월의 흐름과 함께 당시에 일어났던 모든 게 흐릿하게 잊혀지고 있는 게 아닐까? 중국인의 경제생활은 최근 십여 년 계속하여 눈이 어지러울 정도로 급속하게 변화하고 있어, 모두가 지금 '현재'를 응시하기도 숨이 찬 형편이니 '과거'를 진지하게 검토할 여력이 얼마나 있을까? 게다가 '역사'를 심심풀이 오락으로 즐길 요량이라면 모를까, 정말로 두 눈을 똑바로 뜨고 과거를 바라본다면 누구라도 가슴이 착잡해지고 굉장한 부담감을 느끼게 될 테니 말이다. 너무 많은 동란과 좌절을 경험한 뒤라, 지금의 중국인은 그 어느 시기보다 과거와 고별하고 미래를 조준하면서 가볍게 전진하고 싶어 한다. '과거'에 대한 이러한 피로감을 나도 잘 이해하며 가끔 동감이 되기도 한다. 그러나 우리는 '과거'가 부담인 동시에 재산이라는 사실 또한 잘 알고 있다. 그것이 영광이든 치욕이든 우리가 그 위에 편안히 누워 그것만 파먹으며 배를 불릴 수도 없고 또 그것을 완전히 바깥으로 쓸어내 버릴 수도 없다. 왜냐하면 그것은 우리 모두의 신체 속 깊이 숨겨져 있다가 우리를 통해 후손들의 유전자에 각인되어 전해질 것이기 때문이다. 사람의 몸은 집과 같아서 주기적으로 창을 열어 환기시키고 쓸고 닦아야 한다. 그렇지 않다면 인테리어를 아무리 훌륭히 한다 해도 얼마 지나지 않아 귀신이 출몰하는 흉가로 변해 버릴 것이다. 역사를 회피하고 사유를 회피하는 것이 일시적인 임시변통은 될지 몰라도 절대로 장기적인 대안의 역할을 하지는 못한다.

내가 "역사를 거울 삼자"라는 상식적인 이야기를 하는 것은 80년대가 이미 아무도 돌아보지 않는 적막한 과거가 되어 있기 때문이 아니다. 반대로 요즘 식사를 하거나 친구들이 모이는 장소에 가기만 하면 그 시절의 온갖 일들에 대한 추억이 회자되지 않은 적이 거의 없었으며, 그럴 때마다 그 시절에 대한 생동감 넘치는 디테일과 재미난 평론이 항상 뒤따르곤 했다. 적어도 그 시기를 거쳐 온 사람 중에 그때의 역사를 잊어버린 사람은 없다. 웃고 떠들던 사이 가끔 이런 생각이 들었다. 역사학자들이 말하지 않았던가. 서술되지 않은 역사는 역사가 아니라고 말이다. 이야기를 하고 농담을 하는 것도 서술이긴 하나, 술자리 안주로 떠드는 농지거리는 결국 파편적이고 제멋대로일 수밖에 없다. 그런 자리에서 깊이 파고들어 세밀하게 정리된 형식까지를 바랄 수는 없는 것이다. 그렇게 많은 인물과 사건, 그리고 견해들을 가지고, 만약 '이야기'를 나누는 수준에서 조금 더 나아가 자신의 실수도 부끄러워하지 않고 사후약방문이라도 상관하지 말고 지나간 시절을 술회하면서 분석을 가한다면, 혹시라도 뜻있는 사람이 정리해서 책으로 엮는다면 분명 재미있을 텐데, 라는 생각이 들었다. 최소한 그 시기를 지나온 사람과 그 이후 세대에게 당시 생활을 추억하고 떠올리게 하는 자료를 남겨 줄 수 있지 않겠는가 말이다. 그렇게 십여 년이 지나갔고, 정말로 누군가가 80년대에 대한 책을 엮게 되었다.

그런데 그 일을 붙잡고 끙끙대고 있는 사람이 나일 거라고는 상상조차 하지 못했다. 이유는 간단하다. 내 주위의 친구들 대부분이 '80년대 사람들'이긴 하지만, 그리고 내가 80년대에 미련을 갖고 있다 하지만, 80년대를 통틀어 내가 중국에서 보낸 시간은 고작 4년 정도에 불과했고 나머지 기간은 미국에서 유학하고 있었다. 내가 중국의 80년대에 대해 이러쿵저러쿵 떠들 자격이 있기나 할까?

내가 80년대를 찾지 않았는데 뜻밖에 80년대가 나를 찾아왔다. 이 일을 이야기하려면 홍황洪晃을 언급해야 한다. 80년대를 회고하자는 생각은 바로 그녀가 간행하는 잡지 『음악』樂의 편집부 기획회의에서 제시된 것이다. 내가 『음악』의 기획회의에 멋도 모르고 끼어들게 된 것 또한 홍황이 이끄는 대로 가서 "한바탕 놀아보려는" 속셈이었다. 당시 '맨투맨'[面對面]이란 제목의 인물란을 어떤 식으로 채울 건지 논의하다가, 나에게 그 중 몇 명을 골라 인터뷰를 하면 어떻겠냐는 이야기가 나왔다. 누군가는 이런 농담도 했다. "이 인물들을 한데 모으면 '비장' 시리즈라고 해야겠군." 나는 그 말을 듣고 경악을 금치 못했다. "아니, 아청이 비장하다구? 난 어째 그가 비장하다는 사실을 몰랐을까?" 그렇게 이 일을 시작하게 되었는데, 내가 만난 '인물'들이 모두 80년대에 데뷔한 문예가들인지라 원래 계획에서 차츰 80년대를 회고하는 쪽으로 방향을 틀게 되었다. '음악'에서 '비장 시리즈'를 거쳐 '80년대'로……, 일은 이렇게 우연적으로 진행되었다. 그러면서 나 또한 알게 되었다. 80년대에 태어나 오락 프로그램을 끼고 자란 '신인류'의 눈에는 80년대 사람들이 원래 그토록 준엄한 얼굴로 다가왔다는 사실 말이다. 비장 시리즈라……, 확실히 조금 살 떨리게 하는 면이 없지 않다.

비장한 시대든 비정한 세계든 제목이 확정되던 날 홍황은 갑자기 한숨을 내쉬며 말했다. "휴, 사실 요즘 진정한 문화란 게 어디 있어? 문화를 말하려면 역시 80년대를 이야기해야지." 솔직히 말해 당시 나는 깜짝 놀랐다. 나는 항상 훙황이 나와 엇비슷한 나이지만 마음가짐은 훨씬 젊다고 생각해 왔기 때문이다. 90년대에서 21세기로 넘어오는 전형적인 '최첨단' 인물인 그녀가 어떻게 그런 생각을 하는 걸까? 나중에 또 한번, 마찬가지로 『음악』의 회의에서 요즘 출간되는 각양각색의 소비성 간행물, 오락잡지들에 대해 이야기를 하다가 이렇게 말하기도 했다. "사실 요즘 잡지 간행하는 사람 중에는 내가 그래도 비장한 축에 속하지." 나는 또다시 말문이 막히고 말았다. 나중에 생각해 보니 틀린 말도 아니었다. 그녀가 매일같이 희희낙낙 돌아다니며 "우왕굳!" 같은 신조어를 입에 달고 살고, 항상 젊은 세대들에게 '재교육'을 받아야 한다고 외치고 다닌다 해도, 사실 뼛속 깊이 그녀 또한 '80년대 사람'의 일원인 것이다. 그게 아니라면 무슨 '재교육' 받을 게 있겠는가? 그러고 보면 80년대의 '유폐'는 사실 아주 뿌리 깊은 것이라 쉽게 일소될 성질의 것이 아니었다. 실제로 80년대 사람들은 건재하고 있을 뿐 아니라 대부분 아주 잘, 굉장히 실속 있게 살고 있다. 다만 중국사회가 최근 몇십 년의 극변기를 거치면서 이들 집단 또한 희극적이라고 할 정도로 조정·분화·변화를 경험하여, 이제는 '80년대 사람'이라고 부를 만한 집단을 판별하기가 어렵게 된 것뿐이다. 최근 들끓듯이 소란스러운 매체에서도 '80년대 사람'이라고 할 만한 집단의 목소리는 거의 들을 수가 없다.

처음 시작할 때는 그저 몇 사람과 이야기를 나눈 뒤 80년대에 관한 글을 한 편 쓰고 나서 다른 사람들을 인터뷰할 생각이었다. 사실은 80년대라는 주제가 글 한 편과 인용 몇 자락으로 아우를 수 있는 주제가 아니라는 걸 일찌감치 알고 있었어야 했다. 과연 직접 만나서 이야기를 나누자마자 일이 생각처럼 쉽지 않겠다는 걸 알게 되었다. 이들 80년 사람들은 십여 년의 축적된 경험과 세상을 주유하며 보고 들은 것으로 가득하여 저마다의 식견을 풀어 놓았다. 나는 차마 그렇게 귀중한 자료를 잘라 내어 숙성되지 않은 조각들을 아무렇게나 독자들에게 바칠 수가 없었다. 그렇게 하면 이들 옛 친구들에게 미안하고 독자들에게 죄송하며 80년대에도 고개를 들기 힘들 것 같았다. 그래서 인터뷰 대상을 늘리고 시각을 넓혀 책 한 권 분량으로 모으는 것으로 방향을 틀었다. 더하여 그들에게 과거를 회고하는 것을 넘어 현재에 대한 이야기도 듣기로 결정했다. 그렇게 결정하고 보니 자연히 원래 예상하고 있던 것보다 훨씬 많은 시간과 정력을 들여야 했다. 이미 반 넘게 써 놓은 다른 책도 한쪽으로 밀쳐 둔 채 말이다. 그렇지만 나는 자신의 이 결정을 다행이라 생각한다.

몇 가지는 간단하게 설명하고 넘어가야겠다. 우선 딸의 나이가 아직 어려 옆에서 보살펴야 했기에 나는 평소 가능하면 외출을 적게 하는 것을 원칙으로 하고 있었다. 이 때문에 이 책에서 선택한 인터뷰 대상은 기본적으로 내가 베이징에서 만날 수 있는 사람으로 한정되었다. 베이징을 중심으로 한 이러한 선택이 얼마나 유감스러운 것인지는 잘 알고 있지만 현실의 제약으로 어쩔 수 없었다. 둘째, 80년대의 중국은 인문학적 분위기가 농후하고 문예가와 인문학적 지식인이 조류를 이끌던 시기였다. 나 자신이 교육받고 일하는 배경 또한 이러한 영역에 있는 사람이나 사건과 비교적 익숙한 것이었다. 그래서 이 책의 인터뷰 대상 대부분은 당시 이러한 영역에서 두각을 나타내던 인물들이다. 그 중 일부는 미국이나 유럽에서 장기간 거주한 경험이 있는 사람이고 일부는 나와 오랜 친구 사이이기도 하다. 의심할 여지없이 80년대 중국은 베이징을 중심으로 한, 지식인 엘리트를 핵심으로 하는 '문화열'로 아우를 수 없다. 당시 전국 각지에서, 각종 층위에서, 여러 다양한 사람들 속에서 두고두고 곱씹을 의미 있는 현상과 변화가 일어났다. 그 중에는 이 책에서 주목한 '문화 문제' 보다 훨씬 중요한 것들도 많다. 나는 부분으로 전체를 아우르거나 한쪽을 부각시키려고 다른 측면을 무시하려는 게 절대 아니다. 그렇지만 책 한 권에 모든 것을 담을 수는 없는 노릇이며, 그렇게 거대한 공정을 수행할 야심이나 능력도 나에게는 없다. 이 책은 그저 일군의 80년대 사람들이 80년대에 대해 나누는 이야기에 불과하다. 그들은 작가, 예술가, 학자, 비평가이다. 그들은 각각 개인적인 신분과 시각, 그리고 각자가 종사하는 일에서 출발하여 지나가 버린 그 시대를 추억하고 반성하였으며, 또한 현재에 대한 평론과 분석, 미래에 대한 조망과 예측을 내놓았다.

형식적인 면을 살펴보자면, 베이다오 이외에는 모두 인터뷰의 형식을 취하고 있다. 우선 그렇게 하는 것이 어느 정도 개인적인 스타일을 보여 주는 동시에 편하게 이야기를 나누는 형식을 유지할 수 있고, 또 비교적 생동감 있게 잘 읽힐 수 있을 것 같았다. 이 11편의 인터뷰 중 혹자는 회고에 치중하고 혹자는 비평에 치중하였으며, 아주 구체적으로 이야기하는 사람도 있고 거시적인 안목에서 논의를 펼치는 이도 있었다. 대부분은 어느 한쪽으로 치우치지 않고 그 모두를 겸하고 있었다. 그 중 일부는 거의 문답 형식이고 또 일부는 대담에 가까웠다. 대담 내용은 내가 한 차례 정리한 뒤 인터뷰이들의 검토를 거쳤는데, 거의 고치지 않은 사람도 있고 상당 부분을 수정한 사람도 있다. 어느 정도 정리를 거치기는 했지만 일상적인 대화에서 나타나는 다른 목소리와 표정들, 즉 점잖은 사람, 호방한 사람, 함축적으로 말하는 사람, 생기발랄한 사람의 원래 모습을 최대한 살리려고 노력했다. 사투리와 상소리까지도 담아내 독자들이 조금이라도 대담자들의 개성과 풍모를, 그리고 대담을 나눌 때의 '현장 분위기'를 느낄 수 있도록 했다. 목차의 구성은 이 11인의 알파벳 이름 순서로 배열하였다.

 이 책은 원래 열두 편의 인터뷰로 기획되었다는 점을 특별히 언급할 필요가 있겠다. 열두번째 인터뷰이는 영화 연출자인 류펀더우劉奮鬪이다. 그의 이야기는 정말 훌륭했고 인터뷰 자체도 아주 만족스러웠다. 그러나 불행히도 편집 심의 과정에서 여러 이유로 문제가 되자 결국 류펀더우 자신이 원고를 철회하기로 결정했다. 나 자신의 무능함이 한스러울 뿐, 나는 그의 결정을 전적으로 존중하고 이해한다. 책의 출간을 앞둔 지금 삼가 류펀더우 선생에게 특별히 감사와 유감의 뜻을 전한다.

 원고를 마감하면서 만족보다는 아쉬움으로 가득 찬 심정을 누가 알 것인가. 미진하게 여겨지는 여러 한계들을 누구와도 이야기할 수 없어 그저 자기 위안을 해본다. 최선을 다했다고 생각하자, 자신의 '80년대 콤플렉스'를 해명한 셈 치자, 라고 말이다. 리퉈는 "80년대 문제의 복잡함과 중요성은 '80년대 학學'이 필요할 정도이다"라고 이야기한 바 있다. 정말로 그러한지는 잘 모르겠다. 만약 그게 사실이고 보다 성숙한 논의를 끌어내기 위해 벽돌을 깨어 구슬을 꺼내는 역할을 이 책이 한다면 나도 기쁠 것 같다. 그러나 지금 이 순간 가장 간절하게 원하는 것은 다음과 같은 것이다. 우리의 사유 환경에는 여전히 족쇄, 금기, 벽으로 가득하다. 우리에게 정말로 필요한 것은 보다 자유로운 공기에서, 보다 열린 마음으로 지나간 그리고 아직 지나지 않은 모든 것을 회고하고 반성하는 자세이다. 진실을 마주하지 못하는 사람은 물질적으로 아무리 부유하더라도 정신적으로 취약하며 명예심도 부족하다. 한 민족 또한 마찬가지이다. 그런 의미에서 이 책은 시작에 불과하며, 후속연구가 필요한 예비작업일 뿐이다.

 마지막으로 덧붙이고 싶은 말은, 이 책에 소중한 지난날의 기록이 많긴 하지만 과거추수적인 목적을 위해 기획된 것은 아니라는 점이다.

한 미국 친구가 이 책의 편찬에 왜 그렇게 시간을 쏟아붓느냐고 물은 적이 있다. 당시 나는 대충 이렇게 대답했었다. "왜냐하면 80년대는 중국의 낭만시대야! 우리의 80년대는 당신들의 60년대와 비슷한 측면이 있지." 그는 이 말을 듣고는 이해된다는 표정을 지었다. 1960년대의 미국은 의심할 여지없이 특수한 성격의 낭만시대였다. 그것은 이상주의, 급진적 자아비판 및 동양사상에의 경도를 의미하는 것이었다. 그런데 중국의 80년대를 이루고 있던 문화적 분위기는 이상주의, 급진적 자아비판 및 서양사상에의 경도였다. 나이로 볼 때 미국의 60년대 사람들이 중국의 80년대 사람들과 그렇게 차이가 나는 것도 아니다. 반전을 외치던 미국의 대학생들은 중국의 홍위병·지청(지식청년)과 기본적으로 동세대였다. 단지 정치·역사적 우연에 의해 중국의 '문혁 청년'들은 사회의 기저로 내쫓겨 경험을 쌓다가 80년대가 되어서야 자신을 표현할 기회를 되찾았다는 점이 달랐을 뿐이다.

그러나 나는 이것이 단지 외형적인 유사함일 뿐, 이런 식의 비교가 얼마나 부정확한 것인지 잘 알고 있다. 왜냐하면 중국과 미국의 이 두 세대가 지닌 문화적 자양분과 정치적 요구, 각각의 역사적 배경과 과정, 그리고 최종적인 결과 모두에 있어 이루 표현하기 힘든 간극이 존재하기 때문이다. 최근 여러 지역의 사회·정치가 갈수록 보수화되고 있다. 비록 이 두 세대의 상당수가 현現 사회의 엘리트가 되어 있긴 하지만, 그들이 청년기에 추구했던 가치와 이상은 실질적으로 충격과 도전을 받고 있다. 그들은 어떻게 자기 형성기의 역사와 지향을 대하고 있는가? 전 지구적 시대의 각종 복잡한 새로운 문제에 어떤 방식으로 응답하고 있는가? 정도는 다르겠지만 그들의 사유와 실천이 단연코 이 두 사회의 미래에 영향을 미칠 것임을 나는 확신한다. 미국에는 60년대를 되돌아보는 연구가 차고 넘친다. 그 중 가장 훌륭한 저작은 모두 용감하고 민감하게 반성에 앞장서고 있다. 지금 미국의 문화·정치 무대에는 '60년대 사람들'의 그림자가 가득한데, 그것은 어른이 된 후에도 이상을 포기하지 않은 세대가 굉장히 중요한 역할을 계속 맡고 있다는 말이다.

내가 기쁘게 생각하는 것은 이 책의 많은 대담자들이 중국의 80년대를 단순하게 낭만화하지 않았다는 점이다. 비록 그들이 그 당시 아직 젊었고 데뷔하자마자 이름을 날렸으며, 요즘처럼 현실적이고 복잡한 시대와 비교할 때 당시의 '전前소비시대'(아청의 표현)적인 분위기가 전반적으로 확실히 낭만적이고 단순한 면이 있지만, 이 시기를 회고하는 그들의 태도는 그리움이나 찬양에 머물지 않았다. 반대로 그들은 80년대에 대해 솔직하고 객관적인 자세를 유지했으며 가혹한 심판자의 태도를 보이기까지 했다. 자신과 시대의 한계에 대해, 당시 세상을 뒤흔들었던 여러 현상, 사건, 인물 및 그 배후의 역사와 문화적 동인에 대해 깊이 있는 분석과 비평, 반성을 그들은 보여 주었다. 90년대 이후 중국의 문화적 현실을 평가할 때도 동일한 태도가 적용되었다. 그들의 시야는 열려 있으되 자신의 입장과 원칙은 분명하였다. 그들은 비판자였으며 동시에 건설자이기도 했다. 비록 여러 한계가 있음에도 불구하고 그들은 가능한 한 진실하게, 회피하거나 문제를 단순화하지 않고 역사와 현실, 그리고 자기 자신을 대하려고 하였다. 이러한 태도는 내가 이 인터뷰를 진행하면서 가장 기대했던 점이며 또 동감을 표명했던 부분이다.

다시 한번 열두 분의 대담자들(이 책에 수록되지 못한 류펀더우를 포함하여)이 보여 준 아낌없는 협조에 감사의 말을 전한다. 특히 아청에게 고마움을 표시하고 싶다. 이 책을 위해 20여 장의 귀중한 80년대 사진을 제공해 준 리샤오빈李曉斌에게도 감사하게 생각한다. 그는 이미지라는 방식으로 이 책에 참여했다. 따라서 사실상 이 책의 열세번째 저자이기도 하다. 이 책의 책임편집자인 우빈吳彬은 한결같은 뜨거운 지지를 보여 주었으며 이 책을 훌륭하게 만들어 주었다. 물론 애석하게도 모두가 이해할 수 있는 이유 때문에 일부 장절은 출판사에 의해 삭제·변경되었다. 혹시 있을지 모르는 이 책의 여러 오류에 대한 책임은 당연히 저자 본인에게 전적으로 책임이 있을 것이다.

2006년 2월
베이징 방초지에서
자젠잉

차례

한국어판 서문 5
머리말 8

1 ──── 아청(阿城) 20
2 ──── 베이다오(北島) 122
3 ──── 천단칭(陳丹靑) 150
4 ──── 천핑위안(陳平原) 218
5 ──── 추이젠(崔健) 280
6 ──── 간양(甘陽) 312
7 ──── 리퉈(李陀) 456
8 ──── 리셴팅(栗憲庭) 536
9 ──── 린쉬둥(林旭東) 622
10 ──── 류쒀라(劉索拉) 688
11 ──── 톈좡좡(田壯壯) 736

80년대 중국 화보 792
옮긴이 후기 817
찾아보기 825

1
아청(阿城)

소설가. 본명은 중아청鐘阿城. 베이징에서 출생했으며, 고등학교 1학년 때 문화대혁명을 만나 중퇴했다. 1968년 농촌으로 하향되어 노동자로 근무했으며, 1979년 베이징에 돌아와 『세계도서』世界圖書라는 잡지의 편집을 담당하면서 문학도가 되었다. 80년대에 소설 집필을 시작했는데, 그의 소설은 수사의 기교를 거의 부리지 않는 백묘白描의 기법을 사용하여 향촌의 질박하고 순수한 민속과 풍경을 돋보이게 묘사하였으며, 질박한 문장 속에 우주와 생명, 자연과 인간의 현묘한 관계와 철학적 사고가 깃들어 있다는 평가를 받고 있다. 90년 이후 미국으로 이주했지만, 세기가 바뀐 후 다시 베이징으로 돌아와 살기 시작했다. 주요 작품으로는 「장기왕」棋王, 「나무왕」樹王, 「아이들의 왕」孩子王(한국어본은 박소정 옮김, 『아이들의 왕』, 지성의샘, 1993. 천카이거에 의해 영화화), 『한가로운 이야기』閑話閑說, 『베니스일기』威尼斯日記, 『곳곳에 풍류가 있다』遍地風流 등이 있다.

아청과의 대화
— 2004년 9월 8일 베이징 방초지

아청은 예전부터 낮에는 자고 밤에 작업해 왔다. 내가 처음 그에게 전화로 인터뷰를 요청했을 때가 오전 11시 정도였는데, 아무 표정 없는 목소리로 "예, 예, 알았어요, 그러죠"라고만 했다. 아마도 수화기를 내려놓자마자 다시 깊은 잠에 빠졌을 것이다. 아청은 밤에만 활동하는데 나는 어린 딸 때문에 밤에 나갈 수가 없었다. 그래서 우리 집에서 인터뷰를 하기로 약속했다. 자정이 지나서 전화가 울렸고 시끌벅적한 사람들 소리를 뒤로 하고 아청의 대낮의 목소리가 들렸다. "여기 일은 대충 마쳤으니 30분 안에 갈 수 있을 겁니다." 나는 바로 물을 끓이고 냄비를 데워 면을 준비했다. 아청이 도착한 뒤 미리 준비한 간단한 밤참을 내오려다 보니 면을 너무 일찍 넣어 엉겨붙어 있었다. 아청이 「장기왕」에서 보여 줬던, 면을 끓이고 먹는 장면에 대한 세심한 묘사가 생각나 얼굴이 화끈거렸다. 물론 아청은 아무렇지 않은 표정으로 안후이 출신 아줌마가 만들어 둔 양고기 만두를 집어 들며 "고놈 참 맛있게 생겼네, 한번 실컷 먹어 볼까요" 하며 빙그레 웃었다.

밤참을 먹고 나서 원난 커피와 다과로 바꾼 뒤 녹음기를 켜고 '잡담'을 시작했다. 지난 번 통화할 때 아청이 "글쎄, 무슨 말을 해야 하나?"라고 하길래 내가 "편하게 아무거나 하세요, 저는 멍석만 깔아 줄 테니까요"라고 했다. 그날 밤 아청은 빠르지도 느리지도 않은 어조로 차분히 말하다가, 이야기가 절묘하게 흘러가면 무테안경 뒤에서 두 눈이 번뜩였고, 함께 웃음을 터뜨렸다. 이상하게도 평소에는 거의 깨지 않던 딸이 그날 밤에는 잠결에 거실에서 들려오는 웃음소리를 들은 것인 양 몇 번이나 눈을 비비며 맨발로 걸어 나오곤 했다. 내가 딸아이를 다시 재우고 거실로 돌아오면 아청은 매번 느긋한 표정으로 담배만 피우고 있었다. 이렇게 대화는 끊어졌다 이어지기를 반복했고, 녹음기를 끄고 나서도 뭔가 아쉬워져 날이 밝을 때까지 이야기를 이어 갔다.

　나중에 녹음을 정리하다 보니 그날 밤엔 이리저리 산만하게 나눴다고 생각한 대화가 사실 아주 분명한 논리로 진행되었다는 걸 알게 됐다. 아청은 미리 준비했을 뿐 아니라 여러 가지를 심사숙고한 후 왔던 것이다. 모든 이야기는 '지식구조'와 '불안'이라는 두 주제를 따라 조금씩 전개되었는데, 어느새 지난 100년간 중국의 가장 기본적인 문제들을 건드릴 수 있었다. 이런 식의 되돌아보기를 통해 그는 80년대를 더 넓은 역사적 시야와 의식구조에 놓고 묘사한 것이다. 시야가 넓지만 공허하지는 않았다. 그 안에서 활동하는 갖가지 세태와 개인적인 디테일은 모두 아청과 관련되거나 그의 친구들에 관한 것이었기 때문이다. 예전에 아청이 그리곤 했던 연필그림이 생각나는데, 연필로 몇 번 그으면 그 사람의 표정이나 몸동작에서 어떤 시대, 어떤 계층의 독특한 분위기가 느껴지곤 했다.

　누가 아청을 그려 내겠는가? 주웨이朱偉가 쓴 아청에 대한 인상 두 편은 상당히 맛깔나고 세부적이다. 주웨이의 기억력이 놀라울 따름이다. 내 여자친구 중 하나는 예전부터 아청의 소설을 숭배하다가 올해 드디어 아청을 만나게 되었다. 친구 몇 명이랑 저녁을 먹는 자리에서 아청은 자연스레 이야기를 주도적으로 이끌어 가게 되었는데, 기막힌 이야기가 새벽까지 끊이지 않고 나왔다. 그 여자친구는 완전히 넘어가 몇 주가 지난 뒤에도 찬탄을 멈출 줄 몰랐다. 그러나 나로서는 그날 밤 장면을 다시 묘사하기가 쉽지 않다.

언젠가 아청에 대해 이야기하다가 닝잉寧瀛이 이런 말을 한 적이 있다. "누군가 카메라를 메고 매일 아청을 따라다니며 찍으면 굉장한 영화가 나올 건데." 나도 그 말에 동의했다. 나중에 가만히 생각해 보니 아청 같은 사람은 그래도 문자시대에 속한 사람인 것 같다. 먼 훗날 사람들에게 기억될 것은 분명 아청의 문자와 문자 속의 아청일 것이다. 아청은 인정세태를 그렇게 꿰뚫고 있지만 불안하지 않다고 말했고, 나는 믿었다. 그에게도 위기가 있었던가? 묻는 걸 잊어버렸다.

* * *

자젠잉　당신은 어떤 방식으로 '80년대'라는 테마를 이야기하고 싶으십니까?

아청　저는 '10년' 단위로 끊는 방식에 얽매이고 싶지 않아요. 예술은 정치가 바뀐다고 변화되는 것이 아니지 않습니까. 중국문학사를 예로 들면 양한 시대, 위진 시대, 수당 시대 같은 경우도 새로운 왕조가 들어섰다고 새로운 예술이 출현한 적은 없었죠. 정치나 권력의 전환이 예술을 결정짓지는 못합니다. 뭔가 이미 만들어지고 있었을 수도 있고, 전혀 아무런 변화가 없을 수도 있죠. '80년대'라는 시기 구분만 가지고 이야기하기엔 곤란한 점이 많은 것 같아요.

자젠잉　사실 인위적인 구분이긴 하죠. 예를 들어 외부적인 환경에서는

89년(톈안먼 사건)이 아마도 마침표일 텐데, 80년대는 아직 끝나지 않았죠. 90년 이후 문학에서 대표로 꼽는 게 왕쉬王朔이고, 모두들 흔히 왕쉬를 90년대적인 현상으로 봅니다. 사실 그는 80년대에 이미 창작을 시작했는데 그다지 도드라지지 않았을 뿐이죠. 당시엔 무대 위의 수많은 사람들 중 하나에 불과했으니까요. 80년대라는 시기 구분이 딱 떨어진다고 보기는 힘들죠.

아청 맞아요, 딱 떨어지진 않죠. 새로운 밀레니엄을 맞아 모두들 혼란스러워했던 것처럼 말입니다. 21세기의 기점을 도대체 2000년으로 잡아야 합니까, 2001년으로 잡아야 합니까? 어떤 나라는 2000년에 폭죽을 터뜨렸고, 또 몇몇 나라에서는 2001년에 경축행사를 했던 것으로 기억합니다. 많은 사람들이 헷갈렸죠. 왜냐하면 대부분 10년이나 특정한 시간을 단위로 자신의 마음가짐을 다잡는 데 익숙해져 있었기 때문이기도 하죠. '올해를 잘 넘겨야 해, 이번엔 새로운 뭔가를 해야지'라고 생각하고 있는데, 갑자기 올해가 아니라 내년이라고 하면 좌절하는 거죠. 미국인들은 10년, decade라는 단위를 좋아해서 다양한 방식으로 기념합니다. 그런 방식으로 기획된 총서들을 당신도 많이 보셨을 겁니다. 타이완에서도 몇 년 전에 70년대를 주제로 많은 사람들을 찾아다니며 기억을 정리한 적이 있고요.

자젠잉 타이완에서 70년대를 회고한 적이 있다는 말씀이신가요?

아청 예, 많은 사람들이 개입되었었죠. 『중국시보』中國時報 인물부간의 양쩌楊澤가 주관했습니다.
　　저는 시기보다는 지식구조나 문화적 구성을 척도로 하고 싶어요.

지식구조, 문화적 구성이란 점에서 볼 때, 1840년(아편전쟁)이 첫번째 문턱입니다. 군함과 대포를 앞세운 새로운 지식이 중국의 지식구조를 뒤흔들었죠. 1919년 '5·4운동'이 두번째 문턱입니다. 과학과 민주라는 새로운 문화가 중국의 문화적 구성을 뒤흔들었죠. 1949년(중화인민공화국 건국)이 가장 큰 문턱입니다. 지식구조, 문화적 구성과 함께 권력구조까지 모두 완전히 '서구화'된 시기입니다. 맑스, 엥겔스만 바라봐야 했으니까요. 중국 근현대사에서는 이 세 가지 표지면 됐지, 무슨 10년이니 하면서 나눌 필요는 없다고 봐요. 그러나 이미 테마가 그렇게 정해져 있다면 어쨌든 한번 이야기해 봅시다. 1949년의 문턱을 넘어선 후 70년대가 저는 가장 활발한 시기였다고 봅니다. 1976년 정부가 '문혁'의 종결을 선포한 후, 80년대는 표현의 시기가 될 수 있었고, 출판 또한 허락되었죠.

자젠잉 지하에서 지상으로 올라오는 과정이 아니었을까요? 당시 몇몇 시인들처럼 말이죠.

아청 전부 위로 올라온 것은 아니었겠죠. 그러나 확실히 80년대에 들어와서야 우리는 많은 사람들이 70년대에 이뤄 놓은 성과물을 볼 수 있습니다. 예를 들어 베이다오北島와 망커芒克는 78년에서 80년 사이에 지하 간행물을 통해 표현할 기회가 있었어요. 그러나 변화는 그때 발생한 것이 아니라 70년대, 아니 심지어 60년대 말의 바이양뎬*에서 일어나고 있었다고 할 수 있죠. 70년대는 '문화혁명'의 시대로 통제가 아주 엄격했다고 모두들 알고 있을 텐데, 바로 이 시기에 사상이 활발했다고 말할 수 있는 이유는 뭘까요? 어른들은 모두 권력의 쟁탈과 화제에 정신이 팔려 아무도 도시 한 귀퉁이나 시골에 있던 젊은이들이 무슨 생각을 하는지 신경 쓰지 않았기 때문입니다.

자젱잉 맞아요, 66년, 67년에는 지독히 심했지만, 68년 이후로는 하향**을 시작했으니까요.

아청 통제가 불가능했죠. 그렇게 하향한 학생들은 논밭 한 모퉁이에 처박혀 있었으니 말입니다. 그들이 무엇을 생각하는지, 뭘 돌려 보는지, 뭘 쓰는지 권력자들은 알지를 못했어요. 60년대 말의 망커, 건쯔根子, 둬둬多多, 옌리嚴力 같은 사람들이 허베이의 바이양뎬을 시의 고장으로 만들었죠.*** 특히 건쯔의 「3월과 마지막날」三月與末日 같은 시가 보여 준 날카로운 상실감은 스즈食指의 「어군삼부곡」魚群三部曲의 실망스러운 상실감과 확연히 차별화되는 지점이 있어요. 「3월과 마지막날」은 제가 보기에 당시의 경전이었습니다. 아무도 언급하지 않는다는 게 애석할 뿐이죠. 웨중岳重〔건쯔의 본명〕이 저에게 했던 말이 기억납니다. 물고기 한 통을 들고 바이양뎬에서 베이징까지 기차로 돌아오는데, 베이징에 도착해 보니 물고기들이 거의 죽어 있었다는 식으로 말하더군요. 봄입니다. 그런데 3월은 마지막날입니다. 이런 분위기가 70년대 전반을 관통하고 있

---

* 바이양뎬(白洋澱). 허베이성에 위치한 화북평원 최대의 호수 지역. 문혁 때 지식청년(知靑)들이 하향(下鄕)되던 지역의 하나인데, 베이징과 비교적 가까운 지역이라 출신배경이 좋은 간부자제들이 많았다. 일찍부터 서양 문학작품을 접할 수 있었던 이들은 자발적으로 지하에서 문학활동을 하며 바이양뎬 시가집단을 형성하였다. '몽롱시파'로 대표되며 『오늘』을 창간한 베이다오, 망커, 둬둬, 건쯔 등이 대표인물이다.

** 하향(下鄕). 상산하향(上山下鄕). 도시청년을 산간벽지나 농촌으로 이주시켜 직접 생산노동에 참가하게 한 이 정책은 1955년부터 취업문제를 해결하고 도농 간의 격차를 좁힌다는 혁명적 이상에 의해 시행되어 오던 것이다. 문혁의 열기가 가라앉던 1968년 말 "지식청년들은 농촌으로 가서 가난한 하층 농민에게서 재교육을 받아야 한다"는 마오쩌둥의 지시로 인해 하향정책이 부활하는데, 이는 정치적 부담을 가중시키고 있는 홍위병을 도시에서 제거하기 위한 목적이 컸다. 그 결과 도시인구 1/10에 해당하는, 1968년 당시 중고등학생 전체(라오싼제)가 하향하게 되었다. 고등교육과 도시에서의 취업에서 배제당한 채 가난한 농촌에서 고초를 겪게 된 이들은 곧 정치적 냉소주의에 빠지게 되었다.

*** 이 시인들에 대해서는 2장 베이다오 편을 참고할 것.

었죠. 그래서 통제가 가장 심하던 시기인 것 같지만, 그들을 권력과 행정력의 관리가 상대적으로 느슨한 곳으로 밀어 넣음으로써 어느 정도 자유를 갖게 된 셈이죠.

자젠잉   바로 그 시기에 당신도 윈난으로 갔죠?

아청   그래요. 사람이 성숙하는 건 사실 금방인 것 같아요. 요즘 들어 조기교육을 많이들 중시하지만, 사실 12세 전후로 성 발달과 관련된 생리적 변화를 겪기 마련인데 그 1년 안에 이전에 배웠던 모든 것을 이해할 수 있습니다. 때문에 소학교에서는 방목하다시피 하여 신체를 키우고 근시나 막아 주면 됩니다. 소학교는 왜 6년입니까? 중고등학교는 또 왜 6년씩 다녀야 하는 거죠? 애들을 18세까지 묶어 두려는 것이죠. 사실 18세 이하를 아동이라 규정해 뒀고, 아동 취업은 불법인지라, 그들을 학교 안에 가둬 놓고 법률에 정해진 범위까지 시간을 소모하도록 만든 것이라고 말할 수 있어요. 보통 12세에서 18세까지가 사상이나 감각이 가장 직접적이고 활발할 때이고, 20세를 넘겨 성숙기에 접어들면 이미 성숙한 부분이 조정될 뿐이죠.

자젠잉   많은 부분에서 성숙했겠지만 전체적으로 고르게 발전한 것은 아니지 않습니까.

아청   예, 아직 완전히 철든 건 아니겠죠. 때문에, 70년대에 이 나이 대에 있던 애들은 눌러도 눌러지지가 않았죠. 몇십 리 길을 걸어 큰 산 몇 개를 넘어서 어떤 문제에 대해 당신과 이야기를 나눈 다음에 언제 만날 건지 약속까지 잡는 장면을 한번 상상해 보세요. 많은 사람들이 사실 대단한 걸 쓸 줄은 몰랐고 서로 일기를 돌려 봤을 뿐입니다. 당시 많은 사람들이 일기를 쓴 이유가 친구들과 돌려 보기 위해서였죠.

자젠잉 실제로는 일종의 창작이라고 할 수 있겠군요.

아청 사상의 기록이죠. 그 시절은 또 다른 의미에서도 중요하다고 생각합니다. 타이완의 『중국시보』에서 70년대를 회고할 때 아주 흥미롭게 지켜봤는데, 왜냐하면 70년대에 그들 쪽에서는 뭘 하고 있었는지 알고 싶었거든요. 저는 대조하는 것에 흥미가 있습니다. 미국에 간 것 또한 이 흥미 때문입니다. 예를 들어, 1967년에 우리는 무얼 하고 있었는가? 미국인들은 뭘 하고 있었는가? 나란히 놓고 살펴보면 재미있는 점을 발견할 수 있죠.

자젠잉 예, 저도 그렇게 비교하는 걸 좋아해요. 예를 들어 미국에서 이른바 '60년대'에 속하는 미국인들을 많이 사귀었는데, 그들이 60년대에 관한 이야기를 하면 저는 곧 우리는 60년대에 뭘 했는지, 뭘 생각했는지 되돌아보곤 했죠. 그래야 왜 지금의 그들과 우리가 이렇게 다른지 보다 분명해졌거든요. 예전에 이미 달랐던 거죠! 성장한 환경이나 사회체제가 달랐고, 받았던 교육도 달랐죠. 어떤 사람은 지구상에 하나의 장場이 있다고 생각하는데요, 60년대에 많은 국가에서 이른바 사회혁명이 일어났고, 청년들은 모두 여행을 떠났죠. 예를 들어 1968년은 마치 은연중에 생겨난 어떤 장이 있어 거기에서 일어난 힘의 작용으로 서유럽, 동유럽, 미국, 중국 모두 사회적 동요가 발생했고, 청년들이 도처에서 소동을 일으키고 모반을 했다는 식으로 말입니다. 그런데 실제로 이 모반이 모두 똑같은 건가요? 다시 한번 자세히 비교해 보면 소동의 배후

원인은 사실 제각각이었다는 걸 알 수 있을 겁니다. 동기나 목적이 모두 달랐죠. 겉으로 봐서는 비슷한 소동인 것 같지만 말입니다.

제가 미국에 막 도착했을 당시에 주변에 친하게 지내던 프랑스 친구들이 몇 있었는데, 다들 죽이 잘 맞다가 60년대에 관한 이야기만 꺼내면 그들 무리와 저 사이에 논쟁이 벌어지곤 했죠. 프랑스 부르주아 청년 몇이서 한 목소리로 마오쩌둥 사상을 수호하고, 중국의 '문혁'을 그렇게까지 낭만적인 것으로 이야기를 해대니 어쩌겠어요. 생각만 해도 가소롭긴 하지만, 사실 이 또한 한 중국인이 몇 명의 프랑스인과 같이 60년대를 회고해서 생겨난 오해인 거죠.

아청 그래요, '문혁' 때 중국으로 뛰어와 톈안먼 관람대에 오르기까지 했던 사르트르가 생각나는군요. 프랑스 신좌파인 푸코는 교수 신분으로 직접 가두시위에 참여하여 지붕 위에 올라 돌까지 던졌지만, 자기 벨벳 외투가 더럽혀질까 봐 조심조심 했었죠.

자젠잉 자, 그럼 타이완의 70년대와 당신들 지청知靑[지식청년]의 70년대를 비교해 봤을 때 어떤 느낌이었는지 말씀해 주시겠어요?

아청 타이완의 70년대는 비교적 감성적이었죠. 대륙의 70년대는 제가 겪어 본 바로는 비교적 이성적이었습니다. 우리에게 가장 절박했던 건 이 땅에서 어떻게 하면 근심 없이 생활할 수 있을 것인가의 문제였는데, 타이완은 비록 계엄 시기이긴 했지만, 대륙과 비교해 볼 때 그래도 너무나 많은 자유가 있었습니다. 자유가 있었고, 많은 사람들이 청춘기를 보낼 때니 감성적인 게 더 많았던 거죠. 그래서 그들이 당시를 회상할 때의 주된 분위기는 감상적입니다.

자젠잉 음, 근데 제 생각에 중장년층이 청춘 시기를 되돌아볼 때 어느 정도는 그런 감상에 젖기 마련 아닌가요? 예전에는 순수했는데, 점점 좌절도 겪고 세상 물정도 알게 되면서 닳고 닳아 순수한 감정도 사라졌다는 식으로 말예요. 그게 타이완만의 특수한 현상인지, 아니면 그저 생리적인 현상인 건지 딱 잘라 말할 수 있을까요? 그치만 아마도 당시 타이완이 처한 전환기적 특성과 관련되긴 하겠죠. 70년대 타이완은 경제가 성장하기 시작하여 농촌에서 시장으로 전환되고, 무역이나 장사를 중심으로 한 도시경제로 전환되면서 생활방식이 변화했었죠.

아청 예, 천잉전陳映眞(1937~ ; 타이완의 대표적 소설가)이 바로 그 시기를 잘 포착했죠. 아마도 80년대 말이었던 것 같은데, 미국에서 천잉전을 만났어요. 당시 그는 타이완에서 잡지 『인간』人間을 편찬하고 있었는데, 이 잡지는 보통 사람들의 일상생활 사진을 아주 잘 찍었죠. 10년이 지난 후에야 대륙에서도 많은 사람들이 비슷한 사진들을 찍기 시작했어요. 당시 천잉전이 지식인의 한 사람으로서 인민들, 즉 노동자·농민을 어떻게 바라보는지를 저에게 묻더군요. 그건 제가 70년대에 농촌에서 생각해 봤던 문제이기도 해서 생각나는 대로 내가 바로 인민이고 내가 바로 농민이라고 대답했죠. 천잉전은 말을 하지 않았고, 저는 분위기가 어색해지는 걸 감지하곤 자리를 떴죠.

당시 그 자리에 있던 친구가 나중에 이야기를 전해 줬는데, 제가 가고 난 후 천잉전이 엄청 화를 냈다고 하더군요. 천잉전은 제가 존중하는 작가입니다. 그가 왜 그렇게 화를 냈던 걸까요? 글을 쓰는 사람이 자신을 엘리트로 여기는 것은 어쩔 수 없는 일이긴 하지만, 인민이란 게 뭡니까? 제 생각에 인민은 모든 사람이에요. 질문 자체가 성립되지 않는 거였죠. 그러나 엘리트가 보기엔 아마도 인민은 자신을 제외한 모든 사람이 되어야 하는 건가 봐요. 그러니까 "너는 인민을 어떻게 보는가"라는 질문이 가능했던 거죠. 모든 사람은 자리에 따라 권력이 있기도 했다가 없기도 했다가 수시로 변화합니다. 일개 직원도 직장에서는 아무 권력이 없지만 집에 돌아가면 부권이 생겨 자기 자식들의 운명을 결정하거나 간섭할 수 있죠. 지금 여기 불쌍해 보이고 마이너에 속한다고 생각하는 어떤 사람에게 권력을 한번 쥐어줘 보세요. 곧바로 위풍당당한 모습으로 다른 사람을 괴롭히고 못살게 굴걸요? 그게 인성이죠, 동물성이기도 하고요, 영장류에 속하는 사회적 동물은 모두 그렇다고 봐요. 제 생각에 '인민'은 거짓 개념이에요. 그 앞에다 어떤 아름다운 수식을 덧붙여도 억지스러울 뿐이죠.

자젠잉 구십 몇 년인가에 천잉전을 산둥 웨이하이威海의 한 학회에서 봤어요. 그는 정말로 타이완의 70년대가 만들어 낸 어떤 특징을 성격화하고 있는 것 같더군요. 강렬한 사회주의적 경향, 엘리트 의식, 회고적인 데다, 아주 엄숙하고 진지하며 순수했죠. 저는 타이완의 문화 정치가 어떤지 잘 모르는데, 느낌상으론 타이완의 좌파가 대륙의 좌파보다 단순한 것 같아요. 조금 더 교조적이고 진지하며, 소박하기까지 하여 별로 닳고 닳은 느낌은 없습니다. 당시 그가 위에서 발언할 때 아래에서 듣고 있던 대륙 사람들은 모두 서로 눈빛만 교환하고 있었어요. 생각해 봐요, 그 자리엔 온통 골수 운동원들만 있었잖습니까. 천잉전은 상관도 않고, 젊은 세대들에 대한, 시사에 대한 우려를 쏟아 내고 있었죠. 그 학회에서 토론한 논제는 환경과 문화인데, 바로 이어서 장셴량*이 올라와 발언했어요. 올라오자마자 대놓고 한다는 소리가, "저는 전 세계의 모든 투자가들이 우리 닝샤로 몰려와 오염 좀 시켜 줄 것을 호소합니다. 당신들이 와서 오염시켜 줘야 우리가 빈곤에서 벗어날 수 있거든요!"

나중에 천잉전이 좀더 토론을 하고 싶어 장셴량을 찾아갔죠. 근데 장셴량은 "아따, 사내 둘이 만났으면 여자 이야기나 할 것이지, 재수 없게시리 무슨 국가의 운명이니 민족의 앞날을 논한다고 그러슈!"라고 했다더군요. 이 또한 두고두고 사람들 입에 회자되었죠. 사실 대륙의 어떤 상황은 천잉전에게 설명하기도 곤란하고 납득시키기도 힘들다는 걸 장셴량은 잘 알고 있었던 겁니다. 언제고 혹시 천잉전이 멍청하게 자신의 무슨 "정치적으로 부정확한 언론"을 까발려 버릴지도 모르는데, 그러느니 말을 끊어 버리는 게 낫다고 판단한 거죠. 서로 나이도 대충 비슷한데도 말입니다.

아청 그 두 사람을 구성하는 요소가 다르기 때문이겠죠. 인민은 물속의 부유물과 같습니다. 위아래로 부단히 변화하고 있는데, 우리 모두는 그 속의 알갱이 하나일 뿐이지 않습니까? 누가 다른 알갱이를 대표할 수 있겠어요? 누가 나서서 대표하고 싶어 한다면 보통은 권력을 차지하려는 마음에서 그럴 겁니다. 인민은 아마도 그 사람의 진리의 희생물이 되고 말 거고요. 우리가 그런 걸 좀 많이 봤습니까?

덧붙여 '문혁'이 종결된 후 1977, 78년에 많은 사람들이 대학에 진학할 수 있었죠. 저는 당시 대학에서 가르치던 교수들을 적잖게 만났는데, 처음에는 모두들 이구동성으로 삽대**를 떠나 노동만 하다가 뒤늦게 입학한 나이 많은 학생들은 가르치기 어렵다고 싫어했었죠. 그러나

---

* 장셴량(張賢亮, 1936~). 소설가. 1957년 반우파투쟁 시기에 우파로 몰려 닝샤성 회족 자치구의 벽촌으로 하방, 노동 개조교육을 받았다. 1979년 복권되었지만 그대로 닝샤에 머물면서 창작활동을 계속한다. 대표작으로 『남자의 반은 여자』(男人的一半是女人) 등이 있다.
** 삽대(揷隊). 도시의 지식청년이나 간부가 하향하는 것을 말하는데, 이 경우 중국 사회주의 농업경제의 조직형식 중 노동조직의 기본단위인 생산대에 편입되기 때문에 '삽대'라고 한 것이다. 번역은 문맥에 따라 '생산대로 편입'으로 풀어쓰거나 '삽대'라는 용어를 그대로 썼다.

이들이 졸업해서 떠나 버린 후, 교육이 정상화되어 고등학교 졸업생들이 대학에 진학하게 되자 도리어 그들을 그리워하더군요. 수업을 해도 아무런 활력이 없다고 말이죠. 왜냐하면 삽대에서 돌아온 이들은 벌써 세상 물정에 빤하고 경험도 많았거든요. 그들의 기본적인 태도는 "우리에게 맑스·레닌의 교조를 가르치지 마라, 그런 건 싫다, 우리에겐 그것 말고도 당신을 난처하게 만들 질문이 산처럼 쌓여 있단 말이다"라는 식이었죠. 가르치는 교수 입장에선 번거롭기 그지없었지만, 그 시기가 지나자 그런 학생들은 다시는 없을 거라고 그리워하게 된 거죠.

자젠잉 그후로는 모두가 '필수교양강좌 학부생' 뿐이었죠. 열심히 받아 적기만 하는 그런 학생들 말예요. 제가 바로 '문혁' 종결 후 대학입시제도가 부활되었을 때 처음으로 진학한 학생들 중 하나였기 때문에 저도 당시 상황이 어땠는지는 잘 알고 있죠. 우리 과 동기들은 온통 라오싼제*뿐이었어요. 저는 소학교를 두 학년 건너뛰어 교외에서 1년간 삽대를 한 셈인데, 반에서 나이가 가장 어렸죠. 당시 저는 무척이나 열등감을 느꼈어요. 할 만한 이야기가 아무것도 없어서 그저 듣기만 했거든요. 도시로 돌아온 이들 지청들은 정말이지 모두가 뱃속 가득 이야기로 채워져 있었어요. 모두들 경험이 많았으니 선생님과 토론하고 무엇에도 주눅 들지 않았어요. 정말이지, 당시는 아주 특별한 시기였던 것 같아요.

아청 굉장히 특별한 시기였죠. 76년 이후 사회 경험 많은 뺀질이들이 무더기로 단번에 대학에 들어갔으니까요.

---

*라오싼제(老三屆). 1966, 67, 68년에 중고교를 졸업한 학생들을 합칭한 말. 문혁이 시작되면서 대부분 지청으로 하향되었는데, 주로 변방의 황무지로 분배되었다. 사인방의 몰락 이후 지청의 하향이 중지되었다.

자젠잉 (웃음) 중국 역사상 보기 힘든 현상이 나타난 거죠.

아청 (웃음) 사실 제 생각에, 공자와 그의 3천 제자가 바로 그런 관계였던 것 같아요. 공자란 사람은 정말 흥미로운데, 그 제자들도 말이죠, 제가 보기에 안회顔回만 빼놓고 모두 닳고 닳은 사람들이었어요. 안회야 정규과정 밟아서 고등학교 졸업하고 올라온 셈이겠지만요.

자젠잉 가장 고지식한 사람 중 하나였죠.

아청 예, 가장 고지식했죠. 그래서 가장 진지하게 배웠고, 필기도 가장 열심히 했죠. 자로子路 등 다른 학생들은 달랐어요. 자로는 공자보다 겨우 몇 살 어렸지 않습니까. 자공子貢은 이미 춘추 시기 말의 국제적인 대상인이었고요. 이런 학생들을 어떻게 가르치겠어요. 『논어』를 보면 온통 이런 학생들이 선생님을 난처하게 하는 내용들로 가득 차 있습니다.

자젠잉 언제나 이상한 질문하기 좋아하고! (웃음) 공자도 어떨 때는 한숨만 푹푹 쉬었을 것 같아요. 죄다 반골에, 뺀질이만 득실득실! 역시 안회가 최고야! 적어도 내게 이렇게 똘똘한 학생 하나라도 있으니 다행이야! 왜 항상 "회야, 회야,……"라고 찾았겠어요? 어쨌든 안회만이 인仁의 진정한 의미를 이해할 수 있다고 본 거죠.

아청 (웃음) 맞아요. 공자에겐 3천 제자와 72명의 현인이 있었지만, 대부분은 닳고 닳은 사람들이었죠. 그들은 아마 거기서 대충 배울 만한 것만 배운 후 귀족들 밑에 들어가 일하길 원했을 거예요. 공자 같은 선생이 있으니 이리저리 난처하게 만들고 늘상 괴팍한 문제를 들이밀었겠죠. "선생님, 지난번 다른 친구에게 말씀하실 땐 인仁이란 이런 거야라고 하시더니, 이번엔 어째서 인에 대해 다른 말씀을 하십니까? 도대체 그 차이가 뭔데요?"

자젠잉 예, 수업 분위기가 아주 활발했었죠. 공 선생님이 앉아서 도道만 논했던 건 아니었을 겁니다. 사실 오히려 미국 대학원생들의 세미나와 비슷하지 않았을까요? 모두들 흩어져 앉아서 떠들썩하게 선생님과 토론하고, 심지어 언쟁을 벌이기도 하고 말예요.

아청 그랬을 겁니다. 당신은 가장 좋은 시기에 베이징대에 들어갔군요. 10년 전 옛 세대는 조반*을 일으켰는데, 10년 후 새로운 세대는 질문을 던졌으니까요. 그러니 사상적 움직임이 아주 활발히 일어났던 거죠. 이 세대는 70년대에 이미 완성되어 있었고 80년대는 표현기였습니다. 정치적인 면을 이야기하면, 80년대가 신용을 회복하려 한 시기였다는 걸 저는 비교적 분명하게 감지할 수 있습니다. 그러나 결국 1989년에 신용은 철저하게 붕괴되었습니다. 그 이전까지 항상 어지럽혀진 것을 바로잡겠다고 강조할 때도 모두들 여전히 반신반의하고 있긴 했지만, 1989년에는 철저하게 신용이 붕괴되었습니다. 완전히 사라져 버렸어요.

자젠잉 맞아요. 그 시절엔 항상 잠깐 풀어 줬다가는 바로 막아 버리는 식으로 계속 왔다 갔다 했어요. 좀 괜찮네~, 라고 느낄라치면 또다시 반反자유화가 시작되었죠!

---

* 조반(造反). 마오쩌둥이 홍위병들에게 반동파에 대한 "반란은 합당하다"(造反有理)는 서신을 보낸 후 이 말은 홍위병들의 구호가 되었다. 원래 『마오쩌둥 어록』에 수록되어 있던 구절이다.

아청 그렇죠. 자기는 신용 있는 사람이라고 반복해서 말하지만 끝나면 바로 신용을 잃어버렸고, 자기야말로 신용 있는 사람이라고 했다가 다시 신용을 잃어버리는 식으로 계속 왔다 갔다 흔들리다가, 결국 89년이 되면 이 신용은 철저하게 사라지게 됩니다. 그러면서 90년대로 진입하였습니다. 90년대는 신용이 없는 사회이지요. 그게 지금까지 계속되어 신용을 찾을 수가 없습니다. 만약 권력에 신용이 없다면, 그건 아주 굉장히 열악한 상태라는 말이죠.

자젠잉 예, 90년대 들어서면서 중국은 경제 방면에서 자본도 굴리고 주의도 이야기하게 된 셈인데, 바로 이 신용 문제 때문에 자본과 주의가 기형화되어 버렸습니다. 선창원**이 귀납한 용어를 빌리면 '열악한 자본주의'의 상태인 셈이지요. 정치적인 면에서 이야기할 때 1989년은 정말로 하나의 분수령이었습니다. 지식구조는 그렇게 나눌 수 없겠지만요.

아청 지식구조에 대해 말하자면, 저 같은 경우야말로 뜻하지 않게 좋은 결과를 얻은 셈이라고 할 수 있습니다. 60년대에 저는 이미 중학교를 다니고 있었는데, 당시 부친이 정치적으로 압박을 받고 있었기 때문에, 예를 들어 제3세계 무슨 대통령을 환영하러 간다고 했을 때 반에서 우리처럼 출신이 좋지 않은 애들은 갈 수 없었어요. 65년이 특히 심했는데, 그건 당시 미친 듯이 강조하던 계급투쟁 때문이었습니다. 출발하기 전에 선생님은 서른 몇 명의 학생들 이름을 하나씩 부른 후, "이름 부르지 않은 학우들은 귀가해라!" 하고 말씀하시곤 했어요. 한번은 제가 선생님에게 "그냥 우리 몇 명의 이름만 부르고 이름 부른 학생들은 집에

** 선창원(沈昌文, 1931~). 삼련서점(三聯書店)의 총경리 겸 잡지 『독서』(讀書)의 주편이었다.

가라고 하시면 되는데, 왜 그렇게 많은 이름을 부르시는 거죠?"라고 물어본 적이 있어요. 선생님의 대답이 기가 막히게 훌륭하더군요. "이름을 부르는 것은 존중한다는 뜻이다." 즉 일부러 헛수고하는 게 아니라, 그렇게 호명하는 행위 자체에 존중의 의미를 부여한 것이고, 이름을 호명받은 그들은 존중받은 것이 되는 거죠. 정말 그럴듯한 설명 아닌가요? 어느 시대든지 권력은 모두 이렇게 표출되었지요.

자젠잉 긍정하는 방식으로 말이지요.

아청 권력이 당신을 긍정해 주는 거죠. 매번 당신을 호명한다면, 권력에 대해 당신이 어떤 감정을 가지겠어요! 그럼 그냥 집에 돌아간다는 건 또 무슨 뜻입니까? 당연히 존중받지 못한다, 주변이다, 이런 뜻이죠. 저는 존중받지 못하는 것에 길들여져 오히려 뜻하지 않게 좋은 결과를 얻은 셈인데, 저에게 귀가란 자신만의 자유로운 시간을 가질 수 있다는 말이었습니다. 다른 사람들은 모두 떠들썩한 곳으로 가 버렸고요. 북조선에서는 요즘도 그런 풍경을 접할 수 있죠. 쿠바, 베트남에도 있고요. 아, 그렇다면 자신만의 계획을 세워야 했는데, 그때 저 같은 경우엔 어디로 갔을까요? 주변화됨으로써 도리어 자신만의 시간을 가지게 되었다면 말입니다.

    당시 우리 집은 쉔우문宣武門 안에 있었고, 제가 다닌 소학교·중학교 모두 쉔우문 안에 있었는데, 류리창琉璃廠이 바로 쉔우문 바깥에 있었으니 쏜살같이 그곳으로 달려갔죠. 류리창엔 그림 가게, 헌책방, 골동품점 등이 모여 있으니 저에겐 거의 공짜 박물관이었죠. 가게의 점원들, 요즘은 복무원服務員이라고 부르던데, 그들 모두 저에게 친절했습니다. 저에게 뭔가 대단한 게 있어서가 아니라 그곳의 오랜 전통이 그랬던 거죠. 옛 베이징의 가게들은 모두 그랬어요. 그러니 사실 제대로 말하자면 그 점원들이 제게 별로 못해준 게 없다고 해야겠죠. 저로선 별로 못해주는 게 없으면 잘해주는 셈이었고요. 거기서 전 적지 않은 걸 배웠어요. 이것저것 온갖 책을 봤죠. 거기서 저는 계몽되었다고 할 수 있습니다. 저의 지식은 여기에서 온 것이지 교실에서 나온 것도, 학기마다 주던 교과서에서 나온 것도 아닙니다. 그렇게 상이한 지식구조가 형성되기 시작했고, 같은 반 친구들과도 다르고, 동세대와도 다르고, 최종적으로는 공화국의 지식구조와도 다른 것이 만들어지게 되었던 거죠. 지식구조가 그 사람을 결정합니다.

자젠잉 요컨대 당시 류리창과 같은 곳에 가면 학교의 정통 교육과는 다른 책이나 물건들을 찾을 수 있었단 말인가요?

아청 많았죠, 아주 많았어요. 물론 갈수록 적어지긴 했죠. 나중에 생각해 보니 아주 분명해졌는데, 한 단계 한 단계 어떻게 진행되었는지 확인할 수 있을 정도죠. 언젠가 책 몇 권이 안 보여 점원에게 물어봤어요. "그 책이 왜 안 보이나요?" 그러면 "치웠어, 진열하지 말래"라고 대답하더군요. 단계별로 사상운동이 진행되었지 않습니까. 조금씩 쓸어가서 1965년 말에 이르면 정말로 거의 완전히 사라져 버린 거죠.

자젠잉 1965년이라고요? 정말 운이 없군요. 전 바로 그때쯤 글자를 배우기 시작했는데. 저는 바깥으로 책을 뒤지고 다녔던 경험은 없어요. 집에도 싹 쓸어간 뒤라서 고전 몇 권밖에 남지 않았죠. 『홍루몽』이나, 『삼국연의』, 『수호전』, 『서유기』 같은 거 말고는 볼 게 거의 없었어요. 바깥에는 말할 것도 없죠. 나중에 70년대가 되니까 손으로 베껴 쓴 책들이 좀 돌긴 했지만요. 그러고 보니 당신은 어릴 때부터 주변화된 데다 '문혁' 이전 시절을 뒤쫓아 갔으니 도리어…….

아청 시간이 생겼던 거죠. 시간이 생기면 다른 지식과 접촉할 수 있어요. 그러면 자신의 지식구조는 동세대와 달라지게 되는 거죠. 80년대에 「장기왕」을 발표했을 때, 일부 비평들은 …… 사실 저의 지식구조와 시대의 지식구조가 달라서 나온 것이라고 해야겠죠.

자젠잉 맞아요, 저도 처음 「장기왕」을 읽을 때 아주 뜻밖의 느낌을 받았던 것 같아요. 왜냐하면 다른 모든 것들과 달랐으니까요. 속으로 이 사람 어디 있다 튀어나온 거야? 나이는 어떻게 될까? 라고 생각했었죠.

아청 당시엔 아주 정상적인 걸 썼다고 생각했어요. 근데 정말로 사회와 대면하게 되자 독자들의 지식구조와의 차이와 마주해야 했죠. 서양에 가서도 똑같이 맞닥뜨려야 했던 건 지식구조가 그들과 다르다는 점이었어요. 제 생각에 그게 가장 중요한 차이인 것 같아요. 물론 문화적 구조도 고려해야겠지만 말입니다.

자젠잉 그럼요, 예를 들어 같은 나이 대의 미국인이나 유럽인이 성장할 때 읽었던 것이나 접촉한 것들이 그들과 우리가 교류할 수 있는지와 직접적으로 관련되죠. 간단히 말해 서로 간의 지식구조에 소통가능성이 있는지의 여부라고 할 수 있죠.

아청 그렇죠. 때문에 전 세대차이라는 건 없고 지식구조의 차이만 있다고 생각해요. 저의 지식구조는 아마도 아흔아홉 살 노인과도 일치할 수 있고 스무 살 먹은 청년과도 같을 수 있죠. 서로 이야기를 나눠 보고 아무런 장애가 없으면 차이란 것도 없는 거죠. 근데 비슷한 나이 대의 사람과는 오히려 차이가 있다면 우리는 나이로만 같은 세대일 뿐이죠!

자젠잉 '나이를 잊은 사귐' 忘年交라는 말이 왜 있겠어요.

아청 그렇죠, 나이를 잊은 사귐이란 말이 바로 그 뜻이죠. 나이 차이가 아무리 많이 나도 지식구조가 대체로 같다면 거기서 서로 간에 말없이 통하는 묵계가 생겨나 나이 차이를 잊게 되는 거죠.

자젠잉 만약 정상적인 상태에서라면, 즉 문화가 계속 전승되어 전통이 단절되지 않은 사회에서라면, 왜 일흔 살 노인과 스물다섯 살 청년이 동일한 지식구조를 가질 수 없겠어요? 분명 가능할 겁니다. 그러나 중국은 30년간의 문화적 단절을 경험했죠.

아청 1949년 이후 모든 지식구조가 변화했죠. 생각해 보세요, 글자조차 바뀌어 버렸잖아요, 간체자簡體字로 말입니다. 문자의 변화는 아주 중대한 사건이에요. 한 세대가 지난 후, 고적古籍을 읽는다는 건 특수한, 혹은 전문적인 기술로 변해 버렸잖습니까. 사실상 독서전통의 권리를 빼앗겨 버린 거나 마찬가지입니다.

자젠잉 그 때문에 이후 세대들은 '5·4' 시기에 교육받은 사람과는 교류할 수 없게 된 거네요.

아청 말도 안 되는 거죠. [해방 이전 세대들이] 타이완 사람, 홍콩 사람처럼 되어 버렸어요. 혹은 한국인이나 일본인이 되어 버렸죠. 물론 그들도 한학가나 되어야 한자(번체자)를 읽을 수 있긴 하지만요. 1986년 뉴욕에서 천단칭의 소개로 무신木心(1925~ ; 미술가, 천단칭의 스승) 선생을 알게 되었습니다. 그의 글은 띄어쓰기가 전혀 되어 있지 않았고, 모차르트를 막찰특莫札特이라고 하는 등 고유명사의 표기도 조금 다르더군요(현대 중국어 표기는 莫扎特이다). 그 글을 보니 단번에 어릴 때 보았던 옛날 책들이 떠올랐습니다. 막차특莫差特이라고 번역한 책도 있었으니까요. 항상 중국과 서양의 것에 모두 정통해야 한다고 말들을 하는데 그것도 사실 지식구조인 겁니다. 물론 엘리트와 대중(雅俗) 모두에 정통해야 한다는 말도 마찬가지고요. 중국과 서양, 대중과 엘리트에 정통하여 사유의 재료가 많아지면 어떤 일에든 쉽게 상통하기 마련이죠.

당신은 화가이고, 나는 음악을 하고, 그는 이공계열이어도 상관없을 때도 있어요. 이렇게 비유할 수도 있겠습니다. 65년생 혹은 72년생이라고 말하는 것처럼 당신이 공화국 시대 태생이라면, 서로 다른 예술언어를 사용한다 해도 지식구조는 완전히 일치할 겁니다. 그러다가 나중에는 지식구조만 변화된 것이 아니라 감정의 양식조차 동일화되었다는 걸 발견하게 됩니다. 감정은 원래 사람마다 저마다의 개성이 있는 법인데, 모두가 단일한 감정의 양식을 가지게 된 거죠.

자젠잉 예를 들자면?

아청 예를 들어 소련 노래를 좋아하면서 러시아 노래는 모르는 식이죠. 중국에서 즐겨 부르는 「삼두마차」三套車란 노래는 소련 때 재편곡한 거예요. 혁명가곡 「동방홍」東方紅을 부르면서 그 노래가 원래 「백마조」白馬調라는 민가에서 왔다는 것은 모르는 셈이죠.

자젠잉　음, 그건 왕멍王蒙 세대 사람들 이야기네요. 50년대 공청단* 간부들은 항상 노래 부르기를 좋아하고 잘하기도 했죠. 영화 〈햇빛 쏟아지는 날들〉陽光燦爛的日子에 나오는 세대들도 노래를 좋아했고요.

아청　예, 50년대의 감정 양식이죠. 노래 부르기를 통해 우리의 감정 양식이 특히 잘 표출되었지요. 미국에서 친구들과 몇 번 모인 적이 있는데, 베이다오가 거나하게 마시고는 「동방홍」을 불러 재끼더군요. 게다가 "하늘은 음침하고 땅도 음침하다"라고 읊조리기까지 했죠. 처음엔 베이다오가 농담하는 건 줄 알았는데, 나중에 보니 아니더군요. 술에 취해서 진짜 정서가 튀어나온 겁니다. 근데 그 정서란 게 공화국의 감정 양식을 지닌 노래를 불러야 표출될 수 있는 것이었죠. 모범극**을 좋아하는 사람도 있는데, 성장 시기의 감정 양식이 그거였기 때문에 옳건 그르건 상관이 없게 된 거죠.

　　물론 80년대는 거의 전 국민의 지식이 재구성되던 시기였다고 할 수 있죠. 갑자기 해외에 있는 친척과의 연락이 허락되었고, 번역서가 쏟아져 이런 이론, 저런 이론, 이런저런 지식들이 쏟아져 들어왔죠. 이 또한 많은 사람들의 변화를 가속화시켰을 겁니다. 음, 이게 80년대의 한 특징이라고 할 수도 있겠네요.

---

* 공청단(共青團). 중국공산주의청년단. 중국공산당의 산하 청년조직으로, 당원이 되기 전에 공청단에 가입하여 실적을 쌓은 후 공산당에 입당하는 경우가 많다. 현 국가주석 후진타오 또한 공청단 출신이다.
** 모범극(樣板戱). 문혁을 전후하여 대부분의 작품이 비판을 받게 되자, 삼돌출(작품에서 긍정적이고 영웅적인 인물을 부각되게 묘사) 이론과 주제선행론 등에 입각한 사회주의 문예의 전범으로 제시된 8편의 대표적인 작품을 말한다. '본을 뜨기 위한 원판'이라는 사전적 의미의 '양판'(樣板)은 완벽한 모범이 되는 전범이라는 뜻과 함께 폐쇄적이고 고정된 틀이라는 부정적 이미지도 가질 수밖에 없었으며, 따라서 창작활동이 전멸하다시피 하는 결과를 가져왔다. 보고 즐기는 일반적 문예물이 아닌 학습의 대상이 되었던 혁명모범극의 대표 작품은 〈지략으로 웨이후산을 취하다〉(智取威虎山), 〈홍등기〉(紅燈記), 〈백모녀〉(白毛女) 등이 있다.

자젠잉 그 당시, 제가 대학교 1, 2학년일 무렵에 베이징대 서점에는 급하게 찍혀 나온 중국 책과 서양 책들이 종종 들어왔는데, 인쇄 질은 상당히 안 좋지만 모두가 경전이었어요. '문혁'으로 10년이 끊어졌으니, 무슨 '삼언이박'三言二拍〔중국고전 단편소설집〕부터 시작해서 발자크, 디킨스 등 책이 나오기만 하면 서로 연락을 주고받아 금방 다 팔려 버렸죠. 당시에는 개가식으로 대출해 주는 책이 없어 도서관 외국소설 열람실은 언제나 만석이었고요. 정말이지 단시간에 뭔가를 보충하려고 악착을 떨었던 세대였다고 할 수 있어요. 그러니 당신도 '문화적 단절'이라는 생각에 동의하시겠군요?

아청 물론이죠. 85년엔가 별 내용 없는「문화가 인류를 제약한다」文化制約人類라는 글을 쓴 적이 있습니다. 제목은 좋은데 내용은 그저 그래요. 당시 부친이 연루될까 봐 걱정되기도 했고 조리 없이 이것저것 끌어왔으니까요. 그 글에 문화의 단절에 대해 이야기한 부분이 있어요. 아주 일찍부터 전 그걸 감지하고 있었어요. 아마 중학교 무렵일 것 같네요. 생각해 봐요. 교재는 통일되어 있고, 도서관에서는 대출을 아주 엄격하게 관리했죠. 서성구西城區 도서관은 시화먼西華門 맞은편 거리에 있었는데, 중학생인 제가 갈 수 있는 도서관은 거기밖에 없었어요. 중학생은 49년〔해방〕이후에 출간된 서적만 빌려 볼 수 있었는데 아무리 뒤져 봐도 그게 그거였죠. 근데 류리창 헌책방이나 시단西單 상점가의 헌책방, 둥안東安시장 헌책방, 룽푸쓰隆福寺 등지에는 그와는 다른 책, 옛날 책들이 널려 있었던 거죠.

거기서 저는 정말 그럴듯한 책을 많이 봤어요. 물론 선충원沈從文의 소설은 예전에 치워졌고, '반우파운동' 이후 우파 작품들도 치워졌죠. 그러나 후에 고전으로 칭해진 조이스의『율리시스』는 당시 아직 있었어요. 아마 작자는 자오아이스喬哀思라고 표기되어 있었고 그리스 신화 칸에 꽂혀 있었는데, 두껍지 않은 걸로 봐서 완역본은 아니었죠. 당시 책 읽는 걸 좋아하긴 했지만 애가 돈이 있나요? 그냥 헌책방에 죽치고 앉아서 읽었고 다 못 본 책은 누가 사 갈까 봐 진열된 책 뒤쪽에 숨겨 뒀다가, 그 다음 날 안쪽에 숨겨 둔 놈을 꺼내 계속해서 읽곤 했죠. 언젠가 그렇게 뒤쪽으로 손을 집어넣는데, 어? 제가 읽던 책이 아닌 거예요. 다들 자기가 읽던 책을 누가 사 갈까 봐 그렇게 숨겨 뒀던 거죠. 고만할 때가 기억력이 가장 왕성할 때잖아요. 책을 살 수 없으니 아주 빨리 읽는 방법, 속독법을 연마하게 되었죠.

책 말고도 이런 식으로 다 쓸어 가지 못하고 남겨진 사소한 것들이 없지 않았죠. 대개 출신성분이 좋지 않은 집에는 한 가지 공통점이 있는데, 1949년 이후에도 다른 집들과는 다른 물건들이 얼마간 남겨져 있었다는 점이죠. 뭐, 책이라든가, 화보 같은 것들 말예요. 이런 물건들을 통해 공화국 이전의 어떤 분위기를 감지할 수 있습니다.

송씨 성을 가진 친구 집에 몇 번 놀러간 적이 있어요. 그 친구 집이 쉔우구宣武區에 있었는데, 류리창을 넘어 얼마간 더 가야 했죠. 청대에는 내성內城에서 오락 활동이 금지되어 있어 쉔우구까지 나가야 했다고 하더군요. 문제는 날이 지기만 하면 내성의 9개 성문들은 모두 빗장이 쳐지는 데다 내성 안에는 만주 팔기군이 울타리를 쳐놓고 주둔하고 있어, 사실 청나라가 지배하던 300여 년 동안 베이징은 계엄 상태나 마찬가지였다는 점이죠. 그러니 외성에 집을 하나 사다 놓고 재밌게 놀다가 그 다음 날 성문이 열리면 다시 성안으로 들어가는 식으로 살 수밖에 없었죠. 내성의 동성東城, 서성西城은 모두 200평짜리 대형 사합원四合院인지라 아주 으리으리했어요. 쉔우구 쪽으로 넘어오면 사실상 별장 같은 용도로 사용되던 보다 작은 규모의 사합원들이 많았죠. 이곳에 들어서면 사합원 하나만 달랑 있어 내성처럼 그렇게 근엄한 분위기는 들지 않습니다. 대문과 정원의 조각도 정교했고 주랑走廊 위편의 대들보도 상당히 세심하게 만들어졌어요. 베이징 내성에 있는 으리으리한 집들만 보다 보면 쉔우구는 사실 남방 분위기가 난다고 할까요? 상점도 많고, 음식점이니, 공연장이니, 창기도 많았고 아주 번화했으니까요.

제 친구가 살던 집도 이렇게 사람이 살기 적당한 작은 사합원이었어요. 모친이 아마 민국 시기에 인기는 별로 없었지만 그래도 내륙에서는 알아주던 스타였나 봐요. 자기 부모 사진을 몇 장 보여 주던데, 빛바랜 옛날 잡지에 모친이 꽃 같은 걸 들고 있더군요. 집에는 중국식·서양식 노리개도 아주 많았고요. 거기서 어떤 생활양식을 발견할 수 있는데, 그게 49년 이후 점진적인 운동에 의해 사라졌다가 요즘 다시 유행이 된 거라 할 수 있죠.

또 다른 친구 집에 놀러갔더니 자기가 발견한 부모 사진을 보여 주더군요. 자기 부모가 미국 유학할 때 찍은 실오라기 하나 걸치지 않은 누드 사진이었죠.

자젠잉 정말 그 친구 부모님 사진이었나요?

아청 그럼요. 그것 말고도 베이징 근교의 잉타오거우櫻桃溝라든가, 샹산香山 등지에서 찍은 누드 사진도 있었고요. 코닥 크롬chrome 반전 필름을 사용해서 찍은 거였죠. 누군가 슬라이드 필름이라고 우기기도 했는데 그건 잘 몰라서 한 소리고, 당시 그런 반전 필름으로 찍은 건 현상비가 엄청나게 비쌌지요. 이런 모든 구체적인 물건들, 인쇄품이나 가정에서 쓰이는 잡다한 것들이 '문혁'을 지나오면서 모두 사라졌어요, 불태워지고, 자기가 태우기도 하고요. 그 당시에 뭐, 태우기만 했겠어요?

자젠잉 바로 길거리에서 조리돌림 당했겠죠.

아청 그렇죠, 조리돌림 당했겠죠. 최근 들어 산둥화보사山東畵報社에서 『옛날 사진』老照片이란 사진집을 계속 출간하고 있는데, 거기 실린 건 대부분 공식적인 사진이에요. 물론 그것도 나쁘진 않지만 개인적인 모습이 담긴 사진은 거의 없다는 게 아쉽더군요. 부지불식간에 제가 보게 된 개인 사진들이 너무 많았으니까요. 저는 공식 사진은 좀 지겹더군요. 나중에 린후이인林徽因, 쉬즈마徐志摩 같은 해방 이전 명사들의 옛 사진을 다시 보니 모두 반듯하게만 찍어 생기도 없고 좀 딱딱하다는 느낌이 들더군요.
　　말이 좀 샜군요. 다시 돌아와서, 당신이 주변이라면, 주변인물과 같이 있을 때 그들의 생활양식이 아주 다르다는 것을 발견하게 될 겁니다.

자젠잉 그들 중 80년대에 활발한 활동을 한 사람은 몇이나 되나요?

아청 제 중학교 친구들을 말씀하시는 건가요? 연락하지 않은 지 오랜지라 잘 모르겠네요. 그치만 친구 중에 그림 그리는 녀석들이 좀 많죠. 음악 하는 친구도 좀 있고요. 예를 들어 저우친루周勤儒라고 취샤오쑹瞿小松, 류쒀라劉索拉, 탄둔譚盾, 예샤오강葉小鋼 등과 같은 학번이죠. 친루勤儒[부지런한 선비]라는 이름만 봐도 어떤 집안인지 알 수 있겠죠? 저우친루는 '문혁' 전에 고등학교를 건너뛰어도 될 정도로 천재였어요. 작곡을 공부하려고 음악대학에 진학하려 했었는데 결국 '문혁'이 터져 대입시험이 폐지되어 버렸죠. 나중에 경극원京劇院에 갔다가, 대입시험이 회복된 후 중앙음악대학中央音樂學院 작곡과에 입학했고, 학교에 남아 있다가 나중에 미국에 가서 박사코스를 밟았죠. 이 친구의 지식구조와 문화적 구성은 제가 보기에 최고입니다. 민가 가락 같은 건 입만 열면 술술 나오는데 아주 생동감 있게 부르죠. 중국의 음악에 대해서라면 그는 살아 있는 사전이고 녹음테이프나 마찬가지입니다. 나중에 『중국음악』中國音樂이라는 학술잡지를 창간했는데, 이 친구만이 할 수 있는 일이죠. 그의 동기들, 예를 들어 탄둔 같은 사람은 아직 민간음악을 일종의 신선한 것으로 받아들이고 자기 감동에 못 이겨 도가적인 것이니 어쩌니 그러는데, 뭔가 막 듣게 되었을 때의 흥분감에 주체하지 못하는 거죠. 왜냐하면 그런 것들은 자기 지식구조와 문화적 구성 안에 원래 없던 것들이니까요. 아마도 공화국 시기에 그들이 주류로 있었기 때문일 겁니다. 공화국은 도가 같은 건 이야기하지 않아요. 도가는 음유陰柔를 추구하는데, 공화국은 지독하게 양강陽剛한 전체주의이니 말입니다.

예전에 이른바 좋은 집안, 최소한 중간급 집안이 되려면 아마 최소한 두 세대는 책을 읽었고 경제적으로도 먹고살 만해서 사상과 생활 모두 자족적이어야 했죠. 서양에서는 이걸 뭐라고 했냐 하면 놀이라고 했어요. 음, 이 놀이는 재미있고, 이 놀이는 신선하군! 그러나 그게 없어도 상관없었죠. 그게 있다고 해서 자족적인 삶이 깨지는 게 아니었고요. 서양 문물이 몰려오던 청나라 말기, 신해혁명, 5·4운동 시기 같은 경우 나라가 망하고 인종이 멸망한다고 야단법석을 떨어 모두들 불안감을 느끼게 되었죠. 그러나 대부분의 2대, 3대째 학자 집안에서는 과거가 폐지되어도 자식들을 신학당에 보내 새로운 것들을 익히게 했어요. 이런 집안사람들은 여전히 자족적이었죠. 불안감을 느낄 필요가 없는 집안이었던 거죠. 교재에서 우리가 배웠던 '5·4' 시기의 인물들은 불안감에 젖어 있었지만 말입니다.

자젠잉 맞아요. 그들에게는 생사존망의 풍경만 눈에 들어와 문화적 맥락이 당장 끊어지거나, 심지어 나라와 인종이 멸망할지도 모를 아주 긴박한 상황이라 생각했던 거죠. 그런데 태연하게 있을 수 있겠어요? 매일 고민하는 거죠. 어떡하지?

아청 그렇죠, 불안감에 떨었죠. 생활의 세부에 대한 제 관찰과 경험에 의하면 그건 심리학에서 말하는 '사회적 전염'인 것 같아요. 불안은 심리적으로 전염·확산되죠. "천하의 흥망은 필부에게도 책임이 있다"고들 하지만 필부에게 무슨 책임이 있습니까? 책임은 권력자에게 있죠. 권력이 있어야 흥하게도 망하게도 할 수 있는데, 당연히 자기가 책임을 져야지 왜 모두에게 책임을 지라고 합니까? 매국도 마찬가집니다. 개인이 나라를 팔 수는 없죠. 국가가 내 것도 아닌데 어떻게 팔겠어요? 송대의 진회秦檜에게 매국노라는 누명을 씌우곤 하는데, 하늘 아래 왕의 땅 아닌 곳이 없는데 그가 무슨 자격으로 나라를 팝니까? 송나라는 조씨 집안의 천하이니, 조구趙構만이 나라를 팔 수 있는 거죠. 물권物權이 그에게 있으니까요. 내가 아는 어떤 사람이 뉴저지에 사는데, 학위도 따고 직장도 있고 대출받아 집도 사고 해서 저보고 놀러오라고 하더군요. 그는 원래 베이징의 대학 홍위병이었는데, 누가 와서 집에 있는 거 싹 쓸어 가면 어떡할 거냐고 물어봤더니, "어떤 놈이 감히!"라고 대답하더군요. 예전에 자기가 바로 남의 집에 뛰쳐 들어가 물건들을 마구 부수고 집 밖으로 사람들을 내쫓았던 사람이면서 말입니다. 그 당시 중국은 깡패국가나 다름없었죠. 그 시절의 깡패가 서양에 와서 사유재산이 어떤 거란 걸 몸소 체득한 거죠. 그러니 아무 생각 없이 "어떤 놈이 감히!"라고 말할 수 있는 거고요.

　　이런 걸 보면 불안은 피부에 와닿는 어떤 것이라고 할 수 있겠습니다. 피부에 와닿지 않으면 불안하지 않을 테니까요. 물론 그냥 '사회적 전염' 때문에 불안해지기도 하지만요.

자젱잉 불안을 그런 식으로 나누는 게 흥미롭군요. 실제로 나중에 우리가 접하게 된 대부분의 작품은 불안감에 빠져 있던 사람들이 써낸 것이었습니다. 논쟁이라든가 문제의 제시 같은 게 모두 불안 심리의 산물이었죠. 결과적으로 당신이 말씀하신 그런 사람들의 목소리는 오히려 묻혀 버렸고요.

아청 그렇죠. 그 당시 불안해하지 않았던 사람들이 오히려 주류 심리를 반영한다고 할 수 있어요. '5·4' 시기에 거리로 뛰쳐나왔던 사람은 머릿수로 따지면 비율이 얼마 되지도 않잖아요.

자젱잉 그럼요, 사실 '5·4' 시기에 톈안먼에 모였던 사람은 몇백 명 정도에 불과했으니까요.

아청 89년에는 제법 많았죠!

자젱잉 맞아요. 가장 많은 날은 하루에 수백만 명이 뛰쳐나왔잖습니까. 그 정도는 되어야 정말로 군중적인 운동이라고 할 수 있죠. 5·4 시기를 돌아보면 오히려 얼마 되지도 않는 소수의 운동이었어요.

아청 그래서, 예를 들어 톈좡좡의 영화 〈우칭위안〉吳淸源의 시나리오에 제 생각을 반영시킨 바 있습니다. 우칭위안의 집안이 바로 그랬거든요. 우칭위안의 부친은 일본에서 법률을 공부하고 돌아와 평정원*에서 일을 했었죠. 집에 일고여덟 명의 사람을 부렸고, 살찐 강아지, 흰 고양이

---

* 평정원(平政院). 민국 초기의 행정재판기구. 이후 행정법원으로 변경됨.

에 통통한 하녀들에다가 천붕天棚, 어항, 석류나무가 갖춰진 200여 평의 사합원에서 사는 전형적인 중산계급이었어요. 서예를 즐겨 서첩을 한 무더기씩 사곤 했죠. 당시 좋은 서첩은 꽤 고가였어요. 소설도 좋아했는데, 소설을 샀다 하면 상자떼기로 사곤 했어요. 그것도 싸진 않았죠. 우칭위안의 세 형제는 사숙에서 사서오경을 읊조리다가 못 외우면 손바닥 맞는 방식으로 공부했지 바깥의 신학당엔 다니지 않았어요. 우린 우칭위안의 회고에서 '5·4'의 영향을 거의 찾을 수 없어요. 당시 베이징에 살고 있었는데도 말예요.

　　이렇게 상상적으로 재구성해 볼 수 있겠죠. 우칭위안의 부친이 관공서에서 퇴근하면서 지나가는 말로 한마디 던지는 거죠. "에이그, 요 며칠 학생들이 난리 났어, 며칠 그러다가 금방 지나가겠지 뭐." 그러고는 다른 화제로 넘어가는 거죠. 이런 사건이 그의 삶에 주된 게 아니었으니까요. 우칭위안은 그런 가정에서 성장했어요. 나중에서야 불안감을 느끼게 되었죠. 부친이 돌아가시고 집안도 망해서 가난해지니까 불안해졌어요. 돤치루이段祺瑞가 돈을 주니 그에게 가서 바둑을 뒀고, 일본인이 돈을 주니 일본으로 가서 바둑을 뒀던 거죠. 결국 일본에서 25년 동안 적수가 없을 정도로 승승장구하자 기성棋聖이라고 추앙받게 된 거고요.

자젠잉　음, 그런 집안환경이라면 그가 '5·4' 시기의 불안감이 반영된 책을 읽었다고 해도 마음이 움직여지지 않았을 가능성이 크군요. 근데 그런 책을 읽고 혁명의 길을 걷거나 우국우민하게 된 청년들도 있었다는 건 분명하죠. 문제는 대체 얼마나 많은 사람이 영향을 받았는지는 대답하기 어렵다는 점이죠. 한 통계를 보니 루쉰 등 5·4 시기 대표적인 작가의 책은 당시 발행량이 아주 적더군요.

아청 많지 않았죠. 제가 『중국의 세속과 중국소설』中國世俗與中國小說이란 책에서 그런 이야기를 했잖습니까?

자젠잉 『한가로운 이야기』閑話閑說 말씀이신가요? 『한가로운 이야기』에서 이른바 '5·4' 시기 당시에도 문학의 주류는 (재자가인의 사랑 이야기인) 원앙호접파鴛鴦胡蝶派라는 주장을 펼치셨던 기억이 나는군요.

아청 예, 세속문학이 주류라고 해야겠죠. 발행량의 통계에 따르자면 말이죠. 시민들이 즐기는 건 소비적인 측면에서 봤을 때 영원히 주류가 될 수밖에 없어요. 지금도 마찬가지잖아요. 시류를 따르는 잡지, 즉 원앙호접파에 속한다고 할 만한 잡지는 언제나 잘 팔리죠. 샤오쯔*란 게 뭐겠습니까? 바로 새로운 시민, 중산계급의 첫 단계잖습니까. 그런데 애초부터 평범하고 고정된 주류가 훗날의 문학사에 포함되기란 쉽지 않죠. 첸중수錢鍾書의 부친 첸지보錢基博가 중국문학사를 쓴 적이 있는데 서술방식이 좀 색달랐어요. 예전에 헌책방에서 본 적이 있는데 지금까지 재발간된 적이 없죠.** 역사는 이후 세대가 쓰는 것이라고 하기보다는 후세의 권력자가 쓴다고 말하는 게 옳을 거예요. 요즘 우리가 보는 신문학대계新文學大系 같은 문학사를 누가 썼습니까? 바로 최종적으로 권력을 잡은 좌익문인들이 썼지 않습니까.

---

* 샤오쯔(小資). 원래는 프티부르주아, 즉 소자산계급의 줄임말이다. 그러나 1990년대 중국에서 유행하기 시작한 이 말은 서구적 생활방식을 추종하여 개인적이고 물질적인 삶을 향유하는 도시의 젊은 화이트칼라를 폄하하는 말로 주로 사용된다.
** 첸지보의 『현대중국문학사』(現代中國文學史)는 2004년 상해서점출판사 등 여러 출판사에서 발간되고 있다.

자젠잉 사실, '문학사'라는 것 자체가 서양에서 건너온 개념이죠. 청말에 하는 전쟁마다 패배하니까 안 되겠다, 서학을 좀 해야겠다고 생각한 거죠. 흔히 하는 말로 상대방의 장기를 배워 상대방을 제압한다는 식의 발상으로요. 이 때문에 조정에서 출자하여 서학을 하게 했죠. 베이징대학의 전신인 경사대학당京師大學堂은 새로운 학문을 받아들이려고 만든 거죠. 커리큘럼도 독일과 일본의 대학을 참조한 것이고, 나중에 차이위안페이蔡元培가 총장으로 있을 때 미국 대학의 학제도 참고했죠. 문학사 수업은 이러한 시대적 분위기하에서 개설된 것입니다. 서원이나 사숙 같은 곳에 무슨 문학사가 있었겠어요. 공자 가라사대, 『시경』에서 운운하기를 따위를 읊조리는 경사자집經史子集만 있었죠. 물론 소설이나 희곡 같은 장르는 엘리트 교육에서 대아지당大雅之堂에 오를 수는 없었지만 사회 전체에, 민간에 광범위하게 유포되고 있었죠. 그런데 만약 문학사가 당시 중국의 일부 엘리트들이 서양을 모방하여 자신의 지식구조와 교육방식을 변화시킨 산물의 하나라고 했을 때, 근대적 작품을 선별하는 과정에서 그들에게 어떤 특정한 태도가 고착되었던 것 같습니다. 예를 들어 어떤 시대의 주제를 잘 드러낸 작품을 보다 중시하는 방향으로 굳어져 갔죠. 49년 이후에는 그런 경향이 더욱 분명해져 하나의 주선율主旋律만 존재하게 되었습니다. 게다가 교육을 확대하고 같은 교재만 사용하니 전 국민이 그것만 읽을 수밖에 없게 된 거고요. 그런데 당신이 아주 중요하다고 생각하는 문학적 구성은 기본적으로 이러한 주류 담론의 바깥에 있는 거겠죠.

아청 그 바깥에 있죠. 근데 조금 더 이후 시기를 살펴보면, 특히 90년대 이후에 불안이 확산되었어요. 자그마한 골목에 앉아 있는 사람들조차 불안해합니다. 자기 삶의 질에 직접적으로 영향을 미치기 때문이죠.

자젠잉　그들의 삶의 질에 어떻게 영향을 줬습니까?

아청　우선 49년 이후 중산계급을 소멸시키고 전 국민을 모두 무산계급으로 만들어 버린 점을 들 수 있습니다.

자젠잉　프롤레타리아 대국이 된 거죠.

아청　그렇죠. 중산계급은 얼마간의 물가파동은 견딜 수 있지만 무산계급은 견딜 수 없어요. 예를 들어 전기세가 오르면 어떤 집에서는 그럭저럭 견딜 수 있지만 무산계급이 어떻게 버티겠어요? 프롤레타리아 대국이다 보니 경제적으로 조금만 흔들려도 온 나라가 불안감에 빠졌죠.

자젠잉　80년대에도 불안감은 있었지만 사회 전체로 확산되지는 않았던 것 같아요.

아청　그 시절의 불안은 주로 새로운 지식이 들어오면서 원래의 지식구조가 충격을 받아서 생긴 것이니까요.

자젠잉　그 시절엔 언제나 "따라잡다", "잃어버린 세월을 보상한다" 등의 말을 했었는데, 좀 지나니까 "접속"이라는 말을 많이 쓰더군요.

아청　80년대는 여전히 국영기업이 대세였으니 공장노동자들의 생활이 그런대로 괜찮았죠. 당시 노동자들은 개인 소매상이 청바지를 팔 때 비웃으며 말했죠. 한몫 잡았다면서! 눈먼 돈 얼마 가지고 관은 짤 수 있겠나, 퇴직금도 없잖아? 엎어져 코라도 다쳤을 때 공공의료 혜택을 받을 수 있어? 제 발로 험난한 길을 찾아간 거라며 고소해 했죠.

자젠잉 청바지 같은 거 기껏해야 몇 명이나 입겠어? 라고 생각했는데, 몇 년 지나지도 않아 전국의 남녀노소가 입을 거라곤 상상도 못했죠.

아청 매달 받는 봉급에 퇴직금, 의료보험, 거의 한푼도 내지 않아도 되는 집, 몇십 원 하는 월세, 이런 게 뭘 보여 주겠어요. 불안해할 필요가 없었다는 뜻이죠.

자젠잉 당시 지식인과 문화계 인사들의 불안은 좀 사치스럽다 싶은 측면이 없지 않군요. 체제에서 주는 월급을 받고 주변에 벼락부자가 된 사람도 없이 다 고만고만했고, 물질 소비적인 측면에서도 별다른 유혹이 없었으니 근심할 필요가 없었죠. 그래서 탐색하고 논쟁하고 공리공담을 할 수 있었던 것이기도 하고요.

아청 왕멍이 류쒀라의 소설을 보고 배부른 문학이라고 한 적이 있죠. 제 생각에 공工(노동자), 병兵(군인), 상商(상인), 학學(학자), 사士(사는 지식인이에요)는 모두 기득권 집단이에요. 농민은 절대 아니죠. 그들은 아무것도 없어요. 제가 지청 생활을 했기 때문에 농민에게 아무것도 없다는 걸 아는데, 결과적으로 볼 때 국가는 오히려 농민의 것을 빼앗아 공업, 중공업, 핵산업을 양성하는 정책을 펼쳤어요. 농업세, 즉 공출미 납부는 너무 과중했습니다. "국가건설을 지원하자!"라는 표어를 핑계로 공출미를 납부하게 했는데, 이는 지나치게 잔혹한 축적이었죠. 농민은 사람 같지도 않은 삶을 살고 있는데 말입니다. '문혁' 때 제 부친이 하향했어요. 사허沙河라고 베이징에서 멀지 않은 지역인데, 집주인이 제대한 군인임에도 불구하고 얼마나 가난했던지 군용 솜이불 하나로 온 식구가 한겨울을 나더래요. 부친이 기가 막혀서 나중에 자기 이불을 집주인에게 주고 왔다고 하더군요. '문혁' 시절 베이징 근교의 옌칭延慶현의 어떤 농민들은 모래 위에서 자는 경우도 있었어요. 낮에 긁어모아서 햇볕에 말렸다가 저녁에 구들로 다시 퍼담아 와서 조금이라도 몸을 데우려 했던 거죠.

자젠잉 지금 다시 80년대의 수많은 토론이며 화제들을 되돌아보면, 사실 그건 극히 순간적인 현상이었고 어느 정도 허상이기도 했습니다. 그보다 더욱 현실적인 시대가 이미 한 모퉁이에 있었는데 당시에는 아무도 예측하지 못했던 거죠. 그때는 모두들 일종의 해동기를 맞이했다는 열정에 충만해 있었고, 생활 면에서도 아직은 국가에서 챙겨 줬기 때문에 이상과 함께 많은 환상을 품을 수 있었던 시대였어요. 많은 예술가, 작가들이 아무런 근거도 없이 금방이라도 서방세계를 따라잡을 수 있을 것처럼 여겼죠. 우리는 매일매일 새로워졌지 않습니까. "소설가들이 새로움이라는 개에게 쫓겨 길가에 오줌 갈길 여유도 없다"라고 한 황쯔핑黃子平의 풍자가 생각나네요. 왕멍 또한 "각종 사조가 보름 동안만 문단을 장악한다"고 작가들을 비아냥거렸죠. 결국 몇 년 만에 서양 작가들이 1세기 동안 시도했던 각종 유파들이 모두 한 번씩 거쳐 갔죠. 그러고 나서는 바로 노벨상 수상이니, 무슨 대가라느니, 시대를 초월한 명작이니 하는 말들이 뒤따랐지 않습니까. 당시 기세야 정말 대단했지만 아무도 그 배후에 그렇게 많은 문제가 감춰져 있단 걸 감지하진 못했죠.

아청 댁에 홍콩 작가 마이커邁克의 책이 있으면 그가 어떤 방식으로 썼는지 한번 잘 보세요. 그는 아주 개인화된 글쓰기를 보여 주지요. 그러나 그가 의식적으로 그렇게 한 것은 아닙니다. 그는 그런 세계 안에 살고 있었기 때문에 자연히 홍콩과 서양의 정보를 파악하고 있는 거죠. 예리함으로 가득한 그의 문장은 상업사회에서의 개인 문제에 대해 주목하고 있습니다.

자젠잉 예, 80년대의 또 다른 특징이라고 할 수 있을 텐데요. 여전히 집체주의적 생활방식을 답습한 예술 형식에 머물러 있었죠. 때문에 당시에 거론된 문제는 개인화된 것보다는 아주 큰 문제, 즉 민족이나 국가의 운명이 걸린 국가 대사만 고민했던 거죠.

아청 그런 걸 거대서사라고 하죠. 뜻밖에도 류쒀라의 『너에게 다른 선택은 없어』你別無選擇 는 개인 문제에 관한 내용이더군요. 제가 미국에 있을 때 누가 묻더군요. 왜 당신의 소설에는 항상 '여럿' 衆人이란 단어가 등장하냐고요. 제가 좀 생각해 본 뒤, 그렇죠, 여럿이 좀더 가깝지 않습니까? '모두' 大家라는 말을 사용하면 '여럿'보다는 좀더 분명해지는 것 같지만, 사실 그 정체가 불분명한 건 마찬가지지 않습니까. 사실, '여럿' 衆人과 '모두' 大家는 중국어역 『성경』에서 상용되는 단어예요.

자젠잉 그 외 어떤 작품이 비교적 개인화된 것이라고 생각하십니까?

아청 「투명한 붉은 무」透明的紅蘿卜, 「백구 그네」白狗秋千架 같은 작품을 들 수 있겠죠. 모옌莫言이 초기에 썼던 작품 대부분은 개인적이에요. 왜냐하면 그가 살았던 가오미高密는 공화국의 주변 중의 주변이기 때문에 베이징처럼 체계적으로 교육받지 못했기 때문이죠. 그의 배후에 있는 문화적 구성은 고향이나 전설, 귀신 이야기, 정통문화에 대한 불손함 등등의 것들이죠. 그가 제시한 것은 개인에 관한 문제였죠. 나중으로 갈수록 점점 개인적이지 않게 되었습니다만.

자젠잉 저도 모옌의 초기 소설을 좋아해요. 원래 저는 농촌을 소재로 한 소설은 좀 거리감을 느끼고 있었는데, 그의 독특한 상상과 묘사수법에는 아주 깊은 인상을 받았어요. 근데 뒤로 갈수록 그에게 서사시 의식이 생기는 것 같더군요. 『풍만한 가슴과 살찐 엉덩이』豊乳肥臀에 이르면 거의 읽어 내려갈 수가 없었어요. 동북 지방의 가오미 지방을 배경으로 하고 있다고 해도 이미 그곳은 향토 알레고리의 배경으로 묘사되더군요. 민족이 아니면 종족으로, 어쨌든 개인은 아닌 거죠.

아청 아마도 군대에서 선전업무를 담당했던 경력 때문일 겁니다. 군대는 집체의식이 강한 단체이니 조금만 주의하지 않아도 그런 분위기에 젖기 쉽죠.

자젠잉 접속하는 거죠.

아청 「붉은 수수」가 장이머우張藝謀에 의해 영화화된 것도 아마 그런 요소가 있었기 때문이겠죠. 영화의 마지막 장면은 민족 대신화大神話로 간주될 수 있을 정도니까요.

자젠잉 〈붉은 수수밭〉은 「투명한 붉은 무」를 영화화한 것 아니었나요?

아청 아닙니다. 『붉은 수수 가족』을 영화화한 거죠.* 「투명한 붉은 무」는 이런 이야기예요. 한 꼬마가 무를 파내는데, 지키고 있던 노인이 무를 훔치는 거라 생각하고 꼬마를 잡아 족쳤죠. 근데 무를 뽑아서 태양에 비춰 보니 투명한 겁니다. 이 작품은 아이의 유년 시절의 기억에 관한 것으로 강렬한 개인적 경험을 담고 있죠. 「백구 그네」 또한 마찬가지입니다. 공화국의 소설이 아니죠. 「투명한 붉은 무」 또한 공화국의 문법으로 쓰인 게 아니고요.

자젠잉 영화 〈붉은 수수밭〉의 경우, 후반부로 가면 이미 완전히 항일, 민족 알레고리, 집체 담론으로 변질되어 버렸지요. 80년대 소설을 되돌아 볼 때 개인적인 것이 집체의식보다 적었던 것인가요?

아청 적다뿐이겠습니까. 일인칭이라고 개인적인 것은 아니죠.

자젠잉 '나'는 사실 여전히 '우리'였죠. '심근문학' 尋根文學에 대해 좀 이야기해 봅시다. 당신도 보통 '심근파'의 주요 인물 중 한 사람으로 꼽히잖습니까. 그럼 오늘날의 시각으로 볼 때 '심근문학'을 어떻게 평가하십니까? 새로운 집체가 과거의 집체를 찾으려는 시도였나요? 아니면 그 안에 개인적인 것도 많이 들어 있었나요?

아청 '심근'은 한사오궁 韓少功의 공헌이 크죠. 저는 지식구조와 문화적 구성에만 관심이 있었을 뿐이죠.

자젠잉 한사오궁이 「문학의 뿌리」文學的根라는 선언적인 글을 썼죠. 그 후

---

* 『붉은 수수 가족』(紅高粱家族)은 별도로 발표된 다섯 편의 중편이 느슨하게 묶인 장편이다. 그 중 「붉은 수수」와 「고량주」를 토대로 영화 〈붉은 수수밭〉이 제작되었다. 한국어판 번역본은 모옌, 『홍까오량 가족』, 박명애 옮김, 문학과지성사, 2007.

정완릉鄭萬隆이 「나의 뿌리」我的根라는 글을 썼고요. 그 외에도 몇 편 더 있긴 하지만 당신은 '심근'이라는 말을 한 적이 없었던 것 같군요. 그렇지만 소설 「장기왕」이 발표되자마자 모두들 "아, 전통문화, 뿌리찾기, 심근파와 일맥상통하는 거군"이라고 느꼈죠.

아청 일맥상통하죠.

자젠잉 근데 그 당시 당신은 문화의 중요성을 이야기했었죠. 당신의 「문화가 인류를 제약한다」라는 글도 아마 '심근파'의 주요 문건으로 간주되는 것 같더군요. 근데 실제로 당신은 자신이 심근파의 일원이라는 느낌은 없나 봐요?

아청 저의 문화적 구성으로 인해 저는 뿌리가 무엇인지 알고 있었죠. 찾을 필요가 없었어요. 한사오궁은 갑자기 뭔가 새로운 걸 발견한 듯한 분위기를 풍기지요. 원래 공화국에 있던 모든 단일한 구성 내에서 사실은 항상 존재하고 있었지만 보지 못했던 것을 갑자기 발견한 거죠. 방금 전에 거론했던 탄둔譚盾을 포함해서 미술, 시가 같은 다른 분야에서도 비슷한 현상이 발견되더군요. 저도 뿌리가 이미 끊어졌다는 사실은 알고 있습니다. 제가 보기에 중국문화는 이미 반세기 가량 소실되었습니다. 원인은 중국문화를 생산하고 유지시켜 주던 토양이 이미 제거되었기 때문이죠. 중국문화는 중국의 농업 중산계층이 맡아 오던 거였죠. 즉 이른바 지주, 부농, 상중농上中農 등이 그에 포함되는데, 이들은 재력이 있어 자기 아이들을 공부시키고 과거 준비를 시켰죠. 급제하면 경제적으로든 정치적으로든 한 단계 상승하는 거죠. 그들 또한 빠듯하긴 했겠지만 그래도 버틸 힘은 있었다고 봐야죠. 예술이니 문화니 하는 것들은 사치스러운 취향인데 아Q 같은 부류가 그걸 즐길 수 있겠어요? 결국 폭풍이 휘몰아치듯 순식간에 진행한 토지개혁이 뭘 뜻하겠어요? 바로 이러한 토양을 싹 쓸어버렸다는 말이죠. 싹 쓸어버렸으니 어떻게 싹을 틔울 수 있겠어요? 누가 중국문화를 생산하고 계승할 힘이 남았겠어요? 불가능했던 거죠.

자젠잉 그렇게 공농工農 문화로 변했던 거군요. 옌안 문예좌담회*에서 이미 그런 방향을 정했던 거죠.

아청 무산계급은 문화를 생산할 수 없어요. 가난한 빈농도 문화를 생산할 수 없고요. 신체상으로든 이데올로기로든 상인, 공업 중산계층, 향신, 농업 중산계층을 소멸시켰고 그들의 발언권도 박탈해 버렸으니 당연히 대약진大躍進과 같은 공업·농업의 우둔한 사태가 나타난 거죠. 만약 그 토양이 상존하고 그들의 발언권이 여전히 살아 있었다면 그런 사태가 발생하도록 보고 있지 않았을 겁니다. 그 이전에 해방구解放區에서 행해졌던 식의 청산은 천하를 장악하기 위해 어쩔 수 없었다고 칩시다. 근데 천하를 얻은 후에도 같은 방식으로 청산을 진행해 버렸으니 무슨 중국문화를 이야기하겠어요? 문화를 생산할 그 토양을 제거해 버렸는데 말예요. 남아 있는 건 사실 문화 지식일 뿐이죠.

자젠잉 교과서에나 나오는 그런 것 말씀이시군요.

---

* 옌안 문예좌담회(延安文藝座談會). 1942년 5월 중국공산당이 옌안에서 지식인과 작가에 대한 정풍운동의 일환으로 개최한 문예좌담회이다. 마오쩌둥이 이 좌담회에서 행한 '옌안문예좌담회에서의 강화'는 중화인민공화국 건국 이후까지 중국 사회주의 문예의 핵심 강령으로 기능했다. 문학성이나 예술성보다 정치성을 우선하는 원칙을 핵심으로 하고 있다.

아청 그렇죠. 『시경』, 『논어』, 『도덕경』 같은 것들은 문화 지식 측면에서만 의미 있는 것이 되어 버렸죠. 이론을 떠들고 학술을 할 수 있지만 입신양명의 도구는 될 수 없게 되었죠. 옛 선인들은 입신양명을 위해 그것들을 읽었지 않습니까.

자젠잉 문화는 사실 생활의 일부분인데 말예요.

아청 하나의 생태계라 할 수 있죠.

자젠잉 여러 방면에 걸쳐진 활동이죠. 예를 들어, 『시경』이란 게 어떤 건지 아는 것 외에도 그걸 가지고 시를 짓고 읊조렸으며, 그것이 자신의 감정을 나타내는 방식이자 생활방식이기도 한 그런 거였죠.

아청 그럼요. 문화 지식 면에서 보더라도, 나중에 알고 보니 우린 해외의 한학자만도 못하더군요. 예를 들어 스웨덴의 칼그렌* 같은 사람의 연구는 얼마나 훌륭합니까? 문화가 없는데 문화 지식마저 방기한다면 너무 비참한 것 아닐까요?

자젠잉 그렇지만 49년 이후 출생한 사람들은 바로 그런 사회에서 성장한 것이지 않습니까. 보아하니 80년대 '문화열'로 들썩거리기 전에 이미

---

* 칼그렌(Bernhard Karlgren, 1889~1978). 스웨덴의 한학가, 언어학자. 중국 각지의 방언을 조사, 상고(上古), 중고(中古)에서 현대에 이르는 음운론(音韻論)의 기초를 마련하였다. 대표적인 저서 『중국 음운학 연구』(*Études sur la phonologie chinoise*)는 수·당(隋唐)의 중고한어(中古漢語)의 음계(音系)를 비교언어학의 방법으로 복원한 것으로, 중국어의 사적(史的) 연구에 있어 필수적인 명저로 평가받는다.

그 방면에 대한 입장이 분명하셨던 것 같군요.

아청 분명했죠. 그러나 저는 '심근파'를 지지했는데, 왜 그랬을까요? 왜냐하면 결국은 상이한 지식구조를 찾아 문화적 구성을 보충해야 했기 때문입니다. 보시다시피 세계는 분명 다양한 입장들로 분화되어 있으니까요. 저는 어쩔 수 없이 주변화되었고, 그래서 헌책방밖에 갈 수 없었지만, 요즘은 많이 느슨해졌잖습니까. 관방에서도 황제릉黃帝陵에 제사지내고, 공자를 모시는 등 뿌리찾기에 나서고 있고요. 너무 급하게 그런 걸 비웃을 필요는 없을 것 같아요. 시작이 다르고 배열조합도 많아졌으니 더 이상 단순한 문화적 구성으로 남아 있지 않을 테니까요.

자젠잉 그런 이유로 당신은 여전히 심근尋根, 즉 자기 전통문화의 뿌리찾기를 긍정하는군요. 80년대의 또 다른 방향은 외부로 시선을 돌렸다는 점인데요. 그건 동시에 발생한 것이죠. 아방가르드 예술, 이후 '선봉소설'**로 불린 유파의 경우 서양 현대예술이나 번역소설의 지대한 영향을 받은 게 분명하죠. 예를 들어 다다이즘, 라틴아메리카의 마술적 리얼리즘, 유럽의 모더니즘 소설 등등이 당시 쏟아져 들어왔고, 그 즉시 많은 사람들이 모방하곤 했으니까요.

아청 그런 건 대부분 예전에 헌책방에 있던 것들이기도 했죠.

자젠잉 번역소설, 서양 화보…….

** 신시기 중국 문예사조의 하나인 '선봉문학'의 역어는 문맥에 따라 '선봉'과 '아방가르드'를 적절히 사용하였다.

아청 예전에 출판된 것들은 구식 연판으로 제작된 화보이긴 하지만 모두 있었죠. 사실 나중에 생각해 보니 저는 (해방 이전의) 그 시기를 좋아했던 것 같아요. 당시 중국에는 불안감 없이 살았던 많은 사람들이 있었으니까요. 그들은 모네를 보고, 고흐를 보고, 칸딘스키를 봤으며, 좌익들이 수입해 온 프랑 마세리Frans Masereel, 1889~1972, 케테 콜비츠Käthe Kollwitz, 1867~1945, 표현주의의 조지 그로스George Grosz, 1893~1959, 그리고 루쉰이 좋아했던 오브리 비어즐리Aubrey Vincent Beardsley, 1872~1898 같은 걸 즐겼던 사람들이지요.

자젠잉 금방 말씀하신 그런 거라면 저도 몇 가지 예를 들 수 있어요. 우리 외할아버지는 후베이湖北의 향신이었는데, 어려서 프랑스에 가 10년 동안 공부하고 직장을 다녔고 프랑스 아내를 얻어 딸까지 낳았죠. 그 후 "공업으로 나라를 구한다"工業救國는 이상과 함께 집안의 계속된 소환 요구를 더 이상 버티지 못하고 돌아왔어요. 프랑스 아내는 프랑스에 남겨두고 이혼했고요. 돌아온 후에는 옛날 관습대로 집안에서 결정한 엇비슷한 집안의 신부와 결혼해서 아들딸 낳고 잘 살았죠. 집안에서는 중국식으로 생활했지만, 그가 가지고 온 서양식 습관과 물건 또한 적지 않았어요. 사진을 좋아해서 암실까지 갖춰서 현상한다거나, 빵 굽기를 좋아하고 '크루아상'을 즐겨 먹었다는 것 등을 예로 들 수 있겠죠. 식구들은 그걸 월아병月牙餠[초승달처럼 생긴 떡]이라고 불렀죠. 근데 보통은 만두와 빵을 같이 먹었기 때문에 자연히 일종의 중서문화가 융합되는 분위기를 띠게 되었던 것 같아요.

아청 그분도 불안감이 없었겠네요.

자젠잉 불안감이 없었죠. 그는 이공과 교수를 지낸 전문지식인이었어요. 당시 교수란 직업은 대우도 좋고 보수도 괜찮아 생활이 안정적이었죠. 양옥에 살면서 시종을 부렸고 부인이 일하지 않아도 한 가족 편안히 지낼 수 있었어요. 주말이 되면 사교댄스를 추거나 오토바이를 타는 등의 취미도 즐겼고요. 비록 외할머니가 전족을 한 전통적인 여인네였던 건 분명하지만 둘의 애정은 줄곧 식지 않았다더군요. 이런 경우에서도 나중에 '5·4' 문학에서 보게 되는 그런 건 느낄 수 없는 것 같아요. 뭐 위다푸郁達夫의 침윤이나 억압 혹은 좌익문학에서 볼 수 있는 분노 같은 것 말이지요. 아마도 이게 바로 말씀하신 대로 비교적 자족적인 중산계급의 생활이겠죠.

아청 예, 항일전쟁[중일전쟁] 이전까지는 줄곧 그랬죠. 이 시기 중국의 '아시아적 생산방식'은 서양문명과 대면했다고 해서 붕괴되지 않았어요. 『마오쩌둥 선집』에 나와 있듯이 서북의 그렇게 빈곤한 지역에도 리딩밍李鼎銘 선생 같은 사람이 있었고, 룽이런榮毅仁 선생 같은 향신과 도시 상인이 민족 자산계급으로 전향하여 조금씩 민족공업의 기틀을 마련했었죠. 허우더방侯德榜, 슝칭라이熊慶來, 천인췌陳寅恪(천인커) 등 중산계급 가정 출신의 유학생들이 여기저기서 되돌아왔고, 여전히 무수히 많은 사람들이 나가고 있었지요. 베이징의 사합원에 사는 중산계급들은 여전히 잘 꾸며진 집에서 안락한 삶을 살고 있었죠. 오죽했으면 간몐후퉁干面胡同 16호에 살던 미국인 의사 닥터 마카이*가 귀국할 생각도 않고 그곳에서 편안히 살려고 했겠어요. 상하이의 유행은 파리 스타일과 일주일 정도

---

* 장베이하이(張北海, 1936~)의 소설 『협은』(俠隱)의 등장인물. 『협은』은 2000년 타이완, 2001년 대륙에서 각각 출간되었다.

1_ 아청(阿城) **65**

밖에 차이나지 않았고, 할리우드의 신작 영화도 매주 한 편씩 소개되었죠. 중산계층들은 원앙호접파의 가벼운 연애담도 소비했지만, 좌익문학도 소비했어요. 그러니 루쉰의 원고료가 적지 않을 수 있었던 겁니다. 물론 천재지변도 있었고 인재도 있었죠. 근대화를 향한 중국의 개조과정이 일본의 침략에 의해 저지되었다는 게 중국으로서는 가장 손해였다고 할 수 있어요. 항전이 끝나자 중국인들끼리 계속해서 내전을 벌였고, 49년 이후에는 연이어 운동만 계속하다 '문혁'이 시작되었으니 근대화를 추구할 조금의 여유도 없었던 거고요. 49년 이후 원자탄을 만들긴 했지만, 중국 근대화의 발전에는 조금도 영향을 주진 못했죠.

제가 어디선가 우연히 당신 글을 본 것 같은데, 엽기에 관한 것이었어요. 당신이 "엽기가 안 좋을 게 뭐 있겠는가?"라고 했었는데, 저 또한 동의합니다.

자젠잉 이국정서를 이야기했던 글 말인가요? 그건 『독서』에 발표한 글이죠.

아청 그래요, 이국정서를 이야기한 글이었죠.

자젠잉 사실 고대 중국인이 엽기를 더 좋아했다고 할 수 있어요. 그들은 배짱이 두둑하고 자신감도 있었고 개방적이어서 바깥에서 뭐가 들어오는 걸 겁내지 않았던 거죠.

아청 그들도 불안감이 없었던 겁니다. 미국 사람들을 보세요. 그들은 라틴아메리카의 시 따위를 배우는 걸 아주 정상적인 것으로 생각하지 어떤 불안한 엽기를 떠올리지는 않지 않습니까.

자젱잉 저는 항상 당대의 장안을 상상하곤 해요. 그 옛날 장안성 안에 얼마나 많은 외국인(胡人)들이 살고 있었습니까! 그렇게 많은 외국인이 가져온 물건들을 당시 많은 중국인들은 분명히 좋아했을 거예요. 신선하잖아요! 당시(唐詩)에도 나와 있지 않습니까? 오랑캐의 노래와 음악, 오랑캐의 춤과 여인이 안 좋을 게 뭐 있겠어요? 요즘 같으면 자유화에 경도되었다고 하거나 혹은 더 극단적으로 말해 서양물 든 양아치라는 식으로 말하겠지만 말입니다.

아청 그럼요.

자젱잉 모두들 그렇게 다른 사람 걸 좋아하는 게 그에게 위협이 되었나 보죠.

아청 그는 그것이 새로운 문화적 구성을 가져올 거라고 감지했을 겁니다. 그래서 그들 또한 불안해진 거죠.

자젱잉 주목할 만한 현상이 있습니다. 80년대에 무척 활발하게 활동했던 사람들 중 상당수가 어느새 사라져 갔고, 그 중 일부는 민족주의자나 국수주의자가 되기도 했는데요. 이렇게 추측해 봐도 될지 모르겠습니다. 90년대 이후 전 지구화가 도래했습니다. 근데 이렇게 거대한 환경에서는 중국의 전통문화를 찾아도 의지할 만한 게 못 되고, 그러한 추세에 맞설 힘이 없다고 판단했던 게 아닐까요? 왜냐하면 전 지구화가 서구화인 것처럼, 게다가 경제적인 것 위주로만 받아들여졌으니까요. 국면 자체가 80년대보다 훨씬 복잡해져 버렸습니다. 경제적 층위, 제도적 층위, 문화적 층위가 서로 뒤엉켜 있고 국내문제와 해외문제가 상호 교차하고 있었죠. 이러한 국면의 변화가 큰 문제만 사고하기 좋아하고 늘 남의 꼬투리나 잡으려 하다가 그런 큰 문제에 대한 응급처방식의 해결만 내놓던 사람들을 곤란하게 만든 거죠. 그들은 무력감에 빠졌고 통제불능 상황에 처했다는 느낌을 갖게 되었습니다. 아무리 물질적인 생활이 더 편안해졌다 해도 일종의 상실감 같은 걸 느낄 수밖에 없게 된 거죠.

게다가 이게 개별적인 현상이 아니라 80년대 인물 상당수에 해당하고, 특히 인문학 분야 지식인이 이공계열 지식인보다 90년대 들어와서 주변화되었다는 느낌을 더 많이 갖게 되는 것 같더군요. 당신이 말한 주변화와 다른 의미에서의 주변화 말입니다. 당신은 정통적인 흐름에 의해 주변화된 거니까요. 그런데 80년대에 이들 인문학 분야 지식인이나 예술가들은 사실상 발언권에 있어 중심적인 위치에 있는 주류에 해당했었죠. 80년대 드라마 〈하상〉河殤 같은 경우 얼마나 장엄했습니까! 리쩌허우李澤厚의 『미의 역정』美的歷程 같은 인문서가 당시에는 베스트셀러였잖아요. 류짜이푸劉再復 같은 사람이 그 당시 강연을 했다 하면, 문학주체성이니 중층성二重性이니 하는 무거운 주제인데도 수만 명이 몰려와서 들었다지 않습니까. 요즘 같으면 대형 콘서트에서나 볼 수 있는 풍경이죠. '몽롱파 시인'들도 당시에는 오빠부대가 있었고요. 그러니 당시 주류적인 위치에 있는 사람이 아무리 성찰하고, 따라잡는다느니 뒤따른다느니 해도 사실 그 불안감이란 게 그렇게 깊다고 보기는 힘든 거죠.

아청 아니죠. 49년 이후 모두를 무산계급으로 만들어 버렸기 때문에 모두가 통제불능의 상황에 빠지게 된 겁니다. 중국의 지식인은 사실 기득권 계층이에요. 경제적인 면에서 볼 때 최소한 그들은 복지 혜택은 누릴 수 있었잖습니까. 방금 말했듯이, 예전에는 저도 이 문제에 대해 아무 것도 몰랐는데 삽대揷隊 이후 농민들의 삶을 통해 역으로 알게 된 거예요. 농민들은 의료보험도 없고, 토지조차 자기 소유가 아니에요. 정말 그들에겐 아무것도 없어요. 생존마저 이리저리 위협받곤 하죠. 근데 도회지 사람들 같은 경우 이미 어느 정도 돈은 만지고 있으면서 모두가 좀 더 많이 가지려고 다투는 거였잖습니까. 지청知靑이 나중에 도시로 돌아오려고 애썼던 것도 사실은 기득권 집단으로 복귀하고 싶다는 말이었던 셈이죠. 최소한 상품량商品糧*을 사 먹을 수 있는 테두리 안으로 되돌아오는 거니까요. 농민들은 근본적으로 다툴 게 없어요. 그들은 그 내부에 포함되어 있지 않았으니까요. 작가들을 예로 들어 볼까요? 중국작가협회는 장관급[部一級] 조직입니다. 그 아래로 성급省級, 시급市級으로 세분화된 조직 모두가 기득권 집단이라 할 수 있어요. 그러니 중국에 무슨 문단이 있습니까? 관방[官場]만 있을 뿐이죠.

자젠잉 문단이나 관방이나 기본적으로 동일한 구조이죠. 그건 중국 역사에서도 발견할 수 있습니다. 왕조 시기에 누군가 조정의 시인, 이른바 어용문인이 되면 이백李白의 경우만 봐도 기세등등한 고력사高力士가 신발을 벗겨 주기까지 했지 않습니까? 그런 작가의 지위가 어느 정도였는지 짐작할 수 있는 거죠.

아청 중국은 줄곧 관리가 되어야만 자기 가치를 드러낼 수 있는 관본위의 사회였죠. 공부는 왜 합니까? 관리가 되기 위해서죠. 제도가 만들어졌고, 특히 과거가 시행되기 시작한 수당 시대 이후 관본위제는 더욱 심해졌습니다. 80년대 초 부친이 우파 신분에서 벗어나 원래의 신분을 회

---

* 상품으로의 유통을 목적으로 생산한 양식. 도시와 농촌의 차별정책에 의해 "상품량을 사 먹을 수 있다"는 말은 배를 굻지 않는다는 말을 넘어 신분상승을 의미했다.

복하려 할 때 제가 이렇게 말했습니다. 왜 바꾸시려는 겁니까? 자기 인격을 아직 스스로 세우지 못했단 말입니까? 오늘 그들이 아버지를 인정해 준다 해도, 내일이면 언제 그랬냐는 듯 부정해 버릴 수도 있잖아요. 그걸 부정할 수 있는 권한이 그들 손아귀에 있단 말입니다. 물론 제 말이 인간적으로 좀 심하긴 했죠. 그러나 전 이런 생각을 〈부용진〉芙蓉鎭의 시나리오에 반영하여 [문혁 종결 후 명예회복되었음에도 불구하고] 친수톈秦書田이 문화관장이라는 자리를 거부하는 것으로 영화를 마쳤습니다. 영화를 보고도 관객들이 친수톈의 선택에서 아무것도 깨닫지 못했을까요? 관리가 되게 했어야 관객들을 이해시킬 수 있었을까요?

자젠잉 그렇지만 그들은 안 돼요. 딩링丁玲을 보세요. 『샤페이 여사의 일기』沙菲女士日記를 쓴 사람이잖습니까! 근데 나중에는 상부에서 그녀에게 내린 평가를 얼마나 중시했습니까! 나 참.

아청 그러니 하는 말인데 우파 자체가 무슨 문제가 있었던 게 아닙니다. 당신네의 그 국가와 그 당이 그런 식으로 한 국민을 대할 수는 없는 거였어요. 생활수준을 하락시키고 자유를 제한하는 방식으로 말입니다. 요즘 길거리에 나가 자신이 우파라고 외쳐 보세요, 누가 거들떠나 보나요? 요즘은 우파가 되고 싶어도 쉽지 않을걸요?

자젠잉 최근에 반우파투쟁을 회고하는 책들이 모두 베스트셀러가 되었죠. 장이허章怡和의 책이 대표적이죠.

아청 그 책은 꽤 잘 쓴 책이고 제목도 좋아요. 메이즈梅志[작가, 후펑의 부인]가 몇 년 전에 후펑胡風에 관한 『지난 일은 연기처럼』往事如煙이란 책을 쓴 적이 있는데, 장이허의 이 책은 제목을 『지난 일은 결코 연기처럼 스러지지 않는다네』往事幷不如煙(홍콩판 제목은 『최후의 귀족』이다)라고 지었죠. 정말이지 지나간 일들이 연기처럼 희미하게 사라져 버리는 게 결코 아니죠. 그러나 이 책은 민맹(中國民主同盟)의 몇몇 주요 인물 때문에 반우파운동이 시작된 것이었음을 다시 한번 증명해 줍니다.

자젠잉 인터넷에 재미난 평론이 있더군요. 자기들은 원래 몰랐었는데 이 책을 보고 당시 특권계층의 인물들이 어떻게 살았는지 잘 알게 되었다, 게다가 이러한 특권적인 삶이 적극적으로 통일전쟁에 참여하여 공산당에 협조한 전력 덕분이란 것도 알게 되었다고 말합니다. 그런데 반우파운동이 그들 몇 명을 골라내기 위해서라고 말하신 이유는 무엇인지요?

아청 이 민맹 소속의 대부분은 1949년 이전 중국 내전 시기 제3의 세력에 속하는 사람들로, 그들은 (국민당과의) 화평을 주장했습니다. …… 그런데 공산당의 입장에서 볼 때 화평은 중국 전체를 장악할 수 없다는 의미입니다. 저우언라이가 당시 민맹 사람들 앞에서 속이 타서 어쩔 줄을 몰라 했죠. 1949년 이후 그들 중 많은 사람들이 중용되긴 했어요. 장나이치章乃器는 양식장관, 장보쥔章伯鈞은 정협부주석과 교통장관, 뤄룽지羅隆基는 정협상무위원政協常委과 삼림공업장관 등을 역임했으니 말입니다. 그러나 …… 마오쩌둥이 량수밍梁漱溟을 손봤을 때 일찌감치 제3의 세력 쪽 사람들은 조심했어야 합니다. 그런데 그들은 마오쩌둥과 마주앉아 천하를 논할 수 있으리라 착각하고 있었습니다. 마오가 애시당초 그들을 어떻게든 처리해 버리려고 했다는 것은 모르고 있었던 거죠. 마오가 좀 조급하긴 했죠. 그래서 결국, 중층과 하층의 우파들까지 싹 쓸어 버린 겁니다.

자젠잉　한바탕 피바람이 불었죠.

아청　한바탕 피바람이 불었습니다. 반우파투쟁의 근원은 공산당과 그 옛날 제3의 세력 간의 역학관계에 있습니다. 마오가 "상황이 지금 변화하고 있는 중이다", 이것은 "왜인가" 등의 말을 한 것은 모두 민맹의 태도를 지적한 것입니다. 덩샤오핑은 80년대 초 몇몇 우파의 신분을 '바로잡는'改正 데 동의하지 않았는데, 그들은 모두 예전 민맹 소속의 사람들이었습니다. 그는 반우파운동이 '확대화'된 점을 인정했는데,* 확대화가 가리키는 건 민맹 이외의 사람, 즉 당 내외의 고위층과 중간층, 하층을 포괄하는 사람들로의 확산을 말하는 겁니다. 특히 하층 우파에까지 불똥이 튄 것을 지적한 거죠. 요즘 시각으로 이 책을 보면 그런 생각도 듭니다. 허, '반우파운동'이 시작되어도 '문화대혁명' 이전까진 그래도 당신들 사는 게 상당히 괜찮았구먼! 이런 부분이 이 책이 주는 예상치 못한 효과의 하나가 아닐까 싶습니다.

자젠잉　자동차도 굴리고 다녔잖아요. 차도 없던 사람들은 억울한 죽음인 줄 알지도 못했는데, 그들은 사실 정원이 갖춰진 집에 복무원까지 부리면서 살았잖습니까.

아청　장이허가 청두成都에 머물다가 위험을 느끼고는 공항으로 가 베이징에 비행기로 돌아오는 장면이 있더군요. 당시 그게 얼마나 대단한 겁니까? 비행기표 살 돈도 있었던 거잖아요. 가오얼타이高爾泰가 쓴 『고향

---

* 덩샤오핑은 1978년 "반우파운동은 잘못되지 않았다. 극소수 우파분자에 대한 공격은 정확한 것이었고 필요한 조치였다. 잘못은 확대화에 있다. 우파로 잘못 편입된 사람들을 바로잡을(改正) 필요가 있다"라는 요지의 발언을 했다.

을 찾아서』尋找家園에서 묘사하고 있는 건 완전히 다른 풍경이에요. 하층 우파에 관한 이야기이고, 그게 보다 보편적인 것이었습니다.

자젠잉 당시 그들이 집에서 파티를 할 때 서비스를 하던 복무원이 몇 명이나 있었습니까. 레스토랑에 손님을 초대하여 서양 요리를 먹기도 했고요. …… 당시 월급으로 그런 게 가능했겠어요?

아청 대단한 거죠.

자젠잉 그러니 계급을 없앤다는 말도 절대적인 게 아니었던 거죠. 내부에는 여전히 등급이 있었으니까요. 아, 80년대 이야기로 되돌아가는 게 좋겠군요. 당시 지식인의 기득권이 위협받은 게 아니었다고 한다면, 그들의 불안이란 게 좀 우스꽝스러우면서도 근거가 부족한 거였다고 보시는 겁니까? 아니면 그들이 확실히 진실한 문제를 제시한 것인가요?

아청 문제야 진실한 것이었죠, 그렇지 않다고 하기는 힘듭니다. 그러나 만약 그들의 생활이 좀더 진실했다면 동일한 문제가 그런 식으로 제시되지는 않았을 겁니다.

자젠잉 이런 이야기는 들어 보셨는지 모르겠네요. 아마 주쉐친朱學勤이 쓴 글인 것 같은데, 어쨌든 90년대 사람들이 80년대를 되돌아보며 비판할 때 당시를 "형가荊軻가 공자를 암살"한 시기였다고 말한다는 거였어요. 즉 '문화열'이란 게 거짓 명제라는 말이죠. 형가는 원래 진시황 암살을 시도한 사람 아닙니까. 이 역사적 사건을 떠올리면 당연히 전제정치의 문제가 제기되어야 마땅합니다. 그런데 죽을까 봐 누구도 진시황을 찌르지 못하니, 공자를 암살하고 전통문화를 비판하게 되었다는 말입니다. '심근'도 나중에는 전통을 끄집어내서 보물로 받들려는 게 아니라 오히려 그걸 비판했었죠. 한사오궁도 아름다운 초楚 문화니 어쩌니 했지만 나중에는 「아빠빠빠」爸爸爸를 썼지 않습니까? 그건 아마도 '5·4시기'의 국민성 비판과도 어느 정도 관계가 있을 겁니다.

아청 그렇죠.

자젠잉 중국 전통의 보수적이고 우매한 일면을 다시 드러내서 표적을 삼는 거죠. 결론은, 이러한 전통이 있었기 때문에 우리는 서양보다 낙후한 것이다, 때문에 우리는 훗날 '문혁' 등등을 겪게 된 것이다, 라는 거죠. 그 뿌리는 재난을 가져다주는 뿌리로 변해 버린 겁니다. 결과적으로 문화적인 영향이나 전승이 아니라 자아부정으로 변질되어 버렸던 거죠.

아청 뿌리찾기(심근)는 원래의 이데올로기로 되돌아가게 만든 거였지 새로운 지식과 문화의 구성을 증가시켜 주진 않았어요. 좀 성가신 존재가 되어 버린 거죠.

자젠잉 그래서 당신이 보기에 심근의 원래 의도는 좋은 것이었겠죠. 전통을 찾고 문화적 자원을 찾는 것이었으니 찬성한 것이기도 하고요.

아청 그래요. 전통을 찾는 것도 좋고, 서양을 찾는 것도 좋아요. 그래야 지식구조와 지식의 구성이 좀더 풍부해지고, 원래의 그 이데올로기에서 벗어나 좀더 넓게 바라볼 수 있게 되는 것이죠. 근데, 어째서 결국 다시 되돌아가 버리는 건지!

자젠잉 혹시 심근파에 속한 사람들이 원래 가지고 있던 지식 구성과 사유방식이 배후에서 전통을 바라보는 그들의 태도에 영향을 줬던 건 아닐까요? 결과적으로 그들이 볼 수 있었던 것은 비교적 부정적인 것들, 온통 버려진 찌꺼기들이었을 겁니다. 그 중국은 그래도 다시 왔어야 했죠. 그 마지막이 〈하상〉인데, 이 또한 위에서 하달하는 식의 담론 형태로, 과거의 황토 문명을 끄집어내어 총체적으로 비판을 가했습니다. 정치에서 문화까지 모두 전제적이고 모두 낙후되었다며, 그게 오늘날 우리가 낙후한 원인이라는 식이었죠. 그러면서 서양의 해양문명이 우리가 지향하고 추구해야 할 것이라는 주장을 담고 있었어요. 아마도 1988년 전후였던 것 같은데 89년[톈안먼 사건] 직전에 방영되었죠. 때문에 우리가 만약 '80년대에 내재적인 발전논리가 있었는지 살펴보자'는 식으로 거칠게 귀결시키려 한다면 아마도 결국 〈하상〉과 같은 길을 걷는 게 아닐까 싶은데요. 그럴 가능성이 없을까요?

아청 아마도 그렇게 될 것 같습니다.

자젠잉 아마도 전통에는 엉터리 같은 것도 적지 않아 현대인이 모조리 받아들이긴 힘들 겁니다. 어떤 건 고대 농업경제에서 만들어진 것이라 당시에는 지혜였고 합리적이었지만 지금같이 공업·정보 시대에 살고 있는 우리의 생활에는 그다지 맞지 않게 되었습니다. 그러나 하나의 민족은 개인과 마찬가지여서, 어쨌든 자신의 집안 내력을 직시하고 인정할 수밖에 없죠. 어쨌든 어느 정도는 전승되기 마련이니까요. 근데, 맨날 부수고 비판하고 자아부정만 하다가 "백지에 가장 새롭고 아름다운 그림을 그려 보자"라고 선언하는데, 그건 항상 초등학교 1학년에 새로 입학하는 꼴이죠. 천진난만한 거야 나쁠 것 없지만 그렇게 해서 만들어진 새로움이란 항상 유아 수준을 벗어나기 힘들 겁니다. 그게 아니라면 남의 걸 몽땅 베낄 수밖에 없을 테고요. 그들은 오히려 계속하여 축적해 온 것인데 말입니다.

    우린 항상 미국은 건국한 지도 얼마 되지 않아 문화적 전통이 결핍되어 있다고 말하곤 하는데, 미국에 몇 년만 살아보면 그들이 자신의 자그마한 역사적 흔적 하나도 얼마나 세심하게 보호하는지 알게 될 겁니다. 뉴욕만 해도 일이백 개나 되는 옛 집, 옛 거리를 보호하는 협회가 있어요. 뉴욕의 풍경이 그렇게 다양하고 풍부한 게 조금도 이상할 게 없는 거죠. 베이징을 한번 살펴보세요. 7, 8백 년의 역사를 지닌 도읍이 이리저리 훼손되고 철거되어 지금 이 꼴이지 않습니까! 설마 우리가 싱가포르와 견주어야 한다는 말입니까? 얼마 전에 미술계에 있는 미국 여성을 만났는데 요즘 베이징의 새로운 건축물들에 굉장히 반감을 보이더군요. 너무 보기 싫다고 말입니다. 먹다 남긴 요리 같답디다. 그 말을 듣고 쥐구멍이라도 들어가고 싶더군요. 말이 너무 멀리 나갔네요. 어쨌든 제 생각에 전통을 대하는 80년대의 태도는 지나치게 단순했고 흑백이 분명한 것으로, 상당히 급진적이었던 것 같습니다. 천단칭이 말한 것처럼 '홍위병문화'와 비슷한 것이죠. 천단칭은 아방가르드 예술에 대해 논하면서, 사실 80년대의 많은 것들이 아방가르드이든 자유주의이든 상관없이 권위적이고 교훈적인 담론 방식이 상당히 보편적이었다고 말했었죠.

아청 그래요, 그게 바로 권력의 이데올로기이죠.

자젠잉 그렇다면 당신이 보기에 80년대의 '문화열'은 그다지 성공적이지 않았다고 생각하는 건가요?

아청 그런 건 어쨌든 별로 중요하지 않은 것 같습니다. 되돌아보면 정말이지 왜 그렇게 되풀이되기만 했는지 모르겠어요. '5·4운동'이 한 번 성공하자 너무 쉽게 그것만 따라하려는 심리겠죠. 루쉰이 나중에 「술집에서」在酒樓上를 썼지 않습니까? 그 단편을 통해 그 시대를 살아가던 사람들이 왜 항상 그 모양인지 잘 묘사했잖아요. 풀이 죽은 거죠.

자젠잉 왜냐하면 원래 신해혁명의 성공으로 이런 문제들이 다 해결될 것으로 생각했는데 지나고 보니 조금도 해결되지 않으니까 술이나 마시면서 풀이 죽어 버린 것이겠죠. 그래요, 아마도 그게 80년대에는 기세등등하게 끗발을 날리다가 90년대 들어 갑자기 의기소침해진 일부 사람들을 잘 설명해 줄 수 있을 것 같군요. 원래 공기로 팽팽하던 공이 갑자기 김이 빠져 버린 거죠.

아청 그런 사람들은 「술집에서」의 주인공 웨이렌수魏連殳와 비슷합니다. 장청즈張承志도 심근파에 속한다고 볼 수 있죠? 그가 「북방의 강」北方的河이란 소설을 쓴 적이 있는데, 채도彩陶 같은 것에 관한 내용이었어요. 소설의 주인공은 대학원생인데, 사실 지식인의 태도와 경험을 이야기한 것이라고 볼 수 있습니다.

자젠잉 자전적 색채가 좀 풍기죠. 자기도 사회과학원의 대학원생이었으니까요, 민족사를 연구했다던가.

아청 장청즈가 완성한 것은 문화적 구성의 갱신이었습니다.

자젠잉 그의 『심령사』心靈史는 90년대에 쓴 것이죠. 80년대 그의 작품에는 아직 회족回族에 관한 이야기는 없었어요.

아청 생활에서는 있었죠. 제 기억에 80년대에 이미 그는 음식 구조를 바꿨는데, 그후에야 진정한 자기 뿌리를 찾은 셈이라고 할 수 있겠죠.

자젠잉 「진흙 오두막」黃泥小屋에서는 회족에 관한 이야기가 그다지 중요하게 거론되지 않았던 것 같은데요.

아청 「진흙 오두막」에서 이미 시작되었죠. 청진사淸眞寺〔이슬람 사원〕에 관해 쓴 것도 있는데 제목은 잊어버렸네요. 그는 먼저 한족과 구별하려고 했어요. 우선 거기서부터 시작한 거죠. 그 다음은 신에게 귀의하는 거였습니다. 종교로 진입하면서 지식이 새로워졌죠.

자젠잉 '심근파'에 속한 인물들은 나중에 제각기 다른 길을 걸어 다양한 모습을 보여 줬지요.

아청 아무 상관없어요. 모두 느슨해지고 흔들렸지 견고한 기반이 있는 게 아니었으니까죠. 가능성이 나타나기 시작한 거라고 봐야죠. 요즘 중국의 옛 경전 읽기를 제창하는 사람들도 있던데, 전 그들이 왜 그런 지식구조를 필요로 하는 건지 잘 이해하지는 못하겠지만, 그런 게 제시되고 일부라도 실행된다면 조금씩 상이한 지식구조가 나타나게 될 것입니다. 제 말은 뿌리를 찾고 말고는 중요한 게 아니라는 거죠. 중요한 건 우리의 지식구조를 바꿔야 한다는 것입니다.

자젠잉 철판처럼 딱딱한 원래의 황무지〔알칼리성 토양〕를 개선시켜라.

아청 예, 그렇게 많은 사람의, 십 몇 억의 지식구조가 똑같잖습니까!

자젠잉 아주 완만한 과정을 거쳐야겠군요.

아청 아주 완만히 진행될 것입니다. 어쨌든 80년대에 시작되었으니, 지금은 성패를 거론할 단계가 아니라 그저 그게 시작되었다, 라고만 말할 수 있겠습니다.

자젠잉 저도 베이징의 일부 사립학교에서 공자·맹자를 가르친다는 말을 들었습니다. 그러나 그런 학교가 얼마나 되겠습니까? 게다가 경전을 읽는 것은 시가나 문학경전을 읽는 것과는 달리, 명확하게 덕육德育을 목표로 하고 군자를 양성하는 것으로 엘리트 색채가 강하게 풍깁니다. 그건 고대 농경 왕조사회에서 필요했던 엄격한 등급질서와 현대 민주이념 간의 장력을 어떻게 인간적으로 조정하고 이해하는가, 라는 문제와 연관되는 것이죠. 아마 이쪽 방면으로는 타이완의 경험을 빌려 와야만 할 것 같습니다. 그들은 초등학교, 중학교 때부터 『사서』를 읽으면서 아무렇지도 않게 대선을 치르지 않습니까? 게다가 급진적인 페미니스트까지 활동하고 말입니다.
　이런 문제는 어떻게 생각하십니까. 90년대 들어 상업화가 극심해졌는데, 그게 당신이 말한 문화적 구성, 지식구조에 미친 영향은 어떤 것일까요? 거의 상반되는 두 가지 평가가 존재합니다. 한쪽에선 상업화가 원래의 정치적 이데올로기를 느슨하게 하여 새로운 개인 공간을 제공했다고 평가하죠. 70년대 이후 출생한 사람들은 지식 형성기에 기본적으로는 그래도 예전보다 느슨한 환경에서 성장했기 때문에 어느 정도 개인화되었다고 보는 거죠. 다른 한편 비판적인 태도도 상존합니다.

신좌파나 문화비평에 종사하는 사람들이 대표적인데, 그들은 비교적 상업화가 문화와 교육에 가져다준 충격을 강조하고 그것의 타락성을 우려하며, 게다가 그것이 새로운 이데올로기의 일종이라고 생각합니다. 물론 케케묵은 정치적 이데올로기를 와해시킬 수는 있겠지만, '네오맑시즘', 예를 들어 프랑크푸르트 학파의 이론적 측면에서 봤을 때 자본주의 상업문화는 일종의 '일차원적인 인간' one dimensional man을 만들어 냈다고 보는 거죠. 원래는 정치 편향의 일차원적 인간이었다면 이제 다른 방식의 일차원적 인간, 즉 기술 편향의 일차원적 인간, 소비 편향의 일차원적 인간이 되었다는 말이죠. 여전히 풍부하지 않고 여전히 생기가 없어요. 이런 문제에 대해서는 어떻게 생각하십니까?

아청 사실 문제설정 자체가 다르지 않나요? '네오맑시즘'이 마주하고 있던 것은 성숙한 자본주의입니다. 특히 유럽에서는 빈부의 차이라는 문제는 이미 대체로 해결되었지요. 환경 자체가 너무 다릅니다.

자젠잉 문맥이 다르긴 해요. 서양은 이미 성숙한 시장경제와 거대한 중산계급을 보유하고 있죠. '신좌파' 진영은 어떤 서양 이론을 가져와서 그와는 다른 역사 단계에 있는 중국에 적용하여 제맘대로 분석한다는 점이 문제입니다. 이 오리머리는 저 시녀머리가 아니죠.* 비슷하지만 뭔가 아귀가 맞지 않는 왜곡이라도 서재에서 자기들끼리 그러는 거야 누가 뭐라겠습니까? 그런데 매체나 사회에 유통되는 순간 진실한 문제와 문제의 진정한 근원을 혼동시키는 결과가 야기됩니다.

---

* "이 오리머리는 저 시녀머리가 아니니, 머리에 계화유(머릿기름)가 없다네." (『홍루몽』 62회) '오리머리'(鴨頭)와 '시녀'(丫頭)는 중국어로 발음('야터우')이 같다. 현상적으로 유사하다고 갖다 붙이는 행태를 비꼬기 위한 표현이다.

아청 그렇죠. 비슷한 예를 중국의 부자들에게서 발견할 수 있어요. 베이징에서 가장 좋은 집을 구입하여, 가장 좋은 구역에서 살지만, 결국 그 구역 바깥의 지저분한 환경을 해결할 수는 없지요. 그런 사람들은 돈이 아무리 많아도 해결할 수가 없죠.

자젠잉 호화주택을 나서기만 하면 도로 곳곳이 파헤쳐져 있는데 말이죠.

아청 곳곳이 파헤쳐져 있죠. 그들이나 가난한 사람이나 똑같이 오염된 공기를 마십니다. 돈이 많을수록 그런 상황이 거북하게 느껴지죠. 평균 수입 천 달러의 시대인데, 더 많아지면 위험해져요. 평균 수입 5천 달러가 됐을 때 라틴아메리카가 붕괴했잖습니까. 아르헨티나가 대표적이죠. 평균 수입 천일 때 최소한의 사회복지 시스템을 점검하고, 세금 수입을 사회에 환원하는 등의 노력을 시작해야 합니다. 그게 안 된 상태에서 앞으로만 나아가면, 5천이 될 때 결국······. 라틴아메리카가 바로 서양의 이론대로 하다가 그 모양이 된 거잖아요. 중국도 이제 천 달러의 시대라고 선포했잖습니까? 제대로 못하면 3천만 돼도 붕괴할 수가 있어요.

자젠잉 그럼 안 되죠. 자, 그럼 이제 과도한 상업화가 가져온 문제에 대해 이야기해 볼까요? 혹시 순서가 잘못되었다고 생각하십니까? 비가 오지도 않았는데 수재 걱정부터 하는 식으로 말입니다.

아청 상업화? 중국에 무슨 상업이 있습니까? 상업이 무슨 뜻인데요? 최소한 건전한 신용제도와 건전한 금융 시스템이 갖춰져야 상업이 가능하죠. 그게 없으면 상업은 절대 불가능합니다. 더욱이 '~화'란 말은 가당치도 않아요. 지금 중국에서 행해지는 건 훔치고 빼앗는 거죠. 그저 어떤 사람은 좀 많이 빼앗고, 어떤 사람은 좀 적게 빼앗고, 대부분의 다른 사람들은 뺏을 능력이 없고. 국가 소유의 것을 빼앗아 사유화시키는 식이죠. 주식시장도 결국 붕괴될 건데, 전 주식 할 돈도 없긴 하지만, 주식투자자들이 빼앗기는 걸 보면 무서운 기분밖에 들지 않더군요. 93년인가 94년인가엔 국채도 빼앗아 가지 않았습니까?

자젠잉 그럼 당신은 이런 주장에 동의하지 않으시겠네요. 과거 중국인들은 항상 정신적인 것을 강조했다, 왜냐하면 마오쩌둥 시대의 담론이 일종의 정신담론으로, 정신을 가장 중시했기 때문이다, 요즘은 물욕이 범람하여 정신은 아무런 가치 없는 것으로 인식된다. 이런 식의 비판이 요즘 유행하고 있어요. 중국인은 시계추와 같아서, 원래 한쪽 극단에 치우쳐 있다가 이제는 다시 다른 쪽 극단으로 몰려 있다고들 하죠.

아청 상업 또한 정신적인 것입니다. 상업에는 위험이 따르기 마련인데 정신 없이 그 위험을 어떻게 감수하겠어요? 일류의 상인들은 일류의 정신적인 소양을 갖추고 있어요. 물론 일류의 정신적 소양을 갖춘 사람이 일류의 상인이 되는 건 아니지만 말입니다. 공자에게 어떤 학생이 물었죠. 선생님 같은 방식을 누가 산다고 하면 파시겠습니까? 『논어』에 기재된 바로는 연달아 세 번 "팔아야지"라고 했습니다. 당시 공자의 수행제자였던 자공子貢은 춘추 말기의 일류 상인으로 국제적인 무역을 경영하고 있었어요. 국제 분쟁을 해결한 적이 있을 정도로 실력을 갖춘 사람이었죠. 근데 공자가 죽은 후 다른 학생은 삼년상을 지내는데 자공만이 육년상을 지냈어요. 6년 동안 장사를 못하는 게 한 상인에게 어떤 의미인지 모르는 사람이 어디 있겠습니까. 증자曾子가 자공에게 충고하러 갔더니, 자공의 대답이 글쎄 자신의 선생님에 대한 감정은 육년상을 지내야만 충분하다고 했다더군요. 이것이 바로 2천 5백 년 전 중국의 한 일류 상인의 정신입니다. 베버가 자본주의 정신과 프로테스탄티즘의 윤리의 관계에 대해 강의하지 않았습니까? 제 생각엔 지금 중국에 아직 상업은 없습니다. 오직 권력이 일부 자원을 풀었는데, 능력 있고 뒷배경이 있거나 우연히 기회를 잘 잡은 일부만이 풀려난 자원을 제때 거머쥐었을 뿐입니다. 이걸 상업이라고 할 순 없지요.

자젠잉 바로 허칭렌何淸漣이 『현대화의 함정』現代化的陷阱에서 말한 것처럼, 원래 국유재산이던 것이 권력과 뒷줄이 있어 그걸 장악할 수 있는 사람의 수중에 들어간 것이군요.

아청 그렇죠. 그걸 어떻게 상업이라고 할 수 있겠어요? 상업이 아니죠. 말씀하신 책은 한번 읽어 봐야겠군요.

자젠잉 초창기에 하이난海南과 선전深圳으로 간 일부 중국인을 보면 미국 서부 개발의 역사와 유사하다고 생각되지 않으십니까?

아청 예?

자젠잉 어떤 측면에서 보면 비슷한 것 같아요. 두 경우 모두 통제가 약한 지역으로 많은 외래인이 유입되어 모조리 빼앗아 갔지 않습니까! 폭력을 동원하여, 강제로, 이건 내 거야! 라고 선언하는 식으로 말입니다. 그러나 이런 유사함에도 불구하고 중국적인 특색을 풍기고 있긴 하죠. 실제로 그것들은 여전히 국유재산이었죠. 토지며 대출금 등 모두 상부에서 통제하는 사람이 있었고, 여전히 권력과 뒷거래가 있었으며, 그게 가능한 위치에 있는 사람만이 장악할 수 있었으니까요. 참새에게 방앗간을 맡긴 격이었죠. 땅을 개척하고 금광을 채굴하던 카우보이들과는 다른 방식이에요. 그들은 그래도 자기들 능력으로 빼앗았으니까요.

아청 만약 최고 권력이 없다면 그건 일종의 자연 상태와 같을 것이고, 아마도 그 자연 상태는 야만적일 것입니다. 우리가 처한 상황은 자연 상태가 아니지요.
　　　개혁개방을 이야기한 지 벌써 여러 해가 지났습니다. 그러나 제가 생각하는 개혁개방은 권력을 장악하고 있는 정체政體를 개혁하고 집중된 자원을 개방하는 것입니다. 각 부서가 서비스 기구와 정보 기구가 되어 자원을 한 단계씩 아래로 개방시켜 손에 쥐고 있는 건 계획뿐이어야 합니다. 그렇게 개방시켜야 시장이 출현할 수 있을 겁니다. 이런 게 89년에 일어났어야 마땅했어요.

자젠잉 그쪽 방면의 개혁은 단숨에 10여 년을 얼어붙게 해버렸죠.

아청 지체된 그 몇십 년 동안 권력을 가진 자들이 빼앗기 시작해 부패와 강탈은 친형제가 되었죠. 때문에 제가 보기에 문제는 시장에 있는 것이 아닙니다. 시장은 왜소하기 그지없는 데다 불공평합니다. 좋은 것이든 나쁜 것이든 결코 제자리를 찾지 못해 이제 거의 숙명처럼 되어 버렸어요. '신해혁명'이니 '5·4운동'이니 하는 등등이 모두 그렇죠. '심근' 또한 마찬가지입니다.

자젠잉 (웃으며) 다시 우리 주제로 되돌아가는 게 어떨까요? 결국 '뿌리'는 찾을 수 없었던 거네요.

아청 '심근'은 새로운 지식구조를 만들지 못했습니다.

자젠잉 그렇지만 그때 물길을 틀긴 했잖아요. 누군가가 그 뒤를 이어 나갔다고 보지는 않습니까?

아청 제 생각에 그걸 제대로 하려면 전복성이 있어야 돼요. 전 왕쉬王朔를 비교적 중시하는데, 그는 정말로 전복적입니다. 80년대 후반에 찬쉐殘雪, 위화余華 등 일군의 선봉작가들이 출현했는데요, 그러나 제가 보기에 공화국의 언어, 리퉈李陀가 말한 마오쩌둥 문체와 견주어 봤을 때 선봉작가들은 새로운 상을 차린 거지 원래 있던 커다란 잔칫상을 뒤집을 수는 없었어요. 왕쉬만이 원래의 공화국이라는 잔칫상에다 새로운 맛의 국수를 선보였던 거죠. 맛이 완전히 달라졌는데 그걸 여전히 국수라 할 수 있을까? 혹시 자리를 잘못 앉은 게 아닐까? 이런 의문을 품게 만들었어요. 그런 게 바로 전복이죠. 왕쉬의 언어에는 마오쩌둥 어록의 언어도 있고 정치적 유행어도 있어 어디서 들어본 듯 익숙하지만 원래의 그것과는 완전히 달라졌다는 느낌을 줬습니다. 왕쉬의 작품을 시작으로 공화국의 언어 전체가 변화하기 시작했어요. 관방매체인 중앙TV의 사회자들까지 왕쉬의 말투로 이야기할 정도니 그 전복의 힘이 얼마나 대단합니까. 그러나 어떤 사회자도 찬쉐의 말투로 말하지는 않죠. 그건 전복성이 없을뿐더러 아방가르드avant-garde의 의미 그대로의 선봉의 효과도 없었다는 말입니다. 왕쉬만이 할 수 있었어요.

자젠잉 언어형식, 서술형식과 관련된 것이겠죠. 중국문학 전통의 주된 흐름은 사실주의였습니다. 그 안에 아무리 괴상한 것을 넣어도 그렇고, 불교나 도교와 관련된 내용을 넣어도 마찬가지인데, 언제나 이야기와 인물이 있고, 게다가 재미 속에 교훈이 숨겨져 있어야 합니다. 여전히 이런 주류 전통의 내부에서 실험을 해야만, 비로소…….

아청 그래야만 전복을 할 수 있죠.

자젠잉 만약 정말로 다른 새로운 길을 가고 싶었다고 항변해도 한계는 분명합니다. 80년대의 많은 실험들이 영감의 주요 원천을 외래적인 것에서 찾았죠. 찬쉐 같은 경우 특히 카프카의 영향을 많이 받았고, 모옌은 포크너, 가르시아 마르케스의 영향을, 거페이格非, 위화 등은 누구나 그 배후에 드리워진 구미 모더니즘 번역문학의 그림자를 감지할 수 있을 겁니다. 위화의 「어떤 현실」現實一種을 예로 들면 마치 중국 역사나 문혁 같은 것에 대해 언급하고 있는 듯하지만 그걸 서술하는 방식은 중국 소설 전통에서 나온 게 아니죠.

아청 그게 바로 새 상을 차린다는 말인 거죠.

자젠잉 현지의 재료를 써서 서양식으로 만든 동서양 퓨전요리라는 느낌이 들어요. 그런 음식점도 한 자리 차지하긴 해야겠죠. 다양성을 위해서 말입니다. 그러나 고객은 아마도 대학생이나 문학청년 등 그 맛을 아는 일부 대중에 한정되는 것 같네요. 저도 20대에는 언어유희를 즐기던 그런 실험소설을 즐겨 읽었어요. 읽기 습관이 딱딱하게 굳어진 전통적인 것에 비해 신선하다고 여겼던 거죠. 근데 곧 질려서 고전을 다시 읽으면 읽었지 그걸 다시 펼치게 되지는 않더군요. 서양 현대문학 중에서는 그래도 러시아 소설이 가장 여운이 오래 남아 다시 한번 읽어 보고 싶어집디다. 동유럽과 중유럽의 일부 작가도, 아마 우리와 마찬가지로 '혁명'

경험을 공유하고 있어서인 것 같은데, 당신이 이야기한 문화적 구성의 문제를 언급하고 있더군요.

　왕쉬의 영향에 대해 보충하자면, 당신이 말씀하신 영상매체뿐만이 아닌데요. 얼마 전에 궈징밍郭敬明이란 어린애가 쓴 소설을 본 적이 있는데 아주 재기가 넘치더군요. 「꽃이 얼마나 졌는지」花落知多少라는 중편을 썼는데, 언어감각이 왕쉬의 것을 모방한 것으로 보이더군요. 몇몇 도시 청년들의 입심 자랑이며 은어 등을 거침없이 내뱉는 게, 온통 베이징 토박이 말투더군요. 근데 굉장히 순정적이에요. 그냥 보기엔 건달들 같은데 속마음은 모두 로미오 줄리엣이라 '센티멘털'sentimental〔중국어로는 '시큼한 찐빵' 酸的饅頭〕의 극치를 달리죠. 물론 이야기를 몇몇 부잣집 자제와 화이트 칼라 중심으로 풀어 가고, 이리저리 짜깁기한 흔적이 강하며, 종종 일본 만화를 연상시키긴 합니다만. 나중에 궈징밍이 베이징 토박이가 아니라는 말을 듣고, 어떻게 그렇게 쿨하면서도 센치한 베이징 오렌지족을 생생하게 그려 냈을까 신기하더군요. 이런 어린애들도 왕쉬를 배운 거죠.

아청　이제 모두들 마오쩌둥 문체를 듣기만 하면 웃긴다고 생각할 겁니다. 왜 그럴까요? 왕쉬가 맛을 변화시켜 버렸기 때문이죠. 왕쉬는 전복자입니다. 제 친구 형이 베이징대학 교수로 있는데, 왕쉬의 이름을 쓰기만 하면 그 위에다 'X' 표시를 두 개 한다더군요.

자젠잉　문자 그대로 '문혁' 文革〔문장의 혁신〕이 된 거네요.

아청　그러니, 우리가 좀 전에 말한 한사오궁의 심근은, 최소한 일종의 새로운 지식구성을 찾는 것이어서 원래의 지식구조를 변화시킬 힘은 있겠거니 기대했었는데, 그 뒤를 이은 선봉파에 의해 도태되어 버렸어요. 왜냐하면 중국 백여 년의 역사 내내, 유행의 개념을 포함한, 선진적이라고 불리던 일종의 이데올로기가 있었는데, 결과적으로 모두 순식간에 사라져 버렸기 때문이죠. 근데 왕숴는 원래 있던 주류 구조의 위치를 바꿨을 뿐인데 그것들을 모두 해체시켜 버렸어요. 원래 있던 구조의 형태가 변형되어 버린 거죠.

자젠잉 이런 견해도 있어요. 제 기억으로는 다이칭戴晴이 말했던 것 같은데, 왕숴가 한 작업은 파괴이다, 옛것을 철거하긴 했지만 다시 건설하지는 않았다. 누가 건설적인 일을 해줄 건지 모르겠다. 그녀는 이러한 해체에 대해 긍정적이긴 하지만 그 속에서 새로운 것이 나오지 않아 실망스럽다고 했습니다. 그녀의 이런 견해에 동의하십니까?

아청 다이칭의 말도 일리는 있습니다. 에즈라 파운드Ezra Pound, T. S. 엘리엇T. S. Eliot 같은 사람들도 다른 문화의 말투를 끌어왔죠. 당시唐詩를 가져와 현대시를 만든다는 식으로 말이죠. 재미있는 건 귀신이 곡할 노릇으로 얼마 후 도리어 중국 시인들에게 영향을 줬다는 점입니다. 망커, 베이다오, 둬둬, 옌리 같은 시인들이 대표적이죠. 왕숴가 한 것은 해체입니다. 그는 정통 문체를 뒤틀어 변형시켰죠. 그 변형이 어떤 결과를 불러일으켰는데, 이제는 어떻게 들어 봐도 원래의 그 말이 웃기게 생각된다는 겁니다.

자젠잉 신성한 것을 우스꽝스럽게 비틀었던 거로군요.

아청 그렇죠. 게다가 왕숴는 일종의 새로운 문체를 만들었어요. 일종의 벌거숭이 임금님의 새 옷을 알아볼 수 있게 해주는 문체, 그게 뭘 말하는지 마음속으로 깨달을 수 있게 해주는 문체를 만든 거죠. 이런 걸 일종의 건설이라고 해야 되지 않을까요?

자젠잉 당신도 80년대에 창작을 하셨는데, 그걸 하나의 사건으로 간주하십니까?

아청 좋게 말해서 하나의 사건이지, 새로운 문체를 만들어 내진 못했습니다. 저를 형성하고 있는 건 보편성보다는 우연적인 요소가 많아요. 독학의 결과물이어서 보편성을 갖추고 있지 못하죠. 만약 제 지식 구성이 모두의 지식구조와 같다면 제 작품도 보편적인 의미를 가질 수 있겠죠. 제 작품은 보편적인 의미가 없고, 그런 의미에서 개별적인 사건입니다.

자젠잉 90년대에 많은 글을 쓰셨잖습니까? 당신이 쓰신 『베니스 일기』와 『한가로운 이야기』 둘 다 읽어 봤는데, 아주 좋더군요. 그 이후로는 영화나 TV에 관련된 일을 더 많이 하시는 것 같던데, 그렇죠?

아청 경제적인 수입을 주로 영화나 TV 쪽 일을 해서 보충하죠. 글을 써서 베스트셀러가 되지 못하면 거렁뱅이 신세라는 걸 잘 아시지 않습니까? 음, 그것 말고도 『상식과 통식』常識與通識이란 책도 썼죠…….

자젠잉 『한가로운 이야기』 이후죠?

아청 예, 90년대 후반의 글모음집으로 『수확』收獲에 발표한 몇몇 글을 묶었어요. 사실 그것 또한 지식구조에 관한 이야기입니다. 현재의 상식 수준이 어떠한지에 대해 썰을 풀어본 거죠. 말하고 보니 제가 봐도 듣기 싫을 것 같아요. 상식이 없다고 말하는 거고 결국 그게 욕인 셈이니까요. 저는 물론 좋은 뜻에서, 상식 수준을 높이고 지식구조를 바꿔야 한다는 뜻에서 말한 것이지만 말입니다. 그 책은 이것저것 쓸데없는 말이 너무 많아요. 저는 글자 수를 맞춰야 하는 칼럼을 못 쓰기 때문에 어쩔 수 없이 이리저리 주절거리는 것이긴 한데, 사실은 모두의 지식 구성이 일변하기를 바랐던 것이죠. 변하기만 하면 허위적인 것은 결국 버려지게 될 것입니다.

자젠잉 잘 알겠습니다. 소설도 계속 쓰셨죠? 『90년대』에 발표한 작품들처럼 말입니다.

아청 예전에 썼던 걸 솎아 낸 것들이죠. 나중에 그걸 필기소설이라고 부르더군요. 원래 수백 편은 되는데, 너무 많다 보니 필연적으로 비슷한 게 너무 많아지더군요. 결국 둘 중 하나, 혹은 다섯 중 하나를 골라냈습니다. 마침 『90년대』에 발표할 기회를 얻어 솎아 낸 것을 선보인 거죠.

자젠잉 미국에 가신 건 몇 년도인가요?

아청 85년인가 86년인가 그랬죠.

자젠잉 돌아온 건요?

아청 98년부터 조금씩 왔다 갔다 하기 시작했어요. 주로 상하이를 갔었는데, 여동생이 상하이에 있기 때문이었죠. 대략 2000년 이후 무렵에 류샤오뎬劉小淀이 도와 줘서 기본적으로 베이징에서 머물게 되었어요.

자젠잉 그럼 미국에서 10여 년을 거주하신 셈이네요.

아청 눈 깜짝할 사이 10여 년이 흘러갔죠.

자젠잉 그래요. 저도 미국에서 거의 17, 8년을 살았으니까요. 천단칭은 뉴욕에서 거의 20년을 살았고요. 류쒀라도 십 몇 년은 되죠. 20세기에는 이런 작가들이 무척 많았어요. 살만 루시디, 나이폴 등 자신이 이민을 선택한 경우도 있고, 나보코프나 쿤데라처럼 망명을 떠나야 했던 사람도 있죠. 다른 나라, 다른 문화에서 장기간 생활한 경험이 당신에게는 얼마나 영향을 주었나요?

아청 전 별로 영향받지 않은 것 같습니다. 저는 어릴 때부터 온갖 잡동사니 책들을 읽어 상식에 대한 견해를 형성시켰습니다. 세계를 다녀 보니, 미국·프랑스·이탈리아·일본 등등을 다녀 보고는, 음, 원래 세계는 변하지 않았어, 여전히 상식이 통하잖아! 라는 생각이 들더군요.

자젠잉 소년 시기에 많은 것들을 이미 봐 뒀고, 최소한 일부 흔적이라도 봤던 거네요.

아청 그래요. 그래서 불안감이 없었던 거죠.

자젠잉 그래서 당신은 외국에서도 류쒀라 등이 겪어야 했던 단계를 경험하지 않은 것이군요.

아청 그들은 어떤 느낌을 받았답니까?

자쩬잉 예를 들어 거의 무중력 상태를 경험한 느낌이랄까요. 왜냐하면 원래 한창 잘나가고 있던 중이었잖아요. 그러고 보니 당신도 마찬가지일 것 같은데, 85년 출국할 때 「장기왕」의 위세가 이미 대단하지 않았습니까. 이쪽에서 이미 성공한 사람이 출국했을 때 종종 발생하는 정신적인 문제는 갑자기 일개 보통 사람, 외국인이 되어 언어소통에도 문제가 있고 문화 장벽도 느끼게 된다는 점입니다. 당신도 많은 것들이 의외라고 여겨지지 않던가요?

아청 정말 기뻤어요. 상식이 통한다는 걸 발견했기 때문이죠. 예를 들어 남을 돕는 것 같은 가장 기본적인 신용 말이에요. 미국에서 "도와 드릴까요?"라고 묻는 사람을 얼마나 자주 만납니까? 이거 중국에도 원래 있던 거였습니다. "한손 거들까요?" "뭘요, 고마워요, 그쪽도 바쁘신데." 문혁 이후, 특히 요즘 들어서 이런 게 없어졌어요. 예전에는 있었다니까요! 레이펑*을 학습하여 남을 돕는 것을 즐거움으로 삼자? 그야말로 중국인을 욕하는 거 아닙니까? 그건 가장 기본적인 교양이잖아요! 반세기 동안 이것저것 한다고 했지만 우린 아직 출발점에도 못 다다른 거예요. 아직도 기준을 향해 매진해야 된단 말입니다. 이런 것도 되지 않았는데 다른 건 말할 필요도 없는 거죠.

    미국에서 한번은 한밤중에 차를 몰고 가다가 고장이 나서 길가에

---

* 레이펑(雷鋒, 1940~1962). 인민해방군 모범병사. 22세의 젊은 나이에 사고로 죽은 후 마오쩌둥 등 당 지도자의 말을 인용한 일기가 발견된다. 1963년『인민일보』에 마오쩌둥의「레이펑 동지에게 배우자」라는 글이 실린 후 레이펑 정신은 인민을 위해 봉사하는 공산주의 정신의 상징으로 부각된다. 문혁을 거쳐 현재까지 그의 정신을 배우자는 운동이 계속되고 있다.

차를 세워 놓고 고치고 있는데, 잠시 후 차 한 대가 지나가다가 되돌아와서 도울 게 있는지 묻더군요. 가냘픈 여인네길래, "고맙습니다만 괜찮아요, 그렇게 혼자서 차에서 내리면 위험하지 않나요?"라고 대답했는데, 제가 왜 그렇게 묻는지 이해하질 못하더군요. 그리고 전 어릴 때부터 주변으로 밀려나 있었기 때문에 주류에 편입되지 못하는 것에 익숙해져 있었습니다. 84년에 소설을 발표한 후 대중의 주목을 받자, 마치 점점 죄어 오는 그물 속에 갇힌 도둑이 된 것 같은 기분이 들더군요. 미국에 간 후에야 알았죠, 주변이 정상적인 것이구나! 아무도 널 상관 않는 게 정상적인 게야! 모두들 상대의 프라이버시를 존중하는 게 아주 상식이구나! 이 때문에 외국에서 저는 오히려 심적으로 편안해졌습니다.

자젠잉 서양사회의 보편적인 기본 교양에 대해서는 많은 사람들이 느끼게 되는 것이긴 하지만, 당신처럼 이렇게 강조하는 경우는 거의 못 본 것 같아요.

아청 저는 아주 편안해졌고 안심하게 되었습니다. 다른 사람과 진실을 말하기만 하면 된다면 자기가 뭘 하든 뭘 하지 않든 아주 안심하게 되잖습니까. 무슨 공이나 업적을 세운다거나, 주류사회에 편입되어야 한다는 둥의 생각이 들 리가 없죠. 미국에서 주류에 진입하려는 중국인은 중국에서 이미 주류 안에 있던 사람들이죠. 만약 중국에서 주변인데 불안감을 느끼고 있다면, 출국하면 안전감을, 그것도 그 즉시 느낄 수 있게 될 겁니다. 제가 아이오와에 막 도착했을 때 한 흑인 학생이 저를 숙소까지 데려다 주었는데, 길을 가며 그 학생의 눈을 보니 저를 조금도 의심하지 않는다는 걸 알겠더군요. 길에서 만나는 사람 모두가 당신을 의심하지 않는다, 상식을 어기지 않는 선에선 뭘 해도 실수하는 게 아니다, 그러면 안심할 수 있는 거죠. 때문에 저에게는 휴식과 같은 십여 년이었어요. 잘 쉴 수 있으면 그게 좋은 거죠.

자젠잉 (웃으며) 그럼 왜 돌아왔나요?

아청 돌아온 건 가능성 때문이었습니다. 원래는 조금의 가능성도 없었지요. 최소한 지금은 대문을 닫아 자물쇠를 채울 수는 있잖습니까. 예전에는 어림도 없었죠. 예전에 문을 잠그려 하면 길거리에 있던 할머니들이 그러죠, 문 걸어 잠그고 뭐 하게? 뭔가 나쁜 짓 꾸미는 거 아니면 왜 잠그겠어! 그러면, 목욕하려는데 볼까 봐 그러는 거죠 뭐, 라고 대꾸할 수밖에요. 서양에 가니 정말로 마음을 놓을 수 있더군요. 절도나 강도 같은 거야 전 세계적인 문제인 거고요.

자젠잉 해외에서 한 개인의 마음가짐은 출국 전의 마음가짐이 어떤가에 달렸겠군요. 만약 원래 그렇게 강렬한 주변의식을 지니고 있었고, 항상 감시당하고 조심해야 하는 상태였다면 출국한 후엔 정말로 마음이 놓이고, 정겹기까지 했겠습니다.

아청 정말 맞는 말이죠. 거기서는 누군가를 불러 귀찮게 해달라고 하려 해도 돈 주고 사람을 사야 할 겁니다. 그 사람의 시간을 사는 것이니까요. 귀찮게 해주고 돈까지 버는 셈이죠. 유학생들과는 아무 문제 없었습니다. 당시 저우친루가 UCLA에 있을 때였죠. 나중에 당신네 유학생들이 졸업해서 학교를 떠나면서 모여서 놀 수 없게 되니까 사람 냄새가 좀 그리워지긴 하더군요.

자젠잉 근데 십여 년이나 나가 계셨는데, 다른 시각으로 중국사회와 중국문학을 되돌아볼 수 있게 해주는 측면은 없었나요? 아니면 예전에도 모두 알고 있던 거였다는 생각이신지요?

아청 자신의 상식을 점검해 보고, 알고 있던 기본선을 점검해 본다는 의미가 더 강했죠. 이 기본선은 아주 구체적이고 세부적이며 안정적인 것입니다. 물론 도서관도 저에게 아주 중요했죠. 저는 국내에서 어떤 책은 빌릴 자격이 없었습니다. 만약 교수가 아니고, 부교수가 아니고, 연구원이 아니고, 무슨 몇 급 간부가 아니라면 어떤 책은 빌려 볼 수가 없었죠. 어느 날 나라를 떠나고 보니, 그곳의 도서관은 기본적으로 서비스를 하기 위한 곳이더군요. 장서 수가 얼마나 되는가를 중시하는 게 아니라 한 권이라도 천 번 대출되었다는 것을 업적으로 삼죠. 우리는 천만 권의 장서를 자랑하지만 너에게는 보여 주지 않아! 라는 정책이잖습니까. 그래서 해외에서 기회가 있을 때마다 굶주린 듯 책을 읽었습니다. 책을 보기 위해 차를 끌고 왔다 갔다 했죠. 어떤 때는 항상 샌프란시스코의 UC 버클리 동양어문학과로 갈 때도 있었어요. 거기엔 자오위안런趙元任이 재직할 때 구매한 책과 천스샹陳世驤 선생이 별세한 후 기증한 장서가 있었기 때문이죠. 재밌게도 예전에 헌책방에서 이미 읽은 책이 거기에 많이 있더군요. 소년 시절의 기억이 떠올라 아주 정겨웠습니다. 간혹 예전에 파본으로만 봤던 걸 거기서 완정본으로 읽게 된 책도 있고요.

　　이 무렵 자오이헝趙毅衡은 이미 영국으로 떠났을 땐데, 제가 처음 버클리에 갔을 때 그의 집에 묵었었죠. 그가 버클리에서 박사를 밟고 있을 때라 제게 많은 도움을 줬어요. 우리는 베이징에서부터 알고 지내던 사이였고요. 그는 반 훌릭Robert Hans van Gulik의 『적공안』狄公案을 번역한 적이 있는데 제 생각에 번역문이 원문보다 뛰어났던 것 같아요. 인강服皿도 머물고 있을 때인데 요즘은 사회과학원 중동문제 전문가가 되어 있더군요. TV에 나와 강직한 말투로 말하는 걸 봤습니다.

자젠잉 그럼 이런 느낌은 없었나요? 출국 이전에는 많은 것들이 새롭고 해볼 만한 일이라고 여겼었는데, 나가서 보니 그 많은 것들을 모두 해놨고, 게다가 우리가 평생 노력해도 안 될 만큼 높은 수준이다, 라는 느낌 말입니다.

아청 너무 많이 들었죠.

자젠잉 그럼 실행할 동력이나 창조의 열정 같은 게 그 때문에 좌절을 겪지는 않았나요?

아청 그렇진 않았죠. 도리어 뭘 할 수 있을지 명확해졌어요. 이건 안심하고 해도 된다, 왜냐하면 아직 아무도 하지 않았으니. 이건 현재 이 정도 수준에 이르렀으니 계속 이어서 하면 된다, 라는 식으로 오히려 마음이 안정되더군요. 그게 바로 제가 소설에 집중하지 않게 된 원인이기도 합니다.

자젠잉 왜죠?

아청 제가 쓴 것들은 원래 개인적인 교류에 관한 것들입니다. 그러나 아시다시피 '문혁'은 발표할 수 없는 시대였고, 손으로 베껴 쓰던 시대였죠. 이런 시대에 형성된 글쓰기 습관은 알 만한 사람끼리 돌려 보는 거였지 모르는 사람에게 보여 주진 않았어요. 탈고하자마자 모르는 사람에게 보여 줘야 하기 때문에 아주 공적인 심리상태로 쓰는 요즘 작가들과는 달랐던 거죠. 예전에 삽대插隊 때 쓴 글을 뉴욕의 천단칭에게 부쳐 준 적이 있습니다. 미술대학에 있는 몇몇 친구들에게도 보여 줬고요. 85년에 리뤠 등에게 이야기를 들려줄 때 리뤠 등이 보여 준 격려 때문에 확실히 알게 되었어요. 손으로 베껴 쓴 것도 활판인쇄를 하여 모르는 사람들에게 보여 줄 수 있다는 걸 말예요. 이게 저의 심리에 상당히 건설적인 역할을 했어요. 리뤠 등이 이쪽 방면에서 저에게 줬던 도움을 저는 영원히 감사하게 생각할 겁니다.

재미난 건 80년대 후반 선봉문학의 어감은 도리어 개인적인 면이 강하다는 점입니다. 아시다시피 프라이버시는 성숙한 부르주아가 요구하는 인권의 하나입니다. 사유재산이 보장되는 생활방식이 시작되면서 프라이버시는 교양으로 존중받죠. 베이징 부르주아의 거주지인 사합원四合院이 바로 프라이버시가 보장되는 공간입니다. 그러니 서양인들도 미혹되는 거죠. 부르주아의 개인 심리를 읽는 건 이미 서양 소설의 대전통이 되어 있지요. 때문에 중국의 선봉소설을 읽을 때면, 예를 들어 찬쉐의 소설은 확실히 카프카의 부르주아 소설 같다는 느낌을 받게 됩니다. 현실대응과는 상관없는 개인적인 소설로 후퇴했다는 느낌 말입니다. 이는 상당히 시대를 앞서 나가는 것이었는데, 왜냐하면 중국은 49년부터 지금까지 중산사회가 형성되지 않았기 때문이죠. 부르주아는 교육을 상당히 중시하여 교육받은 걸 일종의 사유재산으로 간주합니다. 현재 교육 수혜의 결과 중 하나는 부르주아가 아방가르드 예술을 소비할 능력을 갖추게 되었다는 점이죠. 이것이 바로 아방가르드 예술의 시장이 형성될 수 있었던 이유라고 할 수 있습니다. 원래 아방가르드 예술은 부르주아의 가치관과 취향을 전복시키는 것이지만요. 상당히 역설적인 상황이라 할 수 있죠.

제가 소설에 집중하지 못한 것에 대해 말씀드리자면, 미국에서 얻게 된 아주 큰 도움을 예로 들어 볼까 합니다. 하버드대학에 갔을 때 장광즈張光直 선생에게 크나큰 도움을 받은 적이 있어요. 장광즈가 누군지는 아시죠? 온화하고 깊은 학식을 갖췄으면서 티를 내지 않죠. 저를 자오위안런의 따님이신 자오루란卜趙如蘭의 집으로 데리고 가더군요. 거기서는 매주 죽모임이 열려 커다란 냄비에 죽을 끓여다가 같이 먹는데, 사실은 형식에 구애받지 않는 토론회를 하는 거였죠. 이 모임은 루후이펑陸惠風이 발기한 것으로 무슨 '검교신어'劍橋新語 (캠브리지의 새로운 말)라고 하는 것 같더군요. 제 기억으로는 뚜웨이밍杜維明, 천라이, 장룽시張隆溪 등이 참석했던 것 같고, 예양鯤揚이 있었는지는 잘 기억나지 않는군요. 또 누가 있나? 예양의 학력은 참으로 보기 드문 것인데, 상하이에서 고등학교를 다닐 때까지 가학으로 아버지에게 배우다가, 고등학교 때에야 시내의 학교로 진학했어요. 때문에 지식구조가 아주 다르죠. 생각지도 못하게 일년 만에 '문혁'이 터져 삽대를 떠나야 했지만 말입니다. 그와 저는 만나자마자 옛 친구를 만난 듯 흥분했어요. 나중에 그가 장룽시와 함께 하버드에서 로스앤젤레스 동쪽에 위치한 UC리버사이드로 옮겨간 후엔, 전화를 받기만 하면 차를 몰고 달려가 잡담을 나누곤 했어요. 장룽시는 커피에 빠진 뒤로는 엄청 따져 가면서 마시더군요. 장룽시 부부는 쓰촨四川 사람인데, 사천요리를 기가 막히게 잘 하죠. 나중에 예양이 UCLA에서 한 '유토피아와 도화원桃花園'이라는 강연을 들으러 간 적도 있어요. 유토피아는 존재하지 않는 제도를 설정한 것이기 때문에 도화원은 유토피아가 아니라는 요지의 강연이었는데, 마지막에는 고시 한 수를 멋들어지게 읊어 미국 학생들의 환영을 받았죠. 정말 대단했어요.

다시 죽모임으로 되돌아가서 이야기를 계속하죠. 장광즈 선생이 갑자기 묻더군요. 고고학적 유적 중에, 현존하는 베이징 고궁까지 포함해서 그 변소 위치를 발견하질 못했는데, 궁궐 사람들은 똥도 안 누냐? 하고 말입니다. 마침 제가 알고 있던 거라서, 그을린 대추를 넣은 나무통에다 싸면 대추가 대굴대굴 굴러다녀 똥이 똥통〔馬桶〕 밑에 가라앉아 냄새도 안 퍼지고 달콤한 대추 향기만 나죠, 그걸 태감들이 궁궐 바깥으로 버리는 식입니다, 라고 대답해 줬죠. 선생은 기뻐서 응응응 하며 연신 고개를 끄덕이시더군요. 제가 말하려고 한 건 이게 아닌데 계속 옆으로 새는군요. 제가 선생을 처음 만났을 때 가르침을 청하니, 간단명료하게 자기가 해온 작업이 무엇인지 설명해 주시더군요. 그전에 80년대 초에 선생의 『중국 청동시대』中國青銅時代를 읽어 본 적이 있었죠. 그래서 선생의 말을 듣고 난 뒤 단숨에 제가 뭘 할 수 있을지 알게 되었어요. 저의 지식 구성과 문화적 구조 안에 커다란 덩어리가 순식간에 형성된 것입니다.

자젠잉 장 선생님이 뭐라 말씀하셨기에?

아청 장광즈 선생은 말하기 거북한 점이 없지 않아 함부로 이야기할 수 없죠. 그러나 저는 보잘것없는 사람이고 학술적인 영역 내부의 사람도 아니기 때문에 이야기할 수 있는 거죠.

자젠잉 고고학에 관련된 일을 말씀하시는 건가요?

아청 고고학보다는 인류학과 관련되는 것이라고 해야겠네요. 당시 주로 이야기되었던 게, 70년대에 제가 소수민족 거주 지역에서 봤던 것들, 즉 그네들의 무술巫術 의식이나 남녀 무당들이 환각제를 복용하는 것 등을 포괄하는 내용이었죠. 저는 예술의 기원에 대해 개인적인 견해를 가지고 있었어요. 그래서 장광즈 선생에게 대놓고 물어볼 수 있었습니다. 당연히 청동기의 문양에 대해서도 이야기를 나눴죠. 장광즈 선생이 청동기 미술연구에 조예가 깊다는 것은 잘 아시죠? 장광즈 선생이 묻더군요. 대마초는 피워 봤나? 제가, 무슨 의도로 물으시는 건지? 피워 보긴 했죠, 라고 했더니 그러더군요. 음, 아주 좋아!

장광즈 선생이 고고인류학계의 일류학자라는 건 잘 아실 겁니다. 현재 UCLA에서 있는 뤄타이羅泰가 알려준 건데, 그는 독일 유학생이고 장광즈 선생의 지도학생이기도 했죠. 장광즈 선생이 대학원 지도학생을 뽑을 때 항상, 자네 대마초는 피워 봤나? 라는 질문을 던져 학생들을 이러지도 저러지도 못하게 만든다고 하더군요. 피워 봤다고 하면 자기를 뽑지 않을까 봐 모두들 못 피워 봤다고 대답한답디다.

장광즈 선생은 『중국 청동시대』에서 무당이 술이나 대마로 환각을 불러일으킨다고 분명히 언급했었죠. 중국 민간에서는 요즘도 여전히 그렇게 한다고 말해 줬습니다. 제 생각에, 최소한 채색도기彩陶 시기에 문양은 환각의 상태에서만 무슨 의미인지 알 수 있는 것이었고, 청동기 시대 또한 그랬다고 보여집니다. 유물론적인 해석에 의하면 문양은 자연에서 관찰한 것을 추상화한 것입니다. 저는 미술대학의 강좌에서 이렇게 말한 적도 있습니다. "지금껏 사실寫實을 말하고 구상具象을 논하다가, 80년대 들어서 추상抽象을 말할 수 있게 되었다. 나는 이제 환상幻象을 말하겠다." 이 세 가지 '상象' 중에서 사실 중국 조형의 원류는 환상입니다. 고대인의 문양은 환각의 상태에서 환시, 환청을 일으키고 날아갈 듯한 기분을 느끼게 해줍니다. 이쪽 방면은 아주 중요합니다. 그게 원시종교를 결정했으니까요. 즉 신과 조상이 천상에 있다는 샤먼교의 천지원칙 같은 것 말이죠.

자젠잉 사실은 모두 대마초를 피운 후 생긴 환각이라는 것이군요.

아청 그렇죠. 모든 씨족이 무당의 암시와 인도하에 집단환각, 집단최면에 빠져, 모두 한 덩어리로 할아버지 할머니를 보러 올라가는 거죠. 지극한 쾌락과 광희狂喜 속에서요. 나중에는 점점 무당 한 사람만 올라가서 천지간을 왔다 갔다 하며 전달하는 것으로 변화되었죠. 무당은 처음에는 최면을 걸 수 있는 능력이었는데, 나중에는 이 능력이 권력으로 변화되어 갑니다. 상고시대의 추장은 무당, 즉 하늘과 땅을 통하게 하는 사람이기도 했죠. 무당은 또한 당시 최고의 지식체계이기도 했습니다. 그러니 지식과 권력은 줄곧 한데 뒤섞여 있었던 거죠. 지금까지도 그렇잖습니까. 이런 것들은 윈난雲南의 촌락에서 지금도 분명히 볼 수 있는 것들입니다.

자젠잉 그들은 줄곧 그렇게 대마초를 피웠던 거군요. 요즘도 피우나요?

아청 안 피우면 어떻게 그렇게 간단한 리듬으로 밤새 춤추겠습니까? 둥둥둥, 죽이잖아요? 그들의 환청과 환시 속에서 소리는 미묘하고, 세계는 날아오르고 오색찬란한 것이 되죠. 그러니 원시인들이 무슨 기준으로 조형과 음악을 판단했겠습니까? 그것들이 환각 중에 제대로 움직일 수 있는가, 번쩍거려지는가 아니겠습니까. 채색도기에서 청동기 시대에 이르기까지 계속 그러했죠. 청동기를 새로 막 주조했을 때는 밝은 샴페인 색깔로 동록銅綠이나 포장包漿 같은 게 전혀 없습니다. 말 그대로 "자자손손 영원히 귀하게" 보물이라 생각하며 사용하는 것이지, 리쩌허우 선생의 말처럼 '사나움의 미' 같은 게 아닙니다. 오히려 광희의 미라고 해야겠죠. 사나움의 미는 계급투쟁의 이데올로기입니다. 그러나 청동기는 제기祭器이기도 해서 깊숙이 숨겨 놓아 노예들은 볼 자격도 없었습니다. 볼 수 없는데 어떻게 사납게 그들을 위협할 수 있겠어요? 그러니 구름문양, 물결문양, 골짜기문양, 올챙이문양 등으로 불리는 것들이 모두 구상具象을 추상화한 게 아니라 환상幻像을 불러일으키는 회전문양인 것이죠. 다른 하나는 환청에 의해 작동하는 진동문양입니다. 이 두 문양이 환상예술의 조형원리입니다. 현재까지 중국의 전통공예문양은 여전히 이 두 원리를 따르고 있습니다. 그 중 회전문양의 원리는 도교에 의해 음양부陰陽符로 종합되었지요.

자젠잉 학자들은 드러내 놓고 그에 관해 말하지 못합니까? 이건 학술적인 문제이잖습니까.

아청 만약 당신도 환각을 경험했다면 분명히 알 수 있는 것들이죠. 그러나 대마초를 피웠다는 걸 인정하면 귀찮아지잖아요. 대마초가 마약으로 규정된 게 겨우 어제였다면 그 이전 천만 년 동안 종교는 그렇게 만들어져 온 것이죠. "예수가 물 위를 걸었다"는 것 또한 암시된 환각 중에 그것이 진짜이고 직접 본 것이라고 믿게 되는 것입니다. 한무제漢武帝 때 서역으로 통하는 실크로드가 만들어진 후 비단이 가기만 한 게 아니라 그와 함께 종교가 건너오고, 새로운 환각제가 건너왔습니다. 수입된 인도 대마는 중국 원산의 것보다 훨씬 강력했죠. 그리고 새로운 향료도 들어왔어요. 서로 왕래하는 것이었으니까요.

자젠잉 인도의 대마를 들여왔었군요.

아청 예. 향료는 대체로 식물성과 동물성, 두 종류로 나눌 수 있어요. 식물성은 환각제로 쓰였고 동물성은 최음제로 쓰였죠.

자젠잉 음, 어떤 춘약春藥이 동물에게서 만들어진 것인가요?

아청 용연향龍涎香; Ambergris 같은 거죠 뭐, 고래의 토사물이라고 하더군요. 한나라에서 당나라 때까지 여인들이 복용하거나 목욕할 때 사용하는 등 수요량이 엄청났었죠. 그 외에도, 위진 시기에 명사들이 현담을 즐기고 불교를 숭상하다 보니 석산石散을 복용했는데요, 이 석산도 불교의 전래와 관련된 게 아닌가 하는 의심이 들더군요. 아프가니스탄 쪽은 고원지대라서 약 속에서 돌 성분이 자주 발견되고, 요즘 티베트 약품에도 돌 성분이 들어 있다는 특징을 지니고 있죠. 근데 위진 시기의 '오석산' 五石散 중, 예를 들어 석영石英 같은 성분은 중국에서 찾기 힘들거든요. 기록을 살펴보면, 석산을 복용한 후에는 술을 마시고 산보를 하되, 아주 빠른 걸음으로 걸어 땀을 빼야 하며 잘못하면 발광하게 될 수도 있다고 되어 있습니다. 이런 현상은 『신농백초경』神農百草經의 대마에 관한 설명, 즉 "대마를 많이 복용하면 귀신을 보고 미친 듯 걷게 될 수 있으며 오래 복용하면 신명이 통한다"와 일맥상통하는 면이 있죠. 인도 대마는 에페드린麻黃城 성분이 높습니다. 그래서 60년대 미국 히피들이 인도로 달려가 피워 댄 것이죠.

자젠잉 게다가 인도 종교는 에로틱한 부분이 아주 많고 정욕 문화가 특히 발달해 있긴 합니다.

아청 향료는 대부분 흥분제와 환각제죠. 굴원屈原의 『이소』離騷에서 거론되는 향초들, 난초[蘭], 혜초[蕙], 산초[椒] 등이 모두 환각제로 사용된 것들입니다. 굴원이 어떤 사람입니까? 『이소』의 도입부에서 바로 자기 자격을 선포하잖아요. 나는 집안의 대를 이은 무당[巫師]이요, 국가급의 무당이다, 라는 식으로요. 그는 천상에서 가고 싶은 곳을 마음대로 갈 수 있는 인물이었죠. 불교가 중국에 전래된 후 순식간에 유교, 도교, 무교巫敎와 어깨를 나란히 하게 된 중요한 이유 중 하나가 같이 전래된 인도 대마가 중국 대마보다 강력했기 때문일 겁니다. 불교의 본질은 환각입니다. 그건 일종의 경험과 개념의 치환이라고 할 수 있습니다. 네가 환각 중에 본 것은 진실이 아니다, 그렇다고 네가 '깨어 있을' 때, 즉 속세에서 경험한 것이 다른 종류의 환각이 아니라고 할 수 있겠느냐? 본 게 진실인가? 확신할 수 있어? 이때 도道가 트이는 것이죠. 색즉시공色卽是空, 공즉시색空卽是色.

자젠잉 딸이 잠들기 전에 제가 들려주는 장자의 호접몽胡蝶夢과 좀 비슷하네요. 꼬맹이가 완전히 넘어가 그 다음 날 일어나서 한다는 소리가 "대체 누가 누구 꿈속으로 들어간 거예요?"라고 묻더군요. 정말로 웃긴다니깐요.

아청 때문에 우리들이 보기에 촌락에 사는 사람들의 생활환경이 비루하고 고생스럽게 생각되겠지만, 사실 그들은 환각 속에서 우리들보다 더 즐겁게 살고 있어요. 이쪽에서는 일방적으로 그들의 삶의 질을 개선시켜 줘야 한다고 생각하는데, 틀렸어요. 그들은 우리들보다 행복합니다.

자젠잉 당신이 윈난에 있을 때 알게 된 건가요?

아청 예. 제가 있었던 곳은 중국의 서남부이지만 동북 지역도 마찬가지입니다. 동북 지역의 샤먼교薩滿敎도 대단하죠. 무당 굿[跳大神] 하는 것 한 번 보세요, 괴상하잖아요. 근데 인류학에서는 샤먼Shaman 전공도 있답니다. 샤먼은 알타이 어족과 퉁구스 어족에 속하는데, 사실 시베리아의 원시종교예요. 그들의 무당은 굴원이 말한 것처럼 가족 대대로 전승됩니다. 샤먼은 아메리카에도 있는데, 이쪽에서 건너간 것이라고 하죠. 국제적으로도 꽤 연구가 활발한 분야이고 최근 중국에서도 연구하려는 움직임이 보이더군요. '문혁' 때는 아니었죠. 미신이니 숨어서 몰래몰래 할 수밖에 없었어요. 무당이 굿을 시작하면 발광했다가 혼미해진 후 귀신이 붙는데, 죽은 조상과 이야기를 나눌 수 있고 병을 고칠 수도 있죠. 후베이湖北, 후난 서부[湘西] 지역에도 비슷한 게 있는데, 독버섯을 물로 끓여 신을 강림하게 하는 방식입니다. 라틴아메리카에서도 버섯을 환각제로 사용하죠. 그쪽 사람들이 그걸 치료용으로 사용하는 걸 봤어요. 최면으로도 질병 치료가 가능하니까요. 허베이河北의 태평고太平鼓도 사실 샤먼교에서 유래된 거죠. 요즘 동북 지역의 지방가무극[地方戱]인 〈이인전〉二人轉이 꽤나 유행이잖습니까? 〈이인전〉에도 샤먼의 굿의 흔적이 있습니다. 제가 동북에 있을 때는 아직 〈이인전〉을 방구들에서 몰래 해야 했는데, 바깥은 꽁꽁 얼어붙어 있는데 방 안은 은밀한 환락으로 뜨거워지곤 했죠. 요즘도 정인군자들은 별로 좋아하지 않아요. 인성을 모르는 거죠.

자젠잉 태국에도 그런 게 많지요.

아청 세계적인 현상입니다!

자젠잉 미국 친구 중에 원래 월스트리트의 한 투자은행에서 일하다가 2

년 전 태국에서 사귄 태국 여자친구에게 이끌려 이쪽 길로 들어선 친구가 있어요. 얼마 전에 만났는데 완전히 다른 사람이 되어 있더군요. 근데 이런 것들에 대한 믿음이 대단하던데요. 방콕에 있을 때 경험한 것들을 들려 주는데, 어찌어찌하다가 방 안에 있는 사람이 전부 신들려 무슨 전생이니, 조상이니 하는 온갖 것들을 봤대요. 이야기를 들려 주면서 계속 부연하더군요. "나도 미국에 있는 친구들이 내가 미쳤다고 말할 거란 걸 잘 알아, 그러나 이건 정말이야! 내 눈으로 직접 본 거라구!"

아청 인도에 한번 가 보세요. 비행기에서 내리기만 하면 온갖 향내가 가득해요. 그 향료들은 모두 구체적인 기능을 갖춘 것들이죠.

자젠잉 태국 변경에 있는 황금의 삼각지대 Golden Triangle 에 가면 공기 속에 온통 대마초 냄새로 가득하죠. 치앙마이에 있는 그 많은 서양인들도 눈빛이나 표정을 보면 중독자란 걸 단숨에 알겠더군요. 모두들 어깨에 백팩 backpack 을 맨 히피들이죠. 그러나 엑스터시〔搖頭丸〕같은 일부 마약은 대마초와 달라서 아주 강력하다고 하던데요.

아청 엑스터시 같은 건 현대과학으로 만든 것들이라 아주 정확하게 뇌의 특정 부위를 자극합니다. 대마는 달라요. 대마는 그다지 중독성을 유발하진 않아요. 헤로인이나 코카인처럼 '가루'로 정제된 약들은 절대, 절대로 손대선 안 됩니다. 손댔다 하면 집안 망치고 죽을 때까지 결코 되돌릴 수 없는 결과를 불러오죠.

자젠잉 우리 어쩌다가 이야기가 여기까지 온 거죠?

아청 허허, 장광즈 선생 이야기 한다는 게. 사실 선생이 대놓고 이런 말을 한 적은 없죠. 그래서 85년에 제가 아이오와에 있을 때 집필 프로젝트에 사용할 예산으로 어딜 가 볼까 하다가, 보스턴으로 가기로 결정했습니다. 장광즈 선생에게 여쭤 보고 싶었어요, 선생은 분명 잘 알 거라 생각했어요. 책에서도 언급한 적이 있거든요.

자젠잉 둘이서 이쪽 방면으로 이야기를 나눴던 거군요.

아청 아주 기뻐하셨죠. 그러면서 제게 베이징의 어느 소학교 출신이냐 길래, 실험2소학교(實驗二小)라고 하니까, 그러면 우리가 선후배 동문지간이라고 하시더군요. 49년 이전 선생이 다닐 때는 사대2부속소학교(師大二附小)라고 불렸지만요. 에이고! 진작부터 이렇게 대선배님이 있었으면 얼마나 좋았겠어요. 그는 선생님(先生)이잖습니까! '문혁' 전까지 북경의 학교에서 선생님이라는 의미로 요즘 표준어인 '라오스' 老師가 아니라 (지금은 '미스터'에 가까운 표현인) '셴셩' 先生을 사용했었죠.

자젠잉 나중에 다른 장소에서 이런 말씀을 하시거나 글 쓴 적이 있나요?

아청 대학에서는 한 적이 있죠. 공개적으로 말하면 사회적으로 좀 귀찮아지겠죠. 제가 대마초 흡연을 선동했다고 비난하지 않겠어요? 사실 원시사회 시기의 사람들이 요즘보다는 행복했다고 해야겠죠. 우린 맑은 정신으로 온갖 고난을 견뎌 내야 하잖습니까.

자젠잉 맞습니다. 현대자본주의는 사실 '효율'이란 개념으로 모든 신경을 최대한 긴장시켜 최대 효율로 생산하고 생활하게 하는 것이죠. 그러나 이런 하이테크 사회에서 개발된 생활방식 속에서 사람들은 실제로 너무 많은 걸 잃어버렸으니 정말로 통탄할 노릇입니다.

아청 통탄할 일이죠. 이 효율을 쫓아가야, 심지어는 이 효율을 초과해야만 성취감을 느낄 수 있게 된 겁니다. 그 결과는 악성순환일 뿐이죠.

자젠잉 그건 정말로 문제예요. 아마도 중국은 미국 수준에 아직 미치지 못하는지라 요즘 중국인이 느끼는 불안은 미국인의 그것과는 어떤 부분에서는 다를 것 같습니다. 그러나 어떤 불안감은 이미 동질적임을 감지할 수 있습니다. 예를 들어 효율이나 성공이 주는 스트레스로 인해 생기는 불안 같은 것 말입니다. 이런 식으로 발전해 나가서, 만약 중국이 갈수록 규범적인 자본경제 사회로 진행되어 미국과 생활 면에서 동질성이 증가된다면 불안감도 증가할 것입니다. 근대적 의미에서 볼 때 미국은 전 세계의 선봉대입니다. 미국의 문제는 인류의 문제, 우리 모두의 미래의 문제입니다. 우리는 이 같은 근대화의 역사과정에서 사실 이미 많은 옛 문화와 생활방식을 잃어버렸어요. 수많은 간소한 생활방식이 모두 사라진 것이죠. 긴장과 피로, 항상 다급해 하고, 뒤처질까 봐 두려워하죠. 성인들만 그런 게 아니라 청소년들의 스트레스도 갈수록 커지고 있어요. 그런데 어떻게 이런 악성순환에서 벗어날 수 있는지 아무도 알 수가 없어요. 언제부터 중국인들이 이렇게 변하기 시작한 걸까요?

아청 청말에서 기원하며 '5·4운동' 세대부터 시작되었습니다. 49년에 공화국이 건립될 때까지 엘리트들은 불안감을 느끼지 않았던 것 같습니다. 왜냐하면 맑스-레닌주의를 찾았으니까요. 소련과 갈라지면서도 불안감은 없었어요. 그러니 '구평'*을 썼죠. 당황하지 말자, 우리에겐 이쪽 몫이 있어, 비판할 수도 있고, 이 사회주의를 구할 수 있어. 근데 요즘은 신용도 없어지고 자기의 자원 또한 잃어버렸습니다. 그럼 무엇이 새로운 자원인가요? 뭔가가 휙 하고 날아오면 재빨리 '텁석' 물어야 하는 꼴 아닙니까. 그게 무슨 떡이라도 됩니까?

자젠잉 신앙의 문제에 대해, 당신은 구원받을 수 있다고 생각하십니까?

아청 그 문제에 대해서라면, 아마도 제 성격 때문인 것 같은데, 저는 불안감이 없습니다. 천지불인天地不仁[『노자』, 5장], 즉 "하늘과 땅은 인자하지 않다"라는 말이 있습니다. 인간은 자신의 감정을 투영하여 자연을 바라보는데, 자연 자체는 아무런 감정이 없어요. 죽으면 그냥 죽는 거죠. 우리는 자신의 주관적 가치를 바깥으로 투사하지만, 사실 하늘과 땅은 인자하지 않아요.

자젠잉 한 세기 동안 중국이 엎치락뒤치락한 것 같지만 사실은 하나의 객관적인 과정입니다. 사람들은 여기서 불안해하고 하느님은 저 위에서 웃음 짓고 있죠.

아청 그 말씀 또한 인격화의 산물입니다. 우리는 인간의 관점에서 판단하는 행위를 바꿀 수 없어요. 노자老子가 일깨워 주고 있지 않습니까. 노

---

* 구평(九評). 중국과 소련 공산당 지도부 사이에 국제 공산주의의 원칙과 운동의 방법을 둘러싸고 '중소논쟁'이 벌어진다. 각기 공개서한을 통해 논쟁을 주고받았는데, 이 중 중국공산당이 1963년 9월 6일부터 1964년 7월 14일에 걸쳐 『인민일보』와 잡지 『홍기』(紅旗)에 발표한 9편의 소련 공산당을 비판하는 사설을 '구평'〔九評蘇共〕이라고 한다. 소련과의 분쟁이 표면화된 이 논쟁에서 중국은 자신을 맑스-레닌주의의 입장에 놓고 소련을 수정주의라는 명목으로 비판하였다.

자는 하늘과 땅이 인자하지 '않다'는 말이 아니라 (인간적인 관점에서의) 인자라는 건 '없다'는 의미에서 말하고 있습니다.

자젠잉 마오쩌둥도 "만약 하늘이 정이 있었다면 하늘 또한 늙었을 터"天若有情天亦老라는 시를 남겼어요. 이것 또한 하늘은 정이 없다는 의미지요.

아청 그렇죠, 그건 이하李賀의 시에서 가져온 구절입니다.*

자젠잉 천지가 불인함[天地不仁]을 깨달으셨다면, 당신은 인류의 이러한 불안에 대해 초탈해 있다고 봐도 되는 건가요?

아청 초탈한 건 아닙니다. 바로 지식구조를 더 넓게 변화시킬 때, 문제가 달라진다는 말입니다. 그래야 다른 것도 있다는 걸 발견하게 될 겁니다. 만약 당신이 개미만 뚫어지게 바라보고 있으면 이렇게 말씀하시겠죠. 저러다 뜨거운 물에 닿으면 어떡하지? 그러나 사실 거기엔 아주 넓은 공간이 있고 다른 것도 있습니다.

자젠잉 천단칭은 당신이 역사주의자라고 하던데 아마도 이런 층위에서 한 말인 것 같습니다. 당신은 모든 걸 일종의 역사적 과정으로 간주하고 개방적인 마음으로 바라봅니다. 그래서 당신은 아주 다양한 것들을 포괄할 수 있는 것이죠. 당신의 눈은 한 가지 사건에 고정하지 않으며, 한 가지 사물로 동일시하지 않습니다. 당신은 이런 면에서 자신을 역사주

---

* 원래 이하(李賀)의 「금동선인사한가」(金銅仙人辭漢歌)의 한 구절인데 마오쩌둥이 「인민해방군점령남경」(七律: 人民解放軍占領南京)에서 차용하였다.

의자로 생각하시는지요?

아청 저는 최소한 어떤 '주의'자는 아니라고 생각합니다. 주의를 갖다 붙이기만 하면 봉쇄되어 버립니다. 천단칭이 표현한 그런 식의 가능성은 좋은 것 같군요. 사실 서양이든 동양이든 체계적인 전통을 건설했었죠. 단지 서양은 맑스의 경우에서 알 수 있듯이 하나의 완전한 체계를 추구했을 뿐입니다. 그러나 체계가 완성되면 그건 종결, 죽음을 의미합니다. 왜냐하면, 가능성이 사라지기 때문이죠. 이 세계를 모조리 해석하고 난 후 가능성은 사라져 버렸죠. 그건 자신들이 자초한 것이에요. 요즘 그들은 형이상학을 부정하고 있지 않습니까. 형이상학이 가장 큰 체계이니까요. 노자도 형이상形而上을 이야기했지만, 그는 그렇게 확정적으로 묘사하지 않고 넌지시 어렴풋하게 표현했죠. 한편, 불안감 때문에 우리는 요즘 시간에 대한 인내력이 갈수록 취약해져 갑니다. 마오쩌둥도 엉덩이에 불이 붙은 원숭이마냥 조급해 했죠. "공산주의? 만 년은 너무 길어!"라고 부르짖으면서요. 중국은 이제 고작 백 년이 지났잖습니까. 한 5백 년쯤 지나고 나서 다시 한번 살펴보시죠.

자젠잉 지금 불안해하는 많은 사건들이 모두 과거가 되어 있겠죠.

아청 모두 과거가 되어 있겠죠. 종교에서 아주 중요한 개념 중 하나가 '건너다'渡라는 개념입니다. 특히 불교에서 강조하죠. 그러나 우리가 통상적으로 이해하기로는 건너는 것은 최대한 빨리 피안에 닿기 위한 수단일 뿐, 피안이 가장 중요한 것이라고들 하죠. 건널 때는 모든 것이 고통이고, 피안에 닿아야만 가치 있는 것이라는 말인데, 맙소사! 건너는 것에도 과정에서의 즐거움이 있기 마련 아니겠습니까?

자젠잉 지금은 과도기이고 그래서 재미있는 것 같아요. 과도기는 뒤죽박죽이고 생기발랄하고 모든 것이 고정되어 있지 않아 온갖 재미난 것들이 있는 것 아니겠습니까. 일단 이것들이 틀에 매이고 고정되면 판에 박은 듯 재미없게 될 거예요. 그러니 과정을 즐깁시다. 다른 문제로 넘어가 볼게요. 80년대를 회고하며 천단칭이 역사적 진실에 관한 문제를 제기했습니다. 즉 우리가 또다시 젊은 세대에게 그렇게 많은 잘못된 정보를 제공하지는 말자는 요지였죠. 예를 들어 80년대를 거쳐 온 사람들이나 당시 풍운인물들이 80년대를 이야기할 때 이미 본래의 모습과 동떨어진 경우가 많아, '역사적 오류' 여부가 문제시됩니다. 게다가 이러한 문제에 대해 천단칭은 '5·4운동' 세대 때부터 시작되어 다음 세대로 넘어갈수록 심해졌다고 보고 있더군요. 당신은 어떻게 생각하십니까?

아청 역사가 더 길어지면 당신도 이 '십년'을 완전히 무시하게 될 겁니다. 수량적인 단위로 계산되는 건 아니니까요. 역사가 길어질수록 수량적 단위는 더 무시되겠죠. 19세기의 80년대는 1895년에 청일전쟁이 있었기 때문에 요즘 사람들도 기억하지만, 70년대를 누가 기억합니까? 겨우 백 년 전인데 말입니다.

자젠잉 사실 저도 천단칭의 이런 견해에 대해 특별히 동의하는 건 아닙니다. 또한 역사적 오류가 중국만의 특징인 것도 아니고요. 모든 역사는 후속 세대에 의해 재단되는 것이니까요. 천단칭이 특히 좋아했던 이탈리아 학자 조반니 비코 Giovanni Battista Vico도 예외는 아니고요. 비코는 자오전카이趙振開[베이다오의 본명]의 동생이 전문적으로 소개하는 글을 썼고, 당시 계간지 『오늘』今天에서 활동하던 사람들도 아주 추앙하던 인문학자입니다.

비코의 관점 중 어떤 부분은 아주 일리가 있는 것 같더군요. 그는 사실 객관적이고 통일된 기준으로 역사를 어디가 더 좋고, 어디가 더 나쁘며, 어느 것이 진실이고 어느 것이 거짓이라는 식으로 말할 수 없다고 주장했죠. 그가 반대한 것은 유럽 계몽주의와 프랑스의 볼테르 등으로, 문명과 문학을 고급과 저급으로 분류하여 셰익스피어는 야만적이고 아테네는 이성적이라는 식의 논법을 반대한 거죠. 사실 원시인의 관점으로 돌아가서 당신이 이야기한 무巫 문화의 경우처럼 대마초를 피운 후 본 환상이 그들 입장에서는 진실이라고 했을 때, 만약 이성적인 각도에서, 과학자나 맑스주의자의 기준으로 미신이라고 비판하게 되면 그건 자신의 기준으로 역사를 재단하는 것이 되는 겁니다. 이런 시각에서 보자면 역사적 오류는 언제나 있기 마련이죠. 그와는 별도로 역사가 하나의 진실만 있는 것인지도 제대로 설명될 수 있을지 모르겠습니다. 그러니 80년대 사람이 어떻게 80년대를 이야기하든 그다지 큰 문제가 있는 건 아니라고 봐야겠죠. 모두들 자기만의 시각과 자기만의 이유가 있을 테니까요.

아청 그렇죠. 천단칭은 아마도 비코의 『신과학』 Scienza Nuova을 본 모양이군요. 비코는 누가 역사를 창조하는지는 누가 역사를 서술하는지에 달려 있다, 이러한 역사만이 믿을 만하다는 말도 한 적이 있죠. 저로서는 의심스러운데, 왜냐하면 서술 자체가 의심스러운 것이니까요.

자젠잉 천단칭의 견해에 따르면 '문학' 세대는 모두 문화적 단층에서 탈출한 사람들입니다. 그 말인즉슨 모두들 사막후유증이 남아 있다는 말입니다. 아마도 엄청 부풀려서 말하고 객관적이지도 않아 보이겠지만 그건 아주 정상적인 현상입니다. 거리를 벌려 놓고 보면 아무것도 아니라는 소리겠죠. 다음 세대가 80년대를 판단하게 되면 그들이 가진 정보 자체가 80년대를 거쳐 온 사람들처럼 하나일 수는 없을 거예요. 역사학자들이 증인의 구술을 하나의 증거로 채택하긴 하지만 그 외에도 많은 다양한 자료와 방법을 사용하는 것처럼 말입니다.

아청 80년대가 일부 사람들에게는 확실히 평생 가장 중요한 과정이었다고 생각됩니다. 자기 평생 가장 중요한 단계를 사람들은 보통 잊지 못합니다. 어떤 사람들은 마침 80년대가 그것일 수 있지만 어떤 사람에게는 70년대가, 또 다른 사람에게는 90년대가 그런 의미를 가질 겁니다. 그가 그렇게 80년대를 중시하는 이유가 바로 이겁니다. 자기 평생 가장 중요한 단계였다는 이야기죠. 그런 의미에서 저는 제 부친과는 공산당에 대해 이야기하지 않습니다. 왜겠습니까? 그게 청춘기에서 '우파'가 될 때까지 부친의 인생에서 가장 중요한 경험이었습니다. 그걸 부정하는 건 그에게 굉장히 고통스러울 겁니다.

자젠잉 그건 제 아버님과도 마찬가지예요. 비록 이후 줄곧 정치적으로 뜻을 펼치지는 못했지만 그 또한 젊을 때는 좌익을 신봉했었죠. 원래 그는 지주 겸 상인 가정의 도련님이었어요. 나중에 학교 다닐 때 좌익 관련 책들을 읽었고 또 피 끓는 청년인지라 좌익을 신봉하게 된 거죠. 평생 바꾸지 않았어요. 만년에 와서 바꾸시라고 하면 너무 고통스러울 테니 그냥 안 바꾸는 게 좋을 겁니다.

아청 바꾸지 않는 게 좋죠.

자젠잉 구태여 그가 가진 환상을 깨뜨려 자신이 할아버지·할머니처럼 떠받들고 있던 것이 가상이었음을 알게 해줬다면 견디기 힘들었을 거예요. 평생 믿어 온 가치와 신앙을 모두 부정하는 거니까요.

아청 그러나 한 가지 명심할 것은, 자신의 경험을 회고할 때, 만약 그 경험이 다른 사람을 괴롭히고 피해를 준 경우라도 그걸 절대 회피해서는 안 된다는 점입니다. 만약 계속 살아 나가려면 그 무게를 잘 헤아려야 할 겁니다. 비록 그 경험이 당신에게 아주 중요한 것일지라도 말입니다. 그건 진실의 영역에 속하는 것이죠. 천단칭은 역사적 진실을 요구하는데, 저는 상대적으로 인성상의 진실이 더 필요하다고 생각합니다. 천단칭 또한 그럴 거라고 생각하고요. 항상 이래요, 표현이 잘 안 된다니까요, 계속 옆길로 새고 맙니다. 계속 제 자신에게 주의를 주는데도 말입니다.

자젠잉 '문혁' 시기에 다른 사람들을 핍박하고 구타했던 사람들도 나중에 회고할 때면 자신이 순전히 피해자였던 것처럼 이야기하잖습니까.

아청 모두들 잘 알고 있는 루쉰의 "한 명도 용서하지 않겠다"라는 말에 대해, 저는 항상 그 속에 자기 자신도 포함되는 것인지가 궁금하더군요. 만약 자신을 포함하지 않는다면 그건 그의 맹점이라고 해야겠죠. '문혁' 후 많은 사람들에게서 이런 맹점이 발견됩니다. 제가 마오쩌둥을 절대로 용인할 수 없는 점은 이런 겁니다. 당신 마오쩌둥이 이상주의인 것은 잘 알겠다. 토지개혁이니, 지식인 개조니, 문혁 등등을 벌이는 거야 정치적 음모술수라고 치자, 그런데 6억 인의 목숨을 자기 이상의 인질로 삼을 수는 없다. 이른바 "제국주의는 종이호랑이다"라는 말이 왜 나왔겠는가? 당신이 보기에 가장 대단한 핵전쟁을 일으켜도 중국인 2

억 정도가 죽는데 그 정도는 상관없다는 말 아닌가. 중국 백성을 인질로 삼아서 말이다! 당신 혼자 자신의 이상주의를 향유하고 당신 혼자 자신의 격정을 향유하는 건 당신 자신의 문제다. 다른 사람을 끌어들여 순장품으로 삼지는 마라.

자젠잉 그래요. 문제는 그가 시인 기질이 풍부한 사람이었는데, 그게 한 나라의 주인이라는 신분과 한데 뒤섞여 있었다는 점입니다. 그렇다면 그의 격정이든 행복감이든 이미 개인적인 것이 아니라 자기 수중에 있는 무한한 권력과 일체가 되어, 어떻게 보면 니체 식의 '초인'적인 권력의지로 변해 버리는 것이죠. 요즘 많은 인문학 계열 지식인들이 기술 관료가 얼마나 용속한지 이러쿵저러쿵 비난하는데요, 물론 비난이야 할 수 있죠. 공공공간이잖습니까. 그렇다고 시인이 정치를 해왔던 역사를 미화해서도 안 됩니다. 그 시절이었다면 그들 또한 비난할 권리조차 없었을 테니까요. 그렇지만 그 문제는 역사적 기억의 오류 여부에만 국한되지 않습니다. 그건 체제의 문제이죠. 역사에 대한 은폐를 유발하는 것은 체제적인 것이에요. 우리 다시 80년대 이야기로 돌아갑시다.

아청 어쨌든 제 개인적인 경우 80년대에 소설을 발표하기도 했으니 중요한 것처럼 보이겠지만, 사실 제게는 별로 중요하지 않아요. 가장 중요한 건 60년대이죠.

자젠잉 헌책방에 가서 책을 뒤적이던 시절 말인가요?

아청 예, 아까 말씀드린 것처럼 제게 아주 큰 영향을 줬죠.

자젠잉 그럼 당신은 예외이겠군요. 80년대의 많은 사람들이 나이에 상관없이 집단적으로 청춘의 광란 속에 빠져 있었던 것 같습니다. 물론 이렇게 말하면 너무 비아냥거리는 것 같지만, 사실 그런 열정은 무척 귀엽기도 하고 그리워지게 만드는 어떤 것이었어요. 확실히 성숙된 것이라고 말하기는 힘들겠지만요. 오랫동안 억압되었다가 뒤늦게 맞이한 청춘기 같은 면도 없지 않아 그 낭만은 정말 치열한 어떤 것이었어요. 당시 많은 소설들이 작가가 중년임에도 불구하고 읽어 보면 청춘문학 같았잖습니까. 소급해 보면 그건 그 사람의 지식 전체가 구성되는 단계에서 접촉한 것과 연관되는 것 같습니다. 학교에서 사회에 이르기까지 아주 오랜 기간 동안 사실상 어른을 어린아이 취급하면서 간단한 이데올로기화 교육만을 실시해 왔으니 말입니다.

아청 그런데 그것에 보편성이 있습니다.

자젠잉 근데 당신은, 당시 제 인상에 당신은 특히나 다른 사람들과 달랐어요. 그래서 '아니, 이 사람은 어떻게 나오자마자 벌써 이렇게 성숙해 있는 거지?' 라는 생각이 들 정도로요. 우리 언제 처음 만났었죠?

아청 86년 말이었죠. 제가 아이오와에서 집필 프로젝트가 완료된 후 뉴욕에 갔다가 컬럼비아대학에 갔죠. 거기 후난湖南 사람 집에서 만났죠. 듣자 하니 그 사람은 나중에 타이완으로 갔고, 책도 썼다던데, 『증국번』인가…….

자젠잉 아니에요. 그건 탕하오밍唐浩明이고, 형인 탕이밍唐翼明이 저와 컬럼비아대학 동문인데, 우린 탕이밍의 집에서 만났던 거죠.

아청 그런가요? 성은 탕이었고, 샤즈칭夏志淸 교수의 학생이었죠. ……
어쨌든, 이렇게 정리합시다. 80년대는 제게 특별히 결정적이거나 영향
을 줬던 시기는 아니었다고 말입니다. 저의 관념이나 경험에 아주 큰 전
환을 가져와 삶을 뒤흔들어 놓은 것은, 애초에 저는 자본가 출신, 즉
1949년 이전에는 중산계급의 학문하는 집안 출신인데, 나중에 70년대
에 농촌으로 가게 되었다는 점입니다.

자젠잉 그런 주변으로서의 경험이 당신 몸에 새겨 놓은 낙인이 아주 깊
은 것 같습니다.

아청 물론입니다. 자기가 '우파' 가문 출신이라는 것을 맞대면해야 했죠.
그래야 생존할 수 있었으니까요. 그 밖에 기억나는 게, 어릴 때 우리 집
근처에 뤼위안*의 집이 있었어요. 뤼위안은 당시 '후펑 반혁명집단' **
분자로 몰려 싸그리 몰수당했어요. 나중에야 집안 사방에 벽밖에 없다
는 말이 바로 그런 거겠다 싶더군요. 남김없이 싹 쓸어 갔으니까요. 우
린 뤼위안의 애들과 자주 어울렸는데, 그 중 류보린劉伯林이란 친구가 기
억나고 그의 누나, 여동생, 남동생 등과 함께 맨날 미친 듯이 뛰어다녔
어요. 그 집을 싹 쓸어 간 뒤, 그때는 철이 없을 때라 좀 널찍해 보이길

---

* 뤼위안(綠原, 1922~)의 본명은 류반주(劉半九)이며, 칠월파 시인의 한 사람으로 1955년 후
펑 반혁명집단 사건에 연루되어 오랜 시련을 겪었다. 신시기 이후 복권되어 시집을 계속 발
표하고 있다.
** 후펑 반혁명집단. 루쉰의 추종자인 사회주의 문학이론가 후펑(胡風, 1902~1985)은 인민공
화국 성립 이후 기본적으로 당의 정책을 지지했지만, 문학에 대한 정치적 간섭에는 계속 반
대해 왔다. 이론적인 정합성에서 보면 후펑의 논의가 맑스주의 문예사상의 정통적 계승임이
분명하지만, 오랜 숙적 관계였던 저우양(周揚) 등 당권과 문인들에 의해 부르주아 이데올로
기의 대표로 공격받았으며 결국 반당·반혁명분자로 1955년 7월 체포되어 수감된다. 이후
후펑과 조금이라도 연관된 거의 모든 지식인 약 2천여 명이 '후펑 반혁명집단'이란 명목으
로 비판받고 숙청되었다.

래 거기서 돌아잡기***놀이를 하곤 했어요. 아무것도 없었으니까요. 그 집 엄마는 땅바닥에 앉아 있더군요.

이웃 중에는 유명한 소설가 자오수리趙樹理도 있었어요. 집에 외국어 책이 엄청 많았는데, 나중에 크고 나서 그의 소설을 읽어 보니 외국 건 조금도 언급하지 않았더군요. 대단해요. 80년대에 제 소설이 발표된 후 아버지가 잡지에서 보시고는, 소설에 발자크니 잭 런던 등을 언급했다고 비판하시더군요. 알면서도 과시하지 않는 것이 교양이라면서. 시에 전고典故를 남발하면 좋은 시가 못 되는 것처럼 말입니다. 당시唐詩는 전고를 많이 사용하지 않는 편인데, 그렇다고 그 시인들이 당나라 이전의 전고를 몰랐던 건 아니죠. 이백이나 이하 같은 시인들은 직접 속에서 내뱉습니다. 자기 기백[元氣]이 있는 거죠.

그 외에 제가 가진 특수한 경험은 열 몇 살에 삽대를 떠났는데, 그 지역 말을 거의 못 알아듣거나 전혀 못 알아듣곤 했습니다. 내몽고, 윈난 모두 제대로 알아듣기 힘듭니다. 그래서 미국에 갔을 때 영어를 못 알아들어도 별로 스트레스를 안 받았어요. 십여 년을 다른 사람이 무슨 말을 하는지 제대로 못 알아듣는 환경에서 살아왔으니 말입니다.

자젠잉 항상 소수민족들과 함께 있었습니까? 그럼 어떻게 말을 하나요?

아청 간단한 말만 하다가 조금씩 복잡한 말을 배우기 시작했죠. 욕부터 먼저 배우고, 정식 표현도 조금씩 배워 갔죠. 그들도 중국어 표준말[官話]을 하긴 하는데, 그렇게 힘들게 중국어를 하는 걸 보고 있자니 내가 배

*** 돌아잡기로 옮긴 '跑圈儿'은 넓은 공터에서 똬배기 모양을 그려서 편을 갈라 하는 놀이. 조선의민속전통편찬위원회 편, 『민속놀이와 명절』 하, 대산출판사, 2000 참고.

우는 게 낫겠더라고요. 일상적으로 쓰는 말이야 얼마 되나요 뭐. 미국에 가서도 비슷했죠.

자젠잉 당신의 경우 어떤 면에서는 고향으로 돌아간 느낌마저 들었겠군요. 다른 사람에게 그건 중심에서 주변으로 내몰리는 경험이었습니다. 80년대 출국한 대부분이 받았던 느낌이 그랬습니다.

아청 그래요. 그들은 철이 들 무렵부터 조국의 꽃이라느니, 아침의 태양이라느니, 미래는 그들의 것이라느니 등의 말을 들어 왔으니까요. 미국에 도착한 일부 사람들의 반응이 재미있더군요. "왜 이렇게 좋은 게 내 것이 아닌 거지?!" 그들 생각에 모든 좋은 것들은 자기들 것이 되어야 마땅했으니까요. 웃기죠. 뭣 때문에 자기들 게 되어야 한답니까? 그건 공유제에 물들어서 생긴 일종의 권력의식이고, 공화국의 문화적 구성인 거죠. 그건 아주 보편적인 겁니다. 그들이 거기 가서 그런 식의 반응을 보이는 건 완전히 이해가 돼요. 반드시 그렇게 반응하죠.

자젠잉 그럼 요즘은 이들 유학파*에 대해서 어떻게 보십니까?

아청 '유학파'(海歸)라는 명칭 자체가 사실 해외에서의 삶이 쉽지 않다는 뜻을 함축하고 있습니다. 만약 뜻한 바를 못 이뤄 거기서의 생활이 만족스럽지 않으면 되돌아오는 게 좋겠다고 생각하게 되죠. 짧은 인생, 낭비할 수야 없잖아요. 국가에서 파견하여 되돌아올 의무가 있는 경우가 아

---

* 유학파의 통칭인 '하이구이'(海歸)는 같은 발음인 바다거북(海龜)을 빗댄 말이다. 즉 해외에서 유학한 뒤 중국으로 귀국해 좋은 직장에 부와 권력을 얻는 유학파들을 비꼬기 위해 '기둥서방', '기생오라비'란 폄하의 의미가 들어 있는 거북(龜)이란 발음을 사용한 것이다.

닌 보통 사람이라면 양쪽의 좋은 것, 권리, 건강을 모두 취하려 하지 않을 이유가 없어요. 저의 선택은 얼마나 자유로운가에 있습니다. 저같이 출신이 안 좋은 친구들이 서방에 가면 별로 다를 게 없었어요. 업적을 세울 필요도 없고 주류 따위에 편입될 마음도 없었으니까요. 그저 '아무도 귀찮게 하지 않으니 여기서 쉬는 것도 나쁘지 않은걸'이라고 생각한 거죠. 아마도 이사야 벌린의 소극적 자유주의에 근접한 생각이겠죠. 당연히 우리 같은 사람들은 발언조차 하지 않았으니, 쉬지 않고 떠들어 황실의 작위까지 받은 이사야 벌린과 비교할 수는 없겠지만요.

자젠잉 그들의 목소리는 별로 들어 보지 못한 것 같네요. 대학에서 가르치거나 예전에 아주 혹독하게 당했던 사람들의 경우 그냥 계속 서양에 남아 있더군요. 근데 당신은 그래도 돌아오기로 결정한 것이니, 혹시 현재의 가능성이 이미 어느 정도 수준에 이르러 여기에서도 비교적 개인적인 생활이 가능하다고 생각하신 것 아닌가요?

아청 맞아요. 예전에는 자기 생활이란 게 근본적으로 불가능했는데, 이제 어느 범위 내에서는 대체로 자기 생활이 가능해졌죠. 누가 알겠습니까만 한번 시도해 보는 거죠.

자젠잉 좋습니다. 이 정도에서 이야기를 접을까요?

아청 그럽시다.

2
베이다오(北島)

본명은 자오전카이趙振開. 1949년 베이징 출생. 건축노동자, 편집자 및 자유기고가로 활동한 바 있으며, 1978년 베이징에서 문학잡지 『오늘』今天을 창간하여 지금까지 주편을 맡고 있다. 1987년부터 구미의 여러 대학에서 강의했으며, 2007년 이후 홍콩 중문대학 객원교수로 재직하며 20여 년의 해외체류 생활을 마쳤다. 그의 작품은 30여 개 언어로 번역되었으며 여러 국제문학상을 수상했다. 최근 중국에서 출판한 작품으로는 『베이다오 시가집』北島詩歌集, 산문수필집인 『실패의 책』失敗之書, 『시간의 장미』時間的政瑰가 있다.

베이다오와의 대화
―필담

원래는 직접 인터뷰를 할 계획이었으나, 중국에서도 미국에서도 얼굴 마주치기가 힘들었다. 그 중 한 번은 친척 방문을 위해 한 달이나 귀국했던 적도 있다. 물론 나도 베이징에 있었고. 그러나 당시 그는 간치甘琦가 이미 임신 9개월이라 언제 아들이 태어날지 알 수 없었고, 새로 산 아파트의 인테리어 때문에 정신이 없었다. 새로운 생활이 눈앞에 기다리고 있는데 무슨 옛 이야기를 더듬을 여유가 있었겠는가? 몇 차례 전화통화를 할 때도 베이다오는 택시에서가 아니면 친척들과 밥 먹고 술 마시고 있었다. 총망한 목소리에 피곤함과 함께 행복이 배어 있어 귀찮게 할 수가 없었다. 아들은 어느 밤 건강하게 태어났고, 며칠 후 비자 기한이 끝나 베이다오는 미국으로 돌아갔다. 그러면서 자기는 말주변이 없다며 필담을 하는 것이 더 좋겠다고 했다. 그 결과 이렇게 컴퓨터로 보내 온 대답을 듣게 된 것이다.

반년 후, 우리는 따로따로 유럽의 같은 학회에 초청을 받아 여름의 파리에서 만나게 되었다. 그날 저녁에는 자오웨성趙越勝 부부의 집 후원에서 파티를 했다. 자오웨성이 직접 주방에 가서 요리를 했다. 좋은 날 아름다운 경치에 맛있는 요리, 그에 더하여 좋은 술 몇 병이 흥을 돋우니 이야기는 새벽까지 계속되었다. 베이다오는 언제나처럼 술이 취해 거실 소파에 쓰러져 잠이 들었다. 자오웨성은 술을 따르는 한편 말을 이어 나갔다. "예전에 「난 안 믿어」我不相信를 읽고는, 니기미, 이 새끼가 우리 세대의 느낌을 어찌 그리 정확하게 정리했을까 존경스러울 뿐이었는데, 이렇게 교양 없는 놈인 줄 당시에 알았겠어?" 말을 마친 후 몸을 일으켜 살뜰하게 시인에게 담요를 덮어 주었다.

이번에 세어 보니 베이다오를 알게 된 지 27년이 되었다. 이제 나는 새로운 시를 읽기가 겁난다. 우연히 읽더라도 무감각해져 아무런 반응이 없어졌다. 그러나 얼마 전에 우연히 궈루성郭路生[스즈의 본명]이 정신병원에서 지은 시 몇 줄을 읽었을 때 뜻밖에도 가슴속에 예리한 아픔이 스쳐 갔다. 아마도 하느님이 어느 순간 속세의 누군가의 손을 부여잡고 어떤 글을 쓰는 게 아닐까. "비루함은 비루한 자의 통행증, 고상함은 고상한 자의 묘지명." 1980년대의 베이다오는 당시 문학청년들마다 가슴에 품고 있던 영웅이었다. 물론 스즈食指도 있고, 망커芒克도 있다.

처음 "난— 안— 믿— 어!"를 읽었을 때의 그 전율을 잊을 수 없을 것이다. 그건 정말로 믿었던 사람만이 느낄 수 있는 전율이었다. 나는 믿었던 적이 있다. 요즘 적지 않은 캠퍼스 시인이 등장했다고 한다. 그러나 그 속에도 여전히 이러한 시, 이러한 독자가 있을까? 난 안 믿어.

* * *

자젠잉 아청을 인터뷰할 때, 80년대는 '표현기'였다, 그런데 사실 여러 사상적 흐름이 70년대 전체를 통틀어 준비되고 있었다고 이야기하더군요. 예를 들어 농촌으로 내려간 지청들끼리 온갖 종류의 교류를 상당히 활발하게 진행하고 있었다는 말이죠. 먼저 당신과 주위 친구들이 80년대 이전에 대체로 어떻게 생활했는지 윤곽을 그려 줄 수 있을까요? 먼저 당신 자신부터 시작하시죠. 당신은 베이징에서 자랐는데, 부모가 지식인이었나요, 당 간부였나요? 그들도 '반우파투쟁'이나 '문혁' 때 피해를 받았습니까?

베이다오 저는 평범한 집안에서 태어났습니다. 아버지는 직원이었고 어머니는 의사였죠. 그들은 정치적인 면에서 기본적으로 시류에 따르는 편이라, '문화혁명' 중에 피해를 받긴 했지만 그래도 운이 좋았다고 할 수 있습니다. 저도 아청의 설명에 동의합니다. 만약 80년대가 '표현기'였다면 70년대는 '잠복기'였다고 해야겠죠. 이 '잠복기'는 60년대 말에 시작된 산촌 벽지로의 하향 운동까지 소급될 겁니다. 1969년에 저는 베이징 제6건축회사에 배치되어 허베이의 산악지역으로 가서 산을 깎고 폭파해서 산굴에 발전소를 만들었습니다. 그리고 친구들 대부분이 삽대를 떠났다가 매년 겨울 농한기가 되면 하나둘씩 베이징으로 돌아왔습니다. 그럴 때면 베이징이 시끌벅적해졌어요. 패싸움을 벌이거나 '헌팅' 打婆子을 하는 따위로 청춘 시기의 분방함을 분출하기도 했습니다만, 더 깊이 잠복되어 있던 흐름은 각종 다양한 문화 살롱의 출현에서 잘 확인할 수 있습니다. 서적의 교환은 이러한 살롱들을 하나로 묶어 주었는데, 당시 유행하는 말로 이런 걸 '책 돌리기' 跑書라고 했습니다. 지하문학 작품은 당시 이러한 시대적 맥락에서 탄생한 것입니다. 저도 몇몇 중학교 동창들과 우리들의 작은 살롱을 만들었죠.

자젠잉 예전에 한 인터뷰에서 이렇게 말씀하신 적이 있습니다. "청소년 시기부터 나는 상실 속에서 살고 있었다. 신앙의 상실, 개인 감정의 상실, 언어의 상실 등등." 그렇다면 예전에 돈독한 신앙의 시기가 있었다는 말씀인지요? 어떤 경험이 그러한 상실감을 촉발한 겁니까? 당신의 소년 시기에 대해 말씀해 주시기 바랍니다.

베이다오 저는 '문화혁명'의 파벌 충돌에 아주 깊숙이 개입되어 있었습니다. 그건 아마도 제가 다닌 학교와 무관하지 않을 겁니다. 저는 '문혁' 한 해 전에 베이징 제4중학에 시험을 쳐 문혁이 시작될 때 고등학교 1학년이 되었습니다. 베이징 제4중학은 고위 간부 자제들이 가장 집중되어 있던 학교입니다. 들어가자마자 분위기가 영 아니란 것을 감지했죠. 당시는 '사청운동'* 직후인지라 한창 계급노선을 부르짖고 있을 때입니다. 교내의 여러 간부 자제들이 미쳐 날뛰며 자기네들이 고위급 인사나 된 것처럼 행동하기 시작했죠. 문혁이 시작되자 제4중학의 고위 간부 자제들은 자산계급 교육노선을 비판하는 공개 편지를 작성했습니다. 그후 제4중학은 단번에 '연동'**의 본거지가 되었습니다. 우리도 조직을 만들어 이들 특권층을 대표하는 고위 간부 자제들과 맞섰습니다. 왕사오광王紹光의 박사논문 『이성과 광기』理性與瘋狂가 문혁 시기 파벌 충돌의 배후를 구성하는 군중의 근저에 무엇이 있었는지를 전문적으로 논의했던 것으로 기억합니다. 당시 그들 '연동'의 윗대가리들은 20년 후에 누가 잘되는지 두고 보자고 항상 떠벌리고 다녔지요. 과연 현재 그들 중 상당수가 상업계와 정계의 '중심인물'棟梁이 되어 있긴 합니다.

---

* 사청운동(四淸運動). 대약진운동의 실패 후 류사오치에 의한 경제적 안정이 성과를 보인 반면 이데올로기와 관련된 문제가 다시 부각되었다. 이에 1963년, 일선에서 물러난 마오쩌둥이 간부들의 관료화, 자본주의화에 문제를 제기하며 '사회주의 교육운동'의 필요성을 제기했다. 그 일환인 사청운동은 노동점수[工分], 장부[帳目], 창고(倉庫), 자재[財物]의 관리에 있어 농촌의 기층간부들의 부정이 없는지를 심사하는 형식이었다. 그러나 운동이 전개되면서 당내 실권파의 자본주의적 경향을 겨냥하여 '정치, 경제, 조직, 사상'에 대한 청소로 확대되었다. 사청운동은 많은 지역에서 문혁으로 이어지는 연결고리가 되었다.
** 연동(聯動). '수도홍위병 연합행동위원회'의 약칭. 마오쩌둥의 인정을 받은 최초의 홍위병 조직이었다. 보황파라고도 불렸으며, 대부분이 간부자제였던 그들은 문혁의 불똥이 자기 아버지들에게 튀자 혈통론에 입각하여 중앙 정부과 대립하는 무장투쟁을 벌이다 진압되었다.

계급노선 투쟁에서 받는 압력을 제외하면, 저는 수학·물리·화학이 별로였기 때문에 '문학'이 제게는 일종의 해방이었습니다. 다시는 등교할 필요가 없었으니 말입니다. 그건 정말로 혁명의 열정과 뒤엉켜 있는 일종의 광희였습니다. '돈독한 신앙 시기'는 사실 혁명의 이상, 청춘의 소동 및 불공정한 사회에 대한 반항의 혼합체였습니다. 파벌 충돌이 날로 격렬해지자 마오쩌둥이 군인선전대〔軍宣隊〕와 노동자선전대〔工宣隊〕*를 잇따라 학교에 진주시켜 대치 중이던 여러 세력들을 일거에 제압해 버렸습니다. 나중엔 그 노인네가 차라리 모든 학생을 시골로 보내 버려야겠다고 생각했고, 이 결정이 결국 한 세대를 변화시킨 것입니다—중국 저층의 현실은 어떠한 선전보다도 설득력을 갖추고 있던 것이었으니까요. 우리들의 상실은 그때부터 시작되었습니다.

자젠잉 당시 어떤 책을 가장 즐겨 읽었습니까? 당신의 인생관과 이후 글쓰기에 중대한 영향을 미친 책이 있습니까?

베이다오 우리들은 상산하향 운동 이전에 이미 책을 읽기 시작했습니다. 당시 주변 친구들의 영향 때문에 읽은 것이라곤 죄다 정치, 역사, 경제와 관련된 것들입니다. 혁명을 위해 헌신할 준비를 한 셈이죠. 건축 노동자가 된 뒤 관심이 문학으로 옮겨 가기 시작했습니다. 당시 가장 인기 있던 것은 고위 간부들이 읽던 내부 열람용 도서, 즉 '황피서' 黃皮書였습니다. 가장 먼저 읽었던 몇 권이 저는 가장 인상 깊었습니다. 카프카의

---

* '軍宣隊'는 '노동자 해방군 마오쩌둥사상 선전대'(工人解放軍毛澤東思想宣傳隊), '工宣隊'는 '노동자 마오쩌둥사상 선전대'(工人毛澤東思想宣傳隊)의 약칭이다. 홍위병 파벌 간의 극심한 무장투쟁을 제지하기 위해 인민해방군의 지원을 받는 군인선전대 등의 조직이 동원되었으며, 이후 홍위병은 정규 군중조직으로 편입되어 일정한 통제를 받는다.

『심판』, 사르트르의 『구토』, 에렌부르크Ilya Ehrenburg의 『인간·세월·생활』 등인데, 그 중에서도 저는 『인간·세월·생활』은 몇 번이나 반복해서 읽었죠. 이 책은 세계로 향한 창문을 활짝 열어젖혔고, 그 세계는 당시 우리가 처한 현실과 너무 거리가 멀었습니다. 지금은 에렌부르크의 책이 그렇게까지 좋은 건 아니라고 생각됩니다만, 암중모색 단계에 있던 한 젊은이에게는 얼마나 마음을 뒤흔들던 것이었던지요. 그 책은 정신의 길잡이였으며, 우리에게 꿈을 꿀 수 있는 능력을 주었습니다.

자젠잉 중학교를 졸업한 뒤 몇 년이나 건축 노동자 생활을 하셨나요? 그 시기의 경험이 당신에게 중요한 것입니까?

베이다오 저는 1969년부터 총 11년 동안 건축 노동자 생활을 했습니다. 그 중 5년은 시멘트 반죽하는 일을 했고, 6년은 철장鐵匠 노릇을 했습니다. 책 읽을 시간을 너무 많이 뺏겼다는 게 아쉽긴 하지만 이 시기의 경험을 저는 감사하게 생각하고 있습니다. 우선 진심을 나눌 수 있는 노동자 친구들을 사귀어 중국의 저층사회 깊숙이 들어갈 수 있었습니다. 그건 학교에서는 근본적으로 얻을 수 없는 것이었죠. 그 다음으로, 마오가 청년 시기에 제창한 "근육을 피곤하게 하고 피부를 상하게 하라"는 말이 정말로 필요한 것이었음을 알게 되었습니다. 만약 자기 체력의 한계에 도전해 보지 않고는 다른 분야에서도 결코 그다지 발전할 수 없다는 점을 말입니다. 또한 저는 바로 건축 노동자 생활을 할 때 창작을 시작했습니다. 제 주위의 일꾼들은 대부분 글자를 몰랐기 때문에 일종의 봉쇄된 창작 공간, 절대적인 고독 상태가 만들어졌던 것이죠. 그건 한 작가의 시작에 아주 중요한 것이었습니다.

자젠잉 70년대에 '문학'의 격렬한 최고조가 지나간 이후 손으로 베껴서 돌려 보던 수초본手抄本 소설과 외국문학 서적이 사회적으로 폭넓게 유통되었는데, 그 중 어떤 걸 읽어 보셨나요? 가장 감동받은 몇 권을 소개해 주세요. 그게 당신에게 현대문학의 계몽 교육이었던 셈인가요?

베이다오 외국문학 서적은 앞서 이미 언급했습니다. 제가 가장 먼저 읽은 수초본 소설은 비루셰畢汝邪의 『아홉 단계의 파도』九級浪인데, 당시 큰 감동을 받았습니다. 이외에 『부용화가 활짝 피던 때』當芙蓉花盛開的時候, 『두번째 악수』第二次握手 등이 생각나는데, 모두 감정을 남발하는 작품이었습니다. 당시 지하문학, 특히 소설 작품들은 아주 수준 낮은 단계였습니다.

자젠잉 당신은 언제부터 바이양뎬白洋澱의 시인 친구들과 알게 되었나요? 당시 어떤 방식으로 어떤 사람들과 교류했는지, 화제는 무엇이었는지 등을 상세히 묘사해 주세요.

베이다오 저는 1972년 겨울 류위劉羽를 통해 망커芒克를 알게 되었습니다. 류위는 어떤 공장의 기계조립공이었는데, '문화혁명' 기간에 '반동 언론'을 유포했다는 명목으로 3년간 옥살이를 했었고, 당시에는 베이징영화제조창[北影宿舍]에 살고 있었습니다. 류위는 또 제 중학교 친구인 탕샤오펑唐曉峰: 현재 베이징대 역사지리학 교수의 소개로 알게 되었습니다. 탕샤오펑의 말에 의하면 류위는 베이징 '선봉파'의 '연락 부관'이었습니다. '선봉파'라고 이름은 붙였지만, 사실 망커와 펑강彭剛: 지하 화가 두 사람 뿐이었죠. 자기들 조직에 '선봉파'란 이름을 붙인 후 기차를 훔쳐 타고 우한武漢 등지를 한바퀴 돌다가 결국 한 푼도 없이 모조리 쓰고 난 뒤 송환돼서 되돌아왔어요. 나중에 또 망커를 통해 펑강하고도 알게 되었습니다.

망커는 바이양뎬에서 삽대를 하고 있어 제가 당시의 여자친구와 함께 만나러 간 적도 있고, 나중에는 펑강 등과도 몇 번이나 더 찾아갔습니다. 바이양뎬은 특수한 지리적 위치와 물고을의 분위기가 넘쳐 나서 당시 삽대의 '주류'에서 벗어난 일부 이단적 인물들을 흡인했습니다. 시인 망커, 둬둬多多: 리스정栗世征, 건쯔根子: 웨중岳重 등이 중심이었고, 그 외에 지하 사상가 자오징싱趙京興(철학 에세이 때문에 3년간 옥살이를 했어요)과 그의 여자친구 타오뤄숭陶洛誦, 그리고 저우둬周舵 등이 함께했습니다.

자젠잉 처음으로 궈루성郭路生: 필명은 스즈食指의 시 낭송을 들을 때의 상황을 이야기해 주세요. 당신은 그 이후에 시를 쓰기 시작한 것인가요?

베이다오 아마도 1970년 봄 무렵 절친한 친구인 스캉청史康成, 차오이판曹一凡(중학 동창들인데, 우리는 '삼총사'三劍客라고 불렀습니다)과 함께 이화원頤和園의 호수에서 뱃놀이를 하고 있었습니다. 스캉청이 뱃머리에 서서 갑자기 시 몇 수를 읊조려 무척이나 놀랐습니다. 그때 처음으로 궈루성이란 이름을 알게 되었습니다. 우린 당시 대부분 이별의 슬픔을 노래하는 고전시舊體詩만 짓고 있을 때라 표현하는 대상이 제한적이었어요. 근데 궈루성의 시가 가진 미망迷惘이 저를 밑바닥에서부터 뒤흔들어 새로운 시를 써야겠다는 생각을 품게 만들었습니다. 그가 비록 허징즈賀敬之, 궈샤오촨郭小川의 혁명시가의 영향을 받았다고는 하지만, 본질적으로 완전히 달랐습니다—그는 개인의 목소리를 시에 되살려 놓았습니다. 비록 지금 시각에서 볼 때 그의 시가 지나치게 혁명시가의 격률과 어휘에 구속받았고, 나중에는 또 병 때문에 더 이상의 경지를 보여 주지 못한 게 사실이지만, 최근 30년의 중국 신시운동의 개창자라는 이름에 전혀 부끄럽지 않은 역량을 갖고 있습니다.

자젠잉 당신이 창간하고 주편한 『오늘』今天은 80년대 현대시 운동의 상징
으로, 당시 가장 우수하고 영향력 있는 거의 모든 청년 시인들이 앞다퉈
작품을 발표한 바 있습니다. 『오늘』의 준비 과정과 최초의 구상, 연락과
진행방식 등에 대해 말씀해 주세요.

베이다오 제가 금방 언급한 '잠복기'라는 맥락을 고려해야 『오늘』의 탄
생이 가능했던 이유를 설명할 수 있습니다. 60년대 말을 시작으로, 즉
궈루성의 출현 이후 중국시는 지하상태(잠복기)에서 10여 년간 머물면서
조금씩 여러 유파를 형성하고 있었고 개인의 풍격 또한 날로 성숙해져
갔습니다. 1976년에 마오쩌둥, 저우언라이, 주더朱德의 세 거두가 세상
을 떠나고 '사인방'이 실각하게 되면서 중국의 정치적 통제가 조금씩
느슨해지기 시작했습니다. 특히 1978년이 되면 상부의 권력투쟁이 복
잡하게 뒤엉키며 숨 쉴 수 있는 공간들이 생겨나게 되었고, 그 틈을 타
시단西單에 민주벽도 만들어졌던 겁니다.

그 해 9월의 어느 날 저녁, 망커, 황루이黃銳와 저, 이렇게 세 사람은
언제나처럼 황루이의 집 뜨락에서 술을 마시며 노닥거리고 있었습니
다. 그러다 갑자기 제가 제의했죠. "우리 문학잡지 하나 창간해 보는 게
어떨까?" 모두들 처음에는 뜨악해하더니 잠시 후 흥분의 도가니에 빠졌
습니다. 나중에 우리는 주변의 친구들을 모아 함께 논의하면서 세부적
인 사항들을 상의했습니다. 시는 이미 만들어져 있다, 부족한 건 소설이
다, 그래서 우리는 단편소설을 쓰기 시작했습니다. 종이가 없었기 때문
에 우리는 각자의 직장에서 '슬쩍'해 왔습니다. 망커는 제지공장에서,
황루이는 공장의 선전부에서 잡일을 하고 있었기 때문에 우리에게 물
질적인 편의를 제공할 수 있었습니다. 그래도 가장 어려웠던 점은 등사
판을 구하는 것이었습니다. 인쇄설비는 모두 엄격히 통제되고 있었기

때문이었죠. 등사판을 해결하기 위해 장신신張辛欣을 찾아가기도 했습니다. 그녀는 무슨 의과대학인가의 위원회에서 일하고 있었거든요. 결국 황루이가 어떻게 구했는지 낡아빠진 등사판 하나를 구해 오더군요.

모든 것이 준비되자 우리 일곱 명은 루환싱陸煥興의 집에서 인쇄를 하기 시작했습니다. 그의 집은 고작 여섯 평방미터쯤 되는 작은 단칸방이었는데 농촌과 도시의 주변에 자리 잡고 있어 양쪽 모두 신경 쓰지 않는 지역이었습니다. 우리는 교대로 사흘 밤낮을 꼬박 샌 끝에 1978년 12월 22일에 인쇄를 마쳤습니다. 일을 끝내고 나니 이미 한밤중인지라, 자전거를 타고 동성구東四 쪽으로 야간 영업하는 식당에 가서 『오늘』을 위해 축배를 들었습니다. 그 자리에서 망커, 루환싱과 저 세 명이 곳곳에 붙이러 다니기로 결정되었습니다. 헤어질 때 누군가 눈물을 흘리기도 했죠. 정말로 "바람 스산히 부니 역수의 물은 차고, 장사는 한 번 떠난 후 돌아오지 않네"라는 『이소』의 한 구절처럼 비장한 기분이 들더군요.

그 다음 날, 즉 1978년 12월 23, 24일 연속 이틀간 우리는 자전거를 타고 베이징 곳곳을 돌아다니며 『오늘』을 시단의 민주벽, 톈안먼 광장, 중난하이中南海, 문화부 및 출판사와 대학가 등지에 붙였습니다. 출발 전에 혹시라도 경찰에게 추적당할까 봐 우리는 각자의 자전거 번호판을 고쳐 넣기도 했습니다. 전체적으로 봐서 그런대로 순조로웠습니다. 인민대학에서 붙일 때 교내 경찰과 말다툼한 정도니까요. 나중에 우리가 가고 나서 바로 뜯어졌다고 하더군요. 『오늘』의 제1기가 출판된 후 편집부는 정치에 휘말려서인지 분열되기 시작해 세 명의 발기인인 망커, 황루이, 저만 남고 모두 떠났습니다. 그러나 더욱 많은 친구들이 가입했습니다. 그들 중 상당수는 벽에 붙인 『오늘』 창간호에 주소와 이름을 남긴 사람들이었습니다. 당시 그건 매우 용기가 필요한 행동이었습니다. 제2기부터 『오늘』은 정상궤도로 올라서기 시작했습니다. 정기적 출판은 기본적으로 보장되었고, 우편으로 전국에 발행했습니다. 매 기수마다 1천 부씩 출간했으며, 뒤이어 4권의 총서를 출판하기도 했습니다.

자젠잉   당시『오늘』의 활동은 아주 특별한 분위기를 가지고 있었습니다. 저는 지금도 처음으로『오늘』의 모임에 참가할 때의 장면을 기억하고 있습니다. 79년 초, 눈 내린 어느 추운 겨울 밤 대학 동기인 왕샤오핑王小平과 함께 베이징대학에서 건너와 골목(胡同)으로 꺾어드니 앞쪽에서 한 남자가 두꺼운 한겨울 솜옷을 입고 걸어가고 있더군요. 그 사람은 되돌아서 우리를 슬쩍 한번 보더니 "거기 가는 거죠?"라고 묻더군요. 우리 둘이 고개를 끄덕였더니 그는 표정 없는 목소리로 "따라오세요"라고 하더군요. 세 사람은 한마디 말도 없이 구불구불한 골목 가장 깊숙이에 있는 어떤 집으로 걸어 들어갔습니다. 문을 열고 들어갔더니 집 안 가득 사람들이 앉아 있는데 모두 당시 흔히 입고 다니던 칙칙한 남색 옷을 아주 소박하게 입고 있더군요. 방 안에는 난로를 피워 놓고 난로 위에는 양철 주전자를 올려 놓았으며, 그 옆 소파 등받이에는 통통한 고양이 한 마리까지 누워 있었죠. 누군가 담배를 피우고 있어 방 안은 열기와 담배 연기로 몽롱했지만 사람들의 표정은 아주 엄숙했습니다. 잠시 후 어떤 사람이 소개를 하기 시작했는데, 아마도 왕제王捷였던 것 같습니다—그는 당시 당신네들과 베이징대학 사이의 연락을 맡고 있었죠. 그가 여기는 베이다오, 여기는 망커, 그리고 이 두 사람은 베이징대학에서 온 학생들입니다, 라는 식으로 소개를 했죠.

당시 아직 어리기도 했고『오늘』이 지하간행물이라는 생각 때문인지, 당신들의 활동에 참가한 느낌은 아주 신비로운 어떤 것이었습니다. 어릴 때 본 혁명영화에 나오는 지하당의 접선 같았다고 할까요. 낯설고 신선하고 자극적이었으며 얼마간의 위험 같은 것도 느껴졌었죠. 물론

20여 년이 흐른 뒤라 기억하고 있는 세부사항이 정확하지 않을 수도 있습니다만, 경험할 당시의 흥분은 여전히 잊혀지지 않습니다. 그 당시 당신들은 매달 이런 모임을 가졌던 것 같은데, 맞습니까?

베이다오 당신이 묘사한 내용을 보니 당신들은 아마 동44조東44條 76호에 있던 편집부에 갔나 보군요. 거긴 아주 어두운 골목이었는데, 실제로 매달 작품토론회가 열린 곳은 장쯔충張自忠로 4호에 있던 자오난趙南의 집입니다. 당신들이 편집부에 먼저 갔다가 헛걸음해서 왕제가 당신들을 자오난의 집으로 데리고 온 것일 수도 있고요. 그의 집이 모임 장소가 된 건 집도 크고 모친이 개방적이어서 전혀 간섭을 하지 않으셨기 때문이었죠. 날씨가 따뜻한 날은 실내가 비좁으면 정원에 둘러앉곤 했어요. 많을 때는 5, 60명이 참가할 때도 있었으니까요. 외부에 개방된 토론회였기 때문에 많은 문학 애호가들이 참가했었고, 특히 대학생들의 관심이 높았습니다.

자젠잉 제 인상에 따르면 당신들의 그 모임은 편집부 회의를 확대한 것과 문학토론회의 중간 지점에 위치한 어떤 것이었습니다. 잡지에 곧 발표될 작품에 대해 토론하고 다른 사람들의 의견을 수용하는 한편 문학관이나 창작관 등에 관한 문제도 논의했으니까요. 예를 들어 한번은 완즈萬之의 소설을 토론하기도 했고, 또 한번은 이탈리아의 비코를 토론하기도 했는데, 거의 대판 논쟁이 벌어지기까지 했죠? 더 구체적인 내용은 기억나지 않는군요. 그러나 어쨌든 시종 정중하고 진지한 분위기를 유지하고 있었습니다. 모두들 문학을 세상에서 가장 중요한 것으로 여겨, 토론이 진행되면 마치 하느님의 진의를 논의하는 종교 집회처럼 격앙되곤 했어요. 그 모임의 분위기를 되살려 주실 수 있나요?

베이다오 당신이 기억하고 있는 인상대로입니다. 당시 모두들 문학에 대해 아주 진지했지요. 토론회의 진행은 보통 작가가 먼저 자신의 최신 작품을 낭독한 후 참가자들의 의견을 수렴하여 재차 수정하는 방식이었는데, 편집부에서도 토론회의 반응을 참고해 다음 기수의 원고를 편성하곤 했습니다. 어느 정도 민주적 방식을 시도한 것이라 할 수 있죠. 토론회는 작가와 작가, 작가와 독자 간의 직접적인 소통의 통로를 제공했고, 아마도 더 중요한 것은 그 중 많은 독자들이 이를 통해 문학의 길을 걷게 되었다는 점일 겁니다. 자기 작품뿐 아니라 국내에 소개된 최신 서양 문학작품에 대해서도 토론했습니다. 특히 완즈가 번역하여 소개된 딜런 토마스Dylan Thomas의 시는 모두의 눈을 번쩍 뜨이게 해줬죠. 토론회는 1979년 봄에 시작해서 『오늘』이 폐간될 때까지 계속되었습니다.

자젠잉 당시 자죽원紫竹院 공원 등지에서 진행한 낭송회의 분위기를 회고해 주실 수 있으신가요?

베이다오 우리는 자죽원에서 딱 한 번 독자와의 모임을 가졌습니다. 제 생각에 당신이 말한 건 옥연담玉淵潭 공원에서 진행된 두 번의 낭송회인 것 같군요. 첫번째 낭송회는 1978년 4월 8일이었습니다. 먼저 관련 기관에 신청을 했지만 아무런 회답을 못 받아서 우린 그걸 묵인한 거라고 간주했습니다. 옥연담 공원은 벽이 없어 출입이 자유로웠습니다. 때문에 이상적인 낭송회 장소가 될 수 있었죠. 사전조사를 해보니 소나무 숲으로 둘러싸인 공터가 눈에 들어왔습니다. 가운데에 자그마한 언덕이 있어 무대로 삼기 적당한 곳이었어요. 황루이가 그린 추상화를 나무에 묶어 무대 배경으로 삼았지요. 그날은 바람이 무척 세게 불었는데, 사오백 명의 청중이 몰려들었고 그 속에는 외국 기자들도 끼어 있었어요. 가장 바깥 경계는 경찰이 둘러싸고 있었고요. 우린 몇몇 청년들을 불러 낭송을 돕게 했어요. 그 속엔 당시 영화학교 학생이던 천카이거陳凱歌도 끼어 있었죠. 그는 궈루성의 「미래를 믿는다」相信未來와 저의 「대답」回答이란 시를 낭송했습니다. 1949년 이후 처음으로 거행된 낭송회였어요. 같은 해 가을 우린 동일한 장소에서 두번째 낭송회를 했는데, 거의 천 명 가까운 청중이 몰렸습니다.

자젠잉 『오늘』의 시는 흔히 '몽롱시' 朦朧詩라는 이름으로 불리곤 합니다. 만약 하나의 집단이란 면에서 되돌아본다면 공통된 경향이라고 할 만한 게 있나요? 예를 들어 서술하는 내용과 시각에 있어 개인성이 두드러지게 강조된다거나, 언어 스타일에 있어, 특히 이미지의 운용방면에서 서양 모더니즘 시의 기법을 차용했다든지 하는 등 말입니다.

베이다오 '몽롱시'는 관방에서 붙여 준 이름이고, 당시 우리는 자신을 해명할 권리를 조금도 가져 보지 못했습니다. 엄격히 말해서 『오늘』의 시는 예술 유파라기보다는 느슨한 문학단체라고 하는 편이 옳습니다. 만약 어떤 공통된 경향이 존재한다면 그건 단일화된 주류 담론에 대한 반항, 이데올로기의 제약에서의 탈피, 시의 존엄성 회복 정도일 것입니다.

자젠잉 당신 본인을 포함한 『오늘』의 시인들은 당시에 전개된 '번역 문체'와 민족전통의 문제에 대해 어떻게 보셨습니까? '전 지구화'가 진행된 지금의 상황에서는 또 어떻게 보십니까?

베이다오 저는 10여 년 전 한 편의 글을 써서 '번역 문체' 문제에 대해 논의한 바 있습니다. 1949년 이후 일군의 중요한 시인과 작가들이 외부의 압력으로 붓을 꺾고 번역에만 매진한 바 있는데, 이때부터 관방의 담론에서 벗어난 독특한 문체, 즉 '번역 문체'가 창조되었고, 60년대 지하문학의 탄생 또한 바로 이러한 문체를 기초로 했다는 게 저의 주요 논점이었습니다. 초창기에 지어진 우리 작품에는 그 흔적이 아주 깊숙이 새겨져 있었는데, 나중에는 또 우리가 벗어나려고 애써야 했던 것이기도 합니다. 최근 해외에 체류하면서 전통에 대해 확실히 새로운 깨달음이 있었습니다. 전통은 혈연의 소환과 마찬가지로, 인생의 어느 순간 갑자기 깨닫게 되는 것입니다. 박대정심博大精深한 전통과 보잘것없는 개인의 대비는 풍랑에 흔들리는 돛단배와 같습니다. 풍향을 잘 파악하고 있어야만 배가 멀리 갈 수 있죠. 문제는 전통이 바람이 만들어지는 것만큼이나 복잡하기 그지없어, 보이지만 만질 수는 없고, 느낌이 와도 알 수는 없다는 점입니다. 중국 고전시가에서 중시하는 이미지[意象]와 경계境界 같은 개념도 결국에는 우리의 자산이 되었습니다(미국의 상징주의 운동처럼 약간은 뒤틀린 방식으로 되돌아오기도 하죠). 제가 해외에서 낭송할 때 이백, 두보, 이욱李煜[후당의 유미주의 시인]이 제 뒤에 서 있다는 기분이 들 때가 가끔 있습니다. 또 겐나디 아이기Gennadiy Aygi의 낭송을 들을 때 저는 마치 그의 등 뒤에 파스테르나크Boris Pasternak, 만델슈탐Osip Mandelstam, 푸시킨Alexander Pushkin, 레르몬토프Mikhail Lermontov가 서 있다는 느낌을 받곤 합니다. 그들이 완전히 다른 스타일의 시인임에도 불구하고 말입니다. 그게 바로 전통입니다. 우리가 능력만 된다면 이 전통 속으로 들어가 더욱 풍성하게 해야 합니다. 그걸 못하면 우린 패륜아가 되는 거죠.

자젠잉 소설도 쓰셨잖아요. 예전에 당신의 『파동』波動이란 소설과 완즈의 소설을 읽었을 때 엄청 흥분했던 기억이 납니다. 그런 식의 언어와 서술 기법은 당시의 독자에게 아주 신선한 것이었습니다. 당신은 지금 그 소설들을 어떻게 보십니까? 그것은 상흔문학, 왕멍王蒙의 의식의 흐름 소설, 심근문학 및 기타 80년대 문학 창작과는 어떠한 관계에 있나요?

베이다오 지금 봐도 『오늘』에 실린 글 중에서 소설이 약했었는데, 그래도 새로운 흐름을 만들어 냈다는 점은 의심할 바 없습니다. 지금 '상흔문학'을 다시 보면 그 시기 중국소설이 얼마나 낮은 수준에 있었는지 잘 알 수 있습니다. 옛 『오늘』의 지속기간이 너무 짧아 소설이 제대로 꽃피지 못했다는 점이 아쉽긴 합니다. 시는 어쨌든 10여 년간 '잠복기'를 거쳐 나온 것이니까요. 그래도 80년대 중반에 출현한 '선봉소설'이 정신적인 혈통에서 볼 때 『오늘』과 일맥상통한다고 할 수 있습니다.

자젠잉 당신과 『오늘』에서 활동하던 친구들은 당시 다른 작가, 예술가, 학자 등과 많은 왕래나 교류를 했었나요?

베이다오 『오늘』 동인은 말할 필요도 없죠. 우린 거의 종일 함께 죽치고 있었으니까요. 『오늘』 동인 외에 가장 왕래가 많았던 건 '싱싱화회'星星畵會의 친구들입니다. '싱싱화회'는 『오늘』에서 파생된 미술단체예요. 그 외에 사진가 단체인 '사월영회'四月影會 등도 있고, 영화대학의 친구들(나중에 '제5세대'라고 불렸죠)과도 자주 만났습니다. 천카이거는 우리 낭송회에 참가했을 뿐 아니라 필명으로 『오늘』에 소설을 발표하기도 했죠. "시로 뿌리내리고, 소설로 열매를 맺으며, 영화로 꽃핀다"라는 말이 있는데, 일리 있는 말인 것 같아요. 당시는 분야와 지역을 넘나드는 분위기가 형성되어, 문학과 예술의 춘추시기였다고 할 수 있습니다.

자젠잉 80년대의 많은 창작과 사조는 그 직전의 정치적 이데올로기에 대한, 그리고 그것이 개인의 자유에 가한 박해와 억압에 대한 반역과 질문의 목소리였습니다. 당신의 시는 더욱이 그러한 것으로 간주되고 있으며, 「대답」을 위시한 일부 시 구절은 그 시대의 이정표와 같은 역할을 한 것으로 받아들여져 왔습니다. 당시 당신과 친구들은 역사의 창조에 참여한다는 감각을 가지고 있었던가요?

베이다오 뭘 가지고 역사의 창조라고 하는 겁니까? 지금까지 지켜봐 왔던 중국 역사의 악순환이 아직 부족하단 말씀입니까? 반역자의 지혜와 의지는 시간이 지나면서 결국 사라지거나 대체되곤 합니다. 제가 「대답」을 위시한 제 초창기 시에 대해 경계심을 늦추지 않는 것 또한 바로 그 때문입니다. 다른 말로 하자면, 회고에 그칠 것이 아니라 80년대, 더 나아가 70년대에 대해 반드시 충분한 반성이 선행돼야 합니다. 그렇지 않다면 어떠한 진보도 불가능합니다.

자젠잉 당시 『오늘』을 위시한 일부 민간 간행물들이 아주 활발하고 영향력을 발휘했습니다만, 다른 한편 반지하 상태에 있었던지라 경찰의 주목을 받으며 갖가지 압력과 귀찮은 일도 수차례 겪어야 했습니다. 당신은 당시 서른 전후로 아직 젊었지만 성격이 침착하여 동인 내에서 '노선생님夫子'이라고 불렸던 것 같습니다. 당시 제가 받은 인상도 굉장히 신중하고 함부로 웃지 않는다는 것이었습니다. 한번은 왜 그랬는지 모르겠지만 자기의 "한 발은 이미 무덤 속에 있다"고 발언하기도 했습니다. 저는 그 말을 듣고 숙연해져 당신이 비극 속의 영웅인 것처럼 느껴졌죠. 그 시절의 개인적인 심정을 이야기해 주실 수 있으신가요?

베이다오 아무도 저를 '노선생님'이라고 하지는 않았어요. 다들 '목석'

이라고 불렀죠. 사실 저는 그렇게 용감한 사람이 아니었습니다. 저의 용기는 저의 개인적인 경력 때문입니다. 제 여동생인 자오산산趙珊珊은 1976년 여름, 물에 빠진 사람을 구하려다 익사했습니다. 저는 여동생과 사이가 좋았던지라 죽고 싶을 정도로 고통스러웠습니다. 그녀를 기념하는 책자에 저는 이렇게 혈서를 썼습니다. (대의만 밝히자면) "나는 뭔가에 맞서 죽고 싶다. 그게 어느 정도 의미만 있다면." 얼마 지나지 않아 역사는 그럴 수 있는 계기를 저에게 제공한 겁니다. 우리는 당시 정말로 많은 압력을 받아야 했습니다. 저 한 사람의 위험뿐 아니라 모든 참가자의 운명을 책임져야 했죠. 당시 저는 우리가 반드시 실패할 것이라고 예감했습니다. 이 실패가 언제가 될지, 어떤 방식일지는 예측할 수 없었지만 말입니다. 그건 정말로 비극이었습니다. 많은 사람이 이 비극의 빛에 의해 환하게 밝아졌습니다.

자젠잉 잡지를 운영하는 과정에서 받은 가장 선명한 느낌은 무엇입니까? 구체적인 사건이나 인물을 통해 그 시절의 전반적인 출판 환경 및 동인의 합작 상황을 묘사해 주세요.

베이다오 인쇄시설이 빈약하여 인력이 많이 필요했기 때문에 『오늘』은 막전막후 두 부분으로 나눠서 작업했습니다. 일부는 작자 그룹인데 그 대부분이 나중에 유명해집니다. 다른 일부는 정말로 운영을 책임진 사람들입니다. 그들이 누군지 아는 사람은 거의 없죠. 예를 들어 저우메이잉周楣英, 어푸밍鄂復明, 쉬샤오徐曉, 류녠춘劉念春, 왕제王捷, 구이구이桂桂, 다춘大春, 샤오잉쯔小英子 등이 그들입니다. 솔직히 말해 이들의 사심 없는 공헌이 아니었다면 『오늘』은 없었을 것입니다. 그 중 특히 거론할 만한 사람은 어푸밍입니다. 그는 내몽고에서 베이징으로 돌아온 지 사흘 만에 편집부로 와서 일을 했습니다. 나중에는 전체를 관리하는 책임자가 되어 크고 작은 일 모두에, 교정에서 인쇄, 우편발송에서 재무에 이르는 거의 대부분의 일에 관여했습니다. 그때 편집부는 류넨춘의 집에 있었고 매일 사람들이 들락거렸는데, 왔다 하면 일부터 시작했습니다. 식사시간이 되면 어푸밍이 준비하여 짜장면을 한솥 가득 만들었습니다. 간혹 망커가 기분이 좋을 때 선남선녀들을 끌고 가 술을 마시기도 했습니다. 저는 혹시라도 '건달패거리'로 당국에 트집 잡힐까 걱정했지만 항상 그걸 제지할 수가 없었죠. 가장 가소로웠던 건 우리가 '규율 감시조'를 만들어 편집부 내부에서 연애를 금지한다는 규정을 만들었다는 점입니다. 만약 그들 누구에게 물어봐도 모두가 자기 일생 중 그때가 가장 휘황찬란한 시기였다고 대답할 거라고 저는 확신합니다. 갑자기 가르시아 마르케스Gabriel García Márquez의 『혁명 시대의 사랑』*El amor en los tiempos del cólera*[국역본은 『콜레라 시대의 사랑』]이란 소설이 생각나는군요. 혁명 시기에만 가능한 '사랑'이 있습니다. 개인을 초월한 '사랑' 말입니다.

자젠잉 잡지는 언제, 어떤 상황에서 정간되었나요?

베이다오 1980년 9월 우리는 경찰 당국으로부터 일체의 출판활동을 정지하라는 첫번째 경고를 받았습니다. 우리는 표지를 바꾸기로 결정하고 '오늘 문학연구회'今天文學硏究會를 만들어 3기의 내부 자료를 출판했습니다. 동년 12월 우리는 다시 한번 최후통첩을 받았습니다. 그래서 정간하게 되었죠. 그러나 우리는 그와 동시에 공개 편지를 문예계의 저명인사들에게 보내 도의적인 지지를 얻을 수 있기를 희망했습니다. 우리는 전부 300여 통의 편지를 보냈는데, 샤오쥔蕭軍의 답장을 제외하면 아무런 반응도 없었습니다. 이 노선생이 흐릿하게나마 지지를 표시했기에 찾아갔더니 사실 아무것도 모르고 있더군요.

자젠잉 당신과 『오늘』의 친구들이 80년대 중후반에는 어떻게 살았고 글쓰기는 어떠했는지 이야기해 주세요.

베이다오 『오늘』이 정간된 후 서로 자주 왕래했고 자그마한 작품 토론회도 조직했지만, 문학운동이란 의미는 더 이상 남아 있지 않았습니다. 각자 개인적인 창작기로 접어들었다고 말할 수 있겠군요. 시는 말할 것도 없고 소설이 어떠했는지 살펴보면 잘 알 수 있습니다. 예를 들어 스톄성史鐵生은『오늘』이후에 더욱 중요한 작품을 창작하여 전국적인 영향력을 발휘하게 되었고, 또『오늘』에 평론을 썼던 아청은 「장기왕」과 같은 작품을 통해 단숨에 이름을 날렸잖습니까. 저는 87년에 출국하였으며, 망커, 둬둬 등과 함께 '생존자 클럽'을 만들었는데 이런 식의 활동이 89년까지 계속되었습니다.

자젠잉 당신을 포함한 몇몇 '몽롱시' 작품이 훗날 관방의 시 잡지에 발표되기도 했는데, 이러한 변화가 당신들의 시를 주류 매체가 수용하기 시작한 증거라고 생각하십니까?

베이다오 저는 '몽롱시'라는 이름에 반감을 품어 왔습니다. 제 생각에 '오늘파'今天派라고 불러야 마땅합니다. 그 시들은 『오늘』을 통해 세상에 처음 선보였으니까요. 관방 간행물이『오늘』의 시를 수용하는 과정은 아주 복잡하며, 당시 '사상해방운동'이 문학계에 끼친 영향과도 맞물려 있습니다. 예를 들어 사오옌샹邵燕祥이『오늘』을 읽어 보고 저의「대답」과 수팅舒婷의「상수리나무에게」致橡樹가 마음에 들어 1979년 봄 그가 부주편으로 있던 『시간』詩刊에 전재했습니다. 당시 『시간』은 발행부수가 수백만에 달했으니 그 영향력이 얼마나 되는지 잘 알 수 있습니다. 또 같은 해 『안후이문학』安徽文學에서도 『오늘』의 시와 소설을 전재했습니다. 물론 가뭄에 콩 나듯 드물었고, 정말로 주류 매체에 수용되기 시작한 것은 『오늘』이 정간된 뒤부터입니다. 그러면서 전국적인 논쟁이 일기도 했습니다. 전체적으로 봤을 때 그건 논쟁이라 하기도 힘들고 관방에 의해 조종된 계획적인 대비판이었습니다. 결과는 정반대로 나타났죠. 독자들의 보편적인 반항심리 때문인지 '오늘파'의 시는 더욱 사람들의 마음속에 깊이 새겨지게 되었습니다. 혹자는 『오늘』이 결국 관방에 투항했다고도 하는데, 그건 분명 다른 속셈이 있어서 고의로 문제의 복잡성을 무시하는 발언입니다. 사실 『오늘』이 대항에서 삼투로, 그리고 주류 매체가 배척에서 수용으로 변해 가는 상호과정이 진행되고 있었고, 이러한 상호과정은 지하문학이 수면 위로 부상하기 위해 필연적인 것이었습니다.

자젠잉 당신은 천구백팔십 몇 년인가에 출국했고, 옛 친구들도 외국으로 나가거나 문단에서 사라져 갔습니다. 또 혹자들은 직업을 바꿔 장사에 뛰어들기도 했습니다. 언젠가 당신이 분명하게 "한 시대가 끝났다"라고 느꼈던 적이 있습니까?

베이다오 저는 87년 봄에 영국으로 떠났다가 88년 봄에 거기서 미국으로 갔고, 88년 말에 베이징으로 돌아와 『오늘』 10주년 기념활동을 했습니다. 89년 4월 하순에 미국으로 회의 참석차 간 뒤에야 정말로 안 돌아올 생각으로 눌러앉게 되었습니다. 88년 봄 저는 영국에서 오랜 친구인 자오이판趙一凡의 부고를 듣고는 엄청난 쇼크에 빠졌습니다. 자오이판은 70년대 초에 알게 된 친구입니다. 지하문학의 수집가인데 2년여를 감옥에 갇혔다가 나중에는 『오늘』을 위해 많은 막후 작업을 했습니다. 그의 부고를 듣는 순간 저는 당신이 이야기한 "한 시대가 끝났다"라는 느낌을 받았습니다.

자젠잉 1990년 봄 『오늘』이 해외에서 복간되었습니다. 90년대의 『오늘』은 80년대의 『오늘』과 어떤 차이가 있는지 말씀해 주세요.

베이다오 당신도 『오늘』의 해외 복간 활동에 참여한 바 있어 상당 부분 알고 계실 겁니다. 그때는 아주 특별한 시기였습니다. 최초의 경천동지할 사건을 겪은 후 우리는 국내외의 중국 작가에게 이데올로기의 영향을 받지 않는 터전이 필요하다는 걸 의식하게 되었습니다. 물론 해외에서 잡지를 간행하는 것은 각종 어려움이 있으며, 예전처럼 '깃발을 들고 봉기하는' 효과는 전혀 기대할 수 없습니다. 창간 방침에서 보자면 새로운 『오늘』은 옛 『오늘』과 일맥상통하는 부분이 있습니다. 여전히 문학의 '선봉성'을 고수하며 어떠한 담론의 도구가 되는 것도 거절합니다. 우리는 1991년 아이오와에서 회의를 개최한 뒤 대대적인 개편을 단행하여 『오늘』이 지역을 넘어선 독보적인 중국어 문학잡지가 될 수 있도록 더욱 개방적으로 운영하였습니다. 예를 들어, 만약 옛 『오늘』이 황무지에 파종한 것이라면 새로운 『오늘』은 내일의 기근에 대비하여 종자를 보존하는 것이라 할 수 있습니다. 고립무원의 해외에서 자금도, 독자도 부족한 환경이었기에 우리는 적막을 참는 법을 배워야만 했습니다.

자젠잉 80년대의 중국을 돌아보면 그 시기가 시의 황금시대였다는 걸 쉽게 확인할 수 있습니다. 사람들의 시에 대한 열정과 사랑이 최고조에 달하여, 시가 시대의 목소리를 전달하는 진정한 매개가 되어 주었습니다. 그런데 그건 지극히 짧은 특수한 시기였습니다. 정치적으로 비교적 개방되어 있는 경제 중심의 시대는 아직 도래하지 않았습니다. 그렇지만 이후 점차 상업화되기 시작한 중국, 혹은 미국처럼 안정된 상업사회에서 시와 시인의 역할과 운명은 전혀 다릅니다. 혹자는 지금이야말로 정상적인 사회라고도 말합니다. 당신은 어떻게 보십니까?

베이다오 시는 중국 현대사에서 두 차례의 중요한 역할을 담당합니다. 첫 번째는 5·4운동 때이고, 두번째는 지하문학과 『오늘』입니다. 바로 시가 한 민족의 거대한 변화를 이끌어 내었던 시기였죠. 이것은 또한 중국이 확실히 오랜 시의 전통을 이어 온 나라라는 것을 말해 주는 것이기도 합니다. 그러나 현대사회에서 시는 그저 방아쇠를 당기는 것과 비슷한 역할을 할 뿐, 지속적인 효과를 얻을 수도 없고, 그래서도 안 됩니다. 시는 하나의 잠재된 흐름입니다. 분출된 후에는 다시 지하로 돌아가야지요. 사실 무엇이 정상적인 사회라고 말할 수는 없습니다. 역사적인 참조체계가 다르기 때문입니다.

자젠잉 90년대 이후 중국의 시와 각지의 시가 단체에 대한 견해를 말씀해 주세요. 당신이 특별히 좋아하는 젊은 시인이 있습니까?

베이다오 90년대에 중국에 있지 않았기에 발언권이 없을 것 같습니다. 제 생각에 시의 척도는 세기가 기본 단위입니다. 한 세기에 좋은 시인 몇 명만 나와도 훌륭한 것이죠.

자젠잉 일부 젊은 시인들이 "타도 베이다오"라는 구호를 외친 바 있습니다. 그것이 '영향의 불안'이든 '살부殺父 콤플렉스'이든, 어쨌거나 당신은 이미 후배들이 반드시 넘어서야 하는 산이 되어 있는 것 같습니다. 당신은 이러한 '세대차'를 어떻게 보십니까? 자신을 넘어서야 한다는 불안 같은 건 없나요?

베이다오 이 문제는 이야기하고 싶지 않습니다.

자젠잉 오랫동안 서양에서 생활한 경험은 '서양/타향'에 대한 한 사람의 인식을 변화시키기도 하고, 그/그녀의 '동양/고향'에 대한 인식을 변화시키기도 합니다. 최근 십여 년의 '유랑' 생활과 '국제화'된 시각이 당신의 창작에 중요합니까? 당신에게 어떠한 득실을 가져다주었습니까?

베이다오 '유랑'의 장점은 이러한 단순한 이분대립을 넘어서 더욱 복잡한 시각을 가져다준다는 점입니다. 그 때문에 입장을 조정할 필요가 있고, 어떠한 권력이나 담론 시스템에도 필요한 경계심을 유지하게도 해줍니다. 이런 점에서 말하자면 '민족국가'에 대한 동일시는 위험한 것입니다. 제가 보기에 '국제화' 國際化라는 단어를 안 쓰는 것이 좋습니다. 함의가 혼란스럽고 또 다른 오해를 불러오기 쉬운 말이기 때문입니다.

자젠잉 당신은 예전에 어떤 산문에서 초창기 시 작품에서의 '혁명 어투'를 반성한 바 있습니다. 그것이 자신이 반역하고자 했던 그 시스템의 잔영이라고 생각하신 것이죠. 제 생각에 이렇게 민감하고 솔직하게 자신을 돌아보기는 굉장히 어려운 것 같아요. 그렇지만 또 일부 비평가들은 당신의 최근 창작이 지나치게 '내면'이나 '개인적인 체험과 취미'로 전향하여 원래의 충격과 사회성을 상실했기에 더 이상 폭넓은 공명을 일으키기 힘들 거라고 비판하기도 합니다. 실제로 이런 비판은 많은 사람들이 당대의 시에 대해 품게 되는 일종의 원망과도 같은 것입니다. 극단적인 경우 오늘날의 시는 기본적으로 시인 그룹 내부의 오락으로 전락했다고 말하기도 합니다. 당신은 이러한 비판을 어떻게 생각하십니까? 시인이 변한 겁니까, 사회가 변한 겁니까, 아니면 둘 다 변한 겁니까?

베이다오 시인과 역사, 언어와 사회, 반역과 격정은 종횡으로 교차하고 서로를 밝게 비추는 것이어서 그 하나하나를 나눠서 이야기하기 어렵습니다. 진정한 시인은 사회 분위기의 기복에 따라 부침하지 않습니다. 그는 종종 앞으로 나아갈수록 더욱 고독해지기도 합니다. 왜냐하면 그가 발을 들여놓은 곳이 암흑의 중심이기 때문입니다. 지금은 소비의 시대입니다. 더 이상 폭넓은 공명 같은 게 가능하지 않을 것입니다. 그런 의미에서 어떠한 사회적 편견도 전혀 거론할 가치가 없습니다.

자젠잉 만약 귀납할 수 있다면, 80년대 중국의 시와 오늘의 시 각각의 특징은 무엇이라고 생각하십니까? 가장 큰 차이는 무엇인가요?

베이다오 이 문제는 이야기하고 싶지 않습니다.

자젠잉 이런 관점도 있습니다. 80년대 중국 대륙은 이상주의의 시대였고 지금은 실용주의·물질주의의 시대이다, 대부분의 지식인과 작가, 예술가는 이미 편안한 생활에 투항하였거나 명리를 좇는 무리가 되었다. 당신은 이런 판단에 동의하시나요? 젊을 때 굉장히 반역적이었던 어떤 예술가가 훗날 장사꾼이 된 것을 묘사하며 당신은 "상업이 결국 모든 것을 집어삼킬 것이다"라고 쓰신 바 있습니다. 당신은 상업사회가 문학예술에 자양분이 되기보다는 부패하게 만든다고 생각하는 건 아니신지요?

베이다오 너무 단순화하여 말씀하신 것 같습니다. 80년대에는 80년대의 문제가 있었고, 90년대의 위기도 80년대부터 시작된 것으로 봐야 합니다. 당신이 이야기한 80년대의 이상주의라는 것도 사실 뿌리가 그렇게 튼튼한 것은 아닙니다. 그 당시 '문혁' 시기에 자라난 지식인들이 막 발판을 세웠을 뿐 정말로 자신의 전통을 형성하지는 못했습니다. '5·4' 이래로 이 전통은 몇 번이고 중단된 바 있습니다. 그것은 우리 민족의 정신적인 명맥입니다. 근대화의 전환기에 상업화의 충격을 경험하지 않은 나라는 없습니다. 변하지 않는 것으로 모든 변화에 응하는 지식인의 전통을 어떻게 유지할 것인지를 우리는 반성할 필요가 있습니다.

자젠잉 당신은 80년대를 그리워하십니까? 중국어 시가의 앞날에 대해 어떠한 전망을 가지고 있습니까?

베이다오 어찌 되었건 80년대는 확실히 저를 그립게 하는 무엇이 있습니다. 아무리 많은 위기가 있었다고 하더라도 말입니다. 20세기 초 러시아의 백은시대와 마찬가지로 어떤 나라든지 자랑스러워할 만한 문화적 전성기가 있습니다. 80년대는 20세기 중국의 문화적 전성기입니다. 앞으로 오랜 세월이 흐른 뒤에야 이러한 전성기가 다시 나타날 것입니다. 우리 세대는 그걸 다시 보기가 힘들겠죠. 80년대의 전성기는 '문화대혁명'에서 시작되었습니다. "지진이 새로운 샘을 연" 것처럼 '문화대혁명'이 없었다면 80년대도 없었을 것입니다. 더욱 중요한 것은 80년대가 그렇게 비장하고 찬란한 와중에 막을 내려 한 오랜 민족의 생명력을 잘 보여 주었다는 점입니다. 그것의 미래적 잠재력, 그것의 미학의 의의는 우리가 자랑할 만한 것입니다.

3
천단칭(陳丹靑)

1953년 상하이에서 출생, 1970년에서 1978년까지 장시성 남부(贛南瑣)와 장쑤성 북부(蘇北)의 가난한 농촌 지역 생산대를 전전하면서 독학으로 그림을 공부했다. 1978년 동등학력(同等學歷)(정식학위를 받은 것은 아니지만 일정한 자격이나 경력을 갖춘 사람에게 학부 졸업과 동일한 학력을 인정하여 석사과정에 지원할 수 있게 하는 제도. 주로 전문대나 성인교육을 이수한 후 2년 이상의 실무 경험을 쌓은 경우가 이에 해당한다)으로 중앙미술대학 유화과 대학원에 입학하였으며, 1980년 졸업 후 학교에 남아 강의를 하였다. 1982년 뉴욕으로 건너가 거주하며 자유직업 화가로 살아간다. 2000년에 중국으로 귀국하여 지금은 베이징에서 살고 있다. 초기작으로 「티베트 연작」西藏組畵이 있고, 최근 10여 년은 병치 시리즈와 서적 정물 시리즈를 발표하였다. 그 외에 많은 글을 발표한 작가로도 이름나 있다. 2000년에 문집 『뉴욕 잡기』紐約瑣記를 시작으로, 2002년 『천단칭의 음악 필기』陳丹靑音樂筆記, 2003년 잡문집 『여분의 소재』多餘的素材, 2005년 『퇴보집』退步集을 출판하였다.

천단칭과의 대화
―2004년 7월 30일 뉴욕 맨해튼 유니언 스퀘어 부근

이 인터뷰는 2004년 7월 맨해튼 남쪽에 위치한 우리 집에서 행해졌다. 당시 나와 단칭은 둘 다 마침 뉴욕에서 각자의 가족들과 여름을 보내고 있었다. 평소 베이징에서 생활할 때는 양쪽이 모두 바빴는데, 오히려 뉴욕에서는 서로 짬을 낼 수 있을 것 같아 약속을 잡고 여유 있게 이야기를 나누었다. 집에 오는 날 단칭은 담배만 들고 올 줄 알았더니 뜻밖에 말린 과일을 간식거리로 한 봉지 가져왔다. 아마 집을 나서기 전에 아내인 샤오닝小寧이 주머니에 쑤셔 넣어 준 것인지도 모르겠다.

    단칭을 알게 된 건 뉴욕에서였다. 아마 15년 전일 것이다. 구체적인 상황은 이미 기억이 흐릿한데, 아마도 중미 협진사華美協進社; China Institute in America에서 주최한 어떤 활동에서였던 것 같다. 모두들 교외로 달려가 고기를 구워 먹으며 이야기를 나눴고, 그런 다음 여러 주제의 강좌를 아무거나 골라서 들었었다. 그 중 한 강좌가 중국의 예술이론에 관한 것이었는데, 서른 몇 살의 준수하게 생긴 남자가 사람들 앞에 서서 고금을 오가며 달변을 토하는 모습이 눈에 들어왔다. 뒤쪽에 서서 듣고 있으니까 옆에 있던 누군가가 작은 목소리로 가르쳐 줬다. 천단칭이라고, 대륙에서 온 화가야. 나는 당시 마음속으로 찬탄을 금할 수 없었다.

붓을 놀려 그림 그리는 사람이 이렇게 말주변이 좋단 말인가!

단칭은 옷을 잘 차려 입는 편인데 특히 미니멀한 검은색을 편애한다. 최근에 그를 볼 때마다 거의 항상 검은색 중산복 상의에 머리를 거의 밀고 다니는 것 같다. 겨울에는 검은색 면직 모자를 쓰고 검은 바바리코트를 입는다. 온몸에서 갈색 군용 책가방만 검은색이 아니다. 아마도 초상화가의 습관인지 단칭은 사람을 만나면 먼저 인상을 살피는데 눈빛이 굉장히 날카롭다. 게다가 가끔 사람을 깜짝 놀라게 하는 말을 내뱉기도 한다. 예전에 우리 집안의 어떤 어르신을 처음 만나는 자리에서 아래위를 몇 번 훑어보더니 그 자리에서 이렇게 평가했다. "태평성세의 지방 유지." 맙소사! 이런 식의 평가는 절대 잊혀지지 않는다. 아청 또한 이쪽으로 내공이 깊은데, 한번 슬쩍 보고는 이렇게 말을 한 바 있다. "봉건시대 관아에서 소송장 대리 작성하는 말단 관리." 그후로 그 분을 볼 때마다 내 머릿속에는 언제나 똑같은 이미지가 떠오르곤 했다. 또 단칭은 루쉰의 상을 이렇게 평가했다. "만약 키가 컸다면 망쳤을 상이야." 확실히 그렇다. 단칭이 류쒀라에게 그려 준 초상은 너무나 생생하게 그녀의 특징을 잘 잡아내, 쒀라 자신도 저녁에는 쳐다볼 엄두를 못 낸다. "난 저 여자가 무서워!"라고 하면서.

단칭의 글은 아름다우면서도 날카롭다. 특히 최근작인 『퇴보집』이 그렇다. 비록 그가 뉴욕이 자신에게 얼마나 중요한 곳인지 거듭 강조해 왔지만—물론 확실히 중요하긴 하지만, 내가 보기에 그와 같은 성격의 사람은 수련을 끝내고 하산해야지 미국에서 계속 머물다가는 힘 한 번 못 써 보고 주저앉을 것만 같았다. 과연 몇 년 전 조국으로 돌아와서는 세상의 불합리함을 냉소하고 비판하였다. 흡사 '분노한 청년' 시기로 돌아간 것처럼 말이다. 그러나 그의 비판은 여러 매체에서 열렬한 환영을 받았다. 단칭은 주체하지 못할 정도로 바빴지만 여전히 기운은 충만했다. 고국으로 돌아와 자신의 재화를 펼칠 공간이 생겼다. 그의 비판 또한 화살을 쏠 과녁이 생긴 셈이다.

* * *

자젠잉 80년대를 회고할 때 조금 더 개인적인 면에 초점을 맞춰 이야기해 주셨으면 합니다. 제 생각에 당신의 시각은 꽤 독특할 것 같습니다. 당신은 이 책의 다른 사람들보다 일찍 해외로 나가 오래 머물러 있었습니다. 데뷔가 빠른 편이지만 82년에 미국으로 가 버렸기 때문에 단번에 많은 거리가 생겼지요. 먼저 '포스트 문혁 회화'의 참여자로서 당신의 느낌을 말해 줄 수 있을까요? 당시에 이미 명확한 반항 의식이 있었던 건가요? 당신은 티베트에 가서 그곳 사람들을 그렸는데, 대상은 한족 문화를 넘어섰고 기술적으로도 당시의 낭만적 프롤레타리아 문예와는 선을 그었습니다. 결국 더 철저하게 벗어나 미국으로 가 버렸습니다······. 약간 학구적인 술어를 빌려서 질문을 해보자면, 혹시 '타자'를 찾으려는 의도가 있지는 않았나요? 즉 자기 생활에서 결핍을 느껴 다른 곳에서 그것을 보충하려고 말이죠. 저는 한 개인의 궤적이 거울과 같아서 그 시대를 비춘다고 생각합니다. 중국의 80년대는 많은 사람이 폐허에서 나와 사방을 두리번거리며 탐색하는 과정이었기 때문에 의식적·무의식적으로 서양에서 찾고, 끊어져 버린 자신의 민족적 전통의 뿌리로 되돌아가서 찾게 되었습니다. 이런 것들은 모두 전체적인 상황을 두루뭉술하게 이야기한 것인데, 가장 세부적인 사소한 사건에서 이야기를 시작해 주시기 바랍니다.

천단칭 그럼, 시기별로 하나씩 풀어 나가 봅시다. 80년대에 저는 중국에서 80년과 81년, 이렇게 2년밖에 있지 않았습니다. 82년 1월 초에 떠났으니까요. 그 2년은 사실 굉장히 평온했습니다. 출국 전 도처에서 울려대던 노래가 기억나는군요. "너의, 나의, 우리 80년대 신세대의 것."

이후 저는 80년대를 생각할 때마다 이 노래가 떠오릅니다. 얼마나 의기양양합니까. "80년대의 신세대!" 그 여가수의 목소리가 하느작거리는 게 '문혁' 시기의 곡조에 비해 얼마나 부드러웠습니까. 이후의 유행가와 비교하자면 또 그렇게 개방된 것도 아니었지만요. 당시에는 '유행'이란 말도 아직 없을 때니까요.

저를 흥분시켰던 사건은 모두 70년대 말에 있었습니다. 저는 78년에 미술대학에 입학하여 베이징에 왔습니다. 곧바로 시단西單에 민주의 벽이 세워졌고, 덩샤오핑의 활동 재개, 11기 삼중전회,* 중미 국교 수립, 중월 전쟁, 『오늘』창간, 싱싱 미술전 등이 이어졌으며, 마더성馬德生 등은 데모를 하기도 했죠…….

사실 저는 '문혁' 때 데뷔했습니다. 72년 이후 유화, 연환화, 선전화, 문학 삽화 등의 작품을 연이어 발표하였습니다. 당시 지칭 화가들은 모두 일찍 데뷔했습니다. 물론 아주 유치한 수준이었죠. 그냥 그림이 인쇄되어 나오기만 하면 즐거울 때였으니까요. 76년에 처음으로 티베트에 가서 「눈물이 풍작을 거둔 논을 가득 채우네」淚水灑滿豊收田를 그렸습니다. 그 해, 마오쩌둥이 죽었을 때 티베트인들이 우는 모습을 그렸죠. 그림을 완성한 뒤 다시 생산대가 있는 마을로 돌아왔습니다. 그 해에 '사인방'이 희극적으로 '와해'되었고 '문혁'이 종결되었죠. 저의 그 그림은 77년 전국 미전에 입선되었는데, 전시회 제목이 재미있습니다. '쌍경 미술전'雙慶畵展이라고, '사인방'의 와해를 경축하고 화궈펑華國峰의 국

---

* 제11기 중앙위원회 제3차 전체회의. 1978년 12월에 개최된 이 회의에서 덩샤오핑의 시대가 본격화되었으며, 문화대혁명이 재평가되기 시작하고 이른바 '사회주의 현대화 건설'을 표방하여 경제발전이 당과 국가의 주요 목표가 되었다.

가 주석 취임을 경축한다는 뜻이죠.

그 몇 년간 국가에서 벌어진 일련의 사변은 모든 사람에게 영향을 주었습니다. 저 같은 경우 첫째, 저는 많은 사람이 울고 있는 모습을 그렸는데, 그건 당시 절대로 허락되지 않던 것이었어요. 그런데 그게 마오 주석 때문에 우는 거니까 전국 미전에서 받아 줬던 거죠. 듣자 하니 그게 제 이름을 알리게 된 작품이라고들 하더군요. 둘째, 8년간의 지청 생활을 끝내고 학교에 들어갔습니다. 셋째, 부친의 우파 신분이 복권되었습니다. 갑자기 우파와 우파 출신이 그 몇 년간 유행이 되기도 했죠. 당시 베이징에 가서 사람들을 만나 보니, 마치 그게 영광스럽다는 듯이 누구누구의 아버지가 우파라고들 이야기하더군요. 넷째, '싱싱'星星, '무명'無名, '동세대'(同代人) 등이 야외미술회(野畵會) 운동을 일으켰습니다(훗날 85운동*은 거의 7년이 지난 뒤에야 일어난 셈이죠). 다섯째는 시단의 민주벽입니다. 어느 날 이른 아침에 누군가가 식당에서 이 일을 알려 왔습니다. 한겨울이라 입에서는 하얀 김을 뿜으면서 말입니다⋯⋯. 우리는 매일 자전거로 시단에 가서 글을 읽었습니다. 하루는 인권 문제를 제기하고 싶다며 카터 대통령과의 접견을 요구하는 피켓을 든 사람도 봤습니다. 지나가는 사람들은 묵묵히 그를 바라봤고, 어떤 줄이 쳐져 그를 막고 있었는데 멀지 않은 곳에는 경찰도 서 있었습니다. 지금 생각하면 불가사의하게 느껴질 정도지요. 당시 중국 전체가 그렇게 낡아빠진 벽에다 대고 공개적으로 말하는 것이 허용되었으니까요.

자젠잉 맞아요. 그 벽을 생각해 보면 아득히 먼 꿈만 같아요. 가장 또렷하게 생각나는 제 개인적인 기억은 그 벽이 허물어지고 난 뒤, 아마 79

---

*85 신사조운동은 8장 리셴팅 부분 참조.

년 말일 겁니다. 저는 아버지와 아주 격렬하게 말다툼을 벌였습니다. 저는 어릴 때 아버지를 숭배했어요. 아버지도 저를 무척이나 귀여워하셔서 굉장히 사이가 좋은 편이었죠. 그때 우리는 처음으로 대판 싸웠는데, 그 이유가 민주의 벽에 대한 견해가 달라서였습니다.

아버지는 서생 기질이 농후한 맑스 신봉자입니다. 진지하게 『자본』을 통독하는 그런 분이셨죠. 당시 아버지는 제가 아무런 이론도 논리적 사유도 없다고 비판하셨습니다. 감성적인 문예청년들이 벽에다 대고 세상의 불합리함에 분통을 터뜨리는 꼴인데, 너희같이 유치하고 시건 방진 인간들이 손발을 놀리게 국가가 내버려 둔다면 혼란만 가중될 뿐이라는 말씀이셨죠. 게다가 아버지는 웨이징성魏京生이 국가 기밀을 누설했다고 믿고 계셨어요. 당시 저는 스무번째 생일을 막 지난 터라 스스로 다 컸다고 생각하고 있었는데, 아버지와 논쟁을 벌여 이겨 낼 재간이 없더군요.

싸우고 난 뒤 혼자서 방구석의 낡은 등나무 의자에 앉아 있으니 속상해 죽겠습디다. 그때 불현듯 성인의 고독이란 게 이런 거구나, 라는 걸 느끼게 되었어요. 그날 이후 저는 아버지와 '세대차이'를 실감할 수밖에 없었죠. 지금 되돌아보면 그 당시 생활이 얼마나 정치화되어 있었습니까. 밥상에 앉아서도 걸핏하면 시사에 관한 걸 토론하곤 했으니까요. 당신 이야기를 계속 이어서 하시는 게 좋겠네요.

천단칭 1980년에 저는 졸업작품을 그렸습니다. 훗날 「티베트 연작」이라고 불리는 그것입니다. 얼마 후 무슨 '생활류'生活流니 하는 평가들이 있었습니다. 90년대에 귀국했을 때 제 그림의 영향이 대단했었다고 사람들이 그러더군요. 그 말을 듣고 어떻게 반응해야 할지 모르겠더군요. 출국하기 전의 일이 거의 전생의 기억인 것처럼 느껴졌으니까요.

저는 항상 옛날을 품고 삽니다. 저는 언제나 몇 박자 늦게 시대를 느끼죠. 80년대는 저에게 너무 빨랐습니다. 금방 지나쳐 온 70년대도 아직 제대로 사유하지 못했는데 이미 '80년대의 신세대' 라니요? 70년대를 저는 아직도 충분히 사유하지 못했습니다. 얼마나 많은 재난과 죄악들이 있었던가요……. 불과 몇 년 전까지도 우리는 이리저리 떠도는 부랑아, 일군의 분노한 청년들이었잖습니까. 우리 이마의 여드름은 여전히 70년대의 것인데 갑자기 '신세대' 라니요? 제가 미국으로 건너간 다음해에 『뉴욕 타임스』에서 흑백 사진 하나를 봤습니다. 산둥성 웨이팡현潍坊縣에서 열린 국제 연날리기 축제에 관한 보도였는데, 사람들이 모여서 웃으며 하늘을 바라보고 있더군요. 저는 그걸 보자마자 거의 울 뻔했습니다. 웃고 있지만 그들의 얼굴에는 고난의 흔적이 고스란히 남아 있었어요. 그토록 기나긴 정치적 고난이 그들 하나하나의 얼굴에 주름을 새겨 넣었던 것이겠죠. 만약 제가 중국에서 이 사진을 봤다면 어떤 느낌이었을지 잘 모르겠습니다. 그런데 저는 뉴욕에서, 매일같이 거리 가득한 미국인들의 표정들을 보고 있었잖습니까. 그렇게 몇 세대를 걸쳐 자유를 만끽한 표정들만 보다가 갑자기 제 동포를 보게 되었으니!

괴로운 건지 마음이 놓이는 건지 모르겠지만, 어쨌든 너무 억울하더군요. 지난 몇 세대 동안 중국인들의 처지가 너무 억울했어요. 빌어먹을 중국인들이 이제 더 이상 '운동'을 하지 않아도 되는구나. 놀 줄도 알고! 연도 날리는구나!

출국할 때 저는 관방 화가에 준하는 사람으로 간주되고 있었습니다. 사실 저야말로 사회에서 구르고 구른 노지청老知靑인데 말입니다. 그렇지 않았다면 제가 싱싱 미술전 사람들을 저와 동일시할 수 없었겠죠. 학생들이 그 미술전의 지도급 화가 다섯을 초청하여 학교에서 강연을 했습니다. 마더성馬德生, 왕커핑王克平, 취레이레이曲磊磊, 황루이黃銳, 중아청鐘阿城 등이 연단에 앉아 있는 것을 보고 저는 건달과 사회의 청년 사이에 끼어 있는 그들의 야성이 부러웠습니다. 제가 그들과 완전히 똑같은 동물이란 걸 알게 되었죠! 그런데 밤에 그들을 교문까지 배웅할 때 취레이레이 —— 그의 아버지가 『임해설원』林海雪原*의 저자라고 합디다 —— 가 저에게 그러더군요. "씨부럴, 정말로 난 너희들이 부러워, 니네는 대학에 들어갔잖아!"

슬프지만 그의 말이 진실인 것은 분명했습니다.

80, 81년에는 무슨 중요한 일이 있었을까요? 만약 미술계에 국한한다면, 우리 미술대학 대학원생들의 졸업전시가 있었고, 또 '청년 미술전'이 있었고, 뤄중리羅中立가 「아버지」父親를 그렸죠…….**

자젠잉 뤄중리도 당신들 대학원생과 동세대였나요?

천단칭 아마 본과생이었을 건데, 저보다는 여섯 살이 많습니다. 80년 전후에 '상흔문학'은 막 지나갔고 '상흔회화'가 시작되고 있었습니다. 가오샤오화高小華, 청총린程叢林이 쓰촨의 폭력투쟁 장면을 묘사한 「왜?」爲什麽를 그렸습니다. 아주 자극적이었는데 낙선해서 전시할 수도 없었죠……. 훗날의 이른바 '신시기 문학'은 아직 시작되지 않았고, 소설 「상흔」만 발표되었습니다. 저는 별로였습니다만. 당시에는 훗날 왕안이王安憶 같은 작가가 나올 줄 전혀 몰랐었죠. 아청은 79년에야 베이징으로

---

* 취레이레이의 아버지인 취뽀(曲波, 1923~2002)가 자신의 경험을 토대로 1946년 동북지방의 깊은 설원에 잔류한 국민군 패잔병의 소탕작전에 투입된 인민해방군의 모험담을 그린 소설이다. 1956년 발표 이후 많은 반향을 불러일으켰으며, 〈지략으로 웨이후산을 취하다〉(智取威虎山)라는 이름으로 영화화되었고, 혁명모범극(樣板戱)으로도 각색되었다.
** 천단칭과의 대담에서 언급되는 그림들은 이 시기 회화를 개관하고 있는 8장 리셴팅 부분을 참고할 것.

돌아왔어요. 농촌에서 꼬박 12년을 지냈던 거죠. 그를 만났을 때 아직 일자리가 없어 빈둥거릴 때였어요. 그런 사람이 훗날 소설을 쓸 줄 누가 알았겠습니까? 그 뒤로 장청즈張承志, 리퉈李陀, 가오싱젠高行健, 모옌莫言이니 하는 작가들이 쏟아져 나올 줄은 또 어떻게 알았겠어요…….

자젠잉 영화는 아직 시작조차 못했죠. '80년대'의 중견인물들이 그 당시 아직 무대에도 오르기 전이니까요.

천단칭 어차피 앞에서 이야기한 것은 제가 기억하고 있는 출국 전까지의 판도입니다. 저는 80년대를 이야기할 자격이 없는 셈인 거죠.

미국에 간 뒤의 일도 시기순으로 나가 봅시다. 이를테면 80년에서 86년까지 저는 친구들과 자주 편지를 주고받았습니다. 대부분은 그림 그리는 친구였고, 아청과의 편지 왕래도 많았습니다. 우리 둘은 처음부터 오랜 친구 같았어요. 둘 다 우파의 아이였고, 빌어먹을 노지청이었죠. 저는 아청의 차림새를 굉장히 좋아합니다. 안경을 쓰고서 차분하면서도 분명하게 말을 하죠. 서생 같다 싶으면서도 닳고 닳은 느낌도 가지고 있습니다. 그 시절 아청은 시간만 나면 미술대학으로 놀러 왔어요. 술을 마시고 음악을 듣고 녹음기를 가지고 놀았죠. 당시 카세트가 막 들어올 때였는데, 그 큰 걸 메고서 왔다 갔다 했어요. 얼마 후 저는 미국으로 떠나게 되었는데, 아침 일찍 아청이 학교 교문으로 와서 배웅을 하더군요. 아청은 출근을 해야 했기 때문에 다른 사람들과 함께 공항에 갈 수가 없었거든요. 그때는 포옹도 할 줄 모를 때였죠. 그저 서로 팔만 부여잡고서 줄라 눈물만 흘렸어요.

미국에 가서 처음 쓴 편지가 아청에게 보내는 거였습니다. 남색의, 내용을 쓰고 나서 접기만 하면 바로 부칠 수 있는 싸구려 편지지에 써서 부쳤습니다. 비행기가 하강할 때 바라본 미국의 인상을 썼던 것으로 기억합니다. 나중에는 또 카네기홀에서 본 이작 펄만Itzhak Perlman의 바이올린 연주에 대한 인상을 써 보내기도 했습니다. 당시 아청은 펄만에 빠져 있을 때라, 제가 만약 연주 현장에 직접 가게 되면 꼭 편지를 써 달라고 이야기를 했었거든요. 너무 흥분한 상태로 써서 경련이 일어날 정도였어요. 이듬해, 1983년 가을에 갑자기 아청이 소설을 하나 보내왔어요. 연습장같이 생긴 낡은 종이에다 우리 세대 젊은이들의 유랑하는 이야기, 밤에 기차역에서 있었던 일 같은 걸 쓴 것입니다. 그건 그야말로 너무나 자극적인 것이었어요. 청소년 시기 우리에겐 '5·4' 시기의 소설 아니면 해방 이후의 혁명소설이 전부였습니다. 어쨌든 인쇄되어서 서점에서 파는 소설책이라곤 그런 것들뿐이었죠. 전 제가 아는 사람이, 저와 동세대가 소설을 쓰리라고는 상상조차 하지 못했어요. 게다가 우리 자신에 관한 것을 쓰리라고는요……. 근데 지금 내 손바닥 위에 그 소설이 들려 있는 겁니다. 두 장의 낡은 종이지만, 그래도 그건 소설이었어요!

다 읽고 나서 바지 주머니에 쑤셔 넣었습니다. 그 해에 마침 왕안이가 엄마랑 우쭈광吳祖光과 함께 미국을 방문했습니다. 안이는 영사관을 통해 저를 찾았어요. 제가 쓴 창작론을 읽었는데, 재미있게 쓴 것 같아 얼굴이나 한번 보러 왔다면서 말입니다. 저도 굉장히 기뻤어요. 빌어먹을 저와 같은 나이의 지청 중에서도 뜻밖에 누군가가 소설을 쓰고 있었으니까요—요즘이야 소설이 뭐라도 됩니까? 너무 많아요. 누군가를 만나면 대충 이렇게 소개하죠. "모모 씨, 소설가!" 지금은 1983년에 그게 어떤 느낌이었는지 복원하기가 너무 어렵게 되어 버렸습니다. 어떤 사람을 만났는데, 그가 소설 한 편을 건네주면서 자기가 쓴 거라고 말하는 그 광경은 정말이지 상상하기조차 힘든 어떤 것이었죠. 그 며칠간 저는 안이를 데리고 뉴욕을 쏘다녔습니다. 떠나기 직전에 그녀가 자기의 장편소설 『69학번 중학생』六九屆初中生을 저에게 주더군요. 우리 둘은 69년에 중학교에 입학한 라오싼제의 끄트머리여서 거의 수업을 못 했습니다. 그래서 가장 무지한 중학생이기도 하죠. 그녀는 안후이의 생산대에 편입되었고 저는 장시로 편입되었습니다. 생각해 봐요. 중학교 69학번 동기 중에서도 누군가 책을 쓰고 있었고, 우리들이 그 빌어먹을 논두렁에서 이리저리 싸돌아다니는 광경을 묘사했다니 얼마나 뜻밖이었겠어요. 그때는 문학이니 비문학이니 그런 걸 생각할 겨를도 없었죠. 인간은 자신의 경험이 쓰여지는 것을, 글자로 변하는 것을 갈망하는 법입니다.

그 당시 저는 그 자리에서 그녀에게 아청의 두 장짜리 소설을 보여 주었습니다. 월스트리트와 시청이 있는 그 일대였던 것으로 기억하는데, 그녀는 길옆에 서서 그것을 보았고 저는 옆에서 담배를 물고 있었습니다.

자젠잉 그게 「장기왕」의 시작 부분이었던 건가요?

천단칭 아닙니다. 아청 말로는 습작이라고 하더군요. 83년 여름부터 시작해서 1년 넘게 아청은 계속해서 여러 소설을 저에게 보내 왔습니다. 맙소사! 모조리 저자 친필 원고잖습니까! 한 글자 한 글자 볼펜으로, 줄이 쳐져 있고 칸이 나눠진 종이에 써서 한 편씩 한 편씩 부쳐 왔어요.

자젠잉 당신 둘은 어떻게 그렇게 친해진 겁니까? 같이 산 것도 아니면서.

천단칭 싱싱 미술전 때 친해졌어요. 저는 현장에서 스케치북에 그들의 모습을 그린 후, 그들 다섯 명을 그린 걸 졸업작품으로 제출하기로 결정했습니다. 나중에 그들을 학교 교실로 불러 하나씩 그렸습니다. 스케치는 끝냈고, 지금도 가지고 있습니다.

자젠잉 당신이 왜 미국에 갔는지 묻고 싶군요. 똑같은 질문을 예전에 아이웨이웨이艾未未에게 한 적이 있습니다. 그는 싱싱 미술전이 강제로 진압된 뒤 어떤 의문이 생겨났다고 그러더군요. 어떻게 고작 몇몇 젊은이조차 용인하지 못한단 말인가? 라고 말입니다. 미국에 온 뒤로 자기 집에 돌아온 것 같은 느낌이 들었다고 말합디다. 당신은 어떤가요? 왜 떠났던 거죠?

천단칭 아, 너무 간단해요. 예전에도 여러 번 말한 바 있는데, 미술관이랑 원작들을 보려고 나갔던 겁니다. 제 원적이 광둥성 타이산台山인데, 샌프란시스코나 뉴욕에 친척들이 많이 있었어요. 그들이 보증을 서 줘서 나올 수 있었죠. 당시 국내 미술계에서 자비 유학생으로는 천이페이陳逸飛가 가장 빨랐어요. 80년에 혼자서 나왔습니다. 그전에는 누가 감히 자비 유학을 할 생각이나 할 수 있었나요? 그러니 천이페이가 아주 용감했던 거죠. 그후로 많은 화가들이 출국의 꿈을 키우게 된 거니까요.

　　제가 돌아오고 나서 많은 사람들이 묻더군요. 출셋길을 어찌 그리 잘 보고 갔냐고요? 제가 그게 출세인 줄 어떻게 알았겠습니까? 그때는 그런 건 생각도 못 했어요. 모든 게 막 시작되고 있다는 건 알고 있었습니다. 「티베트 연작」은 습작일 뿐입니다. 시험 삼아 한번 해봤는데 아직이다 싶으니까 우선은 나가서 살펴보자, 라고 생각한 것이죠.

　　다시 되돌아가 왕안이에 대해 이야기하겠습니다. 그녀가 귀국한 후에도 우리는 계속 편지를 주고받았습니다. 90년대로 넘어오면서 조금씩 줄어들기 시작했어요―80년대가 지나가니까 편지라는 통신방식도 사라져 버렸던 거죠. 그 10년 동안 친구들과 주고받은 몇 무더기의 편지를 저는 아직도 보관하고 있습니다—저는 『69학번 중학생』을 다 읽고 나서 그녀에게 편지로 허튼소리를 지껄였습니다. 이건 장편소설이 아니다, 그저 아주 긴 소설일 뿐이다, 왜냐하면 구조가 없으니까 라고 말했습니다. 10여 년 후 재판을 찍으면서 안이는 뜻밖에도 그녀에게 쓴 제 편지를 책 뒤에 싣더군요. 그러고는 편지로 이렇게 전해 왔습니다. "이제는 누구도 예술을 이야기하지 않아. 80년대의 우리는 정말로 거기서 서로 간절하게 소설을 이야기했는데 말야." 그래서 제 편지를 자기 책 뒤에 실었다고 말입니다. 근데 저는 당시에 무슨 말을 했는지 전혀 기억이 안 나더군요. 나중에 그녀가 편지 복사본을 보내 줘서 보니까 정말 낯 뜨겁습디다.

84년에 아청이 갑자기 떴습니다. 저에게 잡지를 하나 보내 왔는데, 아마 『수확』收獲이었던 것 같아요. 「장기왕」, 「아이들의 왕」, 「나무왕」이 모두 발표되었습니다.* 그는 잡지를 통째로 부쳤는데, 우편비를 아끼려고 나머지 페이지는 찢어 버렸더군요—당시 우리 모두 얼마나 가난했습니까! 저는 침대에 누워 그 자리에서 읽기 시작했습니다! 1986년, 녜화링聶華苓의 초청으로 아청이 출국할 수 있게 되었습니다. 저는 기뻐서 어쩔 줄을 몰랐죠. 케네디 공항으로 마중 나갔더니 저를 보자마자 이렇게 말하더군요. "금방 어떤 미국 경찰을 봤는데, 얼마나 뚱뚱한지 배에 살짝 힘을 주니까 단추가 튕겨 나가데." 공항을 나와서는 또 미국에서는 소형 자동차도 이렇게 크다며 놀라 뒤집어지더군요. 아청은 들락날락하며 제 숙소에서 반년을 넘게 머물렀습니다. 우리는 펼칠 수 있는 소파에서 잠을 잤는데, 아침에 깨어날 때 아청이 옆에 누워 있는 걸 볼 때

---

* 아청의 이 소설들은 『상하이문학』(上海文學) 1984년 7월호에 처음으로 발표되었다.

마다 정말로 믿기지가 않더군요. 우린 낮에는 나가서 미친 듯이 쏘다녔습니다. 박물관을 가기도 하고 길가에 서서 아이스크림을 먹기도 했습니다. 그는 어릴 때 베이징에서 못 먹어 봐서 먹을 줄 모른다고 그러더군요……. 타이완의 작가와 영화인들은 모두 그를 추앙해 왔습니다.**
허우샤오셴侯孝賢, 자오슝핑焦雄屏*** 등이 그를 보기 위해 우리 집에 왔었고, 혹은 그가 나를 데리고 사람들을 보러 가기도 했습니다.

때문에 80년대에 대륙의 소식을 가져다준 건, 제 개인적인 경우, 미술계의 형제들을 제외하면 왕안이와 아청이란 두 명의 살아 있는 사람이 전부였습니다. 그들이 나오면서 저에게 대륙에서 무슨 일이 일어났는지 알려주었죠. 예를 들어 아청이 말하길 최근 모옌이란 인물이 나타났는데 자기보다 훨씬 잘 쓴다고 하더군요. 「투명한 붉은 무」나 「붉은 수수」 같은 작품을 보내 와서 봤더니, 무슨 할아버지, 할머니, 팔로군이 어쩌고 하면서 …… 저는 한 페이지도 넘기지를 못하겠더군요. 아청이 "이런! 앞으로 너한텐 함부로 작품을 추천하면 안 되겠군!" 그럽디다. 저도 그 말을 듣고 좀 머쓱해지더군요.

자젠잉 당시 중국에서 문예부흥운동이 한참 일어나고 있을 때인데, 참여할 기회를 놓쳤다는 생각은 안 들던가요?

천단칭 전혀요. 제가 출국하기 전에도 일부 낙관적인 사람들은 득의만만

** 아청의 소설들은 1986년 5월 타이완 『연합문학』(聯合文學)에 발표된 직후 '아청 열풍'이라고 할 정도로 평론계와 독자의 뜨거운 호응을 얻어 대륙소설에 대한 인식을 바꾸어 놓았다. 또한 대륙 서적을 공개적으로 출판할 수 없다는 관행을 깨고 대륙소설의 출간 붐을 일으켰다.
*** 타이완의 영화평론가 겸 제작자. 80년대 뉴시네마운동을 주도한 타이완 영화의 대모격인 인물이다.

하게 모두들 두고 보라구, 중국에 곧 문예부흥이 일어날 테니까! 라고 말하곤 했어요. 저는 꿈에 부푼 그런 논의를 믿어 본 적이 없습니다. 중국의 문예에 대해서라면 저는 늘 대다수 사람들의 의견과 달랐습니다.

자젠잉 말씀해 보시죠, 어떻게 달랐는지요?

천단칭 제가 「티베트 연작」 같은 걸 그릴 때 저의 이른바 창작사상은 과거로 회귀하는 것이었지 앞으로 전진하는 게 아니었습니다. 저는 우리처럼 문혁을 거쳐 온 작자들이 무언가를 해낼 수 있다고 생각하지 않습니다.

자젠잉 한 번도 생각해 보지 않았다, 그래서 미국에 간 것도 다른 시스템을 찾으려 한 게 아니라는 말인가요?

천단칭 아니다마다요! 절대로 그런 생각은 해본 적이 없습니다. 그저 진심으로 공부를 하러 나간 겁니다. 우리가 뿌리에서부터 거대한 단층임을 저는 일찌감치 의식하고 있었습니다. '문혁' 이후 제가 선택한 길은 소련의 영향을 우회하여 유럽의 19세기 이전의 대전통으로 회귀하는 것이었습니다. 다시 말해 쉬베이훙徐悲鴻 등에게서 중단된 모든 것을 다시 잇겠다는 말입니다. 미국에 와서 미술관을 보는 것 또한 그런 이유에서였습니다. 대체로 서양회화의 근본 맥락을 살펴볼 조건은 갖춰져 있는 셈이니까요.

자젠잉 그럼 미국에 간 뒤로 선택적으로 보고 싶은 것들만 봤나요, 아니면 전부 다 봤나요?

천단칭　모조리 다 봤습니다. 제 머리에는 편견이 있을지도 모르겠는데, 제 눈에는 편견이 없습니다. 원래는 전통적인 것을 보려 했는데, 나가 보니까 그게 하나의 총체란 걸 알게 되었습니다. 그리스, 르네상스, 인상주의, 모더니즘에서부터 당시 소호에서 일어나고 있던 모든 당대 예술까지 말입니다. 모더니즘이야 이미 예전에 시효가 지나 있었으니까요. 1982년에 저는 제가 기대고 있던 상상의 '19세기'에서 갑자기 '포스트모던'으로 내던져졌습니다…….

　　그때부터 저는 국내의 동료들이 가진 맥락이나 입장과는 완전히 달라졌습니다. 모든 게 뒤집어졌죠. 루쉰이 말한 것처럼, 인간에게 가장 고통스러운 것은 꿈에서 깨어난 후 갈 수 있는 길이 없을 때입니다. 저는 깨어났습니다——그후 십여 년간 끊임없이 국내의 동료들이 출국했습니다. 모두들 꿈속에 있다가, 어떤 이는 일찍 깨어났고 또 어떤 이들은 계속하여 꿈을 꾸고 있었습니다……. 국내에서 일어나는 일에 호기심을 느끼기도 했을 겁니다. 무슨 85운동이니, 5세대 영화니, 신문학이니, 로큰롤이니 하는 것들 말입니다——그렇지만 저는 여전히 뒤를 돌아보고 있었습니다. 우리는 아는 게 너무 적고, 이해하는 게 적었습니다. 우리는 서양을 제대로 파악한 적이 없습니다. 그게 전통이었든 현대적인 것이었든, 한 번도 분명하게 파악한 적이 없어요.

자젠잉　우리에게는 아주 깊은 위기감이 있었던 것 같습니다. 중국이 그렇게 오랫동안 쇄국을 했지만 그런 촌구석에도 천부적인 재능을 가진 사람은 있기 마련이죠. 그러다가 그 중 일부가 시골을 떠나 다른 지역으로 구경이나 다녀 보자, 예를 들어 도시로 가거나 낯선 곳으로 떠나는 사람이 생기게 됩니다. 이런 인물은 문학작품에서 쉽게 찾을 수 있고 우리의 현실 생활에서도 항상 일어나고 있는 일입니다. 그 사람이 완전히 고지식한 사람이 아니라면 일반적으로 어느 낯선 곳으로 가게 되면 심각한 위기감이 생기기 마련입니다. 왜냐하면 갑자기 모든 면에서 자신의 시각과 상상에서 벗어나 있다는 걸 알게 되는데, 그것이 자신과 맺는 관계는 상당히 불편하게, 심지어는 굉장히 팽팽하게 조이는 것이니까요.

천단칭 위기보다 더 지독하죠.

자젠잉 맞아요. 심지어 심리적인 붕괴 상태에 이를 정도죠. 그렇지만, 위기라는 단어를 보통 굉장히 부정적인 것으로 생각하는데, 사실 곰곰이 생각해 보면 좀 다른 뜻도 있습니다. 영어에서 Crisis는 좀더 소극적인 건데 말입니다.

천단칭 'Crisis'의 다른 의미가 '임계점'인가 그렇죠……?

자젠잉 그런데 중국어에서 이 단어는 최소한 두 가지 뜻을 가지고 있습니다. 첫째가 위험이고 둘째는 기회입니다. 즉 실제로 그것이 새로운 기회를 가져올 수도 있다, 그런데 그에 앞서 먼저 위험을 받아들여야 한다고 해석할 수 있습니다.

천단칭 맞아요. 당신이 제게 질문을 해주세요. 그래야 제가 계속 말을 이어 갈 수 있겠어요. 담배 피워도 되나요?

자젠잉 그럼요. 저도 한대 피우죠. 뭐——그래서, 이 위기라는 게 반드시 막다른 골목인 건 아니라는 말입니다.

천단칭 No, No, 제 생각에 위기가 아니라——위기가 있다는 건 아직 다른 뭔가가 있다는 말입니다. 위기를 만나면 계속 노닥거릴 수 없게 될 뿐이죠——상실이라고 생각됩니다. 갑자기 자기가 아무것도 아니라는 걸 알게 되는 거죠. 중국 전체가 아무것도 아닙니다. 80년대 초의 중국 예술은 서양에서 설 자리가 전혀 없었습니다. 그들은 중국이란 곳에 문학도 있고 회화도 있다는 걸 전혀 알지 못했어요.

자젠잉 제 생각에 만약 그렇게 심각한 상실감이 없었다면 새로운 기회도 있을 수 없었을 겁니다. 위기와 상실은 사람을 위험에 빠뜨려 누군가를 죽게 만들기도 하지만 또 누군가는 죽음 직전으로 몰았다가 되살아나게도 합니다. 제가 만난 사람들 중에 이런 사람도 있습니다. 출국한 뒤 전혀 아무런 느낌이 없는 경우입니다. "다 본 것들이잖아? 뭐 고작 이 정도야, 별로 신선할 것도 없군 그래." 또 다른 부류는 뭔가 다르다는 걸 느끼고 위험을 감지합니다. "어이쿠, 내가 어쩌다가 백치가 되어 버린 거지?!" 그 즉시 자기보호 본능에서 모든 걸 회피합니다. 자기를 껍데기 속에 가두고 차이나타운에만 처박혀 있거나 재빨리 귀국해 버리는 거죠. 이런 사람들은 위기라는 걸 몰라요. 쪽팔릴 일도 없고 넘어지지도 않지만, 다시 태어나기도 어렵습니다.

천단칭 자기들 복이니까, 깨우지 마세요. 대부분 말을 해도 믿지 않는데, 저는 국내에 있을 때 자기가 뭔가 대단한 일을 했다고 생각하지 않습니다. 전혀 없어요. 저는 우리가 단절된 세대라는 점을 잘 알고 있었습니다. 중국의 과거도 모르고 서양이 무엇인지도 몰랐어요. 그 뒤 저는 출국했고, 우리가 발 딛고 서 있던 중국이란 땅에서 끄적였던 게 유아 수준에 불과했다는 걸 알게 되었습니다.

자신이 어떤 사람인지 제가 모를 리 없습니다. 저는 그처럼 많은 동료들이 낙관적으로 세계를 향해 나아간다느니, 주류에 진입한다느니 흥분하는 것을 봐 왔습니다……. 80년대의 차이를 말씀드리기가 아주 힘들군요. 뉴욕의 어디에도, 서방세계의 어디에도 중국의 자리는 없었습니다. 지금은 다르지만 20년 전에는 놀랄 수밖에 없었어요. 80년대 중반 중국에서 일어난 일은 폭동이 성공했을 때처럼 누구나 하나같이 자기가 공을 세웠다고 착각했으니까요.

자젠잉 그래요. 80년대 중반 제가 뉴욕대학에 있을 때 중국 작가대표단 사람들을 만났었는데, 정말로 위풍당당하더군요. 언제나 통역과 가이드가 따라붙고, 중국인 문예애호자들에게 둘러싸여 대접이 장난이 아니었죠. 그런데 사실 뭐랄까, 보온병 속에서 생활한다는 느낌이 들더군요. 어디를 가나 항온 상태여서 바깥 날씨가 어떤지는 전혀 모르는 생활 말입니다. 당신은 좀 빨리 출국했고 또 개인 신분이라서 느낌이 다를 겁니다. 나중에 출국한 사람들, 특히 중국에서 이미 사업에 성공한 인물들 같은 경우 민족문화의 대표라는 느낌이 강해서 자신을 과대포장하곤 했습니다. 류쒜라가 여러 차례 이야기한 바 있어요. 그녀는 이런 부분에 대해 깊이 반성을 하곤 했습니다. 지금 되돌아보면 그러한 마음가짐이 얼마나 우스꽝스러운지…….

천단칭 제가 출국할 때 친구들이 술자리를 마련하여 송별했는데, 어떤 애가 일어나서 축배를 들며 이렇게 말했습니다. "단칭, 이제 나가는구나! 리정다오李政道: Tsung Dao Lee, 양전닝楊振寧: Chen Ning Yang*이 되고, 베

---

* 1957년 노벨 물리학상을 공동 수상한 중국계 미국인.

이위밍貝聿銘; Ieoh Ming Pei** 같은 사람이 되시라!" …… 저는 속으로 깜짝 놀랐습니다. '원래 이런 생각들을 하고 있었던 거야?' 믿겨지시나요? 저는 그때부터 중국 노벨상 수상자들이 싫어졌고 그런 식의 사고방식을 싫어하게 되었습니다. 우리에겐 수상자가 있으며, 우리에겐 애국주의가 있다. 그런데 중국인들의 의식 속에서는 애국주의라 하면 바로 '국제적 승인', 즉 최고가 되는 것을 떠올립니다—적나라한 업적주의이며, 힘 있는 자에게 달라붙어 이득을 취하려 권력을 인정하는 사람들만 득실거리죠……. 중국에도 사하로프Andrei Sakharov*** 같은 인물이 있었나요?

아청은 저와 비슷한 것 같습니다. 각자 출국하기 전에, 그는 「장기왕」을 썼고 저는 「티베트 연작」을 그렸지만 그게 그렇게 대단하다는 느낌은 없었습니다. 둘 다 그런 건 이야기하지 않죠. 중국에 오면 저는 "제길, 너 정말 대단한 놈이군"이란 식의 평가를 받곤 합니다. 그러나 저는 제가 대단하다고 여겨지지가 않아요. 저는 언제나 '분노한 청년'이었다고 생각합니다. 꼭 머리를 길러야 분노한 청년입니까……. 아청은 언제나 침착합니다. 왕안이 또한 진실한 편인데, 미국에 있을 때 그곳에서 받은 충격이 대단했던 것 같아요. 귀국한 뒤 아주 긴 『미국 체류 일기』留美日記를 발표했는데, 아마 잡지 『종산』鐘山에 연재됐던가 그랬죠.

자젠잉 그녀가 1983년에 귀국했을 때를 말씀하시는 건가요?

** '미국 역사상 가장 우수한 건축가' 란 칭호로 불리는 중국계 미국인. 1983년 건축계의 노벨상으로 꼽히는 프리츠커(Pritzker) 상을 수상.
*** 소련의 핵물리학자. 1975년 노벨 평화상을 받았으나, 소련에서 인권·자유·비공산국가와의 화해 등을 주장하다 정부에 의해 1986년까지 유배되었다.

천단칭　예. 듣자하니 미국 체류가 그녀에게 준 영향이 대단히 커서 'completely lost' 했다고 하더군요.

자젠잉　그녀가 굉장히 민감했다는 걸 말해 주는 셈이네요.

천단칭　그래서 한참이 지난 뒤에야 거기서 헤어날 수 있었다더군요. 아마 1년이 지나고서야 다시 글쓰기를 시작했을 겁니다. 안후이에서 일어난 홍수를 소재로 한 『소포장』小鮑庄을 썼는데, 그녀는 그 작품을 통해 새로운 출발점을 찾았다고 생각했습니다. 제가 보기에 많은 민감한 예술가들이 출국한 뒤 되돌아가는 쪽을 선택했던 것 같습니다. 시간 개념에서의 회귀가 아니라 공간적인 개념에서, 즉 본토로의 회귀를 선택했습니다. 안이가 미국에서 타이완 작가 천잉전陳映眞을 만났던 장면을 묘사한 게 기억나는데, 천잉전이 앞으로 어떤 계획이 있느냐고 물었을 때 그녀가 "중국을 쓰겠다"고 대답했다고 합니다. 천잉전이 기특하게 여기며 "장하다"고 칭찬했습니다. 안이는 그 말을 듣고 고무되어 지지받는다고 느꼈던 것 같아요.

　　얼마나 천박합니까! 왜 "중국을 쓰는" 게 "장하다"고 칭찬을 받아야 할 일입니까? 바츨라프 하벨*은 절대 쿤데라에게 "장하다! 체코를 쓰다니!"라고 칭찬할 리가 없을 겁니다. 굴원이나 두보에게도 그런 생각은 없었을 거고요…….

---

* 바츨라프 하벨(Václav Havel, 1936~). 전 체코 대통령이자 극작가. 63년 희곡 『정원파티』(Zahradní slavnost)로 국제적인 명성을 얻었다. 그러나 공산당에 대해 비판적인 내용을 담은 수많은 작품을 발표하고, 검열을 거부하여 국내에서는 20여 년 동안 작품 발표를 금지당했다. 68년 소련군의 체코슬로바키아 침공 후 활발한 반정부운동을 펼쳤으며, 그로 인해 그의 희곡을 읽지 않은 체코슬로바키아인들도 그를 반체제운동의 상징적 인물로 받아들였다. 2004년도 서울평화상 수상자이기도 하다.

어쨌든 80년대만 따로 떼서 이야기하는 것은 불가능합니다. 80년대의 모든 사람은 70년대, 60년대의 유산을 짊어지고 있습니다. 온몸에 관방(官方)[공산당] 문화의 유전인자가 박혀 있어요. 저 자신도 그 세대 사람이라 그 세대 사람들이 어떤지 너무 잘 이해하고 있죠! 지금도 저는 그렇다고 봅니다. 제가 꽤나 놀랍다고 생각하는 건, 80년대 중후반에 상황이 변하여 미술계의 구원다谷文達, 쉬빙徐冰** 등…… 계속해서 뉴욕으로 건너왔습니다. 저는 그들을 보자마자 제2의, 제3의 내가 나온 것만 같더군요…….

자젠잉 무슨 뜻인가요?

천단칭 다시 말해 성공해서, 국내의 기반을 휩쓸었으니 뉴욕을 휩쓸러 나온 겁니다──나중에야 다른 사람들도 저를 그렇게 본다는 걸 알게 되었습니다. 이놈 정말 대단해, 나가서 천하를 휩쓸려고 출정했잖아? 사실은 니기미, 미국에 오자마자 중국에서는 바로 제쳐졌고, 미국에서도 자동적으로 주변에만 머물러 있었는데 말입니다. 90년대까지도 계속 그랬죠──저는 확실히 그렇게 주변이었습니다. 저는 국내의 주류가 되지도 못했고 미국의 주류가 되지도 못했습니다. 85년에 저는 아주 긴 글을 써서 중국 유화를 비판했습니다만, 뉴욕에서도 저는 방관자였을 뿐이었습니다. 근거리의 방관자였죠.

자젠잉 당신과 아청은 아마도 개별적인 예외라고 해야 할 겁니다. 그 옛날 아청의 글이 많은 동시대인보다 한층 뛰어날 수 있었던 건 그의 기본 자세가 '초탈'逸出이기 때문이라고 저는 생각합니다. 그의 소설에는 일종의 냉정하면서도 따뜻한 목소리가 있어요. 반항도 아니면서 규탄도 아닙니다. 그는 주인공들이 어떻게 정신적인 면에서 표일飄逸하게 날아올라 다른 경지에 이르게 되는지를 쓰고 있습니다. 이를테면 「장기왕」같이 말입니다. 혹은 노장老莊식의 인생관이 좋은 예가 될 것 같습니다. 아마 당신 둘은 뒤로 되돌아가고 싶어 했던 것 같네요. 다만 당신은 서양 전통에 마음이 더 기울어 있었고 아청은 중국의 전통에 기울어져 있다는 게 차이라면 차이겠지요. 그런데 전체적으로 봐서 80년대는 개인성이 부족했다고 생각됩니다. 당시는 사실 조금밖에 새롭지 않은 소집단 담론을 가지고 예전부터 있던 더욱 크고 강력한 집체적 담론을 반대한 것에 불과합니다. 그 사유방식은 사실 그것이 반대하고 있던 대상과 너무 비슷했어요. 아마도 당시는 '문혁'에서 벗어난 지 얼마 지나지 않았기에 개인이 너무 취약했다고 할 수 있습니다. 혹자는 중국 지식인의 엉덩이가 모두 두들겨 맞아 문드러졌다고 말하기도 합디다만…….

천단칭 90년대 초에 갑자기 류샤오둥劉曉東을 발견했습니다. 그는 상당히 직관적이고, 자기가 본 사물을 직접적으로 그리더군요. 그를 통해 몇 세대 지속된 창작 이데올로기가 젊은 사람들에게 더 이상 효력을 발휘하지 못한다는 걸 알게 되었습니다. 저는 즉시 그에게 편지를 썼습니다. 그는 1990년에 이름이 알려졌는데, 그때가 스물일고여덟일 때입니다. 한창 좋을 나이였죠.

자젠잉 그들은 영화 쪽의 소위 '제6세대' 감독들과 거의 비슷한 시기에 등장했습니다. 다들 앞 세대 사람들보다 개인화되어 있었죠.

천단칭 저는 본능적으로 90년대에 데뷔한 사람들과 동질감을 느끼게 되었습니다. 류샤오둥을 알게 되면서, 추이젠催健을 알게 되면서, 왕쉬를 알게 되면서 순식간에 매료되었습니다. 추이젠은 80년대에 등장했지만 90년대의 개인성을 예고했습니다. 그는 아마 90년대를 혐오하겠지만 말입니다. 왕쉬의 소설은 그다지 읽어 보지 못했습니다. 저는 연속극을 통해 그를 이해하게 되었어요. 왕쉬는 앞 세대 문예가들을 완전히 불신했고, 80년대의 사람들을 믿지 않았습니다. 그게 관건이죠.

자젠잉 〈편집부 이야기〉編輯部的故事를 보신 건가요?

천단칭 예, 맞아요. 그걸 보면서 상황이 80년대와는 다르다는 걸 알게 되었습니다——아마도 그게 당신이 말한 '개인성' 이겠죠? 모두가 잘못 알고 있었어요. 80년대의 주요 작품들이 얼핏 반항적이고 새로워 보이기는 하지만 사실은 내용상의 반항에 불과했고 언어와 의식은 여전히 70년대적인 것이었습니다. 여전히 그때 그 맛, 그 어투 그대로였던 거죠. 90년대에 들어와서야 상황이 변화하기 시작했습니다. 왜 그렇게 많은 사람이 왕쉬를 비난했던 걸까요? 그들은 그렇게 낯선 어투를 받아들일 수가 없었던 겁니다. 그랬다간 그들 자신이 치명적인 타격을 받게 될 테니까요.

일에는 언제나 과정이 있는 법입니다. 80년대의 문예는 무산계급 문예와 여전히 부자관계, 숙질관계에 있었습니다. 반역이라고 하기보다는 내부적인 알력다툼 정도였죠. 동질적인 요소가 너무 많았어요. 90년대에 와서야 일종의 '할아버지와 손자의 관계' 라고 할 만한 게 등장했던 거죠.

예를 들어 잉다英達의 100부작 시트콤 〈난 우리집을 사랑해〉我愛我家에서 퇴직한 노간부인 극중 할아버지는 말과 생각이 너무 에프엠인데 그게 웃긴 상황을 만듭니다. 모든 젊은이들이 그를 놀리잖아요. 중국의 문예작품 중에서 '손자뻘' 되는 사람들의 시각에서 혁명 세대를 표현하는 건 여기서 처음 본 것 같아요. 그건 '희롱'이고 '해소'입니다. 낡은 이데올로기가 결국 '대상화' 되었음을 보여 주는 거죠. 그 할아버지를 포함한 극중의 모든 배역은 사실 80년대에 대한 90년대식의 패러디입니다. 이 시트콤도 처음 나왔을 때는 온통 비판과 오해만 들끓었었죠. 모두들 여전히 '80년대'――사실은 70년대――의 집체적 의식에 머물러 있었던 겁니다. 잉다는 총명하게도 이처럼 지극히 정치적인 작품을 코미디로 만들고, 가정극으로 만들어 나랏일을 집안일로 바꿔 놓았는데, 굉장히 정확해요. '제5세대' 감독들은 이런 식의 예민함은 전혀 없습니다. 왜냐하면 그들은 모두 '아들' 뻘이라 그들의 '부친'과 너무 닮아 있었으니까요.

자젠잉 〈난 우리집을 사랑해〉의 극본은 사실 량쭤梁左가 쓴 것입니다. 량쭤는 베이징대학 때 제 친구였는데 꽃다운 나이에 요절했습니다. 그러지 않았다면 지금은 훨씬 좋은 작품을 썼을 겁니다. 당시 그는 우리 반에서 나이가 어린 편에 속했는데, 사람과 세상을 꿰뚫어보는 안목이 있었고 최고로 똑똑했습니다. 그의 부친이 『인민일보』 부주편으로 사설을 전문으로 쓰던 사람이었던지라, 량쭤만큼 당의 틀에 박힌 말투에 익숙한 사람도 없었습니다. 그는 또 베이징의 대잡원大雜院*에서 여러 해를 보냈기 때문에 시정잡배들이나 뒷골목 건달들의 말에도 아주 익숙했습니다. 그의 대부분의 작품은 후자를 가지고 전자를 희롱하는 것이었죠. 〈나는 우리 집을 사랑해〉 같은 경우 저는 두 편밖에 못 봤는데, 그것도

---

* 베이징 외성에 가난한 사람들이 비바람이나 피할 목적으로 지은 집들이 모여서 '대잡원'이 되었다. 도시의 최하층민들이 모여 사는 공동주택이라고 할 수 있다.

량쭤가 집에서 틀어 준 비디오로 봤던 겁니다. 제가 보기에 그의 작품 중에서 가장 전형적인 것은 상성相聲[풍자나 유머를 기조로 하는 중국 민간 만담의 일종]인 것 같습니다. 그는 한편으로 당치도 않은 말을 지껄이며 억지를 부리면서 다른 한편으로 톈안먼 광장을 농산물 교역시장으로 바꾸자고 말하는 식이었죠――이 작품도 80년대에 쓰여진 건데 얼마나 전위적입니까!

그는 평소 말할 때도 그런 말투입니다. 예를 들어 99년 국경절[10월 1일] 전날 저녁에 홍콩에서 베이징으로 돌아왔는데, 다음 날인 건국 50주년 경축행사 날 오후에 량쭤가 전화를 걸어와 수다를 떨었습니다. 대뜸 하는 말이 "내가 뭐 너를 대놓고 씹을 형편도 아니지만, 너같이 양물 깨나 먹었다는 놈이 왠 애국심? 온 시내가 봉쇄돼서 같이 나가 놀지도 못하잖아! 그냥 테레비나 볼 것이지 뭐 한다고 기어들어 오고 지랄이야 지랄은?" 그러더군요. 좀 있다가는 또 한다는 말이 "에이그, 국가의 영도자들도 정말 고생이야~ 장쩌민도 높은 누각에 서 있지만 속으로는 분명 한창 투덜대고 있을 거 아냐. 우리처럼 집 안에서 뒹굴거리고 싶지 않겠어? 편한 옷 입고 드러누워 호박씨나 까먹으며 수다 떠는 게 얼마나 속 편하냐!" 이런 게 전형적인 량쭤의 말투입니다. 그런데 저는 또 말만 번지르르한 것 같은 그 유머의 뒷면에서 량쭤가 가진 깊은 내면의 상처를 느끼곤 했습니다. 그는 몰락하여 강호를 떠돌고 있지만 인생을 간파하고 있는 옛 문인을 닮은 구석이 있어요. 인간에 대해 지극히 비관적이었죠. 그의 작품 속에 이런 요소가 충분히 녹아들기 전에 먼저 세상을 떠난 게 아쉬울 따름입니다. 그는 서구의 세례를 그다지 받지 않아 생활습관이 온통 중국적이었습니다. 다관에서 차를 마시고 마작을 하고 야식을 먹고…… 생전에 가장 애착을 가지고 있던 책이 『홍루몽』이었어요. 그 사람과 이야기를 해보면 그가 사용하는 많은 문장이 이홍원

怡紅院(『홍루몽』의 주인공인 가보옥의 거처)에서 가져온 거란 걸 대번에 알게 될 겁니다. 청대의 몰락한 귀족이 사용하던 구어를 베이징의 포스트 혁명 세대의 희롱과 연결시켜 자기 식으로 버무린 건데 정말로 입에 짝짝 달라붙었어요. 세상을 떠나기 전 7년 동안 줄곧 그는 소설을 쓰려고 자료를 모으고 있었어요. 민국 시기에서 지금까지를 배경으로 한 건데, 그 때문에 반가원潘家園*에서 민국 시대의 일기나 문물 같은 걸 뒤지고 다니곤 했죠. 그러다 한번은 푸념을 늘어놓더군요. "7만 자를 썼는데 아직도 아냐. 근데 체력이 딸려서 더 쓸 수가 없어. 포기해야 할까 봐." 그 소설은 필생의 심혈을 기울여 쓰던 작품인데, 아마 그의 상성이나 드라마와는 다른 풍인 것 같더군요. 저는 그가 굉장히 그립습니다. 량쪄의 원래 성격은 모두가 보아 온 해학적인 작품보다 훨씬 복잡한 것이었어요. 너무 애석하게도…….

　　말하다 보니 주제에서 많이 벗어나 버렸군요. 제가 말하고 싶었던 건 량쪄가 개별적인 경우이긴 하겠지만, 57년생에 혈통이나 경력에서 사실 '아들' 뻘임에도 불구하고 그의 표현형식은 '손자' 뻘에 가까웠다는 점입니다. 그래서 뭔가 좀 뒤틀어져 있고 약간 인격분열이라는 느낌도 있었습니다. 왕숴의 많은 작품들 또한 그런 느낌이 있습니다. 하시던 말씀 계속하시죠.

천단칭 〈편집부 이야기〉는 더 일찍 그런 '대상화' 에 성공했습니다. 그 연속극에서 '관방 문화' 의 모든 표정과 자세는 패러디의 대상이 되었죠.

　　그렇지만 또 새로운 세기로 들어선 뒤 순식간에 '개인' 이 용해되어

---

* 베이징의 골동품 시장. 원래 청말 몰락귀족 가문에서 흘러나오던 장물을 새벽에 몰래 팔던 곳이었다.

버렸다는 사실을 발견했습니다. 기획되고 소비되기를 바라는 상태로 변해 버린 것이죠. 예를 들어 '비엔날레', 출판업계, 음악 포장 시스템 등 모든 게 돈이 오가는 장사로 변했습니다……. 진정한, 자기 주위에 아무 의지할 시스템이 없는 '개인'은 드물기도 하고 취약해져 있습니다. 이와 동시에 모든 사람이 자신의 이익에만 관심을 가지고 자기가 한시라도 빨리 팔려 나가기를 열망하고 있습니다.

    미국의 개인주의는 그렇지 않아요. 미국도 포장 잘하고 상업화되어 있지만 미국의 젊은 개인들은 그야말로 개인이고 순수합니다. 두 명의 뉴욕 예술가에 대해 글을 쓴 적이 있는데, 하나는 성공해 본 적이 없고 다른 하나는 유명합니다. 그런데 그들에게서는 중국 예술가들과 같은 집단적인 성격을 찾아볼 수가 없어요. 걸핏하면 자신이 무언가를 대표한다고 의식하는 그런 집체적 면모 말입니다.

자젠잉 좋아요, 우리 이야기가 벌써 90년대까지 흘러왔군요. 이 시기에 새로운 이데올로기가 나타났습니다. 돈, 시장, 소비. 이런 것들을 80년대와 비교하자면?

천단칭 모든 건 비교해 볼 필요가 있습니다. 90년대적인 특징이 나타난 후 뒤로 되돌아가 80년대의 집체성, 그 시절의 소동들을 생각해 보니까—만약 질적인 수준을 잠시 고려하지 않는다면, 그 10년은 정말로 격정적이고, 광기에 휩싸여 있었으며, 멍청하고 촌스러웠으니까요—사랑스러운 면도 좀 있었던 것 같아요.

자젠잉 90년대를 통해서야 80년대의 장점을 파악하게 된 거네요…….

천단청 당시엔 제가 돌아와 봐야 이미 중국이란 땅에서 80년대의 질감을 느낄 수가 없었어요. 질감이 느껴지는 건 90년대의 갖가지 변화였습니다. 제가 처음으로 귀국한 게 1992년 말, 즉 제가 중국을 떠난 지 11년이 지난 후였는데요, 처음으로 되돌아가 보니 모든 풍경이 80년대와 비슷했고, 생활방식도 별다를 게 없었어요. 아주 가난했고, 주택, 자동차, 도시 환경 등이 모두 지금과는 사뭇 달랐죠. 그런데 저는 어렴풋하게 뭔가를 느낄 수 있었어요. 예를 들어 추이젠, 류샤오둥, 왕쉬 등등을 보았고, 이들 신인들 때문에 저는 80년대 동세대와는 다른 걸 느낄 수 있게 된 겁니다…….

그후 1995년부터는 매년 귀국했습니다. 2000년에 완전히 귀국할 때까지 말입니다. 이 시기에 90년대의 도시 풍경, 문화적 풍경 등이 조금씩 형체를 갖춰 갔고, 새로운 사고 방식이 생겨났습니다―그때에 이르러서야 저는 조금씩 80년대를 의식하게 되었습니다. 그때의 논쟁들, 진리를 추구하는 모습, 계몽 등 온갖 순박한 열정들이 모두 사라진 것만 같더군요. 단체생활이 사라졌고 개인에게 자기만의 공간이 생겨났습니다. 출구가 많아졌고 생활방식의 선택지점도 넓어졌어요. 모두들 상대적으로 똑똑해졌고 성숙해졌으며 그러면서 보다 속물적이 되었습니다. 왕쉬의 작품을 관통하고 있는 것은 앞 세대의 집체주의적 문화에 대한 혐오와 경각심인 것 같습니다. 당신도 아시다시피 할아비를 제대로 꿰뚫어 보는 건 손자들이잖습니까. 할아버지들은 손자들을 어떻게 할 수가 없어요. 찬찬히 생각해 보면, 오랫동안 지속되어 온 정치운동 시기의 인간관계―그 긴장감, 침략성, 피아 간의 불분명한 경계―가 결국 90년대의 인간관계로 조금씩 대체되고 있음을 확인할 수 있습니다.

제가 실망하게 된 건 오히려 2000년 이후부터입니다. 완전히 귀국하여 살면서 체제 내부로 들어온 뒤 90년대에 대해 가지고 있던 환상이 파괴되었습니다.

자젠잉 그래요. 그때 처음으로 베이징에서 당신을 만났을 때 아주 격분하고 있는 것 같던데, 뭣 때문에 그랬죠?

천단칭 내재적인 문제는 전혀 달라지지 않았다는 걸 알게 되었지요. 원래의 권력관계가 전혀 변하지 않았더군요. 단지 권력의 형태가 8, 90년대와는 달라졌을 뿐이었습니다. 제가 환상이라고 말한 건 이런 이유에서입니다. 90년대에 제가 접촉한 사람들은 사실 (관방에 소속되지 않은) 자영업자였고 행운도 뒤따라, 남들보다 먼저 자신의 개인 공간을 만들게 된 예술가들이었습니다. 그런데 2000년에 귀국해서 살펴보니 체제 내부의 상황은 심지어 과거보다 더 엉망이더군요. 자유, 자주는 말할 것도 없고, 과거 집체생활이 제공하던 보호와 안전감도 사라져 버렸습니다. 이른바 경쟁체제가 도입된 것이죠. 서양의 경쟁은 무정하지만, 중국의 경쟁은 비루합니다. 비루함에 관한 경쟁입니다. 성공한 사람들의 얼굴에는 또 다른 표정이 있습니다. 문을 꼭 닫아 뒀을 때만 나타나는 표정이죠. 그는 절대 당신과 논쟁하지 않습니다. 그는 속으로 다른 진리를 확실하게 거머쥐고 있으니까요. 심오한 기회주의적 진리 말입니다.

물론 70년에 태어난 다른 많은 청년들도 만나 봤습니다만, 그들에게선 80년대의 콤플렉스를 전혀 느낄 수 없었습니다. 그때 그들은 아직 어릴 때였고, 또 제가 만날 수 있는 사람들이라고 해봐야 90년대의 사회 변화에 실질적인 혜택을 입은 일부 우수한 문예계 자영업자들이었으니 그럴 수밖에 없었겠죠. 그런데 전체적으로 봤을 때, 2000년 이후의 중국은 체제 안이든 체제 바깥이든 80년대의 사랑스러운 일면이 흔적도 없이 사라졌습니다. 제가 일찍이 조롱하던 것들이 갑자기 사라져 버렸어요. 생활의 동기가 굉장히 단면적이고 공리적이 되어 버린 거죠.

자젠잉 베이징은 이제 더 이상 촌이 아닙니다.

천단칭 그렇지만 아직 진정한 대도시도 아니죠.

자젠잉 큰 도시이긴 하죠. 뒤죽박죽이고 이도 저도 아닌 상태이긴 하지만요.

천단칭 문예 창작에 있어 80년대의 문화 급진주의 같은 좋은 측면이 이미 사라졌습니다. 저는 예전부터 문화 급진주의를 혐오했습니다만, 그러한 격정, 그것이 보여 준 반항 의식, 열성, 신념, 천진함…… 같은 것조차 제기릴, 모두들 주동적으로 비벼 꺼서는 시뻘겋게 살아 있는 걸 삼켜 버린 거죠.

자젠잉 왜 그랬을까요?

천단칭 진실한 원인은 제 생각에 89년에 일어났던 사건이 완전히 주효했던 것 같습니다. 표층적인 원인은 아마도 사회구조와 생활방식의 변화 때문이겠죠.

자젠잉 표층과 심층은 연결되어 있습니다.

천단칭 사회구조의 변화는 어디서 볼 수 있을까요? 80년대 사람들은 사실 모두 어떤 '기관〔單位〕의 관방 예술가들이었습니다. 모든 게 체제 내에서의 소란이었고 어리광──정치적인 어리광──이었지요. 이러한 '기관 형태'는 심지어 '문혁' 시기의 그것과도 별다른 차이가 없습니다. 국가 기관의 크고 작은 비극은 모두 희극적인 요소로 점철되어 있어요. 그런데 90년대에는 아무리 체제 내부에 있는 문예계라 할지라도 체제 외부의 사회공간에게서 너무 많은 실질적인 혜택을 입었습니다. 다시 말해 체제가 더욱 강해지고 공간이 더 많아지고 돈도 많아졌으며, 그와 동시에 기관이면서 회사이고, 당 간부이면서 사장이기도 했습니다. 물론 체제 내에서 권력 자원을 장악한 사람들을 두고 한 말입니다만……. 경제적인 측면에서는 체제의 경계를 구분하기가 쉽지 않습니다. 체제 전체가 성형을 해버렸으니까요. 새로운 세기에 들어와서는 모든 공기관에 사유재산이 생겼고 모든 관리들은 근무시간을 쪼개 두둑한 주머니를 보장할 사적인 업무에 매진하게 되었습니다……. 부동산, 휴대폰, 자동차, 호텔, 룸살롱, 아가씨, 가라오케, 이 모든 게 우리를 다른 사람으로 만들었습니다. 그런데 상황 자체는 오히려 '문혁' 초기와 상당히 닮은 면도 없지 않아요. 한 무더기의 새로운 얼굴들, 새로운 권력 분배, 새로운 질서와 구조가 생겨났으며, 어떤 사람은 득도했지만 어떤 사람은 쫓겨났죠. 80년대의 그 수많은 정통 좌파들이 지금 다 끽소리도 못하고 있잖습니까……. 요컨대 게임의 규칙과 게임판 자체가 모조리 변해 버렸어요.

자젠잉 음. 썩은 나무에 새 꽃이 피면 간혹 기이하게 아름답다고 느껴질 때도 있습니다. 구좌파는 실패했지만 신좌파가 두각을 나타내고 있죠. 제2세대──혹은 당신 말대로 손자 세대──의 총명함과 부드러움을 가지고서 말입니다. 늙은 말이 새로운 말로 탈바꿈하여 새로운 게임판에서 질주하는 형국이죠—제 편견인지는 모르겠습니다만, 그 중 일부 사람들의 태도에서 왠지 청대의 관원 같다는 느낌을 받곤 합니다. 사실 소련, 동유럽 등 많은 포스트 사회주의 혹은 포스트 전체주의 국가에서 비슷한 상황이 발생했습니다. 사회구조의 전환으로 인해 인문학 지식인, 작가, 예술가 들이 일종의 보편적인 무기력함을 느끼게 되었던 거죠. 그들의 작업은 원래 정치화된, 사회 변혁의 환경에서 일종의 과장된 의의와 중요성을 획득하여 한동안 광장의 중심에 서서 사회적 양심과 대중의 대변인으로 기능한 바 있습니다. 그런데 테크노크라트, 소비문화, 경제 전문가에 의해 장악된 새로운 시대에서 그들은 돌연 자신이 스포트라이트를 받지 못하고 무대 바깥으로 몰리게 되었다는 걸 깨닫게 된 겁니다. 이때 각각의 성격에 따라 분화가 일어납니다. 혹자는 자신의 입장을 견지해 갔고, 일부는 조정하기도 했으며, 또 다른 사람들은 새로운 자원을 찾아 나서 새로운 패를 들고 다른 판에 뛰어들기도 했습니다. 90년대 전체에서 형형색색의 현혹, 입장 변경, 전향, 그리고 일종의 중국 특색의 문화적 생태를 확인할 수 있습니다.

천단칭 저는 90년대가 안 좋다고 말하고 싶은 생각이 조금도 없습니다. 진정 평화로운(和平) 변화는 90년대에 일어났고, 지금 눈앞의 공간은 굉장히 소중한 것입니다. 그런데 그 모든 게 국가, 사회에 다 좋은데 예술에는 좋지 않아요. 예술가의 호흡이 실제와 딱 부합되는 건 아닙니다. 그랬다간 '실제'에 숨 막혀 죽을 수도 있으니까요. 제가 미국, 유럽에서 살펴본 바로는 이렇습니다. 그들도 대변혁기, 격동의 시대, 각종 형태의 교체와 변화, 그리고 이상주의에서 현실주의(미국의 6, 70년대의 이상주의와 비교해 미국은 80년대를 그들의 현실주의 시기라고 부릅니다)로의 전환을 경험했습니다. 그러나 사회는 시종 예술가들이 꿈꿀 수 있는 공간을 남겨 뒀습니다. 작은 그룹의 지식인들에게 자신의 인격을 관철할 수 있는 공간을 남겨 둬 질식당하지 않게 해줬던 거죠. 그들은 아마도 앞으로도 영원히 주류가 못 될 수는 있습니다. 그러나 중국의 지식인처럼 갑자기 중단되어 집체로 전향했는데, 집체는 또 바로 직전의 가치관을 버리고 새로운 가치관을 받아들이는 상황은 아닌 거죠.

중국에서는 항상 어떤 과도기적인 발작이 나타나곤 합니다. 이를테면, 동일 그룹의 사람들이 갑자기 얼굴색이 변하여 서로 구별할 수 없는 상황 말입니다.

서양도 사실 사회가 지식인에게 남겨 둔 공간이 그렇게 많지는 않습니다. 그래도 당신이 뭔가를 지속적으로 실행해 나가려 한다면 누구도 말리지 않습니다. 미친 척하고 멍청하게 해나가면 가능성은 열려 있는 거죠. 뉴욕에는 마이너들이 꽤 있는데, 그들은 완전히 자신이 선택한 방식대로 살아갑니다. 그것이 시대와 불화하는 것일지라도 말입니다. 그런데 중국에서 어느 누가 사회와 시대에 불화하는 길을 선택할 수 있나요? 감히 그럴 수 있겠어요? 실행 가능합니까?

중국인들은 자동적으로 조율하는 능력이 굉장히 강합니다. 중국인의 자기 조율, 자기 탈바꿈 능력은 니기미, 진짜로 대단합니다. 게다가 그렇게 조율하게 된 이유도 잘 갖다 붙입니다. 남도 속이고 자기도 속이는 거죠. 귀국한 뒤 만나 본 대부분은 80년대부터 알고 지내던 사람들인데, 모두 완전히 자기 탈바꿈했습니다. 그들은 그걸 자각하지 못할지 몰라도 굉장히 속물적이 되었고, 뻗팅길 때와 길 때를 굉장히 잘 파악하더군요. 어떤 사람은 기가 죽고 축 늘어져서 아무것도 상관없다는 표정으로 변해 있었지만, 또 어떤 사람은 딱 봐도 눈이 부실 정도로 완벽한 인간으로 탈바꿈해 있습니다. 정계에 진출했거나 기업인이 된 사람들이 그들인데, 그 중 가장 대단한 부류는 정계에 있으면서 기업계에도 진출한 사람들이죠. 명함상의 직함 자체가 이중 신분이에요. 미술계에서 저와 동세대거나 약간 아래 세대 중에 80년대에 그래도 좀 똑똑했다 싶은 사람은 거의 다 크고 작은 관직을 가지고 있더군요. 관직에 오르지 못한 부류는 나이가 찼거나, 혹은 이리저리 애써 봤지만 실패하여 체념한 채 울적한 나날을 보내는 사람들뿐이죠.

자젠잉 바로 그렇게 시대적 조류가 급변할 때 그 사람의 진정한 성정을 파악할 수 있습니다. 고대 귀족들이 식객을 들일 때도 가문이 흥성할 때는 모두 별 차이가 없다가, 어느 날 갑자기 그 가문에 우환이 생겼을 때 비로소 누가 충의를 지키는 사람인지 누가 기회주의자인지 알게 되는 것처럼 말입니다. 언젠가 『음악』樂 편집부 회의에서 '80년대'라는 주제를 이야기하다가 누군가 그러더군요. "80년대 사람은 지금 두 부류만 남았다. 하나는 비장한 쪽이고, 다른 하나는 득의한 쪽이다."

천단청 둘 다 저는 인정하고 싶지 않습니다. 왜 제3의 부류가 있을 수 없는 거죠? 당신은 여전히 당신 자신인 거죠. 당신이 사회와 함께 탈바꿈한다 하더라도, 소중히 아낄 만한 품격이 언제나 당신과 함께하고 있는 법입니다. 물론 그런 사람을 만나기가 쉽지는 않습니다만. 그가 성장하고 변화하고 있다 해도, 알아보지 못할 지경까지 가지는 않을 거란 이야기죠. 당신이 말한 비장과 득의는 몰라볼 정도로 변한 경우라고 할 수 있는데, 그렇게까지 풀이 죽을 필요도 없고 또 득의만만할 필요도 없어요. 건전한 인격과 최소한의 품격을 갖추고 있다면, "총애와 모욕에 놀라지 않는다"라는 속담처럼 덤덤할 것입니다. 비장과 득의는 '놀라서' 어쩔 줄 모르는 상태인 것이죠.

이 또한 전체적인 인문적 수준의 문제입니다. 저의 스승이신 무신木

心 선생이 80년대 초에 중국 문예의 병근病根에 대해 쓴 글에서, 재화의 빈곤과 품성의 빈곤을 문제점으로 거론하신 바 있습니다.

이런 식으로 80년대에 대해 이야기를 해보니 문제가 비교적 또렷하게 드러나는 것 같군요. '80년대'를 보려면, 6, 70년대로 되돌아가서 살펴야 합니다. 80년대의 지식인——사실 '베이비 붐' 세대인 50년대 출생——은 '5·4' 세대의 지식인과 비교할 때 근본적으로 출신과 성장에서 차이가 드러납니다. '5·4' 세대의 지식과 인격 형성 요인에는 청말이라는 배경이 있습니다. 도통이 끊어지지 않았던 거죠. 그들은 문화혁명을 벌이고 단층을 만들어 낸 장본인입니다. 그러나 수천 년간 지속된 왕조 시대를 종식한 혁명의 세례를 받았음에도 불구하고 그들 자신은 이전 세대와 단절되지 않았어요. 우리들 80년대의 청년들은 그러한 세례를 받지도 않았고, 지적인 준비도 되어 있지 않았습니다. '문혁'은 세례가 아니었습니다. 근본적으로 그건 재난이었죠. 문혁을 거쳐 온 사람의 인격이란 게 아무리 우수하다고 해봐야 길게 버틸 수가 없습니다. 선천적인 모자람과 후천적인 불균형을 운명으로 받아들일 수밖에요.

일전에 『공화국을 향해』走向共和라는, 장이허章怡和의 책을 읽었습니다. 한번 생각해 보세요. 그들 옛 우파의 견해와 비교했을 때, 체제 내부에서건 체제 외부에서건 80년대의 문화적 영웅과 반성자들이 상대라도 되는지 말입니다. 그 사람들은 몇 마디 말로 중국 문제를 꿰뚫고 있잖아요. 그런데 이 옛 우파들은 또 청말의 체제 내외의 인물들, 이를테면 이홍장李鴻章, 위안스카이袁世凱, 캉유웨이康有爲, 량치차오梁啓超, 양두楊度 같은 사람들과 비교해 보면 역시 상대도 되지 않아요. 이치는 여전히 그 이치이고, 명제도 여전히 옛 명제와 같습니다. 다만 80년대 학자들은 책을 몇 권이나 쓰고도 분명하게 밝히지 못하는 것을 민국 시기 혹은 청대 인물들은 몇 마디 말로 해결해 버리는 게 다르다면 다른 거겠죠.

자젠잉 옌푸嚴復도 몇 마디 말로 이치를 꿰뚫는 고수에 포함될 겁니다. 옌푸가 영국 유학할 때 이토 히로부미와 같은 반이었고 성적도 이토보다 우수했습니다. 이토 히로부미는 일본에 돌아와서 총리대신을 두 차례 역임했는데, 옌푸는 고작 『천연론』天演論을 번역했죠. 중국의 문제는 원대한 포부를 지닌 인재나 지혜로운 사람이 없다는 점이 아닙니다. 과도하게 성숙한 자기폐쇄적인 제도와 환경이 이 인재들을 대대로 목 조르고 내쫓고 주변화시켜 왔다는 점이 문제입니다. 마치 호랑이에게 산이 없고 원숭이에게 숲이 없는 셈이니 아무리 능력이 출중해도 소용이 없는 거죠. '5·4'의 문화적 급진주의는 확실히 문제가 있습니다. 그 길고 긴 그림자가 중국의 20세기 전체에 드리워져 있으니까요. 그렇지만 저는 모든 잘못을 '5·4'에 덮어씌우는 몇몇 사람들의 주장에는 동의하지 않습니다. '5·4' 정신 중 자유, 민주, 과학 등 기본적이고 보편적인 가치에 대한 고수와 열렬한 추구는 우리가 지금도 감사해야 할 소중한 유산입니다. 사회 전체가 이러한 추구를 소화하고 받아들일 만한 역량이 없어 이성적인 제도적 전환을 진행하지 못한 겁니다. 하나의 극단에서 다른 극단으로 옮겨 간 것은 뒷사람들의 착오지요. 모든 누명을 선인들에게 몽땅 뒤집어씌우는 건 불공평해요. 한발 물러나 '5·4'가 기형아를 출산했다 하더라도, 아이를 낳는 일 자체가 잘못되었다고 결론지을 수는 없는 거죠. 체질이 나쁘고 산파가 엉터리라 제대로 못 낳은 겁니다. '5·4' 이후, 만약 제도와 환경이 좋아지지 않고 나빠졌다면, 필연적으로 산속의 호랑이와 원숭이도 한층 더 퇴화될 수밖에요. 그건 민족 전체의 비극입니다.

천단칭 80년대는 병에서 막 회복하던 단계였습니다. 국가와 민족이 차츰 잠에서 깨어나기 시작했고, 문화권에서도 이미 깨어져 원형을 잃어

버린 기억을 조금씩 회복하고 있었어요. 당시 류샤오보劉曉波가 쇼펜하우어와 니체에 대한 논의로 세상을 떠들썩하게 했는데, 그건 이미 왕궈웨이王國維와 루쉰이 청말민초에 이야기해 왔던 화제였습니다. 제 기억에 80년대 초에 『푸레이의 편지』傅雷家書가 센세이션을 일으켰는데, 서글픈 거죠. 푸레이는 5·4운동의 말단에 불과한 인물인데 80년대가 되자 시대의 방향타로 추앙받는 현실이 말입니다. 한두 해 전까지도 삼련서점三聯書店 베스트셀러 목록에 『푸레이의 편지』가 여전히 들어 있더군요. 이게 뭘 말하는 겁니까? 그런 집안, 그런 가장, 그런 편지가 지금은 씨가 말랐다는 걸 잘 보여 주는 거 아니겠어요?…… 이런 단절은 지금까지의 역사에서 있어 본 적이 없습니다. 어떻게 따져 봐도 이런 평가는 지나친 게 아닙니다―그런데 80년대에는 니체에 대해 한마디 지껄일 수만 있어도 이미 대단한 게 되어 버렸습니다.

정말로 비참한 상황이죠. 80년대의 가련함은 자기가 얼마나 비참한 상황인지도 모르면서 문예부흥이 어쩌니 떠들어 댄다는 점입니다. 그건 마치 반신불수가 침대에서 내려와 부축 받으며 걸어가는 주제에 그게 점프라고 착각하는 것과 같은 셈이죠.

바츨라프 하벨의 경우를 보세요. 저는 정말 부럽습니다. 하벨도 물론 대단하지만, 그 주위에 있는 사람들도 하나같이 인물들이에요. 재능이나 품성도 훌륭하고, 시련을 견뎌 낼 인내심도 갖춘 사람들이었죠. 폴란드 노동자운동을 주도하던 샌님들까지도 말입니다……. 그리고 보니 이들의 나이나 경력이 중국의 우파와 엇비슷하겠군요. 추안핑* 같은 사

---

* 추안핑(儲安平, 1909~1966): 언론인, 교수. 중공 성립 이후 출판 관계 고위직에 올랐으며, 전인대 대표로 활동하기도 했다. 1957년 『광명일보』 총편집으로 있을 때의 발언이 문제가 되어 반우파투쟁 초기에 자산계급 우파분자로 몰려 노동개조를 당했다. 문혁 발발 후 자살 시도가 실패한 뒤 1966년 실종되었다.

람에 해당하겠어요. 그러나 하벨은 좋은 성과를 냈는데, 아시다시피 추안핑은 어떤 말로를 걸었습니까? 체코가 적화된 이후 1989년까지의 45년 동안 그들 지식인 엘리트의 인격은 기본적으로 일관된 것이었습니다. 끊임없이 억압받았지만 시들지도 꺾이지도 않았습니다. 우리는 어땠습니까? 60년대의 대학생들, 70년대의 지식청년들, 80년대의 그들까지, 씨부럴, 하벨과 맞상대하며 이야기를 나눌 만한 사람이 누가 있습니까? 인격의 수준이 완전히 다르잖습니까. 신중국 건립 이후 50여 년 동안 개인이 자신의 신앙과 열정을 일관되게 유지하며, 그것을 위해 자기를 불사른 사람을 우리는 거의 찾을 수가 없습니다…….

자젠잉 불사른다 해도 자아부정에 그치는 경우가 많았죠. 그 자아부정이 '5·4' 세대까지 거슬러 올라가는 것임은 분명합니다. 5·4 세대의 가장 급진적인 사람 중에는 잘못을 바로잡으려는 욕심이 지나쳐, 철저하게 중국 민족의 전통을 부정하고 심지어 한자를 부정하기도 했잖습니까. 그렇지만 바로 이어 국고정리國故整理를 주장한 학자들의 출현에서 알 수 있는 것처럼, 문화 급진주의의 위험성과 문제점을 바로 인식하여 많은 사람들이 문화의 전승과 연속을 강조하고 보수로 돌아섰습니다. 그런데 49년 이후에는 사실상 '5·4'의 급진적인 일면만 계승하고 그에 더하여 문화 급진주의와 정치 급진주의를 한데 통일시켰습니다. 결국 한편으로 자아부정을 계속하여 전통을 타도하고 포기하며 반지주의反智主義를 극한으로 밀고 나갔고, 다른 한편으론 서양에 대한 봉쇄정책을 펼치면서 서양 전통 중에서 폭력혁명과 계급독재를 앞세운 맑스주의, 그리고 그에 더하여 레닌주의의 선봉대 조직법 같은 것만 수용했습니다. 그 결과 당신이 말한 새로운 역사적 단절이 형성된 거죠. 우리 세대의 불행은 바로 이처럼 양쪽으로 봉쇄된 구조 속에서 성장했다는 점입니다. 이 세대 사람들에 대해선 당신도 그렇게 높은 문화적 기대를 갖기 어려울 겁니다. 아마도 저 역시 그 속에 들어 있기 때문이겠지만, 저는 일종의 동정 같은 게 느껴집니다. 이미 쉽지 않은 거지요. 이렇게 척박한 토양에서 자란 잡초일 뿐이니까요. 게다가 지금의 중국이 마주하고 있는 문제는 이미 또 다른 것으로 변해 있잖습니까. 90년대 이후 몰려온 전 지구화의 물결로 인해 새로운 세대는 또 다른 화제에 매달려 있습니다.

천단칭 생태계가 무너지고 재생 메커니즘이 무너졌습니다. 요즘 경제건설 쪽으로 '지속가능한 발전'을 이야기하던데, 지난 50여 년, 100여 년 동안 한 단계 한 단계 문화상의 '지속가능한 발전'을 위한 생태계를 무너뜨려 왔던 거죠.

때문에 80년대 지식인과 사회의 관계, 90년대 지식인과 사회의 관계는 모두 비정상적입니다. 80년대에 사회에 그렇게 많은 영향을 주던 그들이 지금은 또 얼마나 미미한 존재로 변해 있습니까. 이러한 비정상이 역으로 지식인을 잘못 이끌었습니다. 80년대에 그들은 자기가 정말로 영향력을 발휘하는 존재라고, 정말로 정확한 가치관을 대표한다고 착각하고 있었고, 지금은 또 아무 쓸모가 없다는 걸 발견하고는 재빨리 관직에 나가거나 돈이나 벌려고 애를 쓰는 거죠.

루쉰이 "5·4 시기의 영웅들 중 관직에 나갈 사람은 관직에 나가고, 의기소침할 사람은 의기소침하고, 물러날 사람은 물러났다"고 이야기한 바 있죠. 어릴 때는 이 말을 읽으면서도 무슨 뜻인지 잘 몰랐는데, 지금은 분명하게 다가오네요.

자젠잉 쯔중쥔資中筠 선생 아시죠? 원래 사회과학원 미국연구소 소장으로 있던 분 말입니다. 그녀가 쓴 글 중에 「어째서 딱 적절했던 적이 없는

가?」怎么就没有正好過에서 이야기한 게 바로 중국인의 이러한 양쪽 극단으로 치닫는 경향입니다. 요즘 미국 대중문화에 대한 추종도 마찬가지입니다. 오로지 가장 저속한 것들만 받아들이죠. 지식인 또한 마찬가지입니다. 이리저리 흔들리며 밸런스를, 정상적인 자기 위치를 찾지를 못하고 있습니다. 뭐 거창한 사람인 것처럼 자기 과장하는 게 아니면 자기는 아무것도 아니고 그저 경제인일 뿐이라는 태도로 살아가고 있어요.

천단칭 『삼련생활주간』三聯生活週刊 편집자들의 말이 생각나네요. 자기들의 주편은 80년대 문화열文化熱 시기에 선도자였는데,* 지금은 회의할 때마다 시장에만 신경 쓴다고 그럽디다. 80년대에 지식인들은 스스로 옳다고 생각했는데 지금은 자기가 틀렸다고 생각합니다. 그 당시 그들은 시대를 선도하려고 굉장히 애썼는데 지금은 또 시대를 따라가지 못할까 전전긍긍하죠.

 5·4 세대로, 40년대를 포함한 그 세대 사람들에게로 돌아가 보면 그들의 개인적 입장은 지금보다 견실합니다. 루쉰, 후스, 천두슈, 량수밍, 추안핑, 뤄룽지羅隆基 등등 일일이 거론할 필요도 없을 겁니다······. 백여 년이 넘게 비할 수 없이 강력한 힘을, 그 전부의 전부를 국가구조의 변환, 국가의 취약함을 바꾸는 데 쏟아 부었습니다. 그런데 머리에 든 게 있고 말을 하고 싶어 하는 기개 있는 사람은 보이는 족족 억누르거나 제거해 버렸습니다. 그 힘은 통치자와 대중이 연합한 것이라 너무 강력했죠. 니기미, 책은 읽어서 얻다 쓸라고? 입으로 지껄이기만 하는 게 무슨 소용이 있어? 이런 상황이니 권력 속으로 들어가 같이 통치하

---

* 앞에서도 몇 차례 거론된 바 있는 주웨이(朱偉)를 말한다. 『인민문학』 편집부 부주임으로 있을 때 왕멍을 도와 아청, 모옌, 위화, 쑤퉁 등 여러 젊은 작가를 발굴한 바 있다. 1995년부터 『삼련생활주간』 주편으로 있다.

거나 한쪽으로 물러나 있을 수밖에 없었던 겁니다.

　　더하여 유가의 전통 때문이기도 합니다. 절대다수의 지식인이 협조를 선택합니다. 협조 방식의 제1원칙이 이런 겁니다. 사무실로 불려 들어가 자리에 앉아 얼굴색을 조정하고 자세를 갖춘 후 진심이기도 하고 거짓이기도 한 말을 합니다. 그런 다음 당에 가입하고 관직에 오르는 거죠.

자젠잉　어쩔 수 없죠. 마오쩌둥이 중국 지식인을 이렇게 비꼰 바 있습니다. 피부가 없으면 털이 어디에 붙을 수 있겠는가? 그렇죠. 그들에게서 토지와 집 계약서를 몰수하고 재산을 박탈하고는 어떤 기관에 강제로 편입시켜 아홉번째 신분으로 격하시킨 뒤 그들의 정치적 권리도 제한한다면, 정말로 어디 기댈 데가 있겠습니까. 협조하지 않으면 죽음만이 기다릴 뿐이죠. 부단히 사상을 개조하고 자아를 소멸시킬 수밖에요. 게다가 걸핏하면 귀싸대기를 얻어터져 달아오른 얼굴을 차가운 엉덩이에 붙이고 있어야 했으니까요.

천단칭　그런데 유가의 정맥은 사라졌습니다. 홀로 자기 몸을 잘 간수하고(獨善其身), 남들과 조화롭게 지내지만 똑같은 놈이 되지는 않는다(和而不同). …… 유가의 도통은 일찌감치 알아볼 수 없게 되었죠. 요즘 '도통'이 어디 있습니까? 권력만 남았죠. 적나라한 권력 말입니다.

　　저는 약간 유보적인 태도로 70년대에 출생한 아이들을 긍정하고 싶습니다. 그들에 대해 이야기하고 싶지 않아요. 그들은 가장 이기적인 세대이고 가장 개인적인 세대입니다. 그들도 막막할 겁니다. 그러나 최소한 현재 펼쳐지고 있는 공간에서 앞으로 큰 재난만 출현하지 않는다면, 저는 그들이 어떤 모습을 보여 줄지 지켜볼 생각입니다.

자젠잉　그럼 당신은 그들에게 희망을 품고 있는 건가요?

천단칭　어쩔 수 없죠. 누구에게 희망을 품겠습니까? 제가 만나 본 몇몇 젊은이들은 한두 마디 말로 현상을 또렷하게 이야기하더군요. 그들은 사고를 통하지 않고 직감으로만 하는 건데, 나이도 어리고 권력이랄 것도 없으니까 아주 분명하게 그걸 볼 수 있는 겁니다.

자젠잉　맞아요. 어떨 때는 나이가 문제가 아니죠. 예를 들어 로큰롤 평론가 옌쥔顏峻이랑 이야기를 나눈 적이 있는데, 그의 예리함, 자기 견해를 직접적으로 분명하게 밝히는 태도 같은 것에 저는 정말로 경탄을 금할 수 없었습니다. 그때가 그의 나이 스물여덟아홉일 때였죠. 게다가 저는 그들의 독립적인 정신에 탄사를 보내고 싶습니다. 그들은 체제의 주변에서 자기가 가치 있다고 생각하는 일을 고수하지만, 마음가짐은 또 아주 개방적이고 명랑하며 낭만적이기도 해서 맛깔나게 살아가고 있습니다. 옌쥔을 만나기 전에 누군가 저에게 그를 '분노한 청년'憤靑*이라고 말하더군요. 그런데 그를 만난 뒤 "이런 '분노한 청년'은 얼마나 빛나는가!"라는 생각을 하게 되었습니다. 물론 그건 그저 사석에서 만났을 때의 인상이고, 나중에 잡지에서 그의 글을 읽을 때는 느낌이 반감되는 부분도 없지 않았지만요. 누가 알겠어요, 우리가 나누는 이 대화도 나중에 발표된 후에는 그 느낌이 상당 부분 사라질지도 모르잖습니까.

---

*최근 중국의 인터넷 유행어로 떠오른 '분노한 청년'(憤靑)은 사회에 대한 분노를 표출하는 '성난 젊은이들'(angry young man)에서 현실변혁적 지향이 퇴색된 파생된 의미로, 대륙의 과격한 민족주의적 성향을 가진 청년들(주로 웹에서 활동)을 가리키는 부정적인 말로 사용되고 있다. 홍위병, 지청의 행동양식과 일정 부분 연속선상에서 고려되고 있기도 하다. 그 스펙트럼은 배외적 애국주의에서 단순 악플러(糞靑)까지 다양한데, 앞서 천단칭이 스스로를 '분노한 청년'이라 규정한 것과 여기서 사용되는 맥락은 그 미묘한 차이를 구분할 필요가 있다.

천단칭 저는 우리 자신을 꽤 잘 꿰뚫어 보고 있는데, 대부분은 젊은 사람들에게서 들은 것들입니다. 그들이 우리 세대를 이야기할 때, 우리처럼 이렇게 이치를 따져 가며 분석하는 게 아니라, 간단한 몇 마디 말로 아주 분명하게, 마치 아이가 엄마아빠를 보는 것처럼 훤하게 꿰고 있더군요.

자젠잉 예를 들어 당신 학생들의 견해가 그랬나 보군요. 윗세대의 나약함과 허위에 대한 실망 같은 것 말이죠.

천단칭 그들은 윗세대에 대해 아주 실망하고 있습니다. 그들은 윗세대를 모방하고 싶어 하지 않아요. 윗세대는 그들을 정신적인 면에서 이끌지 못하며 어떻게 사람 노릇 할지를 가르쳐 주지 못하고 있습니다. 앞 세대를 살아간 사람들은 모두 실패자입니다. 성공했다고 하더라도 실패인데, 우선 인격적인 면에서 완전히 실패였던 거죠.

자젠잉 더 이상 모범이 되지 못하는 상황이죠.

천단칭 그렇지만 무엇을 해야 할지에 대해서는 젊은 사람들도 막막해 합니다. 사회적인 토양이란 면에서 봤을 때 이 세대를 시작으로 그렇게까지 뒤틀리지는 않게 되었습니다. 그들 모두 '내'가 가장 중요하다는 걸 알고 윗세대가 자기들에게 하는 말을 무턱대고 믿지는 않죠. 5, 60년대에 태어난 사람들은 사실 윗세대의 말을 굉장히 신임했습니다. 그들이 어떤 식으로 반역한다 해도 그건 윗세대의 인격 패턴을 등에 업고 있던 거였습니다. 우린 반항할 테야! 왜냐하면 속았으니까!! 요즘 아이들은 반항하지 않습니다. 그들은 아예 믿지를 않았으니까요. 보아하니 요즘 칭화淸華 애들은 입학하자마자 그 즉시 입당을 하더군요. 근데 그들의 얼굴에는 전혀 믿지 않는다고 쓰여 있습니다. 당이 그들을 이용한다는 걸 아는 거죠. 그럼 어떻게 해야 되나요? 간단합니다. 그들 또한 당을 이용하는 거죠.

자젠잉 그런데 다른 견해도 있습니다. 예전에 우리들은 그래도 노인과 앞 세대의 가르침을 존중했는데, 상업문화가 만들어 낸 지금 세대는 유행을 존중하고, 미디어가 만들어 낸 우상을 모방한다, 새로운 이데올로기가 나타난 것이며 사실상 그들에게는 자아가 없다는 견해입니다. 어떻게 생각하십니까?

천단칭 틀리지 않다고 봅니다. 그런데 온갖 종류의 새로운 유행 말고 그들이 존중할 만한 뭔가가 있나요? 상업문화는 어디서나 그 힘이 막강합니다. 서양도 마찬가지예요. 그렇지만 적어도 요즘 세대는 앞 세대들이 매여 있던 집체적 사유라는 패턴에서 벗어나 있습니다. 그들의 생활환경은 그런대로 이성적이고 진실하며 어떤 환상을 주지는 않습니다. 비록 소비문화의 기만성을 무시할 수 없겠지만, 그 옛날 우리 세대를 우롱한 모략이나 허위에 비하면 훨씬 진실하다고 할 수 있어요. 만약 이 세대 청년 중 누군가가 문화적 가치를 추구한다면 아마도 자기 위치를 분명히 파악하여 자신을 과장하는 지경까지 가지는 않을 겁니다······. 그렇지만 제 말이 틀릴 수도 있겠군요. 지금은 이 세대를 제대로 파악하기 힘듭니다.

자젠잉 그럼 역사적 기억은요? 당신은 그게 심각한 문제라고 생각되지 않나요?

천단칭 물론 심각하죠. 그들 세대에 결핍된 부분이 바로 역사적 기억입니다. 그러나 그것도 그들을 책할 게 아니라 역사 자신이 만든 업보죠. 그들은 체제가 주입하는 거짓된 역사를 모르고, 알고 싶어 하지도 않습니다. 그런데 우리의 역사 기억은 너무 많아요. 또 심각하게 왜곡되어 있고, 셀 수 없이 많은 맹점들로 점철되어 있죠.

자젠잉 맞아요. 짐이 너무 무겁고 너무 많은 에너지가 낭비되죠. 요즘 사람들이 강조하는 건 지금을 잘 사는 겁니다. 눈앞의 즐거움, 잡을 수 있는 이익 같은 것을 지향하죠…….

천단칭 "내가 태어나기 전에 어떤 일이 일어났을까?" 이런 질문은 아이들의 천성입니다. 학생들과 접촉해 보면 그들은 역사적 기억을 갈망합니다. 그들은 지청知靑 시대를, '문혁'을, 심지어 80년대에 관한 일들을 무척이나 이해하고 싶어 합니다……. 올해 저는 '문혁' 기간에 우리가 상하이에서 어떻게 그림을 배웠는지를 회상하는 글을 하나 썼습니다. 학생 하나가 그걸 보고 갑자기 대성통곡을 하더군요. 왜 자기는 이런 일들을 겪지 못했던가 하면서 말입니다. 지금의 대학생활은 너무 무미건조합니다. '문혁' 시기에 예술을 배우던 때처럼 활발하고 환상적일 수 없으니까요.

자젠잉 저도 70년대 말에 태어난 젊은 친구들이 저에게 80년대의 사람과 사건에 대해 여러 차례 물어 오던 경험이 있습니다. 그들의 열정과 호기심을 보면 마치 자기들이 문학예술의 황금시대를 놓쳐 버렸다는 느낌을 받는 것 같더군요.

천단청 문제는 우리가 비교적 왜곡되지 않게, 그래도 진실하게 그들에게 보여 줄 수 있는가입니다. 그들에게 더 이상은 그렇게 많은 잘못된 정보를 제공해서는 안 됩니다.

'5·4'부터 지금까지 우리의 역사 기억은 굉장히 왜곡되어 있습니다. 갈수록 왜곡되고 있고요. 우리 세대에 이르러서는 완전히 기억상실이라고 할 정도입니다. 80년대의 철학 붐(熱), 뿌리찾기 붐(尋根熱), 문화열 같은 건 모두 '5·4' 시기의 구 명제였습니다. 물론 '5·4' 시기의 명제는 또 범슬라브주의, 범게르만주의의 구 명제였죠……. 저우궈핑周國平의 니체 읽기는 왕궈웨이의 니체 읽기와 문맥이 굉장히 다릅니다. 우리가 선충원沈從文, 장아이링張愛玲을 다시 읽어 보면, 선충원, 장아이링이 활동하던 3, 40년대에 읽던 '5·4' 시기는 또 이미 상당히 달라졌다는 걸 알게 됩니다.

물론 한 세대 사람에겐 그 세대만의 독해방식이 있습니다. 제가 말하고 싶은 것은, 80년대의 독해는 기억상실에 근거한 것인데, 왕궈웨이 세대가 니체를 읽을 때는 기억상실이라는 문제가 없었다는 점입니다. 게다가 80년대의 니체 읽기는 기억상실에 더하여 독해하는 사람의 머릿속에 49년 이후의 이데올로기로 가득 차 있었습니다. 그게 어떤 독해였겠습니까?

자젠잉 왜곡이야 어느 나라, 어느 시대에도 존재할 겁니다. 당신은 이사야 벌린의 『반조류』*를 좋아한다고 말씀하셨는데, 벌린이 추앙하던 이탈리아인 비코는 역사 기억의 재구성이 아주 어려운 작업임을 강조한

---

*Sir. Isaiah Berlin, *Against the Current : Essays in the History of Ideas*, London : Hogarth, 1979.

바 있습니다. 벌린이 보기에 18세기 유럽의 대계몽가들, 예를 들어 볼테르의 머릿속에 있던 앞 시기의 역사는 모두 왜곡된 것이었습니다. 왜냐하면 그들은 자신들이 고수하던 과학적 이성의 완미한 표준과 보편적인 틀로 역사를 재단했기 때문입니다. 당시 유럽에는 '중국 열풍'도 불었지만, 이들 유럽 철학자의 눈에 비친 중국문명은 사실 왜곡된 것으로 실제와는 거리가 있는 이상화된 상상이었습니다. 비코는 아마 문화상대주의의 비조라고 할 수 있을 겁니다. 그런데 그가 역사의 재구성이 아주 어려운 작업임을 강조한 건 상당히 일리가 있습니다. 그러려면 우수한 역사가의 인내심과 실력이 필요할 것이며, 더하여 오늘의 입장과 의견으로 어제의 사람에게 심판을 가하는 태도 또한 최대한 피해야 할 것입니다. 어제의 사람이 오늘과는 다른 환경에서 펼친 생각과 행동은 종종 그들만의 합리성이나 최소한 모종의 숙명적인 불가피함이 있을 겁니다. 그건 사막에서 생활한 사람에게 사막후유증이 있는 것과 마찬가지로 자연스러운 겁니다.** 장기간 기갈에 시달리고 세상과 단절된 생활을 한 사람은 쉽게 발끈하고 환상과 억측에 빠지곤 합니다. 그가 들려주는 사막 이야기는 변형되고 실제와 동떨어진 것일 가능성이 큽니다. 다른 사람의 눈빛을 살피는 그의 모습도 기괴하기 짝이 없고요. 그렇다고 오아시스에서 생활한 사람의 기준을 그에게 요구할 수는 없습니다. 그렇다고 했을 때 모두가 공인하는 '역사적 진실'이란 건 없다고 할 수 있습니다. 물론 당사자의 비자각적인 왜곡은 정치적 고려 때문에 정권에 의해 기계적으로 강제된 역사의 왜곡 및 은폐와는 다르긴 합니다만.

** 이 부분의 논의는 아청의 인터뷰와 연결된다. 113쪽 참고.

천단청 맞아요. 발끈, 환상, 억측……. 80년대 지식인이 서구 사상을 해석할 때의 지나치게 열정적이고 주관적인 분위기가 프롤레타리아 이론이 막 일어날 때의 모습을 연상시키더군요. 아시다시피, 감수성에도 양식이 있습니다. 우리 세대는 어떤 공통의 감수성 양식을 공유하고 있는데 새로운 사물을 맞이할 때도 이 감수성 양식은 예전 그대로였던 거죠.

60년대에 출생한 사람들이 해방 이전을 돌아볼 때, 예를 들어 추이융위안*이 해방 이전을 돌아보고 '문혁'을 되돌아볼 때의 감수성 양식은 우리 세대와는 또 다릅니다. 요즘은 마침 옛날 영화를 주제로 한 〈영화 이야기〉電影傳奇를 보고 있는데 아주 재미납니다. 제 생각에 정말로 회상하는 게 아니라 옛날 영화를 '현재'의 텍스트로 바꿔서 보여 주는 것 같습니다. 저는 그가 왜 그런 방식으로 바라보는지 알고 싶어요. 추이융위안이 그리워하는 그런 것들이 문제가 많다는 걸 그가 인식하고 있는지 궁금합니다.

자젠잉 50년대, 혹은 그에 앞서 태어난 사람들은 혁명 시대에 대한 그리움을 가지고 있습니다. 그렇지만 의문을 제기하기도 하죠.

천단청 추이융위안과 마찬가지로 저도 과거를 그리워합니다만, 그리워하는 그 과거의 배후에 얼마나 많은 죄악이 있는지, 그것이 얼마나 허위적이며 유치한지에 대해 그 사람보다는 분명하게 의식하고 있습니다. 그걸 알면서 회고하는 것과 모르고서 회고하는 건 완전히 별개의 것입니다.

---

* 추이융위안(崔永元, 1963~): CCTV의 유명한 토크쇼 진행자. 1996~2002년까지 〈진실을 솔직하게 이야기하다〉(實話實說)의 사회자로 활동했으며, 현재 〈미스터 추이 토크쇼〉(小崔說事)를 진행하고 있다.

자젠잉 추이융위안도 그렇게 어리지는 않습니다. 63, 64년생인 것으로 알고 있습니다. 그렇지만 '문혁' 때는 아직 유년기여서 기억이 흐릿하고 아마도 어렴풋이 떠오르는 즐거운 추억 같은 게 있을 겁니다. 어떤 걸 격렬하게 반대하거나 칭송할 때 그건 보통 그 사람이 가장 잘 아는 것에 대한 불만인 경우가 많은데, 자기에게 익숙하지 않은 곳에 가서 해결책을 찾다가 객관성을 잃곤 하죠. 추이융위안이 과거를 되돌아보는 것은 제 생각에 그가 현재 진행되는 많은 것들에 대해 가진 불만 때문인 것 같습니다. 그는 우리와는 달리 데뷔하자마자 가장 주류적인 상업문화 내부로 들어갔습니다. TV 토크쇼의 진행자를 하면서 아마도 그는 그쪽 방면으로 속속들이 알게 되었고 그 내부의 여러 문제에 대해 불만을 가지게 되었을 겁니다. 그래서 과거의 어떤 것들을 낭만화하여 과거의 좋은 것을 가지고 현재의 나쁜 것을 반대하려는 것 같습니다. 출발지점이 조금 다르죠. 일부 미국인(예를 들어 좌파의 인사들)이 중국의 장점을 이야기할 때 깜짝 놀랄 때가 있잖습니까. 왜냐면 실제로는 전혀 그게 아니라는 걸 잘 아니까요.

천단칭 추이융위안 같은 예가 80년대와 확연히 다른 경우예요. 80년대 세대는 절대로 5, 60년대를 추억하려 하지 않을 겁니다. 사람은 원래 막 지나간 10년에 비교적 반감을 가지고 30년 전의 것들을 친근하게 생각하고 동경하는 경향이 있습니다.

'5세대' 영화 감독들도 마찬가지입니다. 그들이 80년대에 유포한 의식은 60년대 영화에 대한 반대였고 그 일례가 셰진(謝晉) 감독 비판이었습니다. 만약 셰진이 하나의 대표성을 띠고 있다면 추이융위안은 셰진으로 대표되는 그런 영화로 돌아가고 싶어 하는 것이죠. (웃음) 지금은 그가 이렇게 말할 충분한 이유가 있습니다. "셰진이 그 뒷세대들보다 훨씬 잘했어"라고 말입니다.

자젠잉 저는 여전히 추이융위안이 과거의 좋은 것을 끄집어 내서 좀 자극적이고 과장된 방식으로 현재를 비평하려 하는 것이라고 생각됩니다. 예를 들어 그는 아마도 요즘 만연해 있는 이익만을 추구하려는 태도, 시장에 영합한 투기, 계산, 교활함과 저속함에 불만을 느끼고 있는 것 같습니다.

천단칭 정말로 그런지 전 잘 모르겠네요. 저는 우리 세대를 이해하고 그는 그의 세대를 이해하고 있겠죠. 그렇지만 그의 영화 프로그램을 볼 때마다 저는 우리의 문화적 자원이 너무 빈약하다는 걸 느끼게 됩니다. 그는 자기가 그리워하는 게 혁명 세대라고 생각하는 것 같은데, 사실 진정한 문예혁명 세대는 민국 시기 사람들입니다. 그가 회고하는 영화 전통은 모두 좌익 영화인의 유산인데, 무엇이 좌익영화이고, 좌익청년입니까? 근본적으로 민국 시기 사람들 아니겠습니까?

　　5, 60년대는 좌익도 다들 중년인데, 이때가 되면 이미 민국 시기의 재야적 처지에서 벗어나 공화국 관방문예의 정통이 되어 있었습니다. 그들의 창작 생명은 '문혁'이 중단시켰고요. 해방 이후 성장한 영화인들이야 시작부터 단층이었죠.

　　셰진은 데뷔가 빠른 편이에요. 40년대 말에 이미 스크립터로 활동했는데, 주위에 같이 활동하던 사람들이 전부 30년대의 가장 우수한 영화인들이었죠.

자젠잉 추이융위안에게 있는 어떤 정서는 확실히 역사를 낭만화하는 경향이 있습니다만, 그가 오늘날 중국영화의 현상이나 갖가지 문제를 대하는 태도를 보면 굉장히 민감한 편인 것 같습니다. 당신 같은 경우도 요즘 중국영화 중에서 만족스러운 건 자장커賈樟柯 하나뿐이지 않습니까?

천단칭 추이융위안은 맞게 하고 있습니다. 저도 그의 회고를 존중합니다. 그렇지만 그건 할리우드의 회고와는 다릅니다. 할리우드에서는 매번 시상식 때마다 회고란 걸 합니다만, 전제가 있습니다. 우리 할리우드가 지금도 여전히 최고이고 활기가 넘치며 새로운 신인이 배출된다는 전제를 먼저 깔고 모두들 둘러앉아 회고합니다. 추이융위안은 개인적인 절망에 기대어 회고합니다. 그가 보기에 우리의 현재가 영 글렀다 싶으니까, "그 시절을 한 번 봐봐, 얼마나 대단한가!"라고 외치는 거죠. 그는 회한과 원망의 심리를 안고 회고합니다. 할리우드와 유럽은 그렇지 않아요. 그들은 자신의 황금시대를 존경심을 가지고 돌아봅니다. 결코 자신감을 잃지 않아요. 그들에게 3, 40년대는 절정이었고, 6, 70년대에 또 절정이었는데, 지금도 "We can still do something"을 외치고 있습니다. 그들의 영화 쇼는 추이융위안 같은 그런 게 아니에요. 추이융위안의 회고는 오늘을 저주하기 위해서입니다.

자젠잉 내리막길을 걷고 있는데 갈수록 엉망이라 곧 끊어질 것 같으니까 가슴 아파하는 거겠죠. 저는 그렇게까지 엉망이라고 생각하지는 않지만 문제가 심각한 것은 분명합니다. 예를 들어 모두들 드라마가 얼마나 썩었는지 비난하곤 하죠. 비난하지 않으면 품위도 없고 교양도 없는 사람인 것처럼 말입니다. 제가 보기엔 대륙의 드라마가 최근 십여 년간 환경의 열악함에도 불구하고 상당히 많이 진보한 것 같습니다. 물론 TV 보는 시간이 많지 않아 〈빈 거울〉空鏡子, 〈동지〉冬至같이 가장 좋다는 것들만 골라서 봐서 그럴 수도 있겠죠. 영화에서도 〈소무〉小武 말고도 〈귀신이 온다〉鬼子來了도 있고 〈북경 자전거〉十七歲的單車도 있지 않습니까. 또 닝잉寧瀛이 찍은 다큐멘터리 〈희망의 여행〉希望之旅도 있죠. 모두들 괜찮은 작품들로 어디 내놔도 부끄럽지 않을 겁니다.

천단칭 맞아요. 그렇지 않았다면 제가 수천 편의 TV 연속극을 봤겠습니까! 최근에 왕안이하고 연속극에 대한 이야기를 나눈 걸 『상하이문학』上海文學에 연재하고 있습니다. 우리 둘 다 연속극을 좋아하니까요.

자젠잉 혁명에 대한 회고 이야기가 나왔으니 말인데, 90년대 이후 대륙에서 나타난 '신좌파' 현상을 어떻게 보시는지 궁금하군요. 학계가 어떤지는 우선 상관하지 마시고 예술계에 대해서만 말씀해 주세요. 연극 〈체 게바라〉를 감독한 장광톈張廣天을 위시한 일군의 무리들이 한편으로 자본주의를 비판하면서 다른 한편 마오쩌둥 시대로 돌아가 영감을 찾으려는 경향을 보이고 있습니다. 미술계에도 쉬빙 같은 사람은 몇 해 전 제게 이렇게 말하기도 했죠. "예전 것들을 되돌아볼 때 느끼는 건데, 장칭江靑의 경극개혁 같은 것도 어떤 면에서는 아주 현대적인 것 같다. 마오의 '인민을 위해 복무하라'는 관념도 지당하다. 예술이 보통 사람의 생활과 관계를 맺어야지 박물관이나 화랑에 진열되어 부르주아와 부자들이 향유하는 것에만 머문다면 막다른 골목으로 기어들어가는 것이다." 과연 나중에 그는 마오쩌둥의 구호, '인민을 위한 예술' 藝術爲人民이란 기치를 내걸더군요. 'Art for the people'이 뉴욕 현대예술박물관 앞에 걸려, 그 붉은 깃발이 MOMA 빌딩 위로 높이 휘날리는 것을 올려다보니 정말 아이러니한 느낌이 들었습니다.

천단칭 그건 문화 전략이죠. 그 전략에도 그만의 진실한 일면이 있습니다. 미국을 포함한 전 세계 좌익문화는 시종 미술관에서 해방되어 예술이 사회대중과의 관계를 새롭게 세워야 한다고 주장해 왔습니다. 당대 예술의 제법 큰 세력들이 그런 신념을 표방하고 추구했습니다. 문제는 중국의 좌익문화가 '문혁'으로 발전하면서 재난으로 변질되었다는 점입니다. 인민을 상관이나 했던가요? 그래서 80년대에는 그 반작용으로 좌익의 전통이 배척당했던 겁니다. 그런데 그 대체물이 문화 보수주의나 이성주의가 아니라 여전히 문화 급진주의였어요. 뼛속 깊이 여전히 좌익이었고, 마오쩌둥이 비판한 바 있는 '좌파 소아병'이었습니다. 요즘 쉬빙 등이 다시 옛 좌익의 신조를 거머잡고 옌안 문예좌담회에서 자원을 찾고 있는 셈인데. 사실 그 문화 전략의 뿌리는 중국이 아니라 세계적 범위의 좌익문화입니다. 서구 당대예술에서도 일부 주류 인물들의 뿌리는 바로 각양각색의 신구 좌파입니다.

사실 중국 실험예술 전체가 세계적 좌익문화의 중국적 가지에 불과합니다. 그게 90년대에 토착적으로 연속된 것에 불과하죠.

자젠잉 당신이 지적하고 싶은 건 80년대를 시작으로······.

천단칭 예, 지금까지도 그것은 중국의 3, 40년대 좌익문예의 격세유전일 뿐입니다. 문제는 좌익의 그러한 급진적 성향이 젊은 세대의 몸에 딱 맞았다는 점입니다. 이는 또한 왜 중국의 전위예술이 그렇게 빨리 일게 되었는지, 서구인이나 타이완 사람들이 질겁할 정도로 신속할 수 있었는지를 설명해 줍니다 — 전위예술은 사실상 홍위병 문화입니다.

자젠잉 (웃으며) 결국 그 말을 하는군요. 전 당신이 시원하게 속에 있는 말을 해주기를 바랐어요. 그러니까 중국의 전위예술이 사실 새로운 홍

위병 예술이라고 생각하시는 거죠?

천단칭 홍위병 문화죠! 조반하고, 파괴하고, 급진적이며 반문화·반역사적입니다. 실제로는 범사회화 운동을 상상하면서 예술과 인민의 관계, 대중과의 관계를 문패로 내걸고 있는 겁니다.

자젠잉 그것에 대해 의구심을 품고 계신가요?

천단칭 아닙니다. 아주 잘 이해하고 있어요.

자젠잉 이해한다, 그러나 동의는 못하겠다?

천단칭 그렇게 말할 순 없어요. 저도 동의하고, 좌익의 정신을 높이 칩니다. 모든 현대예술은 급진적이고 안주하지 않으며 소란을 피웁니다……. 피카소도 공산당원이었고, 이탈리아의 대가급 영화감독들도 모두 공산당원이었습니다. 저는 싱싱 미술전 때부터 지금까지 줄곧 재야 쪽에 서 있었는데, 그건 건국 이후의 문예가 가짜 좌익이란 걸 제가 분명히 인식하고 있었기 때문입니다. 8, 90년대에야 다시 그런대로 좌익 같은 면모가 드러나게 되었죠. 저는 주변에서 살피기만 했지 직접 나설 줄은 몰랐어요. 허풍이 지나치지는 않은지 경계심만 품고 있었던 거죠. 문화에서 전략을 말하기 시작하면 권력을 추구하고 정확성을 추구하게 되는데, 진정한 좌익은 주변적이고 광기에 빠져 있으며 위험을 무릅씁니다. 문화 전략은 반대로 위험을 피해 안전한 것을 지향합니다.

자젠잉 쉬빙을 예로 들어 이야기를 하자면, 사실 그 사람이 당신보다 80

년대 미술을 훨씬 잘 대표할 수 있습니다. 80년대 말에야 미국에 갔으니 80년대에 계속 국내에 있었던 셈이고, 게다가 그의 「천서」天書는 89년 초 현대예술전에서 가장 센세이션을 불러일으킨 작품이었으니까요.*

천단칭 음, 그렇죠. 저는 조금도 80년대를 대표하지 않아요.

자젠잉 그런데 쉬빙이 미국에 올 때 거의 80년대 중국의 전위예술의 최고급 대표인물이 출국한 것으로 받아들여졌습니다. 그가 이후에 내놓은 일부 작품도 아주 재미있습니다. 처음에 그는 돼지가 교배하는 행위예술——온몸에 영어가 쓰여진 수퇘지가 한자로 도배된 암퇘지를 강간하는 작품을 선보였죠. 아마도 너무 단순하게 읽는 걸지도 모르겠는데, 저는 그 속에 들어 있는 정서가 일종의 매우 upset한, 굉장히 불쾌하고 굉장히 분노하는 그런 거라고 느꼈습니다. 원래 「천서」에서와 같이 태연한 듯 펼치는 유머, 우아하고 정치한 질문이 홀연 사라져, 마치 한순간에 타락했다는 느낌이…….

천단칭 그건 그가 뉴욕에 온 이후…… 돼지가 돼지를 따먹는 건 그가 아이웨이웨이와 같이 상의한 것입니다. 아이웨이웨이는 진짜 좌익이죠.

자젠잉 서구문화를 마주하자 갑자기 일종의 폭력을 느끼게 되는 건 아주 동물적인 반응입니다. 그걸 기호화한 결과가 두 마리 돼지로 변한…….

---

*80년대 말 한자와 로마자의 형체를 응용하여 만든 4천여 개의 가짜 한자로 수백 권의 선장본과 수십 미터의 두루마리를 고대 활자인쇄술로 찍어 낸 쉬빙의 대표작. 문혁 이후 봇물 터지듯 쏟아져 나온 책과 담론이 오히려 소통을 방해하는 현상을 자신만의 방식으로 표현한 것으로 평가된다.

천단칭 서양에 의해 열이 받는 동시에 자신에게도 화가 나는 법입니다. 막 출국한 사람들은 모두 upset하기 마련이죠. 저도 그랬고요. 우리는 서양과 교류할 수 있다고 생각했는데, 결국 그들은 우리와 교류할 의사가 없다는 걸 알게 됩니다. 먼저 다가가고 그들의 언어로 교류한다면 또 모를까──저는 출국할 때 언어적인 준비가 너무 안 되어 있었어요. 왜, 어릴 때 노는 애들 그룹에 들어가도 그들이 사용하는 은어가 뭔지 알아야 하잖습니까? 모르면 궁해지고 조급해지죠.

저의 언어는 전통적인 것이라 예전에 이미 한물갔습니다. 그렇지만 저는 일찌감치 그 사실을 받아들였죠.

자젠잉 그렇다고 특별히 분노하는 것 같지는 않습니다.

천단칭 뭐한다고 분노합니까? 출국 전에 이미 제가 긁어모으던 게 서양의 고물이란 걸 잘 알고 있었습니다. 전위예술가들은 좀 달랐죠. 나와서 몇 년 지나지 않아 자기는 거기서 통하지 않는다는 걸 알게 되고, 기가 죽었다가 재빨리 재조정을 하게 되는 거죠. 제 소학교, 중학교 친구들 그리고 지청 동료들 중에서도 열성파들은 모두 재조정하는 것도 빠르더군요. 그건 좌익문화의 타고난 성격적 유전자의 하나지요. 좌익문화의 특정 그룹은 굉장히 기회주의적입니다. 예전에 마오 주석이 소비에트 지구에서 언제나 '기회주의'를 비판했다는 이야기를 들어도 뭔 말인지 몰랐었는데, 지금은 이해가 됩니다.

자젠잉 아, 그런 식으로 볼 수도 있군요. 재미있네요. 제 머릿속에서도 익숙한 얼굴들이 휙휙 스쳐 지나가는군요……. 그만하죠. 덧붙일 필요까진 없겠네요.

천단칭 왜냐하면 그들은 성공하기를 바라고 정확하기를 바라기 때문입니다. 그들이 가장 두려워하는 게 헛수고 하는 겁니다.

자젠잉 권력도 있죠. 이 둘은 같이 연결되어 있습니다.

천단칭 맞아요. 5·4 시기의 온갖 주의 가운데 공산주의는 가장 좌익적인 한 세력을 대표했는데, 몇십 년이 흘러오면서 가장 조정을 잘 하는 당이었음이 증명되었습니다. 권력을 운용하는 방법을 잘 알고 있으며 '정치적으로 정확'하게 하는 방법을 잘 알고 있죠. 중국의 적지 않은 전위예술가들이 당의 착한 아이들입니다. 천성적인 공산당 성향에 좌익적 성격을 갖추고 있어요.

자젠잉 장광톈의 가슴에는 마오 주석의 휘장이 달려 있고, 신좌파 중에서도 핵심인물은 모두 공산당원이죠……. 하, 오늘 그런 맥락이 도출되니 재미있네요.

천단칭 일리가 있는지, 정말로 그러한지 저도 잘 모르겠습니다. 전 단지 제가 보수주의자라는 것, 급진적인 보수주의이며 우파의 유전자를 가지고 있다는 것만 알고 있어요. 저는 줄곧 예전으로 돌아가고 싶어 했습니다. 되돌아갈 수 없으면 개인으로 돌아오는 거고요.

자젠잉 당신은 제가 대담을 마친 다른 몇 사람과는 다르게 대놓고 우파에 보수임을 자임하는군요.

천단칭 아청도 우파입니다. 기술에 대한 그의 시각은 굉장히 '선진'적이죠. 현대문명을 잘 수용하여, 컴퓨터도 하고 영화 쪽 일도 하며 차도 잘 몹니다. 유행문화, 미디어 문화에도 아주 밝아요. 그런데 그에게는 역사적인 지식과 역사적인 견해가 있습니다. 그는 문화적인 입장에서——그를 문화 보수주의라고 말하긴 힘듭니다만——분명히 역사주의자입니다. 왜인지는 모르겠지만 저는 어릴 때부터 우익이었습니다. 류쒀라는 로큰롤을 좋아했고, 초창기 천카이거는 실험영화를 좋아했으며, 탄둔譚盾은 모던음악을 좋아했죠. 저의 많은 동료들이 현대예술을 좋아하고 그 계통 안으로 들어가려 애썼는데, 저는 큰 입장에서 그들과 달랐던 셈이죠.

자젠잉 오늘 그 이야기를 다시 하게 되는군요!

천단칭 제 주위엔 좌익이 너무 많아요.

자젠잉 당신이 말한 재조정에 대해 좀더 이야기를 나눠 봅시다. 예를 들어 쉬빙의 경우 돼지 이후 일련의 작품에서 이미 심적으로 재조정을 거쳤다고 봐야겠군요.

천단칭 둥글둥글, 원만한 쪽으로 흘러갔죠.

자젠잉 예, smooth하고 명민하게 중서 서법을 모조리 집어넣어 많은 미국 관중이 좋아하는 쪽에 영합했어요. 요즘 작품은 굉장히 적극적인 것 같습니다. 중서의 충돌이 아니라 융합을 추구합니다. 눈을 깜박이며 문화에 대한 농담을 하던 차분한 모습이 되돌아온 것이죠.

천단칭 그는 아주 노력하는 사람입니다. 그의 최근작인 「본래 아무런 물상이 없거늘, 어디에 티끌이 일겠느뇨」Where Does the Dust Itself Collect?, 2004*는 정말로 잘 만든 작품입니다. 계속해서 작업을 해나가야만 발상이 저 정도에 이르나 봅니다.

자젠잉 그럼 당신 자신의 창작을 이야기해 주세요. 「티베트 연작」을 시작으로 작품활동을 꾸준히 해오셨는데, 지금은 다음 단계로 넘어간 건가요?

천단칭 다른 단계로 넘어갔죠. 저는 책을 그립니다.

자젠잉 89년 전후에 그린 트립틱triptych을 말씀하시는 건가요?

천단칭 예, 먼저 삼면으로 이어진 회화, 병치juxtaposition를 그렸습니다. 그러다가 자연히 책을 그리는 것으로 넘어갔죠. 어차피 사진을 그릴 거면 차라리 이들 책을 그리자, 화집을 그리자, 라고 생각한 거죠. 바로 'book as still life' [정물로서의 책]입니다. 1997년 이후 지금까지 거의 계속 그 작업을 하고 있습니다. 이 그림은 양쪽 모두에서 인정받지 못했습니다. 전통적인 걸 좋아하던 친구들도 굉장히 실망했고, 전위 쪽에서도 내가 너무 부드러워졌다고 생각하더군요. 프랑스의 이미 작고한 전위예술가 천전陳箴은 이런 말을 전해 오기도 했어요. "단칭, 넌 혁명이 철

---

*9·11사건 이후 맨해튼의 폐허에서 가져온 먼지를 전시실에 살포한 뒤, PVC 소재로 미리 설치한 "As there is nothing from the first, Where does the dust itself collect?"란 문구를 제거하여 두텁게 쌓인 먼지 속에 "本來無一物, 何處惹塵埃"라는 선종의 문구만 남게 한 작품이다. 2004년 영국의 Artes Mundi 국제당대예술상을 수상했다.

저하지 못해!" 이런 게 바로 전형적인 좌익의 발상입니다.

그런데 somehow, 또 70년대에 태어난 일부 젊은이들은 저의 이런 장난을 좋아하기도 합니다. 또 개별적인 몇몇 이론가들도요. 그렇지만 저는 제 자신에 대해서는 많은 이야기를 하고 싶지 않습니다.

역시 80년대를 이야기하는 게 좋겠군요. 80년대에 출국할 때 저는 세계를 향해 나아간다는, 그들의 어떤 위치에 '진입' 한다는 생각은 없었어요. 저는 너무 피곤하고 너무 떠들썩한 걸 싫어합니다.

자젠잉 그러고 보니, 사실 당신의 마음가짐은 저와 아주 가깝군요. 세계를 향해 나아가는 것이 아니라 세계를 보러 간 거죠. 저는 예전부터 조용히 관찰하고 글 쓰고, 의기투합하는 지기들 몇이랑 개인적인 삶을 즐겨 왔어요. 무대 위에 서서 떠들어 대는 게 얼마나 소란스럽습니까. 게다가 저는 출국할 때 고작 스물한두 살에 불과했고, 진학을 위해 간 것이니 당연히 공부를 해야 했죠. 아주 평범했고 별 게 없었어요. 줄곧 한 곳에만 지내다 보니 바깥세상이 어떤 모습인지 몰랐고, 그래서 호기심이 발동하여 한번 나가 보자, 혼자서, 멀면 멀수록 좋아, 이런 거였죠. 아마도 공부하러 나온 사람들 대부분이 이런 생각 아니었을까요.

천단칭 맞아요 맞아, 바로 그랬죠! 근데 제가 되돌아와 그렇게 썼더니 아무도 믿지 않더군요. 그들은 네가 그린 「티베트 연작」, 정말 대단해! 너의 출국은 우리 세대의 희망이야! 이렇게 생각하더군요. 한 선배는 심지어 편지로 이렇게 말하기도 했어요. "단칭, 네 책임이 막중하다. 넌 바깥에서 우리 대신 세계를 보는 거니까……." 저는 깜짝 놀랐어요. 난 눈이 두 개뿐인데, 어떻게 다른 사람 대신 세계를 볼 수 있단 말입니까?

자젠잉 저도 생각지도 못했어요. 줄곧 당신도 그런 사람인 줄 알았으니까요. 우리처럼 유학 다녀온 사람과는 다르다고…….

천단칭 한참이 지난 후에야 그들이 저에게 물었던 그 말들이 무슨 의미인지 알게 되었어요. 미국에서도 저는 항상 전람회 같은 걸 조직하곤 했었는데, 이쪽으로는 이야기하지 않겠습니다. 그들이 저에게 성공관을 이야기해 달라고 하길래 말해 줬죠. "중국인이 출국한다는 것 자체가 이미 실패다, 근데 무슨 성공을 논하는가? 어느 미국인이 이렇게 떼거지로 중국에 오더냐? 중국인은 청말에서 지금까지 몇 세대 사람들이 출국을 하고 있는데 성공은 무슨 성공! 우리가 실패하지 않는 것만 해도 이미 대성공인 게야."

자젠잉 맞아요. 당나라 제국 때는 북방 유목민들이 모조리 장안에 몰려왔고, 외국의 엘리트들이 중국의 태학에 자제를 보내 교육을 시켰잖습니까. 우리를 뒤쫓아 가려고 말입니다. 청말 이후엔 우리가 쇠약해져 오히려 그들을 뒤쫓기 위해 나갈 수밖에 없었죠. 후스胡適 또한 예전에 당신과 마찬가지로 한탄한 바 있습니다. 유학생 잡지에 「비유학편」非留學篇이란 제목의 글을 발표했는데, 다음과 같은 내용이었죠. "유학이 우리나라의 큰 치욕"이며, 유학은 그저 신구 과도기의 "급한 불을 끄는 상책이며 강을 건너기 위한 배와 노"일 뿐이다. "유학은 비非유학을 목적으로 해야 한다." 아쉽게도 후세의 역사는 어떻게 말해 왔습니까? 우리는 불행히도 잘못된 길을 걸었다, 라고 했다가 지금은 또 다시 그 길을 가야 된다고 이랬다저랬다 이 과도기를 늘리고 왜곡하기만 하니 어떻게 종잡을 수가 있어야 말이죠. 어휴. 근데 바깥에서 미국의 예술가며 하는 사람들과도 접촉이 있었겠죠?

천단칭 있었죠.

자젠잉 그런데 그런 접촉이 당신의 개인화 경향을 더욱 강화시킨 것 같습니다.

천단칭 맞아요. 저와 알고 지내는 미국 예술가들은 모두 순수하고 개인적입니다. 그들이 제가 자기가 될 수 있게 가르쳐 줬어요. 그러고 나서 닥치는 대로 봤어요. 저는 타조주의가 아닙니다──많은 사람이 땅에 머리를 처박고서 서양을 전혀 보려 하지 않았죠. 저는 보는 걸 즐겼습니다. 얼마나 재미있는데요. 국내에서 저는 줄곧 전위예술 편에서 이야기를 해왔습니다. 영아 사체를 먹는다거나 발가벗는 행위예술을 펼쳐도 그들 편을 들며 이렇게 되묻기도 했습니다. 영아 사체를 먹는다고 해도 사체 하나를 손상시키는 것일 뿐이고 기껏해야 둘러싼 구경꾼들을 역겹게 할 뿐이지만, 체제는 얼마나 많은 살아 있는 사람을 파괴시켰냐? 씹할!

저는 줄곧 당대예술 편에 서 있었습니다. 예술가는 좌익이어야 합니다. 좌익이 정치를 하다 잘못하면 위험할 수도 있는데, 예술을 하면 딱 좋죠.

자젠잉 그렇지만 당신은 그 속에 몸을 담그고 있진 않았죠.

천단칭 그 속에 있진 않았죠. 그렇지만 저의 예술은 부단히 변화하고 있습니다. 저에게도 좌익의 유전자가 있어요. 문예에서 말하는 '좌'를 저는 사람됨이나 예술 창작에 있어 '실제에 부합하지 않고', 관습을 따르지 않으며, 안주하지 않는 것이라고 정의합니다. 제 후반기 창작은 뉴욕을 빼고는 절대 상상할 수 없습니다. 이러한 변화과정은 바깥에서 살아보지 않은 사람에게는 설명하기가 힘듭니다.

자젠잉 그래요. 당신이 중편소설을 쓰거나 영화를 찍었다면 엄청난 성공을 거뒀을 것 같네요. 무수한 숭배자들이 끊임없이 추종하는 그런…….

천단칭 그런 게 제가 귀국한 뒤 다른 사람과 이야기를 할 때 가장 어렵게 생각하는 부분입니다. 쿤데라도 말했듯이, 국외에서 받은 어떤 느낌들은 옛 친구에게만은 영원히 말하지 않아야 합니다. 안 그러면 감정을 상하게 되니까요.

자젠잉 약점인 거죠. 팽창한 그 기저에 종종 취약한 부분이 있기 마련이니까요. 그걸 터뜨린다고 또 어떻게 되겠어요? 빨리 넘어지면 기어오르기라도 하지, 시기를 놓치면 정말로 일어설 수도 없는 폐인이 될 겁니다. 온실에서 오래 지내다 보면 바깥에 나오자마자 시들어 버려 다시 살아날 가능성 자체를 기대할 수 없게 되죠. 어떡하지? 여기서 꼼짝하지 말고 운명이라 생각하자, 나이도 먹을 만큼 먹었는데 뭘! 물론 모두가 비교적 정상적이고 느긋한 태도로 이러한 상황을 받아들인다면 좋겠죠. 그러는 사람도 있죠.

천단칭 쑨간루孫甘露에게는 그런 흠이 전혀 없어요. 그와 함께 있으면 자기를 내세우지 않아요. 어떤 화제가 있으면 그 화제만 이야기하죠. 그는 감각 속에 있지 자아의식 속에 있지 않아요.

자젠잉 그는 굉장히 개방적입니다. 무슨 민족이니 외국이니, 내가 무엇을 대표한다는 따위의 의식이 전혀 없어요. 민족은 말할 것도 없고, 자기가 몸담고 있는 상하이도 대표할 뜻이 없는 것 같습니다. CCTV에서 그를 탐방해 상하이에 대한 이야기를 나누는 다큐멘터리를 찍었는데, 완전히 활활 타오르는 대변인으로 만들어 놓았더군요. 그렇지만 그는 아주 개인적으로 이야기를 했습니다. 평범하게 이야기를 펼치는데, 상하이를 평가할 때의 그 객관적이고 냉정한 태도는 저 같은 베이징 사람으로서는 감탄스럽기도 하고 부끄럽기도 했습니다. 저는 베이징에 대해 그렇게 객관적이기가 쉽지 않을 것 같아요. 고향에 대한 애틋함 때문이겠죠. 너무 오래 떠나 있다 보니 어쩔 수 없이 감정에 좌우되곤 합니다. 상하이에 대해서도 알게 모르게 북방인의 편견 같은 게 있고요. 쑨간루는 그런 문제가 없는 것 같습니다. 예를 들어 누군가 베이징을 욕하고 상하이를 욕한다면 제일 먼저 화를 참지 못하는 건 분명히 저일 겁니다. 간루는 아마도 거기 앉아서 웃고만 있겠죠.

천단칭 그런 태도는 분명 수양만으로 되는 게 아니라서 그 친구도 천성을 그렇게 타고났을 겁니다.

자젠잉 그는 정말로 특별해요. 조금도 경직되어 있지 않아요. 국내의 어떤 친구들을 만날 때 그런 느낌을 받을 때가 많습니다. 왠지 한 사람하고 이야기하는 게 아니라는…….

천단칭 그들 배후에 한 무리가 있죠.

자젠잉 일개 진영이 있죠!

천단칭 (크게 웃음)

자쩬잉 물론 중국인만 그런 건 아닐 겁니다. 제가 아는 어떤 미국인도 굉장히 달변이라 무슨 화제가 나와도 조목조목 이야기를 합니다. 그런데 그와 이야기를 나누면 항상 그 사람하고만 이야기하는 게 아니라 그 뒤에 많은 사람이 있다는 느낌을 받곤 합니다. 제 눈을 보면서도 초점을 맞추지를 않죠. 나중에 그의 부친이 목사라는 사실을 알게 되었습니다. 어쩐지 말하는 게 개인적이지 않더라니. 원래 그는 하느님을 대표하고, 자기 구역의 신도들에게 포교를 하고 있었던 겁니다. 그 사람이 만약 80년대에 중국 쪽으로 왔다면 분명히 풍운아가 되었을 거예요. 그렇지만 신도 집단이든 집체이건 그 내부의 계율이 있고 일종의 신성함이 있기 마련입니다. 개방적이지 않고 방어 의식이 굉장히 강합니다. 개인은 그렇지 않아요. 개인이 누굽니까? 바로 당신 자신이잖아요. 간루는 정말로 드문 예외적인 경우입니다.

4
천핑위안(陳平原)

1954년 광저우 차오저우潮洲 태생이다. 광동粤東의 산골에 삼대를 떠나 8년을 보냈다. 그 사이 '우경회조'右傾回潮(234쪽 참조)의 기회를 이용하여 고등학교에서 2년간 공부했다. 대입학력고사가 부활한 후 대학에 들어갔다. 1982년 중산中山대학을 졸업하여 문학 학사학위를, 1984년에는 중산대학 대학원을 졸업하여 문학석사학위를, 그리고 1987년엔 베이징대학 대학원을 졸업하여 문학박사학위를 받았다. 그후 베이징대학 중문과 강사(1987~), 부교수(1990~), 교수(1992~)를 역임했다. 일본 도쿄대학과 교토대학, 미국 컬럼비아대학, 독일 하이델베르크대학, 영국 런던대학, 프랑스 동방언어문화연구원 및 타이완대학에서 객원교수를 역임했으며, 30여 종의 저술을 집필하였다. 또한 국가교육위원회 및 국무원 학위위원회에 의해 '뛰어난 공헌을 한 중국박사학위 수여자'(1991)에 선정되었으며, 전국 고등교육기관 제1차, 제2차, 제3차 인문사회과학 연구 우수 저작상(1995, 1998, 2002) 등을 수여받았다. 최근 20세기 중국문학, 중국소설과 중국산문, 근대중국의 교육, 학술사, 이미지 연구 등의 연구주제에 주목하고 있다.

천핑위안과의 대화
―2005년 1월 3일 베이징 원명원화원 단지 내

역시 베이징대학 교수인지라 천핑위안의 인터뷰 원고는 거의 꼼꼼하게 준비된 강연원고에 가깝게 되었다. 생각하는 바가 명확하고 정확하게 표현하며 침착하게 대응하고 교양이 흘러넘친다. 그가 내린 80년대 중국의 학술적 분위기와 90년대의 학술적 변화에 대한 묘사와 평가에 대해 다른 사람들은 그 속에 숨은 뜻이 있다고 생각할지도 모르겠지만 상당히 객관적이고 정곡을 찌르는 것이며 특정 견해에 매이지 않은 공정한 것이라 생각된다. 당연히 이러한 문제에 대한 학자들의 판단은 일치되지 않으며 사실 아직 공감대를 형성했다고 보기는 어렵다. 예를 들어 베이징대학의 다른 교수 중 하나는 나에게 전혀 다른 견해를 펼친 바 있다. 그가 보기에 90년대 이후 중국의 지식인들은 80년대의 이상을 완전히 방기하다시피 하여 하나의 이익집단으로 타락했으며, 그 형상을 '소비주의, 견유주의, 기회주의'로 개괄할 수 있다고 이야기했다. 천핑위안은 분명히 그렇게 보지는 않았다. 80년대의 격앙된 시대를 보낸 후 천핑위안은 90년대 이후 평상심으로 세상을 살고 평상심으로 학문하여, 함부로 남을 가르치려 들거나 세상을 속이는 호언장담을 피할 것을 강조해 왔다. 학자의 성숙한 소양과 학술의 직업화를 중요시하는 한편

'온화한 인간적인 정감'을 견지하는 것이 얼마나 중요한 것인지 반복해서 이야기해 왔으며, '이론과 감정의 온화한 평형 원칙'을 직접 몸으로 실천해 왔다. 천핑위안의 저술은 지금까지 아주 풍부한 편인데, 몇 달을 못 봤다 싶으면 새 책을 들고 나타나곤 한다. 엄격한 이론적인 시각에서 서술한 학술 전문서는 물론이거니와, 정겹고 인간미가 농후한 필치의 산문, 수필, 여행기를 쓰기도 했다.

인터뷰는 천핑위안과 [그의 부인이자 베이징대학의 동료 교수인] 샤 샤오훙夏曉虹이 살고 있는 시자오西郊의 새집에서 행해졌다. 정오에 대화가 끝나자 샤오훙이 뜻밖에 거나한 점심을 준비하여 나를 놀라게 했다. 예전에 베이징대학에서 공부할 때 샤오훙과 나는 같은 과 동기였고 같은 기숙사를 썼었다. 샤오훙은 검은 테 안경을 썼고 170cm가 넘는 키에 바람이 불면 날아갈 듯 말라서 '수수깡'瘦瘦이라는 별명으로 불렸다. 한문 해독력이 여학생들 중 제일 나았고, 주량은 반 전체에서 최고였으며, 옷은 항상 회색과 흰색 조합으로만 입는 데다 속세의 음식은 거의 입에도 대지 않을 것 같은 자태였던 아이다. 같은 기숙사 친구들은 샤오훙의 남자친구 문제로 골머리를 썩이고 있었는데, 어느 날인가 캠퍼스에 광둥 차오저우에서 올라온 천핑위안이 나타나자 모두들 하늘이 맺어 준 인연이라고 입을 모았다. 나중에 두 사람 다 학교에 남아 교수가 되었으니 매일 붙어 다니는 거나 마찬가지인 셈이다. 저작에서는 상대방을 '핑위안 군'平原君, '샤 군'夏君이라고 호칭하고, 집 안은 언제나 빽빽하게 책으로 뒤덮여 있다.

* * *

자젠잉 80년대를 회고하기에 앞서, 먼저 개인적인 이야기로 분위기를 띄우는 게 좋겠죠? 당신은 중산대학 중문과 77학번 학생으로, 삽대揷隊

로 가 있던 곳에서 바로 시험을 봐서 입학했어요, 그렇죠?

천핑위안 맞습니다. 저는 삽대를 떠나 8년 정도를 광둥성 차오안潮安에서 머문 귀향 지식청년입니다. 즉 동북 지방이나 해남도로 가지 않고 고향으로 되돌아가 농사일을 하며 가난한 농민에게서 재교육을 받았습니다. 저는 광둥의 그 작은 산촌에서 시험을 쳤습니다. 올해는 대입학력고사 부활 몇 주년이라고 CCTV에서 프로그램을 제작했는데 저보고도 한마디 하라고 합디다. 학력고사 작문에 대한 것을 묻더군요.

자젠잉 아, 그럼 학력고사 때 작문 제목을 아직도 기억하신단 말인가요?

천핑위안 물론 기억하죠. 그 해에 각 성마다 작문 제목이 달라, 베이징에서는 '이 전투에서 내가 보낸 1년'이었고, 광둥성에서는 '평화로운 시대의 새로운 기상'이었습니다. 방송국에서 저를 찾은 것은 광저우 출판사에서 출판한 『82년도 졸업생』八二屆畢業이라는 책에 저에 관한 인터뷰가 실려 있었기 때문입니다. 2002년 여름, 대학 졸업 20주년을 기념하여 중산대학 77, 78학번 학생들이 모교에 모였고 매체에서도 그걸 관심 있게 다루었습니다. 기자가 인터뷰를 하면서 몇 마디 해달라고 하더군요. 77, 78학번 입학생 대부분이 지금은 정계, 경제계, 학계 할 것 없이 사회의 중견이 되어 있고 성과도 만만치 않아 적지 않은 신화를 만들어 냈기 때문이죠. 저는 다음과 같이 말했습니다. 82년 졸업생들은 당신들이 상상하는 것처럼 그렇게 뛰어난 게 아니다. 정말이다. 그렇게까지 '위대'하지는 않다. 사람이 중년이 되면 갖가지 껄끄러운 것들이 생겨난다. 우리 세대의 허명이 범람하게 된 건 그 직전에 깊은 수렁에 빠졌기 때문이다. 그 때문에 우리는 쉽게 사회 전체의 인정을 받을 수 있었을 뿐이다.

자젠잉 수렁이라는 건 6, 70년대를 말씀하시는 겁니까?

천핑위안 문화대혁명 때 중국의 대학들은 10년 동안이나 정식으로 학생 모집을 못했잖습니까. 비록 노동자·농민·병사(工農兵) 학생이 몇 기수 있긴 했지만 수준은 높지 않았죠. 때문에 77, 78학번 입학생이 대학에 들어가자 엄청난 기대를 한 몸에 받게 되었습니다. 졸업할 즈음해서는 때마침 국가적으로 개혁개방 정책을 추진하고 있어 간부의 청년화, 지식화가 요구되던 시기였습니다. 이러한 상황이었기 때문에 이 시기 대학생들은 단숨에 유리한 위치를 차지할 수 있었던 겁니다. 설사〔간부가 안 되고〕장사를 한다고 해도 "봄날 강물이 따뜻해지는 건 오리가 먼저 안다"는 식으로 유리한 입지를 점할 수 있었습니다. 이들 중 정계와 재계로 진출한 사람들은 비교적 순조로운 행로를 밟았습니다. 그러나 학술계에서는 아주 애를 먹었습니다. 아시다시피 이 두 학번 입학생들 대부분이 기초가 별로 탄탄하지 않습니다. 학술적 훈련을 제대로 받지 못한 학술의 공백기에 성장했기 때문에 생각만 많았지 그걸 해결할 능력이 없었어요. 모든 세대에 그들 나름의 한계가 있는 법이니 그걸 어쩌겠습니까, 후회해도 소용없는 거죠. 근데 어떤 사람은 자기의 한계를 알고 있었지만 그걸 모르는 사람도 있었습니다. 77, 78학번들은 비교적 진로가 순조로웠고 여전히 휘황찬란한 삶을 살다 보니 자신에게 내재된 결함을 쉽게 잊어버리곤 합니다. 그래서 저는 주로 이런 측면에 대해 이야기했던 거죠. 어떤 의미에서 우리가 가진 최대의 장점은 이 나라가 최근 20여 년 사이 보여 준 거대한 진보의 증거라는 점입니다. 그 당시 그렇게 형편없던 우리가 오늘날 이 정도까지 올 수 있었던 것만 해도 쉽지 않은 것이긴 하죠. 저보고 졸업 20주년에 대한 감상을 이야기해 보라고 해서 저는 주로 이런 것들을 이야기했습니다. 책을 낼 때 편집자가 예전제 학력고사 작문 답안지를 찾아내 인터뷰 아래에 실을 거라곤 생각지도 못했습니다. 사람을 아주 난감하게 만들더군요. 그러면 안 되죠. 사람을 가지고 노는 것도 아니고.

자젠잉 지금 다시 보면 상당히 멋쩍겠는걸요.

천핑위안 그렇죠. 우리가 당시에 썼던 글은 요즘 대학생이나 고등학교 졸업생과는 비교할 수 없을 정도로 형편없는 것들입니다. 그 시절에는 아직 판에 박힌 혁명언어에서 벗어나지 못할 때니까요. 유일한 장점은 문맥이 잘 통하고 문장구조가 그런대로 반듯하다는 정도였죠. 대충 그 정도 이상은 평가하기 힘듭니다. 제 작문은 『인민일보』人民日報에 게재되어 당시 꽤 명성을 날렸습니다. 그렇지만 요즘 학력고사 작문과 동일선상에 놓고 비교해 보면 그건 정말이지 낯 뜨거워 얼굴을 들 수 없을 정도죠. 그러니 요 20여 년간, 저 자신을 포함하여 이 나라 전체가 그래도 꽤나 진보했다고 할 수 있을 겁니다. 모두들 "개혁개방 20여 년"이라며 그게 하나의 덩어리인 것처럼 말하는데, 사실 머리와 꼬리 사이의 차이는 엄청납니다. 우리가 막 대학에 들어갈 무렵에는 대학의 학술적 분위기도 안 되어 있었고 교학수준도 무척 낮았습니다. 상황적으로 왜 그랬는지는 쉽게 이해할 수 있어요. 문혁이 막 종결되어 재정비해야 할 것들이 도처에 깔려 있었고 대학도 예외가 아니었던 거죠. 유일하게 아름다운 추억으로 남아 있는 건 모두들 정말 열심히, 지나치다 싶을 정도로 공부에 열중했다는 겁니다.

자젠잉 잃어버린 세월이 너무 아까웠으니까요.

천핑위안 맞아요. 너무나 소중했죠. 그토록 어렵게 되찾은 면학 기회인데, 아끼지 않을 수 있었겠어요? 중산대학에서 우리는 하루도 빠짐없이 아침 6시에 일어나 방송을 듣고 체조를 하고 조깅을 하고 책을 읽었습니다. 어쩌다가 시내에 있는 신화서점新華書店에 책을 사러 갈 때도 붐비는 버스에서 영어단어를 외우곤 했어요. 저녁에 학교에서 11시에 소등하면 (희미한 불이 켜져 있는) 복도나 세면실에 쪼그리고 앉아 책을 보는 학생들도 꽤 있었죠.

자젠잉 그래요. 당시 베이징대학 캠퍼스도 비슷한 분위기였어요. 우리 반에도 복도 열심파로 유명한 애가 몇 명 있었죠.

천핑위안 예, 그런 분위기였어요. 아마도 그건 전국적인 현상이었을 겁니다. 요즘은 그렇지 않죠. 요즘 대학생들은 더 이상 우리들처럼 고생스럽게 공부하지 않습니다. 그들은 우리보다 더 많은 걸 누리고 우리보다 더 똑똑합니다. 기회도 우리보다 더 많고요. 그렇다고 더 뛰어난 성과를 보여 주는 건 아니지만 말입니다. 매년 신입생이 입학하면 교수 대표가 나가서 한마디 해야 하는데, 다른 사람들은 모두 격려성 발언을 합니다. 무슨 장강의 뒷물결이 앞물결을 밀어낸다느니, 세상의 새로운 사람들이 옛 사람보다 낫다느니, 오늘날 학습 조건이 이렇게 좋으니 앞으로 우리들보다 더 뛰어난 인물이 될 거라는 둥 말입니다. 저는 그렇게 말하지 않습니다. 왜냐하면 이런 식의 '권학문'을 몇 년째 듣다 보니 허점이 조금씩 보이더군요. 조건이 바뀐다고 한 세대가 다른 세대보다 정말로 뛰어나게 되는 건 아니니까요. 사실 각 세대는 자기들만의 곤혹감을 가지게 마련이고, 그들만의 피할 수 없는 함정이 있기 마련이에요. 우리들은 선택할 게 너무 적어서 힘들었지만 이들은 너무 많아서 길을 잃곤 한다는 게 문제예요. 가능성은 많은데 어떻게 선택할지가 엄청난 정신적인 부담이 되는 겁니다. 이렇게 따져 보고 저렇게 살펴봐도 어떻게 하는 게 가장 좋은 방법인지 모르는 거죠. 예전에 우리들은 아주 간단했어요. 어렵사리 대학에 들어왔으니 전심전력으로 공부를 한다는 마음뿐이었으니까요. 당시의 사상적 조류를 따르고, 각종 필수 수업을 듣고, 온갖 유행하는 책들을 읽으며 최대한 앞만 보고 달렸습니다. 다른 생각을 할 필요가 없으니 아주 단순할 수밖에요. 졸업 후 진로에 대해서는 전혀 걱정할 필요가 없었어요. 왜냐하면 당시 우리는 '시대의 총아'였으니까요.

자젠잉 전국의 인민들이 떠받들었죠.

천핑위안 사회 전체가 77, 78학번에 엄청난 기대를 걸었던 건 분명합니다. 우리들 또한 멋진 미래가 기다리고 있고 전도가 유망하다고 생각하고 있었기 때문에 졸업 후의 진로를 걱정할 필요가 전혀 없었어요. 요즘 학생들은 안 그렇죠. 우리 때와는 달리 아주 힘들어졌어요. 대학에 들어가자마자 앞으로 졸업하고 나서 월급이 얼마일지, 더 '전도' 錢途(돈줄) 있는 전공으로 바꿀 수는 없는지 주판을 튕기기 시작합니다. 대학에 들어간 후에는 자신의 문화적 자본을 잘 굴리는 데 심혈을 기울입니다. 예를 들어 학점을 잘 관리해야 하기 때문에 강의를 선택할 때 어떤 선생이 학점을 잘 주는지가 최우선적인 고려사항이 됩니다. 지식을 갈구하는 게 아니라 어떻게 하면 졸업증명서 하나 잘 받아갈 수 있을까가 주요 관심사예요. 또 일부는 대학에서의 정치에 열중하여 학생간부가 되고 공산당에 가입하려 애쓰는데, 이 또한 확실히 따져보고 하는 행동들입니다. 장래에 좋은 직장을 찾기 위해 필요한 현실적인 것들을 고려한 것이죠. 근데 우리는 당시 이렇게 생각하는 사람은 극소수였습니다. 모두들 시간을 아껴 책을 읽어 그동안 잃어버린 시간을 만회하고 싶다는 생각뿐이었어요. 그래서 상대적으로 볼 때 이 두 학번 대학생들은 나이가 많긴 했어도 요즘 학생들보다 훨씬 단순했다고 할 수 있습니다. 우리가 시작 지점이 낮고 학습 조건도 좋지 않았다는 건 분명 인정해야 합니다. 중국고대문학사 수업에서 선생님이 유궈언游國恩 등이 편찬한 『중국문학사』中國文學史를 가져와서 책에 있는 그대로 읽는다는 건 요즘은 상상조차 할 수 없죠. 우리들 수중에 아무도 책이 없었기 때문에 그렇게 수업할 수밖에 없었어요. 이 책은 우리가 이 수업을 듣고 나서야 다시 출판되기 시작했어요. 문학이론 수업은 더 참담했습니다. 선생님은 여전히 마오쩌둥의 「옌안 문예좌담회에서의 강화」在延安文藝座談會上的講話를 중심으로 논의를 전개해 나갔습니다. 한 학기를 듣고 나서 학생들이 항의를 했습니다. 서양문학론이나 중국고대문학론에 대해 더 많은 것을 알고 싶다고 말입니다. 선생님이 뭐라고 대답했는지 아십니까? "어떤 놈이 감히 마오쩌둥 문예사상이 문예이론이 아니라고 말하는 거냐?" 시험 문제는 더욱 기가 막힙니다. "문예 공작자에게 있어 가장 우선시되는 작업은 무엇인가?" 만약 「강화」를 달달 외우지 않으면 논의를 어떤 식으로 풀어 가도 틀린 게 됩니다.

자젠잉 최소한 첫 한두 해는 그랬죠. 원래 있던 '문혁' 교재를 그대로 사용했으니까요.

천핑위안 예. 여전히 '문혁' 기간 중 노동자·농민·병사 학생들을 가르치던 방식 그대로였습니다. 대략 중공 11기 삼중전회를 전후하여 분명한 변화를 보이기 시작했습니다. 선생님들이 수업할 때도 조금씩 관대해졌고 학생들도 어느 정도 독립성을 가지게 되었어요. 그러한 변화의 표지가 될 만한 것으로 대학생 잡지의 창간을 들 수 있습니다. 예를 들어 우리 중산대학 중문과 학생들이 만든 『홍두』紅豆가 창간된 것이 1979년이었죠.

자젠잉   아, 그 잡지는 당시 꽤 이름을 날린 대학생 잡지잖습니까.

천핑위안   예, 1980년 말까지 총 7기까지 나왔습니다. 『홍두』는 활판인쇄를 했기 때문에 모양은 아주 그럴듯했어요. 당시 대학마다 비슷한 문학 동아리가 있어 문학잡지들을 편찬하곤 했습니다. 베이징대학의 『아침』早晨, 우한대학의 『뤄자산』珞珈山, 런민대학의 『대학생』大學生, 지린대학의 『홍엽』紅葉 등을 예로 들 수 있습니다.

자젠잉   저도 베이징대학에서 황쯔핑黃子平, 왕샤오핑王小平과 함께 『웨이밍후』未名湖를 만든 적이 있어요. 마지막 호를 낼 때 참여했는데, 완전히 새까만 표지를 만들어 '분노한 청년'의 느낌이 나게 했죠. 스톄성史鐵生, 류전윈劉震雲의 소설도 실렸던 기억이 나네요. 결국 찍어 내자마자 정간되어 버렸어요. 누군가가 학교 당위원회에 고발을 했기 때문입니다.

천핑위안   소장하고 있지는 않지만 저도 『웨이밍후』를 본 적이 있어요. 1979년 11월에 전국 13개 대학생 잡지가 연합하여 『이 세대』這一代를 발행하기도 했습니다. 근데 한 호만에 검열로 중단되었죠. 『이 세대』의 창간호는 우한대학에서 찍었는데, 나오자마자 금지되었기 때문에 별로 알려지지는 못했어요. 그렇게 많은 대학생 문학잡지들을 놓고 볼 때 우리 중산대학의 『홍두』가 실력이 아주 뛰어나다고 하긴 힘들지만 인쇄 상태는 아마 최고였을 겁니다. 아마도 우샤오난吳曉南이나 쑤웨이蘇煒 때문일 건데, 그네들 아버지가 광저우의 정계와 문화계 쪽으로 발이 넓었거든요. 학교 측에서도 많이 지지해 줬습니다. 돈까지 지원했으니까요. 잡지가 나오면 직접 거리에 나가 팔기도 했죠. 앞다퉈 사는 쪽은 학생들보다는 주로 시민들이었어요.

자젠잉 그 당시 인쇄량이며, 권당 얼마였는지 등을 기억하고 계십니까?

천핑위안 인쇄량은 잘 모르겠고, 가격은 찾아봤어요. 3전 5푼이더군요. 다들 경험들이 없어 몰려 나가 책을 팔고 와서 결산을 해보면 언제나 마이너스였어요.

자젠잉 경제 쪽으로는 머리가 안 돌아갔나 보네요.

천핑위안 제가 이들 학생잡지에 주목하는 이유는 그게 사상해방의 상징이기 때문입니다. 우리 『홍두』도 삼련의 월간지 『독서』와 거의 동시에 창간된 것입니다. 최근 TV를 보니 CCTV의 〈기억〉이란 프로그램에서 마침 1978, 79년의 『중국청년』中國青年과 『독서』의 창간에 관한 이야기를 방영해 주더군요. 그게 바로 우리가 익히 알고 있는 '사상해방'입니다. 그때부터 대학 캠퍼스에 그런대로 좋은 분위기가 생겨날 수 있었습니다. 물론 많은 우여곡절을 겪어야 했지만 견고한 얼음은 이미 깨졌다고 볼 수 있었죠. 대학 4년 동안 뜻대로 안 되는 일이 많았지만, 학생 잡지의 간행은 그래도 재미있었다고 생각해요.

자젠잉 재출간되거나 새로 출간된 여러 고전 작품들도 대학교 2학년 되던 해에 나오기 시작했죠.

천핑위안 예, 고전들이 재출간되면서 모두들 19세기 서양문학 명저를 눈에 불을 켜고 찾아 읽었죠. 사르트르, 카뮈 등 실존주의 관련 서적들은 한두 해 더 있다가 나왔고요. 제 개인적인 생각으로는 그래도 19세기에 관한 수업을 보충해야 20세기로 진입할 수 있었던 게 아닌가 싶네요. 대학 시절 저에게 가장 많은 영향을 준 세 가지가 있습니다. 첫째는 실존주의 저작들인데, 그건 당시 우리 세대의 심경과 무관하지 않았기 때문일 겁니다. 둘째는 맑스의 『1844년의 경제학 철학 수고』 및 중국학계에서 벌어진 '소외' 문제에 관한 논의입니다. 셋째는 체호프, 입센, 스트린드베리 등의 극작과 위고, 톨스토이, 도스토옙스키, 로맹 롤랑 등의 소설입니다. 다른 사람들은 어떤지 몰라도 저와 우리 중산대학의 친구들은 로맹 롤랑의 『장 크리스토프』에서 많은 영향을 받았습니다.

자젠잉 아주 많은 사람들이 미친 듯이 빠져들었던 것 같아요.

천핑위안 맞아요, 많은 사람들이 좋아했죠.

자젠잉 저는 그 책을 읽지 않았어요.

천핑위안 당신은 좀 어린 축이었으니까요.

자젠잉 왜 그 책이 당시에 그렇게 많은 영향을 줬던 건가요?

천핑위안 77, 78학번 대학생들에게 똑같은 19세기 유럽문학이라고 해도 리얼리즘 계열의 작품은 낭만주의 문학만큼 마음을 때리지 않았어요. 로맹 롤랑의 영웅주의적 분위기는 솔직히 말해서 77, 78학번 대학생들의 입맛에 딱 맞는 것이었습니다. 왜냐하면, 그 세대는 누구나 조금씩은 이상주의자였으니까요. 천카이거의 영화에서도 확인할 수 있듯이 지금까지도 그게 남아 있습니다. 사명감, 영웅주의, 낭만적 격정, 또 조금은 '시간은 우리를 기다리지 않는다'라거나 '불가능한 줄 알면서 부딪쳐본다'는 따위의 아주 비장한 분위기 말입니다. 이러한 느낌은 현실의 생활에 뿌리를 두고 있는 것이긴 하지만 낭만주의 문학에 의해 격발된 것이기도 합니다.

자젠잉 그 직전에 있었던 마오쩌둥 시대와도 관련이 있겠죠.

천핑위안 예. 60년대의 교육에 영향을 받은 것이죠. '레이펑雷鋒 아저씨'를 본받으려 했을 뿐 아니라 『홍암』紅岩, 『청춘의 노래』靑春之歌, 『홍기보』紅旗譜 등 홍색 경전의 그림자도 그대로 남아 있습니다. 그런 이상과 격정은 '문화대혁명' 때 제대로 타격을 받았습니다. 그렇게 많은 좌절을 겪었는데도 뜻밖에 19세기 유럽문학, 특히 로맹 롤랑을 만나면서 어느 정도는 되살아난 셈이니, 그것도 쉽지 않은 일이었죠. 물론 실제 삶에서는 어찌해 볼 수 없다는 무력감과 황당무계한 느낌이 더욱 강렬해지고 있었고, 각종 유행하는 이론들이 막 수입되어 들어오고 있었기 때문에 우리는 순식간에 실존주의에 빠져들게 되었습니다.

    그리고 중국학계에서 진행된 '소외' 문제에 관한 주목은 우리들의 사유에 깊이와 넓이를 더해 주었습니다. 당시 '문혁'을 보다 깊이 반성해야 한다는 필요에서, 또한 국제 학술조류에 대한 민감한 반응에서, 사회주의 제도 및 발전 방향을 해석할 때 맑스의 『1844년의 경제학 철학 수고』를 끌어들여 노동 소외, 인간의 해방 및 휴머니즘 문제를 사고했습니다. 대학 4학년 때 동학 양쉬성楊煦生과 합작으로 「서양의 소외문학을 논함」論西方異化文學이라는 그런대로 형식을 갖춘 논문 한 편을 쓴 적이 있습니다. 이 글을 당시 꽤 영향력을 갖춘 잡지 『미정고』未定稿에 보냈는데, 왕뤄수이王若水 주편이 아주 긍정적인 답장을 보내며 몇 가지 수정의견을 제시해 주었습니다. 이 글은 나중에 『중산대학 연구생 학간』中山大學硏究生學刊에 실렸습니다. 발표 후에는 먼저 학교 측에 의해 강제로 검사를 받았는데, 나중에는 또 광둥성 사회과학계연합회社科聯로부터 장려를 받는 등 일련의 희극적인 상황을 겪기도 했죠. 그야말로 "동쪽에는 해가 나와 있는데 서쪽에는 비가 내리고, 말투는 무정한 것 같은데 사실 정이 듬뿍 든 것" 같은 시대였습니다. 그건 뒷이야기니 부연하지 않겠습니다.

근데 보세요, 실존주의, 로맹 롤랑, 맑스 수고, 이 세 가지 서로 다른 성질의 것들이 한데 뒤섞여 저의 사상적 계몽을 이뤄 냈습니다. '문혁'의 음영에서 걸어 나오려면 보충수업만 한다고 되는 게 아니라, 먼저 수많은 사상적 쓰레기를 깨끗이 씻어 내야 하겠더군요. 다른 사람들은 어떻게 지나왔는지는 모르겠는데, 저의 경우 이렇게 비틀거리면서 먼저 위로 토하고 아래로 설사를 쏟아 낸 후에야 조금씩 채워 넣을 수가 있었답니다. 정말로 쉽지 않았던 것 같아요.

자젠잉 '문혁' 중에 받은 교육은 마이너스 교육입니다. 머리에다가 딱딱한 껍질을 한층 덧씌운 거나 마찬가지죠. 결국 모두들 황무지처럼 황폐해져 바로 씨를 뿌려 봐야 소용없고 먼저 원기를 회복시킨 후 천천히 토양의 구조를 개선시켜야만 했지요.

천핑위안 맞아요. 우리 세대는 오랫동안 책을 읽지 않아 기초가 나쁘기도 하지만 그보다 더욱 큰 문제가 바로 이전의 교육이 찍어 놓은 낙인이 너무 깊다는 점입니다. 기초가 나쁜 건 보충할 수 있습니다. 그러나 구시대의 낙인이 너무 깊으면 어디를 가위질해야 할지, 어떻게 변화시켜야 할지 아주 골칫거리입니다. 저는 대학 4학년이 되어서야 갑자기 뭔가 트인다는 느낌이 들더군요. 그 느낌은 저에게 아주 중요한 것이었습니다. 모든 사람이 그랬던 건 아닙니다. 샤샤오훙은 저와 한 학번인데, 그녀는 베이징의 지청知靑으로 원래부터 교육 배경이 저보다 좋았던지라 대학에 들어와서도 그렇게까지 곤혹스럽거나 힘을 짜내야 했던 건 아니었습니다. 똑같은 지청인데 베이징 지청은 외지와는 달랐던 거죠. 똑같이 대입학력고사 부활 첫 학번인데, 대도시 출신은 농촌에서 올라온 학생들과 엄청난 차이가 있었습니다. 예를 들어 '문혁' 후기, 베이징 지청들은 훤히 알고 있는 '최고위층의 권력 투쟁'에 대해 저는 조금도 아는 바가 없었거든요.

자젠잉 당신은 벽촌에 있었던 거나 마찬가지니 베이징의 정치투쟁은 당신의 실제 삶에서 너무 멀리 떨어진 것이었겠죠.

천핑위안 저는 광둥의 한 작은 산촌 생산대에 있었던지라 바깥세계가 시끌벅적하다는 것만 알고 있었죠. 오늘 누가 권좌에 올랐다가 내일은 또 누가 타도되었다는 따위의 소문은 들었어도, 왜 그렇게 돌아가는지는 몰랐어요. 무슨 '계속 혁명'이니 '두 노선 투쟁'이니, 또 "위성을 쏘아 올렸지만 붉은 깃발은 땅에 떨어졌다"* 따위는 저에게 너무 먼 세상 이야기였습니다. 그 시절에는 뉴스의 전파가 엄격히 통제되고 있었고 요

---

* 위성을 쏘아 올렸지만 붉은 깃발은 땅에 떨어졌다(衛星上天, 紅旗落地). 문혁 당시 사인방이 소련의 수정주의를 비판하기 위해 한 말로, 경제나 군사적인 면에서 뛰어나도 정치는 자본주의로 변질되었다는 뜻이다.

즘처럼 대중매체가 발달한 것도 아니었으니까요. 산구석에 처박혀 있으니 베이징 성내에서 무슨 일이 일어나고 있는지 어떻게 알겠어요?

저에게 장점으로 작용한 건 교사 집안 출신인지라 집안에 책이 많아 혼자서 읽을 수 있었다는 점입니다. 부모님 두 분 다 어문을 가르치셨어요. '문혁' 중에 타도되긴 했지만 책은 훼손되지 않았습니다. 우선 봉해 뒀다가 나중에 시골로 가져갔어요. 산은 높고 황제는 멀리 있으니, 누가 충신인지 누가 간신인지 어찌 알겠습니까. 근데 반대로 시골에서는 사상적 속박도 비교적 적었죠. 이런 게 대도시에서 온 지청과는 아주 다른 점이죠. 농장에서 일하는 지청들은 소식에 정통해서 국가 대사를 제법 훤히 꿰고 있었고, 때문에 시야도 트여 있었습니다. 근데 저는 귀향을 한 것이어서 지청이라곤 동네에 저 혼자만 달랑 있었고 주위에는 가난한 농민들뿐인지라 혼자서 책을 읽을 수밖에 없었어요. 저는 중학교를 졸업하자마자 하향했는데, 처음에는 농사를 짓다가 나중에는 민간 교사가 되었습니다. 1971년에서 1973년, 덩샤오핑이 '우경회조'[*]를 실시했을 때는 부근의 학교에 가서 2년간 고등학교 과정을 공부하기도 했습니다. 대입학력고사 제도가 부활할 때까지 저는 시골에서 장장 8년을 보내야 했습니다.

자젠잉 오십 몇 년생이시죠?

천핑위안 1954년 출생입니다. 동갑내기들에 비해 저는 그래도 운이 좋은

---

[*] 우경회조(右傾回潮). 1972년부터 저우언라이의 주도로 문혁의 지나친 좌경 정책을 바로잡기 위한 일련의 정책이 집행되는데, 그 중 교육사업의 정비도 포함되어 있었다. 그러나 좌경정책의 부정은 문혁 자체의 부정으로 연결되기 때문에 사인방에 의한 "우경의 복권 풍조", "수정주의 교육노선의 복귀"라는 거센 비판을 받게 되었다.

편입니다. 마오쩌둥이 발동한 '무산계급 문화대혁명'으로 인해 많은 사람들의 인생궤도가 철저하게 바뀌었고 영원히 학업을 포기해야만 했던 사람들도 있었습니다. 저에게 다행이었던 것은 첫째, 살짝 풀렸다 싶으면 다시 꽁꽁 얼어버리곤 하던 그 시절에 슬쩍 고등학교 과정을 2년 다녔다는 점, 둘째, 고향 어르신들의 도움으로 오랫동안 민간 교사 노릇을 했다는 점입니다. 바로 제가 아청의 소설에서 묘사된 '아이들의 왕'이었던 셈이죠. 농담 한마디 하자면, 제 평생 가장 득의양양하게 생각하는 건 초등학교 1학년에서 대학의 박사과정까지 모두 가르쳐 봤다는 점입니다. 그뿐 아니라 저는 정년퇴직할 때 '교학 50주년 기념회'를 할 수도 있어요. 대체로 저의 독서 생애가 완전히 중단된 적은 한 번도 없습니다. 다만 환경에 제약이 있어 시야가 좁고 관심분야가 협소했단 점이 아쉽긴 하지만요. 집에 적지 않은 책이 있었다 해도 제가 살던 산골짝에는 가르쳐 줄 만한 좋은 선생이 없었습니다. 문혁 이전에 고등학교를 졸업한 사람 하나 없었기 때문에 그냥 혼자서 더듬거려야만 했죠. 때문에 굉장히 길을 우회한 셈입니다. 그렇지만 그 당시의 독서는 순수한 재미에서 시작된 것이었습니다. '유용하다' 거나 '무용하다' 는 생각은 전혀 없었고, 더욱이 나중에 대학에 간다거나, 대학에서 가르친다는 따위는 생각도 해보지 않았었죠.

자젠잉 당시 읽던 책 중에 고전이라고 할 만한 것들이 있나요? 예를 들어 '사서', '노장', 『홍루몽』, 『삼국연의』, 『수호전』 같은 것들 말이죠.

천핑위안 가르쳐 줄 사람이 없었기 때문에 너무 심오한 것은 이해하지 못했습니다. 이른바 '고전 읽기'도 문학 쪽으로 편중되어 있었죠. 외국문학 중에서도, 제 부친이 푸시킨, 레르몬토프Mikhail Lermontov 등 러시아 시인을 좋아하는 고전 취향이신지라 모더니즘 계열의 책은 집에 거의 없었습니다. 근데 이게, 저의 지식구조를 상당히 제한했던 것 같습니다. 유일한 장점은 아무도 가르치는 사람이 없으니 제멋대로 책을 들춰 보게 되었고, 그래서 다양하게 책을 읽는 습관이 길러졌다는 것입니다. 나중에 여러 훈련을 받은 정밀한 학자와 비교해서 제가 유일하게 우위를 점하는 게 있다면, 그건 기존 학과의 테두리에 별로 제한을 받지 않았고, 고대니 현대니 하는 구분이나 문학이니 사학이니 하는 분야에 신경 쓰지 않는다는 점입니다. 당시에는 정말 배움에 목말라 있어 뭐든 잡히는 대로 읽어 댔고, 좋은 책 나쁜 책 가리지 않고 소화해 낼 수 있었습니다. 이러한 독서 기호로 인해 자연히 정규교육으로 길러 내는 것과는 달라질 수밖에 없었던 거죠. 우리 세대 사람들은 그렇게 낮은 곳에서 출발했고, 또 일찍이 심각한 사상적 속박을 받았던 경험도 있고 해서 모두들 한 번은 고통스러운 발버둥을 거쳐야만 차츰 정상궤도로 올라올 수 있었습니다. 이건 아주 독특한 체험입니다. 그게 좋든 나쁘든 상관없이 그렇게 지나왔습니다.

저에게 광저우에서 대학을 다닌 건 하나의 큰 변화입니다. 베이징으로 올라와 박사과정을 다닌 건 또 다른 변화입니다. 기본적인 학술훈련은 중산대학에서 이미 완성했습니다. 그렇지만 전체적인 학술적 시각과 취향에 있어서는, 베이징대학에 온 뒤 모든 신념체계가 뒤집혀질 정도로 큰 변화를 맞았습니다. 제가 베이징대학에서 공부할 수 있었던 건 사실 우연이었습니다. 대충 전말을 이야기하면 이렇습니다. 그 직전까지 베이징대학에서는 박사과정을 모집하지 않았어요. 제가 첫 박사인 셈이죠. 중화민국 시기에 중국의 대학에는 박사과정이 없었습니다. 저와 샤오훙의 지도교수인 왕야오王瑤 선생님, 지전화이季鎭淮 선생님 같은 분들도 예전 서남연합대西南聯大에서 주쯔칭朱自淸, 원이둬聞一多 등 선생님들에게서 배웠고 연구생 과정에 속해 있긴 했지만 정식으로 학위를 받지는 못했지요. 그 정도만 해도 당시 인문학자들이 받을 수 있던 최상의 학술적 훈련이었던 거죠. 인민공화국 건립 이후 소련을 배워 베이징대학에서 지금의 석사과정에 속하는 부박사 과정副博士班을 모집하기도 했습니다. 체계적인 학위제도는 1980년대 이후에나 제대로 정비될 수 있었습니다. 베이징대학 중문과는 학술적 실력이 아주 강했기 때문에, 문학 전공의 왕야오, 우쭈샹吳組緗, 린겅林庚, 언어학 전공의 왕리王力 선생님 등이 첫번째 박사과정생 지도교수가 되었어요. 그러나 막 시작할 때는 그다지 학생을 모집하고 싶어 하지 않았습니다. 오히려 베이징 사범대학의 리허린李何林 선생님이 대담하게 먼저 모집을 시작했죠.

저는 원래 석사를 졸업한 후 베이징에서 일을 시작할 생각으로 먼저 중국사회과학원 문학연구소에 연락을 하고 조금 관심을 보이는 것 같아 상경하여 면담을 했습니다. 그 참에 황쯔핑을 만나러 베이징대학으로 갔습니다. 황쯔핑은 첸리췬錢理群과 친한 사이였던지라, 제가 막 완성한 「쑤만수蘇曼殊와 쉬디산許地山 소설의 종교색채를 논함」을 그에게 보여 준 모양입니다. 첸리췬 선생이 그날 저녁 읽어 보고는 그 다음 날 바로 쯔핑과 몰래 공모하여 저를 베이징대학에서 일하게 하려 했습니다. 다행히 첸리췬 선생이 아주 적극적이어서 왕야오 선생을 설득하였고, 중문과 쪽에도 보고를 해서 이 사람을 베이징대학에서 가르칠 수 있도록 조치하게 했습니다. 중문과도 동의해서 학교에 보고했더니, 학교에서 거부해 버리더군요. 그 당시 베이징대학에서는 기본적으로 다른 대학 출신을 채용하지 않았기 때문이죠.

자젠잉 베이징대학은 우월의식이 있어요. 반복되는 동종교배는 안 좋은 것 같아요.

천핑위안 물론이죠. 베이징대학 측의 의견은, "만약 그 사람이 괜찮다고 판단되면 일단 박사과정에 다니게 해라, 만약 정말로 공부를 제대로 하는 것 같으면 졸업한 후에 학교에 남아 교수가 되어도 되지 않느냐, 그래야 순리에 맞게 일처리가 되는 것이다"는 식이었습니다. 왕야오 선생님이 "그럼 좋다, 올해부터 내가 박사과정생을 받기 시작했으니까"라고 말씀하시더군요. 그런 우여곡절 끝에 1984년에 입학, 1987년에 졸업해서 베이징대학의 첫 문학박사가 되었습니다(또 다른 한 명은 같이 베이징대학에서 교편을 잡고 있는 원루민溫儒敏입니다). 작년에 중국 박사학위제도 건립 20주년을 기념하여 국무원 '학위반'學位辨에서 저보고 글을 한 편 쓰라고 하더군요. 근데 제 글은 시의적절하지 않게 되었습니다. 지난날을 추억하는 자리에 작금의 교육체제를 비판하는 발언을 했으니까요. (이야기가 약간 샜는데) 하던 이야기를 계속하자면 저는 아주 운이 좋았습니다. 1984년 상경하여 공부할 때가 마침 문학예술 전체, 심지어 학술계까지 거대한 변화를 준비하고 있던 때였던지라 함께 힘을 합쳐 뭔가를 도모할 수 있었죠. 다른 사람들은 어떻게 말하는지 잘 모르겠는데 제가 보기엔 1985년이 결정적인 문턱입니다. 미술, 음악, 영화 등을 포함한 당대 중국의 모든 문학과 예술 및 학술연구에 있어 중요한 전환점이 되는 해입니다.

자젠잉 왜 그렇게 보십니까?

천핑위안 왜냐하면, 80년대의 학술을 되돌아볼 때 1985년 이후와 이전은 완전히 다릅니다. 추측건대, 이는 인문 환경과 인재 배양 전체와 관련된 것입니다. 이른바 인문 환경이란 사상해방운동을 거치면서 학술계 전체가 회복하기 시작했다는 것을 가리킵니다. 이 시기부터 잘못된 것을 바로잡아 정상화를 위해 힘쓰던 최초의 단계를 벗어나 보다 심층적인 문제에 대해서도 생각하기 시작했습니다. 작가는 대학을 다니지 않아도 좋은 소설을 써낼 수 있습니다. 그러나 학술계는 그렇지 않습니다. 좋은 학술적 훈련을 받은 것과 그렇지 못한 것의 차이는 현격하게 드러납니다. 몇 기수의 대학원생이 배출되면서 학술계 전체의 분위기가 크게 변했다는 점은 분명합니다. 영화계에서도 77학번 대학생들이 1982년에 졸업한 뒤 2, 3년이 지나니까 독립적으로 영화를 찍을 수 있게 되었습니다. 아마도 음악과 미술 방면에서는 더욱 빠르고 급하게 진행되었다고 생각되는데, 다만 대중들이 그걸 별로 이해하지 못했을 따름이죠. 1985년은 수도의 문화계 전체가 '꿈틀대고 있던', 아니 '약동하고 있던' 시기였다고 저는 생각합니다.

자젠잉 '문화열' 文化熱이 시작된 거죠.

천핑위안 예, '문화열'입니다. 또한 이 시기부터 저의 작업이 조금씩 주목받기 시작했습니다. 그건 선배 세대 학자들의 지원에 힘입은 것입니다. 우선 만수사萬壽寺의 현대문학관現代文學館 옛터에서 전국적인 '창신 좌담회'를 개최하고, 젊은 학자들을 주인공으로 세우기로 결정되었습니다. 창신 좌담회에 주제 발언이 몇 개 필요해서, 베이징대학에서는 첸리췬, 황쯔핑과 저, 이렇게 세 사람이 공동으로 '20세기 중국문학' 二十世紀中國文學에 관한 글을 작성하였습니다. 당시 저는 아직 박사과정에 있을 때입니다. 황쯔핑과 첸리췬은 경력도 저보다 좋고 전공에 대한 수양도 훌륭한데, '창신 좌담회'에서 젊은 세대를 키워 줘야 한다는 분위기 때문에 제가 대표로 발언하게 되었습니다. 발언이 끝난 후 반응이 아주 좋았고, 『문학평론』文學評論에 논문을 발표하기로 결정되었습니다. 글이 정식으로 출간되기 전에 마침 『독서』 편집부에 갈 일이 있어 둥슈위董秀玉 [당시 『독서』의 편집자] 등과 이야기를 나누다가 그걸 이야기했더니 아주 흥미를 보입디다. 『독서』도 당대 중국의 사상문화 건설에 개입하고 싶다, 우리에게 지면을 할애하여 한 걸음 진척된 논의를 할 수 있게 하고 싶다고 하더군요. 그전까지 잡지 『독서』의 주된 작업은 새로운 지식의 소개였지 능동적으로 당대 중국의 학술 사조에 개입하지는 않았습니다. 이때를 시작으로 점점 좋아지더군요.

자젠잉 세 사람의 준비 과정과 사유방향에 대해 조금 말씀해 주시겠습니까?

천핑위안 '20세기 중국문학'이란 개념이 어떻게 준비되었고 무슨 이야기를 천명한 것인지는 『20세기 중국문학 삼인담三人談』이란 책에서 이미 밝힌 바 있으니 다시 거론할 필요는 없을 것 같습니다. 저는 둥슈위 등에 감탄했어요. 대담하게도 정식으로 논문을 보지도 않은 상태에서 직감만으로 우리 마음대로 하게 됐으니 말입니다. 그렇게 연속으로 여섯 차례 저희 대담이 실리게 되었습니다.

자젠잉 여섯 차례 모두 『독서』에 발표되었나요?

천핑위안 예, 연속으로 여섯 기 동안 발표되었습니다. 그래서 학술계에 그렇게 큰 영향력을 발휘할 수 있었던 거죠. 베이징대학 대학원생 모임에서 전문적인 토론회를 열기도 했는데, 문학, 사학, 철학뿐 아니라 일부 이과생들까지 함께 모여 이 개념에 대해 토론하였습니다. 중문과 교수들 또한 집단 토론을 한 바 있으며, 찬성하는 쪽과 반대하는 쪽이 모두 함께 떠들썩하게 한판을 벌였죠. 그 다음 해에는 마루야마 노보루丸上昇, 이토 도라마루伊藤虎丸, 리어우판李歐梵 등이 루쉰학회 참석차 베이징에 왔다가 베이징대학에 들러 우리와 좌담회를 하기도 했습니다. 베이징대학의 임호헌臨湖軒에서 했던 것으로 기억하는데, 우리에게 주로 질문한 것이 '20세기 중국문학'이란 개념에 관한 것이었습니다. 그 좌담회의 기록은 '사회주의'에 관한 언급이 있어 국내에서 발표할 수는 없었고 홍콩에서 발행하는 잡지에 먼저 발표되었습니다. '20세기 중국문학'이란 개념 자체와 그에 관련된 배경 자료는 모두 우리 책에 수록되어 있습니다. 제 생각에 몇 가지 점은 언급할 만합니다. 첫째, 이 개념의 제시는 당시의 학술적 분위기에 호응한 것으로, 기존 문학사 담론에서 일반적으로 사용되던 근대·현대·당대의 구분을 없애고 이 시기를 하나의 전체로 볼 수 있게 해주었습니다. 지금은 '20세기 중국문학'이 기본적으로 학계의 승인을 받아 많은 대학의 커리큘럼에까지 반영된 개념이 되었습니다.

자젠잉 그 개념이 나오기까지 문학사는 어떤 시기구분을 채택했나요?

천핑위안 그 전까지 우리는 정치사를 추종하여 세 단계의 시기구분론에 매여 있었죠. 아편전쟁에서 중화민국 건국(신해혁명 즉 1911년) 초기까지의 근대문학, 5·4운동에서 1949년까지의 현대문학, 공산당의 정권 수립 이후 현재까지의 당대문학으로 나뉘어 있었습니다. 물론 근대·현대·당대를 관통하는 것만으로는 부족한데, 핵심은 그 배후에 있는 문화적 이상입니다. 제 맘대로 말하자면 '근대화 서사'를 이용하여 그전까지 계속 사용되던 계급투쟁의 시각을 대체하려 했던 것이라고 할 수 있습니다.

자젠잉 그것의 상대는 혁명으로 역사서술의 틀을 구성한 혁명서사라고 할 수 있겠군요.

천핑위안 예, '혁명', '정치', '계급투쟁'으로 문학서사의 틀을 규정해 놓고 있었으니 문제였던 거죠. 우리는 근대화 과정을 살짝 비틀어 사용하고 세계문학을 배경으로 하여 최근 백년 동안의 중국문학을 사유하고 재정립하려 하였습니다. 당시 생각으로는 아주 참신했지만 지금 시각으로 보면 문제점이 많은 것도 사실입니다. 그렇지 않겠습니까?

자젠잉 포스트모더니즘의 입장, 혹은 포스트콜로니얼 이론의 입장에서 보면 당연히 문제가 많을 수밖에 없겠죠.

천핑위안 우리의 세계문학의 개관 또한 마찬가지예요. 우리가 외국문학에 대해 알아봐야 얼마나 알겠습니까? 우리의 '세계문학 상상'은 그전까지 소련을 모범으로 하던 것에서 오랫동안 금지되어 있던 서양의 모더니즘 문학으로 돌아선 것에 지나지 않았습니다. 이는 당시 [중국의] 외국문학계에서 열정적으로 '모더니즘'을 옹호하던 것과 많은 관련이 있습니다. 그저 학술계와 문화계 전체가 조정되고 있다는 걸 이해하고 있었기에 이러한 변화에 대한 시대적 요구에 응한 것인데, 그래서 많은 관심을 이끌어 냈던 것입니다.

자젠잉 어느 정도 극복하셨나 보네요.

천핑위안 사실 저는 「'20세기 중국문학'을 논함」이라는 논문보다 그와 동시에 발표된 '삼인담', 즉 『독서』지에 실린 일련의 대담이 더 잘 되었다고 생각합니다. 사상의 심도 면에서 그렇다는 게 아니라, 핵심은 문체에 대한 의식과 그러한 문체를 키워 낸 문화적 분위기인 것이죠. 이전에 우리는 모두 엄숙한 표정으로 논문만 썼는데, 이제 이야기를 나누는 방식으로 '사상의 초고'를 발표하게 되었습니다. 이것이 주목할 만한 변화입니다.

자젠잉 (웃으며) 우리가 반즉흥적으로 일련의 대담을 나누는 것처럼 말이죠? 그러고 보니 정말로 내용과 형식이 일치되어 버렸군요. 80년대가 열어놓은 문체로 80년대를 회고하고 정리하는 것이니 말입니다.

천핑위안 이른바 '사상의 초고'란, 아이디어는 있지만 숙성되지 않아 아직 틀을 갖추지 못한 진행형의 사유를 가리키는 말입니다. 우리는 아직 완성되지 않은 사고를 뱉어 넘으로써 동료를 끌어모아 함께 장애를 극복해 나간 겁니다. 이는 일종의 새로운 시도였습니다. 바로 이러한 점에서 『독서』에 발표된 '삼인담'에서 많은 사람들이 받은 인상은 「'20세기 중국문학'을 논함」을 훨씬 넘어서 있었습니다. 사실은 후자가 우리의 주력상품이었는데 말입니다.

자젠잉 그건 책인가요?

천핑위안 아닙니다. 장편 논문입니다. 주로 문학 전공자들에게만 영향을 주었죠. 다른 전공의 독자들은 들어 봤는지는 몰라도 진지하게 읽어 본 사람은 극소수일 겁니다.

자젠잉 대중 독자들은 더욱 잘 모르겠군요.

천핑위안 대중 독자나 그 밖의 문화인들은 『독서』의 대담만 기억하고 있겠죠. 비록 좀 자질구레한 점이 없지 않으나 거기서 이야기한 많은 것들이 동시대인들이 주목하던 문제였고, 그래서 그렇게 많은 영향을 줄 수 있었던 겁니다. 우리에겐 아주아주 많은 생각이 있었는데…….

자젠잉 슬쩍 스쳐가는 편린들.

천핑위안 맞아요. 그냥 편린들이지 체계를 형성하지 못했죠. 어떤 면에서 우리는 체계를 구성할 능력이 없었습니다. 다른 한편 이러한 표현 방식이 우리와 독자들을 끓어오르게 했습니다. '삼인담'이기 때문에 세 사람의 사유방식이 달랐고, 우리도 의도적으로 서로의 차이를 남겨 두었습니다. 때문에 한 편의 완전한 글이 아니고, 자족적인 체계를 갖춘 것은 더더욱 아니며, 너는 네 이야기를, 나는 내 이야기를 떠드는 방식이었던 거죠. 한 편의 글에 상이한 학술적 사유가 병치되어 세 사람이 서로 양보하지 않는 이러한 '대화'의 방식은 사유를 격발시키는 데 도움이 많이 되었습니다.

자젠잉 정말로 함께 앉아서 대담을 한 것인가요?

천핑위안 정말이죠. 먼저 녹음을 한 후 매 호마다 한 사람이 책임지고 정리했고, 정리가 끝난 후에는 다시 서로 돌려 봤습니다. 조금씩 수정하는 곳은 있었겠지만 전체적인 맥락은 건드리지 않았습니다. 당시의 생각은 그걸 논문으로 바꾸지 말고 학술생산의 '원시생태'를 보존하자는 것이었습니다. 사상이 극도로 활발하여 언제나 새로운 지식을 받아들이고 옛날의 자신을 버릴 준비가 되어 있는 개방적인 자세 그대로를 말입니다. 이 점에서 80년대의 분위기, 즉 수다떨기식의 학문을 제대로 보여 주는 것이기도 합니다. 그 당시 문학, 예술, 사학, 철학 등 다른 전공의 학자들에게도 이러한 분위기가 유행했다고 생각합니다.

자젠잉 훗날 어떤 사람이 90년대와 80년대 지식계의 차이를 이렇게 정리하기도 했습니다. "80년대에는 사상만 있고 학술이 없었다면, 90년대에는 학술만 있고 사상은 없다." 농담이긴 하겠지만, 그 시절 '사상의 불꽃'이 보편적으로 유행했던 것과 관련되는 말일 겁니다.

천핑위안 나중에 '사상과 학술'이라는 주제를 이야기하도록 하겠습니다. 우선 '삼인담'의 이야기를 마저 해야겠죠. '20세기 중국문학'이라는 명제를 우리는 조금씩 개선시켜야겠다고 생각하기도 했지만 결국 고치지 않기로 결정했습니다. 왜 그렇게 했을까요? 그건 역사적 텍스트입니다. 오직 그러한 환경에서, 그러한 학술적 분위기에서만 의미가 있는 것입니다. 다시 어떻게 고친다 하더라도 그것의 결점을 메울 수는 없습니다. 제가 보기에 그것이 새로운 시도였던 것은 분명하나 완전하지도 않고 심각한 결함을 가진 담론이었습니다.

자젠잉 그 당시에 완전한 게 어디 있었나요? 모두들 모색하고 있었고, 다듬어 가고 있었죠. 당시에 이름을 날렸던 많은 논의와 작품들을 지금 보면 유치하기 짝이 없거나 완전히 이치에 맞지 않는 내용들로 가득합니다. 불완전한 것이 딱 그 당시의 상태였던 거죠.

천핑위안 그래요. 이들 논의는 당시 사람들의 입맛에 맞았기 때문에 그 시절의 학술 풍조를 잘 보여 주는 것이라 할 수 있습니다. 때문에 '20세기 중국문학'의 구체적인 논의와 그것이 어떻게 준비되었고 무슨 이야기를 하는지 따위는 별로 중요하지 않다고 말하는 것입니다. 주목할 만한 점은 그것이 장점도 있고 단점도 그대로 노출되어 있는 80년대 학술의 한 상징이라는 점입니다. 학생들이 이것을 읽을 때 즐거운 것은 그 속의 관점 때문이 아니라 그것이 보여 주는 진실한 사유 및 솔직하고 시원한 표현 방식이 친근하게 느껴지기 때문입니다. 요즘 대학 캠퍼스에는 이런 게 거의 없습니다. 각자 자기 논문만 쓰고 다른 사람의 생각과 명제에는 별로 관심이 없습니다. 친구라면 서로 치켜세워 주기는 하겠지만, 그렇지 않으면 다른 전공의 학자에게 자신의 프로젝트를 돕게 하기란 정말 어렵습니다. 이런 점이 80년대의 학술과 90년대의 학술의 가장 큰 차이점입니다.

자젠잉 제가 다음으로 질문하려고 했던 게 바로 그겁니다. 이 두 세대 학자들 사이의 교류방식을 비교해 달라고 청할 생각이었습니다.

천핑위안 80년대의 중국학계에는 모두가 관심을 가지는 화제가 있었습니다. 90년대에는 기본적으로 그런 게 없습니다. 그 원인은, 첫째 학과가 분화되어 서로 전공이 다르면 대화하기 힘들어졌습니다. 둘째 모두들 완성된 작품에만 흥미를 느끼지 그 과정과 사유방식에 대해서는 별로 주목하지 않습니다. 그 밖에 다른 사람의 사유방식을 더 깊이 이해하려는 사람이 별로 없습니다. 자기 이야기에만 신경 쓰고 수레바퀴 돌 듯 이야기를 뱉어 내기만 하지 '경청'하거나 '대화'하는 것에 그리 익숙하지 않습니다.

자젠잉 리퉈李陀 또한 그 차이에 대해 이야기한 바 있습니다. 그는 심지어

요즘 우리는 토론을 두려워하는 시대를 살고 있다고 말하기까지 했습니다. 확실히 그런 경향이 있다고 생각됩니다. 자기주장은 많지만 토론은 적습니다. 90년대의 사회과학과 인문과학계에 있어 가장 격렬하게 맞붙은 사건은 아마도 이른바 '자유주의'와 '신좌파' 사이의 논쟁이었을 겁니다. 2000년 여름 '장강독서상'長江讀書獎 사건을 둘러싸고 최고조에 달해,* 철저하게 와해되고 서로에게 상처를 남겼죠. 그 다음으로 2003~4년에 베이징대학의 교육개혁 방안을 둘러싸고 벌어진 논쟁** 또한 교육체제에 관한 비교적 큰 규모의 논의로 칠 수 있을 겁니다. 그러나 전체적으로는 깊이 있는 토론과 논쟁이 거의 없었습니다. 몇몇 포털 사이트에서 벌어진 논쟁은 대부분 익명이기 때문에 상당히 격렬하게 이야기가 오간 면이 없지 않으나, 대부분 분풀이로 변하여 감정적이고 객관적이지 않다는 한계를 보여 줬습니다. 게다가 비수를 품고 창을 던지는 게릴라들이 대부분으로, 정규군은 거기가 발언할 만한 곳이 아니라고 생각하는 것 같습니다. 학자들이 공개적으로 발표하는 것도 대부분은 뭔가를 감추고 있는 함축적인 문체거나 혼잣말에 불과한 것들이라 모두들 표현 욕구는 있으되 다른 사람의 말을 들을 인내심이 별로 없게 되었죠.

---

* 홍콩 장강그룹(香港長江集團)에서 100만 위안의 기금을 출연하여 『독서』지와 손을 잡고 설립한 '장강독서상'은 중국의 노벨상을 표방하며 3개 부문의 저술상과 3개 부문의 논문상에 각각 30만 위안(평균환율 1:150 기준 4,500만 원)과 3만 위안의 상금을 내걸었다. 그런데 저술상에 선정된 페이샤오퉁(費孝通), 왕후이(汪暉), 첸리췬(錢理群)이 각각 이 학술상의 특별명예주석(特邀名譽主席), 학술위원회 소집위원(學術委員會召集人), 심사위원회(評審委員會) 구성원이었다는 점이 문제가 되었다. 특히 『독서』의 주편이기도 한 왕후이에게 화살이 집중되었으며, 신좌파와 자유주의 간의 논전으로까지 비화되었다.
** 베이징대학 당국이 2003년 5월 각 단과대학으로 '베이징대학 교수 임용 및 승진제도 개혁 방안'(北京大學教師聘任和職務晉升制度改革方案; 의견수합용)이란 문건을 발송한다. 이 개혁 방안은 강사와 부교수의 승진에 있어 엄격한 학술 실적을 요구하되 일정 비율만 승진이 가능하며 승진에서 탈락하면 재임용에서 제외된다는 내용과 그렇게 생긴 공석의 일정 비율을 외부에서 채용해야 한다는 내용을 기본 골자로 하고 있다. 개혁의 정당성에는 대부분 동의하나 그 구체적인 방향설정을 두고 전국적인 논쟁이 벌어진다.

천핑위안 예. 우리는 어떻게 표현할 것인가에만 관심을 두고 어떻게 경청할 것인지는 배우지 못하고 있습니다. 80년대는 다릅니다. 우리가 '20세기 중국문학'이란 개념을 제시하니까 중문과 교수들이 회의를 열어 많은 비판을 가했습니다. 물론 칭찬도 있었지만요. 제 지도교수인 왕야오 선생님도 우리의 관점에 동의하지 않았습니다. 우리에게 '세계주의'적인 경향이 있다고 지적하시더군요. 그게 선생님을 불편하게 했던 것 같습니다. 왕 선생님은 원래 중국 중고中古 문학을 연구하시다가 나중에 '5·4' 신문학운동 등으로 돌아섰는데, 특히 민족화와 국제화 사이의 관계에 주목했습니다. 그 밖에 임후헌에서 열린 그 좌담회에서 이토 도라마루, 리어우판, 마루야마 노보루 등 외국학자 몇 분도 아주 좋은 의견을 제시해 주셨습니다. 마루야마 노보루가 제시한 문제는 아주 첨예했습니다.

자젠잉 마루야마 노보루?

천핑위안 그는 원래 도쿄대학 교수로 일본의 중국학 연구계에서 명성이 대단한 사람입니다. 오랫동안 루쉰을 연구했으며, 일본 공산당원이기도 하죠. 그가 우리에게 다음과 같이 추궁했습니다. "당신들은 왜 사회주의를 회피하는가? 20세기 중국의 사상, 문화, 문학을 이야기하려면 사회주의는 회피할 수 없는 핵심적인 문제이다. 당시의 사조이든 오늘날의 실천에 있어서건 당신들은 반드시 그것과 진지하게 대면해야 한다." 우리들은 조건이 아직 성숙하지 않았다고 해명했습니다. 당시의 정치적 환경은 확실히 분명하게 말하기 어려웠습니다. 그러나 왕야오 선생님과 마루야마 노보루 선생의 비판은 맞습니다. 우리가 소련 진영에 대한 반감 때문에 거꾸로 구미 문화를 껴안을 때 진지한 성찰을 결핍한 채 맹목적으로 추종한 부분이 있다고 그들은 말했던 겁니다. 이데올로기적 금기와 직접적으로 충돌하지 않기 위해 좌익문학에 대한 논의는 포기했던 것, 혹은 사회주의 문제를 회피했던 것은 좋은 방법이 아니었습니다. 80년대에 우리는 확실히 이러한 문제를 제대로 처리할 능력이 없었습니다. 지금은 다릅니다. 애초에 아이와 목욕물을 함께 버린 잘못을 진지하게 반성해야 합니다. 그 당시 비평도 있고 칭찬도 있었지만 대체적으로 학술적 논쟁에 속하는 것이었지 개인적인 감정은 그다지 섞이지 않았습니다. 사상계만 예로 들어 봐도 90년대는 확실히 80년대보다 심오해졌지만 80년대의 진지함은 요즘 찾아보기 어렵습니다.

자젠잉 거의 모든 사람이 그렇게 회고하더군요.

천핑위안 80년대의 학술계는 사람과 사람의 관계가 상대적으로 단순한 편이었습니다. 논쟁은 있었지만 진지했어요. 이론적인 자원에 한계가 있었고 학술적인 공력이 깊지 않았기에 우리들의 사고는 사실 상당히 천박한 것이었습니다. 그러나 학자들 사이의 교류는 아주 활발하였고 그다지 이익을 따지지 않는 것이었습니다. 90년대 이후 우리는 푸코를 이해하게 되면서 걸핏하면 권력, 음모, 통제에 기대게 되었고, 모두들 예리한 안목으로 상대의 번드레한 발언 배후에 감춰져 있을 보이지 않은 의도를 간파하게 되었습니다. 일의 맞고 틀림을 보기 전에 동기가 무엇인지를 먼저 묻습니다. 심오하긴 한데 따분해진 것도 사실입니다.

자젠잉 프랑스인들의 해체주의 이론 쪽은 저도 별로 아는 게 없습니다. 특히 푸코의 사유방식이 그렇습니다. 그가 예리하지 않다는 건 아니지만, 그가 세계와 인간을 바라보는 시각은 냉정하고 어둡고 원한에 차 있다고 생각되더군요. 언제나 온정의 베일을 걷어 내고 환상을 떨쳐 내어 투쟁할 준비를 갖추라고 일깨워 주지만, 결과적으로는 원래 억압받는 사람을 더욱 억압해 버리기도 합니다. 해부학에 정통한 외과의사에게는 아무리 아름다운 아가씨가 나타나도 한눈에 뱃속 가득한 똥만 보이는 셈이죠. 사실 총명함이 도리어 헛똑똑이가 될 때도 있지 않습니까. 그러다 보니 엉뚱한 곳으로 빠져 버리기도 하고요.

천핑위안　다른 길로 가 버렸죠. 게다가 스스로 그걸 만족스러워하기도 했죠. 우리 이야기로 돌아와서, 80년대에 우리가 걸어왔던 길을 사고하는 일은 사실 90년대 중국학계에 대한 반성이기도 합니다.

자젠잉　그렇죠. 저는 당신이 '공공公共 지식인' 문제에 대해서도 말씀해 주셨으면 합니다. 공공 지식인은 제가 이해하기론 적어도 두 가지 면에서 정의해야 합니다. 우선 독립성입니다. 사실 이것은 진정한 지식인이라면 누구나 마땅히 갖추고 있는 것입니다. 독립적인 사고, 자유로운 인격 말입니다. 둘째로 공공 지식인은 자신의 전공을 넘어서는 관심, 사회적인 관심과 궁극적인 관심을 가지고 있어야 합니다. 게다가 이러한 관심을 대중들에게 표현해야 합니다. 전문가마냥 자신의 전공 안에서만 발언해서야 되겠습니까? 그렇죠? 이 두 가지 점에서 볼 때 당신은 80년대에 공공 지식인이 있었다고 생각하십니까?

천핑위안　아마 이렇게 이야기할 수 있을 겁니다. 80년대에는 이른바 공공 지식인이라고 부를 만한 이들이 없었습니다. 왜냐하면 거의 모든 학자들에게 확실한 공적 관심이 있었으니까요. 독립적인 사고, 사회에 대한 강렬한 책임감, 전공을 초월한 의견 표명, 이 세 가지 점은 80년대의 거의 모든 저명한 학자들에 있어 공통적인 특징입니다. 모두가 지식인은 원래 그래야 마땅하다고 생각했으니 "공적인 관심이 없는 지식인"이라는 말은 성립될 수가 없었습니다. 그 시절에는 전공의 경계가 분명하지 않았고 학자들의 발언도 대담했습니다. 그랬기 때문에 두루뭉술한 '문화열'과 같은 게 나올 수 있었던 겁니다. 아시다시피 '문화'란 아주 모호한 개념인지라, 모든 전공 출신이 대화에 참여할 수 있었습니다. 또한 바로 그랬기 때문에 '문화적 뿌리찾기〔尋根〕'가 순식간에 '정치 비판'으로 변화할 수 있었던 거고요. '문화열'은 계기로서, 혹은 중개자로서 모든 전공의 학자들이 일어서 자신의 사회에 대한 관심을 표명할 수 있게 해주었습니다. 그러했으니 '공공 지식인'이라는 개념을 따로 만들어낼 필요가 없었죠. 책을 읽고 글자를 아는 거의 모든 사람이 까놓고 '문화'를 논하고, 혹은 '문화'를 빌려 '정치'를 말하여 우리의 사회적 책임감을 구현하였습니다.

이렇게 말할 수 있을 겁니다. 80년대 중국의 지식인은 '5·4' 시기의 청년들처럼 민주, 과학, 자유, 독립 등 광범하면서도 모호한 기치 아래 모여 선배들이 다하지 못한 계몽 사업에 공동으로 종사했다고 말입니다. 그 시절의 학자들은 보편적으로 사회에 대한 관심을 가지고 있었고, 인격의 독립을 존중했습니다. 관료가 되는 길로 가려고 했던 사람도 없지 않지만, 많지는 않았죠. 이 또한 80년대 학자들의 성실하고 단순하며 유치한 일면일 겁니다. 물론 그 시절에는 관료의 장점이란 게 제대로 드러나지는 않았지만 말입니다.

자젠잉 체제가 가져다주는 부수입이 요즘과 같이 짭짤하지는 않았으니까요.

천핑위안 그럼요. 우리는 이 사회에 책임이 있다, 우리는 개혁의 과정에 영향을 미칠 수도 있다고 모두들 생각하고 있었습니다. 때문에 시선을 서재 안에만 국한해서는 안 되었던 거였고요. 이렇게 말할 수 있을 겁니다. 80년대 베이징에 있던 새로운 세대의 학자들 대부분에게 전공을 벗어나 사회 변혁에 주목하려는 욕망과 실천이 있었다고 말입니다. 그게 전공의 경계가 불분명했고 학술적인 평가가 엄격하지 않았던 그 시절의 특징과 많은 관련이 있다는 걸 반드시 인정해야 합니다.

자젠잉 그 시절엔 시간이나 여가가 많았죠.

천핑위안 예, 책 읽고 사유하고 표현할 시간이 있었죠. 대학에서도 1년에 몇 편 이상의 논문을 쓰지 않으면 안 된다는 따위의 규정이 없었고, 더욱이 글을 발표할 학술지를 지정하는 일도 없었어요. '문화열' 시기에 쏟아져 나온 많은 명문들을 지금 다시 보면 대부분 '논문' 축에도 못 끼는 '평론'에 지나지 않습니다. 이처럼 태도가 결연하고 입장이 분명한 글들은 가설만 많고 논증이 적어 요즘 『역사연구』歷史研究나 『문학평론』 같은 유명 학술지에 기고한다면 아마 하나도 실리지 못할 겁니다. 그 시절에는 '핵심학술잡지' [核心期刊: 한국에서 연구성과로 크게 인정받는 학술진흥재단 등재지 성격과 비슷하다] 같은 것도 없었고 논문 발표와 관련된 딱딱한 규정도 없었으며, 각주가 스무 개 이하인 건 논문으로 치지도 않는다는 따위의 말들은 있지도 않았죠. 그러다 보니 제도가 그들에게 자유롭게 독서할 시간을 줬고, 독립적으로 사고할 공간을 준 셈입니다. 이걸 대수롭지 않게 생각하면 안 됩니다. 아주 중요한 지점입니다. 그 당시 학자들은 분방하여 글을 쓸 때 각주를 다는 일이 거의 없었습니다. 상하이의 한 저명한 문학평론가가 했던 말이 기억나는군요. 그가 쓴 글은 내력 없는 글자가 하나도 없다. 그래서 각주가 하나도 필요하지 않다고 말했습니다. 만약 요즘 학생이 감히 이런 식으로 말했다가는 선생님에게 머리를 쥐어박혔을 겁니다. 독립적인 사고와 자유로운 표현을 강조하는 것, 이것은 전형적인 80년대의 문풍과 학풍입니다.

자젠잉 많은 사람들이 그것에 대해 그리워합니다. 요즘처럼 효율을 강조하는 생활방식은 사람을 하나의 딱딱한 궤도로 밀어 넣고, 시간과 정력을 완전히 채워 넣어 영원토록 팽팽하게 줄을 당길 것을 강요합니다. 근데 그 결과 쓸데없이 바쁘기만 하지 정말로 하고 싶은 일을 할 힘은 남지 않게 됩니다.

베이징대학의 교육개혁에 대한 논쟁에서 저는 우한대학 철학과 교수인 덩샤오망鄧曉芒이란 사람이 눈에 띄던데, 나중에 듣자하니 소설가 찬쉐殘雪의 오빠라고 하더군요. 그는 대충 다음과 같은 내용의 글을 발표했습니다. "80년대는 고등교육기관이 가장 느슨하던 시기로 각종 제도적인 관리가 제대로 갖춰지지 않았으며, 교수들에 대한 간섭도 별로 없어 교수들이 각양각색의 일을 해나갈 시간과 공간이 있었다." 비록 이런 식의 제도도 문제가 있어 아무런 학문도 없이 공밥이나 먹는 사람들을 길러 내기도 했지만, 그러한 오류를 바로잡겠다고 다른 극단으로 치닫는 것도 무서워요. 모두가 신경질을 부리며 바빠서 숨 돌릴 틈도 없는데 여유롭고 능숙한 일처리를 기대할 수 있겠습니까. 린위탕林語堂이 『생활의 발견』生活的藝術에서 한 말이 생각나는데, 대체적인 의미는 "남들이 바쁘게 뛰어다니는 것에 한가할 수 있어야 남들이 한가롭게 생각하는 것에 바쁠 수 있다"였던 것 같아요. 탐색하고 창조하는 일을 하려면 적당한 '한가로움'이 굉장히 중요하니까요.

천핑위안 "세상 사람들이 바쁘게 추구하는 것에 여유롭게 대처할 수 있어야 비로소 세상 사람들이 여유 부리는 것에 바쁠 수 있다."* 명말 장조의 말인데, 린위탕이 차용하여 중국인의 '위대한 여유로움'을 찬양했던 거죠. 당신 말이 맞습니다. 이러한 '여유로움'은 인문학자에게 너무나 소중한 것입니다. 모든 전공이 다 그렇다고 말할 순 없겠지만, 인문학자의 경우 한계를 설정하지 않은 넓은 사유 없이 온종일 일상적인 업무에 바쁘게 뛰어다녀서는 큰 학문을 키워 낼 수 없습니다. 뒤에서 80년대와 90년대의 교육제도를 비교할 때 이 문제는 다시 이야기하도록 합시다.

90년대의 큰 변화 중 하나는 학문이 갈수록 규칙을 강구하여 함부로 할 수 없게 되었다는 점입니다. 그래서 '사이비 지식인', '공공 지식인', '아카데미파'의 구별이 생긴 겁니다. 그러나 80년대에는 모든 '문화인'이 '학문'을 가지고 있었고 모든 '학문인'이 '문화'를 이야기하였습니다. 둘 사이에 격차가 없었으니 넘나들기가 쉬웠죠. 90년대 이후 전공의 경계가 갈수록 엄격해지면서, 전문적인 학술논문으로 편찬할 가치가 없거나 편찬할 수 없는 것들은 학술 에세이나 문화평론이란 이름으로 횡행하게 되었습니다. 이런 사람들이 신문지상이나 TV 같은 매체에 얼굴을 내밀어 국가경제나 민생을 토론하는 일이 잦다 보니 이들이 공공 지식인으로 불리는 상황이 연출된 것이고요.

이는 제가 이야기하고 싶은 세번째 문제와 관련됩니다. 그것은 바로 90년대 이후 대중매체의 비대해진 영향력입니다. 이른바 '공공 지식인'들은 상당 부분 대중매체를 빌려 자신의 사회적 관심을 표현합니다. 90년대 중국의 또 다른 변화는 학술 간행물과 대중매체의 철저한 분리

---

* "能閑世人之所忙者, 方能忙世人之所閑." 장조(張潮), 『유몽영』(幽夢影), 209조.

입니다. 80년대에는 학술지인 동시에 시를 발표하는 장일 수도 있었습니다. '문화: 중국과 세계' 文化: 中國與世界 [총서] 같은 게 좋은 예죠. 90년대에는 그런 걸 상상도 할 수 없게 되었습니다. 그러나 다른 한편, TV의 영향력이 갈수록 커지면서 학계의 목소리를 신속하게 대중들이 이해할 수 있게 되었다는 면도 있습니다. 동시에 학자들도 매체를 빌려 자신의 사회현실에 대한 관심을 표현하고 사회의 변혁에 개입해 들어갈 수도 있게 되었습니다. 쑨즈강孫志剛 사건이나 에이즈 문제 등이 대표적인 예입니다. 이러한 모든 것들은 아카데미파가 논문을 써서 해결할 수 있는 게 아닙니다. 어떨 때는 TV가 더욱 직접적인 효과를 보여 줍니다.

자젠잉 〈초점 인터뷰〉焦点訪談**에서 다루고 있는 화제 같은 게 좋은 예가 되겠네요.

천핑위안 CCTV의 〈초점 인터뷰〉뿐 아니라 전국 각지의 방송국에 유사한 프로그램이 있어 비슷한 역할을 하고 있습니다. 그 밖에도 각종 테마 프로그램, 다큐멘터리, 대담 프로그램 등이 어느 정도 독립적인 목소리를 내고 있습니다. 이것은 안목이 있는 지식인이 개입해 있기 때문입니다.

    90년대 이후 시작된 TV매체의 신속한 발전은 학자들에게 두 가지 가능성을 던져 줬습니다. 하나는 대중매체를 빌려 정견을 표명하고 사회에 관여하는 것인데, 이것은 전공 논문보다 유용한 것입니다. 다른 하나는 대중매체에 시도 때도 없이 얼굴을 내비쳐 유명해지고자 하는 것으로 이 또한 일종의 유혹입니다. 그러니 TV에 자주 얼굴을 내미는 학

** 중국 CCTV의 시사 프로그램의 하나. 최근 조사에서 시청자가 가장 좋아하는 프로그램의 하나로 꼽히기도 했다.

자들 중 사회적 책임감에서 그렇게 하는 사람도 있고, 유명해지려고 하는 사람도 있을 겁니다. 바로 이 때문에 많은 '아카데미파' 학자들은 이른바 '공공 지식인'이 제대로 된 지식인이 아니라고 생각하는 경향이 있습니다. 그들은 학문을 할 능력이 없고 적막함을 견딜 수 없어 라디오, TV, 신문지상으로 도망가, 되는대로 탁상공론의 망상을 늘어놓는다고 생각하는 거죠. 대중들에게 발언하려면 너무 전문적이거나 깊은 이야기를 할 수는 없으니까요. 게다가 논증도 없이 태도와 입장만 밝혀야 하는 경우가 많아요. 그러니 깊이 있는 학문을 이야기할 순 없겠죠.

자젠잉 태도와 입장의 경우에도 실제로는 주류 매체의 기본적인 게임의 규칙을 따라야 하기 때문에 그 틀에서 벗어나거나 금기를 범하면 안 됩니다. 그런 식으로 제한된 범위에서 발언하다 보니 의도와 상관없이 조금씩 변형되는 일도 일어나죠. 그래서 지식인은 대중매체에 개입하지 않고 이쪽 분야를 버려두다시피 합니다. 개입하더라도 자신의 목소리가 조종당하거나 왜곡되기 쉬우니까요. 이 뜨거운 감자를 잡을지 말지를 결정하는 건 굉장히 곤혹스럽습니다. 그걸 어떻게 선택하고 어떤 식으로 처리하는지 보면 각각의 품성을 엿볼 수 있죠. 바로 이어서 80년대에 인문사회과학 방면에 가장 큰 영향을 줬던 세 총서가 어떤 식으로 진행된 것인지 여쭤 보고 싶군요. 너무 자세하게 말씀하실 필요는 없을 것 같습니다. 그 부분에 대해서는 간양이 분명 이야기할 것 같으니까요.

천핑위안 진관타오金觀濤 등의 '미래를 향하여'走向未來 총서에는 참여하지 않았습니다. 저는 '문화: 중국과 세계' 편찬위원회에만 참가했습니다. 사실 편찬위원회에서 저와 첸리췬, 황쯔핑, 천라이陳來, 옌부커閻步克 등은 모두 조연이었습니다. 당시에 주로 했던 일이 서양 학문의 번역 소개였기 때문이죠. 이 편찬위원회의 주력은 서양학을 하던 사람들이었습니다. 우리처럼 중국 학문을 하던 사람은 처음엔 조연 역할밖에 하지 못했어요. 분명히 기억하는 건 서양학 번역 쪽으로 제가 유일하게 한 일은 이언 와트Ian Watt의 『소설의 발생』The Rise of the Novel을 추천하고 번역 초고의 검토를 책임졌다는 정도입니다. 다른 일은 모두 간양 등이 주도했어요. 그러나 '문화: 중국과 세계' 총서를 편집하고 학술총서를 출판할 때가 되자 중국 학문을 하던 우리가 능력을 발휘할 공간이 생겼습니다. 예를 들어 편찬위원회가 주관한 '인문연구총서'의 제1집에 저의 『중국소설 서사양식의 변화』*가 채택되었습니다. 시선을 좀 멀리 두고 이 편찬위원회의 업적을 평가해 보면 서양학의 공헌이 더 크다고 하기보다 중국학의 성적이 두드러진다고 해야 할 것입니다. 왜냐하면 최초의 충격이 사라진 후 서양학의 소개 작업이 조금씩 안정되면서, 그래도 토착적인 것으로 되돌아가 자신의 역사와 문화를 마주하고 현실을 향해 발언해야 했기 때문입니다. 그러나 이쪽 이야기는 간양이 말하는 게 더 적절할 것 같습니다.

자젠잉   그럼 80년대 문학에 대해 어떻게 생각하는지 말씀해 주세요. 이 문제에 대해 저는 아청, 베이다오, 류쒀라 등의 작가에게도 물어보고 리튀 같은 평론가에게도 물어봤습니다만, 대학의 문학교수인 당신은 어떻게 보시는지요? 당신의 연구주제의 하나가 소설의 서사양식이기도 하니 분명 다른 시각이 있을 것 같은데요.

---

*『중국소설 서사양식의 변화』(中國小說敍事模式的轉變)는 『중국소설 서사학』(이종민 옮김, 살림, 1994)이라는 제목으로 번역되어 출간되었다.

4_천핑위안(陳平原) **257**

천핑위안 80년대의 문학, 학술, 예술 등은 하나의 총체라고 생각됩니다. 심근문학이니, 5세대 감독이니, 문화열이니 하는 각 영역의 현상이 정신적인 면에서는 공통점을 가지고 있습니다. 구체적으로 한 일은 다르지만 서로 호응하고 일맥상통하고 있었죠. 어떤 특징인지 꼭 말해야 한다면 제 생각에 일종의 이상주의적 분위기, 개방적인 마음, 토착적인 것을 대면하는 동시에 서구적인 면도 놓치지 않는 점, 그리고 사회적인 관심과 문제의식을 명확히 지니고 있었다는 점 등을 들 수 있을 것 같습니다.

자젠잉 맞아요, 당시에는 모두들 탁 깨놓고 말하지 못했지만 마음속으로는 알고 있었죠. 하나의 시대가 끝났다. 유토피아의 꿈에서 깨어난 후, 도대체 무슨 일이 일어난 것인가? 왜 일어났나? 이제 어떻게 하나? 어디로 갈 것인가? 라고 자문하게 되었습니다. 예를 들어 톈좡좡과의 인터뷰에서 그의 〈사냥터에서〉獵場札撒, 〈말도둑〉盜馬賊에 대한 이야기가 나왔습니다. 당시 이들 영화는 난삽하다고, 영화언어의 실험이 주된 것이라고 받아들여졌어요. 관중들은 그가 무엇을 묘사하고 있는지 몰랐고, 그 자신도 해석을 거부해 왔습니다. 결국 이번에 이야기를 해주더군요. 아주 에두른 방식으로 자신의 '문혁' 경험에 대한 느낌과 의문을 표현한 것이라고 말입니다. 당신이 말씀하신 사회적 관심은 인민공화국의 역사에 대한 관심이라고 해도 되겠죠?

천핑위안 각자의 상황이 다를 겁니다. 예를 들어 현대문학계에서 지속적으로 나타나는 것은 '5·4' 신문화운동 주창자들의 국민성에 대한 비판입니다. 그러나 학술분과의 배경이 어떻든 모두가 당대 중국에 나타난 일련의 문제를 해석하려 힘쓰고 있습니다. 바꿔 말하자면 학술적 담론의 배후에 현실에 대한 관심이 짙게 투영되어 있었던 거죠. 이 점에서 90년대 이후와는 다릅니다.

자젠잉 어떻게요?

천핑위안 90년대 이후 우리는 논제 자체에 더욱 주목하게 되어, 현실생활과의 연계를 필연적인 것으로 생각하지는 않게 되었습니다. 그것의 장점은 학술분과가 크게 발전하고 학술이 점점 독립되어 "학술을 빌려 정치적인 견해를 치장하지" 않아도 되었다는 점입니다. 단점은 학계가 갈수록 현실생활에서 유리되어 많은 학자들이 서재에만 처박혀 창밖의 풍경을 보려고 고개조차 들지 않게 되었다는 점입니다. 물론 줄곧 서재와 사회의 주변에서 배회하는 사람도 있고요. 모두들 저를 '아카데미파'의 하나로 분류하고 있습니다. 그렇다고는 해도 저는 책을 쓸 때 반드시 "종이 뒷면에 꼭 누른 심정"을 가지고 있다고 생각합니다. 그게 아니라면 숙련된 작업에 그칠 뿐 의미는 크지 않을 겁니다.

80년대의 학술은 청나라 초기와 비슷한 면이 있습니다. 비록 고염무顧炎武, 황종희黃宗羲와 같은 대학자가 배출되지는 않았지만 말입니다. 그 옛날 량치차오梁啓超가 『청대학술개론』淸代學術槪論에서 청나라 초기의 학문을 다음과 같이 이야기했습니다. "혼란스럽고 조잡한 가운데 일종의 생기발랄한 기상이 있었다." 제 생각에 80년대에도 그랬던 것 같습니다. 좀 공허하긴 했지만 기백이 웅대하여 무작정 부정해서는 안 됩니다. 혹은 왕궈웨이王國維가 「심증식 선생 칠순 축하 서문」沈乙庵先生七十壽序에서 기술한 "청나라 초기의 학문은 크고(大), 중기인 건륭·가경 연간의 학문은 정밀하며(精), 청말 도광·함풍 연간의 학문은 새롭다(新)"라고 한 말을 가져와도 되겠군요. 하나는 기백과 규모를 추구하고, 하나는 정밀하고 전문적인 것을 추구하며, 다른 하나는 새로운 변화를 추구했죠. 이것이 제가 80년대 중국 학술에 대해 가지고 있는 기본적인 관점입니다.

물론 이러한 '생기발랄'은 사회 전체가 개혁 중이고 문화 전체가 변화하고 있었으며 새로운 규모를 확립하는 과정에 있었기 때문에 상상력을 불러 낼 충분한 공간이 있었던 것이라고 말할 수도 있겠습니다. 규모가 확립된 후에는 아무리 재능이 많은 사람이라도 독자적으로 해 볼 여지가 없어진 거죠. 그래서 우리 세대는 사실 시기를 잘 타고난 거라고 말한 것입니다. 안정적인 사회였다면 각종 규칙이 이미 갖춰져 있고 쉽게 깨지지 않을 정도로 견고하여 반항할 마음이 있다고 해도 실현될 가능성이 없을 겁니다.

자젠잉 말씀하신 내용은 90년대 이후의 상황이군요.

천핑위안 90년대 초에 저는 처음으로 일본에 갔습니다. 일본 교수가 저에게 말하더군요. 70년대 이후 일본에서는 지식인이 사회에 진정한 영향을 끼칠 힘이 사라졌다고 말입니다.

자젠잉 미국 학자도 마찬가지인 것 같습니다. 70년대 이후 대학은 갈수록 그렇게 되었습니다. 특히 인문학계가 그렇죠. 자기들끼리 모여 독백만 내뱉습니다.

몇 년 전부터 유행한 '문화연구'가 대표적입니다. 많은 미국 학자들이 연구에 뛰어들어 대중문화에 대해 논의하고 맥도날드, 디즈니 따위를 비판했지만 사실 동료 학자들, 학생들이나 그런 글을 보지 대중문화 업계에서는 거들떠보지도 않잖습니까. 그들이 펼쳐 놓은 기호를 이해하지도 못하고 조금도 영향을 주지 못하죠. 간혹 황당하단 느낌을 받을 때도 있습니다.

미국의 대학이 오히려 디즈니가 된 것 같다는 생각이 들어서요. '마술 세계', '하이테크 센터' 등등의 온갖 기묘한 게임과 연출이 있고, 그 연출자는 교수, 관람객은 학생인데, 외부 세계와는 아무런 관련이 없고 외부 사람들도 그걸 뛰어난 천재 꼬맹이들이 노는 곳 정도로 여깁니다. 그 속에 가둬 둘 테니 거기서 놀고 싶은 대로 놀아 봐라! 하는 식이죠. 미국의 대학이 사회운동을 했던 건 60년대 반전운동을 하던 시절이 마지막이었습니다. 요즘은 누가 그런 걸 합니까? '9·11'이나 이라크 전쟁같이 큰 사건이 일어나도 사회운동은커녕 캠퍼스 내의 항의행동조차 거의 없었습니다. 캘리포니아의 몇몇 특별한 좌파 캠퍼스를 제외하면 말이죠. 미국 지식계를 주도하는 상당수는 유태인인데, 중동 문제에 대한 관점은 그들 내부에서도 서로 엇갈리고 있습니다. 학생들 또한 미국사회 전체와 마찬가지로 보수화되는 추세입니다. 다른 관점에서 보면 이 또한 미국사회 전체가 굉장히 안정적이라는 말이기도 합니다.

천핑위안 일본의 전환점은 아마도 1968년입니다. 그때의 학생운동이 마지막으로 지식인의 힘을 보여 준 때입니다. 70년대로 진입하면서 대학교수는 기본적으로 그냥……。

자젠잉 강의 숙련공, 혹은 상아탑의 전문가.

천핑위안 맞아요. 중국에서 80년대 지식인은 그래도 사회에 영향을 주고 사회의 발전방향과 구체적인 진행과정에 영향을 줄 수 있었습니다. 그래서 중국의 80년대는 사실 그리워할 만합니다. 그 시절에는 사회적 규범이 아직 제대로 세워지지 않아, 학자들이 한 발은 강의실에 걸치고 다른 한 발은 사회로 걸어 나가 학술적 연구와 사회적 실천을 서로 결합할 수 있었습니다. 말을 하면 누군가가 들어주고, 게다가 이 사회의 변화가 자신의 노력과 관련된다는 것을 확실하게 감지할 수 있었습니다. 이는 아주 행복한 일입니다. 전공 영역에서 학술 패러다임 전체가 변화하고 있었으며, 자신의 작업이 직간접적으로 이러한 변화의 완성을 재촉하는 것이기도 했습니다. 그래서 그 세대의 학자들의 작업은 많은 부분 만족스럽지 않은 것이 사실입니다만, 멀리서 바라보자면, 몇십 년, 1, 2백 년 후 되돌아본다면, 그들이 기본적으로 학술적 변화를 완성시켰다고 할 수 있습니다. 그런 의미에서 그들은 사실 역사를 창조했다고 할 수 있습니다. 때문에 이런 저런 병폐가 있다고 해도 상관없습니다. 역사는 원래 이렇게 흘러오는 것이니까요. 훗날 누군가의 전공 연구가 그들보다 전문적이고 그의 저작이 그들보다 정밀하다 하더라도, 그들이 사회에 끼친 영향력과 학술적 변화에 기여한 공헌은 여전히 선망의 대상이 될 것입니다.

80년대의 문화적 분위기가 우리가 그리워할 만하다고 말했는데, 그러나 저는 동시에 그 시대 사람들이 지니고 있던 엘리트 의식과 계몽적 태도가 충분히 반성되지 않았다는 사실 또한 인정합니다. 또 하나의 문제는 80년대의 학자들이 사회의 발전과정에 영향을 주려는 다급한 마음에 조금씩은 "학술學術을 빌려 정론政論을 치장"하는 습관을 길러냈다는 점입니다. 인용한 말은 고어투인데, 그건 『청대학술개론』에서 빌려와서 그렇습니다. 량치차오는 자신과 스승 캉유웨이康有爲에 대해 평가할 때 일찍이 변법유신에 힘쓰느라 학문을 위한 학문을 할 겨를이 없어 학술을 빌려 정치적인 견해를 치장했다고 말하고 있습니다. 바꿔 말하자면, 표면적으로는 학술문제를 토론하고 있지만 사실 정론을 펼치고 있었던 거고 진정한 의도는 당시의 중국정치에 있었다는 말입니다.

어떻게 보면 우리들의 현실적 관심을 잘 보여 주는 것이긴 하지만, 다른 한편 전공 연구에 있어 습관적으로 행해지는 곡해와 오용을 야기하기도 했습니다. 많은 사람들이, 80년대에 명성을 날린 많은 사람들이 평생토록 이 병폐를 고칠 수 없었습니다. 전공 연구에 자신의 정치적 입장과 사회적 관심을 지나치게 집어넣으면서 연구대상에 대해 꼭 필요한 자신의 체득, 이해, 동감은 결핍되어, 무엇을 이야기해도 선언이나 정론과 비슷해져 버리는 식입니다. 이런 건 안 좋죠.

자젠잉 대표적인 예를 들어 줄 수 있나요?

천핑위안 (웃으며) 그건 곤란하군요.

자젠잉 그럼 좋습니다. 근데 다른 많은 학과들도 마찬가지 상황인가요?

천핑위안 그래요. 80년대에 인기 있었던 학자들 중 나이가 많은 편도 아니고 몸도 건강한데 더 이상 발전이 없는 사람이 있습니다. 고정된 사유 방식과 표현방식이 이미 형성되어 항상 전공 논문에 격앙된 어조로 자신의 사회적 관심을 표명합니다. 그게 적절한지는 따지지도 않고 말입니다. 좀 애석한 일이죠.

자젠잉 그건 80년대의 유풍입니다. 아편을 피우면 인이 박히는데, 혁명, 비판 같은 것도 똑같이 중독성이 있어 몸이 근질거리는데 채워지지 않으면 답답해 죽는 거죠. 다른 한편 요즘 사회생활이 그런대로 다양화되면서 배설할 경로가 이전보다 많아졌고 대중들의 주의력은 이전보다 짧아졌습니다. 각종 다양한 목소리들이 외치며 판로를 찾고 있기 때문에 어떤 사람들은 사람들의 주목을 받기 위해 일부러 이슈를 만들어 내기도 합니다. 복잡한 문제를 간단하고 선동적인 표현으로 가득 채우는 거죠. 일부 학자들의 글이나 발언도 마찬가지예요. 그러나 아무리 격앙된 어조로 "사람들을 놀라게 할 말을 하지 못하면 죽어서도 멈추지 않으리"語不驚人死不休라는 태도라도, 만약 성숙한 사색과 정확하고 적당한 표현이 없다면 일시 반짝 효과를 만들어 낼지는 몰라도 아무런 도움이 되지 않을뿐더러 도리어 경박하고 비이성적인 분위기를 조장할 수도 있습니다.

천핑위안 80년대와 90년대 학계의 차이에 대한 이야기로 되돌아가겠습니다. 먼저 '학술과 사상' 논쟁에서 논의를 시작하려 합니다. 그게 8, 90년대 학술의 전환을 이해하는 아주 좋은 돌파구이기 때문입니다. 아시다시피 이 구분은 리쩌허우李澤厚에서 처음 시작된 것입니다. 리쩌허우는 아주 민감한 사람입니다. 그는 90년대로 접어들면서 많은 사람들이 왕궈웨이, 천인췌陳寅恪를 이야기하되 천두슈陳獨秀, 리다자오李大釗는 이야기하지 않는 것을 발견했습니다. 그래서 그는 "학문가는 부각되고 사상가는 잊혀진다"는 공식을 개괄해 냈습니다. 이 말을 좀더 확장시켜 보면, 학문가가 뜰수록 학계에서 '주의'는 말하지 않고 '문제'만 이야기하며, 학자들이 서재에 처박혀 사회에서 유리된다는 말일 수 있습니다. 그의 견해는 폭넓게 유포되었으며 많은 영향을 줬습니다. 왕위안화王元化는 이에 동의하지 않고 학문과 사상을 겸하기를 바라며 '학문이 있는 사상'과 '사상이 있는 학문'을 제창했습니다.

자젠잉 90년대 초에 있었던 일이죠.

천핑위안 예. "학문가는 부각되고 사상가는 잊혀진다"는 견해에 많은 사람들이 호응했지만 저는 시종 아무런 의견도 표명하지 않았습니다. 왜냐하면 제가 보기에 그건 거짓 명제였기 때문입니다. 기본적으로 매체에서 만들어 낸 말이죠. 왜인 줄 아십니까? 첫째, 어떤 특정 시기에 학문가가 빛을 볼 수는 있지만 그게 오래갈 수는 없습니다. 대중이 전혀 이해하지 못하기 때문입니다. 예로부터 위세를 떨쳤던 건 사상가형에 가까운 사람이었지 학문가형이 아니었습니다.

예를 하나 들어 보겠습니다. 자유주의를 찬성하는가 반대하는가를 묻는다면 많은 사람들이 앞다퉈 발언하겠지만, 자유주의라는 개념이 형성되고 변화해 온 이론적 과정을 토론하자고 하면 쫓아올 사람이 몇 없을 겁니다. 사상을 이야기하고 정치적 입장을 표명하는 것은 누구나 끼어들 수 있습니다. 이야기를 잘하고 못하고는 별개의 문제입니다. 학문을 논하려면 조리 있게 분석해야 하고, 그러려면 책을 읽고 사유를 해야 하는데, 그건 아주 작은 그룹에서만 가능한 일이죠. 간양이 기가 막히게 표현한 구절이 생각나는군요. 대충 이런 뜻이었습니다. "나는 일류학자와는 감히 대화할 수 있어도, 이류학자와는 문제를 토론할 엄두를 못 낸다." 왜냐하면 일류학자는 사상과 입장을 이야기하는데, 사상과 입장이라면 우리도 있기 때문이죠. 그에 반해 이류학자는 학문을 이야기하는데, 학문을 논하려면 어쨌든 해당분야의 책을 읽어야 합니다. 안 읽고는 할 말이 없으니까요.

자젠잉 간양은 전형적인 사상가형 지식인이자 조직가입니다. 80년대에 그가 그런 말을 했었나요?

천핑위안 아마 잘못 기억하지는 않았을 겁니다. 그의 성격에도 잘 들어맞고, 일리 없는 말도 아니니까요. 일류, 이류학자의 구분에는 별로 동의하지 않지만요. 사실 사상과 학문은 각자 강점을 보이는 부분도 있고 나름의 한계도 있어 한쪽을 맹신하고 다른 쪽을 부정할 필요는 없습니다. 게다가 저는 학문이 없는 사상이나 사상이 없는 학문이라는 말을 별로 믿지 않습니다. 서로 강조하는 부분이 다르고 학술적 관심에 차이는 있겠지만 구태여 사상과 학문을 나누어 따로따로 해야 한다는 건 적절하지 않습니다. 사실 제가 이 논쟁을 끄집어 낸 배후에는 90년대의 중국 학계가 구체적인 문제에 더욱 주목하고 총체적인 사상으로서의 '주의'에는 소홀하게 되었다는 문제의식이 있습니다. 그러나 세상은 돌고 도는 법인지라 곧이어 '자유주의'와 '신좌파'의 논쟁이 도처에서 일어났고, '사상'이 또다시 많은 사람의 시선을 끌게 되었습니다.

둘째로, 저도 1989년의 정치적인 변고로 학자들의 활동공간이 축소되었다는 점을 부인하지는 않겠습니다. 외부적인 통제 때문이든 이른바 '자율' 때문이든 학자들이 민감한 문제를 공개적으로 발언하기가 아주 어려워졌습니다. 이 시기에 서재와 캠퍼스로 들어간 것은 확실히 우선 물러났다가 다음을 기약한다는 요소도 있었습니다. 팔을 들어 크게 구호를 외치면 군중들이 호응하던 장면과는 작별을 고하고, 옛 사람들과의 대화로 전향하는 것에 어떤 사람들은 흥미가 있었겠지만 어쩔 수 없어서 그렇게 한 사람도 있습니다. 이러한 전환에도 내재적인 법칙은 있습니다. 즉 90년대 이후 많은 학자들이 거대담론을 버리고 구체적인 문제를 토론하게 되었다, 혹은 '주의'에 대한 이해와 고수를 구체적인 '문제'의 토론에서 실현되기를 희망하게 되었다는 점입니다.

자젠잉 당시 '국학열'의 외재적 배경이군요. 주동적으로 전향한 게 아니라 모서리로 몰려 면벽수도를 할 수밖에 없는 상황이었는데, 한번 면벽을 시작하고 보니 그 속에 또 다른 세상이 있다는 걸 발견하게 된 거죠.

천핑위안 세번째 요소 또한 고려해야 합니다. 90년대의 학술로의 전환은 사회과학이 중국에서 급속도로 성장했다는 점과도 관련됩니다. 이전의 '문화열'은 기본적으로 인문학자들 간의 소란이었습니다. 인문학의 유구한 전통, 그 사회적 관심과 표현방식은 비교적 쉽게 승인받을 수 있는 것이었습니다. 90년대로 진입하면서 한동안 억눌려 있던 정치학, 법학, 사회학, 경제학 등 사회과학이 다시 발전하기 시작했고, 게다가 아주 맹렬한 기세로 발전했습니다. 이들 사회현상을 직접적으로 상대하고 있는 학과에서 발언을 시작하자 논의의 질이 달라졌고 갈수록 영향력도 커졌습니다. 이전까지 기본적으로 인문학자들이 판치던 세상과는 아주 달라졌죠.

자젠잉 그러고 보니, 80년대의 학계는 거의 온통 인문학자들의 세상이었네요.

천핑위안 '문화열'에서 활약하던 인물들의 학술적 배경은 대부분 인문학에 속합니다. 인문학자는 위로는 하늘의 운행에서 아래로는 나라의 경제와 민생에 이르기까지 대담하게 무엇이든 이야기합니다. 90년대 이후 사회과학자들이 일어나면서, 그들 각자의 이론적 배경이 있고, 각각의 작업방식과 축적된 전공 지식이 있는 데다 자신의 영역인 사회문제의 논의에 가담하자 명확하게 깊이에서 차이가 났죠. 예를 들어 헌법 문제, 언론 자유, 사회계층, 도농〔城鄕〕모순 문제 등 80년대에 우리들도 모두 이야기한 바 있지만 필요한 이론적 자원과 실지 조사가 부족하여 아주 얕은 논의밖에 이뤄지지 않았습니다. 사회과학이 성장하면서 인문학자들의 이상주의적이며 농후한 문인적 기질의, 비교적 공허한 논의는 수그러들게 되었습니다. 때문에 8, 90년대의 변화는 인문학자와 사회과학자 양 진영의 주도권의 변화도 포함하고 있습니다. 80년대와 같은 활발한 문화적 분위기 및 상대적으로 개방적인 활동공간은 이미 존재하지 않게 되었는데, 여전히 계몽적 담론을 고수하거나 '광장의 언어'를 고집한다면 정부도 허락하지 않을뿐더러 학계에서도 승인하지 않을 겁니다. 중국학계 전체가 거대한 변환을 맞이하고 있고, 잘 훈련된 수많은 법학자, 경제학자, 사회학자들이 구체적인 사회문제를 토론하는 것이 우리 인문학자들보다 전문적이고 효과적이며 깊이가 있음이 분명합니다. 인문학자들이 즐겨 사용하는 '큰 문구', 툭하면 내뱉는 '주의'니 '이상'이니 하는 것들을 사회학자들은 결코 인정하지 않습니다. 학계에서 일고 있는 '거대서사'에 대한 보편적인 의문은 포스트모더니즘의 영향이지만 사회과학이 인문학에 던지는 도전이기도 합니다. 우리가 말한 '사상과 학문'의 논쟁은 이와 직접적으로 관련됩니다.

그 밖에, 현재의 중국에 대해 80년대의 학자들은 비판적 입장을 견지하고 있는 경우가 많았는데 90년대에는 개입과 협조를 중시하게 되었습니다. 이는 인문, 사회과학을 나누는 분과의 특성과 관련되는 것 같습니다. 인문학자는 정신성에 주목하고 자신의 신념과 입장을 지켜 '영원한 반대파'가 되어도 원망하지 않습니다. 사회과학자는 그러기보다는 건설자의 태도를 취하려 합니다. 현실성과 실현가능성을 주목하며, 주동적으로 정부, 기업과 합작하여 대량의 연구경비를 획득하기도 하고 실제적으로 사회의 발전과정에 영향을 줍니다. 좀 과장하자면 80년대 중국학계가 '비판'에 능했던 것과 90년대 중국학계에서 '건설'에 주목한 것은 사실 인문, 사회과학의 "한쪽이 흥하고 다른 쪽은 쇠약해진" 것에 의해 결정되었다고 말할 수도 있습니다.

자젠잉 예전에 인문학자들이 즐겨 쓴 잠문은 비수와 투창이었습니다. 그러나 비수 뒤에 장검이 없고, 투창 뒤에 박격포가 없는 경우가 많았습니다. 항상 속전속결의 마음가짐으로 "한쪽을 치고 다른 곳으로 빠지는" 유격전만 좋아했어요. 그러나 중국의 근대화는 정치, 사회, 학술 할 것 없이 하나의 지구전입니다. 진정한 정규전은 그래도 정규군이 맡아야 하죠.

천핑위안 싸울 줄 아는 사람은 '촌철살인'을 중시합니다. 반드시 진지를 구축해야만 하는 것은 아니고, 십팔반무예를 과시할 필요도 없습니다. 인문학자의 선택은 비수와 투창이었고, 자신을 표현하는 것에 더 열심이었고, 정신과 신념에 더 주목했습니다. 이 입장의 가치는 존중받을 만 합니다. 실제적인 작업을 강조하여 조금씩 개량해 나가는 것에 주목하는 것은 사회과학자의 사유방식입니다. 경제학자나 법학자는 결코 문학가와 같은 방식으로 발언하지 않을 것입니다. 현재의 중국은 사회과학자의 사유방식이 우위를 점하고 있죠.

자젠잉 사실 문학가이든 사회과학자이든 어떤 사람은 유격전에 능하고 또 어떤 사람은 진지전에 능할 것입니다. 숲에는 여우도 있지만 고슴도치도 있는 것처럼, 학과의 특징 말고 기질적이고 천부적인 자질 때문에 그렇게 되는 경우도 많습니다. 그게 정상이고요. 그렇지만 인문, 사회과학이 80년대, 90년대에 "한쪽이 흥하고 다른 쪽은 쇠약해진" 현상에 대한 당신의 총체적인 묘사에 동의하며, 아주 정확하다고 생각합니다. 당신이 보시기에 이것을 일종의 진보라고 할 수 있을까요?

천핑위안 일종의 진보입니다. 많은 사람, 특히 인문학을 공부하는 사람들은 그 점을 인정하지 않으려 하죠.

자젠잉 그래요. 일전에 베이징대학의 교육개혁이 야기한 일련의 논쟁 때 보니까, 인문학자들의 글은 여전히 멋 부린 문장으로 비판의 목소리만 높이는 그런 스타일이더군요. 예리하긴 한데 건설적인 면과 실행가능한 의견은 부족하고 논쟁 상대에 대한 존중과 이해도 부족합니다. 저도 관련된 글을 하나 쓰려고 여러 사람을 만나 보고 여러 주장들을 살펴봤는데, 그 격렬한 논쟁 속에서 학계의 전환이란 요소가 작용하고 있다는 걸 발견했습니다. 각종 반응들의 배후에 복잡다단한 이익관계, 체제의 종결, 새롭고 낡은 각종 병폐에다, 이른바 '인문학과 과학기술 사이의 논쟁', '해외파(海龜)와 토종(土鼈) 간의 논쟁'까지 뒤섞여 상당히 혼란스러웠어요. 어떤 면에서 베이징대학의 교육개혁이 드러낸 문제는 중국 지식인이 90년대 이후 겪고 있는 상황의 축소판이라고 말할 수 있습니다. 그 논쟁에서 인문학자들은 장웨이잉*의 개혁방안을 반대하던 주요 세력이었고 사회학자, 특히 경제학자들이 주요 지지세력이었습니다. 제가 보기에 당신의 태도는 인문학자들에게서 별로 볼 수 없는 것입니다. 당신은 시종 온화한 목소리로 문제를 논의합니다. 당신이 찬성하는 것은 일종의 '보수적인 치료법', 일종의 묵직하고 점진적인 개혁인 것 같습니다. 그것은 당신이 학계의 전환을 일종의 진보라고 인정하려는 태도와 관련되는 것 같습니다.

---

* 장웨이잉(張維迎, 1959~): 베이징대학 경제학 교수, 동 대학 공상관리연구소 소장, 옥스퍼드대학 현대중국연구센터 연구원. 국가체제개혁위원회 중국경제체제개혁연구소에서 개혁이론과 정책연구를 수행한 바 있다. 2003년 베이징대학 총장을 도와 베이징대학 교육개혁방안을 입안한 바 있다.

천핑위안 정상적인 사회에서는 두 종류의 인간이 똑같이 요구됩니다. 하나는 정신을 세우는 지렛대 역할을 하는 사람입니다. 순수한 이성적인 성질의 사람으로 너희들 사회가 어떻게 변하든 간에 나는 자신의 이념과 입장을 고수하여 나의 눈과 취향에 따라 모든 것을 가늠하겠다는 태도를 지녔죠. 이처럼 조금도 타협하지 않는 추구가 없다면 사회는 방향감을 상실할 것입니다. 그러나 반대로 이런 사람들만 있다면 실행가능성이 부족하여 사회가 정상적으로 움직일 수가 없겠죠. 때문에 착실하게 중국 개혁의 중임을 짊어지고 있는 사람들도 똑같이 존중받을 만합니다. 만약 부분으로 전체를 평가하는 것이 용인된다면 인문과학과 사회과학, 두 부류의 학자가 맡아야 하는 서로 다른 책임이라고 개괄할 수 있을 것입니다. 바로 이 점에 근거하여 90년대 이후 중국학계의 분위기의 변화가 구체적인 문제로의 전환, 사회적 실천으로의 전환, 제도의 건설로의 전환 등 사회과학의 성장과 관련된다고 말씀드린 겁니다.

자젠잉 마침 바로 이어서 제가 묻고 싶었던 다른 문제와 관련되는군요. 이렇게 보는 견해도 있습니다. 현재 과학 분야의 지식인이 학계 담론의 중심을 점하고 인문학자들은 주변으로 내몰렸다. 뿐만 아니라 학계가 전반적으로 부패하였고 지식인이 물질적 이익에 투항하여 독립적인 입장도 없이 이상도 없이 명리를 추구하는 학자들이 넘쳐난다. 당신은 이런 식의 비판을 어떻게 보십니까?

천핑위안 똑같은 독서인인데, 혹은 학자라고 해도 되겠죠, 그런데 배우는 전공의 차이로 인해 서로 다른 입장과 취향을 발전시키게 됩니다. 80년대의 우리들은 항상 문과가 어떠하고, 이과가 어떠하다는 식의 말을 해왔습니다. 이런 식의 이야기는 수정될 필요가 있는 것으로 보입니다. 반드시 나눠야 한다면 기초학과와 실용학과로 구분해야겠죠. 이른바 기초학과에는 인문학과 함께 자연과학의 수학, 물리, 화학 등이 포함될 것이고, 실용학과에는 사회과학 및 공업기술 등이 포함될 것입니다. 후자가 더 사회와 가깝고 실용성, 실행가능성을 강조하며, 정부와 기업의 찬조를 받기가 쉽습니다. 제가 『중국현대학술의 건설』中國現代學術之建立이란 책에서 '실사구시(求是)와 경세치용(致用)', '관학과 사학', '전문가와 박학가(通人)' 등과 같이 다소 고루한 명제를 논의한 것은 이러한 현실적 자극 때문입니다. 혹은 제가 역사를 마주할 때 지면의 배후에 새겨 넣은 심정은 "어떻게 하면 90년대 이후 중국학계에 일어난 거대한 변화를 이해할 것인가"였다고 말할 수도 있습니다.

80년대와 90년대의 차이를 이야기할 때 많은 사람이 이상주의와 물질주의의 대결구도에서 들어가고, 후자에 대해 상당히 비판적인 태도를 보입니다. 저도 80년대를 거쳐 온 사람이지만 90년대의 사회와 문화 사조가 왜 지금과 같은 상황에 이르게 된 것인지 충분히 이해가 됩니다. 많은 사람이 공격하는 것처럼 그렇게 심각하다고 생각하지도 않아요. 학계를 예로 들자면, 우리는 80년대의 문화적 분위기를 많이 그리워합니다. 그러나 전공의 전반적인 수준은 90년대에 큰 진전이 있었던 게 분명합니다. 사회과학의 발전은 말할 것도 없습니다. 법학, 경제학, 사회학 등은 80년대에 겨우 다시 걸음마를 배우던 단계였으니까요. 인문학 쪽도 사실 발전하고 있습니다. 다만 '학문하는 사람'이 너무 많고 저작도 너무 방대하여 옥석 구분 없이 섞이는 바람에 엉터리와 마주칠 확률이 아주 높긴 해요. 그런 걸 보면 마음이 무거워지죠. 우리는 지금의 파괴된 학술적 풍조를 비판할 때 종종 80년대와 대비하는 경우가 많은데, 그러면서 알게 모르게 그 시절을 이상화시키고 있습니다. 그 시기를 거쳐 온 사람의 하나로 저는 80년대의 생기발랄함을 아낍니다. 그러나 80년대의 전문 저작은 대부분 열정만 넘쳤지 공력은 부족했다는 점을 인정해야 합니다. 학생들에게도 자주 하는 말입니다. 80년대에 학자가 된 사람들은 학적 수양이 충분하지 않지만 기회를 잘 만나 나름대로 훌륭한 성과를 보인 거라고 말입니다. 후스胡適가 신시新詩를 평가한 말을 인용하여 우리 세대의 작업을 묘사하자면, "제창하려는 마음은 있으나 창조해 낼 힘은 없다"고 할 수 있습니다.

80년대 학계와 문단에서 활약한 많은 사람들 또한 모두 그렇다고 할 수 있습니다. "제창하려는 마음은 있다"는 말은 80년대에 출현한 많은 새로운 사조, 예를 들어 방법론, 시스템론, 학제간 연구, 비교문학 등등을 말합니다. 그 외에도 많은데, 당시 사람들은 모두 그런 것에 마음이 쏠려 있었죠. 당시는 용어와 구호를 발명하는 데 열중하던 시대였습니다. 모두가 '제창'하고 있었죠. 제창한 후 정말로 실현시킬 능력이 있는지의 여부에는 그다지 신경 쓰지 않았습니다. 어떤 역사적 책임을 의식했기에 적극적으로 제창했습니다. 최후의 성과가 자신에게 없다 해도 상관없었죠. "세상에는 그 시대에 맞는 인재가 배출되기"江山代有才人出 마련이니, "새로운 풍조를 열 뿐 남의 스승이 되지 않아도"但開風氣不爲師 제창하는 사람은 이미 자신의 임무를 잘 완수한 셈이니까요. 혹여 비웃지는 마시기 바랍니다. 이 또한 80년대의 사랑스러운 점이니까요.

한 가지 점을 더 이야기하고 싶습니다. 이 또한 80년대 학술을 이해하는 중요한 단서의 하나입니다. 격동의 80년대 전체를 따라다닌 것은 '5·4' 신문화운동에 대한 사고, 추종, 반성과 초월입니다. 핵심은 한편으로 추종하면서 다른 한편 반성했다는 점입니다. 믿기지 않는다면 80년대의 중요한 사상 텍스트를 한번 살펴보세요. '5·4'는 절대적인 키워드입니다. 우리는 문혁을 반성했을 뿐 아니라 공화국 역사의 역사를 반성했으며, '5·4' 또한 반성했습니다. '심근문학'은 '5·4' 신문화운동과의 대화였고, 〈하상〉河殤 또한 '5·4' 정신에 대한 해석이었다고 할 수 있습니다. 80년대의 학자들은 한 걸음씩 근원을 찾아갔습니다. 먼저 '5·4'까지 되돌아간 다음, 몇 년 되지도 않는 짧은 기간에 '5·4'의 사유방법과 정치행위를 신속하게 다시 한번 재연했던 거죠.

자젠잉 재출발한 거네요.

천핑위안 맞습니다. 재출발입니다.

자젠잉 문학에서의 '심근'을 예로 들자면, 전통을 찾자는 것에서 시작하여 순식간에 전통의 비판으로 변하여 '5·4'의 국민성 비판과 맥을 같이하게 됩니다. 90년대로 진입한 후엔 '5·4'와 같은 비판적·혁명적 열정은 거의 휘발되어 사라진 것 같고 점점 개량과 건설적인 궤도로 옮겨 갔습니다.

천핑위안 제가 일찍이 다음과 같이 말한 바 있습니다. 다시 200년이 지난 후 20세기 중국을 논의한다면 어떻게 명명해야 할 것인가? '계몽시대'도 아니고 '혁명시대'도 아니며, 아마도 '5·4시대'가 되지 않을까요? 그 용어가 더 많은 걸 담을 수 있습니다. 그것은 '혁명'이기도 하며 '계몽'이기도 하며, '민주'와 '과학'도 들어 있고, '근대 민족국가' 같은 것도 포함됩니다.

자젠잉 동의합니다. '5·4'의 사유는 확실히 20세기 중국의 주된 실마리입니다. 공화국의 사유방식은 '5·4' 문화 중 가장 급진적이었던 일면이 파생되어 나온 일종의 변종이라고 볼 수 있습니다. 마오쩌둥이 바로 당시 5·4 청년이었잖습니까.

천핑위안 80년대에 대해 제가 더 이야기하고 싶은 것은 학위제도 수립이 가진 의의입니다. 그전까지 중국에는 학사, 석사, 박사 같은 식의 정리된 학위제도가 없었습니다. 처음으로 박사학위를 수여한 것이 1983년이었던 것으로 기억합니다. 학위제도의 수립은 첫째, 우리나라의 교육이 점점 정규화된다는 것을 의미합니다. 둘째, 국제화의 추구, 즉 "국제와 궤를 같이"하여 전통 서원식의 교육에서 벗어났다는 것을 의미합니다. 셋째, 구체적인 실행방식은 미국을 모범으로 삼았다는 것을 의미합니다. 근대 중국의 대학제도는, 청말에 독일과 일본의 방식을 추종하는 것에서 1920년대에는 미국으로 바뀌었다가 50년대에 소련을 학습하게 되었고, 80년대에 다시 미국으로 되돌아오는 길을 걸었습니다. 이 노선이 지금으로까지 이어지고 있고요. 정규화·국제화·미국화, 이 세 발전방향은 90년대 중국학계에 아주 깊은 영향을 주었습니다. 국민 중에서 대학교육을 받는 비율이 급속도로 상승하였으며, 그러다 보니 대학을 어떻게 관리해야 할지가 중요한 문제로 부각되었다는 점은 쉽게 상상할 수 있을 겁니다. 앞으로 기회가 되면 대학과 대학제도에 대해 제대로 이야기해 보고 싶습니다. 개별적인 천재의 창조와 비교했을 때 제도의 건설이 보다 더 주목할 만합니다. 예를 들어 대학에서의 커리큘럼 설계, 학과의 건설, 논문 평가, 학위 수여 등은 모두 작은 문제가 아니며, 그것들을 어떻게 처리하는가는 전체 사상문화의 발전에 영향을 줄 수 있습니다. 학술논문을 예로 들어 보겠습니다. 조금 전에 이야기했듯이, 80년대의 학계는 규범이 많지 않고 전문화의 정도가 높지 않아 논문을 쓸 때 학제의 경계를 쉽게 넘어서곤 했으며 심지어 한가롭게 정원을 산책하듯 "문화를 이야기"할 수도 있었습니다. 90년대에는 달라져 논문을 쓸 때 엄격한 형식적인 요구가 부가되었습니다. 이러한 전문화 추세는 학자들이 광장에서 서재로 물러난 것과 많은 관련이 있습니다.

자젠잉 그 주제는 너무 크군요. 몇십 년의 혁명시대에서 걸어 나왔기에 아마도 운동하는 것 정도만 전문가 수준이었지 다른 무엇에도 전문적이지 않았지요. 대학만이 아니라 거의 모든 분야에서 마찬가지였습니다.

천핑위안 8, 90년대의 학술을 논하다 보니 또 다른 문제를 이야기하고 싶군요. 그건 바로 학술에서의 '격세유전' 문제입니다. 무슨 이야기인가 하면, 80년대의 우리들은 7, 80여 세의 노선생들의 도움으로 5, 60년대를 건너뛰고 직접 30년대의 학술전통을 계승했습니다. 예를 들어 제가 중산대학, 베이징대학에서 공부할 때 각각 룽겅容庚, 왕지쓰王季思, 황하이장黃海章, 우훙충吳宏聰, 왕야오, 린경, 우쭈샹, 지전화이 등 여러 노교수들을 접했고, 그들 대부분은 1930년대 베이징대학, 칭화대학, 중앙中央대학, 혹은 항전 시기의 서남연합대학西南聯合大學에서 공부한 분들입니다. 거듭되는 정치운동의 충격 때문에 그들은 제대로 능력을 발휘할 수가 없었습니다. 개혁개방 이후 그들은 학술적으로 "새로운 청춘기를 맞이했습니다." 이것은 비유가 아니라 사실입니다. 이들 노선생들은 몸가짐에서든 학문적으로든 단숨에 3, 40년대로 되돌아갔습니다. 명심하셔야 할 게, 사상개조를 강요당하던 5, 60년대로 돌아간 것이 아니라 처음 학술 훈련을 받던 30년대로 되돌아갔다는 점입니다. 항일전쟁 전에 중국의 대학은 이미 제대로 모습이 갖춰져 있었습니다. 수가 많지는 않지만 질은 아주 좋았죠. 그 시절 대학 캠퍼스에는 수많은 인문학 연구 방면의 대가들이 활약하고 있었으며, 그들의 업적은 오늘날까지도 넘어서기 어려울 정도입니다. 학생들은 더욱이 그러했죠. 그 당시 학부 졸업논문은 요즘 석사논문보다 훌륭했습니다. 80년대의 학술이 5, 6, 70년대는 거들떠보지도 않고 30년대로 되돌아간 게 조금도 이상할 게 없는 거죠.

그 시절 77, 78학번 대학생들이 숭배하던 대상은 모두 노교수였다는 걸 당신도 발견하셨을 겁니다. 모든 대학에 일군의 노선생님들이 있어 학문의 횃불을 전하는 역할을 했습니다. 간양 같은 사람은 입만 떼면 홍첸洪謙, 슝웨이熊偉를 이야기하고, 천라이는 펑유란馬友蘭, 장다이녠張岱年을 언급하곤 합니다. 저는 역사과의 옌부커閻步克, 가오이高毅와 기숙사를 같이 썼는데, 그들은 덩광밍鄧廣銘, 장즈롄張芝聯에 대해 자주 이야기하곤 하더군요. 다른 대학도 마찬가지입니다. 모두 한두 분이나마 뛰어난 노선생들이 계셨고, 그들의 인격과 재능, 그들의 학술적 취향이 77, 78학번 대학생들에게 영향을 줬습니다. 그런 다음 다시 그 아래 세대에게로 전해진 것이죠. 저는 자신의 이러한 생각에 꽤 만족하는데요, 이렇게 정리할 수 있을 것 같습니다. "80년대의 학술을 이해하려면, 그것을 30년대의 대학교육과 연계시켜 살펴봐야만 한다." 바로 일군의 노선생들이 말로 가르치고 몸으로 보여 준 교육과 관련된다는 말이죠. 그들이 강의를 그렇게 많이 한 것도 아닙니다. 그러나 학생들이 주동적으로 가서 접촉하고, 음미하고, 추앙하고, 이야기를 듣곤 했습니다. 게다가 당시 연구생[대학원생] 제도가 막 생기기 시작하면서 입실제자入室弟子가 된 것처럼 직접 가르침을 받을 수 있는 기회가 더 많아졌습니다. 지금은 이미 대부분 세상을 떠나신 이들 노선생님들이 80년대 학술에 은연중에 미친 영향을 우리는 좀더 주목할 필요가 있습니다. 90년대로 접어들면서 많은 학계의 명사들이 노선생들을 추억하곤 했는데, 모르는 사람들은 괜한 권위에 기대려는 작태라 생각할 수도 있겠지만 그렇지 않습니다. 그들은 확실히 역사의 발전에 영향을 주었습니다.

자젠잉 굉장히 재미있군요. 문화적 단층을 메우고 학술적 전통을 연결시키는 지형도를 잘 그려 주신 것 같아요. 혹시 30년대에 성장한 학자들을 간단히 정리해 주실 수 있을까요?

천핑위안 첫째, 이들은 대부분 중국학과 서양학 쪽으로 좋은 훈련을 받은 정규군입니다. 게릴라가 아니에요. 비판으로 몸을 일으켰거나, 비판에서 시작하여 고등교육을 받은 뒷세대들과는 학술적 수양에서나 수준면에서 완전히 다른 분들입니다. 단지 오랜 억압으로 인해 저술이 많지 않거나 그다지 유명하지 않을 수는 있습니다. 둘째, 어릴 때 좋은 교육을 받은 데다 오랜 삶의 고초를 겪으면서 그들 대부분이 일종의 예지叡智와 인격적인 매력을 지니게 되었습니다. 이 점이 아주 중요합니다. 그들에게서 젊은 세대가 배운 것은 주로 구체적인 지식이 아니라 학문하는 태도와 이른바 학술정신입니다. 셋째, 우리 세대는 이들 노선생들과 경쟁구도가 아니었고 이권이 개입되지도 않았기에 쉽게 서로 마음을 터놓고 사귈 수가 있었습니다. 그들은 일찌감치 이름이 나 있었지만, 기꺼이 젊은 세대를 육성하는 백락伯樂이 되기를 자임했습니다. 늙은 세대와 젊은 세대가 비교적 가까운 사상을 가지고 있었고 학술적으로도 말이 잘 통해 서로 간에 별다른 장벽이 없게 되자 단숨에 회귀해 버린 겁니다. 게다가 노선생님들은 나이가 많고 지위가 높은데도 불합리한 정세를 볼 때마다 정의의 편에서 공정한 말을 하는데, 이런 점이 우리를 감격시키곤 했습니다. 아마도 경험한 사건이 너무 많은 데다 바라시는 것도 없고 해서, "사욕이 없으니 의연할 수 있다"는 태도를 보일 수 있는 것이겠죠.

그렇게 오랜 사상개조를 당했는데도 거의 변하지 않았다는 게 정말 신기할 따름입니다. 제가 말한 이들 노선생들은 대부분 5, 60년대의 학술 사조에 진심으로 섞여들지는 않았습니다. 그래서 "혼란을 바로잡아 정상으로 회복"한 후 자연스럽게 단숨에 30년대로 돌아가 중화민국 초기에 이미 형성되어 있던 학술전통을 이을 수 있었던 것입니다. 학위제도의 수립으로 인해 우리들 중 많은 사람들이 이들 노선생과 조석으로 함께할 수 있는 기회를 얻게 되었습니다. 80년대의 대학원생 교육은 사승관계에 의한 전승에 가까워 정규적이지는 않지만 학문과 인생을 함께 배울 수 있었고 나름의 장점도 있었습니다. 노선생들이 만년에 새로운 청춘기를 맞음으로 인해 제자들은 30년대의 학술전통을 이을 수 있게 되었습니다. 그리고 이들 80년대의 대학원생들이 훗날 대부분 각 전공 영역의 동량이 되었습니다. 왜 우리가 그렇게 빨리 학술적 전환을 완수할 수 있었는지 이제 이해할 수 있으실 겁니다. 더하여 90년대 들어 학계에 나타난 보편적인 회고정서, 심지어 학술사 연구까지 유행이 될 정도였던 것 또한 이와 관련되는 현상입니다.

자젠잉 원래 그랬던 거군요. 정말 부럽네요. 노선생들과 아침저녁으로 함께한 경험은 정말로 소중하며, 중국의 전통 서원식 교육이라는 느낌마저 듭니다. 당신들은 중서 학술을 아우르고 있던 민국 시대 학자들의 마지막 제자(關門弟子)와 마찬가지인데, 그건 당신들의 행운이며 중국 학술의 행운입니다. 오늘 80년대 이래 중국 학술전통이 어떻게 되살아나고 무엇을 이었으며 어떻게 재출발했는지의 과정을 이야기해 주셨습니다. 이 정도에서 이야기를 끝내도록 하겠습니다. 감사합니다.

5
추이젠(崔健)

1986년 베이징 노동자체육관의 그 들끓는 밤에 장삼(長衫)을 입고 기타를 치며「일무소유」 一無所有를 소리 높여 부른 지저분한 청년은 중국 '로큰롤(록)의 대부'가 되었다. 이미 불혹의 문턱인 마흔을 넘어선 추이젠은 중국 록의 기초를 닦았으며, 이번 세기에 들어와서는 '라이브 공연 운동'(眞唱運動)의 기수로 나서 다시 한번 놀라운 활력으로 중국 록의 새로운 장정 길에 올랐다.

추이젠은 중국 록을 위해 태어난 천재인 것만 같다. 1986년 추이젠은「일무소유」로 중국 록의 탄생을 선포했다. 이는 중국음악의 역사에 있어 혁명적이고 기념비적인 목소리였다. 또한 개방된 중국 청년들의 관념에 변화가 나타나기 시작했음을 알리는 구체적인 표현이기도 했다. 추이젠은 아주 적절하게 중국식 록의 표현방식을 포착했다. 추이젠의 록은 80년대 청년들이 그 잠재의식 속에서 표현하고 싶었던 것을 표현해 주었다. 그는 록이라는 방식으로 그 세대 사람들을 감화시켰던 것이다. 이 점은 시간의 흐름에 따라 나날이 분명해져 갔다. 어떤 의미에서 추이젠의 록은 이 20년을 아우르는 것이라고 할 수 있다.

추이젠은 한 조선족 가정에서 태어났다. 부모는 모두 문예계 종사자로, 아버지는 트럼펫 연주자, 어머니는 무용수였다. 14세부터 그는 아버지를 따라 트럼펫 연주를 배웠고, 1981년 베이징 가무단에 트럼펫 연주자로 뽑혀 음악 생애를 시작했다.

베이징 교향악단에서 활동한 6년 동안 음악 창작을 시작했으며, 별도로 6명의 연주자와 함께 '칠합판'七合板이란 밴드를 조직하였다. 이는 당시 중국의 비슷한 부류의 그룹 중 비교적 이른 축에 속한다. 1986년 추이젠은 최초의 록/랩 음악인「내가 모르는 게 아냐」不是我不明白를 만들었다.

1986년 베이징에서 열린 국제 평화의 해 기념 100인 콘서트에서 그가 청나라 제국 시기를 연상케 하는 장삼을 입고 낡아 빠진 기타를 메고서 한쪽 바지를 걷어 올린 차림으로 베이징 노동자체육관의 무대를 뛰어오를 때, 무대 아래 관중들은 아직 무슨 일이 일어난 건지 알아차리지 못했다. 음악이 시작되며 그가 "난 끊임없이 네게 물었어 / 언제 나와 함께 갈 거냐고······"를 부를 때 무대 아래는 조용해졌다. 10분 후 노래가 끝나자, 열렬한 환호와 박수 속에서 중국 최초의 록스타가 탄생했다.

추이젠과의 대화
—2005년 3월 24일 베이징 CD 재즈바

추이젠을 만나기 전 몇 주 동안 그가 곧 베이징에서 콘서트 허가를 받을 거라는 소문이 끊임없이 들려왔다. 작은 규모의 공연이 중단된 적은 없었지만, 추이젠은 이미 너무 오랫동안 베이징의 대형 공연장에 공개적으로 얼굴을 내밀지 못했다. 1993년 수도체육관의 중국 암 기금회 콘서트가 마지막이었다. 12년이 흘러갔다. 이것이 콘서트 현장을 사랑하고 있고, 베이징에 천만의 팬을 가진 록 음악가에게 무엇을 의미하는 것일까? 2004년에 인터뷰를 할 때 추이젠은 이렇게 말했다. "중국에서 예술가는 배고프고 목마른 상황에 몰린 거나 마찬가지다. 배고프다는 건 인세를 거의 받지 못한다는 말이고, 목마르다는 것은 공연기회가 없다는 말이다. …… 예술가에게 공연기회가 없다는 것은 물고기가 수영하지 못하는 것과 똑같다."

검열의 통제와 상업적 부패 사이에 줄곧 끼여 있었지만, 추이젠의 예기가 열악한 환경 때문에 조금이라도 꺾였던 적은 없다. 베이징의 골수팬들도 그를 잊지 않았다. 연초에 추이젠이 럭키바[豪運酒吧]*에서 공연할 때 입장권이 꽤 비쌌음에도 일찌감치 매진되었다. 이날 밤 나는 땀과 술냄새로 뒤범벅인 사람들 틈에서 추이젠을 들었다. 무대 위에서 옛 노래가 시작되면 무대 아래는 따라 부르는 목소리로 가득 찼다. 한 곡 또 한 곡, 노래가 울릴 때마다 사람들은 애간장이 탔고 눈시울이 붉어졌다. 만약 유행가가 한 시대의 표지라면, 추이젠의 노래는 80년대, 90년대의 표지로서의 자격이 충분하다. 그 노래는 이 세대 중국인의 꿈과 고통을 기록하고 있다. 추이젠의 가사 또한 마찬가지이다. 나는 그 가사들이 시이며, 우리 시대 가장 좋은 중국어 시라고 생각해 왔다.

추이젠은 한물갔다, 추이젠은 늙었다는 말을 한두 번 듣는 게 아니다. 그러나 만약 추이젠이 한물갔고, 추이젠이 늙었다면 지금 이 세대의 중국 록 음악을 대표하는 사람은 또 누구란 말인가?

그날 밤 추이젠은 박수와 휘파람, "최고! 최고!"를 연발하는 환호성 속에서 앙코르를 일곱 번이나 했다.

몇 주가 지난 어느 오후, 대화 장소로 다른 바를 선택했다. 그날 추이젠은 이미 몇 번 연속으로 인터뷰를 하고 난 후였다. 새로운 CD가 출시되어 매체의 모든 눈이 추이젠의 이번 창작과 시장상황에 집중되었다. 내가 도착했을 때 추이젠은 아주 흥분되면서도 피곤한 상태인 게 역력했다. 대화는 어떻게 해봐도 80년대라는 '고루'한 주제에만 머물 수가 없었다. 나와 추이젠은 전혀 모르는 사이다. 그러니, 그래, 그의 요즘 이야기를 듣는 것도 나쁘지 않지, 라고 생각하게 되었다. 중국의 전통, 문화정책, 대중음악의 현상을 이야기할 때 추이젠은 여전히 예리하고 솔직하며 강렬했으며 비판의 열정이 조금도 줄지 않았다. 지금과 같은 중국의 환경에서 록 음악가에게 이러한 열정보다 더 귀중한 게 있을까?

---

* 차오양구(朝陽區)에 있는 베이징의 록 공연 기지. 많은 지하 그룹들이 여기서 처음으로 사람들에게 알려졌다. 매주 지하 록 그룹의 공연이 열린다.

2005년 9월 24일, 마침내 추이젠의 콘서트가 베이징 수도체육관에서 열렸다.

* * *

자젠잉   언제 처음으로 록 음악을 만났습니까?

추이젠   80년대 초일 겁니다.

자젠잉   당시 베이징의 한 악단에서 트럼펫을 불고 있을 때인데, 어떤 경로로 녹음테이프를 입수하셨나요? 그리고 어떤 그룹의 음악을 들으셨나요?

추이젠   당시 알고 지내던 몇몇 외국인이 가져온 것으로 온갖 종류의 테이프가 섞여 있었죠. 그렇게 음악을 듣는 게 가장 좋긴 합니다.

자젠잉   지금 기억나는 그룹 이름은 있나요?

추이젠   많죠. 후The Who, 비틀스Beatles, 아바ABBA……, 그 밖에도 많아요.

자젠잉   토킹헤즈Talking Heads는 들어 보셨나요?

추이젠   들어 봤습니다.

자젠잉   어떤 그룹이나, 혹은 그 음악들 중 어떤 게 갑자기 당신을 강타하여 창작에 충격을 준 게 있나요?

추이젠 너무 세세한 분석은 필요 없을 것 같습니다. 바로 록 음악의 개인성, 그게 특히 좋았습니다.

자젠잉 당신의 가사는 시적인 맛이 살아 있습니다. 이전에 시를 쓴 적이 있습니까?

추이젠 없어요. 어릴 때 삼구반*같이 압운이 있는 걸 써 본 적은 있지만, 혼자 좋다고 생각하는 정도였죠.

자젠잉 당신은 보통 먼저 곡을 쓴 뒤에 음악에 맞춰 가사를 씁니다. 그렇죠?

추이젠 그래요. 음악이 작사의 선생입니다.

자젠잉 80년대 초 베이징은 해동기를 맞아 문학, 연극, 미술 등 모든 문화 영역에서 새로운 걸 준비하는 데 들떠 있었습니다. 당시 이런 것들에 대해 관심을 가졌었나요?

추이젠 아뇨. 글자를 다루는 쪽으로는 별로였어요. 주로 귀로 지식을 획득하는 그런 인간이죠.

자젠잉 시 잡지 『오늘』의 주변 사람들과 교제가 있었나요?

---

* 삼구반(三句半). 공연 형식의 일종으로 북이나 꽹과리 등을 든 네 명이 각각 한 구절씩 말을 하는데, 마지막 구절은 한두 글자로 마무리한다. 이 반구가 가장 중요한데, 압운을 갖춰야 하고 함축적이고 간결한 단어로 마무리하여 의외의 효과를 불러일으켜야 한다.

추이젠   교제라고 할 만한 건 없습니다.

자젠잉   아청은 당신이 아주 초창기부터 기타를 안고 친구들에게 자신이 만든 노래를 들려주곤 했었는데, 그들의 반응이 어떤지는 전혀 신경 쓰지 않았다고 하더군요. 맞나요?

추이젠   예. 그때 저는 「새로운 장정에 나선 로큰롤」新長征路上的搖滾을 지어 친구들에게 시험 삼아 들려주었습니다. 아청도 당시 제게 「어부의 먹임 소리」江水號子를 주길래 제가 곡을 붙였습니다[이후 「도시의 어부」城市船夫라는 제목으로 발표되었다]. 당시 몇몇 그룹들이 다양한 록을 하고 있었죠.

자젠잉   그렇지만 「일무소유」 이전에 다른 로큰롤 그룹이 있었다는 말은 못 들어 본 것 같은데요.

추이젠   사실 85년 전후로 해서 적지 않은 그룹들이 있었습니다. 「일무소유」는 86년 4월에 만들어진 것입니다.

자젠잉   당신이 노동자체육관에서 처음으로 공개적으로 공연했을 때죠. 당시 모두들 상당히 뜻밖이었던 것 같아요. 아무런 사상적 준비가 되어 있지 않았으니…….

추이젠   그러나 수요는 있었지요.

자젠잉   목마름은 있었죠. 마치 이런 음악을 기다려 왔다는 듯 말입니다. 당시 관중들이 그렇게 뜨거운 반응을 보여 줄 거라 예상하고 있었나요?

추이젠 의외였어요. 지금 돌아보면 어떤 면에서는 그 당시 문화의 연장 선상에 있었습니다. 사실 내가 당시에 그걸 상업적인 것으로 개편했다면 아마도 또 다른 쪽으로 나갔겠죠.

자젠잉 예를 들면요?

추이젠 그 당시 아주 많았죠. '서북풍' 西北風* 같이 될 수도 있었겠죠. 사실 「일무소유」는 대단할 것도 없어요. 그냥 사랑노래잖습니까. 결과적으로 하나의 이정표가 되었지만요.

자젠잉 베이다오의 「대답」이란 시는 80년대 시가의 이정표가 되었습니다. "비루함은 비루한 자의 통행증, 고상함은 고상한 자의 묘지명"이란 구절은 모르는 사람이 없을 정도죠. 그의 시와 당신의 노래는 당시 그 세대 사람의 정서에 잘 부합하는 것이었습니다. 혹은 당신들이 그 세대 사람들의 속마음을 잘 표현했다고 말할 수도 있겠군요. 그러나 베이다오는 훗날 자신의 초창기 시에 비판적이더군요. 그 시대의 이데올로기를 초월하지 못한 말투였다면서 말입니다. 지금 당신은 80년대에 만든 그 노래들을 어떻게 생각하시는지요?

추이젠 사실 당시의 역사가 어디쯤인지 알려 주는 하나의 좌표라고 할

---

* '최초의 토착적 대중음악'으로 불리는 서북풍은 80년대 중반 서북 지방 민속음악의 거친 창법과 현대적 사운드를 결합시켜 우렁찬 샤우팅 창법이 특징적인 음악을 선보였다. 이는 '심근'(尋根) 등 80년대 중국의 문화적 경향의 연속이라 할 수 있다. 영화, 드라마 등의 삽입곡으로 즐겨 사용되었으며, 많은 대중가요가 이 행렬에 가담하였다. 지나친 상업화로 '서북풍'이 범람하자 점점 생명력을 상실해 80년대 말이 되면 기세가 완전히 꺾이게 된다.

수 있죠. 그런 맥락에서 벗어나면 그 노래들이 무엇인지 말하기 상당히 어려워요.

자젠잉 한 영국인이 BBC 방송국 인터뷰에서 제게 당신의 음악을 이야기하더군요. 로큰롤 기술의 측면에서 볼 때 새로움이 부족하다면서 말입니다. 당신은 이러한 비판을 어떻게 생각합니까? 영국이 로큰롤의 본고장인 것은 부정할 수 없잖습니까.

추이젠 음악의 형식적인 측면에서 보자면 로큰롤이 서양의 것이라는 걸 부정할 수는 없습니다. 그런 비판은 나름대로 합당해요. 우리는 평소 서양을 모방하는 것을 두고 '젖먹이 세대', '젖먹이 문화'라고 이야기하는데, 제 자신도 거기에 포함됩니다. 그러나 우리가 서양을 학습할 때 그들의 기술과 함께 그들의 창작정신도 배웁니다. 그들이 가진 자유로운 개성의 추구는 바로 우리 동양인에게 부족한 부분입니다. 만약 이러한 정신을 배워 온다면 그들이 뭐라 말하건 상관없을 테죠. 덧붙여, 우리는 거의 모든 부문이 서구화되어 있습니다. 음악뿐 아니라, 중국뿐 아니라 전 세계가 모두 그렇습니다. 곳곳에 영어 알파벳 26개가 깔렸죠.

자젠잉 그러한 서구화나 뒤따르기 풍조가 유익한 건가요, 아니면 문제가 된다고 생각하시나요?

추이젠 형식적인 측면에서 보자면 유익한 겁니다. 그러나 어떻게 뒤따르는지를 봐야겠죠. 가져온 걸 그들과 똑같은 토양에 심을 수 없기 때문입니다. 그렇다면 자신의 인격이 어떠한 토양에 세워져 있고, 자신의 생존환경, 생존의 압력 속에서 자신이 버틸 수 있는 지점을 찾아 낼 수 있는지를 살펴야 합니다. 그렇게 해야만 자기 게 생길 수 있어요. 서양인의 견해에 너무 많은 기대를 품어서는 안 됩니다. 서양인이 중국을 바라보는 시각은 제 생각에 주로 두 가지입니다. 하나는 너희는 오랜 문명의 나라이다, 다른 하나는 일당 독재체제이다. 만약 이 두 가지를 뒤집지 못하면 그들은 우리 음악에 어떤 새로움이 있다고 생각하지 않을 겁니다.

자젠잉 당신의 음악은 그 두 가지에 어떤 태도를 취하고 있나요?

추이젠 현재의 제 음악은 여전히 찾아가고 있는 중이라고 생각합니다. 막 발걸음을 떼기 시작할 때부터 찾기, 자기 찾기의 과정이었습니다.

자젠잉 기술적인 측면에서는 배우고 있는 게 더 많았죠?

추이젠 예, 반드시 배워야죠.

자젠잉 가사가 중국어이며, 표현하고 있는 내용이 중국인의 감정입니다. 당신의 로큰롤에서 그 외에 어떤 게 중국적인 요소인가요?

추이젠 음악에서 중국적인 특색은 사실 농민성이라고 생각합니다. 반드시 민간의, 향촌의 요소를 흡수해야 합니다. 음악적 형식 외에 서양인들은 제작, 포장 등의 공정을 어떻게 할 것인지에 대해서도 상당히 많은 것을 발전시켜 놓았습니다.

자젠잉 제작, 포장, 광고 등의 방법은 최근 몇 년 동안 적지 않은 것을 배워 왔습니다. 이런 게 시장경제인 오늘날에는 음악의 전파에 상당히 중요하게 되었습니다. 그렇지만 음악 자체가 더욱 중요한 것이어야 마땅합니다. 근데 요즘 매체에서는 (음악뿐 아니라) 포장이 내용보다 큰 게 적지 않습니다. 예를 들어 류쒀라가 알려 준 것인데, 그녀가 방송국에서 중국음악가에 관한 다큐멘터리를 기획할 때 방송되는 결과를 보고 엄청 실망했다고 하더군요. 방송국과 관중이 정말로 관심을 두는 건 음악 자체가 아니라 음악가들의 자질구레한 일상이란 걸 알게 되었기 때문이죠. 이러한 현상의 원인이 뭐라고 생각하십니까?

추이젠 상당 부분 기득권 집단 때문이라고 생각됩니다. 매체에서 레코드 회사까지 모두 그렇죠. 서양에서 음악은 상업에 그치는 것이 아니라 하나의 생활방식과 함께하는 것입니다.

자젠잉 혹시 문화적인 토양의 차이에서 오는 것일까요? 가라오케, 동북의 〈이인전〉二人轉[1장 '아청' 105쪽 참조], 서북지역 연가[陝北酸曲]와 같은 토착적인 음악은 아시아와 중국의 도시와 시골의 생활방식과 밀접한 관련을 갖는 것입니다. 서양 클래식 음악은 외래적인 것이긴 하지만 한 세기 이상을 경과하게 되면서 처음의 이국적인 분위기는 차츰 토착적인 생활 속으로 녹아들어 가게 되었습니다. 예를 들어 얼마나 많은 중국 가정에 피아노가 있으며, 모차르트, 베토벤의 음악을 모르는 사람이 누가 있습니까. 로큰롤은 아직까지도 우리들의 삶 속에 정말로 뿌리를 내리거나 보급되지 못했습니다. 맞죠? 왜 그럴까요?

추이젠 사실 중국에는 로큰롤 현상만 있지 로큰롤 문화는 없습니다. 미국의 한 평범한 사람이 바에서 음악을 듣거나 레코드를 사거나 콘서트를 가는 등 매달 로큰롤에 소비하는 돈은 아마 80위안은 될 겁니다. 그보다 더 많을 수도 있죠. 우리는 아마 1위안이 될까 말까일 겁니다. 돈 있는 사람들은 가라오케에나 가죠. 어떻게 비교할 수 있겠습니까. 중국의 로큰롤 그룹들은 매주 몇 번이나 맞춰 본다고 죽을 고생을 다하는데 공연 하나 뛰고 나서 맥주 한 잔 마실 돈이라도 벌면 괜찮은 거고, 보통 집에 갈 택시비도 못 법니다. 중국엔 로큰롤 평론도 있습니다. 왜냐하면 중국인은 잡지에서 음악평은 봐도 공연은 보지 않으니까요. 근데 평론가들이 음악가들을 위해 한 게 뭐가 있습니까? 진짜 문제, 문화정책의 문제에 대해 그들은 완전히 회피합니다. 기자들은 모두 뒷돈이나 챙기고, 돈을 찔러 주지 않으면 좋은 말은 쓰지도 않아요. 모든 편집장들이 대가성 뉴스에 대한 현상은 알고 있지만 못 본 척합니다. 요즘 신인류들은 자신이 상당히 자기중심적이고 개성이 있다고 생각하지 않습니까? 근데 그들이라고 진짜 문제와 마주하려 하나요? 매체에서는 체제의 문제, 문화정책의 문제는 전혀 건드리려 하지 않아요. 되든 안 되든 머리를 한번 들이밀고 보겠다는 정신이 없어요. 사실 들이밀다 보면 조금씩 새로운 세상이 보일 건데 말입니다. 중국 로큰롤의 앞날은 맑습니다. 우리는 무조건적으로 젊은 록 음악가들을 지지해야 합니다. 그러나 그들은 지금껏 억눌려 지내 왔고, 대중음악계는 너무 부패해 있습니다. 매체, 레코드 회사, 에이전트, 평론가 할 것 없이 무엇이 근본인지 망각하고 있는 상황이죠.

자젠잉 아주 예리한 비판이시군요. 90년대 이후 원래 있었던 문제에 더하여 상업적인 부패 문제가 대두하였습니다. 그렇다면 전체적으로 볼 때, 80년대에서 지금에 이르기까지 중국에서 로큰롤과 록 음악가들의 생존상황이 개선되었나요, 아니면 더욱 나빠졌나요?

추이젠 매번 다른 사람이 제게 이 문제를 물을 때마다 저는 먼저 전제를 하나 이야기합니다. 우리의 불만은 그 전제하에서입니다. 왜냐하면 생활적인 면에서 조금도 개선되지 않았다고 말할 수는 없으니까요. 국민생산총량이 증가하였고 사람들도 집을 사고 차를 사기 시작했습니다. 언론 면에서도 말하는 게 이전보다 크게 자유로워졌다 할 수 있습니다.

자젠잉 특히 비공식적인 자리에서 그러하죠.

추이젠 저의 경우 이미 비공식적이든 매체에 하는 이야기든 거의 비슷하다고 할 수 있습니다.

자젠잉 당신은 특별한 경우라고 해야겠죠. 언론의 자유, 공연의 자유 등 여전히 제도화되지 않은 게 많지만, 개인적인 측면에서 볼 때 말할 자유는 증가되었다는 건 분명합니다. 이 또한 진보라고 해야겠죠?

추이젠 그렇죠. 그래서 우리는 개선되긴 했지만 조금 더 좋아질 수는 없을까 하는 측면에서 문제를 논의해야 합니다. 특히 저의 경우, 개인적인 경제상황은 당연히 아주 좋아졌습니다. 그래서 사람들이 절 두고 이러쿵저러쿵 하는 것일 테죠.

자젠잉 해적판으로 인해 수천만 위안의 인세를 손해 봤다고는 해도 당신의 생활환경은 밑바닥에서 발버둥치고 있는 젊은 록 그룹과는 다르다는 말씀이시죠?

추이젠 그럼요. 제가 그렇게 떠들어도 허리만 아프다니까요. 좀 전에도 제가 강조하지 않았습니까. 지금 사회가 로큰롤을 비판할 게 아니라 지지해야 한다고 말입니다.

자젠잉 아마도 더 심한 건 비판이 아니라 그들을 주변에만 머무르게 하는 것, 반지하 상태에서의 생활을 지속하게 하여 대중들이 그 존재 자체도 모른 채 죽든 살든 내버려 두는 것인 것 같습니다. 그러나 듣자 하니 요즘은 베이징에만도 200여 개의 록 그룹이 있다던데, 이들 그룹의 질이나 수준은 어떻습니까? 그들이 처한 환경은 80년대와 비교할 때 어떻습니까?

추이젠 그래도 좋아졌다고 해야겠죠. 그러나 이래저래 하다 보니 부패 문제와 같은 새로운 많은 문제가 생겨났어요. 사실 중국의 이러한 부패 현상은 인성에 관계되는 측면이 있습니다. 예를 들어 한 사람이 빨간 신호등에 길을 건너는데 아무도 제지하지 않다가, 열아홉번째에서 갑자기 차로 받아 버리거나 잡아들이는 식인데, 그럼 왜 좀더 빨리 일깨워 주지 않았는가 그 말입니다.

자젠잉 그러니까 그 개인에게 모든 잘못을 덮어씌울 게 아니라, 제도가 정비되지 않은 게 문제라는 말씀이시죠?

추이젠 예. 게다가 모든 사회가 부패에 가담하고 있습니다. 예를 들어 당신도 식사 접대를 받아 본 적이 있을 겁니다. 살다 보면 각종 다양한 인간관계가 필요할 테니까요. 당신이 감염되었을 때는 이미 그 속에 들어가 있는 셈입니다. 결국 이 모든 건 우리가 이성이 결핍되어 있기 때문에, 이성적인 태도로 이 모든 문제를 바라보지 못하기 때문이란 걸 알게 되었습니다. 서양인의 이성정신은 그들이 제정해 놓은 갖가지 법률제도를 보기만 해도 알 수 있습니다. 우리 동양인은 이쪽으로 너무 약해요.

자젠잉 그건 오랜 명제라고 해야겠죠. 우리는 논리적 사유능력이 떨어지는 편이라 모호하고 불분명하게 뭉뚱거려서 사유하길 좋아하고 분류하고 분석하는 능력은 뛰어나지 않다. 그래서 '5·4' 시기에 '더' 선생(데모크라시)과 '사' 선생(사이언스)을 중국에 모셔온 것이다. 그런데 당신이 보기에 현재의 중국인은 한 세기가 넘는 전쟁과 혁명의 세례를 경험하고서도 이성이 여전히 약하고, 여전히 감정적으로 일을 진행하며 극단으로 치닫는다고 생각하는 거죠?

추이젠 그런데 그러한 극단은 또 그의 행위에 의해 중용화됩니다. 이런 중용적인 인격은 발언권을 가진 사람에게 더 분명하게 보입니다. 성공하고 권력이 있을수록 많은 말을 하려고 하지 않아요. 작은 범위 안에서는 할 수도 있죠. 집에서 마누라에게는 폭력을 휘둘러도 나가서는 감히 못하는 것처럼 말입니다. 그래서 결국에는 여전히 이성의 문제로 돌아옵니다. 가장 이성적인 생활철학은 자기에게도 이롭고 남에게도 이로운 것일 겁니다. 그 아래로 몇 가지가 있을 건데, 첫째 자기를 해치면서 남을 이롭게 하는, 레이펑雷峰식이 있고, 둘째로 남을 해쳐 자기를 이롭게 하는 방식이 있습니다. 가장 최악은 남을 해치면서 자기에게도 이롭게 하지 못하는 것입니다. 우리가 사는 방식은 사실 남을 해치면서 자기에게도 이롭게 하지 못하는 것이에요.

자젠잉 그건 과격한 도덕혁명이 실패한 후 야기된 반작용이 아닐까요? 마치 시계추가 균형을 잃어 한쪽 끝으로 갔다가 다시 다른 쪽 끝으로 흔들리는 것처럼 말입니다. 지난 50년 우리는 도덕적인 면에서 두 가지 극단을 경험했습니다. 먼저 레이펑식의 지나친 이타주의가 있었고, 그게 지나간 후엔 지나친 이기주의가 나타났습니다.

추이젠 그래요. 사실 제가 들어 본 바로는 이 체제와 현상에 대해 가장 심하게 욕하는 쪽은 성공한 사람들이었습니다.

자젠잉 성공한 사람들이 왜 욕을 할까요? 그들이 보고 경험한 속사정이 가장 많아서 내막을 꿰뚫어 보고 있는 게 아닐까요?

추이젠 기득권 집단일수록 욕을 더 많이 합니다. 게다가 체제를 믿지 못하는 사람들일수록 자기 아이들은 국외로 보내려 하죠. 그들도 자기들이 한 일들이 옳지 않다는 걸 아니까요. 이게 바로 제가 방금 이야기한 마음과 지혜가 따로 논다는 말입니다. 모든 사람이 도박을 하고 있는데 아무도 지려고 하지는 않죠. 실제로 이 사회는 하나의 커다란 도박장과 같습니다. 사람들은 자신의 생명을 걸고 도박에 뛰어들고 있고요. 아무도 기회를 놓치려 하지 않죠. 모두들 이 게임을 어떻게 장악할지만 생각하지 다른 건 더 이상 생각하려 하지 않아요.

자젠잉 많은 똑똑한 사람과 성공한 사람이 고기가 물을 만난 것인 양 이 게임을 장악하고 있지만, 그 중 몇이나 자신의 이익을 포기하고 장기적인 공공이익을 위해 싸우고 희생하려 하겠습니까? 요즘은 똑똑한 사람들 세상인데, 이 똑똑함은…….

추이젠 똑똑한 수단만 있고 똑똑한 꿈은 없죠.

자젠잉 많은 사람들이 80년대의 이상정신이 89년에 마침표를 찍었다고 생각합니다. 당신도 이런 견해에 동의하십니까?

추이젠 그건 이렇게 말하는 것과 같습니다. 영혼의 변소가 89년에 닫혔다, 그후 살아 있는 사람이 오줌 참다가 죽게도 되었다. 저는 그런 견해를 동의하지도, 받아들이지도 않습니다. 제 생각에 그들은 자신을 위한 변명이 필요했던 것 같습니다. 어떤 사람들은 범죄, 부패, 자기 인성의 타락을 그런 관점에 놓고 밥통을 정상인이라고 말하곤 합니다. 당신이 밥통이 아니라면 오히려 당신이 문제 있는 사람이 됩니다. 왜냐하면 이상이 이미 죽어 버렸기 때문입니다. 살아 있는 사람이 오줌 참다가 죽기도 하고 영혼이 이익에 숨 막혀 죽기도 합니다.

자젠잉 혹은 영혼이 '다락방의 미친 여자'처럼 감금되었다고 할 수도 있겠군요. 요즘 대중매체의 주요 화제는 돈, 성공, 소비, 패션이고 유행하는 생활방식은 순간적인 향락의 추구와 하고 싶은 대로 하고 보자는 식입니다. 당신은 이러한 조류에 대해 어떻게 생각하십니까? 구십 몇 년도에 만든 당신의「놈팽이」混子라는 노래는 그런 사람들, 그런 생활태도를 염두에 둔 것처럼 보입니다. 그게 90년대 이후의 주류 문화의식이 된 것이 아닌가요? 만약 그렇다면 그게 오래 계속될까요? 이 사회에 다른 공간, 다른 사람, 다른 태도가 여전히 존재할 수 있을까요?

추이젠 그렇게 생각하지 않습니다. 아마도 조만간 어떤 사람들이 나타날 것입니다. 이상을 가졌고 지혜와 영혼이 결합된 사람들 말입니다. 그들은 자신의 느낌과 판단력을 잃지 않았을 겁니다. 그런 사람들은 아마도 상업계 종사자 중에서, 이미 자원을 가지고 있는 사람들 중에서 나타날 것으로 생각됩니다. 예전 대학생들 중에 그런 사람들이 아주 많았으니까요.

자젠잉 그렇지만 대학생과 지식인은 80년대 이후 분명한 변화를 겪었습니다. 80년대 문화계에는 공통의 '장'이 있었던 것 같습니다. 대학생, 학자, 작가, 예술가들에겐 일종의 정신적인 연결과 상호작용이 있었습니다. 예를 들어 '베이징대학 추이젠 후원회'가 당시에는 있었지 않습니까. 근데 요즘 베이징대 학생들에게 가장 인기 있는 것은 주성치周星馳, 저우싱츠와 '서유기 말투'大話西游인 것 같아요. 이런 식의 변화를 어떻게 생각하세요? 90년대에 어떤 채널이 봉쇄되면서 다른 채널이 크게 열린 것과 관련되는 것 아닐까요?

추이젠 그래요. 90년대에 가장 주된 것은 제가 보기에 두 가지인 것 같아요. 이익 플러스 압력, 혹은 채찍과 당근이라고도 할 수 있습니다. 요즘은 당근이 좀더 많고 채찍은 눈에 띄게 한쪽으로 치워 두고 있어요. 그러나 이제 당근도 거의 챙길 만큼 챙겼고 남은 건 채찍 근처에 놓인 것뿐입니다. 이걸 잡지 않으면 가져갈 게 없는데, 먼저 채찍의 문제를 해결하지 않으면 그걸 잡을 생각은 접어야 합니다. 혹은 이렇게 말할 수도 있을 것 같습니다. 만약 그 당근을 잡을 수 있어야 기본적인 문제를 정말로 해결할 수 있다고 말입니다.

자젠잉 알겠습니다. 근데 어떻게 해야 그 당근을 잡으면서 채찍의 문제도 해결할 수 있는 것인지요? 당신이 방금 언급한 지혜와 영혼이 결합된 우수한 개인에게 기대야 합니까? 체제 내의 개혁가, '시민사회'의 형성, 더욱 광범한 사회운동, 혹은 이들 모두에 기대야 합니까?

추이젠 혹은 말을 바꿔, 어떠한 건강한 사회도 상업단체, 정치단체, 문화단체의 세 극을 가지고 있습니다. 그 중 둘만으로는 건강할 수가 없죠. 그런데 중국에는 지금껏 상업단체만은 없었습니다. 일단 그게 있게 되면 각종 다양한 새로운 가능성이 만들어질 것입니다. 혹은 딱 까놓고 중국에는 지금까지 상업이 있던 적이 없다! 라고 말합시다. 문화는 또 줄곧 한두 개 집권당에 의해 통제되어 왔고요. 그러니 세 다리가 한 번도 펼쳐진 적이 없었던 셈이죠. 제대로 서는 것까지는 말할 것도 없죠. 어떤 일이든 어떤 사람이든 세 지점이 지탱해야 정말로 안정되게 설 수 있습니다. 예를 들어 저는 사랑, 일, 건강이 제 생명의 기본적인 세 지점입니다. 하나라도 부족하면 안 돼요. 하나라도 부족하면 분명 뭔가 삐걱거린다고 느끼게 됩니다. 개인과 사회는 똑같은 이치로 움직입니다. 사랑은 아마 예술에 해당할 테고, 건강은 정치, 일은 상업에 해당할 것입니다. 누구라도 이 세 가지가 필요합니다. 그 중 하나라도 부족하면 초조해질 겁니다. 그러나 부족한 한 가지를 너무 찾다 보면 다른 두 가지가 또 부족해져 또 불균형하게 되어 버리죠. 제 생각에 우리는 지금 그런 단계에 온 것 같습니다. 상업 방면으로 막 어느 정도 보충되었고, 정치 방면으로는 계속 강력한 상태에서 요즘 조금씩 약화되고 있는데, 만약 그들이 과학적으로 이 문제를 바라볼 수 있다면 실제로 그게 그들 자신에게 더 좋다는 걸 알게 될 겁니다. 왜냐하면 그들로 하여금 쉴 수 있게 해주니까요! 항상 온몸으로 버텨 나가다가는 언젠가는 지쳐 쓰러질 겁니다.

자젠잉 문화가 정치를 보충하고 도울 수도 있습니다. 그러나 예를 들어 로큰롤 같은 경우 그게 주는 이미지는 줄곧 반역, 전통에의 반대, 반주류로, 사회를 불안정하게 하는 요소인 것처럼 보여 왔습니다. 그렇다면 당신은 어떻게 그것의 건설적이고 적극적인 기능을 풀어 주실 건가요?

추이젠 이렇게 이야기합시다. 사회는 한 사람과 같아서, 지금 우리가 보기에 그에게 꼽추, 새가슴 등 여러 증상이 있는 것 같지만 사실은 내장 기관에 문제가 있어 자기조정능력을 상실한 것입니다. 사실 비판이 바로 조정이죠. 우리 모두에게는 자기비판이 필요한데, 만약 오랫동안 이러한 비판이 없었다면 분명 부적절하고 균형이 맞지 않아 문제가 생기는 겁니다.

자젠잉 분출할 수 없는 분노는 터져 나온 분노보다 더 위험합니다. 그렇다면 지금은 체질이 너무 허약해 비판과 같은 센 약을 받아들일 수 없는 게 아닌지요?

추이젠 너무 허약한 게 아니라 너무 불균형한 겁니다. 어떤 면에서 보면 지나치게 강한데 또 다른 면에서는 신경과민인 상태죠. 지금은 예술가들이 제한적으로라도 비판적 활동을 진행할 수 있도록 법률 쪽에서 지원해 줘야 합니다. 근데 없어요. 중선부*만 있지. 중선부는 반부패 부로 바꿔야 합니다. 내부에서 개혁을 해나가야죠.

자젠잉 그러니까, 체제 내부에서 생각이 있고 능력 있는 인사가 절제된 개혁을 하는 것이 중요하다는 말씀인가요?

추이젠 예. 어쨌든 이성적으로 개혁해 나가야지, 이성을 잃어버려 개혁의 동작이 너무 크면 통제력을 상실한 야생마로 돌변할 겁니다. 그걸

---

* 중선부(中宣部). 중국공산당 중앙선전부. 사상, 문화, 이데올로기 등을 관장하는 부서로, 당의 정책을 선전하고 사회 여론을 일정한 방향으로 이끌며 언론, 출판에 대한 통제권을 지닌다.

염두에 두고 있어야 합니다. 폭력을 동반한 혁명은 언제나 통제력 상실이라는 결과를 낳지 않습니까. 특히 요즘 같은 정보화 사회에서는 무력에 호소할 필요가 없습니다. 지금은 머리 쓰는 시대인데, 왜 굳이 무력을 행사하고 사람을 죽여야 한답니까? 일단 사람을 죽이게 되면 필연적으로 끝없는 원한의 순환고리 속에 빠지기 마련입니다.

자젠잉 정반대의 결과를 얻거나, 서두르다 일을 망치기 일쑤죠.

추이젠 예. 지식인은 어떠한 폭정에도 반대하고 어떠한 폭력적 정서에도 반대하는 태도를 표명해야 합니다. 예를 들어 이쪽에 부패 현상이 있다면 그걸 비인성화해서는 안 됩니다. 사실 그건 모두 사람과 사람 사이의 관계법칙의 한 산물이니까요. 예를 들어 이웃의 한 아이가 횡령을 했다고 당신이 그를 잡아 총살시켜 버리면 그 주변 사람들의 원한을 사게 될 것이고, 폭력과 복수가 뒤따르게 되겠죠. 그래서 저는 이런 문제에 대해 우리가 더 높은 지점에서 바라봐야 한다고 생각합니다. 균형을 잡고 있는 사람만이 더욱 높은 곳에 서 있을 수 있죠. 실제로 외줄타기 하는 사람들은 아주 뛰어난 균형감각을 갖고 있지 않습니까. 이런, 말하다 보니 인체 역학의 원리까지 튀어나오는군요.

자젠잉 실제로 중국 전통의 자원에도 그런 게 많이 있습니다. 균형, 상보, 조화, 완충과 같이 고명한 철학들이…….

추이젠 그럼요. 근데 모두 정치에 억압되었어요. 중국 전통에서 몇 가지는 줄곧 변하지 않고 있는데, 그 중 하나는 황권정치皇權政治이고 다른 하나는 소농 경제小農經濟입니다. 특히 정보사회가 도래하자 황권정치는 특히나 장애가 되고 있습니다. 그건 항상 네가 죽어야 내가 산다고 생각하니까요. 근데 정보사회는 사실 네가 잘나갈수록 나 또한 잘나간다이잖습니까.

자젠잉 한쪽은 윈-윈 게임이고, 다른 쪽은 너 죽고 나 살자죠.

추이젠 그렇죠. 아직도 너 죽고 나 살자는 단계에 머물러 있는데 뭐가 되겠습니까. 이쪽으론 서양이 성숙한 편이라 많은 새로운 게 전 지구화의 추세를 따라 들어왔습니다. 경제, 정치에서 먼저 시작했고 앞으로 문화적인 것도 곧 섞여 들어올 것입니다. 제 생각에 뭐라 해도 실제로는 하나의 이익을 어떻게 과학적으로 분배하는가의 문제입니다. 정치는 사실 한 집권의 이익입니다. 다른 나라도 마찬가집니다. 예외가 없어요. 하나같이 누가 권력을 잡아 이익을 처리할 것인가의 문제입니다.

자젠잉 집권集權인가요, 아니면 집단인가요?

추이젠 똑같죠. 한 집단의 권력인 거니까요.

자젠잉 집권이란 말은 보통 전제정치, 전체주의(極權)를 연상시킵니다. 집단은 독재체제하의 집단인가, 민주적 체제하의 집단인가로 나눌 수 있고요.

추이젠 저는 어떠한 집단이든 전제정치라고 생각합니다. 미국에 전제정치를 하지 않는 정당이 어디 있습니까. 다른 당과 대항하지만 그 각각은 한 집단의 이익을 대표하지 않습니까. 그러니까 국가 기구가 정당기구에 제한을 가하는 거죠. 보세요, 서방국가에서도 삼권분립을 하니까 사회가 안정되잖아요.

자젠잉 그래요. 혁명도 필요 없고 전복을 두려워하지도 않죠. 모두 내부에서 스스로 조절할 수 있으니까요. 80년대라는 주제로 되돌아오자면, 당시 지식인과 문화인들은 상호작용하는 공공영역을 형성하긴 했지만 그 장은 유치하고 취약한 편이었습니다. 당신은 중국이 지금 이 정도까지 발전했다면 새로운 공공영역이 출현할 가능성이 있다고 보십니까?

추이젠 이렇게 말할 수 있을 것 같습니다. 어떠한 혁명이든 결국에는 인간의 혁명입니다. 새로운 인간의 성장, 새로운 소질의 성장이 있었는가를 살펴야 합니다. 현재 중국의 음악계에는 재능 있는 사람이 없다고 생각하지는 않으십니까? 혹은 이 민족에게는 정말로 음악을 할 만한 소질이 없다고 생각하지는 않나요? 저는 모두 아닌 것 같습니다. 지금 보고 있는 그 사람들은 아닐 수는 있지만, 새로운 사람이 올라오면 바로 괜찮아질 것입니다. 모두가 중국인이고, 모두가 중국어를 하잖습니까!

자젠잉 지금 현재는 억압된 상태에 있는 사람들로 뒤바뀌면 그렇다는 말씀이시죠?

추이젠 그렇죠. 음악교육을 예를 들어 들어 봅시다. 중국에는 지금 음악교육이 없습니다. 그건 정확한 음악교육 정책이 없어 제대로 된 사람을 전혀 뽑지 못하고 있기 때문입니다. 알랑거리길 잘하는 사람이 뽑혀, 음악적 재능이라곤 없는 사람이 음악교육을 하고 음악 쪽으로 능력도 없는 사람이 음악 감독을 하고 있죠!

자젠잉 근본적으로 여전히 체제의 문제란 말씀이시죠?

추이젠 그렇죠, 사람만 바꾸면 돼요. 그러니까 평소에 별 볼품없던 사람이라도 체제가 긍정하면 대단해 보이는 것 아니겠습니까.

자젠잉 체제의 문제는 많은 사람이 의식하고 있는 것입니다. 그러나 그 얇은 종이를 누구도 뚫을 생각을 하지 못하는데, 용기가 없어 그런 걸까요?

추이젠 모두들 감히 말하길 꺼려했고, 자기공포에 빠져 있었죠. 자기공포는 자기검열을 동반하고, 자기검열 뒤에는 자기기만이 뒤따라 모든 걸 원만하게 이야기하게 되는 것입니다. 예를 들어 이런 식입니다. "예술을 이야기한다면 나에겐 창작의 자유란 게 있잖아? 내가 요즘 광고나 찍고 다니고, 조또 매일 첩이랑 자고 아가씨 끼고 산다고 그러는데, 나는 사랑을 이야기하는 거라고. 그거야말로 진정한 사랑이야." 그런 식으로 많은 젊은이들을 다치게 했고, 그들로 하여금 이런 시각에서 사물을 바라보게 하고 영원히 그들에게서 발언권을 빼앗아 버렸습니다. 이들 소위 성공한 사람들은 이런 방식으로 성공을 얻었고, 그런 다음 자신에게 변명거리를 찾아 주었고 그와 동시에 젊은이들을 눌렀습니다. 창작의 자유를 이야기하면 이렇게 말할 겁니다. "나하고 창작을 논하지 마라. 내가 예전에 학교에서 이러저러했는데, 그런 거야말로 창작이지! 네가 만든 이게 뭐야? 나 쫓아다니면서 한 수 배우라고!" 그는 담론권을 장악하고 통제합니다.

자젠잉 실제 상황을 말씀하신 건가요?

추이젠 실제 상황이죠. 그런 사람들 대부분이 이러한 과정을 겪습니다. 자기공포에서 자기검열로, 다시 퇴폐로 변했다가 담론권을 장악한 후 다시 다른 사람에게 억압을 가하는 방식으로 말입니다. 사실 이런 건 모두 젊은 사람들이 할 법한 말인데 제가 이 나이가 되어서도 이런 말을 해야 하는군요. 예를 들어 기자들이 뒷돈을 받는 현상 같은 경우, 원래 봉급을 받으면 뒷돈을 받지 않아야 하는데 뒷돈을 받는다면 그건 봉급을 주는 쪽의 기반을 무너뜨리는 것과 같습니다. 신문사에서 일하면서 바깥에서 뒷돈을 받는다는 것은 신문사의 기반을 무너뜨리는 것과 같지 않습니까? 이렇게 간단한 사정을 이야기하지 않고, 뒷돈 찔러 주는 게 오히려 불변의 진리인 양 뒷돈을 주지 않으면 세상 물정 모르는 사람으로 취급해 버립니다!

자젠잉 잘못된 견해가 정론처럼 횡행하는 것이죠.

추이젠 예. 그들이 담론권을 장악했으니까요. 그래서 지금의 문제는 어떻게 하면 젊은 사람들을 고무시켜, 그들이 담론권을 장악할 수 있게 할 수 있느냐입니다. 나중에야 발견한 건데 이것은 중국의 전통적인 문제입니다. 중국 전통에는 한 번도 젊은 사람들에게 담론권을 준 적이 없더군요. 이 또한 동양적인 현상으로 반드시 늙은 사람들을 모셔야 하고, 그들의 말이 아무리 틀려도, 아무리 개 방귀 뀌는 소리라도 향기로운 척해야죠.

자젠잉 지금 유행하는 문화는, 특히 아시아 시장에서는 오히려 청소년을 주요 타겟으로 설정하여 젊음이 패션으로 취급되고 있습니다.

추이젠 근데 그게 강조하는 것은 청소년의 신체이지 지혜가 아닙니다. 현재 아시아의 문화는 이미 과잉 청춘기에 접어들었습니다. 열여덟 살이면 이미 다 큰 아가씨 취급을 하고 한물갔다고 봐요. 요즘은 스물너댓이면 아줌마니까요.

자젠잉 맞아요. 서른 몇 살 먹은 남자들도 자기를 노인네라고 생각하니까요. 중국의 유행문화는 모방과 유행 쫓기인 것 같은데 어떤 면에서는 구미보다 더 이상한 방식으로 흘러가고 있어요. 왜 그럴까요?

추이젠 모두가 상품이죠. 요즘 어떤 소비 형태를 둘러싸고 진행되는지 아십니까? 바로 성적 판타지입니다. 곳곳에서 그게 넘쳐 나고 모두들 그걸 이야기합니다. 근데 결코 진짜 성이 아니라, 발산하는 게 아니라, 현실적인 것이 아니라 성적 판타지입니다.

자젠잉 껍데기만 있고 알맹이가 없는 그런 유행문화에는 이런 논리가 숨겨져 있는 것 같습니다. 만약 머리가 있고 개성이 있다고 현상에 불만을 품고 가시 박힌 말을 내뱉으면, 그건 네가 시대에 적응하지 못하기 때문이다. 넌 너무 진중하고 쿨하지 못하다. 이런 논리는 좀 아Q 같지 않습니까?

추이젠 그런 면에서 제 생각에 그건 아시아적인 현상인 것 같습니다. 아시아의 문화는 언제나 그랬습니다. 건강한 제도와 문화는 언제나 청년들을 고무시킵니다. 이상적인 많은 것들이 젊은 사람들에게서 나온 것이죠.

자젱잉 그러나 많은 서양의 것들이, 예를 들어 청년들을 고무시키는 것이나 아이돌 문화 같은 게 우리 중국으로 들어오면 맛이 변하고 색깔이 변해 버립니다.

추이젠 그 껍데기는 사용해도 좋다, 대신 완벽하게 통제하겠다는 식이죠. 우리는 사실 정말로 청년들을 고무해 준 적이 없습니다. 모든 아이돌은 성적 판타지를 위해 만들어 낸 상품입니다. 진정한 생명력을 지닌 것은 아니죠. 튼튼하고 섹시해 보이면 그럴수록 좋은 거니까요.

자젱잉 베이징 길거리에 깔린 가판대의 잡지 표지의 스타는 종종 이런 느낌을 줍니다. 남녀를 불문하고 음성적으로 남들에게 잘 보여 보겠다는 느낌 말입니다. 미국에도 곳곳에 휘황찬란한 아이돌 잡지가 있지만 개인주의와 개성적 문화가 정말로 그 사회에 존재하고 있습니다. 왜 우리는 항상 진실을 외면하고 개성을 억압하는 것일까요? 우리 민족이 너무 나약한 것인가요?

추이젠 아마도 전통이라고 해야겠죠. 민족을 이야기하는 건 봉인을 깨뜨리는 것과 같습니다. 뿐만 아니라 말을 할라 쳐도 중국은 종족주의가 가장 없는 나라입니다. 한족에게는 한족사가 없는 것과 마찬가지입니다.

자젱잉 혹자는 한족이 프랑스인과 비슷한 면이 있다고 생각하더군요. 궁정에서 문인 귀족에 이르기까지 거대하고 정밀한 고급문화와 관료문화를 발전시켜 놓았는데, 그러다 보니 나약해져 전쟁도 제대로 못 치르게 되었다고 말입니다. 물론 이런 이야기는 극히 단순화시킨 문화적 기호일 뿐이지만요.

추이젠 제 생각에 아무런 문제도 설명해 주지 못할 것 같습니다. 한족에 겐 많은 장점이 있고 한족의 문화는 인류의 재산입니다. 조상의 재산이 몇몇 후세 사람들에 의해 염치없이 소모되고 있습니다. 사실 황권정치가 가져다준 인성의 문제는 몇천 년의 관성이 작용하고 있습니다. 많은 봉건적 통치자들이 이렇게 말했을 겁니다. 백성들은 천민이고 노예이다. 바로 이런 방식으로 그들을 관리하고 채찍을 들고 노려봐야 한다.

자젠잉 보아하니 당신은 최근 유행하는 신권위주의와 엘리트 결정론에 동의하지 않는 것 같군요. 그들은 중국이란 땅덩어리는 권위적 통치를 실행해야 한다고 생각합니다.

추이젠 헛소리죠. 그건 고작 이들 정치가 자신이 우리 민족에 더욱 적합한 민주제도를 만들어 낼 능력이 없다는 걸 말해 줄 뿐입니다. 조상들을 욕할 것도 못됩니다. 바로 우리들이 염치없이 조상을 소모시켜, 몇천 년의 재산을 거의 파괴시켜 버린 거니까요.

자젠잉 당신이 말하는 건 오히려 문화적 재산 쪽인 것 같은데요. 그렇지만 제도 또한 전통입니다. 황권 또한 조상이 전해 준 몇천 년의 유산입니다.

추이젠 예. 제도는 좋은 방향으로 발전하지 못하고 정체되어 2천 년간 새로운 게 없었습니다. 서양이 들어오고 나서야 눈이 열려 어떻게 이 제도를 발전시킬 것인가의 문제를 생각하기 시작했습니다. 그 이전에는 새로운 왕조가 들어서도 그릇만 바뀌었지 내용은 그대로였죠. 한 번도 제도 문제를 생각해 본 적이 없습니다.

자젠잉 아편전쟁이 거대한 전환점의 시작이었죠.

추이젠 사실 문제는 우리에게 진정한 제도를 만들어 낼 능력이 없다는 것입니다. 어떠한 부위에서 시작하여 어떤 작용을 하게 할 것인지, 어떤 사람이 어떤 일을 할 것인지에 대한 어떠한 고려도 없습니다. 우리는 언제나 삐걱거리고 있었어요. 중국인들은 항상 중국문화가 아무리 써도 마르지 않을 정도로 풍부하다고 말합니다. 우주의 자원도 마르지 않는 건 아닌데 말입니다! 그래서 현재의 문제는 어떻게 하면 이러한 국면을 타파할 수 있는가, 자신의 문제를 간파하고 정상적으로 발전하게 할 수 있는가입니다.

자젠잉 희망은 있다고 보십니까?

추이젠 중국문화는 완전한 개방이 필요합니다.

자젠잉 완전히 개방하면 나타날 수도 있을 식민지 현상이 우려되지는 않나요? 즉 중국이 완전히 서양의 것을 베껴 모방만 있고 창조는 없는 상황 말입니다.

추이젠 제가 말한 개방은 일방적인 것이 아닙니다.

자젠잉 중국은 여전히 상대적으로 마이너입니다.

추이젠 경제적으로는 마이너겠지만 만약 문화적으로도 중국이 마이너가 되어 버린다면 그건 인류의 자원의 낭비입니다. 요즘은 중국인들 스스로가 고의로 영어 문법을 모방하여 틀린 말을 합니다. 만약 독창적인 게 없다면 이처럼 덜된 밥 같은 것만 남을 것입니다. 더하여, 모든 사람이 팔기만 합니다. 다른 사람의 가치를 가져와 팔기만 합니다. 식민주의가 바로 그렇죠. 팔기만 하고 창조하지는 않습니다. 만약 한 민족이 이처럼 창조력 없는 상태에 만족한다면 그건 정말로 가련할 뿐입니다.

자젠잉 우리의 현 상황에서 자아를 수립한다는 건 굉장히 어려운 일입니다. 아마도 먼저 일상적인 작은 것부터 시작해야 할 것입니다. 당신이 제기한 '라이브 공연 운동' 眞唱運動은 아주 좋은 진입로가 될 것 같습니다. 요즘은 어른들뿐 아니라 애들 공연에도 가짜가 섞여 있습니다. 예를 들어 제 딸의 초등학교에서 신년음악회를 하던데, 결국 우리가 들은 건 대형 스피커에서 흘러나오는 녹음뿐이었습니다. 학교 측에서는 어린 애들이 무대에서 직접 부르면 목소리가 충분히 크지 않고 듣기 좋지 않다고 생각했던 겁니다.

추이젠 제 생각에 그런 방식은 두 가지 잘못을 하는 것입니다. 하나는 관중을 속이는 것이고, 다른 하나는 어린아이들을 잘못된 방향으로 인도하는 것입니다. 그건 어린아이들의 영혼을 파괴시키는 것과 같습니다.

자젠잉 그래요. 이야기를 하다 보니 바츨라프 하벨이 생각나는군요. 그들 체코의 지식인들이 70년대에 연대서명한 '인권헌장77'은 바로 몇몇 록 그룹의 공연권리를 보호하기 위한 것이었죠.*

추이젠 그건 우리도 해본 적이 있습니다. '라이브 공연 운동'의 목적이 바로 그겁니다.

자젱잉 하벨은 『힘없는 자의 힘』 The Power of the Powerless이라는 저명한 글을 쓴 바 있는데, 다음과 같은 유명한 구호를 제창했습니다. 진실하게 살아가자. 많은 보통 사람에게 체제개혁은 너무 공허하고 자신에게서 너무 멀어 보입니다. 그러나 일상생활에서 가능한 적게 거짓말을 하자는 주장은 보다 확실하게 실행 가능한 이야기로 다가오는 것 같습니다.

추이젠 맞아요. 사람이 열흘간 거짓말하지 않을 수 있다면 그 자체로 진보라고 할 수 있습니다. 누군가 세어 봤다는데, 모든 사람이 매일 평균 여섯 번은 거짓말을 한다더군요.

자젱잉 사실 각계각층에 성공한 사람들이 얼마나 많이 있습니까. 기업가, 작가, 과학자, 영상 스타 등등. 그리고 그토록 많은 정치협상회의 위원, 인민대표회의 대표와 같은 사람들에게도 발언권이 있잖습니까. 매년 두 차례 회의를 개최하는데 왜 건의하고 비판하지 않는 걸까요?

추이젠 그게 바로 공포 때문이죠. 그 많은 사람들이 하나같이 공포를 느끼는 거죠.

---

* 1976년 체코슬로바키아의 록그룹 '플라스틱 피플'(The Plastic People of the Universe)이 '평화 파괴죄'라는 죄목으로 경찰에 체포됐다. 이 그룹은 1968년 소련이 체코슬로바키아를 침공해 '프라하의 봄'을 빼앗은 데 반발하는 의미로 결성된 밴드였다. 자칭 '국가의 적'이었던 밴드의 멤버들은 반체제적인 노래 가사와 퍼포먼스로 비공개 재판에서 징역형을 선고받았다. 플라스틱 피플을 선두로 록그룹들이 줄줄이 탄압을 받자 지식인들이 들고 일어섰다. 공산주의 정권의 횡포를 더는 참을 수 없다는 공감대가 확산됐다. 1977년 1월 7일 지식인 241명은 인권 존중과 헬싱키 선언의 준수 등을 요구하는 '인권헌장77'을 발표했다. 일상생활은 물론 사상과 정보를 통제하고 언론을 탄압하는 인권 침해에 항거하는 내용이었다. 체코의 전 대통령 바츨라프 하벨이 이 헌장을 공동 기초하여 투옥된 바 있다.

자젠잉 그렇다면 당신은 왜 일부 성공한 상인들에 대해서는 낙관적인가요? 그들 또한 이쪽을 건드리려 하지 않잖습니까.

추이젠 제가 그런 식의 이야기를 한 의도는 그들이 성공했기 때문에 자본이 있고 압력도 적어져 조금은 여유롭게 몇몇 예술 활동을 지원할 수도 있다는 뜻이었습니다.

자젠잉 경제적인 측면에서 예술에 찬조하는 걸 말씀하셨던 거였군요.

추이젠 예. 그렇게 되면 최소한 정부를 도와 압력을 줄일 수는 있어요. 그렇지 않으면 거대한 천막과 마찬가지로 기둥 하나에만 의지하고 있어야 하는데, 이쪽을 제대로 받쳤다 싶으면 저쪽을 돌볼 수 없는 형국이니 항상 이리저리 흔들거릴 수밖에 없는 거죠.

자젠잉 집이 크면 일도 많아 곳곳에서 문제가 생기기 마련이죠. 솔직히 이놈의 가장 노릇하기도 쉽지 않겠다는 생각을 하면 동정을 금할 수가 없긴 해요.

추이젠 다른 사람이 그에게 장대 하나를 건네며 "고생하시니 이쪽은 제가 책임지겠습니다"라고 말해도 양보하지를 않아요. 그러면서 한다는 말이, "안 돼! 이건 내 일이야. 넌 한쪽으로 물러나 있어!" 그는 여전히 자기 옛 방식을 고수하면서 일 자체를 제대로 보려는 시도조차 하지 않습니다.

6
간양(甘陽)

1970년 지청으로 고향인 항저우에서 동북 지역으로 8년간 하향하였다. '문혁' 종결 후 헤이룽장黑龍江대학 철학과, 베이징대학 외국철학연구소, 시카고대학 사회사상위원회에서 수학하였다. 80년대 중반 베이징에서 중국학술의 새로운 탄생을 상징하는 '문화: 중국과 세계'의 편찬위원회, '당대서양학술문고' 출판의 주편 등의 활동을 통해 80년대의 문화적 표지의 하나가 되었다. 현재 홍콩대학 아시아연구센터 전임연구원, 홍콩 중문대학 역사과 및 광저우 중산대학 철학과 객좌교수로 활동하고 있다.

간양과의 대화
─2005년 5월 13일 베이징 방초지

간양은 1999년 홍콩으로 이주한 후 북쪽으로는 거의 발길을 끊었다. 인터뷰를 약속하고도 반년이 훨씬 지난 뒤에야 성사될 수 있었던 것도 그 때문이다. 2004년 겨울 쑤저우 지방극인 곤곡崑曲으로 재편한 「모란정」牡丹亭을 보러 갔을 때 세기극장 입구에서 간양과 판제潘潔를 마주쳤는데, 산뜻한 복장을 한 이들 부부는 이 지방극을 보기 위해 일부러 홍콩에서 날아왔다고 했다. 봐야 할 친구가 너무 많아 그들의 일정은 꽉 차 있었다. 나중에야 알게 된 것인데 간양은 이때 1989년 이후 처음으로 베이징에 돌아온 것이었다. 두번째 만났던 것은 2005년 5월 칭화대학에서 개최한 학회 참석차 왔을 때였다. 그는 늘 하던 대로 저녁에는 시간을 내어 연극을 보러 간 뒤, 삼련출판사의 수웨이舒煒와 함께 우리집에 와서 밤새 많은 이야기를 나눴다.

    녹음에 앞서 가볍게 한담을 나누다가 최근의 홍콩 사회와 대학에 관한 각종 문제가 언급되자 간양은 크게 역정을 내며 다음과 같은 불평을 늘어놓았다. 대학에서 강의에 대한 평가는 높지 않고 돈이 되는 프로젝트를 하는 게 수완 좋은 것으로 취급받아 많은 교수들이 이쪽으로만 신경 쓰고 있다. 그러나 프로젝트의 경비로 만들어진 논문을 아무도 읽지 않는다, 모든 사회의 문화적 취향이 갈수록 유치해져 어른들이 아이들 유행의 뒤꽁무니만 쫓아가는 형국이라는 것이다. "이런 식으로 계속된다면 우리 같은 사람은 살아갈 수가 없어요!" "인생에 대한 감탄은 원래부터 중국문화에서 중요한 한 요소였는데, 이제는 그런 것조차 곧 없어질 것 같다니까요."

간양은 친구들 사이에서 오만한 것으로 유명했다. 그러나 그에 대해 의심의 눈초리를 보내는 이들도 그의 책과 학술 사조에 대한 직감은 일류이며, 타고난 기획가·조직가·선동가라는 점은 모두들 인정한다. 90년대 초 간양이 세계의 엘리트들이 모이는 시카고대학 사회사상위원회에서 공부할 때, 나 또한 마침 시카고에서 살고 있었다. 당시 그곳에는 꽤 친밀하게 내왕하는 무리들이 있었다. 황쯔핑黃子平 부부, 리퉈李陀 부부, 류짜이푸劉再復 부부, 쉬쯔둥許子東 부부, 그리고 리어우판李歐梵, 쑤웨이蘇煒 등이 그렇게 서로 친밀하게 지내고 있었다. 방문객들도 적지 않아 모임이 끊이지 않았고 그때마다 떠들썩하게 먹고 마셨다. 1989년 [톈안먼 사건]을 겪은 뒤라 이들의 사상과 생활은 모두 격렬한 충격의 한가운데에서 벗어나지 못했고 종종 그에 대해 토론하기도 했다. 개성이 뚜렷한 이 모임의 구성원 중에 간양은 가장 격렬하고 오만한 축에 속했다. 그의 관점은 극단적이고 변화무쌍하여 간혹 다른 사람들의 비판을 받기도 했다. 그러나 모두들 이렇게 칼을 뽑아든 듯한 그의 '과장된 몸짓'을 아끼고 또 익숙해져 있었다. 리퉈는 "간양이란 인물을 좋아하게 되면 그의 장점뿐 아니라 단점까지도 좋아하게 된다"는 말을 하기도 했다.

솔직히 간양이 최근에 내놓은 일련의 글과 관점을 나는 동의할 수도 좋아할 수도 없다. 간양에게도 대놓고 그렇게 말했다. 물론 그러고 나선 예전처럼 같이 밥 먹고, 차를 마시고, 이야기를 나눴다. 아마도 시카고에서 함께한 80년대식 우정 때문에 숨김없이 면전에서 말할 수 있었던 것일 게다. 그러나 간양의 다른 글은 정말로 좋아한다. 특히 그가 소개한 서양철학의 글들, 예를 들어 2년 전 홍콩 옥스퍼드 출판사에서 발간한 『정치철학자 스트라우스』政治哲人施特勞斯 같은 책은 간양의 대표작이라고 해도 좋을 것이다. 그의 예리한 과장과 선동적인 성격 또한 마음에 든다. 오랜 세월 서재에서만 생활한 사람이 그처럼 '밉지만 사랑스러운' 장난꾸러기 같은 개성을 유지하기란 쉽지 않은 일이다.

* * *

자젠잉 80년대를 이야기하기 전에 개인적인 이야기를 먼저 듣고 싶습니다. 간단하게도 좋고 자세히 말씀하셔도 괜찮습니다. 가정 배경, 청소년 시기 읽었던 책, 훗날 서양철학을 선택한 이유 등 개인적인 부분에 대해 말씀해 주시면 당신이 어떤 사람이고, 왜 훗날 그런 일들을 하게 됐는지 좀더 알 수 있을 것 같아요. 공개적으로 발표한 글에는 이쪽 방면으로는 거의 밝히지 않았던 것 같더군요.

간양 그런 쪽으로는 거의 말하지 않았죠. 별것 없어요. 아버지는 이공과 대학교수였는데, 해방 직전에 졸업했습니다. 그는 대지주 가정 출신이었기 때문에 저희 집은 출신성분이 좋지 않은 부류에 속했죠.

자젠잉 항저우에서요?

간양 땅은 사오싱紹興에 있었죠. 아버지는 대학공부를 위해 그곳을 떠나셨고요. 아버지가 내게 많은 영향을 줬다는 점은 의심할 여지가 없습니다. 아버지 세대 때의 이공과는 지금과 아주 다른데, 그들 모두 인문학도 좋아했지만 문과에 입학하려고 하지는 않았죠. 당시에는 이공과에 합격하지 못하는 사람만 문과에 입학한다고 여겼기 때문에 문과 출신을 좀 낮춰 보는 경향이 있었어요.

자젠잉 그럼 아버님은 서당 같은 데도 다니셨나요?

간양 아버지는 1920년대에 태어났습니다. 그때라면 서양식 학당에 다녔겠죠. 아버지가 서당에 다녔는지는 잘 모르겠지만, 아마도 이미 반(半)신식교육을 받았을 거라 생각됩니다. 그후 중일전쟁 때는 피난 다니느라 바빴겠죠. 지주 출신들은 납치되곤 했으니까요.

자젠잉 공산당원이셨나요?

간양 물론 아니죠. 아버지 같은 출신성분은 해방 후 목숨이 위태로웠죠.

자젠잉 당시 진보청년들처럼 '5·4운동'의 영향을 받지는 않았습니까?

간양 '5·4운동'의 영향이야 당연히 받았겠죠. 그러나 저희 아버지는 총명한 사람인지라 해방이 되자마자 자기들 세상이 아니라 노동자·농민의 세상이란 걸 알고 진보를 추구하는 분위기에는 휩쓸리려 하지 않았죠. 업무 능력이 좋아도 '문혁' 이전에 교학연구실 주임이니 학과 주임이니 하는 직책을 맡을 때도 대부분 '부'만 맡았죠. '정'은 대개 당원들이 하는 거니까요. 저희 아버지 같은 사람은 당시의 기준에 따르면 상당히 '반동'적인 사람인 셈이죠.

자젠잉 개조(洗腦)를 당하지는 않았나요?

간양 개조야 물론 모든 사람에게 적용되던 거였죠. 그러나 아버지는 다른 많은 사람들처럼 진보를 추구하거나 입당하려고 하지 않았어요. 결과를 빤히 알고 있었던 거죠. 나중에 제가 주의 깊게 관찰한 결과 공산당에겐 다음과 같은 특징이 있다는 걸 알게 되었습니다. 즉 공산당은 자기 사람을 칩니다. 그 내부적인 원인은 아주 복잡한데, 왜냐하면 '문혁' 때 제일 먼저 축출당한 지식인은 당과 비교적 밀접한 관계를 유지하고 있던 이들이었거든요. 당원이 아니라면 적극적으로 입당하려고 했던 사람들이죠. 만약 당원도 아니고 입당하려는 의지도 없는 사람이라면 일반적으로 주위의 대중들이 그 사람의 존재를 별로 감지하지 못해요. 제 생각에 공산당이 50년대 초반일 때 굉장히 대단했던 것 같아요. 예를 들어 가장 먼저 흡수한 지식인들은 틀림없이 일반인들이 아주 존경하는 사람들이었습니다. 인품이 훌륭할 뿐 아니라 업적에서도 탁월했어요. 예를 들어 아버지의 옛 학교 친구 중에 나중에 전인대(전국인민대표대회) 대표를 지낸 사람이 있는데, 이런 사람은 대학에서 공부할 때 이미 아주 훌륭했고 아주 단정한 사람인 데다 비교적 가난한 집안 출신인지라, 해방 후 자연히 지식인 중 가장 먼저 키워 주는 대상이 된 거죠. 그러나 아버지는 한 번도 입당 같은 건 고려한 적이 없습니다. 아마도 아버지 같은 사람은 일찍부터 들러리로 살겠다고 생각한 것 같습니다.

자젠잉 그런 게 당신의 유년기에 영향을 줬나요?

간양 당연하죠. '문혁' 때 우리가 같이 지내던 시기에 아버지 같은 '반동'은 저하고만 이야기를 했으니까요.

자젠잉 가족들하고만 이야기를 나눴죠.

간양 아버진 가족 전체와 이야기를 한 게 아니라 저하고만 말을 했어요.

자젠잉 맏이였나 보군요.

간양 종갓집 장손이죠.

자젠잉 종갓집 장손이라고요? 그럼 어깨가 무거웠겠는걸요? 다른 형제자매도 있나요?

간양 위로 누나가 셋이나 있고 제가 첫아들이고 제 밑으로 남동생이 하나 있습니다. 저희 집은 아주 큰 지주였기 때문에 종갓집 장손은 꽤 중요한 자리였죠. 어릴 때 두 가지 사건이 제게 제법 큰 영향을 줬는데, 그중 하나가 사오싱의 고향에 내려갔을 때 경험한 겁니다. 종갓집 장손이란 자리가 꽤 중요하단 걸 느낄 수 있었어요. 저 같은 꼬맹이가 상석에 앉았으니까요. 시골은 도시와 달라서, 많은 풍속이 여전히 해방 전과 마찬가지로 유지되고 있었어요. 예를 들어 사람들이 쬐끄마한 꼬맹이에게 큰도련님이라고 부르는 건 도시에서는 절대 상상할 수 없는 것이었죠. 오죽했으면 어머니가 놀라서 나자빠졌겠습니까! 근데 시골에서는 예전엔 모두들 아버지를 큰도련님이라고 불렀어요. 장손이었으니까요.

저는 선양沈陽에서 태어났는데, 해방 직후였기 때문에 국가에서 동북 지역에 새로운 대학을 만들었잖습니까. 그때 남방에 있던 아버지같이 젊은 교수들을 동북 지역에 보내 대학을 만들게 했죠. 아버지는 다롄공대(大連工學院), 둥베이공대, 하얼빈공대의 개설에 참여했습니다. 다행히 '반우파' 투쟁 전에 아버지는 항저우로 되돌아오셨죠. 아버진 몇 번이나 말씀하셨어요. 만약 '반우파' 투쟁 때 계속 동북 지역에 머물고 있었다면 틀림없이 결판났을 거라고 말입니다. 만약 계속 거기서 일하고 있었으면 아버지는 분명 '우파'로 타도의 대상이 되었을 거라는 뜻이죠. 남방 출신인 아버지는 당시 동북 지역을 아주 싫어하셨고 소련 전문가들이라면 질색을 하셨어요. 당시 소련 하면 큰형님 아니겠습니까? 소련의 전문가들이 와서 모든 걸 지도했으니까요. 예전에 영어를 배웠던 아버지 세대의 사람들은 그 당시 러시아어를 배워서 이들 소련 전문가에게 통역해 줘야 했어요. 그들이 얼마나 불만이 많았을지 안 봐도 뻔하죠. 근데 '백화제방, 백가쟁명'으로 온갖 비판여론이 분출되던 시기에 우리는 마침 남방으로 돌아오느라 바빴고, 저장浙江대학에 되돌아왔을 때는 '반우파' 투쟁이 벌써 시작된 뒤였습니다. 게다가 이미 오랜 기간 거기를 떠나 있던 터라 어떠한 인간적인 갈등도 없었어요. 때문에 아버지는 운동이 가장 격렬할 때 자신과 직장의 관계가 가장 느슨했기 때문에 피해 갈 수 있었다고 종종 말씀하시곤 합니다.

자젠잉 당신은 바로 거기서 태어난 거네요.

간양 저는 1952년 선양에서 태어나 1957년에 항저우로 돌아왔습니다.

자젠잉 '반우파'는 피해 가셨군요. '문혁'은 어땠나요?

간양 '문혁'은 모든 사람이 연루되었으니까요. 저희 어머니조차 연루되었죠. 어머닌 회계였어요. 꽤 심하게 재산 몰수를 당했는데, 어머니가 지주로 분류되는 걸 모면한 지주였다는 명목이었죠. 아버진 당연히 반동지식분자였고요. 재산 몰수 때는 남김없이 싹 쓸어 가더군요. 저장대학은 당시 다 합쳐서 일곱 개 동만이 고급 지식인 거주지였는데 거의 대부분이 몰수당했죠. 어떤 때는 하루에 몇 번이나 뒤지고 갔던 적도 있었어요. 뒤지고 나니 저녁이라서 불을 켜고 물건을 정리해야 되지 않겠습니까? 그럼 무슨 증거인멸하려고 숨기는 거 아니냐면서 다시 와서는 또 한바탕 쑥대밭을 만드는 식이었어요. 그러니 나중에는 정리할 생각도 안 하게 되었죠.

자젠잉 그런 경험이 당신에게 중요합니까?

간양 그 경험은 분명 아주 중요한 것이라고 해야 할 겁니다. 저는 대략, 당시 말로 하자면, 저는 아주 어릴 때부터 '반동'이었습니다. 하향하기 이전에 이미 그랬죠. 보통 저 같은 지청 세대 혹은 조금 윗세대의 경우 아마도 대부분의 사람들이 그런 생각을 한 건 린뱌오林彪의 죽음 이후였어요. 그게 너무 충격적이라서 많은 사람들이 그 이후 의심하고 문제를 생각하기 시작한 것이죠. 그러나 저는 그들보다 조금 빨랐어요. 그 이전에 이미 꽤 '반동' 적이었던 거죠. 그건 당연히 아버지의 영향이 클 테고, 또 훗날의 큰매형의 영향도 적지 않습니다. 저희 집은 대학 안에 있었고, 매형은 대학생이었죠. 그들은 제게 지대한 영향을 줬습니다. 아버지와 매형은 비교적 일찍 꿰뚫어 보고 있었던 거죠. '문혁'이 시작될 때 저는 중학교 1학년이 되었어야 하는데, 실제론 중학교에 진학하지 못했어요. 초등학교를 졸업하자마자 큰매형 등 대학생들과 같이 어울렸죠. 나중에 모든 사람이 '문혁'에 참가할 수 있게 되었을 때 저는 아주 어린 꼬맹이였지만 대학생들과 같이 놀았어요. 매형 친구들은 모두 대학생들 중 가장 이른 시기에 '소요' 하던 '회색분자' 그룹이었어요. 그들은 그걸 좀 일찍 시작한 셈이죠.

자젠잉 홍위병에도 참여한 적 있습니까?

간양 홍위병이라면 당연히 참여했죠. 대학 안의 홍위병 조직에 참여했어요. 그 당시엔 모두가 조반파造反派였기 때문에 어떤 파가 어떤 파인지 분간도 잘 안 될 정도였죠. 항저우에서도 무장투쟁이 아주 격렬하게 전개되고 있었습니다. 그러나 '문화대혁명'은 제 생각에 상당히 이중성을 지닌 것 같아요. 가정에 일이 생기고 비판을 받긴 했지만 다른 한편 전대미문의 해방이기도 했죠. 갑자기 학교나, 모든 교육, 모든 제도, 이런 모든 것들이 죄다 타파되었을 뿐 아니라 모두 잘못된 것으로 취급당했으니까요.

자젠잉 당신은 원래 착한 학생이었나요?

간양 그땐 아직 어렸죠. 당시 전 아주 나쁜 학생이었습니다. 공부야 물론 괜찮은 편이었는데 아주 말썽쟁이 학생이었어요. 모두들 절 보고 아주 어릴 때부터 반골이라고 하더군요. 소학교 4학년에서 5학년 사이엔 부모가 노상 '사청'四淸 등에 끌려다녔고, 어쨌든 아버진 항상 집에 안 계셨으니, 다니던 소학교에서 수업도 진행되지 못할 정도로 소란을 피웠어요. 왜냐하면 당시 선생님을 깔보고 있었기 때문이죠. 그 선생님이 지껄이는 게 개소리 같다고 생각했으니까요. 나중엔 모든 반 애들이 저와 함께 마구 소란을 피웠죠. 당시 그 선생님은 어찌할 바를 몰라 쩔쩔 매더군요. 결국 전 1주간 정학이라는 매우 심한 처벌을 받게 되었습니다. 선생님의 위엄을 깡그리 무시했다는 게 이유였어요.

자젠잉 그럼 당신은 최초의 조반파라 할 수 있겠군요.

간양 뭐, 그냥 상당히 불성실한 학생이었죠. 게다가 그 선생님은 마침 교무주임을 맡고 있었어요. 물론 여기엔 아주 복잡한 요소가 얽혀 있습니다. 예를 들어 부속 소학교의 선생님들은 대부분 그 대학의 교수들과 같이 살고 있었고, 교수 부인인 경우가 대부분이었어요. 그래서 학교에서 생긴 문제가 집안문제로 연결되어 어른들 사이의 관계에까지 영향을 미치곤 했죠. 모두가 얘는 말썽쟁이라고 했으니까요. 성격 면에서 볼 때 저는 아주 어릴 때부터 굉장히 오만불손하고 정해진 규칙대로 살 수 없는 그런 사람이었던 것 같아요.

자젠잉 당시 학교 수업과 관련 없는 책들을 많이 봤나요?

간양 물론이죠. 그 당시 볼 수 있는 책은 모두 봤어요. 그때 당시 청소년 도서관이 하나 있었는데, 대략 소학교 4학년 무렵에는 거기 있던 모든 책을 다 읽어 버렸어요. '문화대혁명' 이 시작되기 2년 전이었죠.

자젠잉 당시에는 옛날 책들이 아직 많았었나요?

간양 1964년에는 옛날 책이 아직 꽤 많았어요. 근데 일부 서적들은 볼 수 없게 하더군요. 예를 들어 『금병매』 같은 책을 볼 수 없었어요.

자젠잉 가장 인상 깊었던 책은 무엇입니까?

간양 주로 번역소설이죠. 제가 당시에 주로 읽었던 것들은 소설입니다.

자젠잉 영미소설입니까, 러시아 소설입니까?

간양 모두 읽었죠. 어쨌든 볼 수 있고 중국어 번역만 되어 있으면 옥석을 가리지 않고 게걸스럽게 집어삼켰어요. 제게 가장 인상 깊었던 건 사실 '문혁' 시기에 대학생들과 함께한 경험입니다. '문혁' 시기에 가장 재미있었던 건 대학생들과 저장도서관浙江圖書館에 몰래 들어가 책을 훔치는 겁니다. 게다가 대학생들은 물건 훔치는 것에도 이론이 있어, "선비가 책을 훔치는 것은 도둑질이 아니다" 따위를 갖다 붙이곤 했죠. 훔친 후에도 상당히 재미난데, 모두가 한 권씩밖에 없으니 책을 나눠 각자가 책을 50쪽씩 베낀다 그랬을 때, 당시 남인지藍印紙라 부르던 종이에 너도 나도 50쪽씩 베껴서 5명이 합치면 5권이 되지 않습니까? 그런 다음 퍼뜨리는 거죠. 그때도 똑같은 방식으로 퍼뜨렸고요.

그래서, '문혁'이 시작되자 우선 집안이 충격을 받고 억압을 받긴 했지만, 동시에 다른 면에서 보자면 그 충격을 자기 집만 받은 게 아니었기 때문에 아주 다른 양상이 되는 거죠.

자젠잉 집단적 재앙은 개인적인 재앙보다 좀 낫게 느껴지긴 하죠.

간양 전면적이었죠. 그 뒤 소학교에서도 조반造反이 진행되어 소학교 선생들이 전복되었고, 중학교 선생들도 전복되었죠. 그때부터는 완전한 자유, 완전한 해방이었어요. 게다가 제 생각에 전 분명 조숙한 편이었는데, 그때 제가 느낀 해방감은 전에 없던 것이라고 생각될 정도였어요. 그런데 만약 이 시기에 책이 없었다면 당시 뭘 해야 좋을지 몰랐을 겁니다. 읽을 책이 있다면야 문제될 게 없죠. 당시 가장 인상깊었던 건 푸시킨과 레르몬토프Mikhail Lermontov입니다. 저도 몇 권 베낀 적이 있어 비교적 일찍 읽은 셈이었죠. 그들이 책을 훔쳐 오기 전에 발자크는 거의 대부분 읽었더랬습니다. 당시 발자크는 비교적 쉽게 찾을 수 있었거든요.

아마 발자크가 발행량이 많아서였겠죠. 나중에 모두들 책을 바꿔 볼 때 발자크는 값을 별로 안 쳐줬는데 푸시킨의 책은 당시 상당히 값어치가 있었어요. 이 또한 당시의 발행량 때문이었을 겁니다. 그런데 예를 들어 레르몬토프의 『우리 시대의 영웅』 같은 경우 거의 없었어요. 발자크는 일찍부터 많이들 가지고 있었죠. 1968, 69년에서 1970년까지 모두들 여전히 책을 바꿔 봤습니다.

자젠잉 푸시킨과 레르몬토프에게 왜 그렇게 깊은 인상을 받으셨나요?

간양 그런 아마도 아주 개인적인 느낌일 겁니다. 모든 사람이 모두 그런 느낌을 받았다고 보기는 힘들겠죠. 그런데 당시와 같은 사회, 어떻게 보면 굉장히 자유롭고 해방되어 있으면서, 다른 한편 당신이 어떻게 될지 전혀 알 수 없는 상황이라고 했을 때, 자신이 푸시킨이나 레르몬토프와 같은 '잉여인'과 마찬가지라는 느낌을 받게 되는 거죠. 이런 인상을 비교적 깊게 받았는데, 특히 문화대혁명 후반기에 그랬습니다. 문화대혁명은 제 생각에 첫 3년간은 정말로 운동을 제대로 했어요. 그 뒤 몇 년과는 달랐죠. 첫 3년간은 흥분에 들떠 사상해방을 진행했으며, 격렬하게 문제를 생각했죠. 그러나 하향과 대학의 직장배치(分配)를 시작으로, 그러니까 1968년과 1970년부터는 운동을 수습하려 했기 때문에 너희 군중조직들은 더 이상 소란을 떨지 말라는 식이었죠. 대학생들을 직장배치를 통해 하향시키는 건 아주 큰 사건이었어요. 원래 그건 저와 상관없는 일인데, 전 그들 대학생과 피와 살을 나눈 형제와 마찬가지로 지냈잖습니까. 대학생들은 그때부터 일자리 문제가 시작되어 모두들 변경으로 배치된다는 느낌을 가지게 되었어요. 예를 들어 그들이 배운 게 전력 쪽인데 발전소는 모두 편벽된 산골짜기에 있다 했을 때, 그쪽으로 배치되어도 배운 걸 써먹는 셈이니 원래대로라면 그러려니 하고 받아들였을 겁니다. 그런데 이제는 사회 전체가 혼란한 상황이란 생각이 들기 시작했다 이 말입니다. 게다가 그 혼란의 장점이 사라지기 시작했습니다.

자젠잉 토론회 같은 걸 조직하지는 않았나요?

간양 온종일 산보만 하고, 온종일 서호西湖 주변을 왔다 갔다 했으니, 하루 종일 토론을 하고 있었던 셈이죠.

자젠잉 '문혁'에 대해 이미 환멸감을 느끼고 있었던 건가요?

간양 일찌감치 느끼고 있었죠. 제 생각에 매형과 어울려 다니던 대학생들은 1967년에 이미 기본적으로 환멸감을 느끼기 시작했어요. 그들은 일찌감치 혁명에 대한 열정을 잃어버렸지요. 아마도 처음 시작할 때는 그들도 어떤 흥분과 기대감을 갖고 있었고, 일종의 새로운 beginning, 새로운 어떤 가능성을 발견하려 했던 것 같아요. 그 뒤 얼마 지나지 않아…… 그러나 첫 3년 동안 벌어진 많은 것들은 정말로 인상 깊었어요.

자젠잉 당신도 무장투쟁에 참가했습니까?

간양 참가했죠. 아주 위험한 단계는 경험한 적이 없지만, 하루 종일 무장투쟁의 상황에, 서로 대치하고 있는 상황 속에 있었어요. 예를 들어 한 빌딩에서, 가장 격렬할 때는 양쪽 파벌이 각각 한 빌딩씩 점령해서 그 중간지대가 바로 전투지역이 되는 식이었죠.

자젠잉 무기도 있었나요?

간양 항저우는 꽤 격렬한 편이라 나중에는 총을 쓰기도 했어요. 1967년에 막 시작했을 때는 비교적 간단하게 등나무 모자* 쓰고 쇠파이프 드는 정도였죠. 교대로 보초를 섰는데, 모두들 거기서 먹고 자고 완전히 집체생활을 했으니, 건물 입구에 등나무 모자에 쇠파이프를 들고 죄다 앉아 있었습니다. 언제고 상대편이 몰려와 우리를 때릴 수도 있었기 때문이었죠. 물론 이쪽에서 출동해서 상대를 때릴 수도 있었고요. 저 같은 꼬맹이한테야 물론 직접 싸우게 하지는 않았지만 한두 번은 아주 위험한 지경에 빠지기도 했죠. 제가 대학교 정문에 있는 걸 보고 아버지가 깜짝 놀랐던 적이 있었어요. 그때 우리 진영 몇이서 거기에 줄지어 앉아 상대편이 지나가기를 기다리고 있었거든요. 사람들은 여전히 그 앞을 지나다니고 있었고요. 아버지는 제가 그 속에 있는 줄도 모른 채 학생들이 한 무더기 앉아 있으니 아주 위험한 곳이라고 생각하고 있었어요. 근데 제가 그 속에 있단 걸 알고 놀라 나자빠진 거죠. "니가 어떻게 대학생들 틈바구니에 끼어 있는 거냐?" 하시면서요. 그 빌딩에서 우리는 삼교대로 돌아가면서 잠을 잤는데, 잘 때 상대 진영이 쳐들어 올까 봐 그랬던 거죠. 그래도 그 시절은 사실 아주 자극적이었고 아주 재미있었답니다.

자젠잉 당시 그런 일을 할 때 꽤 진지했나요?

---

* 중국 남방의 무관들이 주로 사용했으며, 일반인들도 계투(械鬪; 부락 간 싸움)나 장례 등에 착용하던 등나무로 만든 헬멧.

간양 그 당시 무슨 일을 하건 아주 진지했죠. 1968년 이전에 우린 정말 진지했어요. 큰매형은 저를 상당히 비웃곤 했는데, 매형 생각에 조그만 꼬맹이가 뭘 안다고 그러나 싶었겠죠. 비록 그는 일찌감치 그런 일에 흥미를 잃었지만 당시 우리 큰누나를 쫓아다니고 있던 때라 그냥 빠질 수가 없어 우리와 함께 어울렸던 거죠. 사실 나중에 그들 무리는 대부분 조직에서 탈퇴했어요.

자젠잉 그럼 당신은 이상 청년이었던 셈인가요?

간양 이상 청년이라고 하기에 그땐 너무 어렸죠. 이상이라고 할 만한 게 못 되죠. 그래도 당시 모두들 논쟁할 때 꽤 진지하긴 했어요. 몇 가지가 계속 기억에 남는데, 그 중 하나가 '문혁' 때의 인재들입니다. 예를 들어 당시 만화가 얼마나 수준 높았고, 대자보의 글씨는 얼마나 아름다웠으며, 문장은 또 얼마나 훌륭했습니까! 일례로 저희 아버지가 놀라며 하시는 말씀이 당신은 자기 학생들이 그렇게 문학적 재능이 뛰어난지 몰랐다고 하십디다. 평소에 그냥 보기엔 평범한 학생들이 갑자기 단번에 재능을 분출한 셈이니까요. 그들은 원래가 이공계 학생들이라 문과 쪽으로 그런 표현력을 가지고 있을 줄 몰랐던 거죠. 그들이 그린 만화 같은 게 얼마나 훌륭했습니까. '문혁' 시기의 만화는 정말 아깝습니다. 제 생각에 그들 만화는 정말 제대로 문집을 하나 만들어 놔야 하는 건데. 어떤 만화는 전국적으로 퍼지기도 했잖습니까. 가장 유명한 게 『백관승관도』百官升官圖 같은 거죠. 그건 정말 인상 깊었는데 말입니다.

자젠잉 당신도 대자보를 쓴 적이 있나요?

간양 당연히 썼죠. 제 글이 좋고 꽤 수준 높다는 걸 모르는 대학생이 없었죠.

자젠잉 겨우 열다섯 살이었잖아요.

간양 그러니 정치가 좋은 거란 거 아닙니까. 정치는 사람의 재능을 격발시켜요. 평상시엔 아무런 능력도 없는 사람이 아주 대단한 인물로 변하는 거죠. 당시엔 모두가 스타였잖습니까. 학생 지도자를 하려 해도 어느 정돈 매력이 있어야지 안 그럼 어떻게 그걸 맡겠어요? 당장에 끌어내려 버리죠. 만약 한 3년 hold해 낸다면 그것만도 대단한 거죠. 그걸 하려고 해도 권모술수가 필요하고 수완도 있어야 가능하니까요.

자젠잉 그치만 당신은 우두머리를 맡은 적은 없잖습니까. 조무래기에 불과했잖아요.

간양 그건 모두 대학생들끼리 맡았으니까요. 당시 저는 제 또래 애들과는 놀지 않았어요. 우리 어린애들도 대립파가 아주 많았어요. 그래서 한번은 저와 함께 자란 스무남은 명이 저를 에워싸고 저와 말싸움을 하는데, 거의 무장투쟁이라도 할 것처럼 위협적이었던 적도 있었죠. 아주 재미있었어요. '문혁' 첫 3년은 솔직히 정말 자극적이었어요. 제 생각에 이런 자극은 극히 드문 것입니다. 사실상 '문혁' 첫 3년을 되돌아봤을 때 많은 사람들이 아주 재미난 것으로 기억할 거라고 확신합니다. 단번에 모든 것이 사라지고 마오 주석만 남았던 거죠. 그러니 모두가 마오 주석만 선전했잖습니까, 그렇죠? 그래서 그들이 논쟁하는 형식이 다음과 같이 변해 버렸습니다. "당신은 마오 주석에 충실한가?"로 말입니다. 그렇지만 그 아래에서는 모두들 나름의 내용을 담고 있었죠. 결코 아무 내용도 없었던 게 아니었습니다.

자젠잉 당시 당신도 그 속에 들어가 있었고 나이도 어려서 아주 자극적이고 아주 재능이 넘친다고 생각했겠지만, 만약 지금 그런 내용들을 다시 보면 어떻습니까?

간양 그걸 진지하게 되돌아본 적은 없습니다. 그 내용이란 것도 거의 가물가물하니까요. 실제로 당신이 정말로 되돌아가 보면 각각의 파벌들이 나중에는 사실 모두 서로 관련된 것으로 발전하게 됐단 걸 알게 될 겁니다. 게다가 그 관련은 전국적인 것이었죠. 예를 들어 저장浙江의 파벌은 베이징과 연결된다는 식으로 말입니다. 그러나 대부분 배후의 이러한 정치적 관계망은 잘 몰랐죠. 저 같은 꼬맹이야 말할 필요도 없죠.

자젠잉 사실 바로 최고위층과 연결되는 정치적 관계망이었죠.

간양 각종 관계에서 그건 서로 통하고 있었죠. 당신네 진영의 세력이 크다면 친구를 찾고 지지자가 많아지기를 바라는 게 정상입니다. 그런데 왜 이쪽 진영과 저쪽 진영이 연합을 하겠습니까. 그건 당연히 뭔가 이유가 있는 거죠.

자젠잉 읽어 보셨는지 모르겠는데, 쉬유위徐友漁가 쓰촨四川에서 홍위병으로 활동할 때의 일들을 묘사한 회상록을 쓴 적이 있습니다. 그는 당신보다 조금 나이가 많은 편이죠.

간양 저보다 나이가 많았죠. 그는 당시 고등학생이었으니까요.

자젠잉 예, 고3이었죠. 그래서 그는 당시 쓰촨 홍위병의 한 파벌에 속해 있다가 나중에 우두머리가 되기까지 했다더군요. 책에선 각 파벌끼리 투쟁이 어떠했다는 내용이 대부분이지만, 다른 한편 뒤편에서는 서로 간에 연락망이 형성되어 있고, 그게 중앙의 문혁소조까지 연결되어 있다는 등의 이야기도 묘사되어 있더군요.

간양 분명히 있었죠. 당시 우리 조직에서 아주 중요한 인물을 하나 붙잡았는데, 저도 붙잡힌 그 포로를 맡본 적이 있어요. 그는 베이징 사람인데, 아마도 나중에 이른바 '5·16'*이라고 명명된 조직의 일원이었던 것 같아요. 그러나 그런 건 제게 중요하지 않았습니다. 어릴 때 저에게 영향을 준 건 주로 두 가지 방면에서입니다. 아버지가 제게 준 '반동'적 영향이 그 하나이고, 다른 하나는 모든 것이 타파되었다는 점입니다. 보통 소학교, 중학교로 올라가는 정통적인 교육이 제게 아무런 속박이 되지 못했다는 말이죠. 게다가 전 아주 어릴 때부터 정해진 틀에 맞춰 살지 않았고요. 소년선봉대少年先鋒隊도 전교에서 가장 늦게 가입한 편이었죠. 전 당시 그 소학교를 아주 싫어했어요.

자젠잉 바로 '문혁'이, 대학의 홍위병이 당신에게 또 다른 정치적 교육기회를 제공했고, '정통'적인 반조류에 진입할 수 있게 해줬던 것이군요.

---

* '수도 5·16 홍위병단'의 준말. "저우언라이를 타도하고, 구정부를 분쇄한다"라는 취지로 1967년 3월에서 8월 사이에 주로 활동한 베이징의 홍위병 조직이다.

간양 어떻게 말하는 게 좋을까요? 그런 본능은 아마 일찌감치 있었을 겁니다. 왜, 시작하자마자 반성분론* 같은 게 있었잖습니까? 우리처럼 출신이 좋지 않은 사람들이야 당연히 성분론에 반대할 수밖에요. 그게 자신과 무관하지 않다는 생각이 들기 마련이니까요. 어쨌든 나중엔 모든 사람이 홍위병에 참가할 수 있게 되자, 엄청난 홍분에 휩싸이게 되었죠. 그때까지 옭아매고 있던 모든 제한이 사라지고 아무도 관리하는 사람이 없게 된 데다 폭넓게 친구를 사귈 수 있게 된 거죠. 제가 조숙할 수 있었던 건 물론 대학생들의 도움이 지대했지만요.

자젠잉 대교류(串聯)**에도 참가했나요?

간양 전국행진은 가지 못했습니다. 집에서 제가 너무 어려 사고라도 날까 봐 걱정해서요. 그게 당시엔 엄청나게 아쉬웠어요. 아버진 "넌 성분 좋은 '홍오류'***도 아니면서 무슨 난리법석을 떨려고 하는 거냐!"라고 하시더군요.

---

* 1966년 위뤄커(遇羅克)는 「출신론」이란 논문에서 문혁 초기 성행하던 "아버지가 영웅이면 아들도 영웅이고, 아버지가 반동이면 아들도 후레자식이다"라는 논지의 성분론, 혈통론을 비판하였다. 문혁 당국에 의해 현행범으로 체포된 후 1970년 위뤄커는 사형을 당했다.
** 대교류(串連). 각지의 홍위병들이 혁명 경험을 교류하고 문혁의 이념을 전파하기 위해 전국을 순회하는 행동을 말한다. 1966년 8월 지방의 학생들이 마오쩌둥을 만나기 위해 베이징으로 모이면서 시작되었으며, 9월에 교통, 숙박, 식사 등 모든 경비를 국가에서 부담할 것을 공표한 후 전국적으로 확산된다. 그러나 이러한 무임 전국순회는 철도운송을 마비시키고 국가재정에 부담을 줬으며, 파벌 간의 투쟁을 격화시키는 등의 혼란을 가져오기도 하자, 이듬해 2월 당 중앙이 "전국 대교류를 정지"할 것을 지시하였다.
*** 홍오류(紅五類). 출신성분이 좋은 '혁명군인, 간부, 열사, 노동자, 빈농'의 다섯 부류를 말한다. 초창기 홍위병은 "아버지가 영웅이면 자식도 영웅이다"라는 '혈통론'의 논리를 내세운 홍오류 출신의 학생들이 조직하였다. 이와 달리 출신성분이 나쁜 '지주, 부농, 반혁명, 불순분자, 우파'의 다섯 부류를 흑오류(黑五類)라고 한다.

자젠잉 그 뒤 바로 하향했나요?

간양 저는 비교적 늦게 하향했습니다. 저희 누나 세 명이 먼저 동북 지역으로 하향했기 때문에, 당시 정책에 따르자면 저는 도시에 그대로 머무를 수 있었죠. 그러나 저는 그러지 않았어요. 그렇지만 또 교외의 농장에 가서 농민이 되고 싶지는 않았어요. 농장은 이것저것 통제하는 게 너무 많아 보였거든요. 그런데 도시에 남기는 싫었고 멀리 가고 싶었어요. 집에서 좀 멀리 떠나 있고 싶어 도시에 남지 않고 동북 지역의 대흥안령大興安嶺에 있는 삼림농장에 가서 벌목을 하려 했어요. 근데 결국 제가 배정받은 곳은 대흥안령의 건축 부문, 즉 집 짓는 일을 했죠.

자젠잉 몇 년도에 떠나셨죠?

간양 1970년에 떠나 대흥안령에서 2년간 머물렀습니다. 이 지청 2년 동안도 굉장히 혼란스러웠어요. 거기 있을 때 주로 싸움만 해댔거든요. 삼림농장 쪽에선 지청들을 통제할 수가 없었어요. 연대장이나 지도원 등 간부 두세 명밖에 없고 나머지는 전부 지청이었기 때문이죠. 한 개 연대에 180명의 지청이 있었으니 어찌해 볼 수가 없었죠. 당시 저는 싸우지는 않았습니다만 지청들의 생활을 유지하던 기조는 싸움이었습니다.

자젠잉 둘이서 싸우나요, 집단으로 싸우나요?

간양 싸우다가 여럿 죽었죠.

자젠잉 왜 싸웠던 거죠? 무료해서? 정신적인 고민 때문에? 아니면 다른 무엇 때문에?

간양 세력 과시죠 뭐! 어떤 사회에나 영웅이 있는 법이죠, 안 그래요? '문혁' 이후에는 모든 정통이 사라졌으니 결국 건달이나 깡패가 사회의 영웅을 자임하는 것 아니겠어요. 그래서 하는 말인데, 왕안이의 소설이 그걸 아주 잘 잡아냈더군요. 그녀는 간부 집안 출신이긴 합니다만, 간부는 대학교수와 비슷해요. 예를 들어 저장대학이 위치한 지역은 항저우와 별로 관계가 없었어요. 대학에서 학생들이 쓰는 말은 현지 언어가 아니라 온갖 지역의 방언이 뒤섞여 있었죠. 저 같은 꼬맹이들이야 항저우 말을 하긴 하지만, 저장대학이 항저우의 외곽에 있기 때문에 항저우 시 중심에 갈 때 우린 "시내로 간다"라고 말하곤 했어요. 근데 제가 하향했을 때 제가 살던 구역에서는 저 혼자만 갔고, 동행한 사람들은 다른 구역의 노동자 가정의 자녀들이라서, 간혹 가다 촌놈이라고 놀림을 받기도 했어요. 사실 홍위병 조직이 해체된 후 모두가 도시 깡패가 되었다고 할 수 있어요. 도시 깡패들은 세력 과시에 도가 텄잖습니까. 그 깡패들 속엔 여자아이들도 많이 끼어 있었어요. 그들이 사회의 영웅인 거죠. 그러니 모두들 파벌 비슷한 걸 만들어 댔죠. 저 같은 사람은 아무런 파벌도 없었고요. 그들은 서로 가까이 살던 사람들입니다. 도시 중심 일대에 살았기 때문에 소학교 때부터 일찌감치 강호에 발을 들여 그쪽으론 내공이 쌓인 거죠. 파벌 조직은 모두 도시에서 가져온 것들인 셈이에요.

　　동북으로 가는 기차에서 벌써 싸움을 시작하더군요. 누가 누굴 때려서 시작되었다는데, 우두머리 쟁탈전이 벌어진 겁니다. 엄격하게 말해 반#마피아라고 할 수 있어요. 1970년 이후 위에서 왜 수습하려고 했겠습니까, 사실은 정상적인 질서를 회복하려고 한 거죠. 안 그럼 정말로 마피아가 주요 노선이 되어 버릴 수도 있으니까요. 예를 들어 우리들이 어릴 때 노상 누구누구는 정말로 깡패 같다고 놀렸는데, 하향해서 보니 '같은' 게 아니라, 그들은 정말로 깡패더군요! 게다가 당시엔 싸움이 굉장히 숭배를 받았어요. 만약 당신이 싸우잖아요, 그럼 조무래기를 얻게 돼요. 누군가 당신을 따르는 거죠.

자젠잉 당신은 거기서 깡패 두목을 해본 적은 없습니까?

간양 없어요, 없어. 근데 하향해서 보니 우리 중국의 전통문화가 아주 대단하데요. 왜 줄 아세요? 그 깡패 두목놈이 지식인을 아주 존중합디다. 안경 하나 쓰고 있다 하면 아주 학문이 대단한 것으로 여겨 주죠. 대학교수 아들 대접을 해주더군요.

자젠잉 특별대우를 해주고, 당신을 자기의 책사로 여기는 거네요.

간양 이놈의 강호가 어떤가 하면 바로 옛날 소설과 마찬가지예요. 그들의 모든 생활 관념은 기본적으로 『삼국지연의』의 방식을 따르고 있어, 무슨 예현하사禮賢下士[권력자가 예의를 갖춰 인재를 대하다]니, 삼고초려니 하는 것들을 속속들이 알고 있어요. 그들 모두 저와 친구하기를 바랐고 쌍방이 다 잘 대해 줬지만 어떨 때는 아주 거북하기도 했습니다. 왜냐하면 싸움을 시작할 때 양 파벌의 두목이 모두 저와 친구였기 때문에 사실 상당히 귀찮고 위험하기도 했던 거죠. 어느 한쪽을 택하라고 핍박하는데 사실 저는 어느 쪽도 원치 않았거든요. 개입하고 싶은 마음이 전혀 없었으니까요. 솔직히 말해서 그냥 기골만 장대해서는 아무짝에도 쓸모가 없어요. 카리스마도 좀 있고 좀 똑똑하기도 해야 되죠. 고만고만한 지푸라기들 중에 그래도 좀 빛이 나는 애들이 두목을 맡았죠. 그리고 그런 애들은 똑똑한 사람과 함께하길 좋아해서, 와서 이야기도 듣고 수다도 좀 떨다 가곤 했어요. 자기 생각에 꽤 거창한 자리에 있고, 조무래기들과는 할 이야기도 없다, 나는 간양과 이야기를 나눠야 제격이다, 라고 여기는 거죠. 웃기죠. 당시 하향한 사람들 중 상당수가 노동자 가정 출신이었고, 이미 교육이 망가져 버린 후였기 때문에 대부분 편지도 제대로 못 썼어요. 제가 그들 대신 편지를 써 주곤 했죠. 가장 웃긴 건 연애편지를 많이 써 줬거든요, 다 쓰고 나면 그네들이 그걸 그대로 한 글자 한 글자 베낍니다. 안 그럼 제가 쓴 걸 알아차릴 테니까요. 이런 상황이었으니 하향한 2년 동안 저는 아주 편했고 재미나게 보낼 수 있었죠.

그 당시는 거의 산적같이 살았어요. 냄새가 코를 찌르는 임시 텐트에서 살았고, 언제나 유혈사태가 발생하곤 했으니까요. 때문에 나중에 중앙에서 일부를 다칭大慶*유전으로 이동 배치하면서는 엄격한 관리 체계를 도입했습니다. 저도 갔어요. 그래서 1972년에 다칭유전에 가서 채유공으로 6년간 근무했습니다. 유전에서는 착정대가 유전을 개발하고 채유공은 삼교대로 근무했는데 아주 현대화되어 있었습니다. 그냥 방에 앉아서 규정에 따라 두 시간 동안 모든 계량기를 살펴보고, 밸브를 이리로 한 번 옮겼다가 저리로 한 번 돌렸다가, 만약 거기서 기름이 솟아나지 않으면 기름을 관 속에 부은 뒤 얼마 있다가 또 다른 곳으로 옮겨 가는 식이었어요. 따라서 다칭유전은 상당히 체계가 잡혀 있었다고 할 수 있습니다. 생산대 하나에 지청이 서너 명밖에 없었고 나머지는 모두 숙련공들이었기 때문이죠. 그러나 삼교대로 돌아가는 생활방식은

---

* 헤이룽장성의 작은 도시로 유전이 개발된 후 석유공업단지로 성장하였다. "농업은 다자이를 배우라"와 병칭되는 "공업은 다칭을 배우라"(工業學大慶)라는 구호가 제기된 후 전국적인 공업의 모범이 되었다.

당시 아주 견디기 힘들긴 했어요. 그래도 저는 건물 안에 앉아서 작업했기 때문에 책을 들고 가서 볼 수 있었죠.

자젠잉 무슨 책을 보셨나요?

간양 다칭유전은 좀 엄격한 편이라 원칙적으로 『마오쩌둥 선집』같이 허가된 일부 서적만 볼 수 있게 했습니다. 물론 그렇게까지 딱딱하게 규제하지는 않았지만요. 근데 이때 기가 막히게 운수대통한 일이 일어났습니다. 그러니까 칠십 몇 년인가에 상부에서 지시가 내려왔어요. "노동자·농민·병사는 반드시 철학을 학습해야 한다"라고요. 그때부터 전 철학 교사가 되었어요. 1973년의 일인데, 비록 소학교밖에 졸업하지 못했지만 다른 사람들 눈에 제가 문화적 수준이 꽤 높아 보였나 봅니다. 누군가에게 강의를 맡겨야 되니 당연히 바로 저라는 인재가 눈에 들어왔던 거죠. 그 후로 전 많은 책을 볼 수 있었습니다. 헤겔이나 칸트의 책들을 대놓고 당당하게 볼 수 있게 된 거죠.

자젠잉 책은 모두 그들이 제공해 줬나요?

간양 제가 항저우에서 가지고 왔어요. 당시 가장 꼼꼼하게 봤던 책이 칸트 『순수이성비판』의 주석본인데 상당히 두꺼웠어요. 번역본이니까요. 아주 유명한 판본인데, 영국에서 나온 비교적 표준적인 주석본이었죠.

자젠잉 그 이전까지 읽었던 것들은 모두 소설이었죠.

간양 소설만 읽었죠. 철학은 그때서야 비로소 정말로 읽기 시작한 겁니다. 근데 더 이른 시기에, 그러니까 하향하기 1, 2년 전에는 역사책을 마구잡이로 꽤 많이 읽었어요. 판원란范文瀾의 『중국통사』中國通史, 소련에서 번역한 세계사, 우이친吳一廑의 『세계통사』世界通史 같은 것이었죠. 한동안은 이런 역사책만 읽었어요. 마구잡이로 말입니다. 제 생각에 꽤 재미난 사실은, 당시 이쪽 책을 전부 다 읽어 버렸다고 느꼈다는 점입니다. 요즘 같지 않았으니까요. 게다가 나중에 대학에 들어간 후에 읽은 책도 대부분 이 시기에 읽었던 책과 중복되는 경우가 상당히 많았어요.

자젠잉 대부분 읽을 수 있는 책을 꼽아 봐야 얼마 되지도 않았으니까요.

간양 지청들은 매년 집으로 돌아가 두세 달은 머물 수 있었으니까, 그때 모두들 옛 버릇을 못 고치고 책을 교환하곤 했죠. 각자가 베끼고, 어떤 책은 훔쳐 오고, 서로 있는지 없는지 확인해 보기도 하고, 어떤 때는 책 한 권을 온갖 수단을 동원하여, 무슨 다른 물건을 주고 빌려 보기도 했어요. 책 빌리는 건 아주 어려웠는데, 어떤 책은 빌려서 안 돌려주기도 해서 나중엔 다시는 못 빌리게 되기도 했죠. 당시 다칭유전에서 중요한 두 친구를 사귀었어요. 하나는 베이징의 고급간부 자제로 나이가 저보다 상당히 많았죠. 다른 하나는 상하이 출신이고 문혁 전에 고등학교도 다니고 해서 이야기가 잘 통했습니다. 그러니 그때부터 동료가 생기기 시작했다고 할 수 있겠네요.

자젠잉 같이 토론도 했나요?

간양 같이 토론했죠. 게다가 베이징의 이 친구네 집에는 책이 상당히 많았어요. 아마도 고급간부 자제라서 그랬겠죠.

자젠잉 금방 말씀하신 그런 철학책에만 국한된 건 아니었겠죠?

간양 당시 어떤 책은 예전에 읽었던 걸 다시 보기도 했고, 소설을 다시 읽기도 했죠. 모두들 흥미를 가지고 있었으니까요. 동료를 찾게 되자 모두들 흥분했던 거죠. 제 생각에 많은 지청들이 이런 경험을 했을 것 같아요. 일부러 찾아다닌 건 아니지만 서로 마주쳤고 그래서 왕래하기 시작하고 점점 가까워지게 되었던 거죠.

자젠잉 게다가 똑같이 정신적인 배고픔에서 출발하여 함께 길을 헤쳐 나갔으니까, 그 우정은 아주 순수하고 강렬했겠죠. 훗날의 밥 같이 먹는 친구, 함께 마작하는 친구, 사업상의 친구와는 다를 수밖에요.

간양 게다가 간혹 위험한 일이 발생하기도 하던 시기였죠. 그러다가 갑자기 동료를 얻게 되었으니 이야기를 나눌수록 길어지고, 이야기를 하면 할수록 길어지다가…….

자젠잉 그러다가 시모임(詩社)이나 독서회를 만들기도 하다가…….

간양 그러다가 결국 반혁명 분자로 몰리기도 했죠. 그건 그 사람이 소속된 기관(單位)이 어떤가에 따라 달랐는데, 만약 그 기관에서 용인하지 못하면 항상 트집을 잡는 거죠. 사실 그게 뭔지도 모르면서 이런 사람은 뭔가가 이상하다, 사상이 다른 사람과 어째 다르다고 생각하는 겁니다. 근데 그 기관에서 만약 비교적 용인해 주는 편이라고 한다면 보통은 아무 문제가 없었어요. 우리에겐 의외로 아무 일도 일어나지 않았죠.

자젠잉 그 시기엔 비교적 서양철학서를 집중적으로 보셨던 거죠?

간양 주로 그들은 저에게 맑스·레닌을 가르치게 했어요. 맑스를 가르치고 맑스를 읽어야 했으니, 헤겔도 자연히 읽어야 할 정당한 이유가 생겼던 거죠. 당시 관방에서도 헤겔의 책을 재출간했습니다. 대략 1974년 정도에 『논리학 서론』 같은 걸 한 차례 재출간했죠. 칸트가 뒤따라 재출간되었고요. 어쨌든 그 시기엔 아주 정정당당하게 그런 책을 볼 수 있었죠. 제 친구들 몇이도 당시 철학을 가르치고 있었습니다. 우린 모두 전 생산대를 상대로 강의를 해야 했죠. 모든 노동자에게 강의해야 하는데 사실 이들 노동자를 어떻게 가르칠 수 있겠어요. 뭐 강의야 그런대로 썩 괜찮은 편이었지만 말입니다. (웃음)

자젠잉 (웃음) 그럼 당신은 그들 책에 갑자기 단번에 꽂혔던 건가요? 푹 빠졌나요?

간양 푹 빠졌죠. 당시엔 책이 거의 없었잖습니까, 안 그래요? 근데 눈 씻고 봐도 자주 봤던 것들뿐이고, 소설은 읽은 것밖에 없는데, 세 번 보고 나면 질려서 읽을 수가 없잖아요. 근데 헤겔의 『논리학 서론』은 1, 2년을 봐도 이 책이 도대체 무슨 개소리를 지껄이는지 알 수가 있어야 말이죠?!

자젠잉 (웃음) 도전할 만해서 오히려 더 끌려들어간 거군요.

간양 그러다 친구들 서넛이 모이면 모두들 같이 그것만 토론하는 거죠. 의욕에 불타 있었어요. 당시 모두들 자기가 한 총명 한다고 자임했잖습니까. 그러니 그때는 모두들 아주 열심히 공부했어요. 열심히 하지 않을 수가 없잖아요. 그리고 나선 매년 집에 돌아갈 때마다 관련 서적들을 뒤지기 시작했죠. 그러다가 찾아낸 사실은 예전에 번역되어 있는 것들이 적지 않았다는 점입니다. 루소야 아주 일찌감치 읽었지만요.

자젠잉 루소의 어떤 책인가요?

간양 『사회계약론』民約論이요. 열네 살 때 '문혁'이 막 시작될 때 읽었죠. 『사회계약론』의 첫 구절을 저는 가슴 깊이 간직하고 있답니다.

자젠잉 한 구절 외워 보시죠.

간양 첫 구절은 다음과 같이 시작합니다. 인간은 자유롭게 태어났다. 그러나 어디에서나 쇠사슬에 묶여 있다. 이런 구절이 가져다주는 떨림은 진정 충격적인 것입니다.

자젠잉 루소의 문장은 아주 감동적이죠.

간양 게다가 당시 중국어 번역도 아주 훌륭하다고 생각되었어요. 당시엔 원문은 이해하지 못했으니까요. 그 중국어 문장은 입에 짝짝 달라붙었어요. 당시 푸시킨의 시는 모두 외우고 있었죠. '문혁' 때 푸시킨이 아주 유행이었죠.

자젠잉 맞아요. 무슨 「예브게니 오네긴」이니, 레르몬토프의 『우리 시대의 영웅』 같은 건 그 당시 저도 읽었어요.

간양 『우리 시대의 영웅』에서 보여 준 정서는 사람을 아주 감동시키죠. '문혁' 때 또 잘나가던 텍스트가 취추바이瞿秋白의 「못 다한 말」多餘的話*입니다. '문혁' 때 유행하기 시작했는데, 이 글이 유행할 때는 사실 상당수 대학생들이 낙심하기 시작했을 때입니다. 67년에는 그래도 모두들 의욕에 차 논쟁을 하고 무장투쟁을 했지만, 1968년 하반기에 군인선전대(軍宣隊)나 노동자선전대(工宣隊)가 학교에 진입하여 자유가 이미 제약을 받게 되었죠. 그때가 되자 당연히 고민도 많아지고 흥분하던 기세도 누그러들었고, 대학생들에겐 또 어느 직장으로 배치될 것인가의 문제가 들이닥치게 되었어요. 당시 대부분의 대학생은 여전히 도시의 집에서 먹고 자고 했었는데, 그게 실질적인 문제로 표면화되고 있던 상황이었으니까요.

그래서 제 생각에, 「못 다한 말」은 사실 제대로 사례조사를 한번 해 볼 만한 것 같아요. 취추바이의 「못 다한 말」은 임종 전에, 국민당에 의해 총살당하기 전에 자기 개인을 전면적으로 되돌아본 것입니다. 내용은 사실 아주 간단해요. 자신은 혁명할 사람이 아닌데 어쩌다 보니 혁명지도자의 지위에 추대되어 물러나려야 물러날 수가 없었다. 특히 체포된 후에는 탈당을 선포할 수가 없었다. 그건 그 자신도 받아들일 수 없었다. 그 시기에는 이미 하야당한 상황이었기 때문이다. 자신은 혁명을 할 사람이 아니었다. 그가 진정 사랑한 것은 문학이었다. 순전히 러시아어를 잘 했다는 이유 때문에 혁명의 총서기를 맡게 된 것이다. 나중에야 지도자란 자리가 처음부터 맞지 않았다는 사실을 뼈저리게 알게 되었다. 그러나 한번 오르고 나서는 물러날 수가 없어 자신의 내심은 고통에

---

* 취추바이가 1935년 국민당에 의해 처형되기 전에 남긴 유언장. 자기변명적이고 조소적인 내용 때문에 국민당의 검열에 의해 왜곡되었다고 판단한 공산당은 공식 전집에서 이 글을 제외시켰다.

몸부림쳤다. 윗자리에 있었기 때문에 오랫동안 그런 마음을 내비칠 수도 없었다. 게다가 모두들 혁명에 고군분투할 때 살롱에서 루쉰과 함께 제정 러시아의 문학작품을 담소하듯이 그럴 수도 없었다는 등의 내용입니다. 그러나 체포된 그 몇 달 동안 「못 다한 말」을 쓰며 하나의 개인적인 태도로 되돌아올 수 있었죠. 사실상 아주 낙심해 있었던 겁니다.

자젠잉 문혁이 퇴조할 때 사람들이 느낀 심적 상태와 잘 부합하는군요.

간양 라오우제老五届** 대학생 세대에겐 특히 그랬을 겁니다. 『우리 시대의 영웅』이 보여 주는 분위기와 유사하게, 일면 낙심해 있으면서, 또 그렇지만 자기는 보통 사람과 다르고 그렇게 평범한 생활을 감내할 수 없다, 뭐 그런 느낌도 가지고 있었던 거죠.

자젠잉 이야기가 약간 되돌아간 것 같네요. 사실 아까 벌써 '문혁' 말기까지 이야기하셨는데요.

간양 그 다음이 바로 1976년입니다. 바로 마오 주석이 서거한 해이죠.

자젠잉 그 일이 당신에게 준 충격이 컸나요?

간양 마오쩌둥의 서거는 아주 충격이 컸죠. 솔직히 말해 극도의 해방감을 맛봤어요. 그때 전 이미 '반동'이었으니까요.

** 라오싼제가 문혁 중에 졸업한 세 학번(1966~1968)의 중고등학생을 가리킨다면, 라오우제는 문혁 기간에 졸업한 다섯 학번(1966~1970)의 대학생을 지칭하는 말이다.

자젠잉 한 번도 그를 숭배한 적이 없었나요?

간양 없어요. 저는 그 당시 그를 숭배한 적이 없어요. 어떤 기대는 하고 있었지만요.

자젠잉 뭘 기대하셨나요?

간양 아주 어렴풋한 거였어요. 제가 하향해 있을 때 줄곧 어렴풋한 채였던 것처럼 말이죠. 전 한 번도 그곳이 나의 삶이 되어야 한다고 느낀 적이 없어요. 근데 어떤 출로가 있을지 알 수도 없었죠. 당시 모두가 도시로 돌아가려 애썼어요. 그러나 제가 있던 곳에서 전 이미 노동자였는데, 노동자를 모집하는 구역이 아니면 도시로 되돌아갈 적절한 이유도 없었죠. 근데 당시 저희 누나 셋은 도시로 되돌아갈 수 있었어요. 다칭유전에서 친구 몇을 사귀었기 때문에 그래도 얻는 게 아주 많았죠. 그래서 대학은 사실 저에게 별로 자극을 주지 못했어요. 일반적으로 정신적인 면에서 대학에 들어간 후 겪었다고 하는 무슨 '해동'을 전 일찌감치 경험한 후였으니까요. 많은 사람들이 마치 해방된 것처럼 말하는데 저로 말할 것 같으면 일찌감치 떨쳐 버린 것들이죠. 그런 의미에서 말한다면 제게 거의 영향을 못 줬다고 생각해요. 전 일찌감치 '반동'이었으니까요. 대다수의 사람들이 기본적으로는 1971년 린뱌오의 사망 이후, 반성을 시작하고 문제를 생각하기 시작했죠. 물론 그들은 문혁 이전에 고등학교를 다니던 노땅들이었죠. 일단 반성이 시작된 후 이론상으로 그들의 숫자는 꽤 많았어요. 저는 특수한 가정환경 때문에 약간 예외적인 경우이죠. 그 다음 이야기할 것은 대학 입학시험입니다. 첫해 [1977년 문혁 이후 첫 대입 부활]에 다칭유전에서는 시험에 응시하지 못하게 했어요. 헤이룽장성의 입장에서는 이들 지청이 요긴했으니까 아주 심하게 잡아 두려 해서, 하마터면 첫해에는 시험을 쳐 보지도 못할 뻔했어요. 일처리가 아주 안 좋았죠.

자젠잉 왜 헤이룽장대학에 응시하셨습니까?

간양 그들이 억지로 지원서를 쓰게 했죠. 1977년에 우리 다칭유전에선 한 명도 시험을 치러 못 갔어요. 그래서 대부분이 1978년에는 시험을 포기했죠.

자젠잉 당신은 1978년에 헤이룽장대학 철학과에 입학하셨는데, 그 당시 전공을 나눴던가요?

간양 나누지 않았어요. 게다가 대다수 중국 대학의 경제학과는 옛날에 모두 정치경제학과였잖습니까, 정치경제학은 모두 철학과의 한 부분이었죠. 본과에서 서양철학, 중국철학도 나누지 않았어요.

자젠잉 그 시기에 이미 철학을 공부해야겠다고 확고하게 결심한 모양이군요.

간양 예, 당시에 확고했죠. 근데 철학을 공부하려는 사람이 저뿐이었던 건 아니에요. 제 생각에 77, 78학번 때는 철학이 붐이었어요.

자젠잉 당시엔 문사철文史哲이 모두 붐이었죠. 당시 철학과의 상황은 어땠나요?

간양 수업이 아주 다양했어요. 철학원리는 맑스주의였고, 무슨 중국철학사니 서양철학사니 하는 수업이 있었는데, 서양철학사는 베이징대학에서 편찬한 교과서를 썼고, 중국철학사는 생각이 안 나는군요. 그래도 교과서는 여러 권 있었어요. 베이징대학에서 '문혁' 이전에 편찬한 편역 자료로, 무슨 '서양철학 비판자료'라고 불리던 것도 들어 있었는데, 그땐 이미 [비판이 아니라] 참고서로 사용되었죠. 대학이야 물론 아주 재미있었고, 본과생 생활도 아주 재미있었습니다. 지금 생각해 봐도 가슴 한 켠이 따뜻해지곤 한답니다. 대학 본과 때는 비교적 단순했고, 사람들도 시기심 같은 것도 없었어요. 게다가 당시 헤이룽장대학에는 대부분 베이징, 상하이, 남방 등지에서 온 지청들이 주류였고, 정상적으로 고등학교를 졸업하고 올라온 18살짜리는 별로 없었죠. 철학과는 특히 더 그랬는데, 모두 헤이룽장성의 지청들이고, 헤이룽장의 지청들은 모두 외지의 지청들이 거기 와 있는 거니까, 지금 이야기하면서도 그때의 뜨거운 우정이 솟아나는 것 같은데요. 서로들 인간관계가 꽤 좋은 편이었어요. 지금 다시 떠올려 보면 닭털같이 사소한 일들뿐이지만요. 예를 들어 당시 모두 8명이 방 하나에 위아래 침대를 나눠 썼어요. 우리 반장은 베이징 출신의 노땅 지청인데, 매일 저녁이면 한쪽에 앉아 팔단금八段錦[기공의 일종]을 연마하곤 했어요.

자젠잉 예?

간양 사실 뭐 발바닥이나 문지르고 있었던 거죠. 그러다 모두들 거기 앉아 이것저것 떠들어 대곤 했어요. 베이징 애들은 모두 헛소리도 열라 잘하고, 노상 했던 말만 또 하곤 했죠. 사실 지금 생각해 보면 당시 맨날 저녁 악취가 코를 찔렀던 것 같아요. (웃음) 게다가 그 당시 대학들은 저

녘 11시만 되면 소등시켰죠. 얼마나 싫었는지. 그러니까 갈 데도 없고 잠도 안 오는데 그냥 누워 있을 수밖에 없는 거죠. 맙소사! 정말 견디기 힘들었어요. 그런데 전 무단결석이 엄청 많았어요. 당시 수업에 대부분 안 들어갔어요. 듣고 있을 수가 있어야 말이죠. 그래도 매번 시험은 아주 잘 봤어요. 어려울 거 있나요 뭐. 그러다 대학에서 한 학년 월반했어요. 견디기 힘들었으니까요. 월반을 허락하면서 여덟 과목을 시험 보라고 하더군요. 여덟 과목 보라면 보지 뭐, 모두 합격했죠. 당시엔 수업이라곤 들은 적이 없어요. 솔직히 그 당시 선생님들은 저에게 꽤 잘 대해주고 제멋대로 하도록 내버려 두었어요. 사실 제가 맨날 늦잠 잔다는 걸 알고 있었으니까요. 새벽같이 하는 수업에 어떻게 들어갈 수 있겠어요.

자젠잉 항상 자습 과목만 들은 거네요.

간양 예. 혼자서 봤죠. 당시 수업 수준이 어땠는지는 기억도 안 나는데, 확실히 헤이룽장대학의 책은 얼마 되지도 않았고, 특히 영문 서적이 아주 적었어요. 저는 1973년부터 혼자서 영어를 공부했습니다. 당시 닉슨의 중국 방문 때문인지 영어교재가 수입되었어요. 그 시절 가장 유행하던 교재는 '링거펑' 靈格風: Linguaphone이었죠. 그리고 1973년에 항저우에 들렀다 되돌아갈 때, 당시 재주꾼도 많아서 레코드판을 틀 수 있는 축음기 한 대를 개조해 주더군요. 친구들이 소련 레코드판도 많이 줬고요. 다칭유전으로 들고 갔더니, 제 친구 셋이 있다고 했잖습니까, 와, 얼마나 흥분되던지, 레코드판은 또 얼마나 많은 건지! 러시아 발레곡, 쇼스타코비치, 교향악, 왈츠 등등. 그러나 그 물건은 솔직히 트집 잡힐까 봐 조심해야 했죠. 다칭유전이란 곳은 관리가 너무 엄격했으니까요. 근데 그 베이징의 지청 친구는 중학교 교사였고, 결혼도 했기 때문에 자기 방이 있었거든요. 그래서 거기 가서 듣곤 했죠. 그 당시에 이미 영어를 공부하기 시작했습니다.

헤이룽장대학은 고작 3년을 다녔던가 그랬습니다. 한 학년 월반했으니까요. 아주 즐겁게 놀았던 것 같아요. 그 당시에 무슨 책을 읽었는지는 잘 기억나지 않는군요. 그래도 물론 칸트, 헤겔의 책은 엄청 읽어댔어요. 그런 책들도 그때쯤엔 쉽게 구할 수 있었으니까요.

자젠잉 당시 국내에 유통되던 번역본은 그런 고전철학뿐이었나요?

간양 그래도 다칭유전 시절에 비해 꽤 많아졌죠. 로크나 흄도 돌아다녔으니까요. 사실 이런 책들도 '문혁' 이전에 다 번역되어 있던 것들이었죠. 사 볼 수는 없었다 해도 대부분 빌려 볼 수는 있었으니, 이미 개방된 것이라고 해야겠죠. 대학 시절에도 소설은 계속 많이 봤습니다.

자젠잉 주로 외국소설이었습니까?

간양 외국소설이었죠. 당시 모두 다 읽어 버렸다, 번역된 건 그럭저럭 봤다고 생각할 정도였죠. 영국시도 읽었어요. 아버지께서 영시와 셰익스피어를 특히 좋아했기 때문에 그건 집안 내력이라고 할 수 있죠. 몰수당한 뒤에 일부는 돌려받았으니까요. 셰익스피어야 당연히 일찌감치 봤죠, 다 이해했는지는 별개의 문제지만 말입니다. 아버지가 저장대학 교수였기 때문에 주성하오朱生豪(1912~44; 셰익스피어의 중국어 번역자)는 그분들 가슴속의 최고의 영웅이었어요. 그것도 중요한 이유의 하나일 겁니다.

자젠잉 주성하오가 저장대학 출신인가요?

간양 예, 옛 저장대학 출신들은 그를 영광스럽게 생각하는 편입니다. 당시 생각하기에 책은 다 읽어 버렸기 때문에, 무슨 일이든 콧방귀를 뀌는 편이었죠. 읽어 둔 게 많았으니까요. 게다가 지청들은 교류할 때 엄청 허세를 부리고 상대를 가리는 편이었는데, 지청들끼리 처음 만나면 서로 이렇게 생각하는 거죠. 내가 널 마음에 들어할 것 같냐? 도대체 쓸 만한 놈이긴 하냐? 친구가 되기 전에 상대가 그럴 자격이 있는지 재보는 거예요. 우리 세대는 80년대까지 줄곧 이러한 지청의 교류방식을 기본적으로 가지고 있었던 것 같아요. 90년대와는 다른 방식이었죠. 제도화와 같은 건 대체로 90년대 이후에 시작된 거라고 봅니다. 80년대 때 주요한 교류는 대부분 비공식적인 방식으로 이루어졌죠.

자젠잉 지청은 아주 독특한 세대입니다. 비유하자면 천상의 총아들이 떼거리로 지상을 유랑하다가 사회의 밑바닥에서 여러 해 부침을 겪은 후 다시 소환된 것 같다고 해야 할까요? 모두들 어느 정도 강호에서 구르다 온 흔적을 떨치지 못하고 있었죠.

간양 강호의 흔적들을 가지고 있었죠. 예를 들어 입에서 입으로 전해지는 자그마한 그룹이 있다고 했을 때 전해질수록 범위가 넓어져, 자기는 여기만 있었는데 다른 지역 사람들도 널 알고 있다, 그러면 느낌이 묘해져요. 유전되는 범위가 실제로 꽤 넓어서 아주 멀리까지 퍼지기도 했죠. 당시 모두들 글로 쓴 건 별로 없었잖아요. 그러니 이렇게 입으로 전해지던 방식이 대단했던 거죠. 지청들에게 중요한 문화의 하나가 바로 이야기하기입니다.

자젠잉 맞아요. 지청 중엔 정말 대단한 이야기꾼이 여럿 있었어요. 아청 같은 사람, 끝내주죠.

간양 이야기 몇 개를 잘 구술할 수 있다면 그건 정말 대단한 능력이에요! 거기서 어떤 애가 매화당梅花黨*이나 『몬테크리스토 백작』 같은 걸 멋들어지게 이야기한다 그러면, 와! 모든 사람이 뻑 가는 거죠!

자젠잉 당시 정보가 너무 제한적이었지만, 특이한 색채의 인물이 많이 나오긴 했어요.

간양 아주 다채로웠죠. 게다가 아주 멀리까지 소문 다 났죠. 나중엔 그게 자기를 알리는 방식의 하나로 굳어질 정도였으니 말입니다. 언제나 여러 부류의 사람이 있기 마련이지만, 어쨌든 모두 자기를 드러내려 하고 대중들은 또 그걸 가려내는 방식이 있기 마련이죠. 그 방식이란 게 상당히 이상해서, 어떻게 돌아가는 건지 설명하기가 아주 힘들어요. 그래도 모두가 똑같은 수준은 아니었다는 건 알 수 있는 법이죠. 그건 「장기왕」에 아주 생동적으로 묘사되어 있어요. 많은 사람들이 경험했고 당시엔 모두 그랬죠. 제 생각에 80년대에도, 우리 편찬위원회**에서 친구를 만들 때도 주로 그런 방식으로 교류를 했던 것 같아요.

자젠잉 잠깐만요, 우선 편찬위원회 이야기로 건너뛰지 마시고, 베이징대학에서 대학원 다닐 때 있었던 일부터 먼저 말씀해 주세요.

---

*1966년 가을, 중국 고위관료 중 일부가 미국 특무기관과 연계되어 있다는 내용의 대자보가 유포되었다. 이 스파이 조직은 매화 브로치를 표지로 한다 하여 '매화당'으로 통칭되었는데, 당시 국가주석 류사오치의 부인인 왕광메이(王光美)까지 연루될 정도로 소문이 확산되었다.
**'문화: 중국과 세계 편찬위원회' (文化:中國與世界編委會)를 가리킨다.

간양 1982년 9월에 저는 베이징으로 가서 베이징대학 외국철학연구소에서 대학원생으로 공부했습니다. 우린 '외철'外哲이라고 줄여서 말했는데, 당시 외철 소장은 훙첸洪謙이었습니다. 이 연구소는 마오쩌둥이 세웠고, 훙첸을 소장으로 지명하기까지 했습니다. '문혁' 기간에 세웠지만 당시에는 학생을 모집하진 않았죠. 마오쩌둥이 우리나라에는 반드시 외국 걸 연구하는 기관이 좀 있어야 한다고 말한 뒤 후차오무胡喬木에게 훙첸이 그 일을 맡도록 지시했습니다. 모두 그가 직접 지명한 것이죠.

자젠잉 대학원은 몇 년간 공부하셨나요?

간양 당시 베이징대의 대학원은 2년 반 과정이었습니다.

자젠잉 그럼 1982년에 입학해서 1984년에 졸업하셨나요?

간양 아뇨, 못했습니다.

자젠잉 그럼 1985년에 졸업했군요.

간양 1985년에도 석사과정에 있었던 것 같아요.

자젠잉 박사과정이었나요, 석사를 계속하고 있었나요.

간양 석사과정이요. 근데 들어간 게 1982년 9월이니 1985년 봄까지겠군요.

자젠잉 그때 졸업하신 거군요.

간양 그런데 베이징대학에 들어가서 가장 인상 깊었던 게, "영문서적이 이렇게 많을 수가!"였습니다. 저희 외국철학연구소에선 이 당시 모조리 영문서적으로 봤는데, 그건 완전히 새로운 세상을 만난 느낌이었습니다. 외철에서의 그런 느낌이 전 아주 좋았어요, 너무 자유로웠죠! 베이징대 외철은 아주 자유로운 곳이라서 우린 기본적으로 아무런 간섭도 받지 않았어요.

자젠잉 이데올로기 면에서도 아무런 제한이 가해지지 않았나요?

간양 없었어요. 우린 외국 현대철학을 연구하는 곳인지라 그런 긴 조금도 없었습니다.

자젠잉 예전에 읽은 건 전부 고전철학 쪽이었는데, 그렇다면 이 시기에는 어떤 걸 읽으셨나요?

간양 그 당시 외국철학연구소의 기본방향은 하이데거에 집중되어 있었어요.

자젠잉 예?

간양 아, 방금 전에 한 가지를 빠뜨렸는데, 대학에 들어가기 전에 읽은 책 중에 사실 아주 중요한 잡지 하나가 있어요. 많은 사람들이 읽은 것으로 알고 있는데, 『고전문예이론 역총譯叢』이란 잡지예요. 제 생각에 이 잡지가 저나 류샤오펑劉小楓 같은 사람에게 상당히 큰 영향을 끼쳤어요. 예를 들어 거기서 본 셸리Percy Bysshe Shelley의 『시를 위한 변호』A Defence of Poetry; 爲詩一辯, 괴테와 실러의 왕복서한, 실러의 『인간의 미적 교육에 관한 서한』Briefe über die ästhetische Erziehung des Menschen; 審美書簡, 『소박한 문학과 감상적인 문학에 관해서』Über naive und sentimentalische Dichtung; 素朴的詩和感傷的詩 같은 글들은 실제로 그 당시 엄청나게 인상 깊었던 글이죠. 훗날 편찬위원회를 만들 때의 주요 멤버는 기본적으로 베이징대학에서 같이 공부한 동학이거나 베이징대학 시기의 친구들이었습니다.

자젠잉 외국철학연구소가 중심이 된 거네요.

간양 그렇죠. 예를 들어 천자잉陳嘉映, 왕칭제王慶節, 왕웨이王煒 등은 모두 베이징대 외철의 동학들이고, 류샤오펑, 천라이陳來 등은 철학과였어요.

자젠잉 천라이는 중국철학 전공이죠.

간양 당시 이미 알고 지내던 사이였습니다. 물론 가장 친했던 사람들이야 베이징대 외철 출신들이었죠. 근데 베이징대 외철은 당시 사회과학원 철학연구소의 현대외국철학실과 서로 잘 알고 지냈기 때문에 나중에 졸업한 후에는 그쪽으로 옮겨갔어요. 거기서 공부하던 쑤궈쉰蘇國勳, 자오웨성趙越勝, 쉬유위徐友漁, 저우궈핑周國平 같은 사람들은 들어가기 전부터 알고 지내던 사이입니다. 왜냐하면 그들은 그 당시에 벌써 전국외국현대철학회의 같은 걸 개최했던 바도 있고 해서 일찍부터 알고 있었던 것이죠. 제가 베이징대에 들어갔을 때, 천자잉과 주정린朱正琳 등이 저보다 먼저 다니고 있었어요. 천자잉은 저보다 한 학년 위였고, 주정린은 저보다 두 살 위였어요. 77년에 입학하지 못했기 때문에 전 2회 대학원생이었고, 그들은 77학번이었죠. 그리고 왕웨이, 왕칭제, 류샤오펑 등은 저와 마찬가지로 모두 78학번이었어요. 그래서 베이징대 외철에 작은 그룹이 하나 생겨날 수 있었고, 이 그룹은 사회과학원 철학연구소와 연락망을 가지고 있었죠. 사실 기본적으로 외국 현대철학계에 몸담고 있던 사람들이니 거의 대부분 알고 지내던 사람들이라고 할 수 있습니다. 자오웨성, 쑤궈쉰, 쉬유위, 저우궈핑, 이 네 사람은 한 연구실 소속인데, 모두 사회과학원 연구생원에 소속된 대학원생들로 다 외국 현대철학 전공이었죠. 그래서 이들이 가장 기본적인 그룹을 형성하게 된 겁니다. 류샤오펑은 그들과 더 일찍부터 알고 지냈죠. 왜냐하면 지청 문화의 다른 하나가 바로 편지 교환이었는데, 저는 편지 교환 단체에는 참가하지 않았거든요. 근데 장즈양張志揚, 주징린, 류샤오펑, 자오웨성 등은 만나기 이전부터 서로 편지를 주고받던 사이였습니다.

자젠잉 류샤오펑은 어느 학교에 있다가 온 겁니까?

간양 쓰촨외국어대학四川外語學院 출신으로 본과에서 독일어를 전공했습니다. 천자잉도 독일어 전공인데, 베이징대 독어과 출신이죠.

자젠잉 그래서 들어올 때부터 외국어 실력이 상당했던 거군요.

간양 그렇죠.

자젠잉 그럼 당시 강의할 때는 중국어를 사용했나요?

간양 수업에서야 당연히 중국어를 썼죠.

자젠잉 당신은 누구의 지도학생이었습니까?

간양 장스잉張世英이 지도교수였는데, 장스잉의 기본방향은 헤겔과 신헤겔주의였습니다.

자젠잉 그게 당시 당신의 연구방향이었나요?

간양 예, 근데 당시 대학원생들은 전공을 구분하기보다는 서양 현대철학 전반을 공부한다는 생각이 강했습니다. 외철에서는 당시 신칸트주의나 신헤겔주의도 연구되고 있었고, 그리고 현상학, 또 하이데거도 있었고, 그리고 또 분석철학도 연구되고 있었습니다.

자젠잉 분석철학은 홍첸 선생의 영역인가요?

간양 홍첸과 함께 천치웨이陳啓偉가 맡았고, 그가 소장직을 이었죠. 장스잉은 홍첸 등에 비해 약간 아래 세대인데, 나이는 그들보다 어렸지만 중년이라고 할 수는 없고 제가 들어갔을 때 아마 예순 전후였던 것 같아요. 홍첸은 이미 일흔이 넘었고요.

자젠잉 홍첸 등은 마지막 남은 옛 선생님들이죠.

간양 마지막 옛 선생님들이죠. 그들은 서남연합대학 시절에 이미 교단에 섰으니까요. 그들은 해외에서 유학하고 돌아온 사람들이잖아요, 그래서 훙첸과 슘웨이熊偉 이 두 교수의 영향력은 대단했어요. 게다가 symbolically하게도 훙첸은 비엔나 학파에서 꽤 높은 축에 속했어요. 왜냐하면 그는 비엔나 학파의 영수인 슐리크Moritz Schlick, 1882~1936의 조교였었는데, 분석철학이 비엔나 학파에서 생겨난 것이고, 비엔나 학파의 창시자가 슐리크였으니 훙첸의 지위도 꽤 높다고 할 수 있는 거죠. 예를 들어 나중에 서양에서 꽤 이름을 날린 사람들이 대부분 훙첸보다 약간 아래 세대라고 보면 돼요. 그래서 80년대에 개방이 되면서 훙첸의 지위가 아주 높았기 때문에, 자주 출국했었고, 리처드 로티 같은 사람도 훙첸에게 일부러 인사하러 방문하기도 했죠. 모두 분석철학을 하는 사람이니까 어느 정도 제자로서의 예를 갖췄다는 느낌도 없지 않죠. 또 에어Alfred Jules Ayer의 경우 당시에는 학생이었는데, 나중에 옥스퍼드대학에서 비엔나 학파의 가장 중요한 신배 학자가 되었죠. 근데 훙첸이 그보다 나이가 더 많아요. 그러니 서양 분석철학계에서 배분이 상당히 높다고 할 수 있는 거죠.

자젠잉 배분은 그렇다 치고, 귀국한 후 저술은 어떤가요?

간양 훙첸은 중국어로는 글을 쓰지 못했고, 영어와 독일어로만 글을 썼어요. 왜냐하면 엄격한 과학철학과 분석철학의 훈련을 받았기 때문이죠. 훙첸은 중국어는 철학에 적합하지 않다, 너무 시적이다, 라고 생각합니다. (웃음) 비엔나 학파의 가장 주요한 특징이 언어분석이잖습니까. 저쪽의 과학적 언어와 이쪽의 시적 언어는 완전히 다르다는 거죠. 예를 들어, "그래, 아주 잘 설명했다만 그건 철학이 아니야"라고 말하는 식입니다. 비엔나 학파의 가장 중요한 문제가 이른바 경계설정인데, 어떤 것이 철학적 문제이고 어떤 것은 아닌지를 먼저 판단해야 됩니다.

예를 들어 니체와 같은 방식은 철학적 문제가 아니라고 말합니다. 그들이 하는 게 이런 거였죠. 홍 선생님이 소속되어 있는 곳은 이런 학파였습니다. 홍 선생님은 저에게 특별히 잘 대해 주셨어요. 비록 제가 그걸 공부하는 것도 아니고, 제가 분석철학을 좋아하는 것도 아니었지만 말입니다. 어쨌든 제 생각에 베이징대에서 대학원생으로 공부한 2년 반은 아주 유용했고 공부도 아주 많이 되었던 것 같아요.

자젠잉 왜 하이데거를 둘러싼 연구가 그 당시 벌써 중점이 되어 있었던 겁니까?

간양 사실 점진적으로 넘어간 것이죠. 천자잉은 들어오자마자 하이데거를 읽기 시작해 우리가 들어올 땐 하이데거를 번역하고 있었습니다.

자젠잉 그렇게 한 게 그의 지도교수와 관련된 겁니까?

간양 슝웨이가 지도교수였어요. 슝웨이는 하이데거의 제자였는데, 30년대에 독일에 있다가 40년대에 돌아왔어요. 이런 상황이었으니 외철은 중국에서의 지위가 아주 특별했던 거죠. 소장과 부소장이 모두 외국의 철학계와 굉장히 깊숙이 관련되어 있었으니 말입니다. 중국에서 처음으로 하이데거를 번역한 사람이 슝웨이 노선생인데, 천자잉이 그 뒤를 이어 번역을 했던 거죠. 그런데 노선생들은 우리 젊은 학생들을 아주 떠받들었어요. 예를 들어 슝웨이 선생은 천자잉의 번역이 자기보다도 낫다고 말하기도 했습니다. 그 당시 젊은 사람은 윗자리에 오르기 쉽지 않았죠. 중국 학술계의 오랜 법칙에 따라 여러 해를 견뎌야만 했어요. 때문에 중년 세대들은 솔직히 아주 비참했죠. 그들은 노선생들에게 받고 있던 압박이 대단했어요. 몇 년을 더 견뎌야 얼굴을 내밀 수 있을지 알 수도 없었고요. 근데 젊은 세대는 아주 빠른 속도로 올라갔어요. 당시 외철 전체가 학술적 분위기로 넘쳤는데, 하루 종일 논쟁이나 토론을 했어요.

자젠잉 수업에서 선생님과 토론한 건가요?

간양 선생님이 아니라 주로 동학들끼리 토론을 했고, 선생님과는 이야기만 나눴어요. 집에 가서 수다를 떤다거나 하는 일상적인 접촉이 대부분이었죠. 노선생들도 대화를 나누고 싶어 했으니까요. 근데 전 훙첸 선생의 집에 비교적 자주 갔어요. 그와 자주 수다를 떨곤 했죠.

자젠잉 그렇지만 그건 모두 당신이 나중에 하이데거로 전향하기 전에 있었던 일이죠.

간양 그래요. 저는 외철에서 카시러Ernst Cassirer의 『인간이란 무엇인가』An Essay on Man를 번역하기 시작했어요.

자젠잉 그건 당신이 직접 선택한 책인가요?

간양 카시러는 아주 흥미로웠어요. 근데 애초에 책 전체를 번역하려 했던 게 아니라 훙 선생님이 편집을 준비하고 있던 언어철학 문집에 사용하려고 그중 한 장만 번역했어요. 그 한 장을 번역해서 줬더니 훙 선생님이 아주 만족스러워 하시더군요. 장스잉 선생 일도 좀 부탁을 하시길래, 장스잉 선생이 신헤겔주의 문집을 편집할 때 거기도 한 장을 번역해 줬죠. 근데 그건 한참 있다가 출판되었습니다. 그러나 최초의 그 번역으로 인해 또 다른 기회가 찾아왔죠. 당시 학술을 부활시키려는 움직임이 시작되었잖아요. 상해역문출판사에서 전문가를 찾고 있었는데 외국철학 하면 당연히 홍 선생님이 최고 권위자였잖습니까. 당시 외국철학회 회장도 맡고 있었으니까요. 홍 선생님이 젊은 사람들도 좀 써야 한다고 주장했고, 제 카시러 번역을 추천해 주셨어요. 카시러는 신칸트주의 중에서도 중요한 대표인물이잖아요. 그래서 결국 책 전체를 번역하게 된 거죠. 그 책은 꽤 빨리 출판된 편인데, 1984년에 번역을 끝내고 1985년에 출판되었어요. 그게 뭘 말하는 거냐 하면 전국 외국 현대철학계의 젊은 세대 중 단독으로 번역서를 낸 게 제가 처음이었다는 뜻이에요. 이전에는 통상 노선생들 명의를 빌리고 그들의 감수를 받는 게 대부분이었죠. 제 작업은 완전한 개인 번역이었고, 제가 서문까지 직접 썼습니다. 1985년에 제가 아직 석사 졸업하기 전에 책이 출판된 것이죠.

자젠잉 1985년이면 베이징이 아주 떠들썩할 때였잖습니까. 문화계의 상당수 그룹을 중심으로 '문화열'이 시작되려 하고 있었죠. 외철이라는 작은 테두리를 벗어나 다른 그룹들과도 교류를 많이 하셨나요?

간양 교류는 했지만, 외국 현대철학을 공부하는 사람들은 자부심이 대단해서 다른 사람들은 아주 낮춰 봤어요. 어떤 사람이라도 무시하는 편이었죠. 모두들 우리가 배우는 게 당연히 가장 대단한 무기라고 생각하고 있었으니까요.

자젠잉 엘리트 중의 엘리트.

간양 최고의 엘리트라고 생각했죠. 게다가 우린 현대 서양철학의 맥락을 장악하고 있었기 때문에, 예를 들어 당시 사르트르에 대해 멋대로 떠들어 대던 사람들을 아주 무시했어요. 국내에서 전문적으로 사르트르를 연구한 사람들을 말하는 게 아니에요. 그런 작업을 하고 있던 게 바로 우리 친구들이었으니까요. 그게 아니라 사회에서, 국문과(中文系) 같은 데서 사르트르를 가지고 뭔가 이야기하기 좋아하는 사람들 말입니다. 실존주의의 유행을 등에 업고 사르트르가 당시 꽤 잘나가고 있었죠. 그러나 우리가 읽고 있던 게 하이데거였기 때문에 그쪽 방면으로는 이미 상당히 속속들이 꿰뚫고 있었습니다.

자젠잉 사르트르는 모두가 알고 있는 통속적인 철학이라고 생각하신 건가요?

간양 휴머니즘 계통에 속하는 거죠. 하이데거가 1946년에 발표한 『휴머니즘에 관한 편지』*Briefe über den Humanismus*라는 유명한 글이 있는데, 이 글은 사실 사르트르 등의 실존주의를 비판하는 내용이었죠. 하이데거는 휴머니즘을 비판합니다.

자젠잉 어떤 각도에서 비판합니까?

간양 그건 나중에 데리다, 푸코 등이 휴머니즘을 비판하는 것과 동일한 맥락에서입니다. 바로 휴머니즘 자체가 구성되어진 것이라고 보며, 그것을 기본 틀로 하여 더욱 심도 깊은 문제를 파고들어 갔습니다. 그러나 사르트르는 사실 부르주아지의 아주 천박한 휴머니즘 안에서 모든 thinking을 block하고 있습니다. 그러니 당신이 짐작하시는 것처럼, 우

리는 우리야말로 제대로 된 무림비급을 손에 쥔 선택받은 자들이라고 생각했죠! (웃음)

자젠잉 (웃음) A bunch of academic snobs![이런, 학술적 속물들 같으니라구!] 그렇지만 저는 당신들의 그러한 높은 곳에서 아래로 내려다보는 듯한 느낌을 짐작할 수 있고, 또 아주 귀엽게 느껴지기까지 해요.

간양 하이데거는 굉장히 매력적이에요. 강조하고 싶은 게, 지금 80년대를 회고하고 있으니 하는 말인데, 지금과는 아주 달랐다는 점입니다. 90년대는 80년대와 비교해 볼 때 너무 달라졌어요. 우선 80년대에는 기본적으로 사회과학이 아직 틀을 갖추지 못해 인문과학이 leading the way했고, 인문과학 중에서는 철학의 지위가 높은 편이었죠. 통상적으로 문학을 하는 사람은 비교적 얕고, 역사 쪽은 비교적 느리고, 철학 쪽은 비교적 깊다고 생각들을 했으니까요. 다른 한편 80년대를 회상해 볼 때, 경제개혁이 한 번도 우리의 화제가 된 적이 없었다는 점이 특징적입니다. 누가 경제개혁을 이야기합니까! 경제는 아주 boring한 거고, 인간의 마음은 아주 고차원적인 거잖습니까. 사실 당시에도 경제개혁에 대해 줄곧 연구가 되고 있었어요. 지금 되돌아보면, 나중에야 저우치런周其仁, 왕샤오창王小强 등이 편찬한 걸 봤는데 아주 impressive하더군요. 그러나 당시에 우린 그쪽으로는 전혀 몰랐어요. 90년대 초에 제가 옥스퍼드대학출판사에서 '사회와 사상 총서'를 주편하게 되었을 때, 가장 먼저 진행한 작업이 저우치런에게 청탁하여 그들이 80년대에 행한 경제 조사를 두 권짜리 문집으로 편찬한 거였습니다.

자젠잉 그때 이미 저우치런이 체개소[體制改革研究所]에서 일하고 있었나요?

간양 다들 천이쯔陳—咨 밑에서 일하고 있었죠.

자젠잉 장웨이잉張維迎도 당시 체개소에 있었죠.

간양 그래요, 그들 모두가 체개소의 일원이었어요. 그들이 편찬한 건 출판되지 않고 모두 자기들 내부에서만 공유되고 있었죠. 그들은 경제개혁을 전문적으로 연구하는 사람들이었지만, 지식계와는 그다지 왕래하지 않았고, 그래서 그것들은 결코 지식계의 discourse(담론)가 되지 못했어요. 80년대의 몇 가지 특징 중 하나는 경제개혁이 당시 지식계의 discourse가 아니었다는 점입니다. 사람들의 머릿속에 그게 들어갈 자리가 없었고, 아무도 경제개혁을 이야기하지 않았어요. 아주 boring한 일이라고 생각했으니까요. 두번째는 인문과학 위주였다는 점이고, 셋째는 서양 학문 위주였다는 점입니다. 절대적으로 서양 학문이 중심이었죠. 그건 물론 우리가 아주 특수한 위치에 처해 있었기 때문일 겁니다. 그러나 저는 우리가 사회에 실질적인 영향을 주었다고 생각하지는 않아요. 물론 우리 책이 당시 대학생이나 대학원생들에게 아주 많은 영향을 주긴 했지만 말입니다. 그건 전체적인 분위기가 인문과학적 분위기였고, 인문과학의 분위기는 서양 학문에 치우친 분위기였기 때문에 가능했던 거죠. 그래서 저희 편찬위원회가 성립된 후 가장 부각된 정체성이 외국 현대철학 방면에서 상당히 뛰어난 면모를 보여 준다는 것이었죠.

자젠잉 그런데 훗날 80년대를 회고할 때 통상 3대 총서를 언급합니다. 당신들이 주도한 '문화: 중국과 세계'가 그 중 하나이고, 진관타오金觀濤 부부의 '미래를 향하여'走向未來와 탕이제湯一介 등이 편찬한 '중국문화서원' 中國文化書院이 그것입니다. 실제로 나머지 두 가지가 당신네보다 먼저 성립되었고, 당신들은 1986년에 성립되었지요?

간양 우리는 사실 1985년부터 준비하기 시작했는데, 이름을 내건 게 1986년이었죠.

자젠잉 세 총서는 위상이 서로 다른데, '중국문화서원'은 전통의 회복을 위한 국학 연구를 표방했고, 진관타오 부부는 원래 자연과학 연구자 출신인지라, 아마 과학이론을 활용하여 역사를 재해석하는 걸 강조했죠?

간양 진관타오 등과 우리 편찬위원회는 아주 큰 차이를 보이고 있었는데, 그들은 당내 개혁파와의 관계가 아주 많았어요. 그 내부에 그런 사람들이 아주 많이 들어가 있었죠. 예를 들어 왕치산王岐山[전임 베이징 시장, 현 국무원 부총리] 같은 인물도 그들 편찬위원회 소속이었습니다. 전체적으로 당내 개혁파와 아주 긴밀히 연결되어 있었고, 정책에 영향을 주고 싶어 했어요. 경제개혁에 대해서도 그들은 관련되어 있었어요. 비록 그들 모두가 무슨 직책을 맡은 건 아니지만, 그들 조직의 상당수가 공산당 내부의 개혁파 인사였습니다. 브레인이라고 말하긴 어렵겠죠. 당시 그렇게 고급간부였던 사람은 없으니까요. 그래도 연결책은 가지고 있었습니다. 그래서 그들은 예를 들어 중선부中宣部 부부장이라든가 혹은 자기들 생각에 깨어 있다고 보이는 사람을 중시하는 편이었어요.

자젠잉 그들은 주로 예전의 정통적 이데올로기에 맞서고 있지 않았습니까? 예를 들어 역사적 유물론 따위를 타도하려고 했던 게 아닌가요?

간양 맞아요 맞아. 그들은 기본적으로 당내 투쟁과 비교적 긴밀히 결합되어 있었습니다. 그래서 그들이 토론에 사용한 말은 항상 반관료적인 말투였어요. 당시 그들은 항상 관방과 논쟁하고 있었기 때문이죠. 그들은 논쟁할 때 관방이 받아들일 수 있을 만한 걸 사용해야만 했죠. 그래서 당시 우리 쪽에선 솔직히 말해 아주 무시하는 편이었어요. 그들이 하고 있던 작업은 전혀 이론화되지 않은 것들이었으니까요.

자젠잉 그들에겐 '세 가지 이론'이 있잖습니까. 무슨 '시스템 이론'이니 하는 것들 말입니다.

간양 '세 가지 이론'이 한동안 유행한 이유야 유추할 수 있는 거죠. 왜냐하면 개방이 시작된 뒤니까, 자연과학에 근거한 작업을 정통 이데올로기가 가장 쉽게 받아들일 수 있었던 거예요. 말하자면 자연과학은 그다지 위험하지 않잖아요, 안 그래요? 과학은 비교적 중성적이니까요. 과학의 지위가 비교적 쉽게 받아들여질 수 있었으니, 과학철학도 상대적으로 쉽게 받아들여질 수 있었던 거고요. 사르트르나 하이데거 같은 경우 초창기엔 그래도 비판하는 분위기였잖습니까. 사르트르 붐이 일던 초창기에 '자본주의의 부패'한 사상이라는 둥 비판이 야기되기도 했었죠…….(이하의 녹취 내용은 분명히 알아듣지 못하여 생략함)

자젠잉 그러나 사르트르 붐은 당신네들과 그다지 관련되지 않은 것 같은데요.

간양 전문적으로 사르트르를 연구한 건 사실 우리 편찬위원회 내부에서입니다. 그러나 전문적으로 사르트르를 연구한 사람과 사회에서 통속적인 방식으로 사르트르를 이야기하는 사람은 아주 다르죠. 그 당시 사람들이 사르트르를 이해했다고 보긴 힘들어요. 그들 중 사르트르의 이론적인 저작을 읽은 사람은 많지 않을 걸요. 사르트르에게는 소설도 많았잖습니까, 그래서 사르트르가 쉽다고 생각한 거죠. 우리가 대학원에서 공부할 때 초창기부터 사르트르의 명성이 아주 높아 많은 사람들이 사르트르를 인용했죠. 또한 그의 소설은 비교적 빨리 번역된 편이었어요. 『구토』 같은 경우 영화가 수입되어 전국 개봉도 했고, 꽤 이른 시기에 개봉했어요. 사르트르는 맑스주의이기도 했죠. 그래서 그를 둘러싼 관계망은 아주 복잡한 것이었다고 할 수 있어요. 하이데거는 달랐죠. 하이데거와 같은 철학은 그런 것과는 어떠한 관계도 맺지 않았으니까요. 제 생각에 다른 점은, 우리가 아주 순수한 서양철학, 서양 사상의 맥락 속에 들어가 있었기 때문에, 그 문제가 서양의 문제였다는 점입니다. 우리가 생각한 것은 서양철학의 문제입니다.

자젠잉 다시 말해, 당신들은 당시 서양철학의 체계 속으로 들어가 맥락을 더듬고 있기만 했지, 되돌아와서 중국의 문제를 어떻게 볼 것인가에 대해서는 아직 생각하지 못했다는 거군요?

간양 그건 나중에야 시작되었던 것 같습니다. 모두들 생각은 하고 있었지만 사람마다 달랐겠죠. 저 같은 경우 급선무가 서양 학문에 진입하는 것이었습니다. 영어가 문을 활짝 열어젖혀 아주 넓은 세계로 들어가게 된 것이죠.

자젠잉 낯설면서 매혹적인.

간양 그 시절에는 독서에 대한 충동과 욕망이 너무 강하여 다른 많은 것은 고려할 수 없었어요. 예를 들어 당시 왕웨이와 왕칭제 등은 항상 맑스주의의 소외에 관한 문제를 논쟁했는데, 저는 매번 그들에게 말하곤 했습니다. "그런 문제는 토론하지 마, 아무 의미도 없잖아!" 그래서, 예를 들어 저는 공산당 비판이나 극좌사상의 비판 따위에 대해서는 아무런 흥미도 느낄 수 없었어요. 아무 흥미도 없었던 건, 그런 게 제겐 일찌감치 아무런 문제도 되지 않았기 때문이죠. 제가 생각하기에 가장 중요한 문제는 어떻게 가장 앞서 나갈 것인가, 서양 학문의 그 문제 속으로 어떻게 진입할 것인가였습니다.

자젠잉 하이데거가 논의한 문제와 비교해 볼 때, 당시 진행되고 있던 논쟁 따위는 소아과에서나 취급하는 거다, 너무 수준 낮다고 생각하신 거 아닌가요? 언제 처음으로 하이데거를 읽으셨나요?

간양 당연히 베이징대 외철에서 공부할 때 읽었죠. 카시러에서 후설로, 하이데거로 옮겨 갔는데, 저는 그들이 공통적인 사상적 주제를 다루고 있다고 생각해요. 왜 이들의 맥락이 서로 부합되는가 하면 아마도 학문적 배경이 비슷해서 그럴 겁니다. 예를 들어 독일 낭만주의 같은 걸 들 수 있는데, 동일한 맥락의 문제라고 생각됩니다.

자젠잉 그들 모두 근대성에 대해 의문을 제기한 반골 느낌이 강한 사람들이죠. 과연 당신이 지청으로 있을 때 셸리의 『시를 위한 변호』 같은 걸 좋아한 것도 이상할 게 없군요.

간양 독일 낭만주의에서 하이데거까지 간 거죠. 당시 자오웨성처럼 마르쿠제를 좋아한 사람도 있고, 쉬유위는 분석철학을 했어요. 근데 분석철학은 우리 그룹에서 그다지 인기 있는 주제가 아니었어요. 분석철학은 너무 기술적이라서 인문적인 관심에서 비롯된 사상문제는 일어날 수 없었으니까요. 쉬유위는 정치에 관심이 많았지만, 정치를 말하는 건 자기 전공과 아무런 관련이 없었어요. 전공은 달랐지만 대다수 동학들이 읽었던 건 어느 정도 공통적인 배경을 가지고 있었죠. 예를 들어 하이데거와 마르쿠제, 독일 낭만주의는 모두 직접적으로 연결되는 것이죠. 실제로 가장 대표적인 경향을 보여 주는 책이 류샤오펑이 막 졸업했을 때 발표한 『시적 철학』詩化哲學이었어요. 석사논문을 확장한 책인데, 어떤 의미에서는 많은 사람의 공통된 관심을 포괄하고 있다고 할 수 있어요. 예를 들어 마지막 장은 마르쿠제를 이야기했는데, 그건 자오웨성의 전공영역이었죠. 카시러를 이야기한 부분은 저와 관련되고, 마르틴 부버Martin Buber를 이야기한 부분은 천웨이깡陳維綱과 관련됩니다. 그 책에 흐르고 있던 mood는 하이데거를 기조로 한 것이었고요. 베이징대 외철을 시작으로 편찬위원회에 이르기까지, 사실 지금 생각해 보면, '근대성에 대한 시적 비판'이라고 부를 수 있을 것 같습니다. 기본적으로 아주 시적인 감상이 기저에 깔려 있었어요. 류샤오펑의 그 책은 많은 사람들이 토론한 문제의 장을 비교적 잘 반영하고 있습니다. 관심대상을 가지고 이야기할 때, 류샤오펑 등의 무리에게 시는 아주 중요한 화제였어요. 모든 사람의 배경은 문학과 관련되어 있었고, 모두 독일 낭만주의를 읽었어요. 예를 들어 모두들 하향 시기에 『고전문예이론 역총』이란 잡지에 번역된 실러의 『인간의 미적 교육에 관한 서한』 같은 걸 읽었죠. 실러에서 자오웨성이 읽은 마르쿠제에 이르기까지 모두 자본주의를 비판하는 내용이었죠. 그래서 서양 학문에 진입한 후 우리가 고려해야 할 문제는 자연히 아주 복잡해졌어요. 즉 서양 학문을 가지고 중국을 비판하는 게 일반적인데, 우리가 읽은 그 서양 학문은 사실 모두 서양의 근대성을 비판하는 내용이었고, 서양의 산업문명을 비판하는 것이었습니다. 모든 낭만주의 운동은 산업문명에 대한 반동이니까요. 하이데거에서 데리다에 이르기까지 줄곧 그런 맥락에서 진행된 것이었죠. 우리가 가장 관심을 갖고 흥미를 느낀 것은 이런 맥락입니다. 90년대의 적지 않은 사람들이 80년대를 되돌아 검토할 때 우리 편찬위원회의 작업을 비판했던 이유 또한 바로 이 지점입니다. 그들이 비판하는 말의 내용이야 틀리지 않죠. 근데 우리가 수입한 건 근대화를 위한 게 전혀 아니었거든요.

자젠잉 중국의 토착적인 문제가 아니었죠. 특히 당시에는요.

간양 사람들은 우리가 근대화와 관련된 것을 수입해야 마땅한데, 결과적으로는 반근대적인 사상을 중국에 들여온 게 아니냐고 비판합니다.

자젠잉 중국은 전근대적 상태에서 근대화라는 역사적 단계로의 진입이 다급했기 때문에 그게 절실했던 거겠죠.

간양 그런데 대다수 사람들이 당시 그걸 따라오기는 했어요.

자젠잉 아마도 아이러니한 면이 없지 않을 것 같아요. 제 생각에 당시 많은 사람들이 어림짐작으로 당신네들이 완전한 서구화를 주장하는 쪽이라고 생각했지, 당신이 이야기한 그런 층위에서 당신들이 번역 소개한 것들을 이해하지는 않았으니 말입니다.

간양 물론이죠.

자젠잉 그러나 많은 사람이 사 보긴 했죠.

간양 제 생각에 그건 사회적 유행을 탔기 때문일 겁니다. 그러나 위에서 언급한 서양 학자들의 반서구적 철학 논의는 대다수 중국인들의 입장에서 볼 때, "이것도 반역이로군!" 하면서 당시의 반항하는 정서와 잘 맞아떨어진 측면도 없지 않습니다.

자젠잉 당시 서양에서는 어떤 것도 반대하는 입장이었죠. 저걸 가지고 이걸 반대하는 식으로 말입니다.

간양 맞아요. 모든 걸 반대했죠. 그러니 서구 자본주의를 비판하는 데 그렇게 강렬한 비판적 언어가 동원되었던 거죠. 다른 한편 저희 외철의 연구자들은 프랑크푸르트 학파를 그다지 중시하지 않았습니다. 자오웨성이 마르쿠제를 연구하긴 했지만, 당시 저와 류샤오펑, 그리고 천자잉 등은 프랑크푸르트 학파를 전혀 좋아하지 않았습니다.

자젠잉 읽기는 많이 읽었나요? 당시에 하버마스를 읽었던가요?

간양 읽었죠. 당시 읽기야 많이 읽었지만, 누구도 하이데거처럼 우리를 매혹시키지는 않았습니다. 물론 우리들 중에 다른 길을 가는 사람이 없지 않았죠. 쉬유위 같은 친구는 우리와 다르게 완전히 분석철학의 길을 걸어 거의 이쪽 영역으로는 발을 들이지 않았어요.

자젠잉 헤겔, 칸트에서 하이데거에 이르기까지, 당신은 주로 대륙철학에 치우쳐 있군요.

간양 물론이죠. 서양철학의 관점에서 볼 때 분석철학은 대륙철학의 방식을 아주 싫어했죠.

자젠잉 너무 낭만적이고, 충분히 이성적이지 않다고 여겼나 보죠…….

간양 그들이 판단하기에 그건 모두 문인의 작업이라고 생각했을 겁니다……. 그래서 미국에서 돌아온 후 저는 류샤오펑에게 『시적 철학』을 다시 보여 달라고 부탁했습니다. 우리가 왜 그렇게 거기에 흥미를 느꼈던 걸까요? 사실상 그건 '문혁' 시기에나 대학 입학 이전에 읽었던 책들과 많은 관련을 가지고 있어요.

자젠잉 우와, 그런 맥락을 따라 회고해 보는 것도 재미있군요.

간양 어떤 의미에서 대학 입학 이전 시기에 우리는 사실 문학청년이었다고 할 수 있습니다. 바라고 추구하던 바가 시적 의미로 충만한 세계였어요. 제가 왜 『고전문예이론 역총』과 같은 잡지를 그렇게 강조했겠어요. 당시로선 솔직히 거기서 무슨 말을 하는지 잘 이해하지도 못했는데 말입니다. 그렇지만 셸리의 『시를 위한 변호』를 읽으면, 많은 사람들이 시를 반대하고 있다는 느낌을 받게 되지 않습니까. 그때는 아직 어렸고 그렇게 많은 걸 이해한 것도 아니었지만, 우리의 mood는 거기에, 즉 푸시킨, 영국시, 바이런 따위에 있었고, 그런 시를 읽을 때 추구하던 것들은 아주 시적 의미로 충만한 세계였죠. 그러다가 하이데거를 접하게 된 겁니다. 하이데거는 모든 기술문명을 비판했고, 그래서 하이데거에게 가장 중심적인 개념의 하나인 '기술시대'란 단어를 우리도 가장 많이 사용하게 되었죠. 즉 하이데거는 '기술시대'란 개념으로 모든 근대성을 기술했어요. 지금은 기술화된 시대이며, 인간의 영감은 존재할 여지가 없다는 거였죠.

그래서 제 생각에 80년대의 우리 단체를 되돌아 볼 때 가장 핵심적인 게 바로 우리가 1988년에 편찬한 『당대 중국문화의식』當代中國文化意識이란 책입니다. 이 책은 우리 편찬위원회의 경향을 비교적 잘 반영한 주요한 성과들을 담고 있습니다. 1988년에 홍콩과 타이완에서 출판되었고, 요즘 대륙에서도 재출판을 계획하고 있는데, 한 글자도 안 고치고 그대로 재출판할 생각입니다.* 이 책은 편찬위원회의 경향성을 그대로 보여 주고 있으니까요.

자젠잉 그땐 이미 편찬위원회 후반기로 넘어간 거죠, 그렇죠? 1988년에서 1989년까지니까요. 편찬위원회 초반기에 있었던 일로 되돌아가서 보충해 주시기 바랍니다.

간양 당시 모든 사람이 각각 다른 걸 번역하고 있었어요. 발표하지는 않았지만요. 천자잉은 하이데거의 『존재와 시간』을 번역하고 있었어요. 번역 중에 수시로 서로 돌려 보고는 했어요. 아주 좁은 곳에 모여 맨날 토론만 해댔으니까요. 하이데거는 아주 어렵잖습니까. 그가 사용하는

---

* 제목을 달리하여 출판되었다. 간양 편, 『80년대 문화의식』(八十年代文化意識, 上海人民出版社, 2006년 7월). 재판 서문에 따르면, 1988년 10월에 편집이 완료되어 1989년 홍콩 삼련서점과 타이완 풍운시대출판공사에서 『중국당대문화의식』(中國當代文化意識)이란 제목으로 출판했다. 그러나 대륙판은 간양의 미국 유학과 맞물려 출판되지 못하다가 2006년에 제목을 바꿔 출판한 것이다.

언어나 의미 모두 이해하기가 아주 힘들었죠. 심오하기 그지없는 그걸 보고 있으니 엄청난 지적인 도전의지가 생기더군요.

자젠잉 니체와 같이 시적 알레고리를 사용하거나 하지 않았으니까요.

간양 완전히 달랐죠. 하이데거를 읽고 나면 니체에겐 아무런 흥미를 느낄 수 없게 됩니다.

자젠잉 하이데거의 언어는 너무 난삽해요.

간양 난삽하죠. 그의 사유는 너무 복잡하니까요. 게다가 하이데거의 책을 제대로 읽으려면 서양철학 전통 전체를 검토해야 하죠. 하이데거는 기술시대의 산물인 서양 근대성이 출현하게 된 이유가 서양 사상의 근원과 관련되는 문제라고 파악하고 있기 때문입니다.

자젠잉 아, 그는 근대에서 기원으로 되돌아가, 고대 그리스에서 시작하는 겁니까?

간양 고대 그리스로 돌아가, 소크라테스 이전 시기로 거슬러 올라가죠. 그는 서양철학이 소크라테스 시대에 이미 많은 문제를 노정하기 시작했다고 판단합니다. 근데 하이데거는 정말 대단해요. 그는 서양철학사 전체를 해체적으로 독해했어요. 헤겔, 칸트, 라이프니츠, 데카르트에서 아리스토텔레스, 플라톤에 이르기까지 모든 철학자를 해체하고 재구성해 냈죠. 바로 이런 점이 하이데거가 서양세계 전체에 그렇게 깊은 영향을 드리울 수 있었던 이유이기도 합니다. 그는 왜 이런 현상이 나타났는가를 검토하는 한편 alternatives를, 서양의 전통 안에서 찾으려 했어요.

자젠잉 alternative적인 게 있나요?

간양 그게 있냐 없냐는 다른 문제입니다. 그는 궁극적으로 다른 신을 기다리고 있었습니다. 하이데거는 지금까지의 방식이 이미 너무 뿌리 깊다고 생각했죠. 그의 영향이 깊게 드리워져 있다고 할 수 있는 건, 만약 하이데거가 없었다면 데리다, 푸코가 나올 수 없었기 때문이죠. 학술적 발전이란 면에서 볼 때 그는 절대적으로 내재적인 각도에서, 전면적으로 와해시키는 독해를 제안하여 더욱 흥미로운 읽기 방식을 열어 주었습니다. 이러한 읽기 방식으로 접근하면 완전히 달라집니다. 네가 이런 방식으로 문제를 검토할 수도 있다고 말해 주는 것이었으니까요. 그가 가진 지적인 매력을 당시 우린 자부심으로 여기고 있었어요. 타이완 학계와 비교해 볼 때, 그들이 서양과 단절된 적이 없음에도 불구하고 단번에 우리보다 뒤처져 있다 싶더군요. 그들은 하이데거의 사상에 진입하지 못했으니까요.

자젠잉 그 시절엔 기분이 최고였겠네요.

간양 이루 말할 수 없을 정도였죠. 당시 우리가 꼭대기에 서 있다는 느낌이었으니까요. (웃음)

자젠잉 그럼 사실상 중국 문제와는 당시 이미 상당히 거리를 두고 있었던 거네요.

간양 아주 거리를 두고 있었죠. 현실문제와는 솔직히 좀 거리가 멀었어요. 현실문제야 개나 소나 다 말할 수 있는 거고, 그런 걸로는 자신의 총명함을 표출하기 힘들잖아요. 공산당이 어떠니 하고 모두들 어쩌다가 한두 마디 말은 할 수 있죠. 근데 그런 걸로 상대의 뛰어난 면모가 드러나겠어요? 얼마나 서양 거에 진입해 있느냐가 뛰어남의 기준이었고, 모두들 열심히 그걸 추구했죠.

자젠잉 서양철학의 연구, 당시 편찬위원회를 성립시킬 때 사실상 그게 가장 직접적인 결정요소였던 거군요.

간양 예, 그게 가장 직접적이었어요. 그러나 당시에는 편찬위원회를 만든다는 따위는 생각하지 못했어요. 당시에는 별 다른 생각이 없었죠.

자젠잉 언제부터 시작하신 건가요?

간양 그건 완전히 제 개인적인 이유에서 시작된 것으로, 첨에는 다른 사람과는 상관없는 일이었어요. 1985년, 1986년에 사회과학원으로 옮긴 후, 당시 사과원의 일부 그룹이 잡지 하나를 준비하고 있었는데 제가 전혀 모르는 사람들이었어요.

자젠잉 당시 대학원을 졸업한 후 옮겨가신 건가요?

간양 저는 쉬유위 등이 소속된 현대외국철학실로 옮겨 갔어요. 그러니 일부는 제 친구들이라고 해야겠죠. 근데 다른 쪽 무리가 저를 찾기 시작하더군요. 당시 그들은 잡지를 준비하고 있었고, 편찬위원회의 골격도 이미 갖춰져 있었어요. 사람도 충분하면서 저보고 주편을 하라고 하더군요. 그들은 대학원생부(硏究生院)의 위원회(團委: 중국공산주의 청년단 위원회) 서기와도 친하게 지내고 있었는데 저는 그치들과는 그렇게 아는 사이도 아니었거든요. 근데 아마도 제가 입에서 입으로 전해지던 시기부터 이름이 꽤 알려져 있었나 봐요. 사람이 눈앞에 나타났겠다, 그리고 젊은 학생들 입장에서 볼 때 자기들 대부분이 책도 한 권 출판되지 않았는데, 저는 번역서도 하나 나왔겠다, 게다가 그게 정말로 금방 전국 베스트셀러 수위를 달렸거든요. 1년 만에 24만 부를 찍었는 데다, 무슨 상하이도서상 같은 것도 받았죠. 당시 발행량이 대부분 많은 편이긴 했지만, 제 책은 철학서 중에서는 발행량이 가장 많았어요.

자젠잉 카시러의 『인간이란 무엇인가』의 주요한 관점은 무엇인가요?

간양 주요한 관점은 상관없고, 이 책이 왜 베스트셀러가 됐냐 하면 바로 제목 때문이었습니다. 아, 『인간이란 무엇인가』人論! 생각해 보세요. '문혁'이 막 끝났을 때 모두들 인간이니, 휴머니즘(人道主義)이니 하는 것들을 이야기했잖습니까. 그래서 우연히 그런 분위기와 맞아떨어진 겁니다.

자젠잉 (웃음) 그때 당시 당신 책보다 더 베스트셀러였던 책이 있죠. 그 책보다 제목에 '인간' 이란 글자가 하나 더 들어가 있습니다. 다이허우잉戴厚英의 소설 『사람아 아, 사람아』人啊, 人 말입니다.

간양 그것도 우연히 당시 분위기와 맞았던 거죠.

자젠잉 사실, 독자들 대부분이 속았다는 느낌이었겠네요. 카시러의 그 책은 이해하기 쉽습니까?

간양 이해하기 쉽진 않죠. 인문과학에 속하는 거니까요.

자젠잉 하이데거와는 어떤 관계인가요?

간양 정반대이죠. 그들 둘은 가장 대립적인 양면을 대표합니다. 하이데거가 이름을 날리기 시작한 게 카시러와 1927년에 벌인 논쟁* 때부터인데, 독일 철학사상 아주 유명한 사건인 이 논쟁은 신칸트주의가 쇠락하고 하이데거가 떠오르는 전환점이 되었어요. 카시러는 하이데거의 선생님뻘 됩니다.

자젠잉 사실상 당신 또한 카시러에 금방 흥미를 잃으신 것 아닌가요?

간양 그래도 제게 어느 정도 영향은 줬죠. 카시러는 비교적 이성주의적입니다. 그런 면에서 보자면 저는 류샤오펑 등과는 좀 다르다고 할 수 있는데, 저는 보다 이성주의적이었고 그들은 보다 시적이고 심미적인 것을 추구했지요.

자젠잉 80년대에 저 또한 류샤오펑의 책에 빠져든 적이 있지만 『시적 철학』은 읽어 보지 못했습니다. 『구원과 자유』拯救與逍遙는 아주 좋아했어요.

간양 그건 한참 뒤에 나온 책이죠. 『시적 철학』은 1985년에 출판되었어

---

*카시러와 하이데거의 다보스 논쟁은 사실 1929년에 있었다.

요. 우리 편찬위원회의 책에는 포함되지 않았고 러다이윈樂黛雲 등이 기획한 총서의 일부였어요.

자젠잉 류샤오펑의 언어는 상당히 문학적입니다.

간양 문학적 언어이죠. 그래서 『시적 철학』은 아주 popular했고, 많은 사람이 읽었어요. 근데 요즘 제가 자주 생각하는 문제가 있는데, 80년대는 사실상 두 가지 면에서…… 그건 더 이른 시기의 미학 붐과도 별로 닮지 않았어요. 미학 붐은 사실 꽤 일찌감치 미학이란 전문화된 연구 영역 속으로 들어가려 했고, 류샤오펑에게는 더욱 명민하게 추구하던 뭔가가 있었는데, 그건 우리 편찬위원회의 많은 사람이 가지고 있던 공통된 기반이었습니다. 물론 구체적인 길은 달랐지만 말입니다. 예를 들어 왜 카시러를 통해 제가 다른 면모를 보일 수 있었느냐 하면, 카시러는 기본적으로 인문적 정서를 가지고 있지만 절제되고 냉정한 언어를 사용합니다. 하이데거 또한 더욱 절제되고 더욱 냉정한 언어를 사용하죠. 데리다 등도 마찬가지로 절제되고 냉정한 언어를 사용합니다. 사실상 모두 낭만주의라는 게 파멸된 이후 생겨난 반성의 결과였고 그래서 사용된 언어 또한 달라진 겁니다. 낭만주의 시대처럼 아주 고조되고 격앙된 목소리로 외치지는 않게 된 거죠. 낭만파가 도래한 이후 모두들 비관주의와 절망주의로 침잠해 있었는데, 니체 이후에야 없어졌어요.

자젠잉 니체의 문장은 여전히 격앙되어 있잖습니까.

간양 그러나 그는 이미 많은 부분에서 낙관주의적 면모를 보이지는 않았죠.

자젠잉 신은 죽었다.

간양 즉 초기 낭만파의 유산이기에, 여전히 아름다운 세계에 대한 상상이 가능했습니다. 그러나 1차 대전 이후 유럽의 전반적인 mood가 달라져 아름다운 것에 대한 추구가 이미 불가능해져 버렸어요. 그건 이후에 도래할 포스트모더니즘에도 깊은 영향을 주었으며, 그런 면에서 모더니즘 문학과도 사실 많은 관련을 맺고 있습니다. 그러나 제 생각에 이 단계가 아주 결정적이었던 것 같습니다. 좀 건너뛰어 말하자면, 80년대의 우리 편찬위원회와 같은 경향과 정서가 지나온 전체 과정의 마지막 종결점은 1994년에 있었던 '인문정신 논쟁'이라고 저는 생각합니다. 그 토론은 사실 80년대 문화열의 연장선상에서 이뤄진 것으로 일종의 문화적 정서가 지속된 것이죠……. 최소한 작금의 자본주의적 이성화와 같은 건 아니었습니다. 이게 아주 중요하다고 생각되는 이유는 어떤 의미에서 우리는 왜 이러한 것들이 나중에 그렇게 약해져 버렸는지, 그렇게 쉽게 훼멸되었는지를 추궁해야 하기 때문입니다.

자젠잉 무엇이 그렇게 약해졌다는 말씀이신지요? 인문정신 말입니까? 중국에서?

간양 중국에서, 80년대 이후, 90년대에 시장화의 물결이 일어난 후 순식간에 모든 것이 와해되어 버렸습니다. 게다가 90년대에는 모든 사람들이 타협할 수밖에 없는 상황에 몰렸지요.

자젠잉 근데 무엇에 타협한 건가요? 단지 시장을 향한 것이었습니까? 제 생각에는 권력과 시장을 향한 이중적 타협이었고, 이 시장이란 것 또한 권력의 통제를 심하게 받고 있었을 뿐 아니라 많은 방면에서 권력과 의기투합한 시장이었습니다. 이들 지식인이 도대체 무엇에 타협했는가에 대한 문제는 잠시 젖혀 두고, 일반 시민들이 어떠했는지 이야기해 봅시다. 앞에서 잠깐 미국 지식인들이 처한 상황에 대해 이야기한 바 있는데, 제 생각에 당신들 또한 미국의 좌익 지식인이 현실에 경악한 것과 마찬가지의 상황에 처한 것 같아요. 미국의 좌익들 또한 미국의 일반 시민들과 그들의 생각이 사실상 다르다, 추구하는 것, 꿈꾸는 것, 모든 사유방식과 지식구조가 상당히 다르다는 걸 생각지도 못했습니다. 사실 당신들이 사고하던 문제와 그 당시 중국인의 대부분, 이른바 '대중'이 생각하던 문제는 어긋나 있었다고 봅니다. 미국 좌익보다 더 많이 어긋나 있었죠. 비록 제 개인적으로는 당신들의 연구가 아주 재미난 것이었다고 생각합니다만. 이렇게 큰 나라가, 당시 '문혁'이 휩쓸고 간 후 지식과 문화가 그렇게 가련한 지경에 이르렀는데, 일군의 아카데믹한 엘리트들이 하이데거에 빠져 깊이 연구하고, 유럽의 철학자들과 먼저 접속하여, 그들과 함께 탈산업시대 인류의 곤경과 앞날에 대해 걱정하며, 또 다른 일군의 서양철학 마니아들이 당신들이 번역 소개한 책을 읽는 건, 다른 건 제쳐 두고라도, 생태적 다양성이라는 측면에서만 보더라도 아주 좋은 현상이고, 모두 만족스럽고, 모두 재미난 것이었던 것 같아요. 그러나 저는 그것이 대다수 중국인이 당시에 직면한 문제와는 어긋나 있었다고 확신합니다.

간양 어긋나 있었던 건 아니었다고 봅니다. 원래부터 마땅히 아주 중요한 dimension으로 취급되었어야 했던 거니까요.

자젠잉 물론 '마땅히' 그랬어야 했겠죠. 그러나 그건 하나의 가설이나 희망일 뿐 아닌가요? "원래 중국은 일찌감치 산업문명의 일원이 되어 기술시대로 진입했어야 마땅하다" 혹은 "원래 중국은 산업문명에 진입하지 말았어야 마땅하다"라는 진술과 뭐가 다른가요? 서양 담론에서 그건 확실히 아주 중요한 dimension입니다. 줄곧 그 아래에 흐르고 있었고, 철학뿐 아니라 문학에서도 아주 분명하고 강렬하게 작용하여 이사야 벌린Isaiah Berlin이 말한 '반조류'의 작가들이 끊임없이 등장해 왔습니다. 그러나 그들의 반근대적 충동과 방식은 그들의 역사적 문맥에서 나온 것으로 우리와는 아주 다릅니다. 그들의 근대성과 우리의 근대성도 완전히 똑같지는 않습니다. 발생, 경과, 변화 모두 다릅니다. 이러한 과정과 담론은 분명 서로 교차하고 비슷한 부분도 없지는 않지만, 그것을 횡으로 이식할 때는 특히 주의할 필요가 있습니다. 그렇지 않다면 형태는 비슷하지만 실제로는 다른 진도가 일어나기 쉽기 때문입니다.

간양 그건 아닙니다. 이식이 아니라 그것의 전후 맥락을 따져 물어야 합니다. 나중에 우리는 서양 것을 연구할수록 깊어졌고, 각각의 전공도 달라졌으며, 구체적인 작업도 서로 달라지게 되었습니다. 그러나 비교적 공통적인 mood가 있었어요. 예를 들어 자오웨성은 마르쿠제를 했는데, 마르쿠제는 자본주의를 강하게 비판했죠. 쑤궈쉰은 베버를 했는데, 그는 베버에게 있던 이성화의 한계를 강조하여 책 제목을 『이성화와 그 한계』理性化及其限制라고 달았습니다. 이성화가 가져온 문제를 강조한 것이죠.

자젠잉 당신들은 책을 통해 선진 자본주의의 문맥에 직접 진입한 것입니다.

간양 그러니 그 모든 게 우리 모두에게 영향을 준다고 봐야죠. 우리 그룹 안에는 어느 정도 주류 담론이란 게 있었습니다. 그 주류 담론은 사실 자본주의를 비판하고 근대성을 비판하는 것이었죠.

자젠잉 (웃음) 당신들은 일찌감치 버클리Berkeley에 들어가 있었던 것과 마찬가지였네요.

간양 상당히 일찍부터 그런 셈이었죠. 제 생각에 당시 우린 이른바 자본주의에 대해 감성적인 이해를 하지 못했고, 이론적으로 들어갔어요.

자젠잉 순수한 이론적 접근이었죠. 서양철학의 이론적 연쇄를 놓고 볼 때 당신들은 단번에 여러 단계를 뛰어넘어 선두로 치고 올라간 셈입니다.

간양 그러나 결코 그런 것만은 아닙니다. 그 뿌리를 봤을 때 문인적인 기질이 여전히 강하게 작용했다고 할 수 있어요.

자젠잉 맞아요. 문인적인 기질이 내재적이고 선천적인 밑바탕이 되었고, '문혁'과 지청 시기의 경험도 연관될 겁니다.

간양 문인적인 기질이 어떤 걸 좋아할지를 결정한 것이죠. 어떤 걸 좋아하게 되는 건 결코 우연적인 게 아니에요. 왜냐하면 선택했다고 해서 결코 모든 사람이 그럴 수 있는 게 아니죠. 어떤 사람은 읽을 수도 없어요. 하이데거는 아주 어려우니까요. 그러나 우리 편찬위원회의 주요한 인물들이 매혹된 게 왜 그거였겠어요. 게다가 파급력 또한 아주 커서 편찬위원회의 활동 중 대외적 영향이 가장 컸던 것 또한 그거였어요. 나중에 우리와의 관계가 긴밀해졌던 사람들까지 포함해서 말입니다. 편찬위원회의 외부조직은 아주 커서 전체 인문학계를 아우를 정도였습니다.

자젠잉 또 나중으로 건너뛰시는군요. 돌아와서 잡지 편찬에 뛰어들기 시작할 때의 일을 마저 이야기해 주세요.

간양 시작할 무렵, 잡지를 준비하던 친구들은 사실 사회와의 관계가 비교적 긴밀했고 개혁에 참여하던 사람들이었어요. 근데 그들이 제게 주편을 맡긴 거죠. 당시 연락해 왔던 사람은 노동자출판사工人出版社의 주편인 허자둥何家棟이었습니다.

자젠잉 그는 당내에서 윗세대 개혁파에 속하는 사람이죠.

간양 그는 고참 당원에 속하는 사람이었고, 당내 개혁파의 일원이기도 했습니다. 그러나 모두들 저를 잘 대해 줬어요, 인재잖습니까. 시작할 때는 아주 어려웠어요. 허자둥 쪽에서는 어떤 일도 성사시키지 못했어요. 제한이 너무 많아 잡지 하나 비준하기도 아주 어려웠죠. 가장 인상 깊었던 건 제가 지은 잡지의 이름입니다. 제목을 '중국과 세계'라고 달았죠. 제 포부가 얼마나 컸는지 척 보면 아시겠죠. 그러다 리쩌허우李澤厚의 건의로 '문화'라는 두 글자를 더 넣어서 '문화: 중국과 세계'가 되었어요. 당시 저는 세 명을 찾아가 준비했어요. 허자둥은 꽤 잘 알려진 유명 인물[왕광메이王光美, 1921~2006; 류사오치의 부인]을 명예주편으로 추대하자고 하더군요. 안 그러면 성사되지 않을 거라면서요. 그 자리에서 거절했죠. 당연히 거절해야죠. 왕광메이 같은 여자는 우리가 하는 일을 이해도 못 한다고 말입니다. 허자둥은 자기 말은 이름만 걸자는 뜻이다,

안 그러면 절대 성사시킬 수 없다면서 계속 뜻을 굽히지 않았어요. 왜냐하면 서양 저작을 번역하는 건 그 당시 여전히 금지사항에 속하는 것처럼 여겨졌으니까요. 성사되지 않으면 안 하겠다, 하려면 내가 하는 방식대로 하라고 저도 맞받아쳤어요. 그제서야 그들 모두 간양의 성질이 얼마나 대단한지, 엄청 '질긴' 놈이란 걸 알게 된 거죠. 나중에 허자둥이 자기가 만든 편찬위원회의 사람들과 만나서 회의를 해보도록 주선을 해주었어요. 저는 말했죠. "여기 있는 사람들 모두 내가 원하는 사람이 아니다."

자젠잉 그들 모두 훗날의 편찬위원회 사람들이 아니었나요?

간양 모두 아니었죠. 죄다 세계경제연구소니 하는 데 있던 사람들이었어요. 그들도 자기 영역에서는 꽤 잘나가던 사람들이었지만, 저는 제가 하고 싶은 일은 그게 아니라고 못 박았어요. 당시 제가 구상하고 있던 건 서양철학을 중심으로 한, 그리고 문화를 중심으로 한 작업이었습니다. 그들이 구상하고 있던 건 완전히 세계경제니 외교니 하는 것들이었고요. 당시 전 그들과 아는 사이도 아니었는데, 그들이 저를 주편으로 받아들인 것 자체가 신기할 따름이죠. 그래서 전 애초에 만들어진 엉성한 편찬위원회를 해산시켜 버렸어요. 그런 다음 제 친구들을 끌어들였지요. 가장 막강한 멤버는 베이징대 영어과 대학원생이던 위샤오于曉 그룹이었어요. 위샤오가 반장이었고, 나머지 모두가 베이징대 영어과 대학원생들인데, 류펑劉峰이나, 지금 '신동방'新東方*에 있는 왕창王强 등등

---

* 외국어교육을 중심으로 사업을 펼친 중국의 교육 출판그룹. 신동방교육과학기술집단(新東方教育科技集團)이 정식명칭이다. 2006년 뉴욕 증권거래소에 상장되었다.

이 모두 확실한 지주가 되어 주었어요. 그런 다음 자연히 베이징대 외철과 사회과학원 외국현대철학연구소의 멤버를 끌어들였죠. 왕칭제, 왕웨이, 천자잉, 쉬유위, 자오웨성, 저우궈핑, 쑤궈쉰 등이 우리 집에서 회의를 하곤 했습니다.

당시 어떤 상황이었는가 하면, 저의 『인간이란 무엇인가』는 제대로 출판되었지만 다른 사람이 번역한 책은 모두 일이 잘 풀리지 않았어요. 천자잉과 왕칭제가 번역한 『존재와 시간』, 두샤오전杜小眞과 천쉔량陳宣良이 번역한 『존재와 허무』 등은 출판사 쪽에서 방치해 두고 있어 모두들 참을 수 없는 지경에 이르렀죠. 이건 당시 상해역문출판사上海譯文出版社에서 아주 잘못한 겁니다. 이들 책은 모두 상해역문출판사에서 훙첸, 승웨이와 이야기할 때 단번에 결정된 것들이에요. 제 책은 바로 허가가 떨어져 출판되었지만 다른 사람의 책은 항상 번역에서 어디를 좀 고쳐 달라느니 하면서 역자를 아주 괴롭혔어요. 즉 기분 좋은 협조관계를 유지하지 못해 일이 잘 안 풀리니까 그쪽에서 하나하나 따지고 든 거죠. 근데 문제가 뭐냐 하면, 우리 친구들이 누구 말을 듣습니까? 누가 감히 우리 원고를 심판한단 말인가?! 영문을 모르겠군. 너희 출판사 쪽에서 뭘 안다고 우리 원고를 심판한다는 거지? 이들 모두 오만하기 그지없어, 하이데거는 우리가 번역했는데 누가 우리 원고를 심판할 자격이 있단 말인가? 하면서 모두들 분노했죠. 그래서, "간양, 우리 따로 조직을 만들자!"라고 하더군요. 시작할 때는 총서를 만들 생각은 없었고 잡지만 하나 만들 계획이었는데, 이런 상황이었기 때문에 총서까지 동시에 만들게 된 겁니다. 잡지는 '문화: 중국과 세계'라고 이름 붙였잖습니까. 근데 이 무렵 허자둥 쪽에서는 여전히 되는 일이 없더군요. 그가 출판해준 첫번째 책이 순이이孫依依가 번역한 에리히 프롬의 『사랑의 기술』인데, 아마도 돈 좀 되겠다고 생각했던 모양이에요. 그러니 노동자출판사

工人出版社와 우리는 성질이 맞지 않다는 걸 알게 되었어요. 노동자출판사는 배경이 문인적이지 않았죠.

자젠잉 노동자 기반이었고 정치적이었죠.

간양 다른 책은 모두 질질 끌면서 계속 지연만 시키더군요. 허자둥이란 인물은 항상 이놈의 정치적 환경이 잘못되었다고 말하곤 했는데, 그거야 말로 허튼소리 아닙니까? 허자둥과는 잘 지냈기 때문에 대놓고 말하지는 못했지만, 허자둥이 좋아하는 책은 제가 좋아하던 책이 아니라고 확신했어요. 그가 좋아한 것은 돈이 되거나 개혁과 연관된 것이어야 하는데, 무슨 하이데거가 눈에 들어오겠습니까? 개혁과 어떤 관련이 있어 보이지도 않고, 그렇게 어렵기까지 하니까 잘 안 팔리겠다 싶어 흥미를 잃어버린 거죠. 이때 아주 중요한 인연을 만나게 됩니다. 당시 난징대학南京大學의 한 여대학원생이 직장을 삼련서점三聯書店 출판사로 배치받았는데, 양리화楊麗華라고, 저우궈핑과 아주 친한 사이였어요. 그때 당시 전 이미 꽤 명성을 날리고 있던 몸이라, 양리화가 저우궈핑에게 저를 소개시켜 달라고 부탁해서 서로 알게 되었어요. 양리화는 또 우리를 왕옌王焱에게 소개시켜 줬는데, 당시 왕옌은 『독서』지의 편집부 주임이었어요. 단번에 이야기가 잘 풀려 삼련서점으로 옮겨 출판하게 된 거죠. 당시 삼련서점에서 가장 중요한 인물이 왕옌과 우빈吳彬이었어요. 그리고 또 선창원沈昌文과 둥슈위董秀玉가 있었는데 그들이 가장 높았죠. 선창원은 당시 아마 삼련의 부주편이었고, 주편은 판용范用이었습니다. 왕옌과는 만나자마자 죽이 잘 맞아, 왕옌이 선창원과 둥슈위에게 이야기를 해줬고, 당시 삼련서점이 막 회복될 때였던지라 단번에 일이 성사된 거였죠. 아마 이 당시 가장 웃겼던 게, 아직 입에서 입으로 전해지던 소문 문화가 여전히 작동하던 때인지라, 상해역문출판사에서 이 소식을 듣고는 완전 당황하여 꽤나 고위층 인사가 바로 달려오더군요. 모든 책을 그대로 자기네들이 출판하고 싶으니 삼련과 하지 말라고 말입니다. 당시엔 그렇게 서로들 뺏어가곤 했잖습니까. 저의 『인간이란 무엇인가』를 출판했으니 저와의 관계가 나쁘지는 않았죠. 그래서 제가 도와 주길 바랐던 겁니다. 왜냐하면 역자들과 이야기해 봐야 소용없다는 걸 알고 있었으니까요. 역자들도 간양에게 물어보라고들 했고요.

자젠잉 당시 편찬위원회가 성립되었던가요?

간양 완전히 성립되지는 않았죠. 성립은…… 요즘처럼 무슨 발기대회를 열고 그러진 않았어요. 전 한 번도 그런 걸 열어 본 적이 없어요. 나중에 물론 편찬위원회는 만들었고, 시작할 때 친구들과 먼저 이야기는 했죠. 한쪽에는 엄청난 원고가 쌓여 있었지만, 우선 먼저 잡지를 만들고 싶었습니다. 계간으로요. 근데 계간이 아주 늦어져 1986년에야 출간되었어요. 발간사를 하나 써야겠기에 먼저 쉬유위에게 쓰라고 했죠. 저는 온종일 다른 사람들과 일을 조정하느라 시간이 없었으니까요. 쉬유위가 쓴 발간사를 자오웨성의 집에서 토론하는데, 그 자리에서 폐기시켜 버렸어요. 쉬유위가 쓴 글은 초등학생 수준으로 중국어 문장이 너무 떨어지더군요. 이럴 수가! 아마 지금은 좀 나아졌을 건데, 당시 우리들 인문 그룹 내에서 쉬유위의 그 중국어 문장으로는 절대 명함도 못 내밀었죠. 애초부터 모두들 굉장히 친한 친구들이었지만 요즘과는 달리 비판할 때는 인정사정없었어요. 그래도 절대로 아무 문제도 없었고요.

자젠잉 그럼 문장 때문에 폐기된 건가요?

간양 문장도 그렇고 의식 면에서도 마찬가지였어요. 쉬유위가 쓰려고 한 건 무슨 개혁 따위와 관련된 것들이라 상당히 conventional하다고 생각되더군요. 문장도 유치했고요. 그러다 보니 발간사는 제가 쓰지 않으면 안 되겠다고 결정되었습니다. 게다가 위샤오에게 저만을 위한 방을 마련해 주게끔 했어요. 간양은 이렇게 뛰어다니기만 해서는 안 된다, 문 걸어 잠그고 글 하나 쓰게 해야 한다고 말입니다. 결국 위샤오네 집에서 한 달 넘게 문을 걸어 잠그고 3만 자 가량의 글을 써냈습니다. 원래 발간사로 쓴 것인지라, 잘라서 일부만 발표했어요. 1986년 2월에 『독서』에 그 중 일부분만 발표했습니다. 전통에 관한 내용인데, 하이데거와 가다머의 해석학으로 전통을 재해석한 것입니다.

자젠잉 서양의 전통을 해석한 겁니까, 동양의 전통을 해석한 겁니까?

간양 그게 아니라 전통을 어떻게 볼 것인가에 대한 것이었죠. 전통이란 것 자체를 이야기한 것으로, 전통이란 게 도대체 어떤 것이냐는 문제 자체는 논의된 적이 없었으니까요. 이게 『독서』에 발표되자 한바탕 파문이 일어났어요. 제목을 「전통, 시간성과 미래」라고 붙였는데, 시간성은 하이데거의 개념이죠. 그러나 이 글은 전체의 한 절만 발표한 거였어요. 그 후 잡지는 1986년 말에 나왔습니다.

자젠잉 그 잡지는 삼련에서 출판했는데, 지금도 삼련서점에서 낸 것인가요?

간양 당시 자금이 어떻고 하는 건 생각하지 않았어요.

자젠잉 그래도 어쨌든 경비가 필요했을 거 아닙니까.

간양 시작할 때부터 없었어요. 당시 아무런 경비도 없었죠. 그들이 냈는데, 우리 쪽에 돈을 받지도 않았고, 우리도 그들에게 돈을 요구하지 않았어요. 원고료야 받았죠. 당시 출판이 다 그랬어요. 요즘 같지 않았죠. 그리고 1985년 말인가 1986년 초인가에 『광명일보』에서 우리의 '문화: 중국과 세계' 총서의 목차를 네 부분으로 나눠서 실어 줬어요. 그 중 하나가 '현대서양학술문고' 現代西方學術文庫이고 다른 하나는 '신지식문고' 新知文庫였는데, 모두 번역이었죠. 『광명일보』에서 우리를 위해 광고를 해 준 셈인데, 아마 그들도 돈을 요구하지는 않았어요. 그건 정말 대단한 파문을 일으켰습니다. 엄청난 규모의 번역기구였으니까요. 저는 당시 엄청난 규모의 번역 계획을 세워 놓고 있었고, 누가 번역할 것인지, 원고제출 날짜는 언제까지로 할 것인지까지 확정된 상태였습니다.

자젠잉 거기서 몇 권만 제목을 말씀해 주시죠.

간양 첫번째로 나온 게 저우궈핑이 번역한 니체의 『비극의 탄생』과 베버의 『프로테스탄티즘의 윤리와 자본주의 정신』 같은 책입니다. 『존재와 시간』, 『존재와 허무』 등이 그 다음으로 나왔고요. 사실 다들 원래부터 하고 있던 작업들이었는데, 이렇게 함께 묶어 놓고 보니 모두들 엄청난 흥분에 휩싸였어요. 우리가 하고 싶어 하던 일을 하게 된 것이니까요. 그래서 말했죠. "나는 하면 내가 하고 싶은 일을 한다, 못하면 그만이지 남들의 들러리는 서지 않겠다"라고 말입니다.

자젠잉 당시 문화계의 분위기가 어떠했는지 다시 한번 살펴봅시다. '심근문학'은 이미 나온 뒤일 테고, 많은 작가들이 전통을 논의할 때였죠. 당신의 3만여 자나 되는 그 발간사의 제목은 뭡니까?

간양 「80년대 문화토론의 몇 가지 문제」입니다. 사실 당시의 '문화열' 논의에 참여한 것이라고 할 수 있죠.

자젠잉 어떤 각도에서 참여한 것인가요?

간양 당시에는 완전한 서구화로 간주되었습니다.

자젠잉 사실 당신의 그 글만 완전한 서구화로 간주된 게 아니라 당신네의 편찬위원회와 총서 전체에 그런 이미지가 있어요.

간양 그러나 제 생각에 사실 그건 결코 정확한 평가가 아닙니다. 1986년 초에 2천 자 가량 되는 글도 하나 발표했는데, 『요망주간』瞭望周刊에 실린 그 글이 어떤 의미에서는 제 생각을 훨씬 잘 반영하고 있습니다.

자젠잉 당시 다른 사람들은 당신들을 완전한 서구화로 귀납했는데, 당신은 정확하지 않다고 하니, 만약 자신이 직접 귀납한다면? 그리고 그 발간사의 중심적인 생각은 무엇인가요?

간양 우리는 사실 먼저 서양 학문 깊숙이 들어가야겠다고 생각했고, 현재의 토론 수준이 너무 낮다고 생각했습니다. 첫째로 당시 "전통으로 회귀하자"라는 부류에 불만스러웠습니다. 다른 한편 그걸 당시의 정치 문제로 끌어들여 논의하는 것 또한 불만스러웠고요. 그래서 우리는 그런 것에 초월하게 된 것이죠. 그러나 다른 한편 주류와 선을 긋겠다는 의미도 없지 않습니다. 제 글의 전반부의 상당 부분은——그것만 떼서 우한武漢의 『청년논단』青年論壇에 발표하기도 했는데——사실 청말의 중서문화 토론을 요점만 간추려 서술한 것입니다. 이 시기 중서문화 논쟁의 근본문제는 고대와 근대의 경쟁을 통해 근대로 진입하려는 시도였다는 점을 강조한 것이죠. 펑유란馮友蘭 등도 30년대에 이런 식으로 문제제기를 했었어요.

자젠잉 회고해 보면 사실 20년대의 '과학과 현학玄學 논쟁' 또한 그랬죠. 당시 거기 참가했던 학자들 또한 서양 사상가에게서 많은 근거를 끌어들였어요. 논쟁이 마지막에 가서 흐지부지되긴 했지만, 모두들 그 배후에서 노쇠한 중국이 어떻게 근대에 진입할 것인가의 문제를 발견해 냈습니다. 과학은 근대 서양의 상징이 되었고, 현학은 전통 중국의 상징이 되어 모두들 이러한 기호에 기대어 싸움을 벌였던 것이죠. 다른 한편 과학과 인문 사이의 경계를 넘나드는 논쟁은 학문분과들 간의 인식의 차이로 인해 쉽게 혼전으로 빠져들곤 했어요. 그래서 당시 장둥쑨張東蓀이 휴전을 제의한 겁니다. 이것만 봐도 큰 문제에 대한 준비되지 않은 논쟁이 어떤 폐단을 불러오는지 잘 알 수 있죠. 그래서 후스胡適가 "주의는 적게 말하고 문제를 많이 연구하자"라는 말을 한 것이기도 하고요. 그런데 이 휴전이 반세기 가량 끊어져 있다가 8, 90년대에 옛 담론을 다시 꺼내 들기 시작할 때, 중국적 문맥에서는 사회주의 혁명에 대한 논의가 자주 출현하고 서구적 문맥에서는 2차 대전, 60년대 및 기술혁명에 대한 논의가 자주 등장하게 되면서 많은 것들이 변질되어 버렸죠.

간양 80년대 문화토론에서 아주 중요한 지점 중 하나가 바로 청말 이래

이어져 온 중서문화 논쟁에 관한 문제입니다. 모든 게 다시 한번 재진술되었죠. 근데 우리가 바랐던 건 근대 서양학술을 근거로 하여 그 문제를 새롭게 이야기하는 것이었습니다. 서양학술 중에서 서양이 서양 문명에 대해 행한 반성과 비판을 끌어들이자는 것이었어요. 1987년에 저는 카시러의 『언어와 신화』*Sprache und Mythos-Ein Beitrug zum Problem der Göttemamen*에 아주 긴 서문을 써서 그 문제를 좀더 명확하게 논의했습니다. 그러나 문화토론의 와중에서 왜 우리가 완전한 서구파로 간주된 것일까요? 그건 우리가 확실히 '심근파'를 반대했기 때문이죠. 우리는 '전통회귀파'를 반대했어요. 그건 아주 분명한 사실입니다.

자젠잉 중국 전통으로의 회귀를 반대한 것인가요?

간양 예. 그 당시 모든 문화적 논쟁은 시작부터 '심근문학'과 관련되어 있었습니다. 제 생각에 문학계의 이 문화적 뿌리찾기[尋根]는 사실 라틴 아메리카 문학의 폭발적 인기라는 문맥과 상당히 많은 관련이 있습니다. 『백년의 고독』이 당시 작가에게 준 영향은 엄청났어요. 너 또한 자신의 역사전통으로 돌아가 발굴하라는 근거가 되었던 거죠. '중국문화서원' 그룹은 중국철학사 위주였기 때문에 그들은 유가문화에서 출발했습니다. 이 즈음엔 해외 신유학이 이미 시작되었을 무렵이죠. 뚜웨이밍杜維明을 처음 본 게 1985년 베이징대 샤오위안勺園에서였어요.

자젠잉 좋아요, 그럼 말 나온 김에 이런 것도 한번 물어봅시다. 전통유학의 회복, 즉 문화서원 그룹이 하던 방식에 대한 당신들의 태도는 어떤 것이었나요?

간양 당시 그들 문화서원 그룹과는 좋은 관계를 유지하고 있었어요. 사실 세 편찬위원회는 세 연령대를 대변합니다. 탕이제 등의 문화서원 그룹은 우리 선생님뻘입니다. '미래를 향하여' 走向未來는 그 연령대와 겹치는 사람도 있었지만 대부분 그보다는 좀 어렸고, 우리보다는 나이가 많았어요. 우리가 대학원 다닐 때 그들은 이미 자기 일들을 하고 있었으니까요. 우리 그룹은 주로 [문혁 이후] 첫번째 대학원생 위주였죠. 천라이가 쓴 글이 세 편찬위원회의 차이를 아주 정확하게 개괄해 주고 있어요. 천라이는 당시 우리 편찬위원회의 일원인 동시에 '중국문화서원'과도 꽤 관계를 맺고 있었어요. 우리 그룹의 또 다른 일원인 류둥劉東 같은 경우는 진관타오金觀濤 등과 관계가 깊었고요.

자젠잉 류둥은 진관타오 쪽과 당신네 편찬위원회 양쪽의 멤버였던 것 같은데요.

간양 그랬죠. 그래서 당시 중간에 이런 일이 일어난 적도 있어요. 진관타오가 류둥에게 그들의 '미래를 향하여'와 우리의 '문화: 중국과 세계'를 합병하고 싶다고 말한 적이 있나 봐요. 류둥이 대놓고 이렇게 빈정댔다고 하더군요. "저기요, 당신 생각에 합병하면 당신이 주편하고 간양이 부주편하면 되겠다고 생각하는 것 같은데, 솔직히 합병되면 간양이 당신을 편찬위원에도 끼워 주려고 할지 잘 모르겠는데요!" 당시 오만방자하기가 어느 정도였는지 잘 아시겠죠. 진관타오가 깜짝 놀라, "간양이 얼마나 대단하길래?"라고 반문했는데, 거기다 대고 류둥이 엄청나게 과장을 해댔겠죠. 근데 솔직히 말해 우리는 진관타오 그룹을 아주 무시했어요. 사이비野狐禪잖습니까! 예를 들어 중국철학을 연구하는 사람들을 우리는 아주 존중합니다. 그들이 배운 건 근본이 서 있어요,

안 그렇습니까? 우리들 중에 중국철학 쪽으로는 천라이가 대표적 인물인데, 우린 천라이를 아주 존중했고 모두들 깊은 관계를 유지했어요. 그래서 중국철학을 존중하는 건 아무 문제가 되지 않았습니다.

당시 베이징대에서 공부할 때 다른 한편 많은 영향을 줬던 게 리쩌허우와 머우중싼牟宗三이었습니다. 류샤오펑은 리쩌허우한테서 머우중싼의 책을 빌려 보면서 영향을 받기 시작했어요. 한번은 베이징대 입구의 버스정류장에서 류샤오펑을 만난 적이 있는데, 마침 리쩌허우의 집으로 가려던 참이었죠. 가방에서 머우중싼의 『지적 직각과 중국철학』知的直覺與中國哲學을 꺼내서 보여 주더군요. 제목을 보는 순간 그게 독일철학에서 가져온 개념이란 걸 알겠더군요. 그러니 중국철학이 우리에게 영향이 없었던 게 아닌 거죠.

방금 전에 저는 '시적 영감'이란 문제를 아주 강조했더랬습니다. 류샤오펑 등이 가장 먼저 '시적 영감'이란 문제를 중국의 위진 시기 전통과 결합했던 바 있고, 나중에 저우궈핑 같은 경우도 『혜강嵇康과 니체』란 글을 쓴 적이 있죠. 류샤오펑은 위진 시기를 아주 높게 쳐줬습니다. 그러니 중국전통, 중국문명에 대해서도 이렇게 관심을 가졌고 중국철학 또한 읽고 있었습니다. 중심은 물론 현대 서양철학이었지만 말입니다. 근데 중국문화에 대한 각자의 선택은 달랐습니다. 류샤오펑과 저우궈핑은 노장사상과 위진 시기에 관심을 두고 있었고, 당시 저는 이미 공자, 즉 유가에 관심을 두고 있었어요. 물론 연구경향은 신유가와 상당히 다르게 접근하고 있었지만요. 당시 머우중싼의 책이 들어와 베이징대에서 돌기 시작했어요. 이전에는 중국에 들어오지 못하던 것들인데, 아마도 초창기에 출국했던 사람들이 가져와서 개인적으로 빌려 보곤 했던 것 같아요. 철학연구소 도서관에는 있었을 수도 있죠. 머우중싼은 해외 신유가의 주요 인물이고 뚜웨이밍은 제2대 해외 신유가라 할 수 있어요. 이들에 대해서는 베이징대에 있을 때 공부하기 시작했죠. 천라이는 그들에 대해 더 자세히 이해하고 있었고요.

자젠잉 그러나 당신네 편찬위원회 전체는 동의하지 않았다고 말씀하셨잖습니까.

간양 편찬위원회 전체라고는 할 수 없죠. 천자잉 같은 사람들은 아마 머우중싼을 읽지 않았을 거예요. 그들은 유가에 대해 아무런 흥미도 없었고, 아마 지금도 관심 없을 겁니다. 류샤오펑은 머우중싼의 영향을 받았지만 기본적으로 수용하지는 않았어요.

자젠잉 그럼 그는 위진 시대를 높이 치긴 했지만, 결국…….

간양 류샤오펑의 『구원과 자유』는 바로 자신의 『시적 철학』을 청산하기 위한 것이었어요. 『시적 철학』에서, 서양전통 중 그가 논의한 것은 독일 낭만주의와 하이데거 부분이었고, 중국전통 중에서는 도가의 노장사상과 위진 시기를 높이 평가했어요. 그래서 『구원과 자유』에서 그가 정면으로 비판한 것은 중국의 유가전통이 아니었어요. 그건 벌써부터 쓰러뜨린 후였으니까요. 그가 그 책에서 비판한 것은 노장사상과 위진 시기였어요. 『구원과 자유』는 자기비판이라고 할 수 있죠.

자젠잉 게다가 그 시기에 이미 그는 기독교로 넘어갔죠.

간양 그러나 그가 종교로 넘어가게 되는 맥락은 아주 분명합니다. 『시적 철학』에서 이미 분명히 나타나 있어요. 독일 낭만주의에서 영감을 이야기할 때 사실 이미 신성을 이야기했던 거였으니, 그 시기에 이미 신의 신성이란 것에 들어가 있었다고 봐야겠죠. 그건 당연히 그의 개인적인 노선이 그랬던 것으로, 그가 기독교로 넘어가게 되는 경로는 보통 사람들과는 달랐어요. 그는 시적 영감의 신성에서 출발하여 거기로 걸어 들어간 것이죠. 그러나 편찬위원회의 또 다른 멤버인 허광후何光滬는 일찍부터 기독교를 믿고 있었어요. 그는 종교연구소 소속으로, 쉬유위가 소개해서 들어왔어요. 편찬위원회의 기초가 잡힌 후엔 친구들이 저에게 동료를 추천하곤 했으니까요. 우리 친구들을 중심으로 기본 멤버를 구성한 후 "야, 이놈도 괜찮아", "저놈도 인물이야"라고 추천하곤 했어요. 량즈핑梁治平 같은 친구는 자오웨성이 우리 집으로 끌고 온 경우죠. 그는 법학도라서 원래 저하고 알고 지내던 사이도 아니었고, 또 외지에서 베이징으로 시험 쳐서 온 것이라 첨엔 아무도 몰랐어요. 어떻게 알게 되었냐 하면요, 량즈핑과 자오웨성은 신화서점新華書店에서 아는 사이가 되었어요. 두 사람이 이야기를 하다가 죽이 맞아 친구가 되고, 집에까지 데려가고, 나중에 자오웨성이 직접 우리 집으로 데리고 오기까지 했던 거죠. 자오웨성이 말하길, "간양, 량즈핑은 바로 우리가 원하던 사람이야, 네가 원하던 사람인 게 분명해!" 그래서 그 자리에서 편찬위원회에 가입되었죠. 토론 같은 거 할 필요도 없었죠. 량즈핑은 당시 정법대학政法大學 소속이어서 아주 외로워하고 있었어요. 비록 법학을 하고 있었지만, 법률이란 각도에서 중국의 문명 전통을 검토하고, 중국은 왜 법제가 발달하지 못했는지를 검토하고 있었으니 말입니다.

자젠잉 그래서 인문학과 결탁한 것이군요.

간양 문명과 관련된 것이죠. 그러니, 바로 이런 것이야말로 이른바 지청의 교류방식 아니겠습니까. 요즘처럼 명함 돌리느니 하는 식으로 복잡하지 않았어요. 당시에는 몇 마디 말만 해보면 상대가 어떤 물건인지 단번에 알아봤죠. 그런 다음, 그냥 통과된 걸로 합시다, 라고 친구들끼리 한마디 하면 그걸로 오케이였어요.

자젠잉 류둥도 그렇게 들어온 겁니까?

간양 류둥은 왕칭제의 친구였어요. 당신은 왕칭제를 잘 모를 건데, 미국에 꽤 일찍 갔고 지금은 홍콩 중문대학에 있습니다. 그들은 난징대학에서 철학을 공부했어요. 류둥은 꽤 일찍 유명해졌는데, 우리가 베이징대 대학원에 다닐 때 류둥은 난징에서 이름이 꽤 알려져 있었죠. 책을 한 권 썼는데, '미래를 향하여' 총서에서 출간했고, 제목이 『서양의 추학』西方的醜學이었어요. 미학美學 전통을 이야기하는 내용인데 서양의 추학醜學이라고 쓴 거죠. 그 당시 진관타오 등이 그를 자기 그룹으로 끌어들이려고 애썼어요. 그는 난징의 인재잖습니까. 난징에서 아주 유명했죠. 그러다 베이징으로 올라온 후 판이 어떻게 돌아가는지 한눈에 알아본 거죠. 당연히 가장 왕성한 활동을 하는 건 간양 쪽 아니었겠어요? 그래서 왕칭제의 추천으로 들어와 우리와 어울리기 시작한 거죠. 편찬위원회는 기본적으로 이렇습니다. 그리고 중국문학 쪽으로는 천핑위안陳平原 등 '삼인담'의 인물들이 들어왔고요.

자젠잉 그들은 언제 들어왔나요?

간양 그들도 편찬위원회 그룹을 꾸릴 때 들어왔어요. 저는 당시 비교적 학과의 전반적인 분포도를 고려하고 있었거든요. 저는 인문 분야에서 가장 막강한 조합을 만들고 싶었어요. 그래서 모두들 저보고 천하의 호걸을 일망타진하려 한다고 말하곤 했지만, 사실 의기투합 아니겠습니까! 뭐 복잡할 거 있나요? 요즘 어떤 사람들은 우리 편찬위원회의 방식이 민주적이지 않다고 말하는 것 같던데, 정말로 뚱딴지 같은 소리 하는 거죠. 우리 편찬위원회는 지청의 친구 사귀는 방식으로 구성되었는데, 친구끼리 무슨 민주입니까. 우리 편찬위원회의 방식은 아주 간단하게, 네가 우리 친구가 될 자격이 있느냐 하는 거였습니다. 자격이 충분하면 당시엔 분명 인물이었던 거고요. 무슨 직함이 있는가를 말하는 게 아니죠, 당시엔 아무도 직함이 없었으니까요. 그게 아니라 얼마나 재능이 있는가를 따졌던 겁니다. 그래서 외국문학연구소에서는 당시 프랑스문학 번역으로 이름을 날리고 있던 궈홍안郭宏安을 끌어들였고요, 중국문학 쪽에서는 '삼인담'의 인물들, 단번에 세 명 모두 들어오게 된 것이었죠. 중국역사 쪽은 옌부커閻步克, 중국철학 쪽은 천라이가 받치고 있었어요.

자젠잉 중국 쪽을 연구하던 이들은 구색 맞추기용이 아닌가요?

간양 구색 맞추기가 아니에요. 왜냐하면 당시 우리는 비교적 큰 구도, 장기적인 계획을 세우고 있었어요. 당연히 중국과 서양 모두에 정통하자는 포부가 있었기에 중국학 연구자들과 반드시 함께할 필요가 있었던 거죠. 그리고 중국학 연구자들 또한 서양 학문을 읽고 있었어요. 당시에는 공통된 화제가 형성되어 있는 분위기였기 때문에 모두들 상보적인 관계가 되길 원하고 있었던 거고요. 근데 당시 학술계 전체에서 서양학술이 앞서나가던 추세였기 때문에 서양학이 도드라져 보였던 거였죠. 실제로 편찬위원회 전체적으로는 중국과 서양 쌍방 모두와 관련되어 있었어요.

자젠잉 지금 시각에서 볼 때, 당시 중국의 절박한 문제인 개혁 혹은 중국 자체의 역사를 반성하는 문제는, 정치적인 측면에서나 문화적인 측면에서나 당신들의 시야에 포섭되지 않았던 것 같습니다. 그런데 당신들이 그런 의식이나 장기적인 고려가 있었던가요? 즉 당신들이 수행했던 서양 학문 연구, 즉 당신들이 보기에 더욱 근본적이고 더욱 선두에 있는 학술적인 문제가 언젠가는 중국의 문제와 통합될 수 있었던 건가요?

간양 제 생각에는 이렇습니다. 많은 사람들이 정치에 관심을 두고 있었어요. 쉬유위는 정치에 아주 관심이 많았어요. 정치를 말하지 않은 게 아닙니다. 후핑胡平* 같은 사람도 편찬위원회의 일원입니다.

자젠잉 베이징대의 그 후핑 말입니까?

간양 그도 베이징대 철학과잖습니까. 모두들 친한 친구였죠. 근데 나중에 편찬위원회가 만들어지고 나서 얼마 지나지 않아 출국해 버렸죠. 첫 번째 편찬위원회 모임에도 참가했어요. 그땐 아직 있을 때니까요. 근데 당시에 이미 정치적으로 정리당해서 직장은 없었습니다.

자젠잉 그럼 이미 베이징대 경선 이후겠네요.

---

*1978년 '민주의 벽' 운동이 한창일 때 「언론자유를 논함」(論言論自由)을 발표한 중국 민주화 운동의 대표적 인물. 1980년 현구(縣區)급 인민대표 직접선거가 시행되자, 베이징대 지역(海澱區) 인민대표 경선에 참가하여 당선되었다. 하버드대학 정치과 대학원에서 수학 중 중국민련(中國民主團結聯盟) 주석에 당선되었으며, 현재 미국의 유명 중문잡지 『베이징의 봄』(北京之春)의 주편을 맡고 있다.

간양 예, 그래서 경선 이후에 징벌을 받아 일자리도 배정받지 못했고, 그래서 당시 후평은 다른 사람의 이름으로 글을 써서 원고료를 벌곤 했죠.

자젠잉 그는 언제 출국했죠?

간양 1986년인가 1987년이죠. 그러나 편찬위원회는 그래도 학술이 위주가 되긴 했어요. 그렇다고 정치에 완전히 무관심한 건 아니었다는 말이죠. 많은 사람이 관심을 갖고 있긴 했지만, 편찬위원회의 주요 화제는 정치가 아니었어요. 저나 류샤오펑, 천자잉, 자오웨성 등 대부분은 기본적으로 인문 쪽에 더욱 흥미를 갖고 있었어요. 그게 우리 편찬위원회가 가지는 가장 큰 차별점이었죠. 무슨 정치니 경제니 하는 것들은 솔직히 우리의 최대 관심사가 아니었습니다.

자젠잉 당신들의 예상 독자군은 어땠습니까? 대학생이었나요?

간양 당시 그런 건 생각해 본 적이 없습니다. 요즘처럼 뭔가 미리 예상하고 그러지를 않았어요. 솔직히 당시의 특징 중 하나가 굉장히 오만해서 모든 걸 초월해 있었다는 점이죠. 편찬위원회는 나중에 후반기가 되자 좀더 분방해졌어요. 예를 들어 한번은 모두 조그만 봉고차에 타고 같이 미윈 저수지密雲水庫에 놀러간 적이 있어요. 길이 아주 위험했는데, 쉬유위가 소리치더군요. "이 차가 뒤집히면 중국문화가 모조리 사라진다!" 얼마나 대단한 기세입니까! 당시 쉬유위도 꽤나 귀여웠죠.

자젠잉 미윈 저수지에 다 같이 가서 발가벗고 수영한 적이 있다고 들은 것 같은데요?

간양 발가벗고 수영했죠. 하하, 그건 후반기예요. 편찬위원회는 나중에 아주 부패해져 종일 마시고 놀았어요. 나중에는 돈이 생겼으니까요. 이 시기엔 원고료도 있었고, 편찬위원회의 편집비도 받기 시작했거든요.

자젠잉 출판한 책은 당시 발행량이 어느 정도 되었습니까?

간양 저우궈핑의 니체 번역서는 10만 부, 사르트르의 『존재와 허무』도 10만 부였어요. 근데 발행량이 정확하지는 않고, 실제로는 더 많이 찍었을 겁니다. 하이데거의 『존재와 시간』은 실제로 10만 부를 찍었는데 당시 다 팔렸어요. 게다가 『존재와 시간』은 당시 꽤 공식적으로 출판기념회를 열기도 했는데, 독일 대사관에서 비교적 중요하게 생각했기 때문이죠. 그제서야 배후에서 정말로 우리를 지지한 게 누구였는지 알게 되었어요. 바로 서양철학사계의 모든 선배 학자들이죠, 전부 말입니다. 홍쳰, 허린賀麟, 슝웨이, 양이즈楊一之, 왕주싱王玖興 등등, 모든 선배 학자들이 전부 출판기념회에 참석하더군요.

자젠잉 어디서 했습니까?

간양 베이징대에서, 아주 거창하게 열었죠. 왜냐하면 독일에서 볼 땐 아주 중요한 행사였으니까요. 그래서 이때 우리는 우리들의 선생님 연배들을 만날 수 있었던 거죠. 슝웨이 선생님은 우리 선생님들 중에서 최고 어른이니까 당연히 모셨죠. 비록 천자잉과 왕칭제 두 사람이 번역한 것이긴 하지만 처음에 이름을 걸었던 건 슝웨이 선생님이었으니까요. 그 뒤 편찬위원회에 돈이 좀 생기기 시작하자, 매달 한 번씩 같이 밥을 먹었어요. 그 식사 모임은 아주 기분 좋은 행사라서 고담준론에 온갖 추태가 만발했죠. 황쯔핑黃子平 같은 사람은 술 한 잔만 마셔도 얼굴이 벌게져서 아주 재미있었어요. 그 당시 이미 이렇게 월례회 개념의 모임이 있었죠. 제 생각에 꽤 괜찮게 먹었고, 또 갈수록 맛있는 걸 먹었어요.

자젠잉 음식점에 가서 먹었습니까?

간양 음식점에서 먹었죠.

자젠잉 그 당시 베이징에는 그런 게 아직 드물 땐데.

간양 있긴 있었죠. 이 시기 편찬위원회의 구체적인 행정 대부분은 사회과학원의 공청단위원회[團委] 서기 등이 대신 해줬어요. 회의 장소 물색이나 회의실 확보 같은 일 말이죠. 나중에는 더욱 그들의 도움이 필요했어요. 왜냐하면 편찬위원회 후반기가 되자 미술계, 건축계 등을 포함한 문화계 전체와 많은 왕래를 하게 되었기 때문이죠. 당시 문화열이 불어닥치던 시기인지라, 각계에서 무슨 문화회의 같은 걸 개최할 때마다 우리를 부르곤 했고, 우리를 대단하게 생각해 줬어요. 가장 큰 건, 당신도 기억하시려나 모르겠는데 미술관에서 개최한 엄청 큰 미술전이었죠?

자젠잉 물론 기억하죠. 1989년 설에 개최한 중국현대예술전 말씀이시죠.

간양 게다가 이 미술전에서는 사고도 났었잖아요, 누가 총을 쐈죠, 행위예술로 말입니다. 그 당시 제일 앞에 이름을 걸었던 게 우리 편찬위원회였습니다. 그들이 우리를 주관단체로 해달라고 요청한 거였어요. 이 미술전에는 많은 단체가 협찬했는데, 그들이 '문화: 중국과 세계 편찬위원회'의 명의를 사용하고 싶다고 요구한 것이고, 다른 단체는 들러리에 불과했어요. 당시 모두들 우리 이름을 사용하고 싶어 했으니까요.

자젠잉 아직 누드 수영 사건에 대해서는 대답을 안 해주셨는데, 어떻게 된 일입니까?

간양 당시 많은 여자애들이 우리랑 같이 놀았어요. 와이프도 있고 여자친구도 있었죠. 그건 모두 자오웨성이 벌인 일입니다. 자오웨성은 편찬위원회에서 아주 중요한 인물인데, 우리 패거리 중에 없어서는 안 되는 친구였죠. 자오웨성은 친구 사귀기도 좋아하고 모임도 좋아했어요. 그래서 파티를 했다 하면 자오웨성의 집에서 했죠. 게다가 고급간부 자제 아닙니까, 그래서 집이 원래부터 좀 컸죠. 아버지가 건국 이후 첫번째 석탄부(煤炭部) 부장관인가 그랬어요. 부부 둘 다 고급간부 자제인데, 마누라의 아버지는 국가과학위원회(國家科委) 주임이었어요. 근데 나중에 철학연구소에서 자기 집을 분배해 주니 더욱 파티를 즐기게 되었던 거죠. 그래서 편찬위원회 후반기의 아주 중요한 프로그램 중 하나가 파티가 되어 버렸어요. 매일 춤추고 노래하느라 떠들썩했죠. 천자잉 등 모두들 노는 걸 좋아했어요.

자젠잉 당시 파티에선 주로 뭘 합니까?

간양 노래를 부르고, 미친 듯이 술을 마시고, 시도 읽고 춤도 췄어요. 개망나니같이 놀았죠.

자젠잉 어떤 시를 읽었나요?

간양 전 상관 안 했어요. 시의 시대는 이미 지나갔다고 말하곤 했어요. 그래서 다른 친구들이 절 아주 싫어했죠. 그들이 시를 말하기만 하면 제가 빈정거렸으니까요. 시를 읽는 건 바보 같은 짓이다, 요즘에 시가 어디 있냐?고 지껄여 댔죠. 그러나 시인 가운데 양롄楊煉 같은 사람은 저와 개인적으로 아주 좋은 관계를 유지해 왔어요. 당시 중국엔 시인이 너무 많았어요. 그래서 자오웨성도 나중에 어떤 글의 도입부에서 왜 나뭇잎은 항상 떨어지는 족족 시인의 머리를 짓누르는가라고 빈정대기도 했었죠. 그러나 자오웨성 등은 그래도 어떤 시는 좋아했어요. 외국 시는 릴케 따위를 좋아했고, 중국 시는 대략 자기가 좋아하는 시는 좋은 시고 싫어하는 사람의 시는 나쁜 시였죠. 예를 들어 자이융밍翟永明이나 구이저우의 그 시인, 주정린 등이 거기서 데리고 온 그 여자, 이름이 뭐였더라, 에구, 잊어버렸네요, 우리 편찬위원회와 아주 관계가 좋았는데, 탕唐 뭐였는데. 그리고 『시간』詩刊의 편집자, 젊은 편집자 탕샤오두唐小渡도 있죠. 그는 류둥과 죽이 잘 맞는 친구였어요.

이 시기에 이미 파벌이 생기기 시작했죠. 예를 들어 자오웨성과 저 우궈핑 등은 류둥의 무리를 좋아하지 않았어요. 그래서 류둥도 시에 대해 이야기하기를 좋아하면서도 이들이 하는 일엔 상관하지 않았죠. 이미 많은 파벌이 생겨나 있었는데, 전 그런 일엔 별로 간섭하지 않았어요. 나중에는 쓰잘데기 없는 일들이 아주 많이 생기기도 했죠. 누드 수영 사건은 말이죠, 당시 자주 놀러 나가곤 했는데, 간혹 수영을 할 때도 있었어요. 근데 누가 그랬는지 몰라도 모두 발가벗고 뛰어들자, 라고 고함을 쳤던 거죠. 아마 미원 저수지에서였던 것 같은데, 그때 저는 없었던 것 같기도 하고, 아마 싱가포르에 학회 참석하러 갔나 그랬죠. 아, 그래서 남자고 여자고 할 것 없이 모두 발가벗고 뛰어 들어가 수영한 겁니다. 정말 말도 아니었죠. 당시엔 뭐 별일도 없었는데, 나중에 아주 대단한 일이 있었던 것처럼 소문이 났어요. 그맘때 쑤웨이가 돌아왔어요. 쑤웨이도 파티 같은 걸 아주 좋아했어요. 제 생각에 그 당시 우리 베이징의 편찬위원회는 이미 상당히 자유분방했던 것 같아요.

자젠잉 쑤웨이의 집도 주요 거점이었죠. 파티나 무슨 작품이며 사조에 관한 토론회가 자주 열리곤 했어요. 당시 제가 쓴 중편소설을 토론한 적도 있어요. 방 안 가득 아주 진지하게 앉아 의견을 제시해 주더군요. 황쯔핑, 리퉈, 천젠궁陳建功 등 대가들이 와서 토론해 주니 정말 몸 둘 바를 모르겠더군요. 또 한번은 쑤웨이의 파티에 갔던 적이 있는데, 방 안 가득 사람들로 차 있었고, 쑤웨이 그룹과 아주 친하게 지내던 판징마范競馬라고 유명한 테너가 무슨 이탈리아 아리아를 부르곤 했습니다. 반주는 아마 량허핑梁和平이 했고요. 당시 리퉈와 장난신張暖忻의 집에서도 모임이 있었는데, 제가 추이젠의 노래를 처음으로 들었던 것도 바로 그들의 집이었죠. 당시에는 아직 벽돌처럼 생긴 녹음기로 틀었는데, 소리가 아주 조잡했어요. 그래도 모두들 아주 엄숙하게 듣고 있었죠. 추이젠을 틀든 베토벤을 틀든, 리퉈는 매번 경고하듯이 선포하곤 했어요. "아무도 이야기하지 마세요, 열심히 집중하여 들으시기 바랍니다!"

간양 그건 이미 후반기예요, 1988년 후반이요.

자젠잉 곧 1989년으로 넘어가겠군요. 당신들의 책도 대부분 이미 나왔을 때죠.

간양 대부분이 출간되었죠. 사실 삼련에서 출간이 늦어지고 있었어요. 그래서 삼련서점 쪽과 늘 티격태격했어요. 모두들 출간이 늦어진다고 늘상 푸념을 늘어놓았었죠. 모두들 선창원에게 불만이 대단했어요. 선창원은 너무 약삭빠르다, 돈도 적게, 원고료며 편집비 등을 너무 짜게 준다고 생각했죠. 그래서 원고료를 올려 달라고 삼련서점과 정식으로 담판까지 벌이기도 했어요. 그건 1987년의 일입니다. 왜냐하면 우린 역자들을 책임져야 하잖아요. 우리가 그렇게 많은 역자를 찾아 줬고, 그 책들은 또 얼마나 번역하기 어려운 것들이었습니까? 그래서 자오웨성 등은 모두 불만이 대단했어요. 그게 공산당의 돈이지 자기들 돈이냐, 그렇게 한다고 뭐 좋을 게 있느냐, 그렇잖아? 아껴 봤자 공적인 돈이잖느냐, 자기가 마음 아파할 필요가 뭐 있느냐? 라면서 말이죠. 나중엔 자오웨성, 쑤궈쉰, 왕웨이 등이 담판위원회까지 조직했어요. 근데 지식분자가 돈 이야기하기는 그래도 겸연쩍었는지, 담판하기 전에는 펄펄 뛰던 사람들이 정말로 이야기할 때가 되니 아무도 나서서 말하려고 하지 않더군요.

자젠잉 나중에 편찬위원회가 결국 안 좋게 끝났고, 그게 돈과 관련된 것이라고들 하던데, 그런가요?

간양 돈하고 직접 관련된 건 아닙니다. 사실 지금 돌이켜 보면 아주 간단한데, 이 편찬위원회란 게 원래 문인 나부랭이인 척하는 친구 집단인지라, 친구들끼리 같이 술이나 마시고 떠들어 대면 그게 제일 좋은 거거든요. 잠깐 모였다가 일이랍시고 몇 가지 하는 건 괜찮지만, 오래되면 모두에게 구속이 되는지라, 얼마 못 가 깨져야 했던 거였죠. 제 생각에 편찬위원회 후기에는 몇 가지 작은 그룹으로 나누어졌던 것 같습니다. 한쪽은 노는 그룹, 파티를 조직하는 그룹이었고, 다른 한쪽은 일하는 그룹이라서 마찰도 일어났고 그래서 결국 편찬위원회도 분열되었어요.

물론 공개적으로 분열되었던 건 아니었지만, 근데 사실 저는 자오웨성, 쉬유위, 천자잉, 저우궈핑 등 편찬위원회에서 가장 좋아하는 친구 넷을 제명시켜야 했습니다. 꽤 심하게 처리한 것이죠. 게다가 모두들 왜 그렇게 처리했는지 대놓고 묻지도 않았어요. 그리고 제가 뭔가를 감추고 있는 것임에도 저에게 뭔가 불만을 표시한 적도 없고요. 저도 그들에게 무슨 불만이 있는지 말하지 않았어요. 그래서 나중에는 모두들 그에 대해 말하고 싶어 하지 않게 되었죠. 어쨌든 균열이 일어났던 건 확실하고, 이 균열로 인해, 모두들 제게는 아무 불만이 없다고 했지만 결국 편찬위원회가 두 파로 나누어지는 지경에 이르게 된 거죠. 한쪽은 왕옌, 쑤궈쉰, 위샤오 등이었고, 다른 한쪽은 천자잉, 자오웨성, 저우궈핑, 쉬유위였습니다. 이 넷은 우리 연구실 소속인 데다 모두 좋은 친구였는데 말입니다. 대체 이유가 무엇이었는지 모두들 말하고 싶어 하지 않았어요. 나중에 같이 몇 번이나 이야기해 봤지만 결국 이유를 밝히지 못한 상태에서 그냥 끝나 버렸어요.

자젠잉 그럼 톈안먼 사건이 없었다고 해도 편찬위원회는 해산되었을 거란 말씀이군요.

간양 제 생각에 어떤 의미에서 89년은 이들 민간단체 모두에게 아주 영광스러운 마침표를 찍어 줬던 셈이에요. 사실 원래 그 당시에 이미 더 이상 계속하기 힘들었어요. '미래를 향하여'의 편찬위원회도 끝났죠.

자젠잉 듣자 하니 그들도 내부적으로 문제가 있었다고 하던데요.

간양 그들은 시작부터 이미 문제가 있었죠. 그쪽은 시작할 때 주편이 바오쭌신包遵信이었고, 진관타오는 부주편이었어요. 그때 바오쭌신은 부연구원으로 있었는데 당시 부연구원은 혼자였기 때문에 그의 명의를 주편으로 걸었던 거죠. 근데 나중에 쿠데타를 일으켜 바오쭌신을 실각시키고 류칭펑劉靑峰과 진관타오 부부의 천하가 된 것이에요. 쿠데타 이후 사실상 그 편찬위원회란 것도 해체된 셈이었죠. 왜냐하면 원래의 편찬위원들이 모두 참여하지 않아 진관타오가 새로운 인물을 끌어들여야 했으니까요. 그래서 류둥 등 젊은 사람을 끌어들였던 것인데, 사실 그때 이미 기세는 꺾였다고 봐야죠. 게다가 우리 편찬위원회가 일을 시작하게 되면서 '미래를 향하여'는 완전히 힘을 잃었다고 할 수 있습니다. 최소한 대학에서 우리의 영향은 아주 분명해서 모두들 그렇게 생각할 겁니다. 그들이 여전히 활동하고 있긴 하지만 전 얼마 못 갈 거라 생각했어요.

자젠잉 문화서원이 분해된 건 돈 때문이었다죠?

간양 문화서원은 돈과 관계 있죠.

자젠잉 이미 80년대 말까지 왔군요. 만약 지금 당신들 편찬위원회가 80년대에 한 일을 평가하신다면, 지식의 시야, 자기정립, 문제의식, 학술수준 등 여러 방면에서 당신은 어떻게 평가하십니까? 당신들이 해결하고자 한 문제, 도달하고자 한 것에 도달했나요?

간양 저는 굉장히 높게 평가하고 싶습니다. 첫째로 아주 간단한데, '문혁' 이후 아주 짧은 시간 안에, 게다가 대부분이 지청이었다는 걸 고려하면 정말 짧은 시간 안에 서양 철학사상사의 가장 깊은 문제 속으로 진입하여 학술의 지향점을 높였던 것은 확실하니까요. 당시는 '근대성'이라는 표현방식이 없을 때입니다. 물론 그 문제는 서양문명에 대한 반성입니다. 요즘 말하는 근대성 문제를 당시에는 기술시대라고 불렀어요. 근데 그게 우리들 대부분이 가지고 있던 인문적 경향과 문인적 기질하고 많은 관련을 가지고 있었던 거죠.

그 밖에 또 보통 80년대를 비판할 때 경박하니 어쩌니 하는데, 제 생각에 우리하고는 전혀 상관없는 말입니다. 우리는 조금도 경박하지 않았어요. 우리는 모두 착실하게 작업했고『존재와 시간』에서 알 수 있듯이 번역의 질도 굉장히 안정적이었습니다. 한 가지 점을 그 예로 들 수 있겠군요. 왜 우리가 구이양貴陽의 그룹과 관계를 맺을 수 있었을까요? 왜냐하면 제4차 전국현대외국철학 학술대회를 구이양에서 개최했기 때문에 모두들 구이양으로 갔는데, 구이양에 그들 시인 무리들이 있지 않았습니까. (그래서 그들과 관계를 맺게 된 것이죠.) 그 대회에서 제가 특히 강조한 점이, 절대로 하이데거를 가지고 정통 맑스주의를 비판하지 마라, 그랬다가는 많은 불필요한 일이 생길 거라는 거였죠. 그냥 하이데거가 어떻게 말했는지 말하면 되지 그걸로 다른 사람을 비판하려 하지 말라고 했어요. 시작부터 왕웨이, 왕칭제 등은 맑스 철학을 하는 황난썬黃楠森 선생과 논쟁을 벌이곤 했는데, 그건 그 사람들 밥그릇인데 그걸 건드려서 어쩌겠다는 거냐, 그래서 저는 그들과 농담 따먹기만 했어요. '유심론 비판' 하나 가지고 얼마나 많은 사람이 밥 벌어먹고 사는데 그걸 깨버린단 말입니까. 그들과 논쟁하는 따위에는 조금도 관심이 없었어요. 무슨 극좌 사조를 비판하느니, 교조주의를 비판하느니 하는 것에 저는 관심 없었죠. 그래서 저는 그 친구들에게 참가하지 말라고 했어요. 니네들이 하려는 건 서양학술에 진입하려는 것이니 다른 것에는 상관하지 마라, 그래야 생각이 비교적 깊어지고 전문적이 된다고 말해 줬어요. 제 생각에 이런 이야기가 편찬위원회의 적지 않은 사람들에게 꽤 큰 영향을 줬던 것 같아요.

자젠잉 '학술을 위한 학술'이란 느낌도 없지 않군요. 게다가 지금도 당신은 그게 옳다고 생각하시고요.

간양 저는 옳다고 생각합니다. 그러나 '학술을 위한 학술'이란 의미에서가 아니라 뒤섞을 필요가 없는 많은 일도 있다는 뜻에서 그런 겁니다. 1988년 싱가포르에 학회 참석 차 갔는데, 그건 중국·타이완·홍콩·미국의 중국인 학자들이 처음으로 함께 개최한 학회입니다. 유가에 관한 것이었는데, 회의는 중국 내륙에서 벌어졌던 문화토론과 관련되며, '유가와 근대화'라는 명칭을 내걸었습니다. 저는 그 당시 이미 아주 분명하게 간파하고 있었어요. 그래서 1987, 88년에 쓴 글 몇 편은 제 생각을 어느 정도 잘 반영하고 있습니다. 예를 들어 저는 중국 유가에 대해 긍정적인 태도를 가지고 있습니다. 그러나 다른 사람의 긍정과는 다릅니다. 예를 들어 싱가포르에서 발표한 그 논문에서 저는 "유가가 공업, 상업 문명이나 민주와 아무 관계가 없다, 유가에 그런 기능을 갖출 것을 요구하지 말라, 그건 유가가 담당해야 할 임무가 아니다"라는 점을 강조했습니다.

자젠잉 그래요? 어째서 그렇죠? 유가는 소농 경제시대의 산물입니다. 그러나 맹자의 "백성을 귀하게 여기고 군주를 경시한다" 民貴君輕 따위의 말을 끌어와서 민주에 갖다 붙이는 사람들이 항상 있었잖아요. "프로테스탄티즘이 서양 자본주의의 발전을 자극했다"라는 베버의 논의에 영향을 받은 것이겠죠? 유가 윤리에서 중국 근대화에 필요한 자원을 찾으려는 생각이기도 한 거죠?

간양 제가 말하고자 한 것은, 유가는 인문이 나아갈 진로의 하나이다, 유가의 방향은 인문과학과 인문적 탐색의 전개에 있는 것이지, 유가가 자연과학을 촉진시켰는가를 논쟁할 필요는 없다는 겁니다. 과학을 촉진시켜도 좋고 아니어도 좋고, 상관없는 거죠. 그런 논쟁은 아무런 의미가 없어요. 유가가 시장경제를 촉진시켰는가라는 질문을 던지곤 하는데, 제 생각에 그건 질문 자체가 잘못되어 있습니다. 지금도 저는 그걸 강조합니다. 문제를 생각하는 방법이 잘못되었다는 점입니다.

자젠잉 옛 사람을 들먹여 무언가를 설명하는 정도면 몰라도 그걸 학술적으로 따지고 들면 통하지 않는다는 말씀이시죠? 그럼 질문을 바꿔서, 80년대에 당신이 순수학술을 강조했다면 90년대 이후에는 어땠나요?

간양 90년대에는 상당히 양상이 달라졌죠. 제 개인적인 생각입니다만. 80년대에 저는 우리 편찬위원회 대부분이 학술의 중요성을 강조했다고 생각합니다. 즉 항상 정치만 말하는 것은 아무런 의미가 없다는 거였죠. 그렇게 낮은 층위에서, 항상 했던 말을 반복하기만 하는 게 무슨 의미가 있겠어요? 그런 건 후평 등 정치에 관심 많은 이들도 잘 알고 있었어요. 게다가 그들 또한 제가 어떤 일을 하려는지 알고 있었기 때문에, 정치에 대한 논의를 할 경우에도 다른 사람들과 하지 편찬위원회 안에서 하지는 않았죠. 그가 불평을 터뜨릴 때도 있었지만, 저는 공산당 내부에서 벌어지는 일을 이야기하고 싶어 하지 않았어요. 당내 개혁파에 대해서는 아무런 흥미도 없었으니까요. 때문에 당시 아주 거북스러운 상황에 처해야 했습니다. 다른 사람들은 당연히 우리를 보고 모두 개혁파라고 말들을 했죠. 저는 아주 거북스러웠어요. 왜냐하면 제가 개혁파와 무슨 빌어먹을 관계가 있단 말인가, 라고 생각했으니까요. 물론 반개혁파라고 할 수도 없지만 말입니다.

편찬위원회가 성립된 후 사교적인 활동을 시작했잖아요. 그래서 편찬위원회가 성립된 후 저도 영향을 받았습니다. 편찬위원회가 성립되기 전에는 완전히 서재 안에서만 있을 수 있었는데, 편찬위원회가 성립되면서 다양한 사회적 관계가 발전하게 되었죠. 당시에는 프로모션 promotion이라고 부르진 않았지만, 실제론 프로모션이라고 할 만한 것까지 해가면서 말입니다. 한번은 편찬위원회에서 저더러 상하이를 한번 다녀와서 상하이의 학술계와 교류를 터 보라고 권하더군요. 그래서 왕옌과 함께 갔는데, 상하이 전체의 인문학계가 모여서 거대한 연회를 열었어요. 어떤 사람들은, 말하려니 좀 이상한데, 그들이 제일 먼저 가지는 인상이 저에게 배후가 있을 거라는 것이더군요. 왜냐하면 그게 아니라면 우리 편찬위원회가 성립되지도 못했을 거라는 게 그 사람들 생각이었으니까요. 나중에야 분명히 안 사실인데, 상하이가 베이징보다 엄격히 관리되었고, 규제도 상당히 많았더군요. 그래서 이 간양에게 거대한 배후가 있을 거라고 생각을 했던 거죠. 그게 아니라면 어떻게 다른 사람도 아니고 너한테 맡길 수 있었겠는가, 너 간양이 주편이고, 간양 주편의 이름을 걸고 한 무더기의 사람들, 즉 편찬위원회가 무슨 하이데거니, 니체니 하는 것들을 낸다는 게 이상하기 짝이 없다고 생각한 겁니다. 그래서 우리가 당내 개혁파와 아주 깊은 관계를 맺고 있고, 무슨 배후가 있다고 생각한 거죠. 장담컨대 저는 아무런 배후가 없어요, 요만큼의 배후도 없습니다. 유일하게 조금이라도 그림자를 드리운 게 있다면, 허자둥이 저보고 무슨 왕광메이를 주편으로 모시라고 권했다가 그 자리에서 거절당한 것 정도죠. 만약 누가 합작자라고 묻는다면 그건 삼련서점일 것이고, 삼련서점의 선창원, 둥슈위 같은 사람일 텐데, 그들이 무슨 고관대작인 것도 아니잖습니까. 당시 그들 또한 성립된 지 얼마 되지 않아 아무런 책도 없었고, 책을 내고 싶어 하던 시기였죠.

그래서 전 다른 사람들에게 항상 이렇게 이야기하곤 합니다. 빈틈은 엄청나게 많다, 자기가 자기 자신에게 놀라서는 아무 일도 할 수 없다. 사실 시도해 보면 어느새 그 일이 이루어져 있는 걸 발견할 거다. 저는 그 빈틈을 잘 뚫고 들어간 거죠. 그래서 나중에도 저는 항상 틈새는 있다고 생각해 왔습니다. 즉 마치 모든 게 통제되고 있다는 듯이 항상 그렇게 겁나게 묘사하지 마라. 그는 통제되었을 수도 있지만 당신에게 아무 관계없을 수도 있고, 당신에게까지 통제의 손길이 미치지 않을 수도 있다고 말입니다.

자젠잉 맞아요. 당신은 첫째, 정치를 말하지 않는다, 둘째, 성性을 말하지 않는다——누드 수영이라고 해봐야 그 한 번에 불과하잖습니까——, 당신은 순수학술을 하는 사람인데 그들이 왜 당신을 통제하겠습니까? 만약 당신이 바츨라프 하벨을 번역했다면 또 모를까, 그들이 하이데거가 누군지 어떻게 알겠어요? 알았다고 해도 상관없죠. 하이데거가 아무런 위협이 되지 않는다고 생각했을 테니까요. 당시 문학에서 치고 올라오던 '선봉소설'과 다소 유사한 면이 있습니다. 사실 주류에 대해 아무런 전복성도 없었죠. 왜냐하면 주류와는 완전히 다른 궤도를 달리고 있었으니까요.

간양 그 밖에 1988년 [싱가포르의] 그 학회에서 돌아온 후 저는 비정치적인 것을 강조했고, 게다가 비정치적인 것이 가장 정치적인 것이라고 이야기했습니다. 왜냐하면 우리는 이런 것들을 해냈으니까요, 어떤 영향도 받지 않고, 이렇게 번역되어야 할 것들을 모두 번역해 냈으니까요. 게다가 가장 중요한 것은, 방금 전에 편찬위원회에 대한 말이 덜 끝났는데, 그러니까 우리는 discourse에 하나의 거대한 변화를 만들어 냈다고 생각됩니다. 즉 처음으로 절반의 힘을 전통적인 discourse와의 투쟁에 쏟을 필요가 없게 된 것이죠. 그냥 직접 새로운 discourse와 새로운 언어로 문제를 이야기할 수 있게 되었습니다. 이게 바로 편찬위원회의 가장 큰 공헌입니다. 예를 들어 다시 절반의 힘을 남들의 discourse를 비판하는 데 쏟았다면, 시간을 함부로 허비하고 진보와 사상에 영향을 끼쳐 항상 그것에 이끌려 다녀야 했을 겁니다.

자젠잉 낮은 수준에 머물러 있는 적수에게 발목 잡히게 되었겠죠.

간양 맞아요. 그랬다면 여전히 낡은 맑스주의의 교조적 시각에서 출발해야 했을 텐데, 그건 정말 견디기 힘든 일이었을 거예요. 그래서 우리들은 글을 다르게 쓰고 당대의 서양학술의 문제를 직접적으로 이야기하게 된 겁니다.

자젠잉 예, 당신들은 '문혁'의 청산이니, 전제정치 반대니 하는 수준 낮은 투쟁은 거들떠보지도 않았고, 사실상 순수한 엘리트주의의 사유방식과 행동방식을 따랐으며, 게다가 서양에 경도되어 있었죠.

간양 물론 엘리트주의적인 것이었죠.

자젠잉 그러나 특수한 시기를 잘 만나긴 했습니다.

간양 　어쩌다 보니 그렇게 되었죠.

자젠잉 　맞아요. 의도하진 않았겠지만 그렇게 되었죠. 그 당시는 관방과 폭넓은 독자층들 모두 얼떨떨한 상태였으니까요. 사람들은 모든 지식에 목말라 하고 있었어요. 비록 종잡을 수 없었고 알듯말듯 제대로 이해도 못했지만, 당신들 아카데미 엘리트가 만들어 내는 게 사회적 효용이 있는 것으로 받아들여졌던 것도 그래서였던 거죠.

간양 　이치상으로 따지자면 사회적 효용 같은 건 없다고 해야겠죠.

자젠잉 　그렇죠. 당시 중국학자들이 출국하여 서양 학자들과 교류한 것도 아니잖아요. 당신들이야 원래 서재에 앉아서 자기 연구를 한 것일 뿐 무슨 사회적 효용이 있었던 건 아니죠.

간양 　없다고 해야겠죠. 그러나 제 생각에 그렇게 저평가할 것도 아니긴 하죠. 대부분의 인문과학을 하는 사람들에겐 그런 경향이 있으니까요.

자젠잉 　대학에는 언제나 수많은 문학청년이 있어 왔고, 게다가 마침 당시는 인문학이 분위기를 주도하는 시대였죠.

간양 　이른바 문화의 문제는, 어떤 의미에서는 이렇게 해석할 수 있을 겁니다. 즉 당신이 어떤 문화를 견지한다고 했을 때, 그 자체가 비판이고, 그 자체가 어떤 것에 대한 거부이며, 어떤 것에 대한 동일시를 반대하는 것입니다. 당신이 동일시하는 것이 이른바 문화성에 속하는 어떤 것이니까요.

자젠잉 당신이 말씀하신 그 문화는 기본적으로 좁은 의미의 문화입니다.

간양 절대로 그렇죠. 저는 요즘 유행하는 문화연구를 절대 인정하지 않습니다. 절대 받아들일 수가 없어요.

자젠잉 넓은 의미의 문화는 유행문화 외에도 경제학, 법학, 인류학 등등 아주 다양한 것들이 포괄됩니다. 이런 모든 것들을 다 배척한다는 말씀이십니까?

간양 제 생각에 인류학의 문화는 당시로서는 우리가 절대 수용할 수 없는 것이었습니다. 제가 언급한 바 있는 자오웨성의 마르쿠제에게 저는 아무 흥미도 느끼지 못했습니다만, 프랑크푸르트 학파가 시도한 문화산업에 대한 비판은 우리 discourse 중 하나였습니다. 그건 우리들이 관용적으로 사용하던 말이었어요. 바로 그 문화산업이란 용어 말입니다. 우리들의 대화에는 기술시대, 문화산업, 대중문화란 말이 자주 등장했는데, 모두 폄하하는 용법으로, 부정적인 의미로 사용되었습니다. 그래서 하는 말인데, 되돌아볼 때, 80년대의 우리는 사실 근대성에 대한 시적 비판을 한 것입니다. 정말이에요. 게다가 그건 모두 분명한 원인이 있는 비판이었습니다.

자젠잉 그렇다면 90년대 이후 당신의 이른바 '전향'은 사실 내재적인 논리에 의한 것으로 갑작스러운 것이 아닌 셈이네요. 사실은 80년대부터 시작된 것이 순리대로 제대로 성사된 것이군요.

간양 그렇죠. 나중에는 물론 모든 사람들이 더욱 전문적인 길을 걸었죠.

예를 들어 류샤오펑은 자기가 추구한 시적(詩意)인 방법이 충분하지 않다고, 즉 충분히 초탈하지 못했다고 생각하게 되었죠. 그래서 속세의 모든 걸 초월해야 했죠.

자젠잉 그게 뭔가요? 그래서 어디로 간다는 말씀이시죠?

간양 그는 종교로 갔어요. 하느님만이 그걸 감당할 수 있으니까요. 그래서 비록 그는 자아에 대한 비판에서 한 것이지만, 그 맥락은 아주 분명해요. 그 당시 류샤오펑, 저우궈핑, 자오웨성이 『시인철학가』詩人哲學家라는 책의 편찬에 참여했어요. 그 책은 여전히 잘나가고 있더군요. 저는 끼지 않았어요. 아마 1987년일 건데, 편찬위원회에서 작업한 것은 아니지만 모두 편찬위원회와 관련된 사람들이 만든 것이었죠. 이때 즈음해서 모두 각자의 영역을 가지기 시작한 셈이에요.

자젠잉 그러나 당신들 편찬위원회의 사람들은 훗날 모두 어떤 방식으로든 전향한 것 같은데요. 예를 들어 쉬유위는 나중에 정치철학 연구로 돌아섰죠.

간양 그건 한참 뒷일이죠.

자젠잉 90년대 들어와서죠. 당신과 류샤오펑 또한 정치철학 연구로 돌아섰지요.

간양 두 가지 변화가 있었던 것 같습니다. 제가 나중에 출국하기 직전에 마지막으로 발표한 글이 자유주의에 관한 것이었습니다. 제가 최초로 자유주의를 이야기했더랬죠. 그건 아주 중대한 변화입니다. 저 개인적으로는 독일이나 대륙철학에서 영미 사상전통 쪽으로 방향을 바꾸게 되었다는 점에서 의미가 있습니다. 저는 1989년에 자유이념을 이야기하고, 이사야 벌린을 이야기했습니다. 발표된 것은 『독서』 1989년 제5기와 제6기인데, 그래서 사실 그 해의 '5·4'에 쓰인 것이라고 할 수 있어요. 그 글은 5·4운동 70주년을 위한 것이었습니다. 제 생각에 정치철학으로 방향을 틀게 된 것에 원인이 없었던 건 아닙니다. 『독서』에 두 편을 실었는데, 그 중 하나가 「자유의 이념」自由的理念이란 글입니다. 찾아보면 아시겠지만 중국 내지의 공개된 잡지에서 처음으로 '자유주의'라는 개념을 사용한 글이에요. 제가 처음이고, 바로 그 글이 처음이었죠. 근데 그 글이 나온 건 실제로는 '6·4' 〔톈안먼 사건〕 이후였어요. 그래서 '6·4' 전야에 쓰여진 것이라고 할 수 있죠. 다시 말해, 사회에서 너희 편찬위원회의 정치적 입장은 어떤 것이냐고 묻는 사람도 있었는데, 사실 그건 편찬위원회의 영향이 커질수록 갖가지 관계들이 더욱 많아졌기 때문에 제기되었던 겁니다. 다른 사람은 몰라도 편찬위원회의 주편이라면 어떤 의견이 있어야 하는 게 아니냐고들 생각했던 거죠. 우리가 그러한 문제에 대해 도대체 어떻게 생각하는지 발언하기를 요구합니다. 그 시기에, 아마도 1987년을 기점으로 이러한 사회 정치 쪽을 읽게 되었습니다.

자젠잉 이사야 벌린 외에 또 누구를 읽었나요?

간양 벌린, 하이에크, 자유주의 삼대가 있잖습니까. 그리고 또 포퍼가 있죠. 전 물론 포퍼는 별로 좋아하지 않았어요. 너무 저속하다고 생각되더군요. 그러나 벌린은 제가 처음으로 들여왔습니다. 그 글에서는 주로 '두 가지 자유' 개념에 대해 소개했죠. 이 글이 왜 비교적 큰 영향력을 발휘했는가 하면 예전에는 대부분이 우리와 사유방식이 같았기 때문입니다. 이렇게 말할 수 있겠습니다. 독일낭만파에서 칸트, 헤겔에 이르기까지, 그들의 자유는 요즘과 같은 협애한 정치상의 '소극적 자유'가 아니라, 일차적으로는 정신계의 자유, 적극적인 자유이며, 전면적인 인간의 자유였습니다. 즉 칸트, 실러의 주장에 따르면, 인간에 대한 모든 구속에서 벗어나는 자유를 추구해야 합니다. 예를 들어 물질적 이익을 추구하는 것은 이미 진정한 자유라고 할 수 없게 됩니다. 왜냐하면 당신의 몸과 마음은 자유롭지 않고, 외부에 의해 결정되기 때문이죠. 이 경제적 요소가 당신에게 가하는 구속은 아주 큰 부자유입니다. 칸트, 실러의 시대에 이미 초기 자본주의가 나타났고 공업혁명이 벌써 시작되었기 때문에 이러한 경제지상의 구속하에서 당신이 어떻게 자유로울 수 있을 것인가를 질문한 것이죠. 벌린의 글은 이러한 견해를 비판한 것입니다. 이러한 정신적 자유는 아주 고상한 것이긴 하지만, 더욱 실제적인 영향을 미치는 정치적 자유, 즉 보다 좁은 의미의 소극적 자유를 이야기하는 것이 우리에게 더욱 중요하다고 말입니다.

그래서 당시에, 이 글이 당시 사회에 꽤나 영향을 줄 수 있었던 이유를 생각해 보면, 류샤오펑 같은 사람들도 영향을 받았는데요, 왜냐하면 모두들 그 속에서 어떤 문제를 발견해 낼 수 있었기 때문이었습니다. 즉 이 글은 당시 중국의 상황과 관련되는 면이 있었던 것 같아요. 다시 말해, 당신이 비록 정신적 자유를 추구하는 경향을 가지고 있다 하더라도 더욱 실제적인 문제, 현실의 중국이라는 일면을 완전히 방기할 수는 없단 말이죠. 정치라는 건 당신이 최고로 추구하는 정신적인 자유는 아니겠지만 최소한 모두들 찬성하는 추구인 거잖습니까. 민주 같은 것들이야 당연히 모두들 찬성하죠. 근데 우린 당시 가장 근본적으로, 가장 중시하던 게 정신적인 자유였습니다. 그러나 나중에서야 다른 것들 또한 결코 고려하지 않으면 안 되는 문제란 걸 알게 된 겁니다. 이런 등등이 제 글의 배경이라고 할 수 있습니다. 즉 이 시기에 일종의 자아비판, 혹은 자기 검토를 하게 된 것이죠. 어떤 의미에서는 말입니다.

자젠잉 저 개인적으로는 그런 의식이 아주 중요하다고 생각됩니다. 당신은 아마도 더욱 고상한 걸 추구하겠지만, 최소한, 그렇게 저급해 보이는 정치적 자유가 실제로는 당신을 포함하여 당신과 다른 사람이 각자 추구하고 싶은 걸 추구하게 해주는 기본적인 전제, 모두들 그것을 위해 싸우고 지켜야 하는 공통의 최저한계선이라는 걸 의식해야만 하는 거죠. 그렇지 않으면 개인의 고상한 추구는 아마도 굉장히 취약한 상태에 빠져 아무런 제어도 받지 않는 약육강식, 혹은 파시즘이 지배하는 사회로 변해 버리고 말 것입니다. 바로 이 때문에 서양의 많은 학자들과 작가들이 정치와 도덕의 문제에 있어 분명한 목소리로 명확한 입장을 표명하는 겁니다. 벌린이 이 문제를 그렇게 강조한 것도 아마 유태인이라는 출신과 자신이 처해 있던 시대와 관련된 것이 아닌가 생각됩니다. 근데 하이데거가 보여 준 반유태적 경향과 나치에 참여한 경력은 줄곧 우리를 편치 않게 하는 것 또한 사실입니다. 당신은 하이데거의 이런 정치적 오점을 어떻게 보시는지 궁금하군요?

간양 간단히 말하지요. 가장 심오한 사상을 가진 사상가들이 현재에 대해 내린 정치적 견해는 모두 엉터리입니다. 플라톤, 니체, 하이데거 모두 반동적이었죠. 그러나 그들은 서양에서 가장 심오한 사상가입니다.

자젠잉 물론 하이데거의 철학적 성취 및 그가 가진 매력과는 구분해서 생각해야 하겠지요. 한나 아렌트가 취했던 방식처럼 말입니다. 그 문제는 이 정도에서 그치도록 하죠. 어쨌든 89년에 당신이 쓴 글은 사실 자유주의의 시각에서 행한 일종의 자기 검토였다는 말씀이시군요.

간양 아마도 의식하지 못한 채 그렇게 한 것 같습니다. 우리는 그런 식의 행동을 하는 경향이 있습니다. 만약 우리가 정치적인 면에서 어떤 견해를 가지게 되었다면, 그건 아마도 우리가 가장 받아들이기 쉬운 견해였을 겁니다.

자젠잉 당신들에게 원래부터 부족했다고 생각한 부분을 끌어올리는 정도가 아니라, 어떤 시적인 유토피아를 헛되이 추구했다는 것을 의식하게 된 게 아닐까요?

간양 제 생각에 독일 낭만파에서 하이데거에 이르기까지 이미 그런 식의 전환이 있었습니다. 그래서 우리가 깊숙이 들어가게 되자 그러한 전환을 의식하게 된 것이죠. 독일 낭만파에게는 원래 이상사회가 실현가능한 것으로 상존하고 있었습니다. 시적 분위기는 일종의 현실 추구였죠. 니체, 하이데거에 이후에는 그런 게 거의 불가능해져 아주 머나먼 곳에 있는 어떤 것이 되어 버렸습니다. 그래서 그 정서가 이미 달라지게 되었던 것이죠. 류샤오펑은 뭔가에 고양되어 있었고 초월을 추구하여, 『시인철학가』를 편찬할 때 비교적 낭만적이라는 인상을 줬습니다. 그들 시인이 참가하여 시적 경계를 추구했지만 저는 참여하지 않았습니다.

자젠잉 몇 년 전에 제가 우연히 류샤오펑이 무슨 대학인가에서 한 강연 원고를 본 적이 있는데, 솔직히 말해서 좀 놀랐습니다. 많은 서양 철학자들을 이야기했으며, 철인이 통치하는 이상국에 관한 내용도 언급했던 것 같은데 기억이 정확하지는 않네요. 물론 류샤오펑다운 뛰어남이 엿보였어요. 근데 굉장히 엘리트적인 어조와 위에서 내려다보는 것 같은 '초월'이 뇌리에서 떠나지 않더군요. 이런 태도는 제가 이해하는 기독교 정신과는 어긋나는 것 같아요. 『구약』의 하느님은 이렇게 초월적인 것 같기도 합니다. 실제로 그 하느님은 인격화된 하나의 위대하고 포악한 군주이며 상당히 속도 좁고 질투를 잘 하는 것으로 형상화되어 있으니까요. 그런데 『신약』의 하느님은 그렇지 않아요. 그는 겸손하고 박애로우며, 연민과 경외를 동시에 갖추고 있습니다. 이런 형상이 더욱 친근하면서도 범접하기 어려운 느낌을 주는 것 같아요.

간양 사람마다 자기 방향이란 게 있기 마련이죠. 예를 들어 카시러가 왜 제게 여전히 관건이 되는 인물이겠습니까. 저는 시적인 것을 인문과학의 각도로 전환하고 싶습니다. 그래서 저는 정신과학과 인문과학을 이야기하는 겁니다. 저는 비교적 이런 면을 중시하는데, 그런 게 류샤오펑과는 약간 다른 점이죠. 천자잉 또한 이 방향으로 전향하긴 했지만 그가 요즘 하고 있는 작업은 상당히 기술적인 문제입니다. 그건 아마 미국 유학이라는 배경 때문일 겁니다. 미국에 가서 배운 게 분석철학이니까 언어철학에 집중하는 것이죠.

자젠잉 당신들 편찬위원회의 대부분은 나중에 모두 전향했죠.

간양 모두 방향을 바꿨죠.

자젠잉 게다가 그 중 상당수가 80년대의 인문철학에서 정치철학 쪽으로 전향했더군요. 당신도 그렇고, 쉬유위, 류샤오펑 같은 사람도 마찬가지고요.

간양　저 같은 경우는 1989년 이전에 이미 시작했습니다. 그땐 아직 그렇게 관심을 두고 있던 문제는 아니었고, 그저 우리가 만약 정치를 이야기한다면 어떻게 이야기하는 것이 좋을까, 그에 대한 견해는 있어야 하지 않을까를 생각하던 정도였습니다. 당시 편찬위원회의 명성이 높아 여러 방면에서 교류가 있었는데, 모든 사회가 정치라는 문제에 관심을 집중하고 있던 시기였어요. 1989년의 분위기가 이미 형성되어 있었던 거죠. 그러니 그에 대한 견해가 없어서는 안 되겠다고 생각하게 된 거죠, 안 그렇겠어요?

자젠잉　그래서 주동적으로 참여한 것이 아니라 그쪽으로 등 떠밀려 가게 된 거군요.

간양　저의 '두 가지 자유'에 대한 논의는 분명 모두가 꽤 만족스러워하던 견해였습니다. 게다가 우린 당시 만약 좋지 않은 정치적 효과를 낳게 될 경우를 꽤 의식하고 있었어요. 그건 우리가 바라는 게 아니었죠. 그러니 당연히 자기 제한을 하게 된 겁니다. 우리가 읽던 것, 작업한 것들은 결코 정치적인 걸 끌어들이려던 게 아니라 기본적으로 인간의 내면과 관련된 것들입니다. 그런데 우리는 자연히 이런 작업들이 정치적으로 안 좋은 걸 도출하기를 바라지는 않았어요. 그럼에도 90년대 이후 모두가 전향하게 된 것은 아주 자연스러운 현상이라 생각됩니다. 모든 세계가 변화했어요. 89년 톈안먼 사건, 소련과 동유럽의 와해, 중국사회 전체 등등, 이들 사회 정치적 문제는 가장 근본적인 문제가 되었습니다. 게다가 기본적으로 인문학은 이제 더 이상 출로가 없다는 걸 발견하게 된 것이죠. 제 생각에, 그 당시 유학을 간다거나 하는 식의 방식을 택하지 않았다면 그저 일종의 직업으로, 일종의 잡job으로 변질되었을 겁니다. 그건 우리가 원래 추구했던 게 아니잖습니까.

자젠잉 당신들이 원래 몽상하던 것은 일종의 지나치게 순수사변적인, 시적인 생활입니다.

간양 더하여 인생의, 사람이 살아가는 한 방식이기도 했죠.

자젠잉 그렇다면 분명히 계속 그 길을 갈 수 없었겠네요. 철학은 서양에서도 위기를 맞아 다른 인문학을 관장하던 지위가 뒤흔들리게 되었잖습니까. 아마도 이런 것들도 하이데거가 이야기한 기술시대의 가련한 풍경 속에 내재되어 있던 것 같습니다. 아무도 철학을 읽지 않는다!

간양 저는 당시 출국했습니다. 국내의 것들을 더 이상 받아들일 수 없었기 때문입니다. 그러나 제 개인적인 관점에서 볼 때 모든 편찬위원회에게는 인문적 충동이 있었고, 그것을 종결시킨 것은 왕샤오밍王曉明 등이 벌인 인문정신 논쟁입니다. 그러나 왕샤오밍과 우리는 달랐어요. 왜냐하면 그는 결코 하이데거를 읽지 않았으니까요. 그가 가진 이상에 대한 충동은 류짜이푸와 마찬가지로 여전히 인문주의적 이상에 대한 충동이었습니다. 그래서 그는 더욱 받아들일 수 없었던 것이죠. 즉 어느 날 갑자기 이 시장자본주의가 자기들이 원하던 게 아니란 걸 발견하게 된 겁니다. 그의 글 첫 편에서 다음과 같이 말합니다. 어째서 요즘 사람들은 시를 읽지 않고 소설을 읽지 않으며, 모든 게 이렇게 저속하게 변해 버린 것인가? 다른 말로 하자면, 원래 그는 근대화와 시장경제 같은 게 사람들을 더욱 고상하게 하고, 더욱 문학을 즐기며, 더욱 인문학적인 추구를 하게 할 것이라고 생각한 거죠. 그러나 우리는 하이데거 같은 걸 읽었기 때문에, 적어도 이론적으로나마 근대화된 세계가 반드시 그렇게 갈 거란 걸 이미 알고 있었어요. 경제의 시대, 기술시대, 대중문화의 시대에 무슨 시를 읽으며 누가 읽겠어요. 그래서 시의 세계와 산문의 세계를 구분하여 시의 세계는 사라지고 산문 세계의 저속한 시대로 진입했다고들 하잖습니까.

자젠잉 나중에 류짜이푸가 시의 시대와 산문의 시대에 관한 이야기를 하는 걸 자주 들었어요.

간양 그건 독일 낭만파의 표현법이잖습니까. 실러와 괴테가 토론할 때 사용한 말들이죠. 더욱 안타까운 것은 산문세계는 어떤 의미에서 그냥 저속할 뿐이지만, 기술시대는 당신을 통제한다는 것, 인간이 통제당한다는 점입니다. 기술시대가 산문세계를 대체하는 과정의 시작은 시와 산문인 거죠.

자젠잉 아마도 지금 이 문제를 다루는 것은 일부 중국인들에게 80년대 당시보다 더욱 절실하게 받아들여질 것 같습니다. 근데 당시 중국은 시의 시대도, 산문의 시대도 아니었어요. 반-지적인 운동이 몇십 년을 휩쓸고 난 뒤 거의 어떤 글도 남아 있지 않게 되어 버렸잖습니까. 기본적으로 무문無文 시대, 결핍의 시대라고 해야 할 겁니다.

간양 물질의 시대에 있어······.

자젠잉 그래요, 물질에서 지식에 이르기까지 모두가 빈곤한 시대였죠. 근데 당신들은 당시에 이미 시의 시대의 소멸과 기술시대의 폐해 및 어떻게 그것에 대처할 것인지를 사고하고 있었다는 건데, 이러한 문제의식은 너무 앞서 나간 것 아닌가요?

간양 굉장히 이론적인 토론이긴 했지만 지금 되돌아보면 아주 값진 것이었다고 생각됩니다. 게다가 지금도 굉장히 아쉽고 잘 이해도 되지 않는 부분이, 이런 층위를 사고하고 추구하던 분위기가 왜 그렇게 한순간에 전면적으로 억압되어 버렸는가 하는 점입니다. 왕샤오밍 등은 처음부터 인문정신에 관한 문제를 제시했어요. 저는 그걸 일종의 반항으로 보긴 하지만, 너무 약했어요. 단번에 밀고 나갔어야 하는데 사람들이 한두 마디 끼어들면서 무너져 버렸죠. 이 시기에 사실상 모든 지식인의 지위가 추락하기 시작했어요. 당시에는 어찌해 볼 도리가 없었죠. 이상주의가 추락하고, 모두가 통속문화를 이야기하게 되었습니다. 그러고는 무슨 지랄하는 거냐? 지금이 어느 시댄데! 라고 말하게 된 거죠. 그런데 왜 그래야 했던 거죠? 물론 중국이 어떤 의미에서 이른바 미발전국가여서 그렇다고 말할 수 있겠습니다만.

자젠잉 물론 그렇지요. 그것 말고도 제가 지적하고 싶은 건, 당신이나 왕샤오밍 같은 문인들이 철학과 문학의 서재에서 보아 낸 중국이 현실의 중국과 줄곧 어떤 거리가 있었던 게 아니었을까, 라는 점입니다. 당신들은 일종의 귀여움, 문인 기질의 천진함 때문에 다음과 같은 몇 가지 요소를 과소평가한 건 아닐까요? 중국의 종교전통은 비교적 약합니다. 그러나 세속문화, 공리적 문화, 실용주의적 세계관은 대단히 뿌리 깊습니다. 이 점은 인도와 비교해 보면 쉽게 알 수 있습니다. 중국은 역사적으로 오랫동안 농업을 장려하고 상업을 억제했습니다. 그러나 사실 중국인은 돈 버는 것을 아주 좋아하고 즐기기까지 합니다. 가난한 사람은 부자가 되려 하고, 부자는 사치하기를 좋아합니다. 근데 이런 욕망이 최근 몇십 년간 극도로 억압을 받고 있다가 일단 기회가 생기니까 곳곳에서 벼락부자가 생겨나고, 심지어는 지금까지 참고 있던 걸 단숨에 만회하려는 듯 극도의 물질주의에 빠져들게 된 겁니다. 상당수 지식인들 또한 이러한 분위기에 '초탈'할 수 없었고요. 중국과 인도를 연구하는 나이 지긋한 네덜란드 학자 친구 한 분이 눈살을 찌푸리며 이렇게 말씀하시더군요. "알고 보니 당신네 중국인들이 더 미국인 같습디다!" 그가 지적한 건 중국인의 실용주의와 물질주의적 경향을 말한 겁니다.

정신적인 측면에서 볼 때 문명과 문화를 단번에 쓸어버리는 듯한 파괴가 '문혁' 시기에 최고봉에 달했고, 또 89년의 톈안먼 사건도 일어났으며, 민주와 자유의 문제는 시종 해결되지 못하고 있었지만, 대부분의 지식인은 그저 침묵하거나 타협하기만 했습니다. 관직에 있거나, 돈을 벌거나, 그게 아니면 머리를 파묻고 학문만 했죠. 기본적으로 그들은 경제적인 면에서 걱정이 없었고 기득권 계층이었으니까요. 이러한 상황이니 사람들이 '인문정신'과 같이 두루뭉술한 제안에 의혹의 눈길을 보내면서 대수롭지 않게 여기는 것도 너무 당연한 거라 생각됩니다. 만약 왕샤오밍 등의 작업이 일종의 '반항'이었다고 한다면, 전 오히려 이 반항이 무력하고 연약했던 이유가 그들이 자신에 대해, 다른 사람에 대해, 현실에 대해 가지고 있던 어떤 맹점을 알게 모르게 회피했기 때문이라고 생각됩니다.

예를 들어 그들의 논쟁은 기본적으로 문화와 시장의 문제에 초점이 맞춰져 있었습니다. 그러나 당시의 사회는 '문화'에 대해서뿐만 아니라 시와 소설에 대해서도 냉담했었고, 정치에 대해서도 똑같이 냉담하여 80년대와 선명한 대비를 이루고 있습니다. 왜일까요? 만약 모조리 끌어와서 논의하지 못하고 비판이 허락된 것만 골라서 비판한다면, 문제를 너무 단순화시키는 결과를 피할 수 없죠. 왜냐하면 문학의 문제, 인문정신의 문제는 분명 자유의 문제와 관련될 수밖에 없으니까요. 정신적 자유가 없는 인문정신을 어떻게 상상할 수 있습니까? 그래서 만약 자기가 들고 있는 칼로 다른 사람만 쿡쿡 찔러 보고 자기는 찌르지 않는다면, 다른 사람도 당신의 '연약한 근육'을 간파하고는 주먹 몇 방에 당신을 꼬꾸라뜨리는 거죠. 너한테 무슨 성깔이라는 게 있기는 하냐? 라면서 말입니다.

간양 저는 그렇게 보지는 않습니다만 그쯤 하는 게 좋겠네요. 다른 쪽으로 이야기해 봅시다. 90년대에 밀려들어 오기 시작한 서양에서 유행하던 담론들 또한 왕샤오밍 등이 이야기하던 인문정신에 불리하게 작용하여 supporting it할 수가 없었어요. 즉 서양의 포스트모던 담론은 통속문화를 위시한 것들을 가지고 이전의 모더니즘이 건축한 엘리트 문화를 와해시키는 것이었잖습니까. 그러니 모두들 발언권이 없어져 버린 거죠. 왕샤오밍 등은 양쪽에서 타격을 받게 된 셈입니다. 이론적으로는 장이우張頤武 등에게 타격을 받았습니다. 장이우 진영이 사용한 건 아주 통속적이고 조잡한 포스트모더니즘이었죠. 근데 더욱 치명적인 타격은 왕멍王蒙과 왕숴王朔에게서 나왔습니다. 왕멍은 원래 엘리트 소설을 썼잖아요. 근데 이제는 통속문학 진영에 가담해 있습니다. 그에 더하여 왕숴라는 미친 천재의 맹렬한 포격이 가해진 거죠. 사실 저도 출국 전에는 왕숴의 소설을 아주 좋아했어요. 출국한 후엔 그다지 많이 보지 못했지만 여전히 그의 허튼소리를 좋아합니다.

자젠잉 저도 아주 좋아해요. 왕쉬는 당연히 열 받은 거죠. "당신네 국가의 밥을 먹는 사람들이야 시장을 공격할 수 있겠지만, 중국에 그런 상업 공간조차 없다면 우리 같은 자영업자들에게 무슨 활로가 있겠느냐? 내가 보기엔 이득을 봤으면서도 잘난 척하는 당신들 꼬락서니는 안전하게 높은 데 올라앉아 쇼를 벌이면서 담론권을 강탈하려는 것이나 마찬가지야." 요컨대 그는 자기를 공격하던 사람들보다 독립적이고 더욱 개성을 가지고 있었다고 말할 수 있습니다. 사실 왕쉬 본인도 나중에 일련의 저속하고 타락한 대중문화를 비판하는 글은 쓴 바 있는데, '인문정신' 토론에서 발표되었던 글보다 더욱 예리하면서 통쾌한 것이었다고 생각됩니다. 그런데, 이런 것들이 당신이 앞에서 이야기한 엘리트적인 사유와 어떻게 연결되는 건가요?

간양 아닙니다. 소설과 영화에 대한 저의 견해는 아주 다릅니다. 영화는 제 생각에 대중예술입니다. 저는 아방가르드 영화를 좋아하지 않습니다. 영화는 돈이 많이 들고, 시각적 효과의 산물입니다. 대중에게 보여주는 것이고요. 때문에 영화에서 무슨 이론적 탐색을 한다느니 하는 걸 전 별로 좋아하지 않습니다. 게다가 솔직히 정말 재미없더군요. 비록 그걸 아주 거시기하게 이야기하고 싶겠지만 저는 그렇게 생각하지 않아요. 아방가르드 영화는 모두 재미없는 것 같아요.

솔직히 말해 저는 장이머우의 영화가 재미있는 것 같아요. 그는 정말로 대단해요. 다른 것은 다르게 대해 줘야 합니다. 영화는 시각적 오락으로 봐야 한다는 말이죠. 게다가 엘리트 문화는 대중문화와 구분해 줘야 하는 거고요. 소설 또한 마찬가지라고 생각됩니다. 시에서 소설로 넘어갈 때 변화가 있었고 소설이 조금 달라지긴 했지만, 소설은 어쨌든 그래도 읽기 위한 것이고, 어떤 의미에서는 여전히 정신적인 것이지 순수하게 감각적인 것이 아닙니다. 영화는 감각적인 것이어서 그것의 아주 감각적인 부분을 잘 옮겨야 합니다. 소설은 어쨌든 감성과 이성에 속하는 어떤 것이어서, 창작할 때 구성 자체에 엄청나게 신경을 써야 하지 않습니까. 영화는 기본적으로 평범한 일반인들에게 보이기 위한 것이죠. 게다가 저는 예쁜 영화를 좋아합니다. 예를 들어 장이머우의 색채감은 정말 좋은 것 같아요. 저는 정말 감탄해 마지않습니다. 요즘 들어서 장이머우를 욕하는 사람들이 많은데, 저는 절대 이해할 수도 없고 반감마저 생깁니다. 저는 그게 일종의 질투심이라고 생각해요. 예를 들어 최근 영화 〈연인〉+面埋伏 같은 경우, 처음에 춤추는 장면만으로도 저는 충분한 것 같아요. 어떤 절정의 느낌을 맛봤어요. 저는 인간에게 그게 필요하다고 생각합니다.

그러나 혼동하시면 안 됩니다. 대중문화를 가지고 엘리트 문화를 부정하면 안 되죠. 이런 걸 가지고 요즘은 빌어먹을 저속한 문화의 시대라고 말씀하시면 안 된다는 말입니다. 리퉈가 바로 그런 식의 극단으로 흘러갔잖습니까. 리퉈는 문학평론가로서의 본능을 잃어버리고 이론에 함몰되어 버린 것 같아요. 솔직히 말해서 리퉈가 언제부터 이론을 건드렸습니까? 그런 이론들을 저는 일찌감치 알고 있었고 옛날부터 그 안에 들어가 있었지만, 저는 한 번도 그런 극단에 빠진 적이 없습니다. 물론 이론이 가진 전복성과 두려움에 대해 잘 알고 있지만 저는 제 머리로 생각하지 쉽게 어떤 서양 이론의 포로가 되지는 않아요.

자젠잉 좋아요, 당신 같은 사람도 시를 좋아하고 영화도 좋아하신다니, 그렇다면 하이데거의 이론과 그것의 대립면——기술과 평범한 일반인의 감각적 오락——은 왜 병존할 수 없는 건가요? 왜 한쪽이 죽어야 다른 쪽이 살 수 있는 거죠?

간양 아닙니다. 그 둘은 별개의 것이라고 봐야 합니다. 현실에서 반드시 서로 충돌하는 것은 아니죠. 단지 어떤 경향의 문제일 뿐입니다. 하이데거에게 그것이 용납될 수 없는 것이 아니라 근대성의 이러한 경향에서 볼 때 하나가 다른 하나를 대체할 거라는 말이죠.

자젠잉 저는 하이데거를 읽지 않았으니 대꾸할 수가 없겠군요. 이런 문제에 있어 저에게 특히 중요한 사람은 토크빌Alexis de Tocqueville입니다.

간양 『미국의 민주주의』*De la démocratie en Amérique*라는 책을 말씀하시는 거군요.

자젠잉 예, 벽돌처럼 두꺼운 그 책 말이죠. 90년대 초 처음 읽을 때 아주 충격적이었습니다. 왠 줄 아십니까? 토크빌은 프랑스 귀족 출신임에도 불구하고, 미국의 민주주의를 통해 인류사회의 미래 풍경을 관찰해 내었기 때문입니다. 200여 년 전에 이미 그렇게 분명하게 꿰뚫고 있었던 거죠…….

간양 물론이죠.

자젠잉 그는 미국 모델의 전위적인 측면을 간파했습니다. 전 세계가 모두 이 방향으로 나아갈 것이라는 것을 토크빌은 일찌감치 예측하고 있었던 겁니다. 그러나 인류의 상황the human condition에 대해 깊은 통찰과 연민의 정을 품고 있었다는 점이 그에게서 발견할 수 있는 보다 독특한 지점이라고 생각됩니다. 비록 그 자신은 귀족이고 엘리트이며 시의 시대에 속하는 사람이었고, 그가 가진 sensibility는 모두 그러한 배경과 신분에서 나온 것이긴 합니다. 그러나 그는 평등에의 추구가 인류의 천성이며, 평등을 추구하려는 충동이 이끌어 낸 민주사회가 심원한 내재적 논리를 갖추고 있다는 것, 그리고 그것이 정의로우며 피할 수 없는 것이라는 점을 간파했습니다. 그러나 이러한 평등, 이러한 민주는 동시에 문화적인 면에서의 균질함을 가져왔습니다. 문화적 품격의 범용화와 편안한 것만을 즐기려는 타성은 어렵고 심각한 것에 대한 회피, 그리고 귀족, 엘리트, 영웅, 초월적 정신의 쇠락을 불러왔습니다. 이러한 경향 또한 마찬가지로 피할 수 없는 것이었습니다.

일상에서 쉽게 볼 수 있는 예를 대충 가져와서 설명해 보겠습니다. 고전시대에는 왕실이나 귀족들만 꽃이 새겨진 동제 변기를 사용할 수 있었습니다. 그런데 이게 나중에 수많은 평민들이 사용하는 평범한 플라스틱 변기로 발전했습니다. 전자가 물론 더 고급이고 우아합니다. 그러나 인류의 대부분에게 후자가 복음이었다는 점에는 누구나 동의할 것입니다. 왜냐하면 모두가 꽃이 새겨진 동제 변기를 사용할 수는 없으니 말입니다. 때문에 천성적으로 타고난 그의 이러한 empathy〔타인을 위한 배려〕로 인해 토크빌에게 있어 인류가 이러한 '플라스틱 문화시대'로 향하는 것은 단지 필연적인 것에 그치는 게 아닙니다. 게다가 단순히 그것을 멸시하거나 공포를 느끼는 것도, 그것을 불쌍히 여기는 것도 아닙니다. 그의 태도는 이해와 연민이라고 생각되며 일종의 compassion이라고 말하는 것이 옳다고 여겨집니다.

간양 compassion이라고만 보기는 힘들고, 반드시 새로운 방법을 탐색해야 한다고 여겼던 것 같습니다. 단순히 귀족이란 점에만 착안한다면 그건 소용없게 됩니다.

자젠잉 그러나 그는 사상사 학자들처럼 텍스트 내부와 이론 사이의 관계를 지나치게 유추하거나 정리하지는 않았습니다. 그는 생활 형태와 인생에 대한 고찰에 더욱 중점을 두었지요. 그는 기본적인 사실 하나를 꿰뚫고 있었습니다. 민주주의로의 추세가 피할 수 없다는 점, 그에 더하여 그것의 합리성까지 말입니다. 문제는 일단 시적인 dimension[차원], 영웅적 dimension을 가지고 있다면 그건 바로 우리가 방금 이야기한 귀족적이고 우아하며 고상한 것이라는 점입니다. 그렇다면 그가 가지게 될 비애감은 아마도 피할 수 없는 것일 겁니다. 왜냐하면 인류문명의 가장 정교하고 고결하며 사치스러운 한 부분이 민주주의의 물결 속에서 도전받고 배제당할 것이며, 결국에는 점점 쇠미해져 스러질 운명이라는 점을 너무 잘 알고 있으니 말입니다. 안 그런가요? 이런 사람은 소수자, 주변인이 될 겁니다. 토크빌은 심지어 이러한 추세는 필연적으로 대중민주주의로 발전하여 소수가 다수에 의해 통치될 것이라고 예측했습니다. 그렇게 된다면 이들 소수자들의 입장에선 정말로 모골이 송연해지는 일일 터입니다. 그들에게 이건 또 다른 '문혁'이나 마찬가지 아니겠습니까? 근데 어쩌겠어요, 제 기억에 토크빌은 아무런 결론도 내리지 못했던 것 같아요. 그저 새로운 뭔가가 출현한다는 것 외에는…….

간양 바로 하느님의 뜻이죠.

자젠잉 맞아요, second coming, 예수의 재림, 하늘의 뜻이죠. 거의 노아의 홍수나 마찬가지예요. 남김없이 쓸어버려 모든 걸 침몰시켜야 끝나죠. 아니면 계속 그 방향으로 달려나갈 수밖에 없는 시대의 열차라고도 할 수 있을 겁니다. 아무리 여기에 제방을 세우고, 저기서 막아 봐도 소용없어요. 끝까지 가서 그 과정을 완성해야만 합니다. 그때서야 하늘의 뜻이 나타나는 거죠. 그러나 그게 언제, 어떻게 출현할지, 어떤 모습일지는 아무도 알 수 없죠.

간양 그도 불가능하다고 생각했어요. 니체는 가능하다고 생각했지만, 토크빌은 제2의 가능성조차 불가능하다고 보았습니다.

자젠잉 니체는 초인이 출현할 거라고 봤죠.

간양 초인이 나타나면 새로워질 것이다, 왜냐하면 이러한 국면은 인류가 견뎌 낼 수 없는 것이었으니까요.

자젠잉 아마도 니체는 굉장히 격정적이고 팽창된 비극(歌劇)적 성격을 가진 부류에 속하는 것 같습니다. 사실 니체 개인을 놓고 보면 온갖 병을 앓고 있던 몸이라 초인이라고 할 수는 없을 것 같습니다. 근데 그는 어떤 판타지 속에 살고 있었고, 상상의 초인세계에서 살고 있었죠. 결국 최후에는 그것을 밖으로 드러내면서 미쳐 버렸지만요. 제 생각에 토크빌은 더욱 냉정하고 이성적이었습니다. 직각과 판단의 사이에서, 감정(情)과 이성(理) 사이에서 비교적 균형을 잘 잡고 있던 건강한 심적 상태를 가진 부류였습니다.

간양 그의 『미국의 민주주의』 상권은 미국의 상황에 근거한 묘사이고, 하권은 완전히 이론적인 상상을 서술한 것입니다. 미국의 실제상황에 근거하여 쓴 게 아니라 그가 생각하기에 필연적으로 이런 방향으로 갈 것이다, 라고 봤던 것이죠. 그래서 하권은 이른바 더욱 universal한 상상이 되었던 것입니다.

자젠잉 그의 예측이 아주 정확하다는 것은 역사가 증명하고 있습니다. 미국은 실제로 인류의 실험장이 되었고, 그런 의미에서 미국에서 발생한 문제는 인류의 문제를 선취하고 있는 것이었습니다. 근데 저는 항상 토크빌의 태도와 포부에 탄복하고 있습니다. 예를 들어 저도 천성적으로 인문적 경향을 가진 인간이며 시의 시대를 추앙합니다. 그리고 현재 이 시대에서 벌어지는 많은 현상과 조류가 아쉽고 마음에 들지 않으며 아주 싫기까지 합니다. 저는 토크빌이 이러한 잠재의식을 초월하여 생활에 대한 탁 트인 시야와 영원한 열정을 견지할 수 있었던 점에 감탄하고 있습니다. 그는 미국을 돌아다니며 미국의 어떤 작은 지방에서의 자치가 어쩌니 하는 것들을 흥미진진하게 관찰하고 묘사하였으며, 그런 것들을 재미나게 풀어놓고 있습니다.

간양 그건 그의 환상이었습니다. 그는 이러한 지방 자유가 전제정치를 억제할 수 있다고 여겼습니다. 토크빌도 상당히 복잡한 사람입니다. 근데 문화 쪽으로는 아주 비관적이었죠. 문화적인 면에서 그는 거의 아무런 출로가 없다고 봤습니다. 저는 타이완판 『미국의 민주주의』에 서문을 써 준 적이 있는데, 그 속에 제 생각을 이미 풀어 놨습니다. 그는 일반 사람들의 구조를 깨뜨렸습니다. 그의 책은 꽤 구조가 잘 짜여 있는데, 귀족적인 방식과 민주적인 방식을 대조한 것이지 민주와 전제를 비교한 건 아닙니다. 그런데 펼치자마자 굉장히 전통적인, conventional한 민주의 쟁취라는 입장에서 읽어 버리면 더 이상 들어갈 수가 없게 되잖아요.

자젠잉 저는 푹 빠져서 읽었고, 그의 안목이 아주 훌륭하다고 생각했습니다. 그러나 토크빌의 시각과 태도는 분명 당신네들이 가장 추앙하던 것은 아니었겠죠. 하이데거 정도는 되어야 당신들 눈에 들어왔을 테니까요. 하이데거는 기본적으로 시의 시대에서 배태된 기질에서 출발하여 세계를 연역한 사람 아닙니까?

간양 기질은 그렇지만, 그의 언어는 완전히 서양철학의 언어이고, 더욱 심오했습니다.

자젠잉 제가 지금 물었던 건 언어나 형식이 아니라, 그의 시각을 물었던 겁니다. 왜냐하면 그게 그의 판단, 그의 메시지message에 영향을 미쳤을 테니 말입니다.

간양 그는 달랐어요. 그는 토크빌이나 니체와도 완전히 같지는 않았죠. 그의 주요 노선은 귀족적인 방식과 민주적인 방식이라는 문제에 있지 않았습니다. 그건 단지 부분적인 문제였을 뿐이죠. 그는 만약 기술시대가 없었다면 이른바 민주시대라는 것도 지금과는 다른 양상이었을 것이라고 말한 바 있습니다. 때문에 그는 서양 사상이 왜 이러한 방향으로 나아가게 되었는지를 더욱 철저하게 검토하였습니다.

자젠잉 즉 그는 기술시대와 민주시대를 연결한 것이군요.

간양 모두 같은 거잖아요. 예를 들어 기술시대는 필연적으로 지식에 대한 견해와 관련됩니다. 그럼 지식이 뭡니까? 지식은 원래가 고하를 구분하는 것입니다. 귀족만이 지식을 가질 수 있었죠! 근데 데카르트가 『철학의 원리』첫머리에서 뭐라고 했습니까? 모든 사람이 지식을 이해할 수 있다고 말하고 있습니다. 지식이 하나의 대중적인 것으로 변해 버린 거죠. 지식은 인간을 위해 사용되는 것이다. 그런데 예전에 지식은 인간의 인간다움을 만들어 내는 것이었습니다. 어떤 도구가 아니라 인간의 내재적인 인격을 배양하는 것이었죠. 근데 이제 지식이 인격을 배양하는 게 아니라 일종의 도구로 변해 버린 것입니다. 이것은 아주 거대한 전환입니다. 이러한 전환은 그 자체로 현대 대중사회를 촉진한 아주 중요한 전제입니다. 지성의 입장에서 보면 하이데거가 더욱 이해하기 힘들고, 더욱 challenging하고, 더욱 자극적입니다. 토크빌은 상대적으로 쉬운 편이죠.

자젠잉 (웃음) 맞아요. 그러니 저 같은 사람도 보잖습니까.

간양 철학을 공부하면 지성적인 면에서의 자극을 찾게 됩니다. 시작부터 이해가 되는 것은 아니고 대부분 어렵다고 생각되지만, 어려워야 자극이 되죠. 많은 사람들이 하이데거를 완전히 이해했다고 할 수는 없습니다. 대대수가 당시에는 읽어도 이해할 수 없었죠. 지금은 이렇게 말할 수 있을 것 같습니다. 그가 논의한 문제는 근대성에 속하는 문제였다고 말입니다. 근대성은 많은 것을 포괄하는 개념입니다. 그런 모든 경향을 근대성으로 귀납할 수 있습니다. 그것은 많은 요소들로 구성되어 있으며, 각 요소들이 서로를 지탱하여 하나의 방향으로 추동시키고 있습니다. 그래서 예를 들어 기술시대의 출현은 지식과 과학의 의미를 변화시켜 버렸습니다. 원래 과학은 과학을 위한 과학이었고, 지식을 위한 지식이었습니다. 근데 기술이 뭡니까? 사용하기 위한 것입니다. 그럼 사용이란 게 뭡니까? 사용한다는 건 그것을 퍼뜨릴 시장이 있다는 말이고, 그래서 시장가치가 있는 것이 유용해지는 것입니다. 때문에 맑스의 상품 비판은 아주 중요합니다. 즉 모든 것은 사고팔기 위한 것이지 어떤 진정한 가치가 내재된 것이 아닙니다. 맑스는 정말 대단합니다.

자젠잉 그는 정말 대단하죠. 그건 노동자계급에게…….

간양 맑스는 유태인입니다. 유태인 문제에서 노동자 문제에 이르게 된 것입니다. 『공산당 선언』은 원래 유태인 해방에 대한 논의에서 나온 것입니다. 그는 최초의 '유태인 문제'에 대한 논의에서 전 인류의 해방이 선행되어야만 유태인이 해방될 수 있다고 말했습니다. 왜일까요? 왜냐하면 전 인류가 해방되면 인간들 사이에 구별이 없어질 것이고, 그럼 유태인은 유태인이 아니라 '인간'일 뿐이기 때문입니다. 그는 유태인이 만약 자신들의 정치적 해방만을 추구한다면 유태인에 대한 사회적인 멸시까지 해방시킬 수는 없다고 봤습니다. 모두에게 구별이 없어지고 똑같은 '인간'이 되어야만 유태인이니 아니니 하는 문제도 없어지고, 그래야 진정한 해방을 이룰 수 있다는 논리였죠. 그런데 훗날 무슨 이유에선지 갑자기 사유를 확장시켜 영국 사회주의와의 연관성을 고려하게 되었고, 노동자 계급이 역사의 담지체라고 생각하게 된 겁니다. 그러나 자본주의에 대한 그의 분석은 여전히 중요하고 심오합니다.

자젠잉 그렇지만 프롤레타리아 혁명이론을 [중국 같은] 산업문명 이전의 국가에 적용한 결과, 전제정치, 문화, 경제 등에서의 자기파괴적인 운용과 같은 온갖 문제만 일으키다가, 결국 도저히 어찌해 볼 수 없는 상황이 되니까 자본주의라는 궤도로 되돌아와야 했지 않습니까.

간양 그래도 서양의 입장에서는 그 단계에서 자본주의의 가장 절실한 문제, 즉 계급충돌을 해결할 수 있는지의 여부가 아주 중요한 것이었습니다. 바로 이 때문에 19세기에서 20세기까지의 문인과 노동자 운동이 연합체로 변화되었던 것입니다. 즉 추구하는 것이 다르기는 할지라도 공통의 적, 즉 자본주의를 상대하기 위해 연합했던 거죠. 시인은 좌경적이고 급진적이기 때문이었고, 시인 예술가는 자연히 자본주의를 싫어하기 마련이었기 때문입니다. 그게 아니면 어떻게 시인이라 할 수 있겠어요. 그래서 시인 예술가들은 모두 사회주의 운동에 참여했던 거죠. 이것이 20세기 초반까지 지속되던 경향이었습니다. 그러나 자본주의적 질서의 관점에서 보면 중요한 것은 노동자 문제를 해결하는 것이었습니다. 왜냐하면 노동자들은 폭동을 일으킬 수도 있었으니까요. 그 문제가 해결되고 나니 자연히 문인의 문제도 해결되었다는 걸 알게 되었습니다. 문인만 가지고는 아무런 물결도 일으킬 수 없었으니까요. 그런데 중국에서는 이 문제가 해결되지 않았습니다. 그 때문에 90년대에 논쟁이 일어나게 된 것이죠.

자젠잉 그러나 중국은 현재 그러한 계급 충돌이 아주 복잡하게 얽혀 있습니다. 프롤레타리아 혁명 이후에도 권력 주체가 결코 물러나지 않았을 때 발생한 문제였습니다. 자본주의의 문제로 보이지만, 사실은 사회주의 정권의 주도하에 선택적으로 부분적인 권력만 놓고 부분적으로 자본주의를 맛보게 했을 때 만들어진 문제인 거죠. 자본의 탐욕과 당정 관료들이 여전히 상당 정도로 자원 지배권을 유지함으로써 야기된 지대추구행위rent-seeking*에 의한 부패는 서로 뒤섞여 있습니다. 이것이 그 옛날 서양의 계급 충돌과는 다른 점입니다. 우리에겐 서양과 같은 자본

---

*지대란 공연히 지불된 돈 혹은 굳이 지급하지 않았어도 아무런 지장이 없는 소득을 말한다. 여기서는 독점적 특혜를 둘러싼 기업과 관료의 뒷거래를 지칭하는 말로 '지대추구행위'가 사용되었다.

주의 질서가 존재한 적이 없었기 때문이죠. 우리는 '중국 특색의 사회주의' 아니겠습니까.

간양 제가 보기에 90년대 이후 각자가 추구하는 길이 달라졌습니다. 저의 길 또한 다른 사람들과 별로 같지 않게 되었어요. 류샤오펑은 기독교로 갔고, 천자잉은 기본적으로 분석철학이란 길로 들어섰습니다. 정치적인 관심도 있긴 했지만 자신의 학술과는 분리되어 버렸어요. 쉬유위는 자기 전공은 거의 하지 않아요. 솔직히 말해서 쉬유위는 정치철학을 할 만한 자격이 되지 않습니다. 정치에 관심을 두고 있을 뿐이지 진정으로 그 내부로 진입해 들어간 적은 없어요. 언어철학에 관한 글 몇 편을 번역하긴 했죠.

자젠잉 90년대 이후 그는 주로 글을 많이 써 왔죠.

간양 중국 당대의 정치적 논쟁에 참여하였죠.

자젠잉 당신도 그런 글을 쓴 게 있죠?

간양 저도 있습니다.

자젠잉 학술연구 하느라 사회에서 너무 멀리 유리되었다고 느끼셨던 건 아닌가요?

간양 전혀 그렇게 생각하지 않았습니다. 너무 아쉬운 건 이렇게 문인을 비판하는 전통입니다. 저는 문인이 이토록 허약해지는 건 바라지 않습니다. 저는 비록 서구의 좌익을 좋아하지도 않고, 서구 좌익의 많은 점들에 대해 유보하는 입장입니다만, 현재 모든 사회에 성행하는 시장의 물결이 인문적 길을 침몰시키는 경향에 대해서는 유감입니다. 1994년의 논쟁의 결말은 실어증이었습니다. 왕샤오밍 등 논쟁을 주도한 쪽이 이런 말을 썼던 것으로 기억합니다.

자젠잉 만약 정말로 침몰시켜 버린다면 그건 분명히 아쉬운 일입니다. 94년의 그 토론이 사람들에게 남긴 주요한 인상은 불안과 제어불능이란 느낌이었습니다. 아마도 너무 급작스러웠고 혼란스럽게 이야기가 진행되었던 것 같습니다.

간양 그 원인은 너무나 분명합니다. 지식인은 전반적으로 봐서 개혁을 지지하는 편입니다. 그래서 당시 사회에 어떤 문제가 나오면 그 문제가 시장과 관련되기를 바라지 않습니다. 그들은 자신의 시장이 그러지 않기를 바랐습니다. 좋은 시장이라면 마땅히 사람들이 여전히 시를 읽어야 한다는 환상을 가지고 있었습니다.

자젠잉 일부는 그랬죠. 다른 부류에서는 규범적인 시장경제라면 최소한 우리의 현재 모습보다는 더 자유로워져야 한다는 식으로 논의했습니다.

간양 그러나 그것은 경제적인 각도에서 이야기한 것이고, 인문적인 시각에서 말하면 사실 그건 전혀 상관없는 문제입니다. 규범적인 시장경제에서도 시는 여전히 훼멸될 운명에 처할 겁니다. 상품을 더 규범적으로 살 수 있을 뿐이지 여전히 상품인 건 마찬가지잖습니까, 갈수록 평범하게 변하기 마련이죠. 그걸 막을 수는 없는 일입니다. 그저 경제적인 면에서 좀더 규격이 갖춰질 뿐인 거죠. 그것은 두 가지 다른 층위의 문제입니다.

자젠잉 그렇긴 해요. 시는 미국에서도 일찌감치 위기에 처했죠. 그래서 클린턴 임기 중에는 '시의 날'을 만들기도 했잖습니까. 우리나라에서 곤곡崑曲이나 경극을 보호하는 것과 마찬가지인 거죠. 근데 문학은 그런 게 없어요, 문학은 그래도 여전히 살아 있습니다.

간양 그래서 왕샤오밍 등이 요즘 누가 시를 읽고 문학을 읽느냐고, 인문정신을 원하기는 하느냐고 물었던 거잖습니까?

자젠잉 류쥔닝劉軍寧, 쉬유위 등과 같이 헌정憲政을 연구하는 부류들은 다른 관심을 갖고 있었던 것 같습니다.

간양 그들은 시장경제, 시장개혁에서 출발했죠.

자젠잉 그들이 더욱 주목했던 건 정치체제의 개혁이라고 생각되는데요. 어떻게 하면 사상 통제의 전통을 깨부수고 더 자유로워질 수 있을지를 고민했죠.

간양 그건 제 생각에 왕샤오밍 등이 고려하던 문제가 아닙니다. 그 두 방면의 문제는 다릅니다. 정치 쪽을 파고드는 사람들은 원래 시에 관한 문제를 고려할 필요가 없습니다. 물론 그들에게 대답을 강요하면 답을 내놓긴 하겠지만, 그건 아마도 동문서답일 게 분명합니다. 그들이 생각하고 있던 문제가 아니니까요. 예를 들어 경제학자들은 경제가 효율적인지에 대해서만 관심을 가질 것 아닙니까? 그들이 시가 어쩌니 하는 문제를 관여하겠어요?

자젠잉 그러나 두 가지 문제 모두 의미가 있습니다.

간양 물론 그렇죠.

자젠잉 예를 들어 저는 열악한 자본주의의 길을 가기보다는 규범적인 자본주의의 길 쪽으로 가고 싶어요. 왜냐하면 이렇게 열악한 자본주의와 전제정치가 결합했을 때, 우리에게 개인의 자유가 사라질 뿐 아니라 좋은 시를 읽는다는 건 꿈도 못 꾸니까요.

간양 그건 나중 문제이죠. 시작할 때는 열악한 자본주의라고 여겨지지 않습니다.

자젠잉 무슨 말씀이시죠?

간양 최근 몇 년에 들어와서야 모두들 이 자본주의가 엉망이란 점에 동의하게 되었잖습니까.

자젠잉 제가 말한 건 중국과 같이 이렇게 열악한 자본주의, 즉 규범적인 자본주의 속에 포함된 상대적인 개인의 자유도 없고 시도 없는 상태를 가리키는 것이었습니다. 류둥劉東이 저에게 이렇게 말한 적이 있습니다. 왜 중국이 빨리 이 전제정치라는 문제를 해결해 버리지 않는지 모르겠다. 그렇게만 되면 우리 모두 제대로 좌파 노릇을 할 수 있을 텐데, 라는 식의 말이었습니다.

간양 제대로 좌파가 된다고요?

자젠잉 이른바 좌파가 된다는 것은 규범적인 자본주의에서 발생하는 갖가지 문제와 인성에 대한 제한에 대해 우리가 전문적으로 비판을 가할 수 있다는 말입니다. 당신은 이 관점이 어떻다고 보십니까?

간양 제가 보기에 그건 환상입니다. 예를 들어 우리가 금방 논의했던 화제로 돌아가 보면, 80년대의 문제를 저는 한 번도 떨쳐 버렸던 적이 없습니다. 물론 저는 지금껏 저의 90년대에 대해 별로 이야기하지 않았습니다. 그렇긴 하지만, 나중에 90년대의 혹자가 논의했던 것처럼 우리 80년대가 했던 게 모두 착오이고 전혀 상관없는 것이었다고 생각해 본 적은 없습니다. 저는 한 번도 그렇게 생각해 보지 않았습니다. 우리의 작업은 아주 결정적이었다고 생각합니다. 많은 사람들이 제게 서구에서 근대를 비판하는 것들을 끌어오지 말고 근대화에 도움 되는 걸 도입해야 한다고 말했습니다. 그게 보편적인 관점이었어요. 그러나 전 여태껏 그런 관점이 아주 가소롭다고 생각해 왔어요. 그들은 뭘 몰라요.

자젠잉 제가 보기엔 그 두 가지 층위의 자원이 모두 필요한 것 같군요. 특히 90년대 이후 중국의 상황은 너무 복잡하게 얽혀 있어, 묵은 병을 고치지도 못했는데 새로운 병에 걸린 형국이라고 할 수 있습니다. 오래 묵은 문제를 상대하려면 자유주의적 자원이 필요하고, 시장과 소비주의의 문제를 해결하려면 근대성 비판의 자원이 필요합니다.

간양 제가 아쉬운 것은, 이 90년대는 또 달라져서 많은 것들이 사라지고 단일화되었다는 점입니다. 비록 80년대에 경제개혁을 시작하긴 했지만, 이렇게 모든 사회생활에 전면적인 영향을 드리운 시장경제는 출현하지 않았어요. 90년대에 나타나기 시작했고, 인문정신 논쟁 또한 이러한 배경에서 행해진 것입니다. 사회생활이 전면적으로 시장화, 상품화되었습니다. 근데 이때 즈음해서 중국 지식계 전체, 중국 지식인 전부가 완전히 힘을 잃게 되었다는 걸 발견하게 됩니다. 이게 저는 정말로 아쉽고, 검토해 볼 가치가 충분하다고 생각됩니다. 그런데 당신이 금방 거론하신 류둥의 말은 제 생각에 바로 한 가지 원인 때문에 나온 것입니다. 바로 항상 문제를 생각하는 자신의 어떤 방식이 정해져 있기 때문이죠. 언제나 먼저 시장을 처리하고, 먼저 정치를 처리하고, 그런 다음 우리 이제 문화 문제를 논의하고 정신적인 문제를 이야기하자, 라고 말합니다. 이게 바로 제가 말한 90년대와 80년대의 다른 점입니다. 90년대에 유포되었던 일종의 단일화된 사유는 사실 80년대에 우리가 이미 사유하기 시작한 문제를 재사유할 능력도 없고 흥미도 잃어버렸기 때문입니다. 이렇게 단일화된 사유가 바로 진정한 문제를 생각하는 걸 방해하는 것입니다. 그래서 나쁜 자본주의와 타협하는 쪽으로 변해 버린 것이죠. 왜냐하면 아무리 나빠도 시장은 전제정치를 반대하는 것이고, 그렇기 때문에 비판해서는 안 되는 거니까요. 이런 식의 해석이 아닌 게 없으니 모두들 원초적인 문제를 추궁하지 않게 된 것입니다.

자젠잉 그런 경향이 있었던 것 같긴 합니다. 그런데 '나쁜 자본주의'를 당신은 어떤 의미로 사용하시는 건가요?

간양 바로 시장에 지금 이미 출현한 이런 저런 문제들, 예를 들어 빈부

격차, 혹은 90년대에 제기된 "부패에 이유가 있다"腐敗有理는 논의 같은 게 대표적일 것입니다. 그야말로 기본적인 도덕적 입장조차 사라진 것 아니겠습니까. 이래서는 아무것도 고수할 수 없게 됩니다.

자젠잉 그렇지 않아요. 제 생각에 공공연히 부패에 이유가 있다고 생각할 사람은 극소수에 불과할 겁니다. 왕샤오둥王小東이 제기한 바 있는 "해적판에 이유가 있다"는 논의와도 좀 유사한데요, 딱 들었을 때는 극단적인 과장처럼 보이지만 사실 그 속에 내포된 의미가 그렇게 간단하지만은 않아요. 모종의 복잡하고 난감한 경제적 현실과 연관되는 문제라고 할 수 있습니다. 요컨대 제가 말하고 싶은 것은, 사실 정말로 부패, 불공평, 빈부 격차에 찬성하는 사람은 별로 많지 않을 것이라는 점입니다. 그런데 이러한 문제를 캐물으려는 그것의 근원이 대체 뭔가요? 아마도 여러 근원이 있겠지만 어떤 맥락과 주 원인이 있을 겁니다. 만약 이 주 원인이 여전히 권력에 의한 농단이라면, 정부 직능의 정의와 한계의 불명확성, 권력의 유효한 제한의 결핍, 매체의 감독 불가, 사법의 독립 불가, 시장 규범화의 불가, 관료와 기업의 결탁에 의한 극도의 부패, 미국의 부패 정도와는 너무 멀리 있죠. 그렇다면 이렇게 관련되는 맥락을 검토할 때 이렇게 말할 수 있을 것입니다. 지금 당장 이러한 전제정치의 문제를 해결해 주세요, 라고 말입니다. 물론 선후를 나누거나, 단계를 나누면 안 되겠죠. 그렇게 하면 문제를 너무 단순화하는 것일 수도 있습니다. 동시에 여러 전선의 여러 상이한 문제를 상대할 수 있어야 할 것입니다. 그러나 결코 열악한 자본주의와 타협하려는 것이 아니라 추궁하는 것입니다. 이 자본주의가 왜 이렇게나 열악한 것인가?

간양 제 생각에 이 부분에서 우리의 입장이 나누어지는 것 같습니다. 제가 보기엔 그들은 거짓된 이론을 찾고 있는 것 같습니다. 사실 바로 그 관방이 자본주의를 추동하고 있습니다.

자젠잉 맞아요. 그러나 추동하는 것이 어떠한 자본주의입니까? 서양의 그 자본주의가 아니라 정치개혁이 동결된, 권위적인, 그 자신에게 이익이 돌아가게 하는 자본주의입니다.

간양 그 속에 모순되는 게 들어 있다고 말할 수밖에 없겠군요. 관방은 어쨌든 이중적인 신분을 가질 수밖에 없습니다. 한편으로 자본주의를 통해 이익을 취하지만, 다른 한편 어쨌든 일반 시민들의 사활을 관장해야 합니다. 그리고 지금 시기에 불공평한 직장 배치를 관리해야 합니다. 예를 들어 저는 국가가 나서서 공평함에 관한 이러한 일들을 관리하는 것에 전적으로 지지하는 바입니다. 그렇지 않다면 그들은 더욱 제멋대로 할 것입니다. 게다가 당신의 이른바 전제정치의 제거라는 것이 사실은 국가가 경제에 더 적게 간섭하라는 말인데, 저는 그것에 동의할 수가 없습니다. 제 생각에 이 자본주의는 반드시 관리해야 합니다.

자젠잉 저 또한 국가가 관리해야 한다는 것에 동의합니다. 문제는 어떻게 관리할 것인가, 어떤 것을 관리할 것인가입니다. 국가가 무역 관세를 관리하고, 의료보험을 관리하고, 실업보조를 관리하고, 빈곤구제를 관리하고, 농업세 감세를 관리하고, 예술과 학술의 보조를 관리하는 등등이라면 저는 쌍수를 들고 환영할 것입니다. 국가가 언론검열의 관리를 하고, 법원의 재판을 관리하고, 교과서의 통일을 관리하고, 민간단체를 관리하고, 영화검열을 관리하고, 로큰롤을 관리하고, 우리가 글을 발표하고 문제를 토론하는 것을 관리한다면, 당신은 이것에 찬성할 수 있습니까? 우리 모두 국가가 모든 것을 통제하던 생활을 경험해 봤습니다. 물론 어떤 면에서는 단순하고 편안한 구석도 없지 않았고, 요즘처럼 하루하루 살면서 느끼게 되는 온갖 불안감은 없었지만, 그 대가는 자유로운 인격의 철저한 몰락과 보편적인 빈곤이었습니다. 지금은 국가가 많이 느슨하게 하고 있고 생각이 깨어 있는 부분도 적지 않지만, 궤도를 바꾸고 있는 과정이어서인지 여전히 납득할 수 없는 많은 부분들이 남아 있습니다. 그래서 국가가 내버려 둬야 할 것을 관리하고 또 관리해야 하는 것은 내버려 두는 것을 도처에서 확인할 수 있습니다. 과도기적인, 조정하고 개선 중에 있는 현상이며, 많은 부분에서 새롭게 시도하는 것이라 국가 또한 모색하고 학습하는 과정에 있는 것이라고 호의적으로 봐주고 싶습니다. 그렇지만 어쨌거나 예전 그 상태로 되돌아갈 수는 없는 것입니다. 그건 절대로 관리할수록 죽음으로 몰아가는 길입니다. 게다가 지금 얼마나 많은 문제들이 지나치게 관리한 과거가 야기한 것입니까? 제 생각에 일부 영역, 특히 사상 문화 영역에서는 그렇게 통제하던 관성이 결코 감소되지 않았습니다. 법률적 보호, 자유, 공개, 활발한 사유, 토론, 비판의 부재는 잘못된 결정을 야기하는 중요한 원인이라는 것을 역사가 재삼 증명해 왔던 것입니다.

간양 아닙니다. 제 생각에 그거야말로 우리나라의 복잡성이 존재하는 지점입니다. 국가는 동시에 사회조절의 책임을 여전히 담당하고 있습니다. 왜냐하면 당신은 지금 많은 문제를 한곳에 연결시키고 있는데, 당신이 추단한 관계, 그들의 많은 논리를 저는 당연히 받아들일 수가 없습니다. 만약 그들의 방식대로 사유화를 더 많이 승인한다면, 이른바 이 전제정치가 사실은 국가 메커니즘이라고 추단한다면, 자본주의는 더욱더 악성적으로 발전하게 될 것입니다. 많은 사람들이 전제정치에 반대한다는 구호를 외치면서 실제로는 경제에 대한 국가의 간섭을 반대하고, 자본의 더 많은 자유를 쟁취하려 할 것입니다. 이것이 제가 걱정하는 문제입니다. 예를 들어 이른바 국영공장의 문제가 오랫동안 해결되지 못하고 있고, 대규모 실업이 계속 지속되고 있는데, 그렇다면 국가는 여전히 이 대규모 실업이란 문제를 고려하지 않을 수 없습니다. 그런데 자유주의의 논리에 따르자면, 소련의 천지개벽식 개혁을 따라 완전히 간섭하지 않아야 마땅하잖습니까. 그렇게 되면 제 생각에 문제가 더 심각해질 것입니다. 그게 문제의 소재입니다.

자젱잉 문제가 그렇게 간단한 것은 아닌 것 같습니다. 당신이나 저나 경제학자도 아니고, 기본적으로는 인문적·도덕적 시각에서 이 문제를 바라보고 있습니다. 이런 시각 또한 중요하긴 합니다만, 솔직히 우리는 현대 경제를 꿰고 있지 못합니다. 간단한 호소 말고는 사실 우리는 어떠한 실행 가능한, 건설적인 방안도 제시할 수 없습니다. 예를 들어 몇 년 전에 일찍이 명성이 자자했지만 도산 위기에 있던 한 국영공장에 조사차 방문한 적이 있습니다. 원래 계획은 하강下崗 여성 노동자에 관한 글을 한 편 쓸 생각이었습니다. 옛날 학교 동창이 그 공장에서 일을 하고 있었고, 그녀는 소녀시절에 저와 '찰떡궁합'이었기 때문에 쉬울 거라고 생각한 거죠. 그런데 한 바퀴 돌아보고 나서, 작업장도 둘러보고 공장장이나 노동자들과 대화도 해보고, 당연히 동창이 이야기해 준 여러 내막이나 사건도 들어본 결과 문제가 제가 상상하던 복잡성을 한참 넘어서 있다는 사실을 발견하게 되었습니다. 이 공장의 내부적인 비효율성, 나태함, 낭비, 부패, 사람들의 관념이나 제품의 낙후함 모두 혀를 내두를 정도였습니다. 결국 저의 결론은 이렇게 낡아 빠진 공장이라면 일찌감치 천수를 누리고 편하게 가시게 하는 게 좋겠다는 것이었습니다. 그래야 사람들이 다른 길이라도 찾지 그조차도 하지 않으면 모든 사람이 거기 파묻혀 천천히 죽어 가겠더군요. 실제로 그 공장의 노동자와 기술자, 간부 대부분이 훗날 다른 직업을 찾아 흩어졌습니다. 제 동창도 마찬가지로 지금은 다른 비슷한 계열의 작은 민영기업에 다니고 있습니다.

이 사건은 저에게 깊은 인상을 남겼습니다. 말로는 쉬워도 하기는 어렵다, 아픈 사람은 누워 있는데 서서 이러쿵저러쿵 떠들어 대기만 한다는 따위의 속담이 틀린 게 없어요. 문인들이 경제학자를 거침없이 비난하는 걸 종종 보게 됩니다. 마치 오늘날 중국의 모든 죄악 모두가 그들이 야기시켰다는 듯이 말입니다. 그 속에 깃든 허위는 잠시 제쳐 둡시다. 그들 자신도 경제 개혁의 기득권자이고 그걸 향유해 온 자들이니까요. 그와 별개로 저는 그렇게 떠들썩하게 아무 죄목이나 갖다 붙이는 수법에 동조할 수가 없습니다. 제 생각에 최소한 각각의 경제 연구를 구분해 줘야 할 것 같습니다. 우리도 가장 졸렬한 소설이나 이론을 예로 들어 작가나 철학자 전체를 한 방에 쓰러뜨리지는 않지 않습니까. 예를 들어 국영기업의 문제를 어떻게 해결할 수 있을지를 착실하게 연구하는 경제 전문가를 존중해야 마땅합니다. 그들이 논의한 내용은 아주 구체적이고, 어떻게 하면 새로운 기업의 창조를 고무시켜 새로운 취업 기회를 제공함으로써 실업인구를 흡수할 것인가 등등 각종 다양한 방안, 건설, 시도가 진행 중입니다. 방금 당신이 이야기하신 것 같은 절대 시장파는 경제학자 중 가장 극단적인 부류일 뿐입니다. 그런 주장이 실행되었던 적도 없고요.

간양 제 생각에 절대 시장파뿐 아니라 실제로 많은 사람들이 비록 정치를 이야기하고 있지만, 이 논의는 중국의 현재 상황에서 사실상 굉장히 애매모호한 것입니다. 실제로는 악성 자본주의를 위해 떠들썩하게 길을 열어 주는 꼴이라고 생각됩니다.

자젠잉 어떤 사람을 말씀하신 건가요?

간양 마치 전제정치 반대나 반공을 하는 듯한 사람을 포함해서, 제 생각에 모두 전혀 문제를 제대로 직시하고 있지 않습니다. 진정으로 문제를 직시하기 위해서는, 현재 어떤 메커니즘이 이 자본주의가 조금이라도 regulate되는 걸 가능하게 하는가를 선결해야 합니다.

자젠잉 아, 당신이 보시기엔 조금도 regulate하지 않은 것 같습니까? 제 생각에는 아주 많은 regulate가 있는 것 같은데요. 정부가 줄곧 간섭하고 있잖습니까. 그러나 여전히 문제가 되는 것은, 마땅히 어떤 것을 간섭하고, 어떻게 간섭할 것인가, 또 어떤 것들을 풀어 줄 것이며, 얼마나 시장, 민간으로 하여금 자기조절, 자치를 하게 할 것인지 하는 점이 아닌가요? 이런 것들에 대해서는 많은 토론이 있어 왔습니다.

간양 요즘 들어서 시작되었지요. 이야기가 90년대 말까지 내려왔는데, 90년대는 쟁점이 많았어요.

자젠잉 그래요, 각종 다양한 시각이 있었고, 쉽사리 어느 한쪽으로 치우치기도 했습니다. 방금 류둥의 시각을 말했으니, 왕멍 같은 사람도 거론해 보죠. 그는 개혁에 찬성하는 쪽입니다. 당신은 지금 많은 문제가 있다고 말씀하셨는데, 그 또한 부인하지 않을 겁니다. 그러나 각각의 총체적인 입장 배후에는 자신의 개인적인 경력이 받치고 있는 경우가 많습니다. 예를 들어 당신이 오늘 말씀하신 '문혁'에 대한 이야기를 보면, 당신은 '문혁' 초기와 훗날의 지청 문화를 아주 또렷하게 기억하고 있는 게 분명하고, 심지어는 실제로 그 시기의 생활이 더욱 시적이었다고 생각하고 계시는 것 같습니다.

간양 그건 당연하죠. 근데 그게 또 왜곡되기 쉬울 것 같네요. 저는 시작부터 '문혁' 최초 3년이 저에게 양면적인 것이었다고 말했습니다. 일면 부모가 박해받고 집안을 싹쓸이당하기도 했지만, 다른 한편으론 엄청난 사상해방의 시기이기도 해서 스스로 문제를 생각하기 시작했다고 말입니다.

자젠잉 근데 왕멍은, 예전에 그가 제게 한 말이 아주 인상적인데, "젠잉, 나한테는 오늘날 중국의 모든 것이 better than the worst라는 걸 알아줘"라고 하더군요. 그가 이 말을 할 때 일부러 영어를 써서 강조하더군요. 즉 왕멍의 세대는 중국에서 가장 엉망이었던 시기를 경험했다는 말이죠. 우파로 몰려서 신장新疆으로 쫓겨나 20년 동안 노동하면서 즐거운 날도 없지는 않았겠죠. 위구르 말까지 배웠죠. 그렇지만 만약 선택할 수 있는 상황이었다면 그는 분명 그런 생활을 선택하지는 않았을 겁니다. 그런 의미에서 보면 극좌정치의 독재가 낳은 재난 생활이 가장 엿같았다고 생각하는 게 너무 당연한 거죠.

간양 그러나 저는 원래부터 그게 절대로 진정한 지점이 되어서는 안 된다고 생각해 왔습니다. 지금 봐도, 그들 가장 극좌적인 성향의 사람들, 그들 또한 그걸 가지고 현재를 비판하고 있어요. 결코 정말로 '문혁'으로 돌아가야 한다고 말하는 사람은 없단 말입니다. 저는 결코 그런 게 많다고 생각되지 않습니다. 근데 모두들 논쟁하는 와중에 나중에는 뒤틀려 버린 것 같아요. 모두들 극단을 달리고 있으며, 모두들 이런 것들을 가져와서 사건을 설명하고 있습니다. 아마도 너무 천진한 생각일 수도 있겠지만, 원래 이 문제를 서로 이 지경까지는 왜곡하지 않을 수도 있었다고 생각합니다.

자젠잉 그래요, 정말 아쉬워요. 이 지경까지는 오지 말았어야 했는데, 불행히도 확실히 왜곡되어 버렸죠. 이 공간에는 독이 있어, 많은 공포와 불안, 그리고 말하기 힘든 은밀함이 도사리고 있어요. 그래서 모두들 뭔가에 화가 나 있는 상태에서 거리낌 없이 가장 악랄한 추측을 일삼았던 거죠. 어떠한 문제라도, 예를 들어 국가가 대체 무엇을 하는지와 같은 문제를 논의하더라도 바로 엉망진창이 될 정도로 서로 의견이 벌어지곤 했어요. 도대체 90년대 이후 국가가 자본주의를 조장한 건가요, 아니면 구체제를 성형수술하여 자기 사람을 새로운 권력 귀족으로 만들려고 했던 겁니까, 혹은 동시에 이 둘을 다 하고 싶어 한 건가요? 이런 것들 때문에 쟁론이 일어나는 것이죠.

간양 원래 화제로 돌아와서 이야기하자면 90년대는 사실 그래도 꽤 재미있는 편이에요. 왜냐하면 어느 정도는, 비록 모두들 아주 격렬하게 논쟁을 벌이긴 했지만, 기본적으로는 그래도 관방에서 논쟁에 관여하지는 않았으니까요. 비록 모두가 분열되어 있었다거나, 등등의 여러 문제가 있었지만 그래도 상당히 재미있는 논쟁이 벌어졌었습니다. 게다가 이 논쟁은 반드시 나왔어야 할 것이기도 해요. 중국에 이처럼 큰 변화가 있었으니 말입니다. 경제는 모든 것이잖습니까. 이 경제생활이 모든 층위에 전반적인 영향을 주었고, 여기서 생기는 문제는 사실 모두가 충분히 준비하지 못하고 있었습니다. 때문에 이때, 원래 논쟁이 발생하는 것은 정상적인 현상이라고 할 수 있어요. 그래서 저는 기본적으로 이러한 의견 차이를 서양 각국에서 벌어지는 논쟁과 똑같은 것으로 봅니다. 대규모의 시장경제가 출현하면 두 분파로 갈라지게 마련입니다. 단지 서양에서는 일정 기간 동안 양당兩黨 정치와 연결되어 있었던 것뿐이죠.

자젠잉 중국 어디에 양당 정치가 있었습니까?

간양 그러나 실제로는, 중국에서는 좌우 양쪽이 모두 국가를 이용하고 있었고, 모두 국가가 자기들이 하려고 하는 것을 해주기를 바랐습니다. 한쪽에서는 국가가 자본에 더 많은 자유를 주기를 희망했고, 다른 쪽에서는 국가가 그것을 제한하기를 희망했습니다. 솔직히 말해서 기본적으로는 이런 문제였습니다. 왜냐하면 당신은 아주 많은 걸 이야기하고 싶어 하지만 사실 큰 차이는 없습니다. 예를 들어 아무도 언론을 봉쇄하자는 말을 하지는 않잖습니까, 모두들 언론이 더욱더 자유로워지기를 바라고 있죠.

자젠잉 언론 자유는 가장 기본적인 기반이라고 해야겠죠. 그 기반이 있어야 쌍방에서 마음 놓고 싸울 수 있는 거니까요.

간양 예를 들어 민주주의의 문제는, 만약 제가 신좌파新左派인 셈이라면, 저는 누구보다 격렬하게 민주를 논의할 수 있다고 자신 있게 말할 수 있어요. 아주 구체적으로 개혁에 대해 논의할 수도 있습니다. 이야기하려면 이처럼 제대로 해야지요. 매일 민주의 구호만 외치는 게 아니라 말입니다.

자젠잉 그렇죠. 모든 문제는 구호만 외쳐서는 안 되고 구체적으로 이야기하고 구체적으로 실행해야 합니다. 방금 말씀하신 자본도 마찬가지지요. 당신은 한쪽 파에서는 국가가 자본에 더 많은 자유를 주기를 바라고, 다른 파는 자본을 제한하기를 바란다고 말씀하셨는데, 그건 즉각적으로 문제가 될 수도 있습니다. 당신이 말한 자본은 무슨 자본입니까? 자본은 중국에서 그렇게 복잡하게 변질되어 있어, 대부분은 어떤 자본인지 분간하기 힘듭니다. 대체 민영자본인지, 아니면 개인자본의 틀을 쓴 국가자본인지, 그도 아니면 외국과의 합자인지 분간이 안 되죠. 항상 정체가 분명한 게 아니기 때문에 바꾸면 바꿀수록 복잡해집니다. 예를 들어 출판 그룹만 해도 그렇습니다. 자본인 것 같아 보이지만 사실은 당의 재산이죠.

간양 제 생각에는 국가의 법령으로 조정할 필요가 있습니다. 그걸 명확하게 해야지요. 국가와 국가의 관계까지도 말입니다.

자젠잉 자기 스스로를 조정하고 있기는 하죠. 여전히 집안의 가장인 듯한 수법이 농후하지만요. 다른 사람이 자기를 조정하는 것을 싫어합니다. 혹시라도 그 사람이 다른 흑심이 있지 않을까 두려워하니까요. 그러나 이러한 문제는 결론을 내리기 힘듭니다. 제 생각에 결국에는, 사실 가장 가능성 있는 기반은 정치적 자유주의라는 기반이 아닐까 싶습니다. 만약 당신이 방금 말씀하신 것처럼 모두가 언론 자유에 찬성한다면 말이죠. 왜냐하면 경제에 대한 이야기가 나오면 바로 야단법석이 일어날 테니 말입니다.

간양 제 생각에 최근 몇 년을 그 이전과 비교해 보면 그래도 기본적으로는 공통인식이란 게 생겨난 편입니다. 예를 들어 예전에는 누군가 빈부격차에 관한 문제를 제기하면 개혁에 반대하는 사람으로 여긴다거나 국가를 돕고 있다고 생각하는 등등으로 말입니다.

자젠잉 (웃음) 시간 확인도 하지 않고 이야기하다가 엉망이 될까 걱정되죠? 사실 어차피 충분히 뒤죽박죽으로 이야기하긴 했지만요.

간양 그렇지만 확실히 그런 문제가 있지 않습니까. 그런 사람들은 경제개혁이 아주 좋은 것이기 때문에 건드릴 수 없다고 생각하는 거죠. 그래서 이 문제는 이야기하기가 아주 힘들어요. 그래도 최근 몇 년에는 문제를 식별하는 것에 있어 기본적으로 차이가 크지는 않게 되었습니다. 인간관계는 여전히 복잡하게 얽혀 있지만 말입니다.

자젠잉 (웃음) 그건 어쩔 수 없죠. 서로 못 잡아먹어서 안달이잖습니까.

간양 그래서 저는 모든 사람이 무대에서 내려와 젊은 사람들에게 자리를 양보할 것을 제의하고 싶습니다. 그들은 그래도 제대로 문제를 논의할 테니까요. 최소한 그들은 우리와 같은 서로 미워하는 역사는 경험하지 않았잖습니까. 우리 늙은이들은 개인 간의 은원恩怨이 너무 깊고 얽힌 게 너무 많아요. 문제를 생각할 능력도 없고, 생각도 정형화되고 머리도 굳어져 버려 쓸모없게 되어 버렸어요.

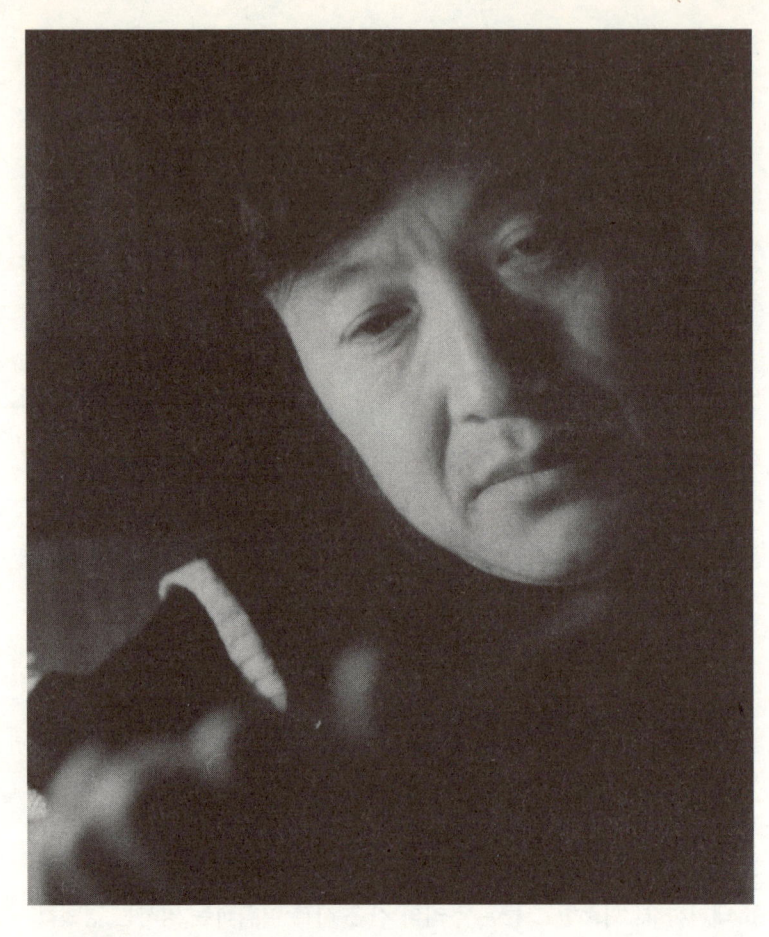

7
리퉈(李陀)

중학 졸업 후 곧장 공장에 가서 열처리와 기계 조립 노동을 하였으며, 여가 시간에는 작업장 문예와 노동자 문화 활동에 참가하였다——칠판 신문 쓰기, 쾌판快板, 대구사對口詞(두 사람이 말을 주고받는 공연 형식), 소규모 평극評劇(북방 지방극)의 창작, 선전대 조직, 공장 역사 기술 등. 1980년에 베이징시 작가협회 전속 작가로 배정되었으며 1982년을 전후하여 소설 창작을 중지하고 문학과 영화비평으로 전향했다. 1989년에 미국으로 떠나 시카고대학, 버클리대학, 듀크대학, 미시건대학 등에서 방문학자의 자격으로 중국당대문학을 가르쳤다. 1987년에서 91년까지 황쯔핑과 공동으로『중국소설 선집』(전4권)을 홍콩 삼련서점에서 출판하였다. 1988년에서 91년까지『중국심근소설선』,『중국실험소설선』을 각각 홍콩과 타이완에서 출판하였다. 2000년에는 '대중문화연구역총譯叢'과 '당대대중문화비평총서'를 주편하였으며, 2000년에서 2004년까지 천옌구陳燕谷와 공동으로 이론잡지『시계』視界를 주편하였다.

리퉈와의 대화
—2004년 7월 9일 베이징 자죽원紫竹院 부근

인터뷰하던 날 리퉈는 며칠간 병을 앓고 있던 터라 여전히 미열이 지속되었는데도 단단히 준비를 하고 나왔다. 80년대에 관해 깊은 감정을 품고 그리워하는 그이지만 또한 그 시대가 남긴 문제가 아주 많고 크고 복잡해서 제대로 청산할 필요가 있다고 생각해 왔던 것이다. 이야기가 끝난 후 녹음 내용을 정리하여 그에게 줬더니 세 번씩이나 수정을 했으며 그 사이 다른 친구들과 토론까지 했다니 신중하기 그지없다. 리퉈는 최근 몸이 별로 안 좋고 척추염 증세도 나타나곤 하여 원고 수정을 굉장히 오래 끌었다. 수정원고를 보낸 날 그는 이메일에 이렇게 썼다. "피곤해 죽겠어요. 그렇지만 그 시절의 많은 일들을 회상해 보니 슬프지만 아주 즐겁기도 했어요. 그걸로 위안 삼습니다."

아마도 그 시절에 일어난 수많은 일들이 지금 너무나 멀게 느껴지는 건 중국이 극히 짧은 시간에 몰라볼 정도로 변해 버렸기 때문일 것이다. "내가 잘 모르는 게 아니라, 이 세계가 너무 빨리 변한 거야!" 물론 실제로 전혀 변하지 않은 것들도 있다. 다만 그런 것들은 시대와의 흐름과 맞추기 위해 잠시 냉동시켜 놓았을 뿐이다. 기억하건대, 추이젠의 「마지막 총성」最後一槍을 처음으로 들은 것은 리퉈와 장놘신張暖忻의 집에서였다. 근데 그게 1991년의 시카고였을까, 아니면 1989년의 베이징이었을까? 어쨌든 그 두 도시에서 우리 두 집안은 그리 멀지 않은 곳에 살고 있었다. 당연히 우리는 뜨겁게, 미친 듯이, 귀신에 홀린 것마냥 문학에 대해, 영화에 대해, 미학에 대해 토론을 나누었다……. 80년대의 베이징에서 '튀 영감' 陀爺은 그러한 토론의 소용돌이의 중심에서 항상 살고 있었다.

리튀가 이야기한 '우정과 논쟁'은 어떤 보편적인 현상을 건드리고 있었다. 90년대 이후 지식인과 문화 관련 인사의 분화가 커지면서 격렬하게 진영이 갈리고 논쟁이 일어나게 되었다. 예를 들어 '인문정신' 논쟁, 자유주의와 신좌파 간의 논쟁 등이 대표적인데, 당시 기본적인 합의도 이뤄지지 않아 옛 친구가 남이 되기도 하고 서로 논적이 되기도 하였다. 물론 논쟁이 우정에 영향을 주기만 하는 것은 아니다. 나와 리튀는 어떤 문제에서 항상 대립하곤 했지만 여전히 친구로 지낼 수 있었다. 우리가 인터뷰를 하고 반년이 지나서 우량吳亮과 리튀는 인터넷에서 필전을 벌였다. 80년대 문학비평계의 옛 친구가 각각 여러 해의 침묵기를 거친 후 '무기를 들고 만난' 것이다. 이런 게 나쁜 것만은 아닐 것이다. 논쟁을 견디지 못하는 우정은 너무 취약한 법이다. 애석한 것은 날마다 소란스럽고 곳곳에서 거품이 일고 있으며 여러 가지 금기를 고려해야 하는 요즘 같은 매체 환경에서는 정말로 하고 싶은 말을 시원히 하지도 못할뿐더러 이러한 논쟁이 80년대처럼 보편적인 관심과 반응을 얻기 힘들다는 점이다. 우리 정신생활의 질적인 측면에서 이러한 국면이 의미하는 것은 무엇일까?

* * *

리튀 80년대의 회고라는 주제는 재미있긴 한데 너무 큽니다. 요 며칠 계속 이것저것 뒤져 봐도 어떻게 해야 당신이 제게 준 이 임무를 완수할 수 있을지 모르겠더군요. 어떻게 이야기하면 되겠습니까? 관점을 하나 던져주세요.

자젠잉 그래요, 이렇게 회고적인 주제는 사료가 중요할 겁니다. 그렇지만 자연히 당신의 관점이 흘러나올 것 같습니다.

리퉈 최근 몇 년간 친구들이 계속해서 저보고 80년대를 회고하여 『에덴의 문』* 같은 책을 써 보라고 권하더군요. 회고를 하는 와중에 자신의 평론을 가하는 방식으로 말입니다.

자젠잉 당연히 써야지요. 그 책의 작가가 모리스 딕스타인Morris Dickstein 인가 그랬죠?

리퉈 맞아요. 그 책은 중국에서 많은 독자들이 읽었고 상당한 영향을 줬어요. 역사 회고는 좀 거리를 두고 볼 필요가 있어요. 지금 벌써 21세기이긴 하지만, 80년대에 관해 비판적인 회고를 진행하려면 정말 진지하게 해야 합니다. 제일 먼저 그런 말이 나왔던 게 아마 93년이었던 것 같은데, (홍콩 옥스퍼드 출판사의) 린다오췬林道群이 "당신이 그 책을 쓰기만 하면 내가 꼭 출판해 줄게요"라고 말했던 게 기억납니다. 그후 90년대 중반에 왕후이汪暉와도 여러 차례 80년대를 회고하고 검토할 필요성에 대해 논의했습니다. 80년대는 사실 오늘의 중국을 이해하는 열쇠이

---

* Morris Dickstein, *Gates of Eden: American Culture in the Sixties*. New York: Basic Books, 1977.

기 때문입니다. 나중에 왕후이는 영향력도 크고 많은 논쟁을 불러일으킨 바 있는 글을 썼죠.** 그러나 저는 동작이 너무 느려서 관련 자료를 모아 놓았음에도 80년대의 문제가 아주 복잡해서 진지하게 연구하고 분석해야 할 것이 너무 많고, 그 중 대부분이 분명하게 드러나지 않는 것들이라는 생각이 들어 그냥 손을 놓아 버렸습니다.

그후 1999년에 홍콩에 가서 보니 쉬쯔둥許子東이라고, 당신도 아는 사람일 텐데, 이 양반이 상하이 문예출판사에서 총서를 기획하고 있더군요. 아마도 '해외학자문총' 海外學者文叢이라는 이름이었던 것 같고 황쯔핑, 멍웨孟悅 같은 사람들이 모두 포함되어 있었습니다. 그가 저보고도 문집을 내자고 하더군요. 옛날에 썼던 글을 모아서 엮기만 하면 된다면서 말입니다. 근데 저는 그 글들이 문집으로 엮을 만한 게 아니라고 생각되었기 때문에 계속 미루고만 있었어요. 한 해를 그러다가 홍콩에서 또 쉬쯔둥을 만나니 그 이야기를 또 꺼내더군요. 굉장히 미안하던데, 부끄러워하는 와중에 해결책이 튀어나옵디다. 옛 글을 골라 선집을 하되 글 뒤에다 자신의 검토와 반성을 덧붙이는 방식이 떠오른 거죠. 쉬쯔둥도 찬성하면서 그러더군요. "책 이름까지 생각해 놨다니깐요.『80년대』 어때요?" 제 생각에 그런 식의 회고는 회고와 검토가 결합된 것이라 그래도 의의가 있지 않을까 싶었는데, 그렇겠죠?

자젠잉 그럼요. 예를 들어 주웨이朱偉가 1991, 92년에 80년대의 인물평

** 「오늘날 중국의 사상 동향과 현대성 문제」(當代中國的思想狀況與現代性問題)를 말한다.『창작과 비평』(1994년 겨울)에 「중국 사회주의와 근대성 문제」로 처음 발표한 뒤 내용을 보완하여 위 제목으로 중국에도 소개되었다. 국내 번역으로는 왕후이,『새로운 아시아를 상상한다』(이욱연 외 옮김, 창비, 2003)와『죽은 불 다시 살아나』(김택규 옮김, 삼인, 2005) 등을 참고할 수 있다.

을 두 편 썼는데, 조금 거리가 있다 보니 자기가 그 속에 포함되어 있을 때와는 시각과 태도가 많이 달라지더군요. 지금은, 15년이나 지났네요.

리퉈 역사적 반성은 일정한 시간이 필요합니다. 그러나 시간적 거리가 비판적 회고에 반드시 깊이를 보장하는 것은 또 아니죠. 80년대는 불과 10년 남짓한 시간이지만 그 10년은 너무 복잡합니다. 이리저리 뒤엉켜 있기 때문에 연구가 되었건 반성이 되었건 어떠한 시각에서 진입할 것인지를 먼저 고려해야 합니다. 저는 가장 좋은 방법을 아직 찾지 못했습니다. 회고록만 쓰는 거라면 어렵지 않겠지만『에덴의 문』같은 수준에 이르려면 쉽지 않아요. 더군다나 80년대를 연구하려면 더 큰 시야, 더 첨예하고 엄격한 비판적 태도가 있어야 합니다.

80년대를 회고하려면 관련되는 문제가 너무 많고 너무 커서, 먼저 관련되는 역사 모두를 비판적으로 재인식한 뒤에야 가능합니다. 하나의 역사가 아니라 여러 역사입니다. 그게 어려움을 증가시키는 거죠. 처리해야 할 것은 49년 건국 이후의 역사만이 아니라 최근 100년간의 중국 혁명의 역사, 개혁의 역사, 사상과 관념 변천의 역사, 경제와 문화 발전의 역사 및 맑스주의 사상 발전의 역사 등등에 대해 어떤 총체적인 관점을 갖춰야만 제대로 된 회고를 할 수 있습니다. 근데 이건 제 능력을 벗어나는 일입니다. 책과 자료를 보면 볼수록 많은 점들이 이해되지 않고 모호해지더군요. 일전에 있었던 신좌파와 자유주의의 논쟁이 좋은 기회였죠. 몇 마디 할 수도 있었는데,『독서』에「논쟁이 수면 위로 오르게 하라」讓爭論浮出海面라는 제목의 글 하나밖에 못 썼어요. 그것도 에세이 같은 것이었지 큰 이야기는 못 하겠더군요. 제가 보기에 그 논쟁에서 어떤 사람들은 너무 경솔했습니다. 모든 큰 문제가 분명해지기도 전에 다급히 중국의 근대와 현대에 있었던 많은 역사적 문제를 판단해 버리더군요. 특히 '자유주의' 진영에서 그런 문제가 컸어요. 그렇지만 제가 지나치게 담이 작아서 그렇게 보는 것일 수도 있죠. 그래서 당신의 임무를 받아들이고 나서 요 며칠 조금 작은 문제에서 시작하는 게 좋겠다, 아마 그렇게 하는 게 보다 특징적이지 않을까 하는 생각을 해봤습니다. 그렇게 좋은 제목을 생각해 낸 건 아니지만, '우정과 토론'이라는 관점에서 시험 삼아 이야기해 보면 어떨까요?

자젠잉 우정과 토론요?

리퉈 제목은 어떻든 상관없을 것 같습니다. 좀 작은 관점에서 들어가는 게 보다 쉽고 재미있을 것 같아요.

    80년대를 지금과 비교하면 당연히 많은 점에서 다른데, 그 중 굉장히 중요한 차이가 당시에는 우정을 중시하고 친구가 많았다는 점입니다. 더하여 모두가 간 쓸개도 내주는 친구여서 믿고 속마음을 나눌 수 있었어요. 그 당시 친구에 대한 믿음은 어느 정도였을까요? 그걸 잴 수 있는 척도가 있을까요? 제 생각에 있습니다. 바로 논쟁할 수 있는가입니다. 그 친구가 함께 논쟁할 수 있는 친구인가?──그냥 일반적인 논쟁이 아니라 함께 어우러져 토론으로 서로를 자극하고 토론으로 즐거워할 수 있는 친구 말입니다. 그게 베이징에만 국한된 현상일까요? 아마 아닐 겁니다. 최근 80년대와 관련된 회고록을 읽으면서 그런 게 베이징에만 있었던 게 아니라 전국적인 현상이란 걸 알게 되었습니다. 쓰촨의 시인 바이예(柏樺)가 쓴 『왼쪽』(左邊)이란 책이 있는데, 부제가 '마오쩌둥 시대의 서정시인'입니다. 이 책은 나중에 '오늘'의 총서로 출간되기도 했습니다. 바이예는 시를 굉장히 잘 썼어요. 저도 아주 좋아합니다. 그는 당대 중국에서 가장 뛰어난 시인의 하나입니다. 이제는 시를 더 쓰

지 않는다는 게 안타까울 뿐이죠. 그가 그 책에서 회고한 것은 주로 80
년대 쓰촨 시인들의 활동에 대해서입니다. 당시 쓰촨에서 활동하던 청
년 시인들의 우정, 그리고 우정과 시의 관계 같은 게 아주 생동감 있게
묘사되어 있습니다. 그의 책을 보면 알게 될 겁니다. 만약 친구가 없었
다면, 고양된 시정詩情이 녹아든 따뜻한 우정이 없었다면 쓰촨 시인 단
체도 일어날 수 없었다는 걸 말입니다. 아무튼 오늘과 비교할 때 그 시
절의 우정은 제가 가장 그리워하는 것이며, 제가 자주 고민하는 문제이
기도 합니다. 요즘 들어 제가 조금 나아졌다고 생각되는 건 글을 쓸 때
큰 제목으로 큰 이야기하기를 싫어하게 되었다는 점입니다. 역사를 사
유함에 있어서도 큰 문제부터 잡고서 거창한 판단을 내리기보다는 보
다 구체적일 것을 주장하게 되었어요. 저는 항상 80년대의 우정이 진지
하게 음미하고 연구할 가치가 있다고 생각해 왔습니다.

자젠잉 큰 것도 나름의 가치가 있겠지만 '커다란 실체'와 '커다란 허상'
은 구분해야 할 것 같습니다. 전자는 많은 공력과 좋은 눈이 필요하고,
용도 그릴 수 있어야겠지만 조그마한 눈동자도 생생하게 그려 넣을 수
있어야 합니다. 그렇지 않으면 '커다란 허상' 밖에 제시할 수 없게 되는
거죠. 제 생각에 혁명 직후 세대가 특히 '커다란 허상'에 노출되기 쉬웠
던 것 같습니다. 혁명시대의 거친 사유와 비장한 문체, 커다란 목소리
로 시비를 가리던 습관 같은 걸 물려받은 데다 착실하게 학술적 훈련을
받을 기회도 없어 걸핏하면 겉만 번지르르하게 호기를 부린다거나, 혹
은 크지만 부서지기 쉬운 학술적 콩비지 공정을 벌이곤 합니다. 마치 베
이징의 일부 신축 건물 같습니다. 겉모양은 그럴듯한데 내부는 완전히
날림으로 해놨잖습니까. 물론 일반적인 경우가 그렇다는 말이고 항상
예외는 있는 법이라서 우수하고 착실한 개인이 없었던 건 아닙니다. 당

신은 80년대의 사람들이 큰 문제를 토론하길 즐기지 않았다고 보시는 지요?

리퉈 아닙니다. 당시 논쟁하던 건 모두 큰 문제였습니다. 역사적인 분석이 적고 구체적인 연구가 적었다는 게 결점이었죠. 지금 80년대를 다시 사유하고자 할 때 적극적으로 교훈을 받아들여 비교적 구체적인 문제에서 들어가는 것이 좋겠습니다. 물론 큰 문제를 완전히 거부해서도 안 되겠죠. 그런 게 곤혹스러운 점입니다. 80년대와 비교할 때, 요즘은 큰 문제에 관심을 가진 사람이 갈수록 적어지고 있습니다. 모두들 집과 자동차에만 관심을 두고 있는데, 구체적인지는 몰라도 너무 물질주의적이잖습니까.

자젠잉 그건 논쟁의 문제와 관련되는 것인가요, 아니면 생활방식의 변화와 관계되는 건가요? 예를 들어 저는 그 점에 있어 중국인과 미국인이 다르다는 걸 발견했습니다. 제가 시카고에서 살 때 자주 교류하던 소그룹에는 소설 쓰는 사람도 있고 가르치는 사람도 있었는데 저만 중국인이었습니다. 근데 모여서 이야기를 즐겁게 나누다가도 11시만 되면 모임을 끝내더군요. 이 그룹의 중심인물은 로어 시걸Lore Segal이었는데 나이가 가장 많고 오스트리아계 유태인이었습니다. 영국, 남미 등 여러 나라를 떠돌았던 분이죠. 그녀가 묻더군요. "베이징에 있는 당신 친구들도 이렇게 모임을 끝내는가요?" 저는 그렇지 않다고 했죠.

리퉈 절대 아니죠!

자젠잉 우리는 밤새도록 이야기를 나누다가 흥이 깨져야만 흩어진다고 이야기해 줬습니다. 로어도 아주 그리워하는 말투로 예전에 그런 식의 모임을 한 적이 있다면서 그녀 자신도 결국은 외국인이란 점을 강조하더군요. 사실 미국에서 반평생을 살았으면서 말입니다. 당시 다른 미국 친구들은 모두 의아해하며 그게 꼭 좋은 건 아니라는 말투로 모두들 안 바빴던 것 아냐? 라고 반문하더군요. 잠깐 생각해 보니까 그랬던 것 같기도 해요. 확실히 그 배후에는 다른 생활방식이 있었어요. 우리에겐 의식주 걱정이 없었고 어느 정도 한가로움도 있었죠. 80년대의 중국인은 요즘처럼 모두가 생존을 위한 전쟁에 뛰어들어야 하는 스트레스를 일상적으로 받지는 않았으니까요.

리퉈 맞는 말씀입니다. 실제 상황은 약간 더 복잡하긴 하지만 말입니다. 먼저 제가 지난 이야기를 하나 들려 드리겠습니다. 1989년에 있었던 친구들과의 모임에 관한 건데 그 모임을 저는 평생 잊을 수가 없습니다. 그 배경을 우선 말씀드려야겠군요. 아마 88년 즈음이었던 것 같은데, 문학계에 파문을 일으킨 소식이 전해졌습니다. 바로 '상군湘軍 대이동'*입니다. 당시 후난에서 활동하던 일군의 작가들이 한사오궁韓少功을 따라 단체로 직장을 그만두고 하이난다오海南島로 내려가 하이난 특구의 '대개발'에 참가하였습니다. 당시로선 엄청난 모험이었죠. 왜냐하면 그 당시 '사직'이란 건, 직장(單位)을 거부하고, 월급을 마다하고, 작가라는 신분이 주는 여러 혜택을 모조리 버린다는 건데, 쉬운 일이 아니었죠. 더군다나 하이난다오란 곳도 요즘 같은 호화판 유람단지가 아니라 '특구'가 막 건설 중이었던지라, 일거리도 없고 머물 곳도 없어 전등조차

---

* 상(湘)은 후난성(湖南省)을 가리킨다. 태평천국군을 진압한 증국번의 상군(湘軍)을 연상시키는 이 말은 이어지는 문맥을 통해 파악할 수 있듯이 한사오궁을 위시한 후난 출신 작가들을 빗댄 말이다.

없는 가건물 같은 곳에서 살아야 했기 때문에 굉장히 고생스러웠을 겁니다.

그래서 당시 우리들은 모두 이들 후난 작가의 운명에 주목하고 있었습니다. 첫째, 그들이 가서 뭘 하려는지 몰랐습니다. 작가가 경제적인 물결에 휩쓸려 무얼 할 수 있을까요? 단지 일시적인 충동에 의해 갔던 거라고 생각했습니다. 둘째로, 그들이 하이난에서 계속 살 수 있을지 걱정스러웠습니다. 만약 오래 견디지 못하고 결국 후난으로, 창사長沙로 되돌아온다면 얼마나 창피스러울까요? 이렇게 의론이 분분하던 때에 한사오궁과 장쯔단蔣子丹이 베이징에 왔습니다. 그때가 89년 봄, 창밖으로 나무들이 막 푸릇해질 무렵이었습니다. 두 모험가의 방문을 환영하기 위해 친구들이 쑤웨이蘇煒의 집에 모였습니다. 당신도 쌍위수雙楡樹 청년 아파트에 있던 쑤웨이의 집을 기억하시죠? 거기서 한동안 살기도 했으니 말입니다.

자젠잉 물론이죠. 쑤웨이가 광둥의 고향에 내려가 있을 때 몇 달 머문 적이 있죠. 그 친구 아파트는 당시 친구들의 아지트였어요. 길게 뺄 수 있는 식탁이 있었는데 당시로는 엄청난 거금인 천 위안을 주고 산 물건이죠. 천젠궁陳建功이 그 가격을 듣자마자 짓던 표정이 떠오르는군요. "뭔 놈의 탁자가 그렇게까지 비쌀 수 있단 말야?" 그 시절엔 모두들 얼마나 가난했습니까. 계속해서 그 모임이 어땠는지 말씀해 주시죠.

리튀 지금 돌아보면 그때의 만남에서 한사오궁과 장쯔단이 모두에게 했던 말은 정말 마음을 끌게 하는 뭔가가 있었습니다. 그것은 현실인 동시에 신화였습니다. 한사오궁과 장쯔단이 무슨 말을 했을까요? 두 사람은 우선 하이난다오에 간 후 어떻게 '코뮌'公社식의 단체를 만들었는지, 또 어떻게 잡지 『하이난 실황』海南紀實을 창간했는지 이야기해 주었고, 그런 다음 정말로 적지 않은 돈을 벌었다는 말도 했습니다. 그런 후에야 정말 하고 싶었던 말을 꺼내더군요. 그들은 한 걸음 더 나가서 만약 잡지가 순조롭게 잘 굴러가고 돈도 조금 더 벌면 하이난에 땅을 사서 농장도 만들고 출판사도 차리고 농장에 집도 지을 계획이라고 말입니다. 그런 다음에는? 그런 다음 작가 친구들을 차례로 불러 거기에 머물게 하며 의식주 걱정 없이 편안히 글을 쓰게 하고 작품이 나오면 자기들 출판사에서 출판하겠답니다. 어떤 모습일지 상상할 수 있겠죠? 이런 계획을 듣고 나서 모두들 얼마나 기쁘고 흥분되던지! 지금 보기엔 그건 그저 유토피아에 불과했지만 당시 친구들은 모두 그게 가능하다고 생각했고, 모두들 크게 한판 벌여 보려고 단단히 벼르고 있었죠.

물론, 그후 시국이 바뀌면서 『하이난 실황』도 정간되고 한사오궁이 주도하던 파리코뮌식의 작은 단체도 내부 모순이 쌓이면서 결국 해산되어 버렸습니다. 20세기 80년대에 진행된 이러한 유토피아적 실험은 역사상 모든 다른 유토피아와 마찬가지로 실패를 고할 수밖에 없었던 거죠. 그러나 제 생각에 그건 정말 대단한 일이었습니다. 저는 지금도 그들이 당시 만들었던 장정章程을 보관하고 있습니다. 세계적인 유토피아적 실천의 역사에 견주어 보아도 손색없는 굉장히 중요하고 귀중한 자료라고 생각되기 때문이죠. 그렇지만 우리가 오늘 이야기하는 주제에서 벗어날 테니 후난 작가가 시작하고 실천한 그 유토피아 실험의 의의에 대해서는 더 이야기하지 않겠습니다. 아무래도 관심 있는 역사학자가 처리하는 것이 좋겠죠.

우리 주제로 돌아와서, 왜 제가 이 이야기를 꺼냈을까요? 왜냐하면 이것은 80년대의 우정이 가진 특징과 조건을 이해함에 있어 여러 방면에서 환기시키는 전형적인 사례이기 때문입니다. 당신이 좀 전에 우정의 배후에 어떤 생활방식이 있다고 한 말에 저도 찬성합니다. 이 생활방식은 또한 특정한 도덕적 가치와 문화적 가치, 특정한 이상, 열정과 관계되는 것이기도 합니다. 그렇죠? 한사오궁 등이 시도한 유토피아의 사례는 이러한 관계를 잘 보여 주는 것입니다.

 80년대의 특징 중 하나가 모든 사람들이 열정적이었다는 점입니다. 어떠한 열정이었냐 하면, 일반적인 열정이 아니라 계승하고 발전시키겠다는 열정이었습니다. 모두가 이러한 포부를 지니고 있었죠. 그건 요즘 청년들이 보기엔 이해되지 않는 면일 것입니다. 사실 그러한 책임감과 열정은 과거의 역사와 긴밀히 연관됩니다. 지금은 많은 사람들이 잊어버렸거나 전혀 모르고 있지만, 그 당시에는 뭘 하는 사람이든, 노동자·농민, 보통 사람들까지도 모두 역사관과 역사의식을 지니고 있었습니다. 마오쩌둥의 "인민, 오직 인민만이 역사를 창조하는 동력이다"라는 말이 사람들의 마음속 깊숙이 자리 잡고 있어, 그 시대 사람들은 모두 자기가 역사에 책임이 있다고 믿고 있었습니다. "바로 여기에서 시작하고 / 나 개인의 역사에서 시작하며, 억만의 / 죽어 간, 살아 있는 보통 사람들의 바람에서 시작하라." 장허*의 이 시구는 당시 사람들의 정서를 잘 반영하고 있습니다. '문혁'이 종결된 후 사람들이 사회주의에 대해, 마오쩌둥에 대해 많은 의문과 비판을 가하긴 했지만, 마오쩌둥의 역사철학은 여전히 사람들의 잠재의식에서 작용하고 있었습니다. 요즘과는 완전히 달랐던 거죠. 당시를 생각해 볼 때, 최소한 우리 친구들 그룹에 한정시켜, 예를 들자면 베이다오가 「난 안 믿어」같이 사람을 전율시키는 시를 썼지만, 그가 시를 쓸 때도 역사와의 관계에 대해 자각적으

---

* 장허(江河, 1949~). 본명은 위유저(于友澤). 몽롱파 시인의 한 사람으로, 『여기에서 시작하라』(從這里開始) 등의 시집을 출간하였다.

로 고려했을까요? 아닐 수도 있습니다. 그러나 뼛속 깊이, 다른 사람들과 마찬가지로 자기가 역사에 책임이 있다고 생각했을 겁니다. 80년대의 중요한 특징 중 하나가 바로 모두가 열정을 지녔다는 겁니다. 자신은 이미 '해방' 되었으니, 반드시 자기가 경험한 역사가 어떻게 진행된 것인지 돌아보고, 다시 눈을 앞으로 돌려 역사가 이제 어떤 방향으로 흘러갈 것인지, 우리가 무얼 해야 하는지, 어떤 일이 가능하고, 지금 즉시 무얼 할 것인지를 살폈던 거죠.

자젠잉 비교적 주류에 가깝고, 엘리트였던 사람들이 더욱 그런 느낌을 가지지 않았을까요? 당신이 보기에 그게 마오쩌둥의 역사관이 계속 작용해서라고 생각하는 건가요?

리퉈 당신 말도 일리는 있습니다. 그렇지만 논의를 간소화하지 않으려면 다른 요소로 고려해야 합니다. 당신이 생활방식을 거론하지 않았습니까? 저는 당신 생각을 따라 '열정'과 생활방식의 관계를 논의해 보겠습니다. 당시 사람들의 그 열정은 어디서 온 것일까요? 당시의 생활방식과 어떤 관계를 가진 걸까요?

자젠잉 잘 알겠습니다. 저도 당시의 우정과 토론이 무척 그립습니다. 당시의 열정도 그립고요. 지금과 비교해 볼 때 이권이 거의 개입되지 않았어요. 거기서 무슨 실제적인 장점을 바로 얻을 수 있는 게 아니었죠.

리퉈 그건 또 문제의 다른 측면과 관련되는 것이에요. "인민이 역사를 창조하는 동력이다"라는 것만으로는 부족합니다. 사실 당시 지식계의 많은 사람들이 주관적으로는 그 말에 동의하지 않았습니다. 당시 이미 마오쩌둥을 긍정적으로 평가하는 게 환영받지 못할 때니까요. '문혁' 이후 "모든 것을 의심"하는 풍조가 전국을 휩쓸었습니다. 마오쩌둥까지 포함해서 말입니다.

자젠잉   마오쩌둥 이외에 전통의 영향도 있지 않습니까? 사대부의 우국우민이나 사회적 책임감 같은 게 마오식의 유산과 뒤섞여 있습니다.

리퉈   맞아요. 그 둘뿐이 아니죠. 만약 진지하게 근원을 따지고 들어가면, 더 많은 변수가 있고 다양한 원인으로 구성된 것이라고 봐야겠죠. 요즘 많은 사람들이 문제를 사유할 때 이론이나 학술적 토론에서조차도, 연구방법 면에서 '하나의 원인과 하나의 결과' 라는 인과율의 함정에 빠져 헤어나지 못하는 것 같습니다. 역사적 현상의 형성을 논의하든 어떤 정치경제적 현상의 형성을 논의하든 항상 하나의 근본적인, 본질적인 의의를 지닌 원인을 찾으려 합니다. 그 원인을 찾기만 하면 즉시 문제가 해결되는 것처럼 말입니다. 마치 사유의 배가 마침내 입항하여 돛을 내리고 닻을 내리고 휴식을 취하게 되었다는 듯이 말입니다. 저는 이런 태도를 찬성할 수 없습니다. 그건 환원주의이며 형이상학이기도 하니까요. 20세기 말엽 신자유주의가 성행하고 교조적 사회주의가 실패하면서 나타난 사상적 반동이 형이상학의 회귀, 형이상학적인 사유 방식의 범람이라는 현상입니다. 그것이 가져온 결과는 엄청나게 심각합니다.

    그러나 그 문제를 토론하려면 복잡하기도 하고 우리 주제와도 동떨어져 있으니 더 이야기하지는 않겠습니다. 제 생각에 이렇게 만연해 있는 형이상학에 대항하기 위해 알튀세르의 '중층결정' 적 사상에 주목할 필요가 있습니다. 알튀세르의 사유를 따라가 보면 모든 게 하나의 인과적 연쇄 안에서 형성되는 것이 아니라 여러 원인에 의해 하나의 결과, 혹은 여러 결과가 도출된다는 것을 알 수 있습니다. 인과관계는 그물처럼 조직되어 있으며 구조적으로 복잡하게 얽힌 것이기 때문에 함부로 환원시킬 수 없습니다. 그래서 80년대의 우정의 형성을 논의함에 있어서도 단순화시키기보다는 보다 진지한 연구를 위해 많은 다양한 원인을 발굴해 내야 더 자세한 분석을 가할 수 있을 것이라는 말이죠.

자젠잉 최소한 두 가지는 생각할 수 있겠군요. 하나는 사회주의의 집단적 의식이고 다른 하나는 고전 시대의 지식 집단적 의식입니다.

리퉈 그렇게 말할 수도 있겠지만 그것들은 서로 뒤섞여 있습니다. 그러나 어떤 원인이든 상관없이 그 시대에는 사회생활, 정치생활에서도 그렇고, 사상해방운동과 신계몽운동(저는 줄곧 이 둘을 구분해야 한다고 생각해 왔습니다)을 포함한 다른 사회적 측면에서도 마찬가지지만, 절대 무시할 수 없는 굉장히 중요한 역할을 우정이 맡아 왔습니다. 요즘 우리 생활에서는 이제 눈 씻고 찾아봐도 그러한 우정을 찾을 수 없게 되었습니다. 불과 20여 년 만에 우리 생활에서 우정의 가치가 곤두박질 쳤고 변질되었습니다. 바라든 바라지 않든 우리 모두는 촘촘히 얽혀진 공리주의의 그물 속에 갇혀 친구의 의미와 기능 모두가 변해 버렸어요. 이제는 친구들과 이야기를 나눌 때 80년대와 같은 그런 모습을 기대하기는 어렵습니다. 첫째, 거리낌 없이 대놓고 이야기할 수 있었다. 둘째, 목숨을 걸고 자신의 관점을 지켜 다른 사람들과 얼굴이 시뻘게지도록 싸울 수 있었다. 셋째, 친구가 그것을 마음에 담아 두지 않을 걸 확신했다. 넷째, 이렇게 논쟁하는 게 재미있다고 생각했다. 이런 모든 게 불가능해진 거죠.

자젱잉 그 모든 게 사라졌나요?

리퉈 사라졌죠.

자젱잉 의미도 사라진 건가요?

리퉈 의미도 사라졌죠. 모든 게 없어졌어요. 저는 문학비평을 하는 사람인데, 요즘 문학비평을 할 때 가장 큰 문제가 뭘까요? 감히 진실을 말할 수 없다는 점입니다. 물론 80년대에도 우리가 진실을 모조리 말할 수 있었던 건 아닙니다. 한 소설과 작가에 대한 견해를 글로 쓸 때 조금도 남김 없이 모조리 말한다는 것은 당시에도 꺼려지는 것이었어요. 그러나 사석에서는 가능했죠. 친구들끼리는 할 수 있었어요. 예를 하나 들어봅시다. 당시에는 회의가 많았는데, 베이징의 작가들 중에 저와 천젠궁, 정완룽鄭萬隆, 이렇게 셋은 모두 노동자 출신인지라 손발이 잘 맞았습니다. 그래서 회의할 때마다 같은 방에 묵을 수 있게 해달라고 요청했습니다. 같은 방을 쓰면서 저와 천젠궁이 힘을 모아 정완룽의 소설을 '씹을' 때가 종종 있었습니다. 그건 정말로 '씹는' 거였어요. 글로 쓸 때는 그렇게 못하죠. 그래도 조금은 체면을 살려 주곤 했는데, 그런 자리에서 씹을 때는 정말 인정사정없이 밟아 버립니다. 니가 쓴 『붉은 등, 노란 등, 푸른 등』紅燈, 黃燈, 綠燈, 그게 뭣에 쓰는 물건이냐? 그건 소설도 아니다! 비판만 하는 게 아니라 비방하고 빈정대기도 합니다. 제 생각에 우리가 그렇게 비판했던 게 정완룽에게 상당히 영향을 줬던 것 같아요. 나중에 완룽이 『타향의 이상한 이야기』異鄕異聞 시리즈를 써서 심근소설의 대표적인 작가로 문학계에서 한순간에 '우뚝' 설 수 있었던 것도 우리들 사이에 있었던 그런 논쟁이나 비판이 많은 영향을 줬다고 봐야겠죠.

또 다른 예를 들어 보죠. 1984년에 제가 처음으로 마위안馬原을 만났을 때도 아주 재미있었습니다. 아마 10월 초엽이었던지라 베이징의 날씨가 벌써 꽤 추워졌을 때인데, 누군가 문을 두드리길래 나가 봤더니 키가 커다란 젊은이가 서 있더군요. 키가 얼마나 컸던지 거의 문지방에 닿을 정도였고, 날씨가 그렇게 추운데도 홑조끼(요즘 젊은이들도 홑조끼가 뭔지 알까요?)에 반바지만 걸치고 있어 보는 내가 다 벌벌 떨릴 지경이었습니다. 그 친구가 마위안이었죠. 원래 그의 소설 『카일라스의 유혹』岡底斯的誘惑에 대해 이야기하려고 약속이 되어 있었고요. 지금도 똑똑하게 기억나는데, 마위안이 앉아서 몇 마디 하기도 전에 조금도 반박을 허용하지 않은 완전한 긍정의 말투로 "세계에서 가장 위대한 작가는 호손이오!"라고 하더군요. 전 깜짝 놀랐죠. 저도 그 미국 작가를 좋아하긴 하지만 뭘 근거로 그가 "가장 위대하다"고 하는 걸까요? 저는 당연히 동의하지 않았지만, 몇 마디 하기도 전에 마찬가지로 반박을 허용하지 않는 비판을 받았답니다. "당신은 소설이 뭔지도 몰라!" 결국, 당신도 짐작할 수 있겠지만, 대판 싸움이 벌어졌죠. 지금은 당시 마위안과 어떤 내용을 가지고 싸웠는지 세부적인 건 모조리 잊어버렸지만, 제가 분명 기억하는 사실은 그가 저보고 "소설을 모른다"고 말했어도 우리 관계에 조금도 영향을 주지 않았다는 점입니다. 한참을 싸운 뒤엔 부근 식당에 가서 같이 점심을 먹기도 했으니까요.

또 한번은, 푸샤오훙傅曉紅(당시 잡지 『종산』鐘山의 편집자였으며, 지금은 그 잡지의 집행 부주편으로 있습니다)이 저를 끌고 장신張欣을 보러 갔는데, 저보고 장신의 소설에 의견이 있으면 말해 보라고 하더군요. 제가 어떻게 제 입장을 말했을까요? 마위안과 비슷합니다. 장신에게 이렇게 말했습니다. "당신은 소설이 뭔지 전혀 모르고 있다, 아직 소설을 어떻게 쓰는 건지 배우지도 못한 셈이다." 결과가 어땠을까요? 당연히 한판 논쟁을 피할 수 없었죠. 그러나 나중에 세 사람 모두 시시덕거리며 밥도 같이 먹었어요. 장신이 밥을 샀죠 아마? 요즘도 이런 일이 가능할까요?

자젠잉 요즘은 당신도 대놓고 남을 '씹을' 수 없을 것 같나요?

리퉈 못하죠.

자젠잉 옛날 친구들하고 만난 자리에서도 못하나요?

리퉈 그럴 때도 못해요. 갑작스럽게 그렇게 된 게 아니라 조금씩 진행된 거니까요. 90년대 중반을 시작으로 조금씩 그런 게 보이더군요. 누구의 작품이 안 좋다, 문제가 있다고 말할 때 얼굴색이 이미 달라졌어요. 자기도 그런 말 하는 게 편하지 않은 거죠. 물론 모든 작가 친구들이 그런 건 아닙니다. 예를 들어 옌롄커閻連科 같은 사람은 비판을 받아들일 수 있는 작가예요. 또 요즘 작가들은 만나서 차라리 허튼소리나 하고 앉아 있지 문학 이야기는 부담스러워하더군요. 이런 게 요즘도 적응이 잘 안 됩니다. 그래서 최근에는 작가 친구들과 갈수록 잘 안 만나게 되더군요.

자젠잉 저도 그런 현상을 눈치 챘습니다. 작가가 문학 이야기를 부담스러워하고, 학자가 학술 이야기를 부담스러워합니다. 예를 들어 우리 베이징대학 동문들 모임에서 어떤 이야기가 가장 화제가 될까요? 인테리어, 부동산 따위입니다. 어쨌든 보통은 학술적인 이야기는 하지 않고 토론도 없습니다. 기껏해야 의론만 분분하고 푸념이나 하는 식입니다. 어떤 사람은 어떠어떠하다, 모 총장, 모 서기가 어떻다 카더라는 식으로 몇 마디 하다가 말지 논쟁으로 비화되는 일은 없습니다. 이른바 '허'虛〔실질적이지 않은 일〕에 관련된 문제에는 관심이 없는 거죠. 아마도 토론해 봐야 아무 의미도, 아무런 효과도 없다고 생각하고 실리만 따져 보는 거겠죠.

리튀 그래서 요즘은 친구를 만나도 아무 재미도 없어요. 먹고 마시고 잡담이나 나누다가 그런 게 끝나면 바로 헤어지는 식입니다. 80년대 같았으면 상상도 못할 일이죠. 당시에도 모이고 밥도 먹었지만, 정말로 사람들을 잡아끌었던 건 정치, 철학, 문학에 대한 각종 문제들을 토론하는 거였습니다. 연구해 볼 만한 것은 이러한 모임에서 토론한 내용만이 아니라 이러한 토론이 우정의 성질을 어떻게 규정하였고 어떤 영향을 줬나 하는 점입니다. 물론 거꾸로 돌려서 그게 중국인의 우정이 가진 비범한 성격을 보여 주는 것이라고 말할 수도 있겠죠. 제가 미국에서 살 때 가장 견딜 수 없었던 건 진정한 친구가 없다는 점입니다. 미국 친구들에게 이런 식으로 농담을 할 때도 있었습니다. 우리가 만나면 다정히 포옹을 하고 얼굴을 부비는데, 그러고 나서 내가 5달러만 빌려 달라고 하면 당신 빌려 줄 거냐? 그들은 웃기만 하죠.

자젠잉 그거 말고도 예를 들어 중국 친구들끼리 모여서 밥을 먹으면 자기 먹은 만큼 분명히 계산하여 더치페이로 내는 경우는 거의 없습니다. 물론 그건 우리가 부유한 친구 덕 보는 것에 부담이 없어 돈이 많은 친구가 계산하는 걸 당연하게 생각하기 때문이겠죠. 어느 정도는 사회주의의 유풍이 남아 공돈으로 먹고 마시는 경우도…….

리튀 그렇지만 공돈만 그런 건 아니고, 친구들끼리 밥 사는 게 너무 일상적으로 여겨지기 때문 아니겠습니까? 특히 최근 몇 년 사이 식사 대접 하는 경우가 갈수록 많아지고 있어요. 거의 재난 수준이라 겁날 지경입니다.

자젠잉 그래요. 모두들 돈이 예전보다 많아졌으니까요. 근데 공돈이든 아니든 상관없이 어떤 경계가 분명하게 그어져 있지 않습니다. 친구들 사이에서도 계산하고 가족들끼리도 계산할 건 분명하게 따져야 하는데 말입니다. 미국에서는 그렇게 하지 않는 게 오히려 비정상입니다. 기본적으로 모두 각자 부담하니까요. 미국사회에서는 공사의 경계가 분명하잖습니까. 계약 개념이 보편적이고 사유재산을 신성시하며 개인의 프라이버시가 존중되죠. 그건 문명인이 갖춰야 할 기본 조건입니다. 그런 것에서 많은 중요한 것들이 시작되는 겁니다. 예를 들어 개인영역에 속하는 어떤 일은 다른 사람이 함부로 간섭하지 말아야죠. 이런 문화는 개인의 권리, 책임, 개인적 분투를 강조합니다. 그렇지만 또한 사람들 사이의 거리를 벌려 놓아 서로 소원해졌다는 느낌도 뒤따라옵니다. 그런 게 차갑게 느껴질 때도 없지 않아요. 중국의 전통적인 가족문화가 많은 부분에서 엉망이지만, 따뜻하고 도타운 정감 같은 게 있는 건 분명합니다. 친구들을 불러 모아 서로 돌봐 주는 것에 익숙합니다. 즉 집단의 화합을 강조하는 문화인 것이죠. 이런 점이 모순이에요. 이야기를 하다 보면 중국과 미국 생활의 이런 차이들이 거론되기도 하는데, 왕멍 같은 사람은 이렇게 말하더군요. "미국은 사람 사이가 너무 멀어. 중국은 사람 사이가 너무 가까워. 중국엔 세상천지 안 좋은 게 다 모여 있는데, 단 하나, 무료함은 없지." 제 생각에 그가 말한 '무료함'에는 '떠들썩하지 않음'이란 의미가 들어 있는 것 같아요. 근데 이 '떠들썩함'을 영어로 한번 옮겨 보세요. hot and noisy? 느낌이 완전히 달라지죠. 축구 경기나 디스코를 묘사하는 거라면 몰라도, 일상생활 전반에서 떠들썩하고 시끌벅적한 게 좋다고 말하면 미국 사람들은 아마 질겁할 겁니다. 근데 아시아 도시들은 그렇지 않죠. 제아무리 근대화되었다고 해도 얼마나 떠들썩합니까! 타이베이, 홍콩, 방콕, 도쿄, 사이공(현 지명은 호치민) 등 어느 하나 떠들썩하지 않은 곳이 없죠. 옛날 말로 "번잡한 홍진세상", 요즘 말로 하면 "인기 만빵"인 셈입니다.

리퉈 89년에 미국에 막 도착했을 때 시카고에서 한번은 우체국에 물건을 보내러 갔더랬습니다. 시간을 낭비하기도 싫고 해서 줄을 서서 책을 읽고 있었죠. 고의로 그런 건 아닌데 앞에 서 있던 사람 등에 책이 살짝 부딪혔어요. 그 사람이 고개를 돌려 확 째려보데요. 그러고 나선 앞으로 한 걸음 나가더군요. 무슨 뜻인지 분명했죠. "너무 가까이 붙지 마!" 그 눈빛을 절대 잊을 수 없을 겁니다. 이 사건은 미국에서 거리가 어떤 의미인지 분명히 깨닫게 해주었습니다. 그래서 전 그 뒤로 우체국에서는 절대 책을 보지 않고 거리 유지에만 신경 쓰게 되었습니다. 처음에는 그 거리가 아주 마음에 들었습니다. 우리 중국인들은 한데 뒤엉켜 뭉쳐 사는 데 익숙하다 보니 부딪혀서 상대가 곤두박질 쳐도 신경도 안 쓰잖습니까. 근데 미국에 몇 년 살고 나니까 이 거리라는 놈이 정말 큰 문제라는 걸 알겠습디다. 그런 게 우체국에서 줄 설 때만이 아니라 언제나 일어나는 일이더군요. 원래 사람들 사이에 언제나 이렇게 거리를 유지해야 되는 거였어요. 우리 베이징 사람들이 잘 쓰는 "팔 장八丈의 거리"라는 말은 참을 수 없는 거리를 나타내는 말이잖습니까? 미국에서 그 거리는 "팔 장의 거리"보다 더 멀었습니다. 정말로 견디기 힘들었어요.

자젠잉 그건 정감에서의 거리죠.

리튀 그래요, 정감의 거리예요. 그걸 깨닫고 난 후 제 입장은 크게 바뀌었습니다. 더 이상 사람들 사이의 그 거리를 찬성할 수 없었고, 그것이 문제라는 생각이 들더군요.

자젠잉 당신이 미국의 예를 든 것은 이런 말을 하고 싶어서였던 게 아닐까요? "중국도 지금 그 길에 접어들었다. 그렇다면 중국인들 또한 미국과 똑같은 방향으로 가게 될 것이다." 앞서 말씀하신 부분은 80년대와 현재의 대비인데, 지금 정신적인 측면에서 전통의 파괴를 언급하자마자 미국을 먼저 연상하신 건 혹시 미국이 리더이고, 앞서 가고 있다고 생각해서가 아닌지요. 그래서……

리튀 예 그런 뜻에서 한 말입니다. 94년에 귀국해서 많은 사람을 만났습니다. 사장에서 아르바이트생, 화이트칼라부터 청소부까지 그렇게 많은 사람들이 미국의 생활방식과 문화적 가치가 세계에서 가장 좋고, 가장 진보적이며, 인류의 유일한 선택이고 우리 중국인들의 유일한 선택이기도 하다고 생각하더군요. 그런 게 저를 굉장히 불편하게 만들었습니다. 사실대로 말하자면 미국에 가기 전에는 저 또한 비슷한 생각이 없지 않았죠.

　　예를 들어 보겠습니다. 87년 즈음해서, 혹은 88년인지 기억이 희미한데, 어떤 회의에서 '완전한 서구화' 全般西化인가, '중체서용' 인가에 대한 논쟁이 아주 격렬하게 펼쳐졌습니다. 바오쭌신包遵信이 갑자기 제게 묻더군요. "까놓고 이야기해 보세요, 말 돌리지 말고. 완전한 서구화에 찬성합니까, 아닙니까?" 그의 뜨거운 눈빛을 보고 잠시 주저하다가 이렇게 대답했습니다. "저도 완전한 서구화에 찬성합니다!" 바오쭌신이 그 말을 듣고 기뻐하며 이러더군요. "좋았어요, 그렇담 안심이지!" 사실 그 사람은 학자고 저는 문학비평가인데, 우리 사이에 왕래도 많지 않았는데 '안심'한다는 말에 감동받아 마음이 훈훈해졌습니다. 근데 잠깐 생각해 보니까 자신이 거짓말을 한 것 같아 굉장히 불편해지더군요. 왜냐하면 당시 저는 중국이 '완전한 서구화'를 해야 하는지에 대해 확신이 없었고 분명하게 입장을 정하지 못했으니까요. 이렇게 "거짓말을 했다"는 느낌은 여러 해 저를 불편하게 해서(그렇다고 제가 거짓말을 전혀 안 한다거나 흰소리를 못한다는 말이 아니지만, 이렇게 진지한 문제에 거짓말을 한다는 건 느낌이 좀 다르죠) 울화병이 생길 정도였습니다. 미국에 간 후 머무는 시간도 길어지고 알게 된 문제점도 많아지면서 '미국적인 길'에 대한 의문이 갈수록 많아졌습니다. 정치제도에 대해서는 일단 언급하지 않겠습니다. 그건 상당히 복잡하니까요. 그들의 생활방식, 그들의 문화적 가치만 가지고 논하더라도 문제가 많아 절대 '완전히' 옮겨다 놓아서는 안 됩니다. 더군다나 이 세계에 다른 생활방식이 없는 것도 아니잖습니까. 예를 들어 태국 같은 불교도의 생활방식이라든가, 간디로 대표되는 인도인의 현대생활에 대한 태도 같은 것도 간단하게 부정해 버리거나 함부로 경시할 수 없습니다. '전 지구화'가 위세를 떨쳐 갈수록 우리는 더욱더 그들의 생활방식이 어떠한지, 그들이 견지하고 있는 이상과 가치가 도대체 어떤 의미인지에 주목할 필요가 있습니다. 그렇지만 대부분 이런 문제는 생각하려 하지를 않죠.

자젠잉 소수의 사람들이 주목하고 있긴 합니다. 인도의 경우만 한정시켜 이야기해 봅시다. 얼마 전에 전임 증권감독회 부주석이자 현 사회보장기금 부주석으로 있는 가오시칭高西慶, 부동산업계의 장신張欣과 함께 인도에 대해 이야기를 하게 되었습니다. 최근 인도 경제가 빠른 속도로 성장하고 있는데, 똑같이 발전하고 있지만 중국과 인도의 가치관과 발전

경로는 분명하게 차이가 납니다. 가오시칭은 인도에 대해 비교적 주목하고 높이 사는 편이었지만 장신은 그렇지 않았습니다. 인도는 언급할 가치도 없다, 여전히 부패하고 낙후된 지방으로 사람들도 게으르고 소극적이며 정신상태가 좋지 않다고 생각하더군요. 만약 성공한 중국인들에게 물어보면 아마도 장신과 같은 태도가 더 보편적일 겁니다. 게다가 장신은 경제업계 종사자 중 그래도 문화 문제에 주목하는 몇 사람 중 하나인데도 그렇습니다. 물론 이런 식의 중국과 인도의 비교는 양국의 정치제도나 종교 신앙의 차이를 건드리지 않습니다. 그게 굉장히 중요한 차이이고 경제 형태에 직접적인 영향을 주는 것인데 말입니다. 중국은 경제적인 측면에서는 분명 미국을 본받고 추구하는 목표로 삼고 있으면서 정치체제는 본받으려 하지 않습니다. 인도는 반대로 민주주의 체제이며 대선을 치릅니다. 그래서 마이너 단체의 이익을 전혀 고려하지 않을 수는 없습니다. 그랬다가는 떨어질 테니까요. 종교와 세속적인 문화의 상호관계에 있어서도 양국은 현저한 차이를 보입니다. "중국의 문제는 종교가 너무 약한 것이고, 인도의 문제는 종교가 너무 강한 것이다"라고 말하는 사람도 있을 정도니까요. 그렇지만 이런 문제에 대한 반성에는 항상 어떤 과정이 있습니다. 사람들은 발전이라는 길에 접어든 후에야 발전 이후의 문제를 이해할 수 있는 것 같습니다. 그렇지 않다면 미발전의 문제, 즉 빈곤과 폐쇄의 문제에 더 관심을 두게 마련이죠. 어떤 역사는 우리가 초월할 수 없는 한계를 설정합니다. 아마도 그게 하늘의 뜻이겠죠.

리퉈 주제가 너무 큰 이야기 쪽으로 넘어간 것 같은데요? 원래 주제로 돌아가는 게 좋을 것 같습니다.

자젠잉 좋아요. 우정의 변화, 사람들 사이의 관계의 변화에 대해 계속 이야기합시다.

리퉈 당시 제가 받는 느낌은 매번 귀국할 때마다 우정이 얕아져 왔다는 겁니다.

자젠잉 어느 정도의 시간 간격을 두고 받은 인상인가요?

리퉈 해마다 들어 왔어요. 처음 돌아온 게 94년인데 그때는 아직 좋은 편이었죠. 90년대 말 즈음해서 엉망이 되기 시작했어요.

자젠잉 그 이후로는 갈수록 인정이 옅어져 간 건가요?

리퉈 인정이 옅어져 갔다는 말로는 충분하지 않을 것 같군요. 먼저 감지된 것은 우정의 '맛이 변했다'는 점입니다. 친구는 친구인데, 미약한 힘이나마 서로 돕고 진심으로 대하는 관계는 이미 사라졌어요. 그런 건 더 이상 우정의 내용이 될 수 없었습니다. 왜 그렇게 되었을까요? 따져 들어가 보면 이 또한 간단치가 않아요. 원인이 아주 많습니다. 예를 들어, 당신이 말한 것처럼 여가가 적어졌단 점도 아주 중요한 이유로 거론될 수 있습니다. 한가한 시간이 적어지면서 우정이 생길 수 있는 중요한 조건이 사라졌으니까요. 또 예를 들어 공간적인 조건이 변화되었다는 점도 많은 영향을 주었습니다. 요즘은 친구들끼리 모일 때 집에서 만나는 경우는 거의 없고 대부분 카페에서 약속을 잡잖습니까. 이런 게 공간적인 변화입니다. 친구와 카페에서 만나게 되면서 느끼게 되는 게 어떤 걸까요? 책상다리를 하고 침상에 앉아 있는 것과 같을 수 있을까요? 스타벅스에서 당신이 80년대처럼 친구하고 얼굴이 시뻘게지도록 격렬하게 토론하고 싸울 수 있겠습니까? 어림도 없는 소리예요. 절대 불가능하죠.

자젠잉 당시에는 카페도 없었죠.

리퉈 물론 없었죠. 지금 생각해 보면 이상할 정돈데, 당시에는 자기 집이 모든 친구들에게 개방되어 있었고, 모든 친구들의 집 또한 자신에게 개방되어 있었어요. 밥을 먹고, 수다 떨고, 시를 읽고, 상의하고, 문제를 토론하는 것 등에서 시작하여 선언의 초안을 잡고 플래카드를 쓰는 것까지 거의 모두를 누군가의 집에서 했습니다. 요즘 사람들은 80년대의 지식계가 얼마나 활발했는지, 얼마나 많은 모임과 집회가 있었으며, 또 얼마나 중대한 의제가 이러한 모임과 집회에서 논의되었는지에 대해 상상하기조차 힘들 겁니다. 요즘 사람들은 당시 그 많은 집회가 모두 자기 집에서, 혹은 친구의 집에서 진행되었다는 걸 상상도 못할 거예요.

생각해 보면, 당시에는 (공공영역이라고 할 만한) 활동장소가 정말로 적었어요. 물론 완전히 없었던 건 아니죠. 예를 들어 당시 『독서』에서 매월 한 차례 진행한 '독서의 날' 讀書日 활동 같은 걸 떠올릴 수 있을 겁니다. 이 독서의 날이란 게 사실 정말 책을 같이 읽는 건 아니고, 차 한 주전자에 의자 몇 개 갖다 놓고 모두들 모이는 거였습니다. 당시에는 꽤나 거창한 모임이었기 때문에 매번 제법 많은 사람들이 왔습니다. 교통상황도 요즘 같지 않아 굉장히 불편했잖습니까. 멀리 사는 사람이 많았지만 택시 잡을 돈도 없고 해서 차오네이다제朝內大街 거리에 있는 『독서』 편집부까지 모두들 몇십 리를 자전거로 달려왔죠. 천핑위안 같은 사람은 당시 베이징대학에서 살고 있었으니 얼마나 멀었겠습니까! 또

독서의 날이 아닐 때도 많은 사람들이 『독서』 편집부에 종종 모여서 이야기를 나누기도 했습니다. 지나가다가 들르기도 하고, 밥을 먹으러 가기도 하는 식으로 자기 집 드나들듯 했던 거죠. 이야기를 하다 보니 판융范用 선생이 그리워지네요. 그분은 제가 편집부에 가기만 하면 사무실로 청해 커피를 끓여 주곤 했습니다. 우빈吳彬, 양리화楊麗華 등도 따라 들어와 같이 마셨죠. 정말로 화기애애한 분위기였어요. 판융 선생은 출판계의 대선배이잖습니까. 저는 사실 그분과 깊이 사귄 적도 없고, 둘이 함께 흉금을 털어 놓을 기회도 거의 없었습니다. 그분이 왜 그렇게 자주 저에게 커피를 대접했는지 지금도 저는 잘 모르겠습니다. 여러 해가 지났음에도 그 시절을 회상해 보면 여전히 따뜻한 온정이 느껴집니다.

자젠잉 그래요. 저도 '독서의 날'에 대한 따뜻한 기억이 있습니다. 대부분 선창원 선생이 『독서』의 주편으로 있던 90년대 이야기지만요. 언젠가 있었던 자그마한 토론회가 생각나네요. 당신이랑 추이즈위안崔之元, 레이이雷頤 등이 있었죠. 당시 선창원 선생이 차를 우려 대접하는 따위의 일을 직접 하면서 젊고 늙은 학자들이 격렬하게 논쟁하는 걸 웃으면서 듣고 있었어요. 당시 저는 감동스럽기도 하고 놀랍기도 했어요. 중국에 이렇게나 허세를 부리지 않는 노선생이 또 있을까? 그 장면은 여전히 제 마음에 간직되어 있습니다. 그 전통은 여러 해 계속되었지만, 진지한 토론 분위기는 여러 가지 이유로 조금씩 사라져 가 학술계의 많은 친구들이 애석해 하고 있습니다.

리튀 당시 친구들의 모임에 이용되던 아주 특별한 방식이 하나 있습니다. 바로 회의를 이용하는 거죠. 80년대에는 관방에서 조직한 회의가 상당히 많았는데, 그런 회의에서는 의견을 발표할 때 많은 제약이 따랐습니다. 그러나 누구도 개의치 않았죠. 회의가 끝나 방으로 돌아가면 진정한 토론과 논쟁이 시작되니까요. 잠도 잊은 채 말입니다. 제 생각에 80년대를 거쳐 온 사람들은 이렇게 뜨거운 장면을 누구나 기억하고 있을 겁니다. 재미있게도 이런 '회의 속의 회의' 혹은 '회의 뒤의 회의'에서는 평소의 우정이 주요한 요소가 됩니다. 그게 누구 방으로 가서, 어떤 그룹의 토론에 참가할 것인지를 결정하죠. 이런 게 80년대의 '공공영역'인 셈이겠죠? 제 생각에 이것은 아주 특수한 방식의 공공영역으로, 당시 지식계가 만들어 낸 중요한 창조의 하나입니다. 이 창조의 중요한 의의를 역사학자들이 충분히 주목하게 되기를 바랍니다. 왜냐하면 이러한 공간이 없었다면 '신계몽'은 말할 것도 없고, 주로 관방에서 추동하던 '사상해방' 같은 것도 거의 발전할 수 없었을 것이며, 생겨날 수도 없었을 테니까요. 당시에 사람들의 마음을 격동시켰고 훗날 사회를 뒤흔들었던 사상은 사실 이러한 '회의 속의 회의'와 '회의 뒤의 회의'에서 배태되고 논의되었으며 전파되었던 겁니다. 때문에 80년대를 회고함에 있어 이처럼 특수한 공공영역에 대해 연구할 가치가 있습니다. 그 속에는 음미해 볼 만한 많은 것들이 내장되어 있으니까요. 당신이 좀 전에 거론한 프라이버시도 마찬가집니다. 80년대 중국에는 그런 게 없었습니다. 그러나 프라이버시의 결핍은 바로 그 당시 '공공영역' 형성의 조건이기도 했습니다. 그런데도 우리가 연구하고 생각해 볼 만한 가치가 없는 것일까요? 그 속에 연구할 만한 중요한 이론적 문제가 없는 것일까요?

프라이버시가 없다는 점에 대해서는 몇 가지 예를 더 들어 보겠습니다. 한번은 한밤중에, 12시가 넘은 시간이었는데 갑자기 쾅쾅 하면서 누군가 문을 두드리는 겁니다. 저와 장난신은 이미 누워서 잠이 들었는데, 누가 문을 두드리는 걸까요? 당시 12시에 노크하는 것도 그다지 이상한 일은 아니었습니다만, 그렇게 세게 두드리는 건 조금 이상하게 생각되더군요. 누군지 물어보니까, 장청즈張承志더군요! 우리가 물었죠. 무슨 일인데? 그러니까 "잠자리에 들었느냐?"고 묻더군요. 우리가 잠자리에 들었다고 하니까, "빨리 옷을 입어라, 급한 일이다!"라고 하더군요. "글쎄 무슨 일이냐니깐?" "당신네 집에 혹시 『마틴 이든』 없나?" "그 책 가지고 뭘 하려고?" 알고 보니, 당시 장편소설 『금빛 목장』金牧場을 집필할 때인데, 스무 날을 넘게 궁리를 해봐도 적당한 서술 언어의 리듬을 찾지 못하고 있다가 갑자기 『마틴 이든』의 서술방법이 참고할 만하다고 생각되었다더군요.

자젠잉 (웃으며) 잭 런던의 『마틴 이든』 말인가요?

리튀 예. 집에 그 책이 있었기 때문에 우리는 옷을 입고 일어나 찾기 시작했습니다. 그 당시 방은 작은데 책이 너무 많아 찾느라 진땀을 흘렸지만 그래도 결국 찾아서 건네줬습니다. 근데 책을 찾아다 줘도 가지를 않길래 또 한참을 이야기했습니다. 네가 찾으려는 서술 리듬은 어떤 거냐, 왜 느낌이 안 사는지 모르겠다는 등등.

자젠잉 당신 집 근처에 살았던가요?

리튀 가까웠죠. 걸어서 15분 정도니까요. 당시 주웨이, 장청즈, 허지원何志雲하고 우리 집, 이렇게 네 집이 가까이 살았습니다. 정완룽과도 그리 먼 편은 아니었습니다. 그는 차오양먼朝陽門 안의 베이샤오제北小街 거리에 살고 있었죠. 이렇게 몇 집끼리는 당시 왕래가 너무 잦았어요. 한번은 저랑 장청즈, 정완룽, 천젠궁 이렇게 넷이서 저녁 어스름에 만났는데, 여름인데 갈 곳도 없고 해서 어슬렁거리면서 이야기를 나누다가 그냥 길가에 걸터앉아 이야기를 이어 갔어요. 우리 집 건물 밑에 있는 그 길가였죠. 밤늦도록 이야기하다 보니 배가 고프데요. 먹을 것도 없는데 어떡하나? 당시에 어디 밤참 파는 데라도 있었나요? 길옆에 수박 좌판이 보이길래 하나 사서 그 자리에서 수박을 퍽 하고 쪼개서 나눠 먹었죠. 그때 이야기한 시간이 상당히 길었던 것 같고, 줄곧 문학을 토론했습니다. 나중에 헤어질 때는 이미 날이 밝아오고 있더군요. 지금 시각으로 보면 장청즈가 심야에 우리 집 문을 두드린 것이나, 작가 몇이서 길가에 앉아 문학을 토론한 것이나 모두 너무 프라이버시가 없는 것 아닙니까? 그렇죠? 근데 만약 프라이버시를 서양인의 표준에 부합될 정도로 강조한다면 그게 초래할 문제 또한 심각합니다. 우선 생각할 수 있는 문제가 우정입니다. 그렇게 진지하고 뜨거운 우정이 있을 수 있을까요? 물론 이 문제는 아주 복잡합니다. 제 말뜻을 잘 이해하셔야 되는데, 저는 프라이버시가 없는 게 무조건 좋다고 말하는 게 아닙니다. 그런 뜻이 아니죠. 그건 두 가지 극단입니다.

자젠잉 어떻게 밸런스를 찾을 것인가의 문제겠죠.

리퉈 그래요. 어떻게 균형을 찾을 것인가? 우정이 파괴되지 않도록 할 것인가? 사회적 융합을 어떻게 형성할 것인가, 사람과 사람 사이의 신용과 인정을 어떻게 쌓을 것인가, 혹은 모종의 공공영역을 어떻게 축조할 것인가의 문제를 막론하고 우정은 없어서는 안 될 하나의 마디이며 층위입니다. 저는 그것의 중요성을 아무리 높게 평가해도 과도하지 않다고 생각합니다. 그러나 사회학, 인류학에서도 그렇고 문화연구에서도 마찬가지인데, 당대 도시문명 형태와 사회문화 구조를 연구할 때 이러한 측면은 충분히 주목되지 않습니다. 하나의 맹점이 되어 있죠. 또한 문제를 조금 더 축소시켜 문학과 예술의 창작과 발전의 측면에서만 살펴봐도, 우정과 우정이 형성한 특수한 공간적 분위기(진지하고 따뜻하며, 서로 지지하고 또 서로 비판하는)는 굉장히 소중한 것이며 심지어 없어서는 안 될 조건이라고 말할 수 있습니다.

많은 사람들이 19세기 러시아와 프랑스의 작가, 화가, 음악가, 그리고 20세기의 모더니즘을 거론할 때 항상 어떤 대가의 장점은 뭐고 단점은 뭐라는 식으로 말하면서 그들의 성취가 어떤 조건하에서 이뤄졌는지는 종종 무시하거나 전혀 보지 못하곤 합니다. 그건 바로 그들의 생활을 관철하고 있는 우정의 환경입니다. 요즘 사람들은 파리 라틴 지구의 살롱이나 뉴욕 그리니치 빌리지로 여행갈 때 대부분 그곳이 어떤 역사적 유적인 양 참관하고 추모합니다. 누구누구가 여기서 살았고, 누구는 여기서 술을 마셨다는 따위는 알지만, 만약 이런 곳에서 활동하던 친구 그룹이 없었다면, 그리고 그 작은 그룹의 우정이 없었다면 그렇게 위대한 시와 소설은 태어날 수도 없었을 거라는 점에 대해 생각하는 사람은 거의 없습니다.

저의 이런 시각이 너무 극단적이라고 생각할지도 모르겠습니다만, 제가 느끼는 바로는 유럽이든 미국이든 20세기 후반에 이르러 문학이 전체적으로 내리막길을 걷고 있고, 좋은 작품과 작가가 갈수록 적어지고 있는데요, 물론 원인은 다양할 것입니다. 그러나 그 중 하나의 원인으로 2차 대전 이후 발전하기 시작한 현대 자본주의(혹은 후기 산업사회?)가 과거와는 완전히 다른 사회생활과 생활방식을 만들어 냈다는 점을 지목할 수 있습니다. 이러한 생활방식에서는 슈타인 부인의 응접실도, 소호와 같은 가난한 예술가의 작업실도 존재할 수 없거나 다른 의미로 퇴색되어, 더 이상은 작가와 예술가의 우정의 유대를 이어 줄 수 없게 되며, 더욱이 그들의 격정과 영감의 원천은 바랄 수도 없게 됩니다. 따라서 글쓰기, 창작, 사고 같은 작업이 모두 황야에 홀로 남겨진 사람의 고독한 행위가 되어 버리는 것입니다. 그것이 문학과 예술의 발전에 초래한 손실은 정말이지 짐작하기도 힘들 정도입니다. 당신은 미국에서 여러 해를 살았으니, 이러한 생활방식과 문화적 가치의 변화에 대해 저보다 더 잘 이해하고 계실 거라 생각됩니다. 뉴욕은 이런 쪽으로는 어떤 상황인가요?

자젱잉 오늘 점심 때 선솽沈雙이랑 밥을 먹으면서도 뉴욕에서 생활할 때의 느낌을 같이 잠깐 이야기하기도 했는데요. 저는 뉴욕을 굉장히 좋아합니다. 80년대 중반에 거기서 대학을 다녔고 80년대 후반에는 거기서 일을 하기도 했으며, 지금도 거기 살림을 차려 놓고 있어 새롭고 오랜 친구들이 적지 않습니다. 감성적으로 베이징이 영원한 저의 고향이라면 뉴욕은 제2의 고향입니다.

그러나 뉴욕에 대한 제 느낌은 상당히 복잡합니다. 뉴욕은 리듬이 빠르고 긴박하며, 대부분이 이익을 따지고 또 신경질적입니다. 도시가 크다 보니 온갖 사람과 사건으로 넘쳐 나 웬만한 일에는 놀라지도 않아요. 그러다 보니 어떨 때는 친구끼리의 왕래도 조금 딱딱하고 cut and dry[틀에 박힌]하게 변했다는 느낌도 없지 않습니다. 이런 식의 우정은 우려 내는 것이 아닙니다. 차를 우리듯 우정을 우려 낼 여유를 가진 사람은 아무도 없습니다. 퇴직한 사람들 정도가 그런 여유를 가지고 있겠죠. 물론 스트레스와 여유 둘 다 창조적인 작업을 자극할 수 있습니다. 여유만 있고 아무런 스트레스도 없다면 아마도 나태와 빈둥거림이라는 결과뿐일 것입니다. 그러나 뉴욕에서의 삶은 전반적으로 여유보다 스트레스가 많다고 생각됩니다. 그게 아웃사이더라는 저의 신분 때문이라고 생각되지는 않습니다. 뉴욕의 절대다수가 아웃사이더니까요. 뉴욕은 사람들을 흥분시키고 자극하는 게 너무 많아요. 문화적으로도 충분히 축적되어 있습니다. 번쩍이는 거대한 무대가 마련되어 있으니 각종 재미난 사람들이 다재다능한 연출을 하는 것이죠. 그렇지만 뉴욕 사람들은 또한 세상물정에 아주 밝아 모두들 신중하게 거리를 유지하고 분수를 지키려 애씁니다. 수많은 고독한 사람들을 쉽게 발견할 수 있지만 해결할 방법은 없습니다. 그건 현대도시의 부산물이라고 해야겠죠, 이른바 인간관계의 '낯설게 하기 효과'라고 할 수 있을 겁니다. 80년대의 베이징은 사실 현대도시와는 좀 거리가 있습니다. 여전히 그렇게 시골스러운 순박함을 간직하고 있었으니까요. 베이징이 가지고 있던 편협함과 귀여운 구석은 모두 거기서 생겨난 것이죠.

리퉈 당신은 아주 중요한 지점을 살펴 주셨습니다. 그것은 현대도시의 문명 형태, 사람들의 생활방식에 대한 규정이라는 큰 문제와 관련되는 것입니다. 이전에 우리 대부분은 도시의 현대화와 현대도시에 대해 큰 기대를 안고 있었습니다. 현대화되어야만 많은 문제를 해결할 수 있다고 생각한 것이죠. 예를 들어 우리는 유럽과는 달리 카페가 많지 않아서 공공영역의 발전이 제한받고 있다는 식으로요. 그러나 카페가 최근 중국에 많이 생겨난 후에도 공공영역의 형성에는 아무런 작용을 하지 못했습니다. 반대로 그게 현대적 소비주의 생활방식의 온상이 되어 우리가 앞에서 이야기한 것처럼, 우정을 촉매로 형성된 중국적 특색의 공공영역을 상당 정도 파괴해 버렸어요. 물론 그 내부 사정은 아주 복잡해서 한마디로 정리할 수 없지만요.

　　일례로 저는 상하이 사람들의 카페나 바에 대한 이해가 순 엉터리라고 생각합니다. 상하이의 헝산루衡山路 거리를 당신도 가 봤지요? 그

거리에 즐비한 카페와 바는 상당히 대표성을 띠고 있는데, 마치 그들이 상상하고 있는 파리나 뉴욕의 부자 동네를 비슷하게 모방한 게, 한마디로 상류사회만을 위한 소비공간인 것처럼 카페와 바를 꾸며 놨습니다. 당신도 아시다시피, 그건 서구의 카페나 바 문화와는 너무 거리가 있습니다. 미국만 놓고 봐도 고급 바가 없는 건 아니지만(주로 호텔에 있죠) 대부분의 카페와 바는 일상적인 소비 공간입니다. 바bar라고 해도 대부분은 샐러리맨이나 평범한 노동자들이 즐겨 찾는 펍pub이죠. 쉬면서 노가리나 까고 술 한 잔 하면서 여자 꼬시는 그런 편안한 곳 말입니다. 근데 상하이에서는 이렇게 하층 노동자나 가난한 지식인이 모여서 쉬어 갈 공간은 찾을 수가 없습니다. 그곳의 대문은 한두 푼으로 열리는 게 아니거든요. 그래서 상하이 친구에게 이런 말도 했더랬어요. 너희 동네 바들은 중국식도 아니고 서양식도 아닌 게 아주 독특해. 근데 그것이 가진 부르주아적인 특성은 아주 분명히 보여 주고 있더군. 문을 열고 들어가면 큰 소리로 이야기할 수도 없고, 호탕하게 먹고 마실 수도 없으며 여럿이서 토론하는 건 꿈도 못 꾸잖아. 어쨌든 미국의 많은 도시에 있는 바라든가 런던, 베를린의 평범한 펍과 다른 것만은 분명하죠. 물론 이런 양상이 상하이만의 특징은 아닌 게 베이징만 해도 최근에는 상하이와 어깨를 나란히 하고 있어요.

 요컨대 새로운 모임 공간에선 전통적인 우정을 받아들일 수가 없습니다. 예를 들어 우리가 적당히 아무 바에나 찾아 들어가 80년대처럼 얼굴이 시뻘게지도록 논쟁을 벌일 수 있겠습니까. 장소가 적절하지 않고 분위기가 그게 아니에요, 안 그런가요? 예전에 우리 둘이서 상하이 거리를 쏘다니면서 얼마나 많은 문제를 토론했습니까? 기억나시죠? 그 당시엔 어디 앉아서 쉴 만한 곳도 찾기 힘들었잖습니까. 끽해 봐야 간판대에서 시원한 음료수나 사 먹을 수 있었죠.

자젠잉 당연히 기억하죠. 온 거리를 뒤져 아이스케키 하나 사 먹었잖습니까.

리퉈 (상하이말을 흉내 내며) 아이스 께~끼! 어찌 되었든, 누군가 천만 가지 이유를 대며 지금의 삶이 얼마나 크게 변했는지, 얼마나 좋아졌는지를 외친다 해도 우리네 삶에서 우정이 없다면 그러한 변화와 개선은 문제가 있으며, 문제의 정도가 아주 심각한 것이라 계속 따지고 토론할 필요가 있습니다. 황핑黃平이 어떤 논문에서 '삶의 질'이라는 개념을 강조한 바 있습니다. 당신에게 자동차도 있고 집도 있고 고급 화장실도 있고 뭐든지 다 있다고 해도 당신의 삶의 질이 그에 따라 높아지는 것은 아니며 오히려 떨어질 수도 있다는 논조였죠. 이런 식의 관점이 아주 중요합니다. 바로 인간과 근대화의 관계를 드러내는 중요한 척도의 하나를 제공하고 있기 때문입니다. 이런 시각에서 보면 근대화가 우리 삶의 질을 높이는 것만은 아니며 오히려 삶의 질을 떨어뜨리는 경우도 종종 있습니다. 예를 들어 우정, 애정, 혈육 간의 정 같은 것은 모두 삶의 질을 구성하는 중요한 요소인데, 근대화는 이런 측면을 전혀 고려하지 않습니다. 그래서 그날 우리가 류거劉歐의 집에서 모였을 때 마치 우리가 80년대의 친구들 무리 속으로 돌아간 느낌마저 들었습니다. 류거는 이미 변호사 사무소의 공동 경영인이니 성공한 축에 속합니다만, 그 또한 변호사 생활에서는 우정이란 게 너무 결핍되어 있다고 생각한 것 같습니다. 그래서 옛 친구들을 불러 모아 추억에 젖어 본 거죠. 요즘 들어 이러한 '추억'에 대한 충동은 사실 류거 한 사람만 가지고 있는 게 아니라 우리 옛 친구들 모두가 어느 정도 공유하고 있는 것입니다.

자젠잉 그래요. 얼마 전에 12시가 넘은 야밤에 쑨리저孫立哲가 저에게 전화를 한 적이 있습니다. 그 또한 80년대의 옛 친구들 중 하나인데, 급한 일이라며 누구 한 사람 소개해 달라고 하더군요. 그게 류거였어요. 우선 저는 아무렇지도 않다는 듯이, 어이 친구, 이렇게 늦게 나한테 전화한 걸 보니 엄청 중요한 일인가 보지? 라고 튕긴 다음 류거에게 전화를 했더니 아주 시원스레, 나 지금 사무실에 있으니까 일루 넘어와! 라고 하더군요. 결국 세 사람이 한밤중에 류거의 사무실에서 만나게 되었습니다. 그런 상황에서 누구도 다음과 같이 딴죽을 걸거나 하지는 않았어요. "에이, 뭐야 이게? 이 시간에 무슨 변호사니 소송이니 이런 걸 논하다니 말이 돼? 너무 프로답지 않잖아. 그냥 내일 아침에 우리 사무실 비서에게 전화로 시간 예약하는 게 좋겠다."

리퉈 요즘은 우정이 갈수록 사라져 가고 있기도 하지만, 우정을 이용해서 이익을 도모하는 사람도 있다는 사실에 참담할 지경입니다. 94년에 제가 막 베이징에 돌아왔을 때 친구 등쳐먹는 이야기를 듣고 정말로 놀랐던 적이 있습니다. 예를 들어 자기가 산 강아지가 병이 났습니다. 족보가 있는 강아지였는데, 친구에게 넘기면서 이 강아지가 얼마나 좋고 어떤 족보의 명견인데 얼마나 순종인지 따위를 구라 쳤어요. 결국 그 친구는 병든 강아지를 산 꼴이 되어 버렸고요.

자젠잉 또 친구에게 돈을 빌릴 때…….

리퉈 빌렸다가는 갚지를 않죠. 그건 좀 아둔하게 '친구 등쳐먹는' 방식입니다. 제 생각에 친구 등쳐먹는 현상이 나타난 건 상당히 중요한 상징적인 사건입니다. 이런 현상의 출현은 비단 친구 사이에 의심이 끼어들었다는 문제뿐 아니라 우리 삶의 윤리적인 기초가 붕괴되었다는 걸 보여 주니까요. 만약 삶이 한 그루의 나무라면, 지금 이 나무는 가지에 벌레가 먹고 병이 들었을 뿐 아니라 뿌리마저 썩어가기 시작했다고 할 수 있습니다. 아직은 벌레가 먹어 나무속이 텅 비었다거나 벌써 죽었다고 말하기는 힘들겠지만 이파리가 누렇게 말라 있고 생명이 위급하여 걱정스러운 것이 사실입니다. 『논어』에서 시작하자마자 처음 하는 말이 "유붕이 자원방래하니〔멀리서 벗이 찾아오니〕 즐겁지 아니한가!" 아닙니까? 이 '즐거움'은 어떤 '즐거움'입니까? 그 말의 무게는 얼마나 됩니까? 살아가면서 그 말이 어떤 의미를 가져다주나요? 오늘날에는 많은 사람이 벌써 그걸 체험할 수 없게 되어 버린 것 같습니다. 공자는 친구의 의미를 이야기하면서 특히 '정직한 벗' 友直, '믿음직스러운 벗' 友諒, '견문이 풍부한 벗' 友多聞을 강조한 바 있습니다. 즉 정직, 신의, 견문이라는 품성이 우정의 실천에서 얼마나 중요한 것인지를 강조한 것이죠. 그건 우연적인 게 아닙니다. 많은 고전 희곡이나 소설에서 친구 간의 '생사를 같이하는' 감동적인 이야기가 있는 것도 어쩌다 보니 그런 게 아니에요. 그런 것들이 중국인의 우정에 스며들어 있으며, 중국의 윤리적 생활에 있어 굉장히 중요한 지위를 차지하고 있어요. 그것은 있어도 되고 없어도 되는, 혹은 많아도 되고 적어도 되는 사회적 관계가 아니라, 중국의 윤리체계와 사회구조에 있어 절대로 없어서는 안 되는 측면이 우정이라는 것을 말해 줍니다.

　　근대사에서 '반봉건'은 시종 관철되던 구호의 하나였습니다. 5·4운동, 민국 시기뿐 아니라 공산당이 영도한 혁명에서도 중국의 전통적인 도덕과 윤리 체계는 맹렬한 비판을 받아 왔습니다. 특히 옛 '왕도' 질서와 관련된 봉건적 신분제도와 윤리 관념은 더욱 심한 비판을 받아야 했죠. 임금은 임금답게, 신하는 신하답게, 아버지는 아버지답게, 자식은 자식답게〔君君臣臣父父子子〕 같은 생각들은 철두철미하게 파괴되었다고 말할 수 있습니다. 그러나 상대적으로 봐서, 당연히 상대적으로만 이야기할 수 있겠지만, 백여 년의 거센 비판과 파괴에도 불구하고 전통문화 중에서 가장 적게 파괴된 부분이 우정이라는 관계였다고 해야 할 겁니다.

자젠잉 5·4운동, 민국 시기에는 비교적 적게 파괴되었다고 한다면 저도 동의할 수 있습니다. 그러나 이후로는 달라졌죠. 충효인의라는 전통 윤리의 기둥을 파괴한 후, 충성, 복종, 신용, 선행 등에 대해 혁명적인 재구성을 진행하여, 임금에 대한 충성을 마오에 대한 극단적인 충성으로 변화시켰고, 의義는 혁명의 대의로 변화시켜 버렸습니다. 예를 들어 부친, 남편, 친구에게는 불복종해도 되지만 혁명에는 복종해야 한다, 혁명의 이익은 모든 것보다 높다는 식의 태도가 형성된 거죠. 그렇다면 아버지를 배반하고 남편을 배반하며 자기 친구를 팔 수도 있습니다. 그가 만약 혁명을 배반했다고 생각되면 말입니다. 계속되는 운동의 와중에서 친구에게 타격이 되는 '작은 보고'를 하거나 단상에 올라 친구를 비판하던 사람이 얼마나 많았습니까! 그런 행위가 반드시 순결했던 것은 아니었고 이기적인 동기에 의해 추동된 것도 많을 겁니다. 그 시절에 '붉음'紅이 중요한 이익의 원천이었으니까요. 혁명적일수록 '붉은 이익'이 많아졌었죠. 결국 위에서 아래까지 서로 경계하였고, 모두들 상대에 대해 방어적이 되고 서로 조심하여 인심이 보루처럼 단단하게, 혹은 창칼처럼 날카롭게 변했는데 어떻게 신용을 이야기할 수 있겠습니까? 제 생각에 오늘날의 중국사회에 이렇게 심각한 신용과 도덕의 위기가 오게 된 것은 '계급투쟁'의 문화 및 지금껏 계속되는 이데올로기적 허위와 깊은 관련을 가지고 있습니다. 먼저 인심이 이미 파괴되고 부패되어 있었던 데다, 그에 더하여 상업적인 규범도 없고 법규까지 제대로 갖추지지 않았던 거죠. 그런 게 아니라면 왜 미국처럼 상업화한 사회에서 우리처럼 속이고 등쳐먹는 기만이 보편적이지 않은 걸까요? 물론 이 문제에 있어 우리 사이에 이견이 있을 수 있겠습니다. 당신이 말하려고 했던 게 '5·4' 이후인가요?

리퉈 '5·4' 이후입니다. 그래서 우정은 그렇게 오랜 혁명과 전란을 겪은 중국사회가 여전히 과거, 역사와 연결될 수 있는 굉장히, 굉장히 중요한 맥락의 하나라는 말입니다. 그런데 지금 이 맥락은 동요되고 와해될 날이 멀지 않은 것 같습니다. 때문에 저는 아주 심각한 일이라고 생각하고 있습니다. 제가 베이징에 돌아와 보니 친구 사이가 예전 같지 않더라, 이건 개인적인 사소한 일일 수도 있습니다. 문제는 어떤 감이 온다는 겁니다. 바로 우리가 좀 전에 이야기한 미국에서 느꼈던 그 감 말입니다. 중국이 곧 미국처럼 변할 수도 있다, 사람 사이의 거리가 그렇게 멀게, 우체국에서 줄을 서는 것에서 시작하여 정감의 거리에 이르기까지 그렇게 멀게 유지하려고 신경 써야 한다면 좀 문제가 된다는 말이죠.

자젠잉 80년대의 옛 친구들뿐 아니라 '신인류'라고 할 수 있을 젊은 세대의 우정과 사랑, 믿음도 문제가 있는 것 같다고 말씀하셨는데요.

리퉈 심각하죠. 예를 들어 친구들끼리 쓰는 '형제' 哥們儿라는 말을 한번 살펴봅시다. 형제라는 개념에는 믿음, 즉 무조건적인 믿음(이른바 "생사를 같이 한다"는 말이 이 믿음의 가장 높은 경지겠죠)이라는 요소가 있습니다. 자매간이든 형제간이든 마찬가지인데, 일단 형제가 되고 나면 가장 기본적인 요구가 서로 간의 믿음입니다. 그렇죠? 근데 신인류, 신신

인류, 신신신인류 같은 세대에게는 서로 간에 이런 믿음이 생겨날 것 같지가 않습니다. 그들이 믿음을 원하지 않는다거나 믿을 줄 모른다는 말이 아닙니다. 뭐냐 하면 믿음의 조건이 그들의 삶에서 파괴되어 있다는 말입니다. 예를 들어 우정을 이야기할 때 절대적인 믿음의 한 가지 조건은 자기 자신의 어떠한 이익도 자기 형제, 친구 사이의 이익보다 낮아야 한다는 것입니다. 물론 실제 생활에서 에누리야 있겠지만 최소한 우정의 실천에 있어 그것이 하나의 이상이 되어야 합니다. 문제는 이러한 이상이 이제 전혀 불가능하게 되었다는 점입니다. '경쟁'과 '개인적 가치'의 의미를 황당할 정도로 왜곡하고 있는 작금의 세상에서는 유행하고 있는 문화적 가치와 도덕적 기준이 이러한 이상을 근본적으로 배척하고 있으니까요.

자젠잉 상업화도 원인의 하나인가요?

리퉈 당연히 포함되죠. 상업화는 결코 경제적 영역에 국한되는 게 아닙니다. 루카치가 제대로 꿰뚫어 보고 있듯이 상품형식은 "사회생활의 모든 영역에 삼투하여, 자신의 형상에 따라 그것들을 변형"시킵니다. 지금 그런 격렬한 변형이 우리 눈앞에서 매일 일어나고 있지 않습니까? 최근 20년간 중국은 '대약진' 했지만 그건 시장경제 건설에서의 대약진에 불과합니다. 그 중 중요한 변형의 하나로 계약관계의 성립을 들 수 있습니다. 시장경제에 계약이 빠질 수 없죠. 계약관계는 상업사회의 근간이라고 말할 수 있으니까요. 그런데 많은 사람이 주의하지 않고 있는데, 상업 계약의 원칙은 지금 이미 상업 활동을 넘어 우리네 일상생활 속으로 침투해 있습니다. 가장 분명하게 드러나는 게 사랑과 결혼이 계약관계로 맺어지고 있으며, 갈수록 많은 사람들이 그걸 너무 당연한 것으로 받아들이고 있다는 점입니다. 또 친구들 사이에서도 계약의 원칙이 요구되기 시작했습니다. 네가 내게 어떤 걸 주면 나도 네게 어떤 걸 줄게, 라는 식의 보이지 않는 계약관계에 묶여 있습니다. 친구 사이에도 '윈윈'을 추구하여 '윈윈'이 우정 속으로 들어와 버렸습니다. 그런데 '형제'라는 개념에서는 윈윈을 요구할 수가 없습니다. 한쪽이 '엄청난 손해'에도 불구하고 친구를 돕는 게 다반사니까요.

자젠잉 "친구를 위해 양 옆구리에 칼을 꽂는다." 이 말도 자기 몸에 칼을 꽂는다는 말이잖아요.

리퉈 그렇죠. 자기 몸에 칼을 꽂는 것이지 남을 찌르는 게 아니죠.

자젠잉 흠, 그렇지만 그건 무협소설이라면 몰라도 실제 생활에서 자주 보기 힘든 장면인 것 같은데요. 금방 말씀하신 결혼과 연애에 있어서도, 사실 요즘도 여전히 많은 애정소설들이 오랜 이상을 찬양하고 있습니다. 이런 현상에도 주의하고 계신지 모르겠는데, 많은 유행소설, 특히 젊은 인터넷 작가들이 쓴 소설, 예를 들어 궈징밍郭敬明의 「꽃이 얼마나 졌는지」花落知多少, 『환성』幻城 같은 소설은 모두 순정을 노래한 것으로, 진실한 사랑true love에 대한 감상적이고 목마른 듯한 환상으로 가득 차 있습니다. 등장인물은 모조리 미소년이고, 하나같이 의리를 중시하고 지극히 순수하게 단 한 사람만을 영원히 사랑합니다. 통속문학은 종종 우리에게 부족한 뭔가를 제공하여 달콤한 꿈을 대신 꾸어 줍니다. 애들을 위한 동화처럼 말이죠. 때문에 이러한 작품들 또한 현실생활의 결핍에 대한 보충이라고 볼 수 있습니다. 젊은 세대들도 사랑이 어떤 의미에서는 일종의 생리적인 화학반응일 뿐이며, 절대적으로 영원히 하나만을 바라보는 게 아니라 사랑과 결혼이 계약관계에 불과하다는 걸 잘 알고 있으니까요. 정말로 "당신 손을 잡고 영원히 해로하고 싶어요"를 꿈꿀 수도 있지만 몇 년 지나 감정이 변하면서 견딜 수 없다 싶으면 바로 헤어지는 거죠. 인간이란 이처럼 복잡하고 민감하며 어리석고 자기모순적인 동물입니다. 개방적인 연애관을 받아들여 자유연애의 즐거움을 향유하면서, 동시에 영혼의 반려자, 절대적인 신뢰, 영원한 믿음을 갈구하니까요…….

리퉈 믿음은 사실 굉장히 오래된 문제입니다. 일낙천금一諾千金! 이 말은 과거에는 아주 평범하게 쓰이던 말이었는데, 요즘 사람들은 그 '천금'의 무게가 어느 정도인지도 잘 모르게 되어 버렸죠. 『춘추좌전』을 뒤적여 보면 사람을 믿을 때 어떻게 해야 하고 남들에게 불신을 받으면 어떻게 해야 하는지에 대해 많은 이야기를 할 수 있어요. 몇 년 전에 톈친신田沁鑫이 연극 〈조씨 고아〉趙氏孤兒*를 연출했는데, 보셨는지 모르겠네요?

자젠잉 봤습니다. 내용적으로는 감독이 세부를 완전히 장악하고 있지 못하고 어떤 표현은 혼란스럽다고까지 생각되기는 했지만, 그녀가 장면과 구도에 능한 것은 분명했고, 대화나 줄거리는 정서가 짙게 배어든 의식의 흐름 기법으로 표현하여 아주 감성적이었습니다. 무대나 복장, 동작 등은 전통적이면서도 현대적이었으며, 형식미가 강하여 표현주의

---

* 중국 전통희곡 중 대표적인 비극의 하나인 〈조씨 고아〉는 원나라 시기에 기군상(紀君祥)이 『춘추』, 『사기』 등에 조금씩 다른 내용으로 전해지는 이야기를 개편하여 만들었으며, 원제는 〈조씨 고아의 대복수〉(趙氏孤兒大報仇, 혹은 冤報冤趙氏孤兒)이다. 희곡, 소설 등 다양한 방식으로 재창작되었으며, 유럽에 가장 먼저 소개된 중국 전통희곡이기도 하다. 톈친신이 연출한 버전은 2006년 9월 극단 미추의 창단 20주년 기념공연으로 국내에 소개된 바 있다.

연극에 가깝다는 인상을 받았어요. 그에 비해 린자오화林兆華가 연출한 〈조씨 고아〉는 규범적인 특성이 강하여 이성적이고 사실적으로 표현되었습니다. 그것도 좋긴 했지만 톈친신의 연극이 더욱 특색이 있었으며, 더욱 주관적이고 극단적으로 처리한 것 같습니다.

리튀 저는 그 연극을 아주 좋아합니다. 보고 나서 많은 감동을 받았습니다. '조씨 고아' 이야기는 『춘추좌전』에서 처음 보이는데, 나중에 많은 변화와 가공을 거치면서 의미가 아주 복잡해졌고 다양한 해석의 방향이 부여되었습니다. 톈친신은 이 연극을 연출하면서 인물과 줄거리를 보다 간명하게 하여 승낙의 도덕적 함의라는 방향에 집중할 수 있도록 몰아갔습니다. 따라서 굉장히 오래된 이야기가 지금의 삶과 새로운 관계를 맺게 되었습니다. 고전적 도덕 가치로 지금 사람들이 신뢰라는 면에서 어떤 행위를 하는지를 부각시킨 것이죠. 그것은 아주 특별한 효과를 낳았습니다. 관중들은 연극을 보면서 동시에 승낙에 관한 또 다른 연극을 보고 있다는 느낌을 받았어요. 무대는 오늘날의 삶의 현장이며 주제는 지금 사람들의 승낙에 대한 상업적 실용주의식의 태도인 그런 연극 말입니다. 이러한 대비 때문에 상당수 관중들이 유쾌하지만은 않았을 겁니다. 신뢰에 대한 도덕적 가치를 다시 생각해 보지 않을 수 없었을 테니까요. 오늘날 승낙은 더 이상 윤리적인 의미를 갖지 않게 되었습니다. 그보다는 일종의 상업적인 행위이며, 그 가치 또한 계약에 속박되고 법률에 의해 보호받는 상업적인 가치입니다. 이런 점에서 저는 또 한 번 루카치가 생각납니다. 승낙의 도덕적 가치가 이렇게 변형된 것은 상품형식이 사회생활과 문화적 가치에 가한 전면적인 변형의 또 다른 예일 뿐입니다.

자젠잉 옛 사람들은 "군자의 말 한 마디"君子—言라거나 "선비는 뜻이 크고 강해야 된다"士不可以不弘毅는 식으로 '군자', '선비'와 같은 계층의 명예에 호소하여 유지시켜 왔습니다. 정영程嬰* 같은 사람은 물론 명예를 생명보다 중시하는 의로운 지사이며 군자의 전형입니다. 때문에 예로부터 "형벌은 사대부에게는 가하지 않는다"고 했잖습니까. 형벌이라는 거친 수단에 의지하지 않고도 귀족들이 충성과 신의를 지키도록 강요할 수 있었으니까요.

그러나 유가는 귀족 엘리트에게 그런 요구를 하지만, 다른 한편 "군자는 인의를 도모하고, 소인은 이익을 도모한다"라는 인식을 가지고 있습니다. 다르게 말하자면 대다수의 사람들이라고 할 수 있을 '소인' 들의 생활은 언제나 이익을 도모하고 실용적이었다는 반증이기도 합니다. 단지 사적 이익을 추구하면서 불의를 행하는 것에 대해 유가는 도덕적인 교화를 강조했고 법가는 법률에 의한 징계를 강조했다는 점에 차이가 있을 뿐입니다. 동양이든 서양이든 고전적인 귀족 사회에서 현대적인 시민 상업사회로 발전하게 되면서 윤리적인 면에서 변화가 일어납니다. 그러나 서양에서는 성악설에서 출발하여 이성적인 계약이나 법률문화로 그것을 제한하는 식으로 발전했습니다. 그 밖에도 종교나 시민 교육 등 몇 가지 것들로 선을 높이고 악을 억눌렀죠. 제 생각에 현대사회에서는 윤리도 필요하지만 계약도 필요합니다. 단지 양자를 어떻게 조화시킬 것인가가 문제될 뿐입니다. 가장 우려되는 것은 고전적인 명예의식과 도덕관을 상실하는 동시에 신앙, 종교, 시민의식도 없고, 게다가 현대적인 상업 계약도 준수하지 않는 무법천지의 소인으로 변하는 경우입니다. 그렇게 되면 최악의 상황이라고 봐야겠죠. 근데 요즘

---

* 〈조씨 고아〉의 주요 조력자 중 한 사람.

우리 생활에서 이렇게 셋 모두를 상실한 '소인'들을 정말로 흔하게 볼 수 있어요.

리췬 80년대 사람들이 우정을 중시하고 의존한 것은 물론 중국의 전통적인 윤리 관념과 밀접한 계승관계를 가지고 있습니다. 그러나 다른 한편 시대가 그 위에 깊은 낙인을 남겼으며 그래서 강렬한 시대적 특성을 지니고 있다는 점에도 주의해야 합니다. 예를 들어 이 시기의 우정은 옛 베이징 시기의 문인 그룹, 즉 량쓰청梁思成, 린후이인林徽因, 진웨린金岳霖, 위핑보兪平伯과 같은 1920~30년대의 초창기 칭화대학의 지식인들의 우정과 꽤 차이를 보이고 있습니다. 이분들의 우정은 아주 두텁고 감동적이라 동경의 대상이 되곤 합니다. 그것이 더 직접적으로 구舊중국과, 즉 혁명 전의 문화적인 전승과 연계됩니다. 그 속에는 중국 사대부 계층의 생활방식과 도덕적 정서가 함축되어 있으며, 옛 베이징 특유의 문화적 분위기(예를 들어 희곡이 지식인 그룹에서 문학과 동등하게 높은 지위를 차지하고 있는 것)가 깃들어 있죠. 그와 같이 따스하고 품격 높은 우정은 우리가 경험했던 뜨거운 우정과는 별 공통점이 없습니다. 80년대의 우정은 따사롭다거나 품격 높다는 말로 형용하기가 어려워요. 위핑보 같은 사람들이 함께 모여 현을 튕기면서 곤곡崑曲을 연습한다거나, 량쓰청의 집에서 린후이인을 둘러싸고 형성된 대학자들의 살롱 활동 같은 것과는 전혀 다른 것이었죠. 그것과는 다른 종류의 우정이었으며, 사람을 델 듯이 뜨겁게 하는 그런 것이었습니다.

 왜 델 듯이 뜨겁다고 표현했을까요? 왜냐하면 이런 식의 우정을 형성하는 중요한 유대의 하나가 바로 우리가 앞에서 이야기한 격정이었고, 격정이 가져다준 굉장히 활발한 사상적 활동이었기 때문입니다. 그건 일반적인 활동이 아니었습니다. 그 내부에는 격렬한 충돌과 논쟁으로 충만했으며, 그러면서도 서로를 격려하는 그런 것이었습니다. 누군가가 진보된 모습을 보이지 않으면 친구가 그를 압박합니다. 어떤 뜨거운 압박이 노력하지 않을 수 없게 만드는 것이죠. 그렇다고 친구 간에 사상만 있고 다른 건 텅 비어 있다고 말할 수도 없습니다. 그때도 밥은 먹었죠. 예를 들어 매년 겨울이면 한 무더기의 친구들이 천젠궁의 집에 가서 양고기 훠궈[신선로]를 해 먹었는데, 참석률이 가장 높은 프로그램의 하나였어요. 그때마다 천젠궁은 천단天壇 뒷골목으로 가 냉동 양다리를 사서 직접 칼을 잡습니다. 양다리를 아주 얇게 썰어 내는데 솜씨가 상당했어요. 또 예를 들어 아청이 「장기왕」을 세상에 내놓게 된 것도 양고기 훠궈를 먹으면서였습니다. 우리 집에서였는데, 먹으면서 사람들이 아청에게 이야기를 들려 달라고 다그치니까 장기 두는 이야기를 해주더군요. 이야기를 듣고 나서는 또 모두들 그걸 소설로 써보라고 다그쳤고, 그래서 「장기왕」이 나오게 된 것입니다. 또 류쒀라의 소설도 류쒀라의 집에서 파티를 자주 했던 것과 관련 있습니다. 언젠가 모두들 한바탕 미친 듯이 놀고 난 뒤 그녀가 음악대학에서 겪었던 일들, 그 중 특히 지진 기간에 몇몇 동학들이 펼쳤던 '끝내주는'[요즘 말로 하자면 '쿨 한'] 행동들을 들려주더군요. 제가 그녀에게 그걸 글로 쓰면 그 즉시 소설이 될 거라고 말해 줬습니다. 그녀는 이런 것도 소설이 될 수 있어요? 라고 반신반의했지만, 나중에 결국 쓰더군요. 그렇게 해서 나온 게 『너에게 다른 선택은 없어』你別无選擇입니다. 이처럼 당시에도 '먹기도' 하고 '놀기도' 했지만 순수하게 먹고 놀기만 한 게 아니라 그 기저에 역사에 대한 반성, 현실에 대한 비판이 친구들끼리 공유하는 정신세계 속에 삼투되어 있었습니다. 이런 게 우정에서 가장 사람을 흡인시키는 내용입니다. 그게 있으면 친구들끼리 어떻게 싸우고 소란을 피우더라도 항상 어떤 한계가 있어 저속하지 않고 대범함을 유지할 수 있어요.

다시 예를 들어 봅시다. 현재 『삼련생활주간』三聯生活週刊의 주편을 맡고 있는 주웨이에겐 당시 꿈이 하나 있었어요. 잡지를, 자신의 잡지를 편찬하는 것이 그것이었습니다. 1989년 초 『동방기사』東方紀事를 창간하면서 그 꿈은 결국 실현되었습니다. 지금 생각해 보면 그 잡지는 재미난 구석이 많아요. 잡지 주편인 주웨이는 문학잡지(『인민문학』)의 편집인이었고, 각 항목의 편집에 평소 친분을 맺어 왔던 작가나 비평가들이 참여하고 있었는데도 『동방기사』는 문학잡지가 아니었습니다. 관심분야가 아주 넓어서 역사와 사회의 각 방면에 촉수를 뻗어 마치 역사와 현실에서 발생한 모든 사건을 다시 이해하고 재해석하려는 듯한 패기와 포부를 보여 주었어요. 문학만을 죽어라 고수하며 문학 외에는 조바심 내거나 관심 가질 만한 게 이 세상에 없는 것처럼 행동하는 요즘 편집자나 작가, 비평가들의 태도와는 아주 달랐던 겁니다.

80년대의 우정이 보여 주는 대범함은 어디서 나온 것일까요? 저는 여전히 그와 관련된 역사에서 원인을 찾아보고 싶습니다. 80년대의 우정은 혁명시대의 격정을 잇고 있는 것이며 그것 자체가 혁명시대의 산물이기도 합니다. 비록 그들의 비판이 종종 혁명 자체를 직접 겨냥하기도 했습니다만. 이게 모순적인 것 같지만 그 모순은 그 시대 사람들의 운명이죠. 요즘 혁명에 대해 각종 비판을 내놓고 있는 사람들이 간혹 있는데, 그들은 종종 혁명이 자신과 아무런 관련이 없다는 듯 외부에서 관망하는 태도를 취하곤 합니다. 제가 보기에 그렇게 '결백'한 척하는 태도야말로 위군자에 다름 아닙니다. 현재 중국에서 최소한 몇 세대는 혁명 및 혁명시대와 어떻게든 관련되어 있습니다. 그런 사실 자체를 감추려거나 모르는 척 회피하지는 말아야죠.

그 밖에도 제가 강조하고 싶은 것은 바로 혁명 시대와의 관련 때문에 80년대의 우정의 실천 및 그와 밀접하게 연관되는 반성적 실천이 소수의 엘리트 지식인의 살롱에서만 발생한 게 아니라, 반대로 아주 보편적이며 시민적인 현상이었다는 점입니다. 비단 지식인 그룹에서뿐만 아니라 보통 사람들 사이에서도 아주 활발하게 진행되고 있었습니다. 여기에는 특별한 원인이 있는데, 지식인의 '노동자·농민화'가 당시에도 여전히 진행 중이었다는 점이 그것입니다. 공장에 상당히 지식화된 청년 노동자들이 많았으며, 상산하향上山下鄕 운동 때문에 농촌에도 '지식인'이 많이 깔려 있었습니다. 그래서 우정에 의해 촉발된 사유와 논쟁이 도처에서 일어났고 어디에서나 볼 수 있었던 거죠. 잠도 잊은 채 철야로 진행되는 뜨거운 논쟁이며, 철학·문학·정치·경제 문제에 대한 토론 같은 게 대학이나 살롱에서뿐 아니라 작업장에서도, 논두렁에서도, 길가에서도 행해졌습니다. 이렇게 군중적인, 광범한 사유와 반성의 실천은 80년대 사상생활의 가장 중요한 특징입니다. 그것은 '신계몽'이나 '사상해방'에 극히 중요한 사회적 분위기를 조성하고 굉장히 중요한 논제와 예비지식을 제공했을 뿐 아니라, 보다 중요한 새로운 세대의 지식인을 그 두 사상운동에 제공했습니다. 당시 그들은 막 호미를 내려놓고 대학에 들어간 '지청'이었거나, 그게 아니면 공장에서 일하고 있던 노동자였을 것입니다. 요컨대 그것은 군중적인 정치사상의 실천이었습니다. 만약 그것을 군중운동으로 간주한다면 아마 중국에서(혹은 세계 전체를 통틀어) 일어난 최후의 운동일 것입니다. 그런데 90년대 이래 일부 지식계에서 '사상해방'이나 '신계몽'을 회고할 때 항상 최대한 그것을 지식계의 작은 그룹(혹은 '당내개혁파') 내부로 한정하여 소수 엘리트들만의 활동인 것처럼 말하는 경향이 있더군요. 마치 군중적인 반성적 실천이 아예 발생하지도 않았던 것처럼 말입니다. 저는 그런 태도에 찬성할 수 없습니다. 그건 역사에 대한 왜곡이며 날조입니다. 그런 태도에는 군중과 보통 사람에 대한 멸시와 오만이 가득합니다. 그런 날조가 우발적인 것은 물론 아니며 실제적인 이익이 깊숙이 깔려 있습니다. 그렇게 해야만, 그들이 최근 한 세기 넘게 중국에서 일어난 혁명을 완전히 부정하고 있는 논리와도 부합할 뿐 아니라 자신의 공적을 높이기에도 좋습니다. 그들이 현재 학술과 이론의 권위가 될 수 있게 역사적 증거를 찾고, 그들이 새로운 지식권력의 관계에서 고지를 점령하여 자신들의 합법성을 세우려는 것입니다.

요컨대 80년대 사람들의 우정의 활동을 회고함에 있어 우리는 태도를 조금 더 복잡하게 하여, 단순화나 환원주의를 피해야 합니다. 또한 그렇게 계속 하다 보면 또 다른 문제를 회피할 수 없게 됩니다. 그건 바로 80년대의 우정과 논쟁의 의의를 과장해서는 안 된다는 점입니다. 그것이 많은 한계와 여러 문제를 가지고 있었다는 점을 제대로 살펴야 합니다. 그 중 심각한 문제의 하나가 바로 당시의 사유와 논쟁은 깊이 있는 지식에 의해 뒷받침된 것이 아니라는 점입니다. 대부분이 지식에 의해 뒷받침되지 않은 망상과 헛소리였습니다. 전형적인 예가 바로 〈하상〉河殤*입니다. 당시 우리 친구들 몇은 〈하상〉이 문제가 많다고 생각했습니다. 헛소리잖습니까! 그건 그저 하나의 이데올로기로 다른 이데올로기를 반대하는 것에 불과했습니다. 역사적인 근거도 없고 전혀 역사에 부합되지 않는 것이었습니다(당시 '서양중심론' 비판을 중심으로 한 서구 구지식체계에 대한 비판이 세계 각국에서 이미 상당히 심화되고 있던 판국에 '하상'이라며 서구를 무한히 긍정하고 나섰으니, 그야말로 '신계몽'에 대한 심각한 풍자가 아닐 수 없는 것이었죠). 그래서 몇이서 비평하

---

* 황하로 대표되는 중국의 전통문명을 부정하고 '푸르른 해양문명'인 서양을 젊음, 모험, 힘, 기술, 과학 등 긍정적인 이미지로 묘사한 6부작 TV 다큐멘터리〈하상〉(河殤)은 1988년 6월 11일 처음 방영된 후 엄청난 국민적 반향을 불러일으켰으나 정부의 비판 이후 상영 및 유통이 금지되었다. 국내 번역은 홍희 옮김, 『하상』(동문선, 1995)을 참고할 것.

는 글을 쓰기로 했습니다. 당시 『문회월간』文匯月刊의 주편으로 있던 샤오관훙蕭關鴻이 우리 글을 게재하여 논쟁을 불러일으키고 싶다고 지지해주었습니다. 그런데 나중에 관방에서 세차게 비판을 발동시키는 바람에 우리는 어쩔 수 없이 손을 놓고 끼어들지 않았습니다.

그러나 〈하상〉의 기본 정신은 지금도 살아 있습니다. 지식계와 재계의 상당수가 여전히 하상파이며 각급 관료 중에는 더 많습니다. 문학 예술계에서는 하상 정신이라고 할 수 있을 관념(정치, 경제, 문화 각 방면을 포함한)의 영향이 더 깊고 더 보편적입니다. 많은 작가와 예술가들이 여전히 〈하상〉의 관념 속에서 살아가고 있습니다. "한漢이 있음을 모르니 (다음 시대인) 위진魏晉은 말할 것도 없는"不知有漢, 無論魏晉** 상황에서 빠져나와야 하지 않겠느냐는 태도죠. 물론 문학계에만 국한되는 게 아니라 학술계도 마찬가지입니다. 예를 들어 90년대에 자유주의 논자들이 대거 활약했는데, 제가 보기에 그건 사실 하상 정신의 90년대 학술판입니다. 아무튼 80년대는 사상이 굉장히 활발했지만 식견은 상당히 천박했던 시기였습니다. 이 말은 〈하상〉 단체만 겨냥한 게 아니라 저를 포함한 80년대 사람들 전체를 겨냥한 것입니다.

자젠잉 〈하상〉이 하나의 이데올로기로 다른 이데올로기를 반대하는 것이라는 말에 완전히 동의합니다. 저 또한 그렇게 두루뭉술하게, 위에서 내려다보는 듯한 서술방식이 굉장히 마음에 들지 않았습니다. 그렇지만 그건 당시 중국의 특수한 시대상황의 산물입니다. 당시의 중국은

** 도연명(陶淵明)의 「도화원기」(桃花源記)에 나오는 구절로 무릉도원의 사람들이 진(秦)나라 때 난을 피해 숨었기 때문에 한나라가 건립된 것조차 모르고 있음을 나타낸다. 장기간 세계와 단절되어 새로운 사물이나 지식에 어두운 상태를 가리키며, 본문에서는 오랜 죽의 장막에서 벗어나 서방 세계를 알아야 한다는 사고방식을 가리키는 말로 보인다.

'서양중심론' 비판을 진행하고 있던 서방국가나 탈식민국가와는 너무 달랐으니까요. 80년대의 중국인은 봉쇄, 우민, 잔혹한 전제문화와 전제정치에 대한 체험이 서양 헤게모니에 대한 체험보다 훨씬 깊었던지라, 전제에 대한 비판 자체가 그와 같은 정치문화의 병상으로 얼룩져 있었던 거죠. 〈하상〉도 그렇지만 그게 〈하상〉 하나만의 현상이겠습니까! 비록 '사후약방문' 식 처방이 역사를 반성하는 와중에 있기 마련이지만 당사자들의 구체적인 문맥이 잊혀져서는 안 될 것입니다. 지금도 하상파와 하상 정신이 살아 있는 게 확실하지만, 그것의 대립물, 특히 정치 문화상의 대립물 또한 살아 있습니다. 심층의 문제가 해결되지 않았기 때문이죠. 일련의 과정이 필요하고 인내심과 용기, 기교가 필요합니다. 제 생각에 그것이야말로 왜 자유주의가 중국에서 여전히 살아 있고, 또 너무나도 살아남을 필요가 있는 가장 중요한 이유입니다.

좀더 분명하게 이야기할 필요가 있겠군요. 저는 개인적으로 자유주의의 기본 이념에 깊이 공감하고 있으며, 그 이념을 위해 끊임없이 분투하는 사람들을 굉장히 존경합니다. 자유주의의 기치하에 모인 사람들의 성격이나 수준은 물론 다양합니다. 그러나 어떻게 해야 조잡한 이원대립적 사유를 극복할 것인가, 적극적이고 지혜롭게, 비판적이면서도 건설적인 발언과 행동을 할 수 있을 것인가는 자유주의자들뿐만 아니라 중국의 사상가들이 보편적으로 마주하고 있는 도전입니다.

그치만 이런 주제는 따로 날을 잡아서 토론해야겠지요. 당신은 방금 지식의 층위와 문화적 수준에서 80년대를 평가하셨는데, 그것이 비교적 빈곤하다고 보시는 건가요?

리퉈 예. 제 생각에 지금 다시 그 시대를 되돌아본다면 좀더 가혹하게 검토할 필요가 있습니다. 그게 좋습니다. 그렇지만 그 빈곤은 역사와 연결시켜서 역사적 분석을 해야지 간단하게 질책하기만 해서는 안 될 것입니다.

역사적 분석을 하기 위해 먼저 해야 할 것은 80년대의 두 사상운동인 '사상해방'과 '신계몽'을 돌아보고, 그들 사이에 얽히고설킨 갈등과 교착 상태(예를 들어 일부 중심인물은 양쪽에 걸쳐져 있기도 했습니다. 왕위안화王元化가 전형적인 사례죠)를 되돌아봐야 합니다. 그들은 그렇게 서로 대립적이면서도 서로를 제한하는 복잡한 관계망에 있었습니다. 요즘 80년대를 논하는 몇몇 글에서 이 두 사상운동을 한데 묶어서 이야기하거나 그 중 하나만을 논하는 경우가 많더군요. 마치 이 둘을 구분하거나 그들의 관계를 정리할 필요가 없다는 듯이 말입니다. 그러나 제 생각에 그렇게 구분하고 정리하는 것이 굉장히 중요합니다. 왜냐하면 그 두 사상운동의 갈등관계는 80년대 사상 발전에 결정적으로 중요한 영향을 끼쳤기 때문입니다. 만약 지금 우리가 그 시대의 사유가 왜 그렇게 천박하였는지를 검토하려면 그 영향을 검토하는 것이 중점이 되어야 할 것입니다.

'신계몽'은 어떤 시도를 하려 했을까요? 다양한 각도에서 해석할 수 있을 것입니다(예를 들어 '문화열', '미학열' 같은 것이 하나의 입구가 될 수 있을 것입니다). '신계몽'은 확실히 하나의 통일된 단위가 아니었기 때문에 상당히 다양한 성분으로 구성되어 한마디로 압축하기 곤란합니다. 그렇지만 그 중 가장 급진적이고 핵심적인 부분은 서양을 근거로 한다는 점입니다. 즉 '서양'에서 '가져온' 새로운 '서구 학술' 담론으로 인간을 재해석하고 인간을 이야기하는 새로운 언어공간을 열어젖혀 인간에 관한 새로운 지식을 세운 것입니다. 이는 새로운 언어로 '계급투쟁'론을 배척 및 대체하려는 것이며, 더욱 중요하게는 인간에 대한 새로운 지식을 세움으로써 인간에 대한, 인간과 사회, 역사와의 관계에 대한 해석권을 점유하려는 것이기도 합니다. 이러한 각도에서 보면 그것은 '사상해방'과 심각하게 충돌하고 대치하는 것임이 분명합니다.

'사상해방'은 어떤 시도를 하려 했을까요? 이 또한 다양한 각도에서 설명할 수 있습니다. 그렇지만 국가가 주도한 사상운동의 하나인 그것의 목표는 더욱 구체적이고 명확했습니다. 바로 '문혁'에 대한 청산과 비판 및 이러한 청산의 기초 위에 '4개 현대화'를 중심으로 한 정치, 경제, 문화 사상의 신질서를 건립하는 것이었습니다. 분명히 그것은 '신계몽'이 추구하는 바와는 현격히 다릅니다. 그리하여 80년대 전 시기 동안 이 두 운동은 서로 부단히 충돌하고 압박하고 타협해 왔습니다. 이로 인해 희극, 비극, 희비극, 심지어는 부조리극까지 끊임없이 상연되었다가 사라져 갔습니다. 정말로 코미디 같은 10년이었어요. 한 시기의 사상사가 이렇게 코미디 같은 방식으로 발전해 왔고, 거기에 참여한 배우가 위로는 관료에서 아래로 백성에 이르기까지 그렇게 많았다니, 세계에서도 유례를 찾기 힘들지 않을까요?

이 자리에서 그 두 운동의 복잡한 관계를 전면적으로 논의하는 건 적절하지 않을 것 같습니다. 우리 주제에서 너무 멀리 가 버릴 테니까요. 저는 다만 이런 관계가 어떻게 '신계몽'적인 지식 건설을 제한하였는가라는 각도에서만 자신의 견해를 이야기하려 합니다. 깊이 들어갈 수는 없고 문제만 제기하는 정도인 셈입니다. 제 생각은 만약 '신계몽' 진영에 더욱 폭넓은 지적 시야가 있었다면 '사상해방'의 제약을 돌파하여 더 좋은 성과를 낼 수 있지 않았겠냐는 것입니다. 당시에는 객관적인 조건이 받쳐 주고 있었어요. 2차 대전이 종결된 후 인문학 영역의 지식은 세계적인 범위에서 대변동이 일어나 세계 각국의 전통 이론과 학술에 충격을 주고 있었습니다. 70~80년대에 이르러 포스트구조주의, 포스트 식민이론 및 페미니즘이 위세를 떨치면서 이 변동은 최고조에 달하여 거의 모든 분야의 지식이 심각한 도전에 직면했으며 그런 압력하에 새로운 이론, 새로운 학술담론이 모습을 드러냈습니다. 세계적인 범위에서 벌어진 '백가쟁명'百家爭鳴이자 '백화제방'百花齊放이라고 할 수 있죠. 이치대로라면 '신계몽'은 시기를 잘 만난 셈이니 얼마나 좋은 조건입니까!

근데 어떤 식으로 그 국면을 맞았던가요? 개별적인 번역과 연구가 없진 않았지만 사실상 '신계몽'의 주류는 기본적으로 그러한 지식의 대변동을 이해하지 못했습니다. 마치 차를 잘못 탄 것인 양 그렇게 그 시대와 어깨를 스치며 지나쳐 갔던 겁니다. 눈꺼풀 바로 아래 있는 건 더 안 보이는 법이죠! '서양을 인용하여 중국에 적용한다'는 원칙은 원래 계몽자와 피계몽자 공통의 입장에 의한 것인데, 그렇게 중요한 시점에서 서양을 향한 '불을 훔치는' 손길이 약속이라도 한 듯이 고전 이론으로만 향했습니다. 철학에서는 칸트, 니체, 하이데거, 미학에서는 크로체Benedetto Croce, 사회학에서는 베버, 심리학에서는 프로이트와 융, 인류학에서는 말리노프스키Bronislaw K. Malinowski, 문화기호학에서는 카시러Ernst Cassirer 등등(생각나는 대로 가장 분명한 몇 가지 예만 들었습니다. 실제 상황은 당연히 훨씬 복잡합니다)이 대표적이죠. 80년대를 거쳐 온 사람들은 이들의 이름 및 그 저작과 사상, 그리고 당시 이들이 어떻게 일시에 유행하게 되었는지를(거의 요즘 연예계 스타처럼 떴었죠) 분명히 기억할 겁니다. 그리고 그것은 중국과 세계의 지식지도를 재인식하게 했고 '신계몽'이 의지하던 주요한 이론적 자원이 되어 주었습니다. 그러나 '신계몽'의 포부와 목표를 두고 말했을 때 이렇게 고루한 옛 지도를 가지고 얼마나 멀리 갈 수 있었겠습니까?

예를 들어 봅시다. 고작 1980년 11월에 중국 유화연구회 제3차 전람회에 사르트르에 관한 유화 두 점이 출품되었습니다. 하나는 중밍鐘鳴

의 「그는 그 자신이다—사르트르」他是他自己—薩特였고, 다른 하나는 펑궈둥^{馮國東}의 「자유인」自在者이었습니다. 전시 후에는 이 두 그림을 두고 신문에서 뜨거운 논쟁이 한 차례 일어나 센세이션을 일으켰으며, 센세이션이 지나가자 당시 아직 공장에서 노동자로 근무하던 펑궈둥은 공장에서 쫓겨나 일자리를 잃어버렸습니다. 이를 통해 볼 때 당시 사르트르의 사상은 이미 상당한 영향력을 갖추고 있었습니다. 지식계는 말할 것도 없고 청년들 그룹에서도 적지 않은 추종자를 거느리고 있었죠. 이상할 것도 없는 게, 인간에 대한 새로운 지식을 수립하려면 사르트르의 휴머니즘적 실존주의가 당연히 딱 맞는 이론적 자원이었으니까요. 그러나 60년대에 일어난 사르트르의 이론을 결국 쓸쓸히 퇴장시켰던 논쟁——레비스트로스와 사르트르의 논쟁에 대해서는 당시 사르트르 사상에 열을 올리던 사람들 중 누구도 주목하지 않았습니다. 마치 애초에 이런 일이 없었던 것처럼 말입니다(1989년 4월, 인다이^{尹大貽}가 번역한 『구조주의의 시대: 레비스트로스에서 푸코까지』가 출판되면서 이 논쟁의 의의와 배경에 대한 초보적인 소개가 이뤄졌습니다. 그러나 그때는 이미 '80년대'가 몇 개월 남지도 않은 시기였죠). 사실 '신계몽' 진영에게 이 논쟁은 굉장히 중요한 것이었습니다. 이 논쟁에서 누가 옳고 누가 그른지는 중요하지 않습니다. 문제는 이 논쟁의 상징적 의의를 어떻게 평가할 것인가에 있습니다. 인문학 영역에서 인간에 대한 지식과 담론에 격렬한 새로움이 일어나 일부 고전적인 이론들(예를 들어 계몽주의와 휴머니즘의 기초 위에 건립된 주체철학)이 치명적인 질문과 비판을 마주하게 되었으며, 이러한 비판의 기초 위에서 인간에 관한 새로운 담론(예를 들어 페미니즘과 포스트 식민담론에서 발전해 나온 인간의 주체성에 관한 각종 새로운 담론들)이 이미 출현하였으며, 당시의 지식구조 대변동의 중요한 한 부분이 되어 있었습니다. 그러나 이런 모든 움직임을 사르트르

추종자들은 중시하기는커녕 애초에 주목하지도 않았습니다. 아마도 지금에야 우리들은 이러한 홀시가 '신계몽' 진영에게 얼마나 심각한 결과를 가져왔는지를 또렷이 보게 된 건지도 모릅니다. 그 중 하나가 바로 동시대의 지적 발전에서 이탈했다는 것과 이 이탈이 필연적으로 가져다준 천박함입니다. 만약 한 걸음 더 나가 질문한다면 "왜 이렇게 되었을까? 왜 이러한 홀시가 일어나게 되었을까? 왜 이렇게 이탈하게 되었을까?"를 물을 수 있겠습니다. 그러려면 '사상해방'이 '신계몽'에 가한 제약이라는 조금 전의 주제로 되돌아가야 합니다.

이러한 제약에는 쉽게 파악할 수 있는 표면적인 것도 있습니다. 예를 들어 '사상해방'은 어떤 기율을 요구합니다. 어떤 사람이든, 어떤 사상이든 만약 '해방'하고 싶다면 반드시 기성의 제도와 주류 이데올로기의 틀 안에서 진행해야 합니다. '신계몽' 진영이 당연히 가장 먼저 공격을 받았죠. 새로운 지식과 이론에 대한 호기심과 추구는 많은 구속을 받지 않을 수 없었습니다. 그 밖에 두 운동은 정치·경제·사상적인 면에서의 공통적인 요구('문혁'을 철저히 부정하고 '근대화'의 실현을 목표로 하는 개혁개방의 진행, '봉건주의'적 전통 이데올로기 비판——왕후이의 글에서 이런 것들이 잘 논의되고 있습니다)를 제기하고 있었는데, 이 또한 '신계몽'의 시야를 크게 제약하는 것이었습니다. 그러나 저는 이게 충분한 설명이 되지 못한다고 생각합니다. 계몽적 요구에 의해 격발되는 강렬한 지적 욕구를 가지고 있으면서 왜 바로 옆에서 일어나고 있던 지적 대변혁에 대해 무관심한 태도를 취했던 걸까요? 여기에는 보다 깊은 원인이 있다고 봐야겠습니다. 그렇다면 원인은 어디 있을까요? 제 생각에 그 두 사상운동은 동일한 지적 계보를 가지고 있으며 지식을 대하는 태도에 있어 많은 면에서 동일한 이념을 공유하고 있다는 점이 중요한 한 이유일 것입니다. 예를 들어 '신계몽' 진영에서 고전적인 이론을 맹신하는 경향은 기실 49년 이후의 이론계에서 맑스를 위시한 18, 19세기의 고전적인 작가에의 맹신과 동일합니다. 태도도 마찬가지예요. 경전을 읽고 해석하고 강독하는 방식에서 벗어나지 못했어요. 큰 나무 밑에 있으면 시원하죠, 기댈 구석이 있으니 두려울 것도 없고요. 이런 태도의 연원을 추적해 가보면 그 뿌리는 5·4 시기와 5·4 전통까지 소급됩니다. 그 시기 이래 형성된 '불을 훔치는' 것에 대한 맹신이 있었던 거죠——불을 훔치는 것은 프로메테우스만 할 수 있지 다른 사람은 불가능하다는 믿음이 있었습니다. 실제로 이런 경향이 중국에서 '서양 학문'을 처리하는 큰 전통이 되어 버렸습니다. 누가 프로메테우스인가? 프로메테우스를 찾아라! 지금 돌아보면 당시의 '사상해방'이든 '신계몽'이든, 쌍방의 대립과 충돌이 얼마나 격렬했든 상관없이 어떤 '매듭'이 그들을 꼭 묶어 놓고 있었습니다. 쌍방이 공히 심각한 '프로메테우스 콤플렉스'를 가지고 있었으니까요. 이러한 '콤플렉스'의 통제 아래 모두들 약속이라도 한 듯 고전을 떠받들고, 옛 것을 중시하고 지금 것을 가벼이 여겼습니다. 당연히 지금 발생하여 진행되고 있는 살아 있는 새로운 학문과 지식을 주목하지도 직시할 수도 없었던 거죠. 이치대로라면 만약 정말로 '계몽'을 하려면 고전적인 '계몽주의'와는 다른 새로운 계몽을 진행해야죠. 지식 발전의 전위에 있는 새로운 관념, 새로운 이론이야말로 가장 필요한 것이었어요. 1980년대의 재계몽이 진정 새로운 계몽이 되기 위해 꼭 필요했던 것이었죠, 안 그래요? 근데 현실은 그렇지 못했습니다. '신계몽'은 그다지 새롭지 않았으며, 많은 부분에서 여전히 고전 계몽주의의 이념에 의존하고 있었습니다. 고목에 새 가지를 접목시켜 다시 꽃이 피고 열매를 맺게 하려고 생각한 것이죠.

요컨대 '신계몽'의 한계는 또한 80년대 사상의 한계이기도 합니다. 앞에서 여러 차례 이야기했듯이 그 시절의 우정은 실생활에 아주 중요한 작용을 했으며 특히 당시 사람들의 사유에 아주 중요한 촉진제가 되었습니다. 그러나 특별히 보충해야 할 것이 있습니다. 사상이 활발한 시대라고 해서 사상이 풍요로운 시대인 것은 아니라는 점입니다. 80년대는 사상이 풍요로운 시대는 아니었습니다. 그들이 자신에게 제시한 목표와 비교해도 그렇고, 당시 그들의 느낌과 비교해도 마찬가지이며, 또 객관적인 역사에 의한 반성적 사유의 요구(사회주의에 가하는 비판적인 역사 종결, 현대 자본주의에 가하는 비판적인 이론 분석)에 따르더라도 마찬가지인데, 그 차이는 아주 크고, 심지어 제가 앞에서 이야기한 것처럼 상당히 천박하기까지 합니다. 물론 이런 비판이 너무 가혹할 수도 있습니다. 어쨌든 그 10년이 특수한 것은 사실이니까요. '문화대혁명'이 막 끝났을 때니, 어떻게 봐도 모든 게 폐허였다고 할 수 있습니다. 마오쩌둥은 사상문화 영역에서의 계급투쟁을 발동하여 노동자·농민으로 하여금 문화의 지도권을 쟁취하게 했습니다. 그것의 공과나 성패는 일단 논하지 않겠습니다. 그것 나름의 현실과 역사적 원인이 있는 거니까요. 그러나 지식에 대한 경멸과 배척이 객관적으로 형성되었고, 반지주의反智主義가 노선투쟁뿐 아니라 일상생활에도 스며들어 지식에 대한 전국민적인 경시로 이어졌습니다. 또한 그 10년간은 외부 지식의 흡수가 기본적으로 중지되었습니다. 상처라고 한다면 이것이야말로 골수에 사무치는 상처인 것이죠!

자젠잉 신계몽과 사상해방의 관계에 대한 당신의 말씀은 아주 재미나네요. 그게 바로 제가 특히 강조하고 싶은 문맥에서도 하나의 실마리를 제공해 줄 것 같습니다. 예를 들어, 어떤 사람이 폐허에서 막 기어 나와 뇌에 산소도 부족한 상태인데 올림픽 높이뛰기에 참가하라고 하면 헛소리라고 하지 않겠어요? 그에게 필요한 건 산소와 산소를 마음껏 들이킬 자유입니다. 아주 간단한 이치지요. 가장 시급한 건 먼저 사상의 자유를 줘서 뭘 생각하든지 가능하게 해줘야 했던 거죠. 항상 사상을 두려워하고 단속하려고만 하지 말고 말입니다. 이런 전제가 해결된 후에야 사상의 수준을 논할 수 있을 겁니다. 그래서 당신이 마지막에 한 말에 저는 특히 동감하는 바입니다. 정말 맞는 말이에요. '문혁'은 중국인의 지식과 문화의 결핍을 조장한 중대한 역사적 사건입니다. '문혁'식의 혁명에의 열정과 80년대의 반역에의 열정은 정반대인 것처럼 보이지만 사실은 서로 관련되고 연속되는 것입니다. 80년대 반역의 주력부대는 사실 바로 '문혁' 세대였으니까요.

리쩌 그렇습니다. 단지 그 '관련'과 '연속'의 내용과 형식이 복잡하고 어떤 부분은 은폐되어 있다는 점을 보태고 싶군요. 예를 들어 '문혁' 시기의 대자보 글쓰기는 언뜻 이론이나 학술과 아무 관계가 없어 보이지만 사실은 그렇지 않았습니다. 그런 글쓰기는 길고긴 10년 동안 일종의 문풍과 학풍을 형성하였고, 80년대의 '사상해방'과 '신계몽'도 그러한 문풍과 학풍에 지대한 영향을 받았습니다. 다시 〈하상〉을 예로 들어 보겠습니다. 〈하상〉의 구조나 의도, 추론방식, 수사 스타일(해설을 읽어 가는 말투까지도) 등 여러 측면에서 대자보와 비슷하지 않습니까? 〈하상〉은 개별적인 예일 뿐이라고 말하는 사람도 있겠지만, 만약 문풍과 학풍이라는 측면에서 80년대의 저술을 진지하게 검토해 보면 많은 점에서 대자보 글쓰기와 직접적인 친연관계에 있다는 점을 발견할 수 있을 겁니다. 그런데 그 내용이 모두 '문혁'을 비판하는 것이기 때문에 이러한 친연관계가 간과되거나 주의하지 않게 된 것이죠.

자젠잉 저도 동의합니다. 당시 이른바 보고문학[르포르타주]이란 게 사실 대부분 그랬고, 요즘 인터넷에 떠도는 글이나 언론, 그리고 파룬궁法輪功의 광고까지도, 내용이 아무리 '반동'적일지라도 문제는 거의 비슷합니다. 보아하니 대자보 문체가 중국인의 혈액 속에 녹아 들어간 것 같군요. 어찌 문체만 그렇겠습니다. 마오쩌둥식 스타일도 있습니다. 상인이고 문인이고 관료고 할 것 없이 모두 마오 주석 그 노친네를 모방한 말이나 사유방식을 의식적·무의식적으로 보여 주곤 합니다. 그런 사람을 한두 번 본 게 아니에요. 80년대 사람들의 문화적 수준이란 문제에 대해 좀더 구체적으로 이야기해 줄 수 있을까요? 특히 당신이 가장 잘 아는 작가와 영화계를 중심으로 말입니다.

리튀 다른 사람이 어쩌니 하는 건 적절하지 않을 것 같으니, 저 자신에 대해 이야기하겠습니다. 1978년 저는 장난신과 함께 「영화언어의 현대화에 대해」談電影言語現代化라는 글을 발표했습니다. 이 글은 당시 상당한 파문을 일으켰으며 지금까지도 중국 뉴시네마 운동의 중요한 문헌으로 취급되어 많은 선집에 수록되었습니다. 그러나 지금 돌아보면 당시 우리 정도의 지적 수준으로는 그런 글을 쓸 자격이 없었다는 게 분명합니다. 그 글은 천박할 뿐 아니라 열정만 있었지 그것을 뒷받침할 지식이 없다는 결함을 곳곳에 노정하고 있습니다. 문제가 되는 부분이 많고 오류가 적지 않았으며, 맞는 말도 상식 수준에 그쳤죠.

자젠잉 그렇지만 당시 중국은 상식을 철저히 상실했잖습니까. 예를 들어 실천은 진리를 검증하는 기준이다, 『금병매』는 도둑질과 음란함을 서술한 내용에도 불구하고 우수한 문학작품이다, 버스 탈 때는 줄을 서야 된다, 이 모든 것이 상식 아닙니까? 근데 당시 이런 말을 꺼내는 것 자체가 큰일이었어요. 사회 전체의 인식수준이 상식 이하로 내려가 있었기 때문이죠. 93년에 광저우의 한 고급 호텔의 화장실에서 이런 문구를 본 적도 있어요. "변기 위에 쪼그려 앉지 마시오." 혹시 좌변기에서 어떻게 볼일 봐야 한다는 것까지 일일이 말할 수는 없다고 생각할지도 모르겠습니다. 그런 것까지 말해야 돼? 어떻게 그렇게 저급하냐? 라면서 말입니다. 근데 아니에요. 농민들에게는 절대 그런 이야기를 해줘서 상식을 계몽할 필요가 있습니다.

80년대의 최고 작품은 무엇인가요? 우리, 사람 말고 작품 이야기를 하도록 합시다. 예를 들어 뉴시네마의 대표작이나 소설 등을 당신은 지금 어떻게 평가하시는가요?

리퉈 그건 관련되는 문제가 너무 넓습니다. 저와 연관되는 방면만 이야기한다면 주로 80년대 문학과 예술이 보여 준 기교주의적 경향을 특히 검토할 만하다고 생각됩니다. 기교주의란 용어가 원래 사용되었던 것은 아니지만, 그 시기의 문학과 예술의 발전을 검토할 때 비교적 적절한 개념이라고 생각됩니다. 물론 딱 맞는 개념은 아니어서 논의가 필요할 것 같습니다. 당시 최선봉에서 활약하던 작가와 예술가들은 물론 자신이 '기교'라는 측면에서 사유하고 실천했다고 생각하지는 않을 겁니다. 당시 최대 목표는 '새로움'의 추구였습니다. 그러나 구체적인 작업에서 새로움은 보통 형식적인 면, 언어적인 면을 중심으로 실현되었습니다. 이처럼 스스로 자각하고 있든 아니든 새로움이 마주하고 있던 주요한 문제는 모두 기교의 측면이었습니다. 그 목적이 단순히 기교를 위한 기교가 아니었다 할지라도 말입니다. 제가 예전에 처음으로 『문예보』文藝報에 발표한 글(아마 79년 전후일 겁니다)의 제목은 「예술적 새로움의 초점은 형식이다」藝術險新的焦点是形式였습니다. 말하려니 부끄러운데 이 글은 아주 천박한 수준의 논문입니다. 그런데 이 글 때문에 저는 허징즈賀敬之

에게 된통 비판을 당하기도 했습니다. 제가 [대중이 아닌] '소중'화小衆化 되었다고 말입니다.

자젠잉 잘못된 것을 바로잡으려다 지나치게 된 것이겠죠. 문학, 예술은 49년 이후 줄곧 정치의 도구, 선전 도구였기 때문에 내용이 가장 중요했었죠. 형식은 어쨌든 군중들이 좋아하는 방식이면 되었기 때문에 거의 계몽 선전극 수준으로 내려가 버린 겁니다.

리퉈 '몽롱시'를 둘러싼 논쟁에서 아주 분명하게 드러났습니다. 시가 잘 이해되는가 아닌가라는 점이 어쩌다가 시의 발전 방향을 결정하는 문제가 되어 그토록 큰 풍파를 일으킨 걸 생각하면 지금도 황당하기 그지없습니다. 게다가 최초로(아마 80년 전후일 건데) '몽롱시'에 거센 비판을 제기한 쪽은 관방이 아니라 시인과 비평가 진영이었습니다. 그 중에는 쨩커자臧克家나 아이칭艾靑 같은 오랜 경력을 지닌 노시인, 노비평가도 포함되어 있었죠. 그렇다고 모든 노인들이 문학의 변혁을 반대한 것은 아닙니다. 샤옌夏衍 같은 분은 당시 청년들을 지지하는 쪽에 서서 『상하이문학』에 아주 긴 글을 발표하기도 했죠. 예술은 새로움을 추구해야 한다, 그 속에는 서양 모더니즘을 본받는 것도 포함된다는 내용으로 아주 정상적인 건데, 당시 관방에서 '문예정책'을 주관하는 쪽에서는 아주 껄끄러워했어요. 지금 생각해 보면 샤옌 같은 노혁명가가 이렇게 하기란 정말 쉽지 않은 일이었습니다. 이와는 별도로 그의 인품도 저는 상당히 존경합니다. 77, 78년 전후에 〈리쓰광〉李四光의 영화 시나리오를 쓰기 위해 저와 장놘신은 샤옌의 집에 여러 차례 가서 의견을 묻곤 했습니다. 그때 저를 굉장히 감동시킨 한 가지가 있습니다. 노인네가 눈이 안 좋았어요. 백내장인 데다 연세도 많고 해서 우리 원고를 읽을 때 돋보기를 들고 한 글자 한 글자 읽어 내려갈 수밖에 없었는데 얼마나 고생입니까. 근데 그걸 다 읽어 볼 뿐 아니라 곳곳에다 자기 의견을 촘촘하게 써 두시더군요. 그게 얼마나 힘들고 시간을 들여야 하는지 상상해 보세요! 문화부 장관급 관료가 이름 없는 아마추어 작가의 원고를 그렇게 대접해 준다는 게 요즘 세상에 상상이나 할 수 있겠습니까? 그래서 제가 비록 그분의 문학관념에 반기를 든 게 많았고 말도 잘 안 들었지만(샤옌은 제가 장눤신을 '물들였다'고 사람들에게 말했다고 하더군요. 사실 그렇지 않습니다. 장눤신은 언제나 예술적으로 자기만의 추구하는 바가 있었고 거기에 아주 집착했으니까요), 지금까지도 저는 그분을 그리워합니다. 여기서 주의해야 할 게, 당시 '관방'과 '민간' 사이에 '문예사상'(당시 관방식 표현으로 요즘은 잘 안 쓰죠)을 둘러싸고 각종 충돌이 있었고, 이 충돌이 또 당시 작가와 비평가들이 사유하고 토론하는 주제와 틀, 시각을 형성시켰다는 점입니다. 특히 80년대 초 우리의 지평선에는 이런 몇 가지 것들 말고 다른 풍경은 없었습니다.

자젠잉 그렇지만 수준 낮은 것을 반대하다 보면 그 대상이 이쪽을 제한하는 측면도 있을 건데요?

리퉈 맞아요, 바로 그렇습니다. 실제로 이른바 '문예사상'을 둘러싸고 형성된 충돌은 '사상해방'과 '신계몽'의 갈등 중 하나이기도 했어요. 뿐만 아니라 '신계몽'의 한계와 마찬가지로 당시 문학의 변혁을 위한 노력 또한 자신의 대립물의 제한을 받아 설정한 목표 자체가 높지 못했습니다.

예를 들어 봅시다. 당시 문학계의 뜨거운 화제 중 하나가 내용과 형식의 관계였습니다. 도대체 내용이 우선인가, 아니면 형식이 우선인가? 두 진영이 대치하면서 80년대 문학 방면의 중요한 논쟁을 형성했습니다. 그런데 뜻밖에도 85년 전후로 해서 "내용이 형식을 결정한다"고 주장하던 쪽이 맥을 못 추고 형식을 우선한 문학적 주장("중요한 것은 무엇을 말하는가가 아니라 어떻게 말하는가이다"와 같은)이 합법적인 지위를 취득했습니다. 이때부터 형식주의를 강조하는 환경과 분위기가 형성되었죠. 그러나 지금 돌아보면, 당신이 말한 것처럼 그 논쟁은 사전에 형식과 내용의 이분법에 의해 규정되어 있었기 때문에 '승리'한 쪽의 성과 또한 굉장히 제한적이었습니다. 재검토하고 비판할 만한 부정적인 요소가 아주 많이 있었어요. 그게 80년대 후반의 문학적 발전에 부정적인 영향을 줬을 뿐 아니라 그 시기에 형성된 형식과 기교에 대한 숭배가 지금까지도 문학 창작에 심각한 영향을 주고 있습니다. 이 때문에, 형식과 내용의 이 이분법과의 거리를 좀더 명확하게 드러내기 위해 차라리 저는 80년대 문학을 기교주의가 우세를 점하게 되는 역사적 과정으로 간주하려 하는 것입니다.

그러나 제가 여기서 말하는 '기교주의'는 그런 이름 아래 행해진 문학 발전을 완전히 부정하겠다는 의미가 아니라는 점을 밝히고 싶습니다. 그 시기의 문학적 성취가 모두 기교와 형식에만 집중되어 있었다는 말이 아닙니다. 실제 상황은 당연히 그렇지 않습니다. 예를 들어 '심근문학'의 몇몇 작품들은 의심의 창을 근대화와 근대적 생활방식에 직접 겨냥한 것으로, 중국에서 근대성을 사유하고 비판한 사실상 최초의 목소리입니다. 이건 아주 대단한 겁니다. 지금껏 평론계의 주목을 제대로 받지 못했지만 말입니다. 따라서 여기서 제가 말하는 '기교주의'는 이러한 발전의 주요한 특징을 더욱 정확하게 개괄하기 위한 것이지 80년대의 모든 창작에 어떤 모자를 씌우려고 하는 게 아닙니다. 과거에는 '형식', '기교', '기술'이란 말을 꺼내기만 하면 모종의 폄하하는 태도가 그 속에 미리 함축되어 있었습니다. 저는 그런 의미가 아닙니다. 이런 문제에 있어서도 환원주의를 경계해야 할 것입니다.

자젠잉 (웃으며) 당신이 그걸 재검토한다면 정말 재미있겠군요. 80년대 말에 당신은 제게 이런 말을 한 적이 있습니다. 소설은 곧 언어이다. '어떻게 쓰는가?' 이지 '무엇을 쓰는가?' 의 문제가 아니다. 당신이야말로 당시 '형식파' 의 깃발을 들고 함성을 지르던 주요한 선봉대의 일원이었잖습니까!

리퉈 맞아요. 제가 검토하겠다고 나서면 어떤 사람들은 제가 자신을 배반했다며 못마땅해하겠죠. 사실 저는 그저 반성하고 검토하는 정도지 배반 수준까지는 가지도 못합니다. 정말로 자신을 배반할 수 있다면 좋겠지만 그게 쉽겠습니까. 80년대의 문학적 발전을 이야기할 때 한 가지 더 거론하고 싶은 것은 휴머니즘(人道主義)의 문제입니다. 이 사조가 어떻게 한 발짝 한 발짝 문학 창작의 지배적 사상으로 변화되었는지에 대해 진지하게 회고하고 반성할 필요가 있습니다. 제대로 정리하려 들면 당시의 휴머니즘 사조도 방향이 제각각이고 색깔도 다양하겠지만, 주요한 노선은 두 가지였습니다. 하나는 관방 색채의, '사상해방' 진영과 밀접한 관계에 있던 휴머니즘으로 저우양周揚이 대표적인 인물이었습니다. 그들은 국제적인 휴머니즘적 맑스주의의 영향을 받아 중국적 상황에 맞게 맑스주의와 휴머니즘을 결합하려 했으며, '소외' 이론으로 '문혁' 을 해석하고 49년 이후의 중국 역사를 해석하려 했습니다. 그러나 이러한 휴머니즘은 관방의 극심한 비판을 받아 얼마 가지 못해 몰락했습니다. 또 다른 휴머니즘은 관방의 배경이 없었고 어떠한 선언적인 논문도 없었습니다. 일종의 서양 고전적, 전통적인 휴머니즘의 요약판이라 할 수 있을 텐데, 재미난 점은 이 노선에는 대표적인 인물도 없고 민간적인 성격도 강하여 표면적으로 온건해 보였습니다. 주장이나 관점도 구체적인 문학작품과 비평문(상흔문학이 주요 매체라고 할 수 있을 텐데, 그 중 전형적인 대표작이 다이허우잉의 『사람아 아, 사람아』입니다)에 흩어져 있었어요. 그래서 이러한 휴머니즘 노선은 별 억압을 받지 않은 상태에서 명맥을 유지하며 문학 창작에서 인간의 삶을 해석하는 주요한 이론적 방법이 되었습니다. 물론 한 걸음 더 나간다면 80년대 문학과 '신계몽'의 관계도 따져 볼 만합니다. 문학은 '신계몽'이라는 하천에 떠 있는 배와 같았다고 볼 수 있습니다. '신계몽'이라는 하천이 고전계몽주의로 흘러가는데 문학이 휴머니즘과 인성론을 떠받드는 것 외에 뭘 할 수 있었겠습니까? 그렇지만 이렇게 단정하는 것도 문제는 있습니다. 첫째, 문학 특히 상흔문학이 '신계몽'에 공헌한 정도가 과소평가될 수 있습니다. 만약 문학이 휴머니즘 사상을 그렇게 폭넓게 보급시키지 않았다면 '신계몽'이 그 정도의 영향력을 발휘할 수 있었겠습니까? 둘째, 그렇게 단정한다면 다른 문학유파, 특히 선봉소설의 독특한 가치를 소홀히 취급하는 것일 수도 있습니다. 선봉문학의 일부 작가들은 휴머니즘에 조금도 기대지 않았으니까요. 예를 들어 거페이(格非)의 『길 잃은 배』(迷舟) 같은 소설이 탐색하는 것은 우연성과 인간의 운명의 관계에 관한 것으로 인성론과는 무관합니다. 오히려 반인성론적 경향의 일종으로 봐야죠.

자젠잉 지금 우리가 이야기하고 있는 것들은 잡지 『음악』(樂)의 독자라면 지겹도록 들어 온 이야기겠는데요. 이런 주의 저런 주의가 어떻고, 이 이론은 너무 단순화시켰으며 저 이론은 천박하다느니 하는 등 너무 복잡해! 안 봐! 소화해 낼 수가 없어! 라는 태도가 되어 버렸죠. 괜찮아요.

저는 소화할 수 있으니 계속 이야기해 주시죠.

리퉈 (웃으며) 저도 잘 압니다. 그럼에도 불구하고 계속 이야기하겠습니다. 여기서 이야기를 그치면 앞서 제가 제기한 80년대의 우정과 논쟁에 대한 회고가 사람들에게 어떤 착각을 불러올 수도 있을 것 같습니다. 그 당시에 사상이 그렇게까지 활발했다면 그 사유는 분명 깊이가 있었을 것이라는 착각 말입니다. 저는 그런 식의 착각을 주고 싶지는 않아요. 제가 이런 식으로 말하면 80년대에 활동한 사람들 중 일부는 좋아하지 않겠지만 어쩔 수 없죠. 그렇지만 80년대 사상의 천박함을 반성하고자 할 때 분명히 해둬야 할 사실은, 당시 사람들이 열심히 공부하지 않았다는 말은 아니라는 점입니다. 정반대로 '문혁'이 종결되고 사상이 해방되면서 새로운 이론, 새로운 지식을 학습하려는 각종 '붐'熱이 일어나 '바깥'의 온갖 사상에 관심을 기울였으며, 그건 학술계와 이론계에만 국한된 현상이 아니었습니다. 지식계 외부의 일반인들까지 배움에 열심이었죠. 그땐 정말이지 실존주의, 프로이트, 니체, 하이데거, 구조주의, 서구 맑스주의와 프랑크푸르트 학파 등등 잡히는 대로 공부했어요. 거기엔 좋은 면도 있습니다. 모두들 기꺼이 공부하여 뒤떨어진 지식을 맹렬히 보충하려는 열정이 있었죠. 그러나 나쁜 면도 분명 있었습니다. 너무 가벼웠어요. 공부를 좋아했지만 깊이를 추구하지는 않았습니다. 물론 어쩔 수 없는 일이기도 했죠. 그렇게 많은 창문이 갑자기 한꺼번에 열리면서 온갖 꽃들이 눈을 어지럽혔으니까요.

자젠잉 너무 배가 고파 소화시킬 여유도 없으면서 닥치는 대로 먹어 제꼈던 거죠.

리퉈 그렇죠. 그러나 80년대 사람들이 그런 이유로 자신을 정당화시킬 수는 없는 것입니다. 만약 반성과 검토가 없다면 베이징 사람들이 흔히 하는 말로 '우거지', 잘해 봐야 겉만 번드레한 우거지밖에 더 되겠습니까. 94년 여름에 막 귀국했을 때 왕빈王斌이 기뻐하면서 장이머우를 만나 보라고 합디다. 저도 기뻤어요. 장이머우와는 벌써 5, 6년을 못 만났고 그의 새 영화 〈인생〉活着을 보고 난 직후라 이야기할 기회가 생기면 좋겠다고 생각하고 있었으니까요. 나중에 우리는 노동자체육관 근처의 한 카페에 약속을 잡았어요. '전뇌세차'電腦洗車라는 이름의 카페였는데, 베이징의 카페족[吧客]들에겐 꽤나 유명한 곳입니다. 싼리툰三里屯 일대에서 첫째 아니면 둘째 가는 오래된 바예요(이 일대에서 처음으로 생긴 바는 아마 차오양먼 바깥의 'JIEJIE'일 겁니다. 우리 집 대각선 맞은편에 있어 아직 정식으로 영업도 하기 전에 가 봤더니 젊은 주인이 커피도 한 잔 주더군요. 87년 즈음이었을 겁니다). 저와 장이머우는 저녁에 운하 쪽에 앉았는데 수다 떨기 딱 적당한 곳이더군요. 근데 조금 이야기를 해보고는 곧 실망하게 되었습니다. 장이머우가 이야기한 유일한 화제는 〈인생〉의 주제에 관한 것이었습니다. 반복해서 그 주제가 사실 "잘 죽는 것보다 고생하더라도 사는 게 좋다"는 한마디로 압축할 수 있다고 말하더군요. 당시 제가 받은 느낌은 놀라움이라는 말 외에는 형용할 길이 없습니다. 한 작품의 주제를 한마디로 개괄하는 건 제게 너무나 익숙한 것이었죠. '문혁' 이전에 제가 아직 아마추어 작가였을 때 글쓰기 연습에 가장 고민하던 게 바로 '주제의 정련'이었습니다. 무엇을 쓰든, 특히 소설을 쓴다면 더욱이, 자신의 주제가 명확해야 하고 한마디로 분명하게 이야기할 수 있어야 한다고 생각했으니까요. 그때라면 몰라도 1994년에 장이머우가 여전히 진지하게 주제의 '정련'에 힘쓰고 있으니 제가 얼마나 놀랐겠습니까!

자젠잉 그 영화에 대한 느낌은 어땠나요?

리퉈 금방 말한 그 정도 수준이었죠. 단순합니다. 문제는 장이머우의 진부하고 천박한 '주제관'에 있는 게 아니었어요. 정말로 심각한 것은 '주제관' 배후에 있는 예술 관념의 정체에 있습니다. 두 장이머우가 있다는 느낌을 받았습니다. 하나는 현재를 살고 있고 다른 하나는 과거를 살고 있는. 현재의 장이머우는 보수적이지도 않고 부단히 변화하고 있습니다. 시장경제가 가져온 갖가지 새로운 기회를 쫓아 자신도 변화시키고 중국영화도 변화시키며 막 데뷔했을 때처럼 의욕적이고 재기발랄합니다. 그러나 다른 장이머우는 정반대로 가볍고 보수적입니다. 작품의 사상적 의미에 대해 '주제의 정련'과 같은 '문혁 이전'의 인식 수준에 머물러 있을 뿐 아니라 곳곳에서 지식의 결핍이라는 꼬리를 드러내고 있죠. 이 두 장이머우를 결합시키면 아주 괴이한 형상이 됩니다. 그러나 저는 이렇게 분열된 장이머우라는 시각에서 봐야만 장이머우 현상의 많은 문제를 해석할 수 있다고 생각합니다. 예를 들어 〈하나와 여덟〉一個和八個: 장이머우 촬영, 1984에서 〈연인〉+面埋伏으로의 변화가 왜 생겨났는가, 왜 상업영화로 뛰어든 후에야 장이머우가 굉장히 자유롭게 자신의 능력을 마음껏 발휘할 수 있었는가 따위도 그런 관점에서 보면 잘 설명됩니다. 최근 인쇄 매체에서든 인터넷에서든 장이머우에 대해 의론이 분분한데, 장이머우와 그의 영화를 역사적 현상으로 간주하여 행한 분석, 특히 그와 80년대의 역사를 연계하려는 시도는 거의 찾아볼 수 없습니다. 만약 진지하게 연구해 본다면, 현재 장이머우 현상의 여러 측면은 80년대에서 그 근원을 찾을 수 있습니다. 예를 들어 그의 요즘 영화가 보여 주는 창백한 사상과 화려한 형식의 모순은 '주제가 선행되어야 한다'는 식의 고루한 '창작방법'과 완전히 결별하지 못한 것이 중요한 원인의 하나입니다. 아마도 장이머우는 금빛 찬란한 '우거지' 일 겁니다. 그러나 아무리 찬란해도 우거지는 우거지죠.

이런 이야기를 하다 보니 천카이거의 〈시황제 암살〉荊軻刺秦王, 1998이 또 생각나는군요. 이 영화는 인민대회당에서 시사회를 가졌는데, 천카이거가 저보고 학술계 인사를 시사회에 많이 초청해 달라고 그러더군요. 〈패왕별희〉霸王別姬의 성공으로 모두들 그에게 많은 기대를 품고 있을 때라 저도 흔쾌히 응낙했습니다. 당시 저는 정말로 적지 않은 사람을 초청했습니다. 팡푸龐朴 같은 노학자까지도 말입니다. 그러나 저는 지금도 잊을 수가 없습니다. 상영이 끝나고 인민대회당의 불이 켜진 후 제가 얼마나 곤혹스러웠는지 말입니다. 초청한 친구들은 누구도 말이 없었습니다. 일부는 저의 눈빛을 피했고 또 일부는 한마디도 없이 바깥으로 나갔습니다. 이 침묵 속에는 분명 저에 대한 질책, 혹은 의혹이 들어 있었습니다. 왜냐하면 사전에 제가 이 영화가 얼마나 중요한지, 왜 꼭 한 번 봐둘 가치가 충분한지에 대해 바람을 잔뜩 넣어 놨기 때문이었죠. 벌써 여러 해가 지났지만, 곤혹해하며 저를 피하던 그 눈빛을 생각하면 여전히 견디기 힘들고 불안한 마음뿐입니다. 진시황처럼 복잡한 역사적 인물을 〈시황제 암살〉은 얼마나 천박하게 묘사하고 해석했습니까? 그 따위 영화나 보라고 많은 학자들을 그렇게나 정중하게 인민대회당으로 모셨으니 그런 풍자적인 상황도 또 없을 겁니다. 천카이거가 어쨌다고 제가 이런 말을 하는 걸까요? 진시황처럼 중요한 역사적 인물을 다룰 기회를 잡았으면서 어떻게 그런 식으로 표현할 수 있는 거죠? 제 생각에는 천카이거가 노력하지 않아서가 아닙니다. 그의 됨됨이를 아는 사람이라면 예술에 있어 그가 얼마나 진지한 사람인지 잘 알고 있습니다. 조금의 소홀함도 없어요. 뭐가 문제였을까요?

역시 문제는 80년대에 있는 것 같습니다. 그 시대의 천박함이 그림

자처럼 80년대 사람들을 따라다니고 있습니다. 천카이거 한 사람의 문제가 아닌 것이죠. 하나의 사조나 분위기는 갑자기 단절되는 법이 없습니다. 최소한 몇 세대 혹은 그 이상에 영향을 끼치기 마련이죠. 당신이 90년대 이후의 문학·영화·미술·연극을 세심히 살펴본다면 80년대의 많은 사상이 유령처럼 곳곳에 포진하고 있음을 발견할 수 있을 겁니다. 아마 이제는 상황이 많이 달라졌다고 생각하는 사람도 있겠죠. 특히 시장경제가 중국에 가져다준 변화는 이미 중국을 80년대와는 완전히 다른 것으로 만들었다고 말입니다. 그 사이 이미 몇 세대나 교체되었는데 지난 시절의 유물이 어떻게 지금까지 영향을 끼칠 수 있겠느냐고 생각하는 것이죠. 이런 식의 견해가 완전히 틀린 것은 아니지만 완전히 맞는 것도 아닙니다. 이런 견해를 가진 사람은 너무 낙관적일 뿐 아니라 '진보'라는 걸 맹신하고 진보의 절대성을 맹신하는 진보주의라는 혐의를 지울 수 없습니다. 사실 역사의 발전이나 변화는 진보와 동일한 것이 아닙니다. 발전하고 변화했다고 해서 진보인 것은 아니죠. 특히 예술의 발전에서 옛 부대에 새 술을 담고 새 부대에 옛 술을 담는 것은 흔히 있는 보편적인 현상입니다. 멀리 볼 것도 없고 최근의 소설만 봐도 그건 분명히 드러납니다.

자젠잉 90년대 이후의 유행소설 말씀이십니까?

리튀 그렇게 말할 수 있겠죠. 예를 들어 봅시다. 요즘 누가 '상흔문학'을 읽습니까? 『담임선생』班主任, 『부용진』, 『사람아 아, 사람아』 같은 소설은 요즘 젊은 세대는 제목도 잘 모를 겁니다. 그러나 저는 상흔문학이 문학의 무대에서 퇴출된 게 아니라 무대 뒤로 잠시 물러선 것에 불과하다고 생각합니다. 상흔문학을 지탱하던 사상과 문학 관념은 지금도 살아 있으며, 더욱 은밀한 방식으로 현재의 글쓰기에 영향을 주고 있습니다. 조금 전에 말한 것처럼 일종의 통속적인 휴머니즘과 인성론이 상흔문학의 철학적 기초인데, 이게 80년대에 승인을 받아 사회적 상식이 되었습니다. 그렇게 90년대까지 이러한 통속적 '인성론'이 계승되었을 뿐 아니라 시장 이데올로기의 대대적 지원에 힘입어 자신의 세력을 부단히 확장하여 결국엔 당대문학의 창작을 결정하는 지배적 사상이 되었습니다. 조금만 연구해 보면 한 시대를 풍미한 '개인적 글쓰기', '70년대 작가', 또 웨이후이衛慧 등의 소위 아방가르드 소설을 포함한 현재 대다수의 작가와 비평가들이 그런 시각과 입장에서 당대 중국의 현실을 인식하고 해석한다는 것을 발견하게 될 겁니다. 무슨 '인류의 고난', '인류 정신의 곤경', '인생의 궁극적 의미', '개인의 초월', '개인적 표현' 따위의 하나같이 진부하고 상투적인 이야기지만, 많은 사람들이 거기에 빠져 있죠.

앞에서 문학의 기술주의적 경향에 대해 언급하지 않았습니까? 최근 10여 년간 문학 환경이 크게 변하면서 그러한 조류가 눈에 띄게 힘을 잃어 궁지에 빠져 있습니다. 그러나 그것의 작은 실험의 하나인 '내면 서사' 기교는 갈수록 성행하여 개인의 내면에 대한 탐색이 글쓰기의 유행이 되었으며, 글쓰기가 '현대'적인지의 여부를 판별하는 주요한 특징이 되었습니다. 문학잡지를 펼쳤다 하면 수많은 '내면 서사'가 덮쳐와 질식할 정도입니다.

자젠잉 아, 당신이 말씀하시는 건 현미경을 들고 오랜 시간 자신의 배꼽을 관찰하는 식의 서사 말인가요?

리퉈 문제는, 이러한 기교가 이데올로기의 지지를 받지 않는 게 아니라

는 점입니다. 그 밑바닥에는 여전히 인성론이 깔려 있으며, '상흔문학'
과는 뼈가 끊어졌을지라도 근육이 서로 연결되어 있는 관계라고 할 수
있습니다. 이러한 글에서 글쓰기 기술은 단순화되고 인문주의는 용속
화되었으며, 그 둘이 표리를 이뤄 잘 결합되어 있습니다. 많은 비평가들
이 작금의 문학이 얼마나 천박한지를 비판하지만, 그 천박함의 뿌리를
캐려면 80년대를 파고들어야 합니다. 오늘날의 문학이 과거와 얼마나
'단절' 되었는지를 강조하는 사람도 있습니다. 제가 보기에는 지엽적인
부분에서 단절이 있을 수도 있지만 그 뿌리는 단절되지 않았습니다. 단
절이 그렇게 쉽답니까?

자쩬잉 당신은 이데올로기적인 측면에서 그들의 접점을 보십니다만, 저
는 심리적인 측면에서 접근하여 당시의 상흔문학이든 이후의 사적 글
쓰기든 모두 일종의 일맥상통하는 약자 심리, 병자 심리가 있다고 봅니
다. 전자는 자신을 연민하고 후자는 자신을 아낍니다. 심신이 건강한 정
상인은 그렇게 촉촉하고 야들야들한 걸 읽으면 짜증이 날 수밖에 없죠.
80년대와 현재의 천박함과 단순함에 어떤 연원관계가 있다고 당신은
말씀하시지만, 그렇다고 완전히 같은 것은 또 아니겠죠?

리퉈 당연히 완전히 같을 수야 없죠. 이쯤에서 저는 다시 한번 강조했으
면 합니다. 우리가 오늘 80년대를 회고함에 있어 반드시 피해야 할 것
은 환원주의입니다. 그 시대의 문제를 검토한답시고 그 시대의 성과조
차 깡그리 무시해서는 안 되겠죠. 휜 것을 바로잡으려다 정반대로 휘게
만드는 경우가 많은데, 휜 것을 바로잡는다고 정도가 지나칠 필요는 없
죠. 제가 『순문학 만담』漫說純文學의 대화에서 밝힌 것처럼 80년대의 문학
적 성취는 '5·4' 이래 가장 훌륭한 것이었습니다. 이 말은 진심입니다.

지금도 저는 그렇게 봅니다. 그러나 그런 제 입장이 그 시대의 문제에 대한 제 비판에 영향을 주는 것은 아닙니다. '문혁' 이후의 중국역사의 발전은 굉장히 복잡한 양상을 거쳐 왔습니다. 간단하게 옳은 것은 옳고 틀린 것은 틀리다, 혹은 완전히 옳다거나 완전히 틀리다는 식의 단순한 인식으로는 그 복잡성을 결코 포착할 수 없습니다. 우리는 복잡한 문제에 대해 복잡한 분석방법을 채용하는 변증법적 방식을 배울 필요가 있습니다.

다시 90년대의 문학을 예로 들어 보자면, 그 시기에 반짝이는 작품이 전혀 없었다는 말이 아닙니다. 좋은 작품이 많았고, 특히 장편소설은 훌륭했습니다. 『허삼관 매혈기』許三觀賣血記, 『술의 나라』酒國, 『색에 물들다』塵埃落定, 『장한가』長恨歌, 『암시』暗示, 『쾌활』受活 등의 성취는 80년대를 크게 넘어서는 것이었습니다. 그러나 만약 마음을 가라앉히고 전반적인 추세에 주의하고, 그 추세에서 문제를 찾는다면 오늘날의 문학 창작은 확실히 걱정스러운 측면이 많습니다. 진지한 비평이 결핍되어 있다는 게 그 일례입니다. 요즘 매체에서 유행하는 그런 식의 비평을 말하는 것이 아닙니다. 그 배후에는 정치적인 '점검'이 선행되어 있을 뿐 아니라 상업적 전략과 이익으로 충만한 것이어서 그것에 희망을 품는 건 너무나 어리석은 짓입니다. 그러나 작가들 간에, 비평가들 간에, 작가와 비평가의 간에 만약 어떤 통로를, 서로 진지하게 토론하고 비평할 수 있는 방법을 찾을 수 없다면 문학의 앞날은 가망 없어 보입니다. 이런 점에서 친구의 중요성을 다시 한번 강조하고 싶습니다. 친구들 사이에서만 밥 먹는 것도 잊고, 잠자는 것도 잊은 채 토론하고, 철야로 시를 논하고 소설을 토론하는 게 가능하니까요.

자젠잉 길가에 퍼질러 앉아 수박을 나눠 먹으면서 말이죠!

리퉈 허! 길가에 앉아 문학을 토론하던 열정을 되불러 올 수 있을까요? 아마도 영원히 되돌아오지 않을 겁니다. 문학 창작에 대한 우정의 중요성을 아는 것과는 별개로 그런 우정이 여전히 문학 속으로 진입할 수 있을지는 또 다른 문제입니다. 사실 저는 비관적입니다. 아마 대체할 수 있는 다른 방식이 있겠죠? 아마도 사회적 교류방식 중 비평과 토론을 전개할 수 있는 다른 공간이 있겠죠? 아직 알 수 없지만요.

한두 해 전까지 저는 대학에 어느 정도 희망을 품고 있었습니다. 중국의 대학은 결국 구미의 대학과는 다른 전통을 만들 것이고, 아마도 특별한 이익을 산출하지 않는 문학비평도 거기 한자락에서 생존해 갈 수 있지 않을까 생각했던 거죠. 왜냐하면 '5·4' 이후 중국 대학의 인문학과는 줄곧 작가, 시인, 예술가가 서로 많은 영향을 주고받던 곳이었으니까요. 이러한 상호작용은 대학의 중문과와 기타 인문학의 발전을 도왔을 뿐 아니라 작가들, 시인들, 예술가들의 창작에도 굉장히 중요한 영향을 주었습니다. 루쉰, 취추바이瞿秋白, 원이둬聞一多, 주쯔칭朱自淸, 위핑보兪平伯, 중바이화宗白華 같은 세대가 대학과 맺고 있던 관계를 생각해 보면 아주 분명하게 드러납니다. 그 얼마나 귀중한 전통입니까! 그건 중국인의 대단한 창조입니다. 최근 중국 대학들은 전면적인 서구화를 추구하려 하는데, 인문학과에서는 서구화하려 해도 '전면적'일 수는 없잖아요. 그래서 중국도 아니고 서구도 아닌, 말도 아니고 나귀도 아닌 어정쩡한 상태가 되어 버린 거죠. 최근에는 또 무슨 '계량화'를 한다는데, 인간의 정신활동을 계량화할 수 있나요? 인간의 이론적 사고와 학술연구를 계량화할 수 있습니까? 기업관리 같은 마인드를 인문학 연구 영역 속으로 쑤셔 넣으려는 시도에 다름 아닌 것이죠. 그런 부조리극이 어디 있습니까! 이렇게 대학의 문학연구는 비단 앞 세대의 엄격한 학술규범을 계승하지 못했을 뿐 아니라 도리어 서양 교수들의 병폐를 그대로 답습하는 지경에 이르렀습니다. 어떤 문학이론으로 작품을 죽이고, 그런 다음 시체 해부 하듯이 '문체' 분석을 한 차례 한 후 검시 보고서와 유사한 '논문' 한 편을 제출하는 겁니다. 그러면 그게 학술적 업적으로 인정되어 교수로 승진하고 박사 지도교수가 되는 식으로 승승장구하죠. 게다가 대학 안에서만 이런 '연구'를 수행하는 것으론 만족을 못하는지, 여러 매체에 그런 식의 '해부'를 펼쳐 놓습니다. 일반 독자들 뿐 아니라 작가들까지도 무슨 소리를 하는지 몰라 고개를 설레설레 흔들게 만드는 그런 분석들 말입니다. 대학에 희망을 품는 건 이제 멍청한 짓이 되어 버린 것 같아요.

자젠잉 '문제파'의 시각에서 보면 지금 많은 점에서 확실히 옛 병폐가 사라지지도 않았는데 새로운 증세가 나타난 형세입니다. 금전을 향한 열정이 정치적 열정을 대체하고 있지만, 물질적 번영 아래 정신적 결핍, 퇴폐, 두려움, 냉담함, 상실감과 곤혹스러움이 은폐되어 있습니다. 표면적으로는 온갖 목소리가 터져 나오고 열기로 가득 차 눈을 어지럽히지만 많은 아름다운 것들이 방향을 잃었고 심각한 생각들은 비웃음을 받고 있습니다. 만약 80년대가 당신이 형용한 것처럼 '온갖 꽃들이 눈을 어지럽히는' 형국이었다면 지금의 사회는 아마도 이미 '꽃가루 알레르기'에 걸려 있다고 봐야 할 것입니다. 심지어 '동물사회'의 어떤 특징마저 노정하고 있습니다. 문학만 놓고 보더라도 작품은 이전보다 훨씬 많아졌지만 옥석이 섞여 있고, 대중매체에서는 그저 시장의 뜨거운 관심을 받는 인기작만 추종합니다. 순수문학은 소수의 연구자가 종사하는 고독한 작업이 되어 버렸고요. 이런 분위기는 아마 정말로 일부 작가의 창작 의욕을 꺾을 수도 있습니다. 예를 들어 옌롄커閻連科 같은 사람도 너무나 막막하다, 문학 창작이 아무런 의미도, 아무런 기준도 없는 것만 같다고 이야기한 바 있지 않습니까.

리뤼 문학의 의의는 작가의 창작에서 생산되는 것이 아니고, 출판 부수나 인세에 의해 결정되는 것도 아닙니다. 반대로 창작 이후, 창작이 야기한 비평과 논쟁 이후에 산출되는 것입니다. 누가 잘 썼는가? 누가 잘못 썼는가? 누가 성과를 보였는가? 누가 탐색의 과정에서 실족하여 잘못을 범했는가? 누구의 글이 앞으로 한 걸음 나아갔는가? 누구의 글이 사실은 그 자리에 머물러 있는가? 우리의 글쓰기는 지금 외국의 글쓰기와 대체 어떤 관계에 있는가? 우리는 우리의 글을 어떻게 보아야 하는가? 역사에서 우리는 어떻게 자리매김해야 하는가? 이런 일련의 질문들이 모두 창작의 의의와 관계됩니다. 이러한 질문에 대한 논의 없이 문학의 의의를 어떻게 거론할 수 있겠습니까!? 물론 이러한 것들을 하기 위해 반드시 우정을 통해야 하는 것은 아닙니다. 우정을 이야기하는 것이 절대적으로 필요한 조건인 것은 아닐 겁니다. 아마도 다른 방식이 있겠죠. 예를 들어 최근 미국의 여러 대학에서 창작과를 개설했고, 이들 창작과에서도 비평과 토론이 활발하여 확실히 일부 작가와 시인을 배출하였습니다. 그러나 창작과가 진정한 작가와 시인을 길러 낼 수 있는지는 여전히 논쟁 중에 있습니다. 이런 방식의 성공 여부는 아직 좀더 지켜봐야 할 것입니다. 중국에서 우정 및 우정에 뒤따르는 열렬한 비평과 토론은 일찍이 80년대에 작가들이 문학의 찬란한 시대를 만들어 내는 힘이 되어 주었습니다. 더군다나 지금도 저는 그것이 여전히 우리의 문학과 예술이 끊임없이 새로운 활력을 얻을 수 있는 필요조건이라고 생각합니다. 그러나 그것은 지금 우리 눈앞에서 사라져 가고 있습니다. 우리는 이렇게 사라져 가는 우정의 역사적 증인인 셈이죠. 그건 아마도 우리를 서글프게 하는 역사일 것이고, 자세히 논의할라치면 책 한 권은 될 겁니다——확실히 단행본 분량에서 논의해야 포괄될 만한 주제죠. 그러나 이미 너무 많은 이야기를 했으니, 오늘은 일단 여기까지만 하도록 합시다.

자젠잉 좋아요. 고맙습니다.

8
리셴팅(栗憲庭)

1949년 지린吉林에서 출생했으며 허베이 성 한단邯鄲 출신이다. 1978년 중앙미술대학 중국화과를 졸업했다. 1978년에서 1983년 잡지 『미술』美術의 편집인을 역임했으며, 1985년에서 1989년에는 『중국미술보』中國美術報의 편집인을 역임했다. 1990년부터 지금까지 자유비평가의 신분으로 활동하고 있다. 1970년대부터 중국 당대예술을 널리 소개하는 역할을 담당해 왔다.

리셴팅과의 대화
―2004년 11월 23일 베이징 교외의 쑹좡

리 선생은 키가 작고 머리는 반백이었으며 낡은 면 조끼에 평평한 천 신발을 신고서 커다란 랴오원廖雯의 옆에 미소를 띠고 서 있었다. 온화하고 유순하며 한가로운 표정이지만 양미간에는 양산박의 녹림호걸 같은 기세가 감춰져 있다. 리 선생은 차를 몰지도 않고 핸드폰을 사용하지도 않는다. 그는 랴오원과 함께 베이징 교외의 쑹좡宋莊에서 산다. 석판으로 만들어진 작은 길 끝에 장랑長廊이 딸린 기와집이 언뜻 보인다. 사방이 담쟁이덩굴로 덮여 있고 두 묘畝도 안 되는 땅에 스무 그루가 넘는 과일나무가 심어져 있었다. 그 밖에도 야채, 대나무, 연못 따위가 눈에 들어왔다. 널찍한 거실에는 서화가 널려 있었고, 벽에는 리 선생의 초상이 두 폭 걸려 있었다. 프랜시스 베이컨의 어느 중국 제자 손에 그려진 것인지 모르겠지만(나중에 들은 바로는 양사오빈楊紹斌의 작품이라고 한다), 리 선생의 빨간 얼굴이 매일같이 보기만 해도 몸서리쳐지게 문드러지고 있다. 외딴 곳이라 손님이 드물 거라 생각했지만 끊임없이 울리는 초인종과 전화벨 때문에 대화가 중단되곤 했다. 리 선생은 웃으면서 말했다. 우리 집은 항상 이래요. 매일 몇 무더기의 사람들이 들락거린답니다.

리셴팅이란 이름이 중국 현대예술과 같이한 지 벌써 20년이 지났다. 80년대 초 이래로 리 선생이 기획하고 힘을 보태고 일을 추진한 예술전과 예술가가 부지기수이다. 리 선생 본인은 몇 번이나 자리를 거절했지만, 예술가 그룹들은 계속해서 그를 추대했다. 그는 줄곧 주변지대에서 일을 벌여 왔으며, 여러 색깔의 젊은 예술가들을 지지했다. 리 선생의 예술에 대한 태도는 분명 이상화된 것이지만 일부 '엘리트'에게서 풍기는 엄숙함이나 오만함은 찾아볼 수 없으며 친근한 민초의 분위기만 온몸에 가득하다. 아마도 바로 이러한 이유 때문인지 인터뷰 말미에 리 선생이 토로한 작금의 중국예술의 실태와 중국문화 전체에 대한 비관적인 전망은 더욱 우리를 탄복하게 한다. 당시 하늘은 황혼에 가까워져 해가 서산으로 기울고 있었다. 리 선생과 마주앉은 거실에도 빛이 사그라져 조금 침울한 기분마저 들었다. 예술과 상업, 예술가와 명리장名利場의 관계에 대한 리 선생의 견해는 조금 과격한 것이 아닐까? 잘 모르겠다. 다만 갑자기, 리 선생처럼 이렇게 예술에 대해 순수한 이상을 품고 협의狹義의 기운을 지닌 사람을 요즘은 거의 만나지 못했다는 생각이 든다.

* * *

자젠잉 먼저 개인적인 배경을 말씀해 주시기 바랍니다. 어디서 출생했고 어디서 자라셨는지요?

리셴팅 1949년 지린에서 태어났고 허베이의 한단에서 자랐습니다.

자젠잉 집안에 예술을 하던 사람이 있었나요?

리셴팅 부친이 민간 공예인이었습니다. 츠저우요磁州窯*라고 들어 보셨죠? 송대 북방 민간 도자기의 대표로, 흑백으로 꽃을 새기고 문인 취미의 화풍을 장식 스타일로 삼는 종류인데, 중국 특히 북방 도자기의 장식 스타일에 많은 영향을 줬습니다. 민국 시기에는 해외에서 츠저우요 연구 붐이 일기도 했었죠. 부친은 1949년 이후까지 생존한 옛 공예인이었습니다. 저는 어릴 때부터 부친을 따라 출근해 공방에서 놀기도 하고 버려진 도자기에 그림을 그리기도 했죠. 그러다가 점점 그림에 흥미를 들이게 됐습니다.

자젠잉 중국화(國畵)를 그렸나요?

리셴팅 지금 생각해 보면 제멋대로 그린 거죠. 그런데 츠저우요 장식 스타일과 유사한 고전 문인화文人畵——서예식의 붓놀림을 강조하는 문인화에 많은 영향을 받았습니다. 제가 소학교에 들어가기도 전에 부친은 저에게 서예를 배우게 했습니다. 또 문인화가 그려진 인쇄물을 가져와 모사하게 하기도 했고, 많은 고전 시가를 외우게도 했습니다. 문인화와 문인 시가에 깃든 애상의 정조가 제 인생의 많은 난관을 지탱하게 해주는 힘이 되어 주었어요. 부친은 저의 첫 선생님이었던 셈이었죠. 중학교에 입학한 후 아카데미식 교육에서의 첫 선생을 만났습니다. 톈진 미술

---

* 츠저우요는 허베이 성 한단시(邯鄲市) 펑성(彭城)과 자현(磁縣) 등지에서 주로 생산된다(이들 지역은 송대에 하남성 펑덕부彭德府 자주磁州에 속했다). "남쪽에는 경덕진이 있다면, 북쪽에는 펑성이 있다"(南有景德, 北有彭城)라고 칭해질 정도로 남방의 경덕진과 병칭되는 북방의 대표적인 민간 도자기이다. 츠저우요의 기법은 매우 다양한데, 장식적으로 흑백을 대비하는 방식을 주로 채용했다. 전통 수묵화의 예술적 효과를 잘 살리고 있으며, 전통회화, 서예, 자기 공예를 결합하여 새로운 종합예술로 승격시킴으로써 중국 도자기의 새로운 경지를 개척한 것으로 평가된다.

대학 출신으로 쉬천광徐晨光이란 분인데, 저에게 가장 기본적인 소묘니, 색채 사생이니 하는 것들을 가르쳐 주셨습니다. 미술대학에서는 요즘도 소련식 방법을 기본으로 하여 소묘나 수채 등을 시험과목으로 채택하고 있으니까요. 이런 것들은 뒷날 제가 해왔던 작업과는 그다지 연관이 없어 보입니다. 물론 미술이라는 직종 속에 포함된 것이긴 하지만요. 나중에 우연한 기회에 중앙미술대학의 교수를 알게 되었습니다. 그들이 제가 있던 한단으로 하향했던 건데, 몇몇 학습반을 개설했죠. 당시는 '문혁' 중이라 창작학습반이라고 이름을 붙였습니다. 저는 1968년 고등학교를 졸업한 후 타이항산太行山 구역의 생산대에 편입되었습니다. 제가 그림을 자주 그리니까 그 학습반에 참가할 수 있게 되었고 어떻게 창작할 것인지를 배우게 되었죠. 물론 당시 모든 '문혁' 작품과 마찬가지로 중대한 주제에 희극적인 구성을 가진 그런 작품이었지만요.

자젠잉 그때가 70년대 초반이었습니까?

리셴팅 1970년에서 71년 정도였을 겁니다. '문혁' 때였죠. 나중 몇 년간은 줄곧 미술대학의 리화李樺 선생과 편지를 주고받았습니다. 그는 저에게 많은 힘이 되어 주었습니다. 그런 다음 1974년에 중앙미술대학에서 노동자·농민·병사[工農兵] 중에서 대학생을 모집했어요. 그래서 저는 이 교수들과 연락을 취한 후 중앙미술대학에 응시했습니다. 1974년에서 1978년의 4년 동안 제가 배운 대부분은 '문혁' 스타일이었습니다. 물론 기초적인 소묘와 색채 훈련은 있었지만요. 나중에 회상해 봤을 때 중요한 건 제가 혁명적 리얼리즘 양식의 창작의 기본 스타일을 비교적 이해하게 되었다는 점입니다. 저는 이 양식이 어떻게 생산되는지, 그것에 어떠한 구체적인 규범이 있는지를 잘 알고 있습니다. 나중에 제가 「마오쩌둥 예술 양식 개설」毛澤東藝術模式槪述이란 글을 쓴 것은 이 시기의 학습과 반성에 근거한 것입니다.

자젠잉 그렇지만 당시 공부할 때는 그런 의식이 없었지 않습니까?

리셴팅 없었죠. 그건 나중에 되돌아봤을 때의 이야기죠. 그것이 구체적으로 어떻게 조작되는지, 한 장의 그림이 어떻게 형성되는지 알아야 하잖습니까. 예를 들어 화면의 희극적 구성은 문학과 밀접한 관계를 가지며 서사성을 강조합니다. 왜냐하면 서사성은 생활 본래의 양식이라는 듯한 천연적인 통속성을 지니고 있으니까요.

자젠잉 일종의 선전도구인 서사적 선전화宣傳畵였나요?

리셴팅 예, 정치에 복무한다는 측면과 함께 또 하나의 중점은 예술이 노동자·농민·병사가 좋아하고 즐기는 것이어야 한다는 것입니다. 바로 이 점에서 옌안延安 양식과 소련 양식은 그 경계를 분명히 긋게 되었습니다. 마오쩌둥은 '소련 양식, 즉 사회주의리얼리즘의 기초 위에 자신의 독특한 요소——노동자·농민·병사가 즐기는 오락적 요소——를 일부 가미했습니다. 먼저 통속화를 들 수 있습니다. 통속화는 소련에서 시작된 것으로, 1930년대 신문화운동을 하던 모든 문화인들은 통속화를 주장했습니다. 문학적으로는 물론 백화문을 사용하는 것이었고, 예술적으로는 리얼리즘이 주장되었습니다. 리얼리즘은 서양 고전주의와 소련 양식에서 건너온 것으로 아직 중국화되지 않았었죠. 마오쩌둥은 옌안 문예좌담회에서 농민 속으로 들어가 농민의 예술을 배울 것을 강조했습니다. 이것은 아주 중요합니다. 나중에 옌안에 관한 자료를 일부 뒤적여 봤는데, 당시의 화가들은 농민의 창화窗花〔창문 장식에 주로 사용하는 전지의 일종〕, 민간 전지剪紙〔종이를 오려 여러 형상을 만든 공예의 일종〕, 민간 목판 연화年畵〔세화〕 따위를 배웠습니다. 당시 화가들의 목각은 서양의 영향을 받은 조형방식으로, 광선이 비쳐 와 얼굴의 한쪽은 밝고 다른 쪽은 완전히 시커먼 그런 것이었습니다. 농민들은 이런 건 음양 얼굴〔陰陽臉〕이라 보기 싫다고 합니다. 왜냐하면 민간의 목판 연화는 명암에 관계없이 선을 새기는데, 얼굴은 하나의 윤곽선으로 그린 후 윤곽 안에 색깔을 입힙니다. 아주 장식적이고 예쁩니다. 민간의 이러한 조형방식을 훗날 옌안의 화가들이 자신의 창작 속으로 끌어들이면서 마오쩌둥 양식은 단번에 굉장히 구체화되었습니다. 구체적인 조형과 색채 그리고 색채의 강렬함 등 서양 회화의 조형방식과는 완전히 달랐죠.

미술을 넘어 다른 문예로 시야를 확대시켜 보면, 음악에서는 「황하대합창」黃河大合唱, 가극 「백모녀」白毛女, 문학에서는 『리유차이의 설창』李有才板話 등 모든 걸 민간의 곡조, 민간의 이야기〔說話〕 방식, 언어 습관 등에서 가져왔어요. 이는 그저 백화문의 사용만을 주장한 5·4 시기보다 중국의 대다수 사람—즉 농민의 심미적 관습에 한 걸음 더 가까이 다가간 것이었습니다. 이렇게 해야만 문예를 정치도구로 더 쉽게 변형시킬 수 있었던 거죠. 농민(노동자와 병사 대부분도 농민 출신입니다)을 교육하고 선전함에 농민에게 익숙한 방식을 사용해야 어떤 정치적인 목적을 더 잘 달성할 수 있을 테니까요. 이런 양식을 저는 마오 양식이라 부릅니다. 구체적으로 말한다면 '5·4' 시기 이래로 수입된 서양 고전주의로 중국의 민간예술을 개조한 것이죠. 예를 들어 셴싱하이冼星海가 「황하대합창」의 창작에 관해 이야기한 게 대표적입니다. 어떻게 중국의 전통 민가를 사용했는가 하면, 서양음악의 삼일률三—律과 리듬으로 민가를 다시 개편한 겁니다. 민가는 선율적인 요소는 세지만 템포는 약합니다. 민가에는 기본적인 선율이 있기 마련인데, 노래하는 사람이 자기 기분에 따라 템포를 늘이거나 바꿀 수 있어요. 어떨 때는 완전히 무템포로 선율을 연장하거나 그 선율의 일부 세절을 바꾸기도 해요. 「동방홍」東方紅을 예로 들면, 나중에 제가 민가의 「동방홍」을 듣고 나서야 원래 민가는 그렇게 부른다는 걸 알게 되었습니다. 나중에 「동방홍」이 4분의 2박자로 바뀌면서 따분하고 무미건조해져 버린 거죠. 동시에 장점도 있습니다. 그렇게 함으로써 집단적으로 합창하고 대중에게 전파하기가 쉬워졌죠.

자젠잉 표준화된 거죠.

리센팅 예, 표준화된 겁니다. 표준화는 대중 선전에 적합합니다. 이런 건 나중의 제 경력과는 무관해 보입니다. 그렇지만 그것은 제가 신예술을 이해하는 방식의 배경이라 할 수 있습니다. 신예술은 이러한 전통의 반항에서 시작되는 거니까요.

자젠잉 그렇지만 그게 당신의 초창기 지식을 구성하는 것들이겠군요.

리센팅 예, 당시 '문혁'의 와중에 예술을 배우긴 했지만, 혹은 그 병폐의 영향을 받았다고 할 수 있겠지만, 그 병폐 자체는 지금 돌이켜 볼 때 굉장히 구체적인 것이어서 양분으로 바꿀 수 있는 것들이었습니다.

자젠잉 80년대의 많은 예술가들이 그러한 기초 교육을 받았다고 해야겠죠. 예를 들어 천단칭은 자신의 데뷔작 「눈물이 풍작을 거둔 논을 가득 채우네」淚水灑滿豊收田에 대해 '문혁' 식의 선전화에서 벗어나지 못한 것이라고 말하고 있습니다. 그렇지만 당신은 더 일찍 학교를 다녀, 졸업할 때 '문혁'이 막 끝나고 있었잖아요.

리셴팅 그래요. 그후 저는 잡지 『미술』에 배속되었습니다. 굉장히 관방적인 성격인 기관이었어요. 중국 미술계의 유일한 관방의 권위적 간행물이며 전국 미술협회의 기관 간행물이었으니까요. 아주 정통성 있는 잡지였죠. 제가 당시에 학교에서 글을 몇 편 썼는데 그 때문에 그쪽으로 배속된 겁니다.

자젠잉 사실 당시 학교에 있을 때 당신의 전공은 중국화였습니다. 당신이 거기 배속될 때가 이미 1978년인데, 지금 기억을 더듬어 볼 때 당시 미술대학이든 잡지 『미술』이든 당신 주위의 분위기가 이미 상당히 달라져 있지 않았나요?

리셴팅 맞아요. 게다가 중요한 점은 제가 그렇게 분위기가 바뀌기 시작할 때 『미술』에 들어갔다는 점입니다. 들어가자마자 새로운 조류가 이미 시작되고 있었어요. '문혁'에 대한 반성이 진행되고 있었던 거죠. 제가 들어간 후 처음으로 한 일이 과거의 작품들에 대한 평가를 정정하는 것, 즉 '문혁' 시기에 타도된 '문혁' 이전의 좋은 작품을 재평가하는 것이었습니다. 그런데 제가 가장 중요하게 생각하는 시기는 1979년입니다. 1979년은 미술계에 굉장히 중요합니다. 굉장히 중요한 몇 가지 회화전이 있었습니다. 가장 먼저 상하이의 '12인 회화전' 12人畵展, 베이징의 '신춘 유화풍경과 경물 전람회' 新春油畵風景和景物展覽가 있었고 연말의 '무명화회 전람회' 無名畵會展覽, '싱싱 미술전' 星星美展 등으로 인해 단번에 새로운 시야가 열리게 되었습니다.

자젱잉 그런데 그게 어떻게 시작된 거죠? 미술계 바깥 사람들에게 당시 가장 인상적이었던 것은 '싱싱 미술전'이었습니다. 그 당시『오늘』의 시 역시 갑자기 튀어나온 것 같지만, 사실은 오랫동안 준비해 오고 있었습니다. 70년대부터 이미 시작되고 있었으니까요.

리셴팅 사실 미술계의 시각에서 보자면 '싱싱 미술전'이 최초는 아닙니다. 상하이의 '12인 회화전', 베이징의 '신춘 유화풍경과 경물 전람회', '무명화회 전람회', 이 세 회화전으로 인해 숨겨져 있던 다른 노선이 드러나게 된 것입니다. 즉 30년 동안, 혹은 옌안을 기점으로 잡아 70년 동안이나 철판처럼 굳건하던 혁명적 리얼리즘 아래 감춰진 다른 흐름 말입니다. 사실 많은 사람들이 혁명적 리얼리즘을 좋아하지 않았습니다. 그들은 지하에서 몰래 일종의 서양 모던예술의 초기 양식과 밀접한 관련을 가진 예술을 실험하고 있었습니다. 서양세계와 완전히 단절된 상황에서도 그들은 모던예술을 고수했던 것입니다.

자젱잉 민간에 잠재된 흐름이 있었다는 말이네요. 그런데 그런 잠재된 흐름은 어떻게 형성된 것인가요?

리셴팅 훗날 저도 글을 쓰면서 이 일을 조사하기 시작했는데, 그때 우리는 나라 문을 막 개방하여 서구 모더니즘의 일부 요소와 막 접촉하기 시작할 때였습니다. 인상파에서 입체파, 야수파, 표현주의까지 말입니다. 저는 『미술』잡지에 배속된 후 1979년 전후에 관련 자료를 보게 되었습니다.

자젱잉 도서관에서입니까, 개인적으로 본 것입니까?

리셴팅 도서관에서 일부를 알게 되었고, 또 몇몇 화가들과 안면을 트게 되면서 그들이 가지고 있던 화집을 보여 주기도 했습니다.

자젠잉 그럼 그들이 가지고 있던 화집은 어디서 난 건가요?

리셴팅 예를 들어 상하이의 '12인 회화전'의 경우 다음과 같은 흐름이 감춰져 있었습니다. 그러니까 30년대에서 40년대 사이 중국에서도 소규모의 모더니즘운동이 잠시 있었습니다. 이 운동은 국민당의 압력에 의해 순식간에 사라져 버렸어요. 국민당도 좋아하지 않았으니까요. 국민당과 공산당은 이런 문제에 대해서는 태도가 상당히 일치합니다. 당시 모던예술운동의 노장들 대부분이 훗날 상하이에 칩거하게 되었는데, 상하이 '12인 회화전'의 성원 대부분은 이들 초기 모더니즘운동의 노장이 몰래 키운 제자들이었습니다. 그들은 혁명적 리얼리즘의 주류와는 줄곧 거리를 유지하면서 지하에서 모던예술의 실험을 계속하고 있었습니다. 이것이 바로 제가 말한 잠재된 흐름입니다. 개방적인 환경이 그들을 수면 위로 부상시켜 드러난 흐름이 될 수 있었던 거죠. 그런데 잠재된 흐름의 중요성은 역사는 결코 단선적으로 발전하지 않는다, 역사가 어떻게 은폐되는가 등을 알려준다는 데 있습니다. 이런 생각에 근거하여 저는 나중에 「5·4 미술운동 비판」五四美術運動批判이란 글을 쓰게 되었습니다.

자젠잉 그렇군요. 그런데 일단 이런 것부터 먼저 이야기를 해보는 게 어떨까요? 80년대 초에 갑자기 모더니즘의 영향을 받은 일군의 작품이 출현하였는데, 그들의 자양분이 된 것, 혹은 그들의 영감의 원천은 어떤 것인가요?

리셴팅   '문혁'이 종결되고 나라가 개방되면서 어그러진 것을 바로잡자, 즉 과거의 전통적인 리얼리즘에 대한 반항이 주된 분위기였습니다. 모더니즘의 길을 걷게 된 것은 근대 서양예술 쪽 정보에서 기인한 것입니다. 그 중 하나가 방금 언급한 상하이에 칩거한 3, 40년대의 모더니즘 예술가들입니다. 린펑몐林風眠, 우다위吳大羽, 류하이쑤劉海粟, 관량關良 등이 대표적인 인물들입니다.

자젠잉   그럼 이들 노장들은 대학에서 수업할 때는 공개적으로 그런 걸 가르친 게 아니라 개인적으로 제자를 거두었던 건가요?

리셴팅   예. 당시 '12인 회화전'의 화가들은 아주 젊어서 모두 2, 30대였습니다. 지금은 6, 70세 정도는 되었겠군요. 그 중 두 사람이 미술대학에서 공부하고 있었습니다. 미술대학에서는 소련식 교학방식을 채용하고 있었기 때문에 그들은 모두 자퇴하거나 퇴직하였습니다. 그들이 개인적으로 받아들인 예술양식이 소련식과 달랐기 때문에 그만둘 수밖에 없었던 거죠. 하나는 1959년생 선톈완沈天萬입니다. 그는 난징예술대학의 전신인 화둥華東 무슨 미술전문학교에 있다가 자퇴했습니다. 다른 하나는 전국 미술협회의 직위에서 퇴직했는데, 한보유韓柏友라는 사람입니다. 선톈완은 당시 야수파와 유사한 걸 그렸고, 한보유는 입체파 느낌을 풍겼습니다.

자젠잉   그럼 그 당시에는 어떤 신분이었나요?

리셴팅   아무런 신분도 없는 무직 청년들이었죠. 80년대 초 그들은 서른, 마흔 정도, 많아 봐야 마흔 정도였고 젊은 축은 스무 살 정도였습니다.

80년대 중반에야 중국에 자유예술가가 출현했다는 점에 비춰 볼 때 그들은 진정한 선구자인 셈이죠.

자젠잉 당신은 1979년에 비교적 중요한 두 회화전이 '12인 회화전'과 베이징의 '무명화회' 라고 하셨는데…….

리셴팅 '무명화회'에는 지도교수 격인 인물이 둘 있었습니다. 자오원량趙文量과 양위수楊雨樹입니다. '무명화회'는 그들 두 사람이 핵심이 되어 제자들을 모아 결성되었습니다. 그들 주위에도 젊은 작가들이 많았는데, '싱싱 미술전'의 일부 작가들도 그들 그룹 소속이었죠. 자오원량과 양위수는 60년대 말부터 모더니즘 스타일의 예술을 시작했는데, 그들은 어디서 영향을 받았을까요? 60년대 초 베이징에는 아마추어 미술학교가 있었는데, 이 학교의 교장은 40년대에 일본 유학을 통해 서양의 모더니즘 예술을 받아들인 사람입니다. 기본적으로 마티스와 세잔 스타일이었는데, 일찍 돌아가셨기 때문에 더 자세한 상황은 알 길이 없습니다.

자젠잉 그래서 줄곧 끊어지지 않은 한 가닥이 있었다는 말씀이시군요.

리셴팅 맞아요. 그건 이렇게 끊어지지 않고 은폐되었다가 더욱 심화된 사상에 대한 문제입니다. 제 생각에 5·4 시기의 중국은 최소한 예술적으로는 하나의 상식적인 잘못을 저질렀다고 보여집니다. 중국이 나라 문을 열었던 것은 근대화의 길을 걷고자 한 것입니다. 혹은 5·4운동으로 문호를 개방한 것은 세계와 같은 걸음을 걷기 위함이었습니다.

자젠잉 그 시절에도 서구와 '궤를 같이하려'接軌 했었죠.

리셴팅 예, 그 시절 나름의 궤를 같이하려는 움직임이었습니다. 그런데 갑자기 문호를 개방하면서 서구의 모더니즘 계열을 수용하지 않고 그들이 얼마 전에 버리기 시작한 것을 가져왔습니다.

자젠잉 뭘 말씀하시는 건지?

리셴팅 리얼리즘을 수용한 거죠. 문학, 미술, 음악 등 모두 마찬가지입니다. 나중에 저는 「5·4 미술운동 비판」에도 썼는데요, 그 당시 거의 모든 사상가나 혁명가들, 캉유웨이, 량치차오에서 천두슈, 루쉰 선생, 마오쩌둥까지도 모두 리얼리즘으로 중국의 문인화 전통을 구해야 한다고 주장했습니다. 왜 리얼리즘을 가져왔던 거죠? 만약 문호를 개방한 것이 세계와 보조를 맞추기 위해서였다면 앞으로 한 걸음 더 나아가야죠. 근대화를 지향한 것이었다면 서양에서 막 모더니즘이 시작되고 있었는데 모더니즘을 받아들여야지 남들이 버리기 시작하던 걸 가져오면 어떡합니까? 미술, 음악, 춤 등에서 모두 고전주의를 수용했습니다. 미술에서 가장 전형적인 예가 바로 쉬베이홍徐悲鴻입니다.

자젠잉 쉬베이홍은 무엇에 영향을 받았나요?

리셴팅 쉬베이홍은 유럽에서 유학했는데, 제 생각에 분명 캉유웨이의 영향을 받았던 것 같습니다. 그가 직접 캉유웨이에게 제자의 예를 행했다고 말한 적도 있으니까요. 그런데 『열미당필기』閱微堂筆記라는 캉유웨이의 초창기 필기를 보면, 중국의 문화가 청말에 이르러 굉장히 쇠약해졌다, 중국의 정신이 쇠미해졌으니 진흥시켜야 한다, 서양의 사실주의는 자연을 직접 관찰하는 것이다, 그런데 중국의 문인화는 도피하는 것이다, 라는 구절이 있습니다. 바로 그 때문이겠죠. 즉 캉유웨이는 중국 정신의 쇠약을 예술로 귀결시켰고 또 예술로 이 사회를 구하기를 희망했던 것입니다.

자젠잉 그러고 보니 량치차오도 소설로 나라를 구하자는 주장을 했었죠.

리셴팅 제 생각에 그런 잘못을 '5·4' 시기 사상가들도 범하고 있습니다. 예술로 나라를 구하기를 희망했기 때문에 그들이 수용한 것은 서구 모더니즘이 아니라 고전주의였던 겁니다. 그들이 보기에 고전적 리얼리즘은 현실의 관찰을 중시하는 사회적인 것이었습니다. 문인화 전통은 탈사회적이고 문인화의 탈속적 정신이 중국 정신을 쇠약하게 만들었다, 따라서 서구의 고전적 리얼리즘이 가진 사회성으로 중국의 정신을 구해야 한다고 생각한 것입니다.

자젠잉 보다 구체적으로 쉬베이훙이 유럽에 가서 누구에게 배웠습니까?

리셴팅 다냥 부브레Dagnan-Bouveret, 1852~1929라고 프랑스 아카데미 화파의 이삼류 화가입니다. 사실 당시 해외에서 유학하고 돌아온 사람 중에는 모더니즘 계열도 있었어요.

자젠잉 린펑몐 등을 말하는 거군요.

리셴팅 예. 그런데 결국 억압을 받아 숨어 버렸죠. 1929년 당시 국민당에서 제1차 전국 미전을 개최한 적이 있는데, 미전이 끝날 무렵 쉬베이훙은 이 미전의 장점이 르느와르, 세잔 스타일을 배제한 데 있다고 주장하는 글을 발표하였어요. 그 뒤 쉬즈모徐志摩가 반박하는 글을 썼습니다. 당신 쉬베이훙 같은 예술가가 어떻게 그 옛날 파리의 시정잡배와 똑같은 관점을 표명할 수 있느냐? 세잔, 르느와르 같은 사람은 프랑스 예술계의 대표적인 인물로 청년 예술가들의 우상인데 당신이 그런 식으로 그들을 이야기해서는 안 된다고 말입니다. 이후 한바탕 문화논쟁이 벌어졌죠. 리얼리즘과 모더니즘 사이의 논쟁, 즉 우리에게 리얼리즘이 필요한가 아니면 모더니즘이 필요한가를 둘러싼 논쟁이 벌어졌습니다.

자젠잉 쉬베이훙 외에 리얼리즘 진영에 어떤 대표적인 인물이 있었나요?

리셴팅 아주 많았죠. 당시 리이스李毅士, 리톄푸李鐵夫 등 아주 많았어요.

자젠잉 이들 모두 주류가 되었겠지요. 대학에서 제자를 가르친다든지 하면서…….

리셴팅 그렇죠. 사실 중국 고대의, 특히 송대 이전 예술의 문이재도文以載道〔'글로써 진리를 표현한다': 형식보다 내용을 중시하는 문장론〕의 사상이 배후에 깔려 있다가, 5·4 시기에 국가가 어려움에 처하자 다시 수면 위로 떠오르게 된 겁니다. 그것은 중국을 관통하는 큰 맥락의 하나입니다. 언젠가 제가 분석해 본 바에 따르면, 중국문화 자체의 병폐는 유가문화에 있어 가장 기본이 되는 내성외왕內聖外王〔안으로는 성인의 품성을 도야하고 밖으로는 나라를 다스릴 제왕의 능력을 갖춤〕때문입니다. 좋은 관료가 되고 싶다면 반드시 수신을 통해 성인이 되어야 합니다. 그런데 사실상 인격도야에나 힘쓰는 성인이 관료사회에 들어가면 뭘 제대로 할 수 있겠습니까? 내성, 즉 도덕적인 수신과 외왕, 즉 벼슬길은 점차 분열될 것이고, 이러한 문화적인 분열이

동시에 중국 지식인의 인격분열의 바탕이 되는 겁니다. 잘나가면 널리 천하를 구하고, 궁해지면 홀로 자기 수양에 힘쓴다(達則兼濟天下, 窮則獨善其身)? 제 생각에 이것이 문인화를 생겨나게 한 가장 중요한 요소입니다. 왜 송대 이후 문인 문화가 나타났을까요? 문인화는 문인이 관직에서 겪는 고통에서 탄생했습니다. 내성으로 인한 압박감 때문에 제대로 정치를 펼칠 수 없어 고통스러웠고, 그 고통을 해소하기 위해 그림 같은 것으로 여가를 보내면서 형성된 것입니다. 때문에 현대의 지식인은, 진보적이고 사회 비판적인 시각을 견지하되 비공리적이며 정치에 관여하지 말아야 합니다. 영원히 그런 것들과 거리를 유지하며 자신의 독립적인 의지를 고수해야 합니다.

자젠잉 맞아요. 그 주제는 뒤쪽에서 예술과 정치에 관련된 이야기를 할 때 좀더 이야기를 나눠야 할 것 같습니다. 왜냐하면 80년대에도 그런 주제에 대해 논의가 있었던 것 같으니까요. 정치에서 벗어나야 한다는 따위 말입니다.

리셴팅 정치에 관여하지 않고 현실적인 공리를 추구하지 않아야만 독립적인 입장을 유지할 수 있습니다. 그런데 문인화는 완전히 자기수양에 전념하는, 진흙에서 빠져나와 물들지 않는, 사회와 아무런 관련이 없는 한가로운 화조와 산수 그림으로 변할 수가 없었는데, 그게 중국 고대예술의 진정한 주류가 되었습니다. 그러다가 5·4 시기에 가장 먼저 타도의 대상이 되었던 거고요.

자젠잉 즉 당신은 전통예술에 대한 '5·4'의 비판을 정치적인 것으로 간주하시는 거군요. 즉 산수의 한가로움에서 빠져나와 연기 자욱한 속세의 전장으로 돌아올 것을 강요하는 그런 것 말입니다. 그건 지식인의 문화적 위기감, 문이재도의 전통 및 리얼리즘 수법이 재결합한 것이고, 그것이 공산당, 옌안 시기의 문예관으로, 그리고 지금까지 계속 이어져 내려오는 노선이 되었던 거고요.

리셴팅 예. 즉 전통 문인화에 대한 비판은 서구의 리얼리즘을 거울 삼은 것인데, 서구 리얼리즘은 껍데기일 뿐이고 그 뼛속 깊숙이 감춰져 있는 것은 송대 이후 버려진 문이재도를 되가져온 것이란 말이죠. 이렇게 역사는 순환하는 것인가 봅니다. 마오쩌둥이 계승한 것은 중국 고대의 문이재도 사상입니다. 그에게 예술은 교화를 이루고 인륜을 돕는(成敎化, 助人倫) 임무를 수행하는 것이어야 하며, 예술 또한 외왕外王의 산물이어야 했습니다. 이면에는 전통적인 그 줄기가 살아 있었던 거죠. 서구에서 배워 온 관찰방법은 참고용입니다. 그는 당시 굉장히 간단한 공식을 가지고 있었으니까요. 사실을 그리면(寫實) 현실적이고, 정신을 그리면(寫意) 탈속적인 것이라고 말입니다. 5·4 시기에 두 차례의 큰 문화적 논쟁이 있었는데, 첫번째 문화논쟁에서 리얼리즘이 문인화에 승리하여 리얼리즘의 지위가 확고해졌습니다. 두번째 문화논쟁은 모더니즘인가 리얼리즘인가의 대결구도였는데, 이때도 리얼리즘을 취하고 모더니즘은 버렸습니다. 왜 그랬을까요? 논쟁 당시의 모든 자료를 본 결과 그들은 모더니즘에서 문인화의 냄새를 맡았던 것 같습니다.

자젠잉 아하!

리셴팅 20년대 말에서 40년대까지의 시기에 벌어졌던 일입니다. 리얼리즘을 주장하는 쪽에서 보기에 모더니즘 또한 형상 외부의 어떤 의미를 취하는 것인지라 문인화와 동일한 방식이라고 여겼던 거죠. 현실을 그리지 않고 내심의 정감을 추구하는 것, 그런 게 문인화와 형태가 꼭 같지는 않아도 내면적 초월을 담아내려 한 점에서 비슷한 것으로 받아들여졌고, 그래서 문인화를 비판하던 총으로 모더니즘을 겨눴던 겁니다.

자젠잉 그럼 이제 80년대 초로 다시 돌아가 봅시다. '해빙'이 된 후 예전 현대파의 제자들이 다시 나타나 2, 30년대를 직접 계승했다는 것은 소련식 교조적 리얼리즘 전통에 대한 일종의 반역을 의미하고 있습니다. 이 계열의 작품들은 모두 유화입니까? 아니면 중국화도 있나요?

리셴팅 중국화와 유화 모두 있습니다. 그러나 유화에 더 집중적으로 문제점이 반영되어 있습니다.

자젠잉 스타일은요? 인상파, 초현실주의, 아니면 표현주의?

리셴팅 인상파에서 입체주의 시기까지, 좀더 늦은 시기인 표현주의까지 포함해서 무슨 양식이든 다 있었죠.

자젠잉 회화전에 참여한 작가들과는 당시 아무런 개인적인 친분이 없었던가요? 전시를 하기 전에도 알고 지내셨나요?

리셴팅 전혀 모르고 있었어요. 저는 그 전시를 봤기 때문에 이런 생각들을 하게 된 겁니다.

자젠잉 전시는 어디서 개최했습니까? 공식적인 전람회였나요?

리셴팅 민간 전시였습니다. 민간 전시라는 형식은 70년대 말에 시작되어 20여 년간 예술적으로 발전해 온 것으로, 거의 모든 혁명적 예술 실험은 민간 전시에서 발생했습니다. '12인 회화전'은 상하이 황푸구 소년궁黃浦區少年宮에서 개최되었고, 베이징의 '무명화회'와 '싱싱 미술전'은 베이하이 공원北海公園의 화방재畵舫齋에서 개최했습니다.

자젠잉 화가들끼리는 당시 서로 알고 있었나요?

리셴팅 같은 그룹의 화가들이야 서로 잘 알고 있었겠죠.

자젠잉 그들의 스승들도 회화전에 참가했습니까?

리셴팅 참가했습니다. '무명화회'의 두 지도교수 격 인물이 당시 전람회의 주인공이었죠.

자젠잉 그럼 그들 내부에서도 소단체가 있었겠군요?

리셴팅 예. 다른 사람들은 '무명화회'를 옥연담 화파라고 불렀어요. 그들이 옥연담玉淵潭〔베이징 서북부 근교의 공원〕에서 자주 풍경을 그렸기 때문이죠.

자젠잉 아, 예를 들어 잡지 『오늘』을 주관하던 사람들과 비슷하군요. 그들 주위에도 소단체가 있었는데, 일부는 바이양뎬의 생산대에 배속되어 같이 놀고 서로 손으로 베낀 책을 돌리고 시를 써서 돌려 보다가 나중에 자죽원紫竹院에서 낭송회를 했죠. 이런 게 당시의 문학적 풍경이었어요. 이들 또한 지하에서, 개인적인 공간에서 점점 수면 위로 부상하는 과정을 거쳤죠. 그래서, 이들 화가들이 당시 모이던 장소가 옥연담이었다는 말이군요. 그럼 자기들이 회화전을 주관했다면 어떤 사람의 도움을 받아 비준받은 건가요?

리센팅 당시 '문혁' 기간에 타도되었다가 다시 지위를 회복한 장평江豊, 류쉰劉迅 등 간부들이 많은 도움을 줬습니다.

자젠잉 그렇다면 제법 공식적인 전시였네요. 표를 사서 봐야 했나요?

리센팅 그렇지만 '싱싱 미술전'의 첫 전시는 그렇지 않았습니다. 1979년 늦여름인지 초가을인지 잊어버렸는데, 그 전시회는 미술관 담장 바깥에서 하다가 나중에 경찰에게 쫓겨나기도 했습니다.

자젠잉 길거리에서, 자기들이 직접 그림을 걸고 전시를 했군요. 얼마나 오래 전시되었나요?

리센팅 당시 전시를 시작하고 얼마 지나지 않아 제지를 당하고 쫓겨났습니다.

자젠잉 실제로 전시를 한 시간이 얼마나 되었죠?

리센팅 고작 몇 시간 했나 그랬습니다. 당시 저도 현장에 있었어요.

자젠잉 몇 시간이라고요! '싱싱 미술전'이 사실은 고작 몇 시간 전시했던 거란 말입니까?

리셴팅 나중에 세상을 뒤흔든 '싱싱 미술전'은 연말에 있었죠. 계속 여기저기 뛰어다닌 끝에 많은 간부들이 그들을 도와 줬습니다. 장펑이니 류쉰이니 등등이 도와 줘서 전람회가 성사되었던 겁니다.

자젠잉 장펑과 류쉰은 당시 미술협회 소속이었나요?

리셴팅 류쉰은 베이징시 미술협회의 주석이었고, 장펑은 전국 미술협회의 주석이었습니다. 그들 모두 '문혁' 시기에 한동안 갇혔다가 석방된 사람들이죠.

자젠잉 그들이 나서서 말을 한 다음에야 정식으로 전시 장소를 제공받은 건가요?

리셴팅 예. 그래서 베이하이 공원에서 하게 된 거죠. 모두가 아는 그 '싱싱 미술전'은 바로 이 전람회를 가리킵니다. 일주일 정도 전시를 했는데 단번에 쫙 퍼졌던 거죠. 베이징에는 사실 중요한 전람회가 셋 있었습니다. 가장 빠른 베이징 '신춘 유화풍경과 경물 전람회' 또한 1979년이었는데, 설 무렵에 열렸습니다. 또 하나가 방금 말한 '무명화회'입니다. 그런데 '신춘 유화풍경과 경물 전람회'는 비교적 잡다해서 여러 계열이 섞여 있었죠. 당시 미술대학의 교수들, 리얼리즘 계열의 교수들도 풍경화를 그려 전람회에 참가했으니까요. '문혁' 기간에는 온통 혁명 주제의 창작물뿐이었죠. 풍경정물은 그것이 지닌 유미적 특징으로 인해 정치에 복무할 수 없어 억압을 받아 왔어요. 그 전람회가 마치 풍경정물을 위한 명예회복 비슷한 게 된 셈이죠. 그런데 그 속에 감춰진 세 현상이 흥미롭습니다. 첫째, 팡쉰친龐薰琹과 같이 초창기에 모더니즘 예술운동에 종사했던 인물의 작품이 출현했다는 점, 둘째, 60년대에 비현실주의적 실험을 했다가 훗날 우파로 몰려 타도되었던 위안윈성袁運生의 출현, 그리고 가장 뛰어났던 건 미대에 가 본 적도 없는 펑궈둥馮國東이었습니다. 그가 전시한 몇 장의 야수파 스타일의 유화는 정말 시야를 크게 열어 주었죠!

자젠잉 그 당시에는 아직 야수파의 작품을 본 적이 없었던가요?

리셴팅 봤어요, 벌써 봤죠.

자젠잉 화집을 통해서요?

리셴팅 예, 화집에서 봤죠.

자젠잉 그건 도서관에서 본 화집은 아니겠군요. 중국 게 아니죠?

리셴팅 예. 여러 친구들에게서 가져온, 온갖 인맥을 통해 들여온 화집이에요.

자젠잉 외국에서 들여온 건가요, 아니면 40년대 모더니즘 예술을 하던 선생님들이 남긴 건가요?

리셴팅 아뇨. 들여온 겁니다. 그런 화풍은 서구 쪽 시각에서는 이미 낡은 것이지만 당시 우리에겐 아주 신선했습니다. 가장 중요한 건 누군가 그런 그림을 그리고 있었다는 겁니다. 게다가 펑궈둥 같은 사람은 당시 모더니즘 계열의 화집을 본 적도 없고 미대에서 공부한 것도 아닌데 말입니다.

자젠잉 누군가 외국에서 가져온 건가 보죠? 그 시기에는 이미 외국을 방문하곤 했으니까요. 그럼 처음으로 중국 화가가 그린 야수파의 작품을 본 게 그 '신춘 유화풍경과 경물 전람회'에서인가요?

리셴팅 그래요.

자젠잉 그 다음이 '싱싱'이군요. '싱싱 미술전' 당시의 느낌은 굉장히 충격적인 것이었나요?

리셴팅 예. '싱싱 미술전'은 스타일적인 측면에서 리얼리즘을 거부한 것 말고도 다른 요소를 지니고 있었습니다.

자젠잉 사회 비판 말씀이군요.

리셴팅 예, 사회 비판 말입니다. 사실상 70년대 말에서 80년대 초에 두 가지 뚜렷한 경향이 있었는데, 그 첫째가 방금 말한 혁명적 리얼리즘 전통에 반항하여 서구의 초창기 모더니즘을 받아들인 것입니다. 다른 한 가지 경향은 리얼리즘을 교정하는 것입니다. 정치에 예속되고 현실을 치장하던 '문혁' 리얼리즘의 창작 방법에 맞서 인성과 진실을 강조하였으며, 진실을 부각시키고 현실생활을 반영하며 소시민에 주목하는 리얼리즘 조류가 출현하였습니다. 이러한 리얼리즘적 경향을 '상흔傷痕미술'이라고 합니다. 문학에서 말하는 '상흔문학'과 동보적인 것이죠.

자젠잉　예. 시간적으로 비슷하군요. 루신화盧新華의 단편소설 「상흔」이 1978년이니까요. 아이웨이웨이艾未未는 '싱싱 미술전' 소속이었죠?

리셴팅　예. 그런데 '싱싱 미술전'은 두 번 전시회를 했는데, 첫번째 전시에는 참가하지 않았습니다. 그는 '싱싱' 소속 사람들보다 좀 젊었죠. '싱싱 미술전' 사람들은 기본적으로 저와 동년배입니다. 대부분 40년대 말에서 50년대 초에 출생했죠. 가장 중요한 인물은 왕커핑王克平, 황루이黃銳, 마더성馬德生, 취레이레이曲磊磊, 아청阿城, 그리고 프랑스에 가 있는 그 리솽李爽, 옌리嚴力까지, 이렇게 몇 명이 가장 중요합니다.

자젠잉　그 당시 아청도 출품했었나요?

리셴팅　했죠. 저는 요즘도 이 시기 역사를 강의할 때면 아청의 슬라이드 필름을 보여 주곤 한답니다. 아청이 그린 선묘라든지 펜화 같은 게 얼마나 좋다고요. 그가 그린 그림은 모두 삼륜거三輪車를 타는 노동자 따위의 뒷골목[胡同] 평민들을 소재로 한 것들입니다. 때문에 제가 그와 안면을 틀 시절에 아청은 문학가가 아니라 예술가였던 거죠.

자젠잉　그렇군요. 관람을 한 후 그 전람을 주도한 사람들과 관계를 맺기 시작한 건가요?

리셴팅　예. 나중에는 친구가 되었어요. 왕커핑, 황루이, 리솽 등 모두 지금까지도 서로 왕래를 하고 있습니다.

자젠잉　오늘 보니 당신 집은 거대한 정류소 같군요. 사람들이 끝없이 들락거리는 게 말입니다. 그럼 당시에는 어떻게 왕래를 했나요?

리셴팅 뭐, 자전거를 타고 아무 데나 쑤시고 다녔죠. 마더성이 우리 집에 왔다가 내가 마더성네 집에 자전거로 갈 때도 있고, 또 아청, 황루이, 왕커핑의 집으로 가기도 했죠. 왕커핑의 집은 우리 집에서 디안먼地安門〔베이징 황성의 남문인 톈안먼과 대칭되는 북문. 1954년 말에 철거하여 도로를 만들었다〕 쪽으로 큰 길 하나 정도 떨어져 있었어요. 저는 허우하이後海에 살고 있었고 그는 디안먼의 마오얼 후퉁帽兒胡同에 살고 있었으며, 아청은 당시 더네이德內〔더성먼네이다제德勝門內大街 부근〕에, 마더성은 자오다오커우交道口에, 황루이는 자오덩위로趙登禹路에 살고 있었으니까 모두 아주 가까이 있었던 거죠.*

자젠잉 문학 그룹에서도 비슷합니다. 예를 들어 리퉈의 회상에 따르면, 장청즈, 정완룽, 천젠궁 등이 당시 자기 집 주위에 살고 있어 자주 왕래를 했었고 한번 이야기를 했다 하면 밤을 새웠다고 하더군요. 화가들도 그 시절에는 그랬나요?

리셴팅 마찬가지였죠. 모두들 함께 모여 예술을 토론했어요.

자젠잉 화집을 교환하기도 했나요?

리셴팅 예. 한번은 옌리가 전화를 걸어 모더니즘 계열의 화집을 하나 손에 넣었다고 보러 오라더군요. 누군가 외국에서 막 가져온 거였죠.

---

* 이 지명들은 모두 베이징 이환(二環) 내부, 고궁의 북쪽에 위치해 있다.

자젠잉 그럼 그 화집이 뭐였는지 기억하시나요?

리셴팅 모더니즘을 역사적으로 훑은 책이었어요.

자젠잉 모더니즘 미술사군요. 안에 소개와 평론도 있었나요?

리셴팅 예. 아마 40년대까지, 즉 초현실주의까지 다뤘던 것 같습니다.

자젠잉 번역되지는 않았나요?

리셴팅 원문이었지만, 그림은 볼 수 있잖아요. 외국어를 모르니 그림만 볼 수밖에요.

자젠잉 그들 모더니즘 대가의 작품을 당시 모두 그런 식으로 첫 대면한 건가요?

리셴팅 예, 상당수를 그렇게 봤습니다.

자젠잉 그 당시 많이 들어왔었나요?

리셴팅 아주 많지는 않았어요. 한번은 상하이에 갔다가 도서관에 가 보니, 상하이에서는 초창기의 화보들을 계속 잘 보관하고 있더군요. 마티스, 피카소, 샤갈 등의 아주 두꺼운 화집들이 있어 그걸 보러 미술협회 도서관에 가곤 했습니다.

자젠잉 사실상 1949년 이전 도서들이 남겨져 있던 거였군요.

리셴팅 예. 그렇지만 오랫동안 개방되지 않아 그 누구도 열람할 수가 없었죠.

자젠잉 예를 들어 미술대학을 다니는 학생들도 그런 책을 열람할 권한이 없었다든지, 그렇죠? 1979년에 개방되기 전까지 말입니다. 아청이 생각나는군요. 아청이 어릴 때 어떤 식으로 헌책방을 들락거렸고, 그의 정보나 교양이 어디서 온 건지를 이야기해 준 바 있습니다. 그런데 당신이 잘 알고 있는 이들 화가, 예를 들어 왕커핑 같은 사람이 왜 갑자기 목조木雕를 하게 된 거죠?

리셴팅 왕커핑은 예전에 문학청년이었어요. CCTV에서 시나리오를 쓰고 있었는데, 부조리극을 아주 좋아했죠.

자젠잉 어떤 경로로 부조리극을 접했던 걸까요?

리셴팅 직접 봤다고 하던데, 어디서인지는 저도 잘 모릅니다. 그가 직접 부조리극을 좋아한다고 그러던데, 아마 당시에 누군가 번역을 했나 보죠. 그는 그런 것에서 계발을 받았습니다. 왕커핑의 집 아래층에 마침 땔나무를 파는 가게가 있었는데, 지나가다가 보니 나무가 비뚤비뚤한 게 아주 기괴하게 생겼더랍니다. 재미있겠다 싶어서 가져왔는데, 바로 그 비뚤어진 형상이 그에게 창작의 영감을 주었던 거죠. 예를 들어 나무에 박힌 커다란 옹이가 갑자기 사람의 입을 막고 있는 형상으로 느껴졌다고 하는데, 그렇게 하여 그 유명한 작품 「침묵」沉默, 1980이 만들어졌습니다. 제가 현재 소장하고 있는 작품은 그가 처음으로 만든 건데, 프랑스에 갈 때 저에게 선물로 주더군요. 나중에 이거보다 더 좋은 걸 만들었죠. 그게 우리가 전람회에서나 인쇄물에서 자주 볼 수 있는 그 작품입니다.

자젠잉 바로 지금 당신 집 벽에 걸려 있는 저거 말이죠?

리셴팅 맞습니다.

자젠잉 조소彫塑를 배운 적이 없나요?

리셴팅 그는 대학에서 미술을 배운 적은 없습니다. 그의 작품 창작은 완전히 자신의 경력과 생활에서 나온 것입니다. 그는 할 말이 있는 사람인 거죠. 게다가 이런 걸 뿌리조각根雕이라고 해서 중국에서는 전통적으로 이어져 내려오던 것입니다. 그러나 중국의 뿌리조각은 원래 장식용이었습니다. 나무뿌리의 형태가 제공하는 조형상의 가능성을 활용하여 사슴 같은 걸 만드는 식이었죠. 그런데 왕커핑은 이렇게 나무뿌리가 연상시키는 걸 단번에 정치적인 함의가 담긴 것으로 전환시켰습니다. 이 전환에 보다 깊은 의미가 있습니다. 지금 80년대 초를 돌아보면, 모더니즘의 기호를 사용하면서 가장 재미있었던 게 바로 왕커핑의 이러한 전환방식이었습니다. 왕커핑은 확실히 모더니즘의 영향을 받았습니다. 그러나 작품에는 서구 모더니즘의 어떠한 흔적도 없습니다. 사실 많은 예술가들이 인상파 스타일이나 야수파 스타일에 직접적인 영향을 받았습니다. 만약 서구 모더니즘을 본 적이 없다면 굉장히 신선했겠지만, 인상파를 본 적이 있는 사람에게 그런 류의 작품은 창조성이 결여된 것으로 다가왔을 겁니다. 물론 중국의 예술사와 예술 관념의 변천이라는 측면에서 봤을 때 이러한 참고가 의미 없는 것이라 할 수는 없겠죠. 그래서 당시 저는 모더니즘이 유일하게 정확한 길은 아니라는 점을 강조한 글을 잇달아 발표했어요.

자젠잉 예, 지금은 그런 모든 게 상식이 되어 있지만 당시는 상식을 다시 회복하는 시기였으니까요.

리셴팅 당시 우리가 모더니즘을 강조했던 건 리얼리즘 일색인 세상을 타파하고 세계 공통의 현대적 길을 가기 위해서였습니다. 당시 저는 『미술』 잡지에 있을 때인데 이런 것들이 제 시야에 들어온 후 제가 마주해야 했던 건 이런 질문이었습니다. "내가 이들과 관련된 의견을 발표할 수 있을까?" 제게 가장 중요한 작업은 그것이었습니다. 저는 많은 저항을 받았습니다. 제가 그 시기에 썼던 '싱싱 미술전' 인터뷰도 계속 들이밀다가 그 다음 해가 되어야 발표할 수 있었죠. 당시 늙은 편집자와 간부들 거의가 동의를 해주지 않았거든요. 이런 작품은 좋지 않다고 하면서 말입니다. 그때 제가 가장 젊은 편집자였어요.

    이런 일련의 일들을 겪으면서 저는 예술에 있어 좋고 나쁨의 기준 문제를 사유하게 되었습니다. 그렇게 해서 발표된 글이「중요한 것은 예술이 아니다」重要的不是藝術입니다. 그림 하나를 놓고, 그 그림 자체의 좋고 나쁨에 있어, 중요한 것은 그림 자체가 아니라 어떠한 기준으로 그것을 평가할 것인지가 중요하다고 주장한 글입니다. 왜 똑같은 그림을 놓고 모두의 좋고 나쁨의 판단 결과가 완전히 갈리는 걸까요. 저는 예술의 가치 기준, 예술 배후의 것을 사유하기 시작했습니다. 그 시기부터 이런 문제를 생각하기 시작했던 거죠.

자젠잉 당신의 대체적인 경력으로 미루어 볼 때, 저는 당신이 줄곧 의식적으로 중국이라는 공간에 모더니즘 예술을 추동시키기 위해 다양한 노력을 기울이는 데 집착해 왔다고 생각해 왔습니다. 기획에서도 그렇고 평론적인 글쓰기에서도 마찬가지로 말입니다. 그 당시 당신의 위치는 아주 중요했습니다. 가장 중심적이고 전국적인 간행물이자 논단을 선점하고 있다는 것은 어떤 걸 발표할 것인지 결정할 수 있다는 말이니까요. 나중에는 또 여기저기를 다니기도 하셨는데, 예를 들어 수차례에 걸쳐 쓰촨에 원고를 받으러 간다든지 말이에요.

리셴팅 이 20여 년의 예술적 발전에 대해 저는 크게 몇 단계로 나눠 봤습니다. 1979년에서 1984년이 첫번째 단계입니다. 이 시기의 모든 창작은 '문혁'을 겨냥하고 있습니다. 저는 이 시기를 '포스트 문혁'後文革 시기라고 부릅니다. 사실 당시 처음으로 모더니즘 계열을 만났을 때 그것은 반항이었습니다. 그것의 대립면은 분명 혁명적 리얼리즘이었으니까요. 같은 시기, 이보다 약간 늦게 나타난 무리들 또한 혁명적 리얼리즘에 대항하고 있었지만, 사실 그것은 교정이라는 측면이 더 강했습니다. 저는 이것을 교정 리얼리즘이라고 부릅니다. 즉 제가 추동시켰던 게 굳이 모더니즘에 국한되었던 건 아니라는 말입니다. 제가 강조한 것은 사실 문화대항성[文化對抗性]이었습니다. 모더니즘의 문화대항성은 '문혁'의 혁명적 리얼리즘의 창작 양식과 그 배후의 사상에 대항하여, 모더니즘으로 리얼리즘을 철저하게 전복하려는 것이었습니다. 교정 리얼리즘 계열의 중심에 천단칭과 쓰촨의 젊은 지청 세대 작가들이 있습니다. 그들은 리얼리즘 본유의 진실과 인성을 강조하여, 생활을 치장하는 거짓된, '붉고 빛나고 환하게' 紅光亮*와 '높고 크고 완전한' 高大全**으로 점철된 혁명적 리얼리즘에 맞서고, 이를 교정하였습니다.

자젠잉 방법이나 스타일적인 측면에서 그들 또한 여전히 리얼리즘적이 었나요?

리셴팅 예. 첫번째 시기의 두 계열의 한 축을 형성하고 있었죠. 처음으로 제가 쓰촨에 간 것은 1980년 초입니다.

자젠잉 왜 쓰촨을 택하신 건가요?

리셴팅 당시 가오샤오화高小華라고, 쓰촨의 화가가 그림을 하나 들고 왔습니다. 그가 처음으로 그린 '문혁' 비판화인데, 홍위병 한 무리가 막 무장투쟁을 끝내고 멍하니 앉아 있는 모습을 그린 것입니다. 여전히 리얼리즘적이고 서사적·희극적인 예술 양식이었습니다. 화면의 구성은 반성적인데, 제목은 「왜?」爲什麼, 1979입니다. 『미술』 잡지에 가져와 바로 저를 찾아 발표할 수 있겠냐고 하길래, 게재를 했습니다. 다른 한 계기는 천이밍陳宜明, 리빈李斌 등이 그린 「단풍」楓입니다.

자젠잉 무장투쟁을 그린 정이鄭義의 그 소설 말입니까?

---

* 문혁 시기, 특히 1969년 이전의 홍위병 회화에서 강조되던 표현 기법을 가리킨다. '홍'은 지도자, 영웅적 인물 및 노동자·농민·병사 군중의 강하고 건강한 형상을 강조하기 위해 얼굴에 붉은 빛이 가득하게 묘사하는 방식, '광'은 회화기교 면에서 사실적이고 핍진하게, 반짝이고 깔끔하게 묘사하는 방식, '량'은 화면을 명랑하고 빛으로 충만하게 하여 선명하고 깨끗한 느낌을 주는 방식을 가리킨다. 이러한 요소의 결합이 추구하는 것은 작품의 경향성을 선명하게 하고 분위기를 고조하며 인물과 주제의 전투성을 부각시키는 것이다.
** 문혁 시기 문예작품에 요구되던 이론의 하나인 "모든 인물 가운데 긍정적[正面] 인물을 부각[突出]시키고, 긍정적 인물 가운데 영웅적 인물을 부각시키며, 영웅적 인물 가운데 중심인물을 부각시켜야 한다"라는 삼돌출(三突出) 원칙에서, 이 '중심인물'은 반드시 '높고[高] 크고[大] 완전한[全]' 역할을 담당하는 배역이어야만 했다.

리셴팅 예. 소설을 연환화連環畵***로 그린 거죠.『연환화보』連環畵報에 발표된 후 상부에 의해 금지되었습니다. 저와 편집부,『연환화보』의 편집자 몇 명이 전심전력으로 이 작품을 변호하여 결국 다시 발행될 수 있게 되었죠. 이 두 사건을 계기로 저는 또 다른 싹이 솟아나고 있음을 알게 되었습니다. 바로 리얼리즘이 그 본유의 진실성과 인성으로 복귀하고 있다는 것 말입니다. 가오샤오화에게 들어 보니 쓰촨미술대학에 이런 작품을 그리는 일군의 화가들이 있다고 해서 즉시 쓰촨미술대학으로 갔습니다. 왜 쓰촨미술대학에서 이런 경향이 나타난 것일까요? 당시 대입 학력고사가 부활한 후 모든 미술대학에서는 완전히 '문혁' 이전으로 돌아가 기본적인 훈련, 즉 인체 소묘라든지 하는 가장 기본적인 작업에서 시작하는 것을 강조했습니다. 그러나 쓰촨미술대학만은 이러한 기초 과목 이외에 모든 학생에게 창작을 하게 했습니다. 당시 교장으로 있던 예위산葉毓山이 창작을 통해 교육하는 방식을 제기했던 겁니다. 그 학생들은 모두 지청들이잖습니까, 저와 똑같은 경험을 한 사람들이죠. 거기서 본 그림들을 가져와 발표했습니다. 나중에 뤄중리羅中立의「아버지」父親, 1980도『미술』잡지에서 처음 발표되었던 거죠. 물론 발표할 당시에는 많은 사람이 동의하지 않았었죠. 그런데 1980년에 개방을 이야기하더니, 1981년부터 책임편집제가 실행되기 시작했습니다. 윗선에서 갑자기 한 사람을 뽑아야 한다며 저를 선택하더군요. 저에게 전체적인 개편, 판면에서 내용에 이르기까지 완전한 개편을 하게 했습니다.

자젠잉 당신이 시범 케이스였군요.

*** 문자 설명이 가해진 여러 화면이 연결된 그림.

리셴팅 예. 어떨지 한번 시험해 보자는 거였죠. 원고 선정에서 편성, 판면의 디자인까지 모두 제가 관할하게 되었습니다. 거의 집행 주편집자 역할을 맡은 겁니다. 1981년 1월, 「아버지」는 제가 주편한 첫번째 호의 표지로 발표되었습니다. 천단칭의 「티베트 연작」西藏組畵도 그 호에 실렸죠. 똑같이 사실적이고, 혁명적 리얼리즘의 정치적 요소는 말끔히 배제하여 자신의 진실한 삶의 역정과 내면의 고통을 잘 표현하고 있습니다. 그런데 천단칭 같은 경우 아주 특별했습니다. 왜 훗날 천단칭의 영향이 갈수록 커졌을까요? 바로 그의 작품은 더욱 전문적인 층위까지 나아갔기 때문입니다. 1959년 이후 중국의 모든 미대는 소련식 교육 방식을 수용해야 했습니다. 이에 앞서 50년대 초 소련에서 막시모프Konstantin Mefodovich Maksimov, 1913~1993라는 전문가가 왔습니다. 현재 모든 미술 관련 기관의 지도급 인사들, 러상이勒尙誼, 잔젠쥔詹建俊 등을 포함한 중국 미술계의 대표적 인물들 대부분은 '막시모프 훈련반'을 졸업한 사람들입니다. 그때부터 소련 양식은 정식으로 굉장히 전문적인 수준에서 중국으로 전파되었습니다.

자젠잉 그는 중앙미술대학에서 가르쳤나요?

리셴팅 예. 중앙미술대학에서 가르쳤습니다. 그렇지만 선생님은 모두 각지에서 선발되어 올라왔습니다. 저장浙江미술대학의 교장을 역임하기도 했던 왕더웨이王德威 같은 사람들이 포함되어 있습니다.

자젠잉 그럼 막시모프는 소련 미술계에서 어떤 위치를 차지하는 인물인가요?

리셴팅 사실상 이류 화가이죠. 그렇지만 중국의 수준에서 봤을 때 그 정도만 해도 굉장히 뛰어난 실력이었습니다. 그로 인해 소련 양식이 비교적 완전하게 중국으로 전파될 수 있었던 거니까요.

자젠잉 사회주의 리얼리즘 양식 말이군요. 그럼 당신은 천단칭의 장점이 어디서 도드라진다고 보신 건가요?

리셴팅 우리가 받아들인 리얼리즘, 혹은 사실주의라는 게 프랑스와 이탈리아에서 발원하여 소련을 통해 중국에 전파된 것인데, 사실 19세기 프랑스의 리얼리즘 양식은 소련의 사회주의 리얼리즘 양식과는 다른 것입니다. 천단칭의 의의는 이렇게 말할 수 있습니다. 그는 소련식 사회주의 리얼리즘을 초월하여 프랑스 리얼리즘의 근원을 찾아갔습니다. 천단칭의 「티베트 연작」은 사실 쿠르베, 밀레 등의 프랑스 리얼리즘에 더 가깝습니다. 프랑스 리얼리즘에는 러시아나 소련같이 어떤 분명한 이데올로기로 그것을 통제하려는 의지가 없습니다.

자젠잉 예를 들어 의식적으로 삶을 고양시키려는 따위의 의지 말이군요.

리셴팅 모종의 '집체적 정치 목적'에 맞추기 위해 작품에서 삶의 진실한 장면을 바꾸는 것을 체르니솁스키Nikolay Gavrilovich Chernyshevsky, 1829~1889는 주관적 능동성이라고 명명했습니다. 즉 작가가 진실하게 삶을 반영하는 것이 아니라 모종의 집체적 정치성을 투사하려는 것이라는 말이죠. 그게 소련에서 전체주의 정치의 요소가 투사되었고, 중국에 온 이후 삶에 원천을 두되 삶보다 고원할 것을 요구받게 되었습니다. 이것이 한 측면이고, 다른 한 측면은 서사성·희극성입니다. 굉장히 희극적인 구성이 두드러지는데, 원래 프랑스 리얼리즘에서는 강조되지 않던 것입니다. 이 또한 소련에서 잘못 발전된 것 중 하나입니다.

또 다른 하나는 유화의 구체적인 기법에 관한 문제입니다. 그것은 교육에 의해 굳어지기 마련인데 특히 '치스차코프 교육법'*이라 불리는 교육방식에 의해 전파되었습니다. 이 양식은, 빛이 들어온 후 한 물체의 입체적 구조를 표현하기 위해 세 면과 다섯 색조를 구분합니다. 우선 형체의 구조를 장악하기 위해 화면의 물체를 단순화시키고 밝은 면, 어두운 면, 반사면, 이렇게 세 면의 명확한 경계를 유지합니다. 다섯 색조는 흑[暗], 백[亮], 회[灰], 반사광[反光], 하이라이트[高光]인데, 이런 것들을 이용하여 형체를 개관하는 것이죠. '문혁' 시기 그림들을 떠올려 보세요. 그 얼굴들은 몇 개의 면과 파파파 하는 몇 터치로 하나의 입체 형태를 표현해 내는데, 보기야 좋지만 또 상당히 단순하기도 합니다. 형체적인 면에서 볼 때, 예를 들어 하나의 형체가 있다면 이쪽 면에서 다른 면으로 넘어갈 때 사실 굉장히 세밀한 전환과정을 거치게 됩니다. 그런데 우리가 배울 때는 몇 개의 평면밖에 남지 않게 됩니다. 쉬베이홍이 말한 "각이 질지언정 둥글어서는 안 된다"寧方無圓는 게 바로 그런 의미인 거죠. 물론 기술적인 방식이 뒤떨어지는 것은 아닙니다. 문제는 리얼리즘이라는 측면에서 볼 때 그게 모든 사람의 시각과 표현의 개성을 말살시켜 하나로 통일된 기술로 못 박았다는 데 있습니다. '문혁' 예술이 천

---

* 치스차코프(1832~1919)는 상트페테르부르크 미술대학(레핀 미술대학의 전신)의 교수였으며, 서구 고전 소묘의 전통을 흡수하고 과학적 규율과 미학적 법칙을 결합하여 러시아 소묘 교육의 체계를 세운 사람이다. 그는 리얼리즘 미학관을 견지했으며, 소묘에서 특히 비례, 투시, 명암의 정확성을 엄밀히 요구하였다. 중국 소묘 교육의 양대 산맥은 쉬베이홍에 의해 수용된 프랑스식 소묘체계와 1950년대 막시모프가 들여온 치스차코프 소묘체계인데, 정치적인 고려에 의해 선택된 치스차코프식 소묘는 지금까지도 지속적으로 영향력을 발휘하고 있는 가장 기본적인 소묘 교육방식이다.

편일률적이었던 이유의 하나가 바로 이것입니다. 물론 면의 덩어리[塊面]라고도 불리는 이러한 기술 방식은 '문혁' 시기의 선전화의 표현에 아주 적절했습니다. 인물을 강인하고 기세등등한 자세로 그리기에 적합한 기법이었으니까요.

자젠잉 양강한 기운이 넘치는 영웅의 모습으로 그린 것 말이군요.

리셴팅 바로 그겁니다. '문혁' 시기의 회화 양식에는 이와 같은 가장 기본적인 기교가 깔려 있는데요. 천단칭은 「티베트 연작」을 통해 단번에 그것을 뛰어넘어 유럽 리얼리즘에서 직접 양분을 취했습니다. 풀밭 위에 있는 여인, 남녀가 키스하는 장면 등의 그림은 아주 단순한 삶의 장면이지 희극적으로 구성된 것이 아닙니다. 더하여 그가 그린 인물의 형체는 굉장히 풍부합니다. 한층 한층 압축되어 있는 듯한 필치로 형상화된 인물은 지금까지 흔히 봐 왔던 몇 개의 덩어리, 기하학적인 도형의 집합과는 거리가 먼 것이었습니다. 색채 또한 선명함과는 거리가 먼 것이었죠. 어떤 집체적인 정치적 목적에 복무하기 위한 것이 아니라 자기 자신이 몸소 체험한 삶의 느낌을 담은 것이니까요. 그는 단번에 혁명적 리얼리즘과 사회주의 리얼리즘적인 양식을 유럽의 19세기로 되돌아가게 만들었습니다. 나중에 80년대 중반에 러샹이, 양페이윈楊飛雲을 대표로 하는 고전적 리얼리즘이 출현하면서 중국은 개방 이후에 점점 17세기, 18세기의 리얼리즘으로 회귀하는 경향을 보여 주고 있습니다. 중국 리얼리즘의 아주 재미난 현상의 하나라고 할 수 있죠. 그러나 아무리 서구 고전 사실주의의 절정에 이르렀다 할지라도 그것의 창조성이 어디 있는지 저로서는 이해하기 힘들더군요.

자젠잉 뤄중리는 어떻게 평가하십니까?

리셴팅 뤄중리는 리얼리즘 계열이긴 한데 6, 70년대 미국에서 일어난 하이퍼리얼리즘의 영향을 많이 받았습니다. 그는 우연히 어떤 신문에서 하이퍼리얼리즘으로 그려진 그림을 보았다고 하더군요.

자젠잉 외국 신문에서 말인가요?

리셴팅 외국 신문이랍디다. 광부의 땀방울을 굉장히 세부적으로 묘사한 그림이었는데, 갑자기 이런 수법으로 농민을 그릴 수도 있겠다는 생각이 스쳤다더군요.

자젠잉 아, 그렇게 해서 영감을 얻은 거군요. 그 외국 신문은 어떻게 입수한 걸까요?

리셴팅 아마 돌고 돌아서 우연히 그의 손에 들어오게 된 것 같아요. 많은 세부적인 것들이 우연적으로 이뤄졌겠지만, 그 우연은 또 그의 경력이나 표현하고 싶은 느낌, 제재와 관련된 것이기도 합니다.

자젠잉 그 사람도 삽대를 떠난 지청이었나요?

리셴팅 예. 우리 모두 같은 세대입니다. '문혁'을 겪었고, 우리가 마오쩌둥 시대를 살고 있는 것이 행운이며, 세계 인민의 3분의 2가 여전히 고통 속에서 생활하고 있기 때문에 우리가 그들을 구해야 한다는 교육을 '문혁' 이전부터 받아 왔죠. 그런데 개방이 되고 나서 보니 그게 아닌

걸 알고 상처를 받았어요. 이른바 '상흔'을 표방한 조류가 나타난 것도 바로 내면을 상처받은 바로 그런 느낌 때문이었습니다. 그래서 그 당시에 '높고 크고 완전한' 高大全으로 대표되는 영웅적 인물을 그리던 그림에 맞서 하찮고 보잘것없는 사람을 그리는 것으로 단번에 돌아서게 된 것이죠. 나중에 주류에 속한 사람들은 이들의 그림이 '작고 고되고 낡은' 小苦舊* 것이라고 비판했는데, 특징을 아주 잘 잡은 것 같습니다. 작은 인물과 고생스러운 생활, 낙후된 면모는 '문혁' 시기의 '붉고 빛나고 환하게'와 '높고 크고 완전한'을 청산하고 그에 대항하기 위한 것이었습니다. 그러나 '상흔미술'은 예술적인 측면에서 리얼리즘 언어 자체를 아주 의식적인 수준에서 청산하지는 못했습니다. 천단칭은 의식적으로 그것을 청산했죠.

자젱잉 그렇게 할 수 있었던 배경이 뭘까요? 그러고 보니 그쪽으로는 직접 자세하게 물어본 적이 없군요.

리셴팅 고전회화 화집이 도서관에 계속 보관되어 있었으니, 화집을 보고 알게 된 거겠죠. 아마도 티베트에서 그린 연작에는 그처럼 중후한 방식이 적합했을 겁니다. 또 허둬링何多苓의 「깨어난 봄바람」春風已蘇醒, 1982이란 작품이 있습니다. 꼬마 여자아이가 풀밭에 앉아 있고 그 옆에 소 한 마리가 있는 그림인데 혹시 기억하시는지요? 그 그림도 당시 아주 유명했

---

* 문혁 시기의 홍광량(紅光亮), 고대전(高大全)에 상대되는 이 말은 '상흔미술'의 경향을 비판하기 위해 만들어졌다. '소'(小)는 작은 제재, 하찮은 인물을 뜻하며, '고'(苦)는 고생스럽다는 뜻으로 고된 생활이나 표정, 고통 등을 뜻한다. 도시에서 성장한 지청들은 하방되어 산간벽지의 생산대에서 생활하면서 농촌이 얼마나 낙후된 것인지 깨닫게 된다. '구'(舊)는 이렇게 낙후된 면모를 지칭하는 말이다.

어요. 1982년 봄에 완성했다는 소식을 듣고 바로 비행기를 타고 쓰촨으로 날아갔습니다. 이 그림을 위해 표지는 비워 둔 채로 말입니다. 허둬링도 아주 우연히 『인민일보』에서 해외 소식에 실린 작은 사진 한 장을 보게 되었습니다. 70년대 미국의 사실적 스타일로 그린 앤드류 와이어스Andrew Wyeth의 그림*이었는데, 그 풀밭을 보고 굉장히 느낌이 좋았나 보더군요. 빽빽하게 그려진 작은 풀에 깊은 감동을 받아 와이어스의 작은 풀의 느낌을 본따 자기 그림의 풀밭을 그렸다고 합니다.

자젠잉 아, 그랬던 거군요. 와이어스의 그림도 풀밭인가요? 인물도 있습니까?

리셴팅 인물도 있습니다. 한 사람이 풀밭에 누워 있는데 상당히 상실감이 느껴집니다. 허둬링의 그림에 있는 인물은 꼬마 여자아이인데도 꽤 우울한 분위기로 그려졌죠. 그런데 나중에 와이어스의 원작을 보고 나서 화법이 완전히 다르다는 것을 알게 되었습니다. 허둬링의 풀밭은 상당히 두텁고 다층적이며 풀 한 포기까지 굉장히 세부적으로 그려졌습니다. 그렇게 하기 위해 그는 수묵화의 엽근필葉筋筆[전통회화에서 미세한 선을 그릴 때 사용하는 붓의 일종] 같은 가는 붓을 사용하여 가장 윗표면 한 층의 가느다란 작은 풀을 그리는 기법을 발명하기도 했습니다. 그런데 와이어스의 경우 제일 윗표면의 가느다란 풀이 삐져 나와 있지만 풀밭 전체는 아주 얇게 그려져 있더군요.

---

* 글의 내용을 통해 볼 때 와이어스의 대표작 Christina's World(Tempera, 1948)를 말하는 것으로 보인다.

자젠잉 신문에 인쇄된 모양이 달랐나 보군요.

리셴팅 신문은 그림을 또렷하게 인쇄하는 데 한계가 있다 보니, 풀이 아주 빽빽해서 많은 변화가 있는 것처럼 보였던 겁니다. 실제로 이것이 말해 주고 있는 것은 모방이 아니라 그것에서 계발을 받았다는 점입니다. 와이어스의 풀밭이 전해 준 느낌이 허둬링을 촉발시킨 것이죠.

자젠잉 그 또한 우연이군요. 그렇다면 지금 거론하신 몇 사람은 그 당시 기본적으로 외래적인 것의 영향을 받았다는 말씀이네요. 왕커핑의 뿌리조각처럼 중국의 고전 전통에서 영향받은 사람은 그 시기엔 오히려 많지 않았겠군요?

리셴팅 그렇지만 그 또한 부조리극의 영향을 받았잖습니까. 뿌리조각 같은 경우, 제 짐작에 최소한 예전에 본 적은 있었을 겁니다. 그렇지만 가장 중요한 건 왕커핑의 내면에 축적된 사회에 대한, 생존 환경에 대한 느낌입니다. 그게 아니었다면 어떻게 그 나무뿌리에서 입이나 눈 같은 것들을 발견할 수 있었겠습니까? 천단칭, 허둬링도 마찬가지겠지만, 어떤 영향을 받아들이기 전에 그들에게는 내면의 느낌이라는 전제가 먼저 형성되어 있었던 겁니다.

자젠잉 음. 보아하니 당신은 1982년 전후 미술계에 나타난 두 노선이 교조적 리얼리즘에 대해, '문혁'에 대해 반역하고 있다고 보시는 거군요.

리셴팅 1982년 말이 되면 저의 이런 생각은 아주 분명하게 정리됩니다. 즉 리얼리즘을 청산하기 위해 「리얼리즘이 유일하게 정확한 길은 아니다」現實主義不是唯一正確的途經라는 글을 두 편 썼고, 그러면서 그 단계를 매듭짓게 되었습니다. 그후 추상적인 것에 주목하기 시작했습니다. 주관적으로 이 문제를 생각하기도 전에 기층에서 여러 사람들이 추상화를 그리고 있다는 것을 홀연 알게 되었습니다.

자젠잉   당신이 말한 기층이란 뭘 지칭하는 건지요?

리셴팅   저는 기회만 되면 출장을 가곤 했는데, 많은 사람들이 추상화를 그리는 걸 확인했습니다. 랴오닝, 윈난 등지에서도 봤고, 그들이 저에게 투고하기도 했습니다. 맞아요, 사실 80년대 초에 또 다른 노선이 있었습니다. 벽화 말입니다. 중국 민간의 비리얼리즘적 장식이라는 각도에서 보면 이 또한 하나의 새로운 시각입니다. 당신도 알다시피 초창기 피카소 또한 아프리카 목각의 조형방식에서 모더니즘을 발전시켰잖습니까.

자젠잉   위안윈성袁運生 같은 사람…….

리셴팅   또 샤오후이상蕭惠祥, 위안윈푸袁運甫 등등이 있죠. 그들은 평면화의 기법을 사용하여 회화를 평면으로 환원시킵니다. 초창기 서구 모더니즘 또한 평면화에서 시작하여, 원근법으로 허구적 삼차원 공간의 느낌을 만들어 내는 리얼리즘에 반대합니다. 기본적인 접근법은 똑같습니다. 이후 벽화운동은 신속하게 관방이 인정하는 분야가 되었습니다. 왜냐하면 그것은 언어 양식의 층위에만 관련될 뿐 인간 내면의 독립적 비판의식은 건드리지 않기 때문입니다. 그래서 리얼리즘에 대한 교정과 장식화 운동 같은 것은 신속히 국가의 주류 속으로 진입하게 되었고, 많은 예술가들 또한 관방 주류 예술의 주요 예술가나 간부가 되어 갔습니다. 그러나 모더니즘을 거울 삼은 진영 쪽에서는 굉장히 어려움을 겪었습니다. 지금까지도 지하 혹은 반지하 상태에서 헤어나지 못하고 있으니까요.

자젠잉 「티베트 연작」은 수상 경력이 있습니까?

리셴팅 없습니다.

자젠잉 그렇지만 나중에 그렇게 오랜 시간 해외에 있었잖습니까.

리셴팅 귀국한 후에도 계속 환영받았어요. 환영받은 이유가 여전히 「티베트 연작」 때문이긴 했지만 말입니다. 천단칭이 자신도 그 정도로 환영받을지 예상하지 못했을 겁니다. 그건 본인과는 무관합니다. 그의 책을 보고 드는 생각인데, 이 사람은 중국에서도 드물게 사상이 제대로 박힌 지식인입니다. 많은 사람이 천단칭은 더 이상 그림을 그릴 수 없다고 말하고, 그 스스로도 쓸 수만 있지 그릴 수 없다고 말한 바 있습니다. 그런데 제 생각에, 무슨 상관이 있겠습니까? 그의 총명함과 예지, 유머는 글 속에 남김없이 잘 드러나 있습니다. 문화비평가로서 그가 지금 하는 역할은 한 사람의 화가가 갖는 의미에 비할 수 없이 지대합니다. 문제는 주류 예술은 여전히 천단칭을 80년대 초의 리얼리즘 화가 천단칭으로 받아들인다는 점에 있습니다. 이러한 우여곡절로 인해 천단칭은 체제 내에서 아주 고통스럽게 지내고 있습니다. 이러한 곡절은 또 모든 주류 예술이 '5·4' 이래의 예술적 전통을 정말로 청산한 적은 한 번도 없다는 점을 말해 줍니다. 그건 청산한 후 다시 리얼리즘을 사용하는 것과는 완전히 다른 문제입니다.

이제 이어서 제가 1982년에 발견한 추상주의에 대해 이야기하겠습니다. 저는 당시 추상주의가 리얼리즘을 철저하게 전복시킬 수 있다고 생각했습니다. 서구에서도 리얼리즘의 전복은 추상주의가 핵심적인 역할을 했습니다. 서구 모더니즘 이후의 사실적 스타일까지도 리얼리즘과는 다른 관찰 방식입니다. 방금도 말했다시피 그 둘은 별개입니다. 그래서 당시 저는 추상주의 풍으로 그리는 사람도 있다는 것을 알고 굉장히 흥분했습니다. 1982년에 위안윈성을 봤을 때 이미 많은 추상주의 작품을 그려 왔더군요.

자젠잉 그럼 그들의 창작에 영감을 준 원천은 무엇입니까? 마찬가지로 당시에 들어온 서구 작품들인가요?

리셴팅 분명히 그런 요소가 작용했을 겁니다. 1982년에 저는 중요한 예술가를 하나 발견했습니다. 황용핑黃永砯이라는 사람인데, 당신도 황용핑이 지금 서양에서 아주 유명하다는 걸 아실 겁니다. 그의 졸업작품은 강판 몇 개에 그린 건데, 그 당시에 스프레이 분무기를 사용해서, 배 만들 때 쓰는 그런 래커를 가지고 그림을 그렸습니다. 상당히 기계의 힘 같은 게 느껴지고, 초창기 모더니즘에서 강조한 그런 느낌이 나는 그림이었습니다.

자젠잉 황용핑은 당시 어디 있었나요?

리셴팅 당시 저장浙江미술대학, 지금의 중국미술대학[1993년 개명]에 본과생으로 있었습니다. 래커로 강판에 그린 그의 작품은 사실상 네모난 덩어리에 불과한데, 기계의 힘 같은 게 느껴지는 하드에지hard-edge: 硬邊의 일종입니다. 하드에지는 60년대 미국에서 이미 유행하던 양식입니다.

자젠잉 중국에서야 이들 모더니즘 작품들이 처음이었겠지만, 세계적 시각에서 봤을 때도 그게 독특한 뭔가가 있다고 보십니까?

리센팅 예, 그게 바로 제가 강조하고 싶은 겁니다. 독창성이 어디 있을까요? 전통적 리얼리즘에 대한 반항은 우리에게 하나의 출발점이고, 그것의 가치는 중국에 국한됩니다. 정말로 세계예술사에 그것을 위치시킨다면 별 독창성이라고 할 것도 없습니다. 그러나 시작할 때 저는 편집자로서 그래도 우리의 문화 전략은 무엇인지를 생각할 수밖에 없었고, 당시 추상주의 논쟁을 벌일 생각으로 먼저 '5·4' 이래의 신전통에 대한 반성을 기점으로 삼았습니다. 1983년 제1기는 기본적으로 모두 추상적인 작품으로 채워졌습니다. 그 호가 발행되자 저는 긴장되기 시작했습니다. 아뿔싸! 일 나겠는걸! 중국 같은 환경에서 살아온 우리 같은 사람들은 그런 예감에 민감한 편이에요. 신문이나 뉴스 등에서 흘리는 정보를 포함한 주위의 분위기 등을 통해서 알게 되는 거죠. 발행 즉시 '정신 오염 제거'가 시작되었습니다. 미술협회의 회의에서 기명 비판이 있었고, 상부에서는 그 즉시 정직 처분을 내렸다가 3월에 해직시키더군요. 그런 다음 저보고 미술협회에 등록하여 행정업무를 보도록 지시했습니다. 저는 도서관 직원이 되고 싶다고 말했지만 받아들여지지 않았어요. 그래서 전 그냥 집에 틀어박혀 지냈습니다. 월급은 매달 30여 원을 주던데, 그렇게 2년 넘게 지냈습니다. 1983년에서 1985년 상반기까지 말입니다.

자젠잉 원래 월급은 얼마였죠?

리셴팅 50여 원이었어요. 60%는 받은 셈이죠.

자젠잉 시말서도 썼나요?

리셴팅 시말서를 쓰라고 했지만 쓰지 않았습니다. 그 당시 저는 내가 뭘 하고 있는지 잘 알고 있었고, 분명히 더 이상 조사하지 않을 거라는 확신도 있었습니다.

자젠잉 그때 당신은 체제 내에서 어떤 제약이 있는지 명확하게 알게 되었군요.

리셴팅 그 당시 저는 다음 한마디로 자신을 위로했습니다. 세계는 원래 불공평하다, 네가 공평하게 대우받기를 요구하는 건 사치다. 그런데 간부들이 찾아와 이야기하더군요. 우리가 보기에 너는 인재다, 원래 너를 중점 배양시킬 생각이었다, 그런데 이런 식으로 성질을 부리면 이 바닥에서 버티기 힘들 것이다, 라고 말입니다. 저는 제가 이렇게 고집부리지 않는다면 내가 아니다, 만약 나를 당신들이 좋아하는 그런 인간으로 변화시키려 한다면 나는 너무 재미없을 것 같다, 나는 그냥 떠나겠다, 라고 말했습니다.

자젠잉 당신 같은 사람이 미술계에 많습니까? 즉 하나의 새로운 예술 같은 걸 추진시켰다는 이유로 해직당하거나 하는 사람이 있었나요?

리셴팅 분명히 있을 겁니다. 조사해 보지는 않았지만 말입니다.

자젠잉 당신같이 두 번씩이나 잘리는 사람은 그래도 극단적인 경우인 것 같은데요. 나중에 또 한 번 있었잖아요, 그렇죠?

리셴팅 예.

자젠잉 당신은 머리에 반골 기질이 박혀 있는 사람이군요. 지금 80년대를 돌아보면 당시에는 모두가 상당히 이상주의적인 열정을 가지고 있었던 것 같습니다. 지금 시각에서는 그다지 현실적이지 않은 일을 하곤 했으니까요. 그렇지만 사실 전반적인 환경은 아직도 원래의 그 체제에서 벗어나지 못했고, 모두가 쇠밥그릇을 차고 있으며, 상업도 제대로 들어오지 못했습니다. 당신처럼 그렇게 철저히 체제 바깥으로 나간 사람은 극소수입니다. 대부분은 여전히 체제 내에서 가장자리만 맴돌고 있죠. 당신의 경력은 그다지 전형적이지 않습니다.

리셴팅 그건 아마 '문혁' 때의 제 경험 때문일 겁니다. '문혁' 때 저는 열 몇 살에 잡혀 들어갔습니다. 당시 장칭江青이 '문공무위'*를 제창했었는데, 나중에 무장투쟁하는 걸 보니 너무 잔인하게 생각되더군요. 그래서 '문공무위'라는 구호를 비판했습니다. 그때가 고등학생일 때입니다.

자젠잉 그렇게 어린 나이에 그런 글을 썼단 말입니까?

리셴팅 제가 당시에 가진 생각은 군중조직 사이의 모순은 인민 내부의

---

* 문공무위(文攻武衛). 1967년 문혁 기간에 장칭이 우한에서 발생한 무장투쟁을 지지하면서 한 발언으로, 문장으로 공격하고 무력으로 지킨다는 말.

사상투쟁이므로 사상교육이라는 방식으로만 해결할 수 있지, 무장투쟁으로는 군중 내부의 사상투쟁을 해결할 수 없다는 것이었습니다. 저는 친구에게 편지를 쓰고 전단을 찍어 돌렸습니다. 나중에 저는 현행 반혁명분자로 타도되어 조리돌림 당하고 비판투쟁의 대상이 되었으며 2년 가까이 갇혀 있어야 했습니다. 1967년에서 1968년까지의 기간에 일어난 일이었습니다.

자젠잉 감옥에 갇혔던 건가요?

리셴팅 아닙니다. 헛간(牛棚)*에 갇혔습니다. 경찰, 검찰, 법원이 모두 타도되었으니까요. 그 당시 저는 조사를 당했는데, 자아비판서를 계속 쓰다 보니 생각이 싸우기 시작했습니다. 저는 제가 정말로 맞는지 의심하게 되었던 거죠. 그래서 '문혁'이 종결되었을 때 제게 가장 고통스러웠던 건 사상적으로 철저한 반성을 거쳐야 했다는 점입니다. 그 시절 우리가 믿고 있던 대부분은 위에서 내려온 것들입니다. 우리는 각종 매체의 선전과 교육에 의해 키워져 왔습니다. 이제 제 자신이 매체 내부에 들어와 어떤 방식으로 잡지를 간행할 것인지를 결정해야 하는데, 다른 사람에게 굉장히 중요한 일을 내가 진실하게 자기 이야기로 뱉어 낼 수 있느냐 하는 점이 가장 중요하더군요. 그래서 한 차례의 반성을 겪은 후, 과거에 했던 자아비판을 재검토하고 마오쩌둥과 맑스·레닌의 책을 다시 보기 시작했습니다. 이전에는 마오와 공산당이 정확하고 내가 틀렸다고 생각했습니다. 그런 모순을 경험하고 한 차례 반성을 거친 후에야, 철저하다고 할 수는 없겠지만 무엇이 자신의 진정한 독립적인 입장이

---

* 문혁 때 우귀사신(牛鬼蛇神)으로 불리던 반동분자들을 감금한 임시감옥.

며 독립적인 의식인지를 깨닫기 시작했습니다. 그때부터는 제가 옳다고 생각하게 되었고 제 입장을 고수하여 더 이상은 자기검열을 하지 않게 되었습니다.

자젠잉 그래서 1983년에서 1985년까지 정직되어 집에만 머무셨는데, 그 시기에 아마 집중적으로 많은 책을 보셨겠네요?

리셴팅 예. 그때 엄청나게 읽어 댔죠. 그 시기에 출판의 열기를 띠던 분야는 서양철학이었습니다. 중국철학도 많이 출판되었고요. 이 시기에 새로운 세대가 숙성되고 있었습니다. 미술계에서는 '85 신사조' 八五新潮라고 부르는데, 이들 세대가 성장할 때 모두 새로운 독서 경험을 쌓았던 거죠. 사회적으로 전반적인 경향이 일종의 문화 비판적인 사조로 변화되어 앞 시기를 지배하던 정치사회 비판에 비해 한 층위 제고되었다고 할 수 있습니다.

자젠잉 그 시기에 서로 간에 연락은 잦았나요?

리셴팅 그렇게 많지는 않았습니다. 거의 퇴출된 거나 마찬가지였으니까, 집에만 있으면서 예술가들과도 거의 왕래하지 않았습니다. 그 당시에도 연락을 주고받던 대부분은 80년대 초부터 알고 지내던 사람들입니다. 80년대 중반에 많은 예술가들이 성장하여 두각을 나타내기 시작했습니다. 바로 1985년 무렵입니다. 1985년에 중국예술연구원藝術研究院에서 신문을 하나 만들었습니다. 『중국미술보』中國美術報가 그것입니다.

자젠잉 공왕부恭王府 안에 있던 그 예술연구원 말입니까?

리셴팅 맞아요. 당시 연구원에 남아 있던 연구생 몇 명이 신문을 만든 겁니다. 연구소에서는 과거에 항상 고대만 연구했지 당대의 연구에는 관여하지 않았습니다. 그래서 그들은 신문을 창간하여 당대예술에 개입하고 싶었던 거죠.

자젠잉 그렇다면 『미술』처럼 그렇게 관방적인 성격은 아니었겠네요?

리셴팅 관방이라고 할 수는 없죠. 『중국미술보』가 창간된 후 류샤오춘劉驍純이 제게 연락을 취해 이 신문에 참여해 달라고 하더군요. 그래서 저는 쉽게 예술연구원 소속으로 변경 수속을 하게 되었습니다. 1985년 여름의 일입니다.

자젠잉 당시 이런 형식의 민영 신문도 어떤 기관(單位)에 적을 걸어 두어야 했나요?

리셴팅 예술연구원에 소속되어 있었습니다.

자젠잉 그렇지만 기본적으로 동인지에 가까운 것이잖습니까?

리셴팅 예. 그렇지만 사실 아시다시피 진정한 동인지는 불가능했습니다. 한동안은 류샤오춘 등이 모두 졸업논문 등으로 바빠 이 신문은 거의 제 손에 맡겨지다시피 했습니다. 저는 단번에 이 신문을 새로운 조류의 대표 신문에 가까운 것으로 키웠습니다. 타블로이드판에 주간으로 발행되었죠. 당시 미술편집자 하나가 나를 도왔는데, 창핑昌平 인쇄소에 가서 교정보는 것까지 직접 뛰어다니며 해야 해서 말도 못하게 바빴어요.

자젠잉 컬러로 그림을 실을 수 있었나요?

리셴팅 채색화를 실을 수 있는 컬러 신문이었습니다. 이 시기에 전국 각지에서 갑자기 일군의 단체들이 생겨났는데, 모든 단체들이 너나 할 것 없이 선언문을 내놓길래 그걸 많이 실었습니다. 사실, 아직 『미술보』에서 일하기 전인 1984년에 저는 이미 새로운 사조에 대한 정보들을 감지하고 있었습니다. 예를 들어 당시 황용핑과 연락을 취하고 있었는데, 그들 단체에서 작업한 최초의 다다식 작품들을 모두 저에게 보내 주었고 또 자기 친구들의 작품을 저에게 추천해 주기도 했습니다. 허우원이侯文怡와 서남예술단체의 몇몇 작품들도 그렇게 해서 알게 되었습니다.

자젠잉 그 당시 어떤 단체들이 있었나요?

리셴팅 당시 비교적 앞선 쪽은 북방 단체들과 서남의 신구상 회화, 샤먼廈門다다 정도였고, 또 시안西安 최초의 현대예술단체가 있었는데 그들은 아주 곤란한 상황에 처하여 몇 명이 체포되기도 했습니다. 난징에는 또 초현실주의 집단이 있었고요. 아주 많은데, 자료를 한번 뒤져 봐야 어떤 이름들이었는지 이야기할 수 있겠군요. 이 시기에는 갑자기 모든 사람이 초현실주의 스타일의 그림을 그렸습니다.

자젠잉 무슨 '이성화파'理性畵派 같은 거 말씀인가요?

리셴팅 예. 이성화회理性畵會는 북방 단체의 수췬舒群이 전체적인 방향을 먼저 제시했고, 가오밍루高銘潞가 「이성회화 소론」理性繪畵小議이라는 글을 써 자기 단체의 입장을 분명히 했습니다. 제가 이해하기로 그들은 이성과 사상으로 예술에 개입하는 것을 강조하고 있어, 예술을 도구로 자기들이 읽은 철학적 관점을 소화하는 것에 가까웠던 것으로 보입니다.

자젠잉　모두 유화였습니까?

리셴팅　기본적으로 모두 유화였습니다만 수묵화도 있었습니다. 구원다谷文達의 초창기 작품들은 모두 수묵화였습니다. 그런데 전통 중국화를 그렸던 게 아니라 전통적인 재료로 초현실주의적인 것을 그렸습니다. 구원다의 수묵화는 나중에 그보다 조금 늦게 출현한 추상주의 실험 수묵에 영향을 줬습니다. 지금 되돌아보면, 중국은 서구 현대예술을 수용할 때 예술사의 시간적 순서를 따르고 있습니다. 인상파에서 야수파, 입체파로 넘어간 다음 80년대 중반에 초현실주의가 나타나는 식이었죠. 초현실주의는 서구 40년대의 조류입니다. 또 하나 중요한 계기가 있습니다. 1985년 늦여름인지 초가을인지 구체적인 시간은 찾아봐야 기억날 것 같은데, 팝아트의 대가인 로버트 라우션버그Robert Rauschenberg, 1925~2008가 중국 미술관에서 개인전을 열었습니다. 그 개인전이 중국에 미친 영향은 너무나 지대합니다! 중국 미술계에는 '85 현대예술의 신사조'가 막 일어나 각지에서 단체들이 생겨나고 있던 마당이라 거기다 대고 기름을 들이부은 셈이 되었던 것이죠[805쪽 사진과 캡션 참고].

자젠잉　너나 할 것 없이 그걸 모방했겠군요…….

리셴팅　대부분은 팝아트를 오독했습니다. 당시 중국은 아직 팝아트가 기댈 만한 상업적 배경이나 소비문화가 형성되지 않았을 시기입니다. 그런 판국에 라우션버그가 수많은 레디메이드를 선보였던 거죠. 찢어진 종이상자를 벽에 박는다든지 수탉이나 양머리 표본을 여러 상품과 혼합하여 설치하는 따위 말입니다. 이걸 보고는 중국의 젊은 예술가들이 하룻밤 사이에 모두 레디메이드로 장난치기 시작했습니다.

자젠잉 그 수법을 흉내 내기는 했지만, 그 뒷면에 상업문화가 깔려 있지 않았다는 말이군요.

리셴팅 예. 나중에 그 원인을 생각해 보니, 이러한 오독 자체가 서양 예술사의 흐름에 대한 이해를 포함하는 것이기도 합니다. 팝아트도 시작할 때는 네오다다라고 불렸습니다. 팝아트는 다다에서 건너온 것이죠. 레디메이드와 같이 반문화, 반예술적인 맥락과 함께 전후 현대예술이 미국에 유입된 후 소비문화적인 요소와 만나 팝아트로 전환된 것입니다. 그런데 중국에는 당시 상업적인 배경이 아직 없을 때잖습니까. 그래서 중국 예술가들은 라우션버그에게서 소비문화적 층위는 읽어 내지 못했습니다. 그렇지만 다다적인 층위는 읽어 냈죠. 라우션버그의 작품 자체에 그런 요소가 들어 있으니까요. 다다적 요소는 비문화적·비예술적인 물건들(레디메이드), 즉 찢어진 종이상자, 양머리, 부서진 탁자 같은 걸 가지고 작품화할 수 있습니다. 당시 중국의 문화적 배경이 만든 한계이자 자기 문화의 필요한 대척점에 반문화적인 다다가 있었습니다. 때문에 라우션버그의 작품에서 다다를 읽어 낸 것은 중국 예술가들의 내면적 필요이기도 했던 겁니다.

자젠잉 라우션버그를 반문화로 읽었단 말인가요? 그럼 당신 생각에 라우션버그를 배운 사람들이 중국의 현실생활에서 적절한 대응물을 찾았다고 보십니까? 그들은 무엇을 향해 달려갔나요? 그들이 반역한 구체적인 문화적 대상이 무엇인지요?

리셴팅 구체적으로 말해서 반역의 대상을 확대시켰습니다. 중국의 전통 문화에서 모든 예술의 역사와 문화까지 다 포함되니까요.

자젠잉 너무 크군요. 저는 당시 이런 인상을 받았던 걸로 기억합니다. '이거 대놓고 싸움 걸자는 거 아냐?'

리셴팅 좀 실속이 없었죠. 지금은 당시에 이러한 문화 비판이 구체적으로 어떤 논쟁을 했는지도 생각나지 않을 정도니 말입니다.

자젠잉 심지어 '문혁' 냄새도 좀 나는데요. 대담하게 나서면 뭐든 될 줄 알고 설치는…….

리셴팅 사실 더 중요한 것은 이러한 반역의 성격과 정서를 강조하는 것입니다.

자젠잉 구체적으로 누구에 반역한 것인지는 중요하지 않다는 말이군요.

리셴팅 그런데 반역의 성격과 정서는 강렬한 전복성을 가지고 있습니다. 그것은 다다 정신을 잇고 있으며, 우리가 가지고 있던 모든 예술 창작 및 감상 양식에 맞섰습니다. 예술가의 감각만을 강조했지, 교육성이 있는지 미감이 있는지 전통적으로 예술로 받아들여져 왔던 것인지 따위는 중요하지 않게 되어 버린 거죠.

자젠잉 상당히 정서적인 표현이 분출될 필요가 있을 때 마침 외래적인 걸 빌려 쓴 것이군요.

리셴팅 가져오는 과정을 보면 대다수의 작품이 별 의미가 없는 것이었지만, 굉장히 뛰어난 작품이 탄생하기도 했습니다. 예를 들어 황용핑의 비표현주의적 회화 같은 것입니다. 가장 대표적인 것이 서구 모더니즘 책인 『현대회화간사』와 『중국회화사』를 세탁기에 함께 넣고 2분간 세탁한 작품입니다.* 이 작품은 세계 당대예술사의 측면에서 보더라도 경전적인 작품입니다.

자젠잉 중국에도 관념 예술작품이 만들어지기 시작한 것으로 볼 수 있겠군요.

리셴팅 예. 관념적 설치예술이죠. 이 작품은 선종의 느낌도 조금 묻어납니다. 청말 이래로 중국인에게는 콤플렉스가 있어 왔습니다. 중국문화에 대한 것으로, 중체서용을 강조하기도 했다가 중서의 융합을 강조하기도 했으며, 리쩌허우는 또 서체중용西體中用을 제기하기도 했습니다. 이 문제에 있어서는 뒤죽박죽했던 거죠. 근데 그의 작품은 이 문제를 너무 쉽게 해결해 버렸습니다. 중국에서 세기에 걸쳐 논쟁이 끊이지 않던 중서문화 문제를 선종의 할喝처럼 단번에 깨는 기지를 발휘한 거죠.

자젠잉 당신이 그의 작품에서 그런 것을 읽어 낸 겁니까, 아니면 황용핑

---

* 황용핑, 「『중국회화사』와 『현대회화간사』를 세탁기에 넣고 2분간 돌리다」, 50×50×80cm, 책·나무상자·유리, 1987.

이 의식적으로 그런 문제를 사유한 것입니까?

리셴팅 그는 선종의 공안을 읽고 노트를 남긴 바 있습니다.

자젠잉 이 작품은 우산좐吳山專 이후에 제작된 겁니까?

리셴팅 황용핑이 몇 년 더 빠릅니다. 그런데 세탁기 작품은 우산좐의 대자보 작품과 비슷한 시기, 1987년에 제작되었죠. 우산좐은 다다이즘의 각도에서 팝아트 작품을 제작한 예술가입니다. 그는 중국의 길거리 골목 어디에서나 볼 수 있는 잡다하고 외설적인 광고 문구를 '문화대혁명' 시기 굉장히 폭력화되었던 대자보의 방식으로 조합한 작품을 만들었습니다. 즉 다다라는 측면에서 라우션버그의 영향을 받은 것이죠. 보통 홍색유머 혹은 문화적자文化赤子라고 불리는데 아주 독창적이에요. '85 신사조'는 1984년 연말에 처음으로 모습을 드러내기 시작하여, 1985, 6, 7년에 최고조에 달하였습니다. 서구 현대문화를 버팀목으로 하는 현대예술운동의 하나였는데 굉장히 왕성하게 활동했습니다. 그러나 1987년이 되면, 예술적인 측면에서 서구 현대예술을 모방하는 것에 대한 불만, 예술로 철학을 읽는 것에 대한 불만이 분출되면서 중국의 전통적인 자원을 발굴하려는 경향이 출현하게 됩니다. 쉬빙徐冰, 뤼성중呂勝中 등이 대표적인 인물인데, 그들은 모더니즘의 방식으로 중국의 전통적인 자원을 전환시키는 작업을 합니다. 물론 1985년을 시작으로 전통 수묵화로의 회귀 경향, 수묵화의 추상적 실험 등이 시도되었는데, 이 모든 게 서구 현대예술에 대한 응전식의 반응이었습니다. 그게 1987년이 되면 제법 세력을 얻게 됩니다.

자젠잉 구원다도 있잖아요.

리셴팅 구원다 이후라고 해야겠죠. 구원다는 신사조의 대표 격이니까요. 그가 수묵화를 시작할 때는 사실 관념적이었습니다. 그러나 그는 수묵화의 새로운 방향──즉, 추상수묵 실험에 영향을 줬습니다. 다른 한 갈래는 바로 신문인화新文人畵입니다.

자젠잉 저 같은 경우 난징의 주신젠朱新建의 작품을 본 적 있습니다.

리셴팅 예. 주신젠이 중요한 인물이고, 저우징신周京新, 왕멍치王孟奇 등이 그 경향의 대표 격이었습니다. 또 동신빈董欣賓은 회화와 이론을 아우른 중량급의 인물이라고 할 수 있습니다. 당시 혹자는 무슨 신문인화라면서 아무런 문인적인 교양도 없고 문인의 우아함도 없다는 식의 비판을 하기도 했습니다. 제 생각에 그들이 계승한 것은 필묵을 중시하는 문인화의 기교입니다. 시대가 달라졌으니 예술가의 태도도 달라지는 법이죠. 신문인화에는 문인의 우아함은 없어진 반면 문인화에 없던 세속적인 취향은 늘어났습니다. 가장 중요한 것은 수묵화가 언어적인 측면에서 리얼리즘의 영향을 청산했다는 점입니다. '5·4' 이래로 70년대까지는 쉬베이홍이 개창한 서구 리얼리즘에 의해 개조된 중국 수묵화가 주류였습니다. 얼굴의 구조 같은 게 모두 서구 리얼리즘의 구도에 따라 그려졌던 것이죠. 이것은 마치 셴싱하이洗星海에 의해 민간음악이 재편된 것과 마찬가지입니다. 앞에서 그가 서구의 삼일률로 음악을 개편한 것에 대해 거론한 바 있는데, 그런 것과 마찬가지로 서구 고전예술의 이념에 맞게 개조된 것입니다.

자젠잉 더 구체적으로 말해서, 예를 들어 얼굴을 그릴 때 원근법을 사용했나요?

리셴팅 예. 원래 중국 수묵화의 얼굴 부위에는 암영暗影이 없습니다. 엄격하게 해부학적 구조에 따라 그려 내지도 않았어요. 중국 전통에서는 사의寫意를 강조하여 예술가의 내면적 감각을 더욱 중요시했죠. 그런데 리얼리즘에서는 반드시 해부학적 구조, 원근법 같은 것으로 무엇이든 그려야 했어요. 옷의 구겨진 문양까지도 신체의 해부학적 구조를 고려해야만 했죠.

자젠잉 청나라 때 랑스닝郎世寧[주세페 카스틸리오네Giuseppe Castiglione, 1688~1766] 또한 그런 시도를 했잖습니까?

리셴팅 그래요. 제가 그 맥락을 더듬어 보니 랑스닝에서 시작된 것이더군요. 이쪽으로 이야기하기 시작하면 너무 전문적이 됩니다. 신문인화는 리얼리즘으로 수묵화를 개조하는 이 경향을 과감히 내던졌습니다. 중국의 전통 문인화는 그림(畵)이라고 하지 않고 쓰기(寫)라고 했습니다. 회화와 서예가 직접적으로 관련되기 때문에 쓰기라고 한 것인데, 마음속의 정취를 그대로 풀어 낼 수 있다는 것을 잘 드러내는 말입니다. 이게 추상파나 표현주의 같은 모더니즘에서 추구하는 것과 아주 흡사합니다. 중국 전통회화는 원래가 아주 '모던한' 것을 가지고 있었던 셈입니다. 사실 모더니즘이 강조하는 건 다른 예술로 대체할 수 없는 조형예술만의 독특성입니다. 리얼리즘의 서사성은 문학의 서사성과 관련되는, 제거되어야 할 것이었습니다. 그런데 문인화의 '쓰기'는 모더니즘의 표현성과 함께 조형예술의 순수 조형적 특징을 지니고 있습니다. 그게 '5·4' 이후 버려져 왔던 것이죠. 신문인화가 원했던 건 근대 리얼리즘에 의해 개조된 수묵화를 뛰어넘어 문인화의 쓰기에서 직접 배우려고 했던 것입니다.

자젠잉 천단칭이 고전 리얼리즘 전통으로 되돌아간 것처럼 그들 또한 중국 문인화 전통으로 되돌아간 것이군요.

리셴팅 문인화의 언어 중 '쓰기'의 의미만 가져온 것이죠. 만약 완전히 문인화로 되돌아간다면, 첫째 가능하지도 않을뿐더러, 둘째 아무런 재미가 없었을 거예요. 신문인화 계열의 작가 중에는 현대인의 세속적 욕망을 표현하기 위해 고의로 아주 속되고 발랄하게 그리기도 합니다.

자젠잉 저도 예전에 주신젠이 그린 『금병매』 계열의 춘화를 본 적이 있는데, 재기로 넘쳐 나고 또 굉장히 뺀질거리기도 해서 시치미를 뚝 떼고 변죽만 울리는 게 특히나 중국적인 총명함이 느껴졌습니다. 고의로 어린애가 쓴 것처럼 사인한 것도 생각나는군요.

리셴팅 그 그림에 등장하는 아가씨는 허리를 살짝 비틀고 있는 게 사뭇 섹시하다고나 할까요. 발라당 까진 양아치가 그린 것처럼 말이죠. "발랄하다"潑皮*는 신문인화를 형용하는 말로 제가 처음 쓴 표현입니다.

자젠잉 음, 혹시 나중에 팡리쥔方力鈞 등에…….

---

* '潑皮'의 사전적인 의미는 1. 건달, 무뢰한, 2. 활발하다, 까불다, 3. 생명력이 왕성함 등이다. 번역문에서는 '발랄하다'는 표현과 함께 문맥에 따라 양아치와 건달을 혼용하였다.

리셴팅 아닙니다. 나중에서야 그들에게도 사용하게 된 겁니다. 제가 왜 그 표현을 쓰게 되었냐 하면, 사실 주신젠의 그림을 보고 떠올린 것입니다. 하루는 그가 양아치 우이牛二*와 양지楊志가 싸우는 장면을 그리는 것을 보았습니다. 양지가 우이를 잡으려 해도 아무런 방법이 없었죠. 우이는 약자가 강적을 상대하는 일종의 무방법의 방법을 사용했으니까요.

자젠잉 양지는 아주 진지한 사람이죠.

리셴팅 그래요. 양지는 진지하게 싸우는데, 진지하게 실력으로 겨룬다면 우이가 양지를 이길 수가 없죠. 그러니 양아치처럼 요리조리 피해 나갈 수밖에요. 중국 전통문인에게도 이러한 요소가 있었습니다. 위진남북조 시기의 『세설신어』世說新語에는 그러한 사례가 여럿 있습니다. 고압적인 정치에 대항하는 방식으로 혹은 침묵하거나 혹은 이치에 벗어난 일을 일삼는 건달처럼 굴었던 거죠. 원나라 시기의 소령小令이라는 짤막한 시가에도 많은데, 모두 마찬가지 이유에서 생겨난 겁니다. 신문인화의 화법을 보면 붓이 비뚤비뚤하고 고의로 부정확하게 그리기도 하는데, 바로 이런 선의 묘미를 통해 내면의 심정이 표현되어 나오는 것입니다. 때문에 제 생각에 신문인화가 중요한 지점은 바로 그들에게 문인의 우아한 면모는 없고, 발랄하고 저속하게 나갔다는 점입니다. 그들은 전통의 이러한 자원에서 출발하여 당대로 걸어 나왔던 것입니다.

자젠잉 베이징에는 당시 허젠궈何建國도 있었는데 이 사람도 신문인화에

---

* 『수호전』 12회에 등장하는 인물이다. "원래 그는 장안의 유명한 개망나니, 건달(潑皮)로 털 없는 호랑이(沒毛大蟲) 우이(牛二)라는 사람이다. 그는 길거리를 쏘다니며 행패를 부리거나 싸움질을 일삼아 여러 차례 관아에 잡혀가 벌을 받기도 했다."

포함되나요?

리셴팅 포함된다고 봐야겠죠.

자젠잉 또 하나, 당시 이들 화가는 서구의 영향도 받았겠지만, 그들 상호 간의 영향은 얼마나 됩니까?

리셴팅 큽니다. 당연히 많은 영향을 주고받았죠. 그 당시는 정말로 술을 마시며 예술을 논하고, 철학을 논하던 시절이었습니다. 밤을 새워 철학을 이야기하고, 프로이트, 니체를 이야기하고, 사르트르를 이야기하고, 또 헤세를 이야기했습니다. 헤세는 독일 작가인데 처음으로 그 이름을 들은 게 윈난의 예술가 마오쉬후이毛旭輝에게서입니다. "당신도 헤세라는 작가를 알아야 해"라고 말하더군요.

자젠잉 간양 등이 당시 '문화: 중국과 세계' 총서를 편집하며 구미의 사회과학 및 철학서적들을 번역 소개했었죠. 니체, 하이데거, 사르트르 등 등을 말입니다. 그때가 이른바 '문화열'의 시기이잖습니까. 80년대 중반 각계각층에서 비슷한 책을 읽었습니다. 소설을 쓰는 사람이든 그림을 그리는 사람이든 상관없이 말입니다. 그 당시에는 작가와 화가들끼리도 서로 왕래가 있었나요?

리셴팅 있었죠. 진관타오金觀濤과 류칭펑劉靑峰, 『서양의 추학』西方的醜學을 쓴 류둥劉東, 그리고 니체 연구자인 저우궈핑周國平 등이 화가들과 관계가 좋았습니다. 같이 모일 때 화제가 니체로 옮겨가면 저우궈핑이 강연을 시작합니다. 정식 강연이 아니라 모두가 이야기하고 술 마시면서 하는 것이었죠. 그때는 또 왜 다들 그렇게 주량이 센지. 나중에 팡리쥔 세대가 성장할 때의 화제와는 완전히 달랐던 거죠. 그들은 철학도 이야기하지 않고, 문화도, 예술도 이야기하지 않아요. 오직 여자 이야기나 사는 이야기만 하죠.

자젠잉 당시는 정말 쓸데없이 공허한[虛] 것만 이야기하고, 실질적인 혜택이나 이익에 대해서는 무시했죠.

리셴팅 맞아요. 정말 공허한 것만 이야기했죠. 그 시절의 화가들, 구원다, 황용핑, 우산좐, 왕광이, 쉬췬 등 각지에서 모두 그랬다고 하더군요.

자젠잉 예를 들어 당신이 출장 가서 그들을 만나면, 그들이 어디에 있건 이러한 화제로 밤을 새웠던 건가요?

리셴팅 그렇죠. 그들이 외지에서 베이징으로 와도 주로 우리 집에 머물렀어요. 많을 때는 열아홉 명이 함께 숙박한 적도 있었고요. 그 시절 집은 또 얼마나 좁았습니까. 고작 열 평 남짓한 집에 그 사람들이 들어앉았으니, 소파에도 땅바닥에도 공간만 있으면 비집고 들어가 자야 했죠.

자젠잉 그래요, 리퉈의 집에서도 종종 그랬다고 하더군요. 지방에서 친구들이 왔다 하면, 베이징의 친구들도 떼거지로 우르르 몰려가서는 법석을 떨곤 했잖아요. 제 기억에도 당시 상하이에서 온, 문학평론을 하는 굉장히 열정적인······.

리셴팅 리제李劼 말이군요.

자젠잉 예, 바로 그 사람이에요. 그가 오니까 한 무더기의 사람들이 리뭐의 집에 몰려가 수다를 떨었잖아요. 새벽이 될 때까지 이야기를 나누다가 모두 그대로 바닥에서 잤죠. 저는 당시 상하이 사람도 어떻게 이렇게 입심이 센가? 라고 생각했던 걸로 기억해요. 그런데 사실 그건 80년대 사람의 특징이라고 해야겠죠?

리셴팅 그렇죠. 모두들 뜨거운 피가 끓었으니까요.

자젠잉 게다가 형이상학적인 것을 좋아했고요.

리셴팅 맞아요. 아주 형이상학적이었죠.

자젠잉 당시에는 생존에 대한 압박이 크지 않았으니까요.

리셴팅 사실 80년대 중반이 되면 직장(單位)에서 떨어져 나가 일 없이 떠도는 사람이 생겨나기 시작합니다.

자젠잉 우원광吳文光이 〈베이징을 떠돌다〉流浪北京라는 다큐멘터리를 찍었잖습니까. 그때는 이미 90년대 초반이네요.

리셴팅 그렇지만 그런 사람들 대부분 80년대 중반부터 떠돌기 시작합니다. 혹은 졸업한 후에도 베이징을 떠나지 않아 호구戶口가 없거나, 혹은 호구를 호주머니에 감추고 있거나 했죠. 1985, 86년에 시작되어 1987년이 되면 거점이 생기기 시작합니다. 원명원圓明園에서 주로 모인 게 1986년 전후였습니다. 왜 거기에 모였을까요? 왜냐하면 거기가 대학

지역이었기 때문에 밥을 먹을 수 있었거든요. 베이징대, 칭화대, 런민대 등 대학에서 밥을 먹었는데, 아무래도 요릿집보다는 학생식당이 싸니까요. 그 시절에는 또 연수생도 많았는데, 그들끼리 엮이기도 했습니다. 예를 들어 우한에서 올라온 누가 베이징대에서 연수하고 있다, 그러면 서로 안면도 트고, 주위에 농민들이 사는 집이 있다 그러면 소개도 해주고, 그쪽 집이 많이 싸니까요, 하여튼 그런 식으로 거기에 모이기 시작했습니다. 나중에 우리 『미술보』에서 처음으로 '맹류화가'盲流畵家를 보도했는데, 그러면서 많은 사람들이 저와 연락하기 시작했어요. 그러다 보니 원명원에 모인 사람 중에 제가 줄을 대준 사람도 적지 않았죠.

자젠잉 줄이라고요?

리셴팅 누가 나를 찾아와 베이징에서 그림을 그리고 싶은데 살 곳이 없다, 그러면 제가 원명원에 많이들 모여 있으니 그쪽으로 가 보라고 이야기를 해줍니다. 그리고는 쪽지를 써서 제가 아는 화가에게 방 구하는 것 따위를 도와 주게 하는 식이죠. 훗날 『미술보』는 1989년에 정간됩니다.

자젠잉 『미술보』의 직원 전체가 해체된 건가요?

리셴팅 모두 해체되었죠. 우리 신문사 사람들 일부가 훗날 원명원 예술촌이 된 곳으로 옮겨가기 시작했어요. 예전에는 베이징대학 주위에 더 가까이 붙어 있었지 원명원 쪽까지는 안 갔는데 말입니다. 원명원은 1989년 『미술보』의 해산 이후, 우리 신문사의 톈빈田彬이 거기서 집을 찾다가 푸위안먼福緣門 뒤쪽에 널찍한 곳이 있는 걸 발견하게 되었는데, 거기가 나중에 원명원 예술가촌으로 불리게 된 곳입니다. 딩팡丁方, 팡리췬 같은 사람들도 거기로 옮겨 왔죠. 이렇게 시작된 것인데, 제법 활기를 띠게 된 것은 1992년에서 1993년 정도입니다.

자젠잉 제가 갔을 때는 1992년이었습니다. 그때는 이미 꽤 많은 사람이 모여 있었는데, 모양새나 마음가짐도 제각각이었어요. 아마 막 시작했을 때는 모두가 예술을 이야기하고 철학을 이야기하고 있더군요, 그렇죠? 아직 외국인이 대거 진입했다거나 하지도 않았고요.

리셴팅 예. 국제적인 루트는 뒤늦게, 1993년 이후에나 생겨났죠.

자젠잉 정리하자면, 그 이전의 신예술은 대부분 서구에서 건너온 자원에 영향을 받았는데, 그것의 대상과 관중은 여전히 국내였다고 할 수 있겠네요.

리셴팅 그렇죠. 여전히 국내에 머물러 있었죠. 서구의 방식에 영향을 받았을 뿐, 말하고 싶었던 건 여전히 자기가 하고 싶은 말이었으니까요. 예를 들어 황용핑의 세탁기 작품이나 우산좐의 대자보가 겨냥한 것은 역시 중국의 문화와 심리적 실체였습니다.

자젠잉 이제 1989년 초의 '현대예술전'〔중국현대예술대전中國現代藝術大展이 정식 명칭이다〕을 이야기할 때가 되지 않았나요?

리셴팅 예, 이제 슬슬 '현대예술전'에 대해 이야기해 볼까요? 사실 '현대예술전'은 1985년부터 준비되기 시작한 것입니다. 당시 왕광이가 이미 하얼빈에서 주하이珠海로 전근해 있을 때로 '85 신사조' 사람들과 아주 밀접한 관계를 맺고 있었습니다. 그의 저장미술대학 동기인 장페이리張培力, 경젠이耿建翌 등도 굉장히 중요한 인물이었고요. 그가 좌담회를 열 수 있는지 묻더군요. 그러니까 전국의 '85 신사조' 예술가들을 한곳에 모아 자신의 슬라이드 필름을 보여 주고 함께 교류를 하자는 것이었죠. 그는 주하이 화원珠海畵院 소속으로 얼마 정도 돈도 있었는데, 저에게 연락을 취해 우리『중국미술보』의 명의로 발기할 수 있게 해달라고 했습니다. 왕광이가 저를 찾아왔고, 저는 윗선을 설득하여 도장을 찍고 발기를 하게 했습니다. 그런데 저는 참가하지 못했어요. 마침 신문을 편집할 시기였던지라 시간이 없었던 거죠. 그런데 많은 사람이 참여했고, 슬라이드로 작품을 틀며 서로 교류하는 와중에 갑자기 그런 생각이 떠오른 것이죠. 왜 우리는 원작을 모아서 어디다가 전시회를 열 수 없는 거야? 이렇게 단순한 의문으로 시작되었습니다. 그런데 장소가 마땅찮았습니다. 당시 가오밍루가 아직『미술』지에 있을 때인데, 미술관은 진입장벽이 있으니까 농업전람관 같은 데에도 부탁해 봤지만 힘들었어요. 가오밍루가 아직 미술협회 소속이었기 때문에 나중에는 미술관도 찾아는 가 봤습니다. 이리저리 찾다가 결국 어디도 성사되지 않았는데 미술관 쪽에서 승낙이 떨어졌습니다. 승낙이 떨어졌으니 제가 가서 구체적인 방안을 이야기해야 했죠. 작품 사진 일부를 들고 갔는데, 당연히 속임수를 좀 썼죠. 그러니까 통과되지 못할 만한 것은 아예 포함시키지도 않고 보기 좋은 그림들만 가져가서 전시회를 성사시켰던 겁니다. 나중에 듣자하니 미술관 관계자들이 보고서에서 대부분의 책임을 저에게 떠밀었다고 하더군요. 제가 그들을 속였다고 말입니다. 그 당시 돈이 어디 있었습니까? 그러다가 만다제滿大街에서 낡은 버스로 양꼬치 식당차를 운영하던 쑹웨이宋偉에게서 찬조를 받았습니다. 음, 그런데 그가 어떻게 저를 찾아왔는지 구체적인 부분은 생각이 나질 않는군요.

자젠잉　저는 기억이 나요. 당시 예술을 애호하는 개인 사업자가 5만 위안을 찬조했다고 들은 것 같아요.

리셴팅　맞아요. 나중에 쑹웨이는 그림을 사 주기도 했어요. 왕광이가 그린 마오쩌둥, 그리고 딩팡의 그림과 장페이리의 그림을 그가 샀죠. 한 장에 만 위안씩 해서요. 당시 '현대미술전'이 한창 열리고 있을 때인데, 왕광이가 하루는 쑹웨이가 와서 돈을 주고 갔다고 그러더군요. 어느 날 오후였는데, 왕광이가 저를 사무실 한구석으로 몰래 끌고 가더니, 손을 벌벌 떨면서 너덜너덜한 가방에서 기름 얼룩 범벅인 다 헤어진 돈을 몇 묶음 꺼내더군요. 모조리 10위안짜리였어요, 당시에는 100위안짜리 지폐가 없을 때니까요. 한 묶음 한 묶음, 양꼬치를 팔아 모은 돈이니 어떤 지경일지 상상이 되시겠죠? 기름 얼룩에 다 헤어진 지저분한 돈이 한 묶음에 천 위안씩, 열 묶음 만 위안이 그 속에 들어 있었습니다.

자젠잉　그 당시엔 거의 천문학적인 숫자였죠.

리셴팅　광이가 말을 하는데, 떨리는 목소리로 오늘 저녁에 같이 밥을 먹자, 네가 골라라, 어디든지 좋다, 그러더군요.

자젠잉　그때가 1989년인데, 팔린 그림이 마오쩌둥 그림이라?

리셴팅　왕광이가 최초로 그린 마오쩌둥 그림으로 격자를 친 거대한 작품입니다. 같이 밥을 먹으러 갔는데, 아마 허우하이後海의 우리 집 부근에 있는 후난 요리 전문점인 마카이馬凱 식당에서 먹었던 것 같아요, 십여 명이 초대받아 200위안 이상을 먹었죠.

자젠잉 진짭니까? 그렇게 비싼 건 보지도 못했어요.

리셴팅 못 봤죠! 그건 모두 후일담입니다. 이 전시회는 대략 1988년 정도에 전문적인 준비회의를 황산에서 개최했습니다. 몇 가지 구체적인 세칙을 정하고, 어떻게 그림을 선정할 것인지 등이 논의되었습니다. 전시회는 1989년 설 당일에 개막했습니다.

자젠잉 총을 발사한 그 작품에 대해서는 모두들 사전에 몰랐었나요?

리셴팅 사실 그렇게까지 구체적이지는 않았지만 대충이야 알고 있었죠. 작품을 배치하고 있을 때 탕쑹라이唐宋來가 와서 뭔가 돌발적인 행동을 할 거라고 이야기하더군요. 총을 쏜 것은 샤오루蕭魯입니다. 나중에 사람들이 이 현대예술전을 비판하면서 총성은 미술관에서 가장 먼저 발사되었다는 식으로 말합디다. 동란은 여기서부터 시작된 것이죠. 나중에 저는 현대예술전을 이렇게 이야기하곤 했습니다. 이 전시회와 톈안먼 사건은 정말 비슷하다. 모두 일종의 이상주의, 문화열에 휩싸인 이상주의였다, 서양의 현대문화로 중국을 구원하길 희망했다, 톈안먼 사건 또한 서양의 민주로 중국의 정부구조를 대체하기를 희망했다, 최후에 마주한 결과 또한 동일하다, 최초의 의도와 최후의 결과가 동일하다, 현대예술전은 작은 범위에서 상연한 그것의 예고편이었다.

자젠잉 그 당시에는 베이징에 폭동 진압 경찰이 있다는 이야기는 못 들어 봤는데, 결과적으로 총성이 울린 후 폭동 진압 경찰들이 와서 전시회를 봉쇄한 건가요?

리셴팅 당시 저는 굉장히 언짢았어요. 원래 아주 진지하게 예술을 이야기하던 예술가들이 갑자기 미술관에 전시할 수 있게 되니까 뭔가 대단한 인물이 된 줄로 착각한 거잖습니까.

자젠잉 아, 당신은 그 당시에 이미 그런 느낌을 가지고 있었나 보네요?

리셴팅 예. 그 전시회가 끝나자 예술연구원의 한 간행물에서 저에게 원고를 청탁했습니다. 그래서 저는 「현대예술전 기획자의 자백서」我作爲現代藝術展策展人的自供狀라는 글을 썼습니다. 그 글에서 저는 모든 전후 사정과 저의 심정을 밝혔고, 자신이 국가의 전당에 진입했다고, 수면 위로 부상하게 되었다고, 국가의 어떤 인물이 되었다고 생각하는 사람들에 대해서도 이야기했습니다.

자젠잉 받아들여 주기만 하면 그 즉시 투항하여 정통이 되겠다, 이런 느낌을 받은 건가요?

리셴팅 그런 느낌을 받았습니다.

자젠잉 나중에 많은 사람이 톈안먼을 회고할 때 사실 비슷한 느낌을 이야기합니다. 당시 그 학생들, 심지어 지식계의 어떤 인사도 그 현장에 왔다 하면 갑자기 다른 일면을 드러냅니다. 즉 권력이나 명리에 사람들이 흡수되는 것이죠.

리셴팅 맞아요. 항상 치국평천하만 생각하고, 항상 현실적 이익에 대한 생각을 가지고 있습니다.

자젠잉 예. 사실 그 전시회는 80년대 미술운동 전체의 총결산이자 시대의 획을 그었다고 할 수 있습니다. 게다가 전시 작품의 수도 최대였죠. 그런 면에서 이전의 전시회와 상당히 달랐던 것이라고 보이는데요.

리셴팅 그래요. 전시회 전체를 제가 설계했는데, 가장 자극적인 작품을 1층에 전시하여 들어오면 바로 보이게 했습니다. 총격 사건이 첫번째 작품입니다. 황용핑의 세탁기 사진은 1층의 두번째 격자에 위치시켰고, 또 생식기 모양으로 만든 기구도 있었습니다. 마오쩌둥상은 2층의 중간 위치에 있었고요.

자젠잉 이제는 벌써 15, 6년이 흘렀습니다. 그 사이 당신도 여러 나라를 다녀 봤고 해서 접촉한 것도 더 많아졌을 텐데, 지금 80년대의 미술을 되돌아볼 때 사조라든지 작품 같은 것에 대해 어떻게 평가하십니까?

리셴팅 나가 보니 참조체계가 확대되었다는 느낌을 받았습니다. 다년간 저는 어떤 가치평가의 기준을 설정해야 한다고 말해 왔습니다. 예를 들어 우리의 전통문화에는 제대로 된 가치 기준이 있습니다. 이 가치 기준 뒤에는 반드시 그에 상응하는 언어 양식이 있기 마련입니다. 예를 들어 문인화에는 '휘갈긴 일필' 逸筆草草이라고 해서 서예와 관련된 양식이 있습니다. 화조를 소재로 한 산수화 같은 것도 세계적으로 유일무이한 것이고요. 여기서 제가 말하고 싶은 것은 이전의 유일무이함은 각자가 폐쇄된 시스템 속에서 생산된 것이라는 점입니다. 전 지구화된 오늘날 같은 상황에서도 문화가 일체화된다면 아주 공포스러울 것입니다. 그렇다면 오늘날 우리의 유일무이함은 어떤 모양일까요? 5·4 시기에 중국의 고전주의 전통은 파괴되었고, '5·4' 이후 마오쩌둥 시대까지 혁명이나 정치적 이익과 관련된 전통이 세워졌습니다. 중국은 최근 100년 간 두 차례의 거대한 문화적 파괴를 경험했습니다. 이러한 문화적 파괴의 상황 속에서 닥치는 대로 다양한 양분을 섭취하는 것도 자연스러운 일입니다. 그러나 그렇게 해서 우리가 건립한 것은 무엇일까요? 그것이 제가 특히 찾아보려고 애쓰고 있는 것입니다. 그래서 '85 신사조'가 일어날 때 신사조의 반대쪽에 서서 가명으로 신사조를 비판하는 글을 썼습니다. 「중요한 것은 예술이 아니다」와 같은 글에서 신사조를 비판하며 우리는 지금껏 비예술의 층위에서 작업하고 있다고 말했습니다. 저는 논쟁을 일으키고 싶었습니다. 왜 이러한 문제가 나타나는 걸까요? 이러한 문제 자체에 어떤 가치가 있을까요? 특히 서구에 가 보고 나서 제가 다년간 애써 왔던 게 예술이 진정으로 어떤 이데올로기나 체제에서 해방되어 독립적인 개인의 느낌이 될 수 있도록 하는 것이라는 점을 깨달았습니다. 그런데 중국의 당대예술은 서구와 만나자마자 순식간에 받아들여졌습니다.

자젠잉 무엇을 받아들였단 말입니까?

리셴팅 중국의 당대예술을 받아들였습니다. 중국 당대예술은 중국의 모든 문예 중 서구에서 가장 성공한 분야라고 말할 수 있습니다. 그런데 저는 기뻐할 수가 없습니다. 그것 또한 하나의 체제라는 것을 알게 되었으니까요.

자젠잉 그들의 정통, 그들의 주류인 것이죠?

리셴팅 맞아요. 중국이 문인화와 같이 제대로 된 양식을 만들어 낼 수 있을까요? 지금 전 지구적 경제 일체화에 발맞추어 예술과 문화적 양식 또한 갈수록 일체화되고 있습니다. 제가 기대하는 것은 아마도 영원히 볼 수 없을 것 같습니다.

자젠잉 음, 당신이 찾으려는 게 무엇인지요? 저는 분명하게 와 닿지가 않습니다.

리셴팅 예를 들어 전통문화의 경우, 하나의 문화적 가치기준과 그것의 예술적 양식이 전 세계 각 지역에서 다원화되어 있습니다. 그것은 완전히 교통이 미발달한 환경에서 만들어진 것입니다.

자젠잉 폐쇄적 시스템에서 나타난 것이죠.

리셴팅 예. 전 지구화된 오늘날의 상황에서 만약 모두 미국화된다면 이 세계가 얼마나 재미없겠습니까. 전 지구화된 오늘날에도 새로운 다원화가 나타날 수 있을까요? 이 다원화는 문화적 보수주의나 폐쇄적인 환경에서 생산되는 것이 아니라 문화의 전 지구적 상호 교류와 흡수의 과정에서 재차 다원화되는 것을 가리킵니다.

자젠잉 보아하니 그런 건 아직 생산된 적이 없는 것 같군요.

리셴팅 일부 개별적인 사안은 찾아볼 수 있습니다. 그렇지만 하나의 전체적이고 완전한 양식은 단시간에 만들어질 수 없을 것입니다. 전 지구화의 위험은 문화적 헤게모니에 있습니다. 특히 미국식의 소비문화는 거의 모든 비미국 청소년의 혈액 속에 녹아들어 있잖습니까. TV, 컴퓨터, 라디오를 틀기만 하면 소비문화로 가득 차는데, 저는 이게 굉장히 공포스럽습니다.

자젠잉 그건 자신만의 질서를 가진 또 다른 권력체계입니다.

리셴팅 그래요. 다시 말해서, 하나의 독립된 정신을 가진 예술가와 지식인에게 우리는 영원히 체제 반역적인 공간을 제공하는 셈입니다. 제가 자신에게 요구하는 것은 어떠한 체제에도 속하지 않는 영원히 고독한 영혼으로 남는 것입니다.

자젠잉 예, 당신은 진정한 예술가는 끊임없이 반항해야 한다고 보시는군요?

리셴팅 영원히 자신의 개인적인 느낌을 지키고 체제에 의해 통제되지 않아야 합니다. 20여 년의 당대예술을 경험한 후 저는 갈수록 현대예술사 중에서 뒤샹과 보이스Joseph Beuys가 제시한 두 가지 구호가 마음에 와 닿습니다. 그 하나는 "생활이 예술이다"이고, 다른 하나는 "모든 사람이 예술가이다"입니다. 그것의 혁명성은 예술을 복잡하고 어려운 기예에서, 상아탑에서 해방시켰다는 점입니다. 다시 말해 한 농부가 땅을 갈 때 흥얼거리는 콧노래로 즐겁다면 그것이 바로 예술이라는 겁니다. 예술은 원래 이렇게 자아를 구원하는 수단이었습니다. 그러나 지금까지 모든 예술 체제, 예술 박물관, 예술 비평가, 수집가, 예술 경영인 등등이 예술가를 선택하고 있는데, 선택하는 행위 자체가, 선택해서 일부가 성공했다고 해도 사실상 이것은 현대예술의 두 가지 원칙을 부정하고 선택되지 못한 예술가를 예술의 체제 바깥으로 배제하는 것입니다. 제가

tom.com이라는 포털에서 공개 채팅할 때 누군가 저에게 저명한 어느 예술가의 요즘 작품을 어떻게 보느냐고 물은 적이 있습니다. 저는 한마디로 대답했습니다. "성공한 예술가는 이미 제 시야에서 벗어나 있습니다." 다른 말로 제가 주목하는 것은 예술의 싱싱한 상태인데, 일단 성공했다 하면 명품 메이커로 변하고, 명품이 된 후에는 어떻게 찍어 낼 것인가의 문제, 즉 체제 내에서 끊임없이 복제되는 위험성만 남는 것이죠.

물론 실제로 이것은 역설적인 상황입니다. 사회는 예술가를 선택해야만 합니다. 우리의 어려운 점은 어떻게 그 선택을 마주하는가에 있습니다. 저는 "큰 파도가 모래를 일다" 大浪淘沙라는 말을 이런 방식으로 이해하기를 좋아합니다. 사람들은 파도가 일어 낸 황금을 더 좋아하지만 저는 파도에 모래와 황금이 휩쓸리는 그 순간을 더 좋아합니다. 만약 파도가 없다면, 파도가 많은 모래를 휩쓸지 않는다면, 황금이 어떻게 만들어질 수 있겠습니까? 사실 또 다른 위험도 있습니다. 큰 파도가 일어 낸 황금은 역사에 남겨질 테고, 모든 후손들이 이 황금의 역사에 의해 교육받아 예술을 바라보는 시각을 형성할 것입니다. 그러다 보니 "황금을 바라보는" 눈빛으로 오늘의 예술에 대해 트집을 잡게 되는 것입니다. 사실 오늘의 황금은 모래 속에 휩쓸려 쉽게 보이지도 않을 뿐 아니라, 황금도 어제의 황금이 아닙니다. 지금 만들어지고 있는 모든 예술은 과거의 경험만으로 이해할 수 있는 것이 아닙니다. 때문에 '황금'만을 바라보는 눈 자체가 오늘날의 예술 발전을 가로막는 보수적인 힘이 만들어지는 원인의 하나이기도 합니다. 저는 큰 파도가 모래를 일어 내는 그 순간이야말로 새로운 예술이 탄생하려 하는 싱싱한 상태라고 생각합니다.

자젠잉 사실 당신이 벌써 제가 물어보려던 문제에 대한 대답을 하신 것 같은데요. 90년대 이후에 생겨난 전 지구화, 국제화, 시장경제 등의 상황에 뒤따르는 문제는 80년대와 너무 다릅니다. 그 시절 우리의 예술이 반역했던 대상은 아마 폐쇄적 환경, 전제정치, 예술의 정치화, 정치권력에 이용되는 상황 따위였습니다. 일원적인 환경도 당연히 포함될 거고요. 그런데 지금 대면하고 있는 상황은 한편으로 묵은 문제가 완전히 해결되지 않은 채 그대로 있는데, 다른 한편으로 국제시장 내부의 권력구조를 위시한 새로운 문제가 들끓고 있습니다. 그래서 혹자는 이렇게 말하기도 합니다. "상업이 결국 모든 것을 집어삼킬 것이다. 반역도 예외가 아니다." 시작할 때는 반역이었지만, 시간이 흐르면서 받아들여지게 되고, 받아들여진 후에는 주류의 한 부분이 되는 거죠. 그렇게 자기도 모르는 사이에 권력계층의 한 구성원이 되어 있고, 주동적으로 다른 새로운 움직임을 억압하기도 하고 말입니다. 이런 걸 해결할 방법이 있다고 보십니까, 아니면 피할 수 없는 어떤 법칙인 겁니까? 끊임없이 반역하는 과정 속에 있어야만 하는 건가요?

리셴팅 그건 아마 부단히 반역하는 과정이라고 해야겠죠. 체제는 영원히 존재할 테니까요. 서구에 받아들여지는 순간에는 굉장히 흥분했겠지만 갑자기 그 배후에 숨겨진 그물이 더 견고하고 크다는 것을 발견하게 되는 거죠.

자젠잉 그럼 당신이 보기에 그런 의식을 가진 중국 예술가가 많습니까? 개인적인 명리와 체제의 승인에 무심하고 자신만의 예술적 추구를 고수할 수 있는?

리셴팅 제 생각에 그것은 한 예술가가 시험받는 순간입니다. 그 속에는 수많은 현실적인 문제가 들어 있습니다. 가격을 부풀릴수록 인기가 높아지는 것과 마찬가지인데, 특히 미국식 소비문화, 이른바 미국식 스타 제작 시스템의 덫에 빠져 아직 젊을 때 모두가 우러러보는 스타가 되면, 그 자체가 흡인력이 있고 거부할 수 없는 유혹이기 때문에 거부할 수 없게 될 것입니다.

자젠잉 인성적인 측면에서 보자면 너무 잘 이해가 되기도 합니다. 사람은 그런 유혹에 너무 약한 존재니까요. 아마도 80년대에 '예술을 위한 예술' 이든, '사회를 변화시키기 위한 예술' 이든 그렇게 많은 이상주의자가 있을 수 있었던 것도 어떻게 보면 당시에는 아직 상업적인 성공이라는 유혹이 없었기 때문이기도 하겠네요…….

리셴팅 전혀 없었죠, 돈이라고는 구경도 못했으니까요. 왕광이가 처음으로 그렇게 많은 돈을 보고 목소리가 격앙되고 손이 덜덜 떨렸던 게 너무 당연했죠.

자젠잉 말씀하신 대로, 89년 초 현대예술전이 당신을 감동시켰던 그때, 미술관에 진입한 그 순간 당신은 갑자기 인간의 다른 일면을 보게 된 거네요. 아마도 그들 자신도 자신에게 그런 면이 있다는 건 예측하지 못했을 겁니다. 자신이 그렇게까지 주류에 진입하고 싶어 했을 줄은. 그렇다면 지금 다시 되돌아볼 때 당신은 이런 식의 견해에 동의하십니까? 80년대는 이상주의의 시대이다, 그 시대는 80년대 말에 끝났다, 그 이후로 현실주의의 시대가 도래했다, 예술은 기본적으로 상업으로 변했다?

리셴팅 전적으로 그렇다고 말하기는 힘들고, 한 사람 한 사람 잘 따져 봐야겠죠. 왜냐하면 90년대의 이들 예술가의 성장에도 제가 직접적으로 관여했는데, '팝아트'를 시작으로 저도 일찍부터 서양의 주요 전시회, 박물관 등의 체제 내에 참여해 왔으니까요. 저도 흥분으로 시작했다가 점점 이 거대한 그물이 머리 위에 씌워지고 있다는 걸 알게 되면서 굉장히 두려워졌어요.

자젠잉 몇 년 전 시애틀의 한 컨퍼런스에서 가오밍루를 만났는데, 당시 그는 이미 미국에서 7, 8년을 살면서 학위도 끝내고 남부의 한 작은 대학에서 강의를 하며 가정을 꾸리고 있을 때입니다. 아주 바쁘고 피곤해 보였어요. 끝나고 나서 잠깐 한담을 나눠 보니 그에게도 어떤 곤혹스러움이, 심지어 의기소침한 면까지 느껴지더군요. 사실 그 당시 중국의 모더니즘 예술이 국제시장에서 얼마나 잘나갔습니까. 밍루가 기획에 참여한 몇몇 전시회도 미국의 각급 박물관을 순회하곤 할 때였습니다. 그런데 저는 80년대의 또 다른 중요한 중국 모더니즘 예술의 추동자이자 기획자인 그가 예술에 대해 여전히 80년대와 마찬가지로 이상적으로 이해하고, 일종의 지식인의 사명감을 가지고 있다고 느꼈습니다. 만약 그가 예술은 구미의 좋은 박물관에 진입하고 국제 수집가에게 얼마에 팔리는가가 문제가 아니라 사회에 영향을 주고 사람들의 일상생활과 사상에 영향을 주는 것이어야 한다고 믿고 있다면, 아마도 중국 모더니즘 예술이 90년대 이후 본토에서는 계속 주변화되는 한편 국제시장에서는 고급 외제품으로 환영받고 있는 이런 현상황에 대해 굉장히 복잡하고 껄끄러운 느낌이 들 것 같습니다. 당신은 어떻게 생각하십니까?

리셴팅 저는 90년대의 예술가들을 다룰 때 반이상주의적 태도로 파고듭니다. 왜냐하면 저는 이상주의와 이상주의의 파괴라는 일련의 과정을 겪었고, 현재의 젊은 세대와도 접촉을 하여 그들의 예술에서, 그들의 생활방식 속에서 정신적 고민을 해소하는 방식을 배웠기 때문입니다. 왜냐하면 톈안먼 사건 이후 저는 굉장히 고민했습니다. 그러다가 갑자기 이들이 제 생활 속으로 뛰어들어 왔어요. 그들의 언행, 그들의 일처리 방식, 저는 그들에게서 어떻게 머릿속에 있던 복잡한 것들을 떨쳐 버릴 수 있는지를 배웠습니다. 떨쳐 버리는 것 또한 일종의 해탈이에요. 항상 그 문제가 머릿속에 뒤엉켜 있어 생각도 제대로 못할 바에야 차라리 떨쳐 버리는 게 좋죠. 그 당시 제가 정신적 곤경에서 벗어날 수 있었던 건 그들 때문이었다고 생각합니다. 또한 이런 식의 인식을 통해 저는 그들의 예술을 이해하고 인식하기 시작했습니다. 처음으로 팝아트니, '조롱' 玩世이니, 정치적 팝아트 따위에 대해 썼던 것도 그들과 접촉하면서 시작된 것입니다. 이런 것도 처음에는 싱싱한 상태에서 만들어졌다고 할 수 있습니다. 그런데 왜 제가 오히려 팡리쥔이 성공하고 나서는 성공한 예술가가 제 시야에서 벗어나 있다고 말했을까요? 분명히 구분할 필요가 있습니다. 예술 내부의 정신적 상태로서의 반이상주의와 완전히 현실주의적으로 체제에 진입하는 것은 전혀 다른 것입니다. 초창기의 팡리쥔은, 제가 이야기한 것처럼 예술의 싱싱한 상태에 있을 때의 그는 명리에 매이지도, 체제 속에 들어가 있지도 않았습니다. 성공한 후 그는 하나의 명품으로 변해 체제 속에 들어가 있습니다. 이것은 별개의 문제입니다.

자젠잉 그건 그 문제를 해결하는 당신만의 방식이군요.

리셴팅 예. 제 개인적으로 문제를 해결하는 방식입니다. 즉 그가 성공한 후 저는 그를 주목하지 않을 수 있습니다. 저는 모든 예술가의 싱싱한 상태에 주목합니다. 이것이 하나입니다. 다른 한 가지 방식은, 저는 처음부터 그들이 국제적인 관계망 속으로 진입하고 서양의 상인들과 접촉할 때 제가 뒤로 빠지기를 원했습니다. 즉 저는 어떠한 거래에도 관여하지 않았습니다.

자젠잉 그럼 당신은 어떻게 먹고 사나요? 직장도 없잖습니까?

리셴팅 먹고 사는 건, 뭐 글을 써서 돈을 좀 받기도 하고, 외국에 나가 강의를 하기도 해요. 타이완에 가서 수업을 하면 그럭저럭 생활은 됩니다. 물론 요 몇 년 거의 퇴직한 거나 마찬가지인지라 생활이 굉장히 어려워질 때면 친구가 되어 버린 성공한 예술가들이 조금씩 도와 주기도 합니다. 굉장히 짠하긴 하죠. 제가 그들을 비판한 마당에, 어찌 표현하기 힘든 껄끄러움이 있습니다만 결국 그들의 도움을 받곤 합니다.

자젠잉 전시회를 기획할 수는 있지만, 직접적으로 예술가의 대리인이 될 생각은 없으시군요. 당신은 상업과 예술 사이에서 개인적인 선택을 하신 겁니다. 보아하니 당신에겐 여전히 80년대식의 예술에 대한 순수한 태도가 남아 있는 것 같습니다. 예술과 상업을 한데 섞으면 좀 불편하시죠.

리셴팅 요즘 제 집사람인 랴오원은 그런 방식이 집안 살림을 어렵게 한다고 말합니다. 그녀는 앞으로 어떤 예술가를 밀면 대리인이 되거나 금액 일부를 가져올 수 있기를 바라더군요.

자젠잉 랴오원과 공동으로 회화전을 기획한 적도 있죠?

리셴팅 예.

자젠잉　그런데 지금도 여전히 그 둘을 구분한다는 원칙을 고수하고 계신 건가요?

리셴팅　예. 게다가 최근 몇 년 사이엔 점점 생각도 없어져 전시회를 하지 않게 되었습니다.

자젠잉　왜죠? 듣자하니 리 선생이 아기를 낳았기 때문이라는 둥, 이러쿵저러쿵 하던데요. 혹시 가정생활에 더 충실한다든지 그런 것과 관련되지는 않습니까?

리셴팅　그런 면도 없지 않죠. 갈수록 나이가 많아지잖습니까. 다른 이유를 들자면, 저는 줄곧 예술 배후에 있는 것에 주목해 왔는데, 갑자기 예술이 기대고 있던 문화적 배경이 텅 비어 버렸다는 것을 발견했기 때문입니다. …… 극단적으로 말해서, "문화로서의 중국은 사실 이미 멸망했다"고 할 수 있습니다. 만약 만년에 어떤 일을 할 수 있다면 이 생각을 분명하게 정리하고 싶습니다.

자젠잉　그 생각을 분명하게 정리하고 싶다고요? 그건 너무 심한 말이라 최후의 심판 같은 느낌마저 듭니다. 당신이 말한 의미를 분명히 알고 싶은데, 그렇지만…….

리셴팅　제 생각은 이렇습니다. 우리는 항상 오천년 문화라고 이야기하는데, 그건 서적으로만 남아 있잖습니까! 우리는 서적을 문화라고 간주할 수 없습니다.

자젠잉 살아 있는 게 아니죠.

리센팅 예. 살아 있는 게 아녜요. 그건 가치평가 기준으로 우리네 생활 속에 들어올 수 없습니다. 예를 들어 저는 건축 쪽으로도 관심을 가지게 되었는데, 건축에 특히 분명하게 반영되어 있습니다.

자젠잉 현재의 베이징을 예로 들자면, 옛 황성과 같은 문화적인 완전성이나 통일성이야 물론 일찌감치 사라지고 없습니다. 어찌 보면 열기로 가득한 건축 현장인 것도 같고 또 어떻게 보면 아무것도 아닌 그런 곳이 되어 버렸어요.

리센팅 아무것도 아니죠.

자젠잉 사람들은 행복한 삶과 편안한 주거지를 갈망합니다. 그건 자연적인 바람이죠. 그런데 순수하게 중국의 문화적 자원만으로 현대인의 주거지에 대한 수요를 충족시킬 수 있을까요? 아주 간단하게 말해서, 인구가 이렇게 많은데 모두가 사합원을 짓고 살 수 있겠습니까. 게다가 그러한 순수한 원칙을 고수할 필요가 있을까요? 당신의 주제로 되돌아오자면, 당신은 상당히 비관적인 견해를 가지고 계신 것 같습니다.

리센팅 만약 비관적이지 않으려면, 자신의 죽음을 직시해야 합니다. 그래야 죽은 뒤 부활할 수 있습니다.

자젠잉 불사조의 부활(鳳凰涅槃)을 말씀하시는 건가요? 혹은 먼저 이 문화를 단념해야만 다시 새로운 문제를 생각할 가능성이 있다는 말씀인가요? 그것이 시간적인 문제일 수도 있다고 보지는 않으십니까? 이렇게 큰 문제, 즉 한 민족문화의 생명과 부활에 관한 문제에 조금 더 인내심을 가져야 하는 것 아닐까요? 제가 자신을 낙관적인 태도로 만드는 방식은 "풍경은 언제나 아름다우니 눈을 크게 뜨세!"*라고 자신을 일깨우는 것입니다. 너무 조급하게 복잡한 역사과정에 결론을 내리지 말자, 그건 우리 세대가 해결할 수 있는 게 아냐! 라고 말입니다.

리셴팅　예, 우리 세대가 해결할 수 있는 게 아니죠. 도시계획 문제를 이어서 말하면, 저는 어느 날 갑자기 지극히 간단한 이치라는 걸 알게 되었습니다. 왜 오래된 집을 허물고 새로 건물을 세울까요? 허물고 새로 건설해야 프로젝트를 세울 수 있고, 그 프로젝트가 입안되어야 대출할 수 있습니다. 왜 대출하려고 하느냐고 물으면, 대출을 받아야 당신에게도 일부 떼어 줄 수 있지 않느냐고 대답합니다. 도장 찍는 곳마다 돈이 굴러들어 오죠. 그렇다면 결국 도시계획은 사실 이권을 둘러싼 정경유착으로 변하게 됩니다. 그게 문화와 아무 관련이 없고 돈과 관련된 것이란 걸 어느 순간 알게 되었습니다. 갑자기 그런 생각을 하니, 굉장히⋯⋯. 말을 해도 아무 의미가 없다는 생각에 굉장히 무기력해졌습니다.

자젠잉　그래요. 예를 들어, 보존가치가 있는 오래된 집을 철거한다고 했을 때, 학자나 예술가들이 발 빠르게 그 집의 문화적 가치가 어디에 있는지 따위를 설명하면서 호소해 보지만 개발업체는 혹시라도 귀찮은

---

*원문은 "불평이 거세게 올라와도 지나치게 비통해하지 말고, 풍경은 언제나 아름다우니 눈을 크게 뜨세."(牢騷太盛防腸斷, 風物長宜放眼量―毛澤東, 「贈柳亞子先生」)이다. 마오쩌둥과 오랜 친구였던 류야쯔가 관직에 대한 불만을 담긴 시를 보내오자 그에 화답하여, 조급해하지 말고 긴 안목을 가지고 기다리면 중용될 것이라는 뜻으로 보낸 시의 일부이다.

일이 생길까 봐 더욱 신속하게 허물어 버립니다. 그게 가져다주는 이익은 너무 분명하고, 그 나머지는 아무 상관이 없기 때문이죠. 예술계에서는 어떻습니까?

리셴팅　예술계에도 개별적으로 괜찮은 사례는 몇 가지 있습니다만. 전체적인 상황은 전시회에 참가하는 것이 거기에 돈과 명예가 있기 때문입니다. 예술이 명리의 전장(名利場)이라는 걸 발견하는 순간 지금껏 추구해온 모든 게 황당하게 느껴지게 되었습니다.

자젠잉　환멸감이 느껴지겠죠.

리셴팅　일종의 환멸감이라고 할 수 있죠. 우리는 너무 오랫동안 외래문화가 이 나라를 구원할 수 있다고 믿어 왔습니다. 그런데 어느 날 갑자기 그것도 우리를 구원할 수 없다는 사실을 발견하고는 문득 고개를 돌려보니 원래 그런 게 존재한 적도 없었던 겁니다.

자젠잉　원래 당신이 구원하려 했던 게 중국의 전통문화인가요?

리셴팅　우리는 구원할 전통이 없습니다. 전통은 계승할 수 있는 체계입니다. 그건 살아 있는 체계이며 계속하여 신선한 피를 주입할 수 있어야 합니다. 우리에겐 이미 이러한 전제가 없습니다. 남겨진 것은 죽은 돼지고기나 마찬가지입니다. 외래적인 것을 가져와 죽은 돼지에게 주입시키려 할 때 그게 이미 죽어 있다는 것을 발견했으니 주입해 봐야 아무 의미가 없는 거죠. 유럽에 가 본 뒤에야 이런 생각을 하게 되었습니다. 왜 중국인은 지난 100년간 항상 전통과 현대, 서구문화와 중국문화를 대립시켰을까? 왜 우리는 유럽처럼 전통과 현대의 관계를 제대로 정립시킬 수 없었을까? 이 문제는 지금껏 저를 곤혹스럽게 하고 있습니다.

자젠잉　루쉰은 "방황할 곳이 없다"無地彷徨고 말했습니다. 발을 딛고 설 자리를 잃어버린, 폐허에서의 비애감을 이야기한 것이죠.

리셴팅　완전히 허공에 떠 있습니다. 포기할 수 있는 건 명리의 전장에 불과하죠. 앞으로도 괜찮은 예술가가 나올 수도 있겠지만 그뿐입니다. 다시 말해 제가 만약 계속하여 예술비평가 역할을 수행한다면 할 일이야 있겠죠. 그러나 다년간 제가 마음에 담아 왔던 것은 배후의 문화, 제대로 된 가치 기준을 가질 수 있는가의 문제입니다. 그 문제만 생각하면 명리의 전장에서 몇 년을 더 삐대는 짓은 아무 의미가 없다는 생각이 듭니다.

자젠잉　그건 아무래도 당신 개인이 일관되게 추구하는 바가 있고 예술에 대한 이해가 변하지 않았기 때문일 겁니다. 비록 그렇더라도 그 예술가들 또한 생존해야 하고, 받아들여지고 관중도 있고 돈도 있어 번듯하게 살고 싶다는 인간적인 욕망을 채워야 한다는 점에 대해서는 그래도 이해하고 계신 것 같습니다.

리셴팅　물론이죠.

자젠잉　아주 관용적이시군요. 당신에겐 재판관의 태도를 찾아볼 수 없습니다. 그렇지만 예술에 대한 자기만의 척도가 있고, 일관되게 관철해 온 자기만의 이해를 가지고 계십니다. 비록 90년대에 반이상주의 예술을 품에 안고 아꼈던 적도 있긴 하지만 당신은 여전히 이상주의자입니다. 첸중수錢鍾書 선생이 자신의 인생관은 장기적으로는 비관주의이지만 단기적으로는 낙관주의라고 했던 말이 생각나는군요. 혹시 이렇게 말을 바꿔도 되지 않을까 싶습니다. 이상주의적 시각에서 인생을 보고 예술을 보면 비관적인 결론이 도출되기도 합니다. 인생이 얼마나 불완전합니까! 그러나 현실주의적 시각에서 보면 불완전함과 결핍 속에서 가능성과 빛을 볼 수 있어 낙관적인 태도를 취하기가 쉬워집니다. 사람은 상당히 모순적인 통일체인 것 같습니다. 이상과 현실이 그의 내면에서 충돌하며 공존하고 있죠. 가능하다면 대부분의 사람들이 살아남고 싶지만 돼지처럼 살고 싶지는 않을 테니까요. 그렇지 않습니까? 어때요, 80년대에 대한 이야기도 이 정도면 충분할까요?

리셴팅 충분한 것 같습니다.

9
린쉬둥(林旭東)

1988년 중앙미술대학中央美術學院을 졸업한 후 베이징방송대학北京廣播學院에서 교편을 잡았다. 주요 개설 강좌는 영화사 및 다큐멘터리 제작 관련 분야이다. CCTV의 프로그램 〈동방의 시공: 생활공간〉東方時空: 生活空間의 학술고문을 역임했으며, 야마가타·홍콩 등의 국제영화제에서 심사위원을 역임하였다.

린쉬등과의 대화
―2004년 9월 10일 베이징 방초지

린쉬등의 인터뷰는 아주 순조로웠다. 정오에 통화한 후 오후에 바로 우리 집으로 와서 그 자리에 앉아 이야기를 나눴다. 예리하면서도 솔직하고 느긋하며 마음껏 웃어 재끼는 모습이 눈부시다. 한 성격 하면서도 품위를 갖춘 사람이다. 여러 해 전에 우리는 우원광吳文光, 원후이文慧의 집에서 만난 적이 있지만 이야기는 나눠 보지 못했다. 그 당시 사람이 아주 많았다. 양롄楊煉, 유유友友, 류전윈劉震雲이 모두 있었고, 양롄이 누군가와 대판 논쟁이 붙기도 했다. 린쉬등은 별로 말을 하지 않아, 그냥 하얀 피부에 서생같이 생긴 사람이 조용히 거기 앉아 있었던 것만 어렴풋이 기억난다. 나중에 아청, 천단칭이 한 목소리로 린쉬등을 치켜세우는 걸 듣게 되었다. 천단칭은 린쉬등의 가족사를 이야기해 주며 이렇게 말했다. "그는 날 적부터 우리와는 다른 문화적 환경에서 키워졌어. 부모가 해방 초기에 프랑스에서 돌아온 지식인들이었으니까."

인터뷰 이후 린쉬등에게 시도 때도 없이 전화해서 최근에 본 영화에 대해 떠들곤 했다. 그는 직업 감상가의 심미안과 아마추어 마니아의 열정을 겸비하고 있어, 영화라면 이미 지겹도록 봤다고 너스레를 떨면서도 운을 뗐다 하면 이야기를 멈출 줄 모른다. 우리 둘의 의견이 항상 일치하는 건 아니었고 우리의 기준과 취향 또한 항상 똑같은 게 아니었지만, 린쉬둥이 절대적으로 높은 기준과 취향을 가진 사람이고 그의 시각이 항상 재미난 것만은 사실이다. 나는 그의 적절한 것만 선별하는 말투를 듣는 걸 즐긴다. 확대경을 들고 계란에서 뼈다귀를 찾아내어 완전히 실망하는가 하면 옥의 티 때문에 명작이 되지 못한 걸 안타까워하기도 하고, 흥미진진하게 이야기를 풀어 내기도 한다. 언젠가 린쉬둥은 영화제를 너무 많이 뛰어다니다 보니 매년 정말로 사람을 감동시키는 작품은 얼마 되지 않는다는 사실을 알게 되었다. 인류의 독창성은 사실 상당히 제한적이다, 라는 말을 한 바 있다. 린쉬둥은 원래 중앙미술대학 유화과를 졸업했다. 나중에는 다시 돌아가 그림을 그리고 싶다고 한다.

* * *

자젠잉 먼저 영화와 어떻게 관계를 맺게 되었는지 간단히 소개해 주실 수 있으신지요?

린쉬둥 제가 영화와 관계 맺게 된 사정을 지금 곰곰히 생각해 보면 꽤 재미나요. 사실 첫 시작은 어릴 적 보모 때문이었다고 말할 수 있겠군요. 당시 어머니는 정식으로 일하는 직장이 없긴 했지만 거리, 거주민 위원회, 화교연합(僑聯) 등 각종 사회활동에 열심히 쫓아다녔기 때문에 거의 집에 붙어 있지 않았어요. 그래서 보모를 구해 집에서 애를 보게 했죠.

우리 보모는 '연극광'이었습니다. 그녀의 친구들도 모두 보모였는데, 안후이 동향도 있고 시장에서 반찬 살 때 사귄 친구도 있었죠. 그 중 하나가 월극越劇을 하는 위안쉐펀袁雪芬의 집에서 일했고, 또 여주인이 영화 더빙 제작소(譯製片廠)에서 성우였던 집의 보모도 있었습니다. 이렇게 뒷줄이 많았기 때문에 우리 보모에게는 아주 기회가 많았어요. 돈도 내지 않고 공연과 영화를 마음껏 보러 다녔죠. 마침 우리 집에선 매일 점심 먹고 나서 저녁 짓기 전까지 별다른 일이 없었는데 집에 저 혼자 버려둘 수도 없고 해서, 할 수 없이 저를 데리고 다니더군요. 다행히 저도 영화만 보면 시끄럽게 굴지 않았어요. 저는 종종 오후에 낮잠을 자고 나서 보모를 따라 영문도 모른 채 연극을 보고 영화를 봤어요. 그 중 태반은 더빙영화였죠. 나중에 크고 나서야 그때 봤던 영화 중 아주 경전적인 작품도 있었다는 걸 알게 되었습니다. 당시에는 전혀 이해도 못한 채 아무렇게나 봤지만요.

자젠잉 기억나는 영화 제목이 있습니까?

린쉬둥 그때 봤던 것 중에 펠리니의 〈카비리아의 밤〉Le Notti di Cabiria, 1957이 기억나네요. 당시 중국에 소개된 제목은 〈어두운 밤의 그녀〉她在黑夜中였는데, 볼 때는 이해도 못했습니다만 몇몇 장면은 계속 기억납니다. 특히 영화 말미의 얼굴 클로즈업 부분은 잊을 수 없더군요. 그때가 제가 막 초등학교 1, 2학년 올라갈 때입니다. 저를 데리고 이 영화를 보러 갔다고 엄마는 보모에게 한 소리 했더랬죠. "사리분별도 못하지, 어떻게 요런 꼬맹이를 데리고 매춘부에 관한 영화를 보러 갈 수 있느냐"고 말입니다.

사실 우리 보모가 가장 즐겨 본 건 비극적인 '고난극'이었습니다. 홍콩 영화 〈가련한 세상 부모의 마음〉可憐天下父母心, 1960을 볼 때 그녀는 보면서 연신 눈물을 훔쳐 저도 따라서 슬픔에 잠기게 만들곤 했습니다. 또 〈봄날의 강물은 동쪽으로 흐르네〉—江春水向東流, 1947라는 영화는 그녀를 따라 몇 번이나 본 적도 있습니다.

제가 가장 즐겨 본 것은 〈개구리 공주〉青蛙公主나 〈닐스의 모험〉騎鵝旅

行記 같은 더빙판 소련 애니메이션이었습니다. 좀 크고 나서는 더빙판 신화 영화에 빠졌습니다. 지금 기억으론 〈바그다드의 도둑〉이라고 『천일야화』를 개편한 영국영화가 떠오르는군요. 이 영화는 사실 두 번 봤는데, 앞서 본 것은 〈월궁보합〉月宮寶盒이란 제목이었고 제가 아직 어릴 때라 커다란 거인이 솔로몬의 마술 램프에서 나오는 것에 깜짝 놀라 의자 밑으로 기어들어간 것만 기억납니다. 두번째 볼 때는 영화 제목이 바뀌었는데, 저도 좀 커서 혼자서 표를 사서 들어갔습니다. 이때는 흠뻑 빠져들어 꿈에서도 파란 하늘 아래 반짝이는 하얀 벽의 아라비아 궁전과 천사처럼 아름다운 공주가 종종 나타나곤 했습니다. 요즘도 파란 하늘에 하얀 구름을 보면 그 장면이 떠오르곤 할 정도니까요. 그 영화는 최근에 해적판 DVD로도 나와 있길래 잽싸게 한 장 사서 들어 보니 원래 엄청 평범한 영화였더군요. …… 근데 사실 다시 봐서는 안 되는 거였죠. 보고 나서 어릴 적 아름다운 기억을 훼손시켜 버렸으니 말입니다.

자젠잉 마치 어릴 적 짝사랑하던 미녀를 다시 본 느낌이겠군요.

린쉬둥 그게 저의 첫 영화 경험이었습니다. 조금 크고 나서는 직접 표를 사서 보러 다니곤 했습니다. 틈만 나면 영화관으로 달려가 닥치는 대로 봤어요. 당시 상하이의 영화관에는 일요일 아침마다 표 한 장에 1전씩 하는 '어린이 전문상영' 시간이 있었습니다. 보러 간 건 모두 초등학생들인데 영화는 가끔 아동영화 말고도 틀어 줬어요. 저는 자주 그걸 보러 다녔습니다. 조금 더 커서는 보통 매일 오후 네 시 정도에 하는 중학생 대상의 학생 전문상영을 주로 봤어요. 마침 학교가 파할 시간인지라 표 한 장에 2전씩 주고 보러 다녔죠. 그런데 중학교에 들어간 후엔 볼 수 있는 영화가 갈수록 적어졌습니다. 고작 몇 편만 반복해서 틀어 줬고 외국영화는 거의 없었습니다. '문혁' 전에 제가 마지막으로 본 외국 영화는 루마니아 영화 〈민족영웅 투도르〉Tudor, 1962였던 것으로 기억합니다. 1964년 때의 일로 루마니아 대통령이 베이징에 왔기 때문이죠.

　몇 년 있다가 '문화대혁명'이 시작되자 영화관에서는 한동안 다큐멘터리 〈마오 주석이 홍위병을 접견하다〉毛主席接見紅衛兵, 1966만 틀었어요. 얼마 지나자 〈남정북전〉南征北戰, 1952, 〈지하갱도 전투〉地道戰, 1965 같은 옛 영화를 볼 수 있었고, 다시 얼마 후에는 〈해안의 폭풍우〉Oshëtime në bregdet, 1966, 〈광활한 지평선〉I teti ne bronz, 1970 같은 알바니아 영화 몇 편이 수입되기도 했습니다. 그런데 당시 조직적으로 관람하던 소위 '비판 영화', 즉 문혁 전에 찍었던 '독초'라고 불리던 〈무대의 자매〉舞臺姐妹, 1965, 〈무훈전〉武訓傳, 1950, 〈청궁비사〉淸宮秘史, 1948 등의 영화도 당연히 빠뜨리지 않고 봤어요. 그 당시 신문에 실리던 비판적인 논조의 글은 프로그램 예고와 같았어요. 매번 또 하나의 '독초'가 지명되는 걸 보면 "어쩌면 '비판 영화'를 또 볼 수도 있겠다!"며 혼자 몰래 기뻐하곤 했으니까요.

　그후로는 저도 하향되어 장시로 삽대를 떠났습니다. 그 곳은 산악 지역으로 통근차가 인민공사公社까지밖에 다니지 않고 신문도 며칠에 한 번씩 오는 형국이니 영화는 꿈도 꿀 수 없었죠. 한번은 현의 상영단에서 인민공사에 와서 〈지략으로 웨이후산을 공략하다〉智取威虎山, 1970를 틀어 준다고 하길래 봤더니, 컬러 판본이 아니라 흑백으로 된 'TV 무대 녹화판'이더군요. 현 전체의 각 인민공사를 하나씩 돌며 순회상연을 하여 우리 공사에 왔을 때가 대략 저녁 8시 정도였습니다. 우리는 일을 마친 후에야 출발한 터라 손전등을 켜고 더듬더듬 30리 산길을 걸어 인민공사에 갔더니 상영단이 아직 도착하지 않았더군요. 이런 식의 상연은 보통 시간을 잘 지키지 않습니다. 그날은 〈소작농 공원〉收租院* 공연도 잇달아 있어 극을 보고 나서 집에 돌아오니 날이 밝아 있더군요. 그러나 모두들 며칠이나 상기되어 명절을 몇 번 쇤 것만 같았죠.

린뱌오林彪의 사고가 있고 나서, 아마도 1973년 즈음에 베이징에 놀러가서 동자오민샹東交民巷에 있는 이모 집에서 머물렀습니다. 그때 베이징에는 이미 이른바 '내부참고용' 영화란 게 있었는데, 먼저 상영을 시작한 게 전쟁영화입니다. '전투대비 교육'을 한다는 명분으로 말입니다. 일본의〈야마모토 이소로쿠〉山本五十六, 1968, 〈아, 해군〉ぁ, 海軍, 1969, 〈군벌〉軍閥, 1970, 미국의〈도라 도라 도라〉Tora! Tora! Tora!, 1970, 〈패튼 대전차 군단〉Patton, 1970 등을 시작으로 나중에는 영국의 고전영화〈로빈 후드〉, 호금전胡金銓의〈협녀〉俠女, 1971 같은 것도 틀기 시작했습니다. 각 기관의 정원에서 상영하곤 했는데, '계급'이 다르면 트는 영화도 달랐죠. 한번은 중앙 공산당학교中央黨校 강당에서〈패튼 대전차 군단〉을 봤는데, 옆자리에 앉은 어떤 부대의 문공단文工團인 듯한 여자들이 이야기하는 걸 들으니 '모범극단' 樣板團에서는 미국의 '생활영화'〈도브〉The Dove, 1974 같은 것도 볼 수 있었다고 하더군요. 이런 것들은 상하이에서 듣도 보도 못한 영화들입니다.

자젠잉 줄곧 상하이에서만 살았나요?

린쉬둥 기본적으로 그랬죠. 저는 중학을 졸업하자마자 장시의 생산대에 편입되었습니다. 호구는 10년간 거기에 있었지만 실제로 나중 몇 년은 가지도 않고 집에서 그림만 그렸어요.

---

* 원래 사천성의 지주의 장원에 세워진 조각상 정원으로, 지주가 소작농에게서 세금을 거둬들이는 과정을 진흙 소묘상으로 표현한 것이다. 나중에 극으로 개편되어 상연되기도 하였다.

그때까지도 영화는 그저 비현실적인 신화였을 뿐 자신의 생활이 영화와 어떤 직접적인 관련을 맺게 될 거라고는 생각도 해보지 않았습니다. 그림은 일찍부터 그리기 시작했어요. 어릴 때부터 알레르기 체질이었던지라 자주 아팠어요. 밖에 나가 바람 쐬고 땀 좀 흘리면 바로 비실비실했으니 엄마가 바깥출입을 못하게 했던 거죠. 노상 집에만 있다 보니 할 일도 없고 해서 종이에 이리저리 그림을 그려 보게 되었습니다. 근데 지금 생각해 보니 그래도 영화와 좀 관련이 있긴 하군요. 그때 그렸던 그림 대부분이 제가 본 영화와 관련된, 무슨 공주니 말을 탄 장군이니 아라비아 궁전이니 하는 것들이었으니까요. 나중에 어떤 친구가 보고서는 그림이 그럴듯하다고 제대로 교육을 받게 하라고 하니까, 모친이 바로 선생님을 구해 주더군요. 그때부터 소묘니 정물이니 하는 것들을 제대로 배우게 되었습니다. 근데 공교롭게도 그 선생님 또한 영화를 즐기던 분이었던지라 그림을 그리면서 영화에 관한 수다를 떨곤 했습니다.

몇 년을 배우고 나니 집에서는 또 제가 전문적으로 이쪽 길을 가는 걸 원치 않더군요. 그분들 생각에 그림은 단지 일종의 교양이고 취미일 뿐이었기 때문에 제가 수리(數理) 쪽으로 공부를 더 하기를 원했던 거죠. 근데 운명이었는지 문혁을 만나 하향하게 되면서 그림 좀 그릴 줄 아는 게 '뛰어난 솜씨'를 지닌 화가 취급을 받게 되었습니다. 시도 때도 없이 현의 문화관 같은 곳으로 차출되어 두세 달 보내면서 선전화를 그리거나 계급교육 전람회 등을 하곤 했습니다. 농사일보다 편하기도 하고, 그게 하나의 출구일 수도 있다고 생각했어요. 예를 들어 군대에 문예병으로 들어갈 수도 있었으니까요. 그래서 제 뜻대로 이 길로 나갔습니다.

자젠잉 나중에 중앙미술대학에 입학하셨죠?

린쉬둥 저는 1985년 판화과 대학원생으로 입학했습니다. 입학하기 전에 이미 몇몇 연환화連環畵를 발표했고요.

그런데 연환화를 그리면서 정말로 영화를 '연구' 하기 시작했습니다. 아마 75년 즈음일 텐데, 베이징의 『연환화보』連環畵報에 루쉰의 소설 「풍파」風波를 천이페이陳逸飛가 연환화로 그리기로 되어 있었습니다. 근데 마침 그는 「총통부 점령」占領總統府을 그리느라 한창 바빴고, 그쪽에서도 원고가 급해 그 일을 저에게 맡기더군요. 저는 또 그 일에 샤오위안夏葆元을 끌어들였고요. 당시 저의 정식 신분은 '허가 없이' 盲流 도시로 돌아온 지청이었고 샤오위안은 상하이에서 '별도 등록된' 別冊* 화가였습니다. 그래서 만약 전국적인 잡지에 작품을 발표할 수 있다면 그때의 성취감이란 아마 요즘 마이너 예술가가 베니스 비엔날레에 채용된 것과 마찬가지였을 겁니다. 그래서 우리는 아주 열정적으로 그 일을 했습니다.

어떻게 그렸을까요? 비록 주문받은 대로 그려야 하는 작품이었지만 그래도 자기 생각을 좀 집어넣고 싶더군요. 어쨌든 간단한 그림해설로 그리기는 싫었으니까요. 원작은 루쉰의 소설인데, 우리가 배운 건 사실적인 유화뿐이었고 19세기 옛 러시아 소설을 즐겨 읽었던 터라, 우리는 명암이 분명한 삽화를 자연히 참조하게 되었습니다. 그런데 삽화는 보통 서로 연결되지 않는 하나 혹은 몇 개의 그림을 종합적으로 혹은 하나씩 배치하여 서사를 완성하는 것인데, 우리의 고민은 어떻게 일련의 연속적인 화면으로 서사를 전개시킬 것인가였습니다. 그래서 영화를 생각하게 된 거죠.

제가 당시에 사용한 방법은 보통 '무대장치' 를 찾는 것에서 시작했

---

* 범죄자나 불순분자의 호구를 따로 관리한 임시호구책의 일종.

습니다. 일반적으로 저는 구체적인 공간감을 느끼기 전에는 이야기의 기본라인을 상상할 수가 없었어요. 먼저 특정한 공간적 분위기가 확정되어야만 저의 '영화'가 비로소 '상영'되기 시작하는 거죠. 이렇게 어떤 곳에서 어떤 인물이 있고 그들은 어떻게 살고 있으며 서로 간에 아마도 이런 방식으로 이러저러한 이야기가 발생하겠구나…….

영화는 이렇게 제 생활에서 '유용한 것'이 되기 시작했습니다. 저는 영화를 보러 갈 때 의식적으로 여러 구체적인 것들에 주의하기 시작했습니다. 조명이나 미장센, 특정 장면에서 인물의 구체적인 표정, 스토리는 또 어떻게 하나씩 전개되는지를 살폈으며, 특히 장면과 쇼트의 전환에 특히 신경을 썼습니다. 어릴 때 봤고 기억도 나지만 분명하지 않던 많은 것들을 이 시기에 조금씩 이해하게 되었습니다.

때마침 '문혁'이 완전히 종결되어 영화관에 비교적 재미있는 영화가 많아졌고, '문혁' 이전의 국산 옛 영화도 상영되기 시작해 〈임씨네 가게〉林家鋪子, 1959, 〈이른 봄 2월〉早春二月, 1963 같은 고전을 영화관에서 몇 번이고 보면서 철저하게 분석할 수 있었어요.

한번은 천이페이가 베이징에서 상하이로 출장 와서는, 베이징에서 얼마나 많은 '내부참고용 영화'를 봤는지를 자랑하는데 영화목록을 줄줄 쏟아 내더군요. 〈발터, 사라예보를 방어하다〉Valter brani Sarajevo, 1972, 〈다리〉橋, 1966, 〈예세니아〉Yesenia, 1971, 〈경국경성〉傾國傾城, 1975 등등…….

당시 이렇게 생각할 정도였습니다. 이 영화들을 보기 위해 우리도 베이징에 가야겠다!

자젠잉 천단칭도 '문혁'이 종결된 후 전국 미술전에 참가했다고 하더군요. 제목이 「눈물이 풍작을 거둔 논을 가득 채우네」涙水灑滿豊收田였던가 그랬죠?

린쉬둥　맞아요. 그런데 제가 알기로 그는 아주 어릴 때부터 중단된 적 없이 계속 그림을 그렸다더군요. 집에서, 특히 그의 부친이 확실하게 이쪽으로 키워 줬다고 합디다.

　　　우리가 처음 만났던 게, 어느 해 설을 쇠고 나서 장시로 되돌아가기 직전에 그림 그리는 친구 몇이랑 이리저리 싸돌아다니다가 마침 그의 집 부근에까지 오게 되었는데, 한 친구가 그러더군요. "이 집 애도 장시의 생산대 소속인데 아주 열심이야. 하루 종일 그림만 그리는데, 스케치의 숙련도가 장난 아니라더군! 가서 한번 보자구." 그렇게 해서 그 집에 들어가 보게 되었죠. 다시 만난 건 1년쯤 후입니다. 중간에 그가 장시에서 간염을 얻어 얼마 후에 상하이로 돌아갔다는 소식을 들었고요. 우리는 상하이의 큰길에서 마주쳤는데, 한눈에 엄청 변한 게 느껴지더군요. 지난번 만났을 때는 조그맣고 통통한 걸로 기억하고 있었는데……

자젠잉　예? 그에게도 조그맣고 통통할 때가 있었나요?

린쉬둥　예, 어쨌든 키가 그렇게 크지는 않았고 얼굴도 동글동글한 느낌인데, 파마머리를 늘어뜨린 채 신사군新四軍[공산당 주력부대] 군모를 쓰고 아래로는 착 달라붙는 까만색 쫄바지[黑包褲]를 입고 있었습니다. 이런 차림새는 당시 가장 이색적이면서도 가장 모던한 축에 속해, 상하이 말로 '컬러' 克勒*라고 했죠. 다시 만났을 때는 키가 제 머리 반만큼이나 확 자란 데다 얼굴에도 각이 생겨나 있더군요. '컬러' 복장은 그대로였지만 말입니다. 그후로는 서로 왕래가 잦아졌어요. 당시 상하이에서 그림 그

---

* 상하이에서 쓰이던 말로 color 혹은 class의 음역이다. 주로 귀족적인 신분이나 우아한 차림새를 갖추었다는 뜻으로 쓰인다.

리는 사람들 중에서 저는 좀 특수한 조건을 갖추고 있었어요. 우리 집에서 저는 혼자 대략 30평방미터 정도 되는 방 하나를 차지하고 있었는데, 당시 상하이에서 상당히 사치스러운 축에 속한 것이었죠. 식구들도 잘 들어오지 않고 해서 친구들이 와서 하고 싶은 대로 할 수 있었어요. 게다가 거리 쪽으로 난 방이라 친구들이 와서 부르기도 쉬웠죠. 길에서 창쪽으로 한마디 하고 바로 올라오곤 했으니까요. 그래서 모두들 우리 집에 와서 수다 떨고 놀기를 좋아하게 되었답니다.

자젠잉 자신만의 개인적 공간이 있다는 건 당시로선 꽤나 특수한 경우였겠군요. 그럼 1984년 베이징에 시험 치러 왔을 때 사실은 이미 미술계의 일원이었던 거네요. 당시 80년대의 각종 문학, 영화 등이 이미 시작했을 때인가요?

린쉬둥 예, 열기가 대단했죠. '상흔문학', '싱싱 미술전' 星星美展은 이미 지나갔고, 그 당시 대학 사회의 뜨거운 감자는 〈WM—우리들〉이란 연극과 장셴량의 『남자의 반은 여자』男人的一半是女人였습니다. 미술대학 사람들이 가장 즐겨 읽었던 건 아청, 그보다 조금 뒤에는 모옌이 애독서였으며, 번역소설로는 『백년의 고독』, 또 '미래를 향하여' 시리즈도 빼놓을 수 없죠. …… 제가 대학에 들어간 후 몇 년 동안 베이징의 변화는 엄청났다고 생각됩니다. 미술대학에 막 입학했을 때 벽화과의 차오리 曹力가 그린 반추상 양식의 그림만 해도 미술대학에서 이미 상식을 벗어난 셈이라 일부 노교수들은 아주 거북해했습니다. 우관중 吳冠中, 위펑 郁風 등이 주도한 형식미에 대한 논의 같은 것도 미술계에서 시대를 앞서가는 것이었고요. 제가 졸업할 즈음해서는 '현대미술대전'이 이미 중국미술관에서 열릴 정도였습니다.

그 몇 년은 아마도 문화계 전체의 분위기가 가장 활발하고 또 가장 느슨했던 시기였습니다. 우선 모두들 각종 새로운 지식을 이해하고자 하는 열정이 있었어요. 이상적인 색채도 없진 않아 실리를 따지지 않고 어떤 일에 뛰어들곤 했습니다. 또 많은 새로운 것들이 끊임없이 소개될 수 있었고, 금기시되던 화제들도 논의되기 시작했으며, 한계들도 조금씩 깨지기 시작했습니다. 그 몇 년 동안 저의 정신은 지금껏 가져 보지 못한 극도의 흥분상태에 항상 빠져 있었습니다. 수업 시간에 그림 그리는 것 말고도 매일 강좌를 듣고 전람회 쫓아다니고 공연을 보는 등 눈코 뜰 새 없이 바쁜 나날을 보냈습니다. 아마도 당시 미술대학의 지리적 접근성 때문이었을 텐데, 온 베이징의 인물들이 쉴 새 없이 모습을 드러내어 아주 떠들썩했죠.

80년대 중후반에 구조주의, 기호학, 프랑크푸르트 학파, 알튀세르 등의 이론들이 계속하여 번역되기 시작했습니다. 그 중 상당수는 『당대영화』當代電影와 같은 영화이론 잡지들을 통해서 소개되기도 했고요. 바로 그 즈음에 저는 비로소 비교적 체계적으로 각국의 고전 영화를 보게 되었습니다. 영화 회고전 같은 걸 통해서요. 처음으로 본 건 영국영화 회고전이었던 것으로 기억합니다. 이름만 들어봤지 '스크린'으로는 구경도 못한 외국 영화를 갑자기 단번에 수십 편씩 보게 되니 정말로 꿈을 꾸는 듯 황홀했어요.

자젠잉 당시 영화 회고전은 주로 어디에서 주관했나요?

린쉬둥 영화자료관에서 했습니다. 당시에는 아직 문화부 소속이었죠. 한동안 빈도가 아주 잦아, 하나가 끝나고 며칠 되지도 않아 다음 프로그램이 시작될 때도 있었습니다.

자젠잉 영화대학 사람들 말고 주로 어떤 사람들이 보러 다녔나요?

린쉬둥 이른바 해당분야의 전문가들, 즉 문예계 종사자들이 주대상이었습니다. 그러나 한동안 상당히 느슨하게 관리할 때도 있어 공개적으로 외부에 표를 팔기도 했죠. 나중에 프랑스영화 회고전 기간에 사고가 난 후부터는 통제하게 되었습니다만. 당시 〈불을 찾아서〉*La Guerre du feu*, 1981 란 영화에 원시인의 성교장면이 들어 있었는데, 어떤 꼬맹이가 그걸 보고서 유치원에 가서 여자애한테 모방을 했나 봅니다. 나중에 교사가 물으니 영화에서 봤다고 대답을 했겠죠. 그 교사는 후야오방에게 편지를 썼고 후야오방의 지시에 따라 그 영화는 내려야 했어요. 그러고 나서 일본영화 회고전 할 때 보니, 입장할 때 직장의 증명서를 검사하더군요. 미술대학은 문화부 직속의 예술학교로 해당분야인 셈인지라 예전처럼 보러 갈 수 있었습니다. 미술대학 학생회에서는 또 단체관람을 준비하기도 해, 학생 몇 명 분량의 패키지 티켓을 사서 모두들 돌아가며 봤기 때문에 자기 돈을 쓸 필요가 없었죠.

그 시절 미술대학에서는 누구나 할 것 없이 영화 이야기만 나오면 눈빛이 반짝거렸어요. 영화 회고전 소식만 들렸다 하면 샤오웨이 후퉁校尉胡同에서 샤오시톈小西天에 이르는 길은 미술대학 사람들의 달리는 자전거 무리로 가득했죠. 한번은 오후에 소련영화 회고전에 가려고 보니 소묘 수업이 잡혀 있더군요. 어쩔 수 없이 머리를 긁적이며 지도교수에게 하루 쉬게 해달라고 했더니 뜻밖에 선생님이 그러시더군요. "가서 보게! 대학원생이면 많은 걸 봐 둬야지. 좋은 게 있으면 내 표도 한 장 끊어 놓고." (웃음) 선생님께는 나중에 〈안드레이 루블료프〉*Andrei Rublev*, 1969 표를 한 장 사다 드렸습니다.

자젠잉 러시아 타르코프스키의 그 영화 말이군요. 굉장히 긴.

린쉬둥 예. 그게 처음으로 본 타르코프스키의 영화입니다. 그날 저녁 열한두 시가 다 된 시간에 선생님이 제 기숙사 방문을 두드리시더군요. 전 또 무슨 일이라도 난 줄 알고 문을 열어 줬더니 선생님이 감동에 겨워 한마디 하시더군요. "이 영화, 대단해!"──영화를 보자마자 달려와 그 한마디를 하고는 돌아가신 거죠.

자젠잉 그 영화는 화면이 죽여 주죠. 하나하나가 그림 같잖습니까!

린쉬둥 특히 우리 지도교수는 50년대 소련 유학생이었으니 더욱 쉽게 감격했던 것 같아요.

자젠잉 이들 영화가 중국 뉴시네마의 중요한 자양분이 되었다고 해야겠죠?

린쉬둥 최소한 저에게 있어 세계영화사 한 편이, 추상적인 글이 아닌 구체적인 영화적 경험으로 화할 수 있었던 계기였습니다.

자젠잉 근데 '5세대' 감독들은 당시 이미 졸업한 후였던가요?

린쉬둥 그들은 이미 꽤나 명성을 떨치고 있었죠. 분명히 기억하는 건 이탈리아영화 회고전을 볼 때 처음으로 〈황토지〉黃土地, 1984 이야기를 들었다는 것입니다.
 당시 제가 아직 상하이에 있을 때 이탈리아 회고전이 시작되었습니다. 한 친구가 베이징에서 먼저 보고 상하이에 와서 들뜬 표정으로 말해 주더군요. "이번에 안토니오니의 영화도 있었다구!" 사실 그 회고전에는 다른 중요한 영화도 많이 있었는데, 당시 대부분 안토니오니의 이름만 들어 봤던 거죠. 왜냐하면 신문에서 크게 비판했기 때문에 그의 이름과 다큐멘터리 〈중국〉Chung Kuo-Cina, 1972은 한동안 모르는 사람이 없을 정도였고, 어딜 가나 '적의 상황'을 입에 달고 다녔죠. 사실 정말로 그의 영화를 본 사람은 얼마 되지도 않지만 말입니다. 그러다 보니 안토니오니의 두 영화 〈정사〉L'avventura, 1960와 〈붉은 사막〉Il Deserto Rosso, 1964 표는 그 회고전에서 서로 앞 다퉈 사갔어요. 그러나 사실 정말로 끝까지 다 본 사람은 많지 않습니다. 특히 〈붉은 사막〉의 경우 불이 켜질 때 보니까 대략 3분의 1가량만 남아 있더군요. 그러면서도 감히 나쁘다는 말은 못했죠. 저는 당시 영화 한 편을 볼 때마다 엄청난 감동을 받아, 어디다 풀어놓고 싶다는 욕망이 강해졌습니다. 한번은 영화관에서 나서다 길에서 마침 친구를 만났는데, 듣고 싶어 하는지는 따지지도 않고 안토니오니에 관한 걸 마구 주절거렸습니다. 그 친구는 다 듣고 나서 아무 일도 없다는 듯이 한마디 합디다. "최근에 〈황토지〉라는 영화가 나왔는데 봤냐?" "그게 어떻길래?"라고 물었더니, "네가 금방 말한 안토니오니와 좀 비슷한 면이 있는 것 같아. 어쨌든 지금까지 이런 국산영화는 한 번도 본 적이 없어"라고 말해 주더군요.

전 약간 반신반의하는 심정이었는데, 왜냐하면 솔직히 말해 그 당시 국산영화는 정말로 재미가 없었거든요. 그렇긴 하지만 집에 가자마자 신문을 뒤적여 영화 광고를 찾아보았습니다. 아무리 찾아도 없더군요. 나중에 영화관에서 영화 간판 그리는 친구에게 물어 보니 보는 사람이 없어 일찌감치 극장에서 내렸다고 하더군요. 그 말을 듣고 보니 오히려 구미가 더 당기더라고요.

얼마 지난 뒤 신문에 〈황토지〉가 어떻게 홍콩영화제를 뒤흔들었는지에 대한 소식이 실렸습니다. 그래서 재상영하게 되었는데, 그 때문에 상하이에서는 바셴챠오八仙橋에 있는 '숭산영화관'嵩山電影院에서 '탐색영화관'을 새로 만들기도 했습니다. 오프닝 영화로 〈황토지〉를 상영했고요. 이번에는 연속으로 한 달 넘게 사람들로 넘쳐 났습니다. 저도 그때 가서 봤죠. 확실히 감동적이더군요. 특히 허리북을 치는 군무 장면에서는 갑자기 눈물이 솟아났어요. …… 그건 오랫동안 억압되어 있다가 터져 나오는 생명의 원기라고 생각했습니다. 지금 생각해 보면 그 시대의 사람만이 그런 걸 찍을 수 있었던 것 같아요.

자젠잉 저는 뉴욕에서 학교 다닐 때 〈황토지〉를 봤는데, 보면서 엄청 감동하기도 했지만 좀 의외였어요. 중국영화도 이렇게 찍을 수 있구나! 라는 생각이 들더군요.

린쉬둥 그후 저는 국산영화를 자주 보러 다니기 시작했습니다. 〈황토지〉가 저에게 중국영화에 대한 어떤 기대를 새롭게 불러일으켰던 셈이죠. 그 '탐색' 영화관에서는 잇달아 '5세대' 감독의 영화를 몇 편 상영했습니다. 〈하나와 여덟〉一個和八個, 1984, 장쥔자오張軍釗 감독, 〈검은 계곡〉喋血黑谷, 1984, 우쯔뉴吳子牛 감독, 그리고 텅원지滕文驥[4세대 감독]의 〈해변〉海灘, 1984……. 그러다가 저는 베이징으로 올라왔습니다. 몇 년 후에 상하이로 돌아가 보니, 바셴챠오 일대는 몰라보게 달라졌고, 그 영화관도 한참 전에 철거되었더군요.

자젠잉 그럼 '5세대' 감독들은 학교 다닐 때 영화 회고전에서 상영한 영화들을 봤던가요?

린쉬둥 아마 못 봤을 겁니다. 그들은 78년에 입학하여 82년에 졸업했습니다. 영화 회고전에서 틀어 준 대부분의 영화는 자료관 쪽 사람 말에 의하면, 그들도 처음으로 봤다고 합디다. 이 시기에 영화대학을 다니고 있던 이들은 왕샤오솨이王小帥, 장위안張元 등 6세대라고 해야겠죠.

자젠잉 그럼 '5세대' 감독들이 학교 다닐 때는 어떤 영화들을 봤나요?

린쉬둥 구체적으로는 잘 모르겠습니다. 그때 저는 아직 상하이에 있을 때니까요. 당시 서양영화들이 막 들어오기 시작할 때인지라 모두들 시각에 한계가 있어, 솔직히 말해서 본다고 이해하는 것도 아니었지만 호기심만은 대단했어요.

상하이에서 서양 현대영화 상영회 같은 걸 해본 적이 있는데, 범위도 작고 상영한 영화도 많지 않았어요. 펠리니의 〈오케스트라 리허설〉 *Prova d'orchestra*, 1978, 베르너 헤어초크의 〈하늘은 스스로 돌보는 자를 돌보지 않는다〉*Jeder für sich und Gott gegen alle*, 1974, 파스빈더의 〈에피 브리스트〉*Fontane-Effi Briest*, 1974 —— 저는 이때 '뉴 저먼 시네마'란 말을 처음으로 들어 봤는데, 아무튼 이렇게 대여섯 편의 영화를 틀었습니다. 모두들 도저히 이해할 수 없었던 영화는 마르그리트 뒤라스의 〈인디아 송〉*India Song*, 1975입니다. 영화 전체가 한 건물 안에서 진행됩니다. 한 여자가 이 방에서 다른 방으로 쓰윽 가다가 어떤 방에서 한 남자를 만나는데, 두 사람이 어떤 관계인지 알 수가 없습니다. 잠시 후에 또 다른 방에 가면 또 다른 남자가 있는데 이 또한 누구인지 알 수가 없습니다. …… 시작부터 끝까지 그러더군요. 끊어졌다 이어지기를 반복하는 내레이션과 보이스오버(동일한 기법이 감독의 다른 한 편에도 사용되었다고 소개되어 있었습니다*)는 또 어땠을까요. 소리와 화면이 따로 움직이는데, 무슨 관련이 있는 것 같기도 하고 아무 상관없는 것 같기도 했죠. 게다가 엄청 길기까지 해서 두 시간 넘게 하더군요. 모두들 멍하니, 그러나 아주 경건하게 관람했습니다. 먼저 일어선 사람은 아무도 없었습니다. 영화가 끝난 후, 모두들 "좋은 영화다!"라고 감탄했습니다. "근데 뭔 내용이야?"라고 덧붙이긴 했지만요.

자젠잉 사실 그와 비슷한 장면이나 느낌이 80년대 말까지 계속되었습니다. 예를 들어 90년에 제가 시카고에 살 때 80년대 베이징을 주름잡던 황쯔핑, 간양, 류짜이푸, 리퉈 등 친구 몇 명도 출국해서 미국에 살고 있었는데, 정기적으로 우리 집에 와서 영화를 보곤 했습니다. 당시 우리 집에는 비교적 넓은 거실이 있어 창 쪽에 나란히 앉아 비디오를 볼 수 있었거든요. 서양 고전 영화를 틀 때는 분위기가 아주 경건했고 다 보고 나서 토론이 벌어지기까지 했습니다. 제일 웃겼던 건 〈지난해 마리앙바드에서〉*L'Anée dernière à Marienbad*, 1961를 봤을 때였습니다. 모두들 머리에 안개가 자욱한 게 보이는데, 아무도 이 영화가 무슨 뜻인지 도통 모르겠다, 혹은 나는 이런 건 정말 안 좋아한다, 라고 말하는 사람은 없었어요. 모두들 열심히 고전을 학습하자는 심정이었던 거죠. 제가 투덜거리는 말을 한마디 했다고 리퉈는 눈을 부라리기까지 하더군요.

린쉬둥 그 상영회를 할 때가 아마 '5세대' 감독들이 학교 다닐 때 즈음이었을 겁니다. 그 시절 서양 모더니즘 작품의 소개는 정책에 따라 죄었다가 풀어줬다가 했습니다. 영화를 상연한 후 상하이의 『외국문예』는

---

* 〈텅 빈 캘커타 안의 베니스라는 이름〉(*Son nom de Venise dans Calcutta désert*, 1976)을 가리키는 것으로 보인다.

〈인디아 송〉의 시나리오를 게재하기도 했는데, 나중에 '자유화' 정책이 뒤집히면서 편집부가 나서서 '편집자 해명'까지 실어 자기비판을 해야 했습니다.

　　당시에는 접촉할 수 있는 자료라도 제한이 많았습니다. 특히 영상 쪽이 그랬죠. 80년대 초에는 VTR도 아주 보기 드물어 영화를 보려면 모두들 영화를 찾아다니며 볼 수밖에 없었습니다. 요즘처럼 DVD가 온 세상에 깔려 집집마다 수백 편의 영화를 소장하는 시절을 상상이나 할 수 있었겠습니까? 제 생각에 '5세대'의 초기영화는 일본영화의 영향이 두드러집니다. 특히 구로사와 아키라黑澤明의 〈라쇼몽〉羅生門, 1950이 대표적이죠. 또 많은 사람들이 지적하듯이 〈붉은 수수밭〉1987에 나오는 수수밭의 처리방식은 신도 가네토新藤兼人의 〈오니바바〉鬼婆, 1964에서 배워 온 것입니다.

자젠잉　〈도쿄 이야기〉東京物語, 1953는요?

린쉬둥　그들이 언제 그 영화를 보게 되었는지는 잘 모르겠습니다. 제 기억으로 오즈 야스지로小津安二郎의 영화는 84, 5년 즈음해서 처음으로 베이징에 선보였던 것 같습니다. 먼저 소규모로 〈도쿄 이야기〉를 상영했고, 나중에 제1회 일본영화 회고전(1985)에서 〈늦봄〉晩春, 1949, 〈초여름〉麥秋, 1951, 〈꽁치의 맛〉秋刀魚の味, 1962을 상영했습니다.

자젠잉　만약 '5세대' 감독들이 오즈의 영화를 먼저 봤다면 중국의 뉴시네마의 발전 방향이 달라졌을 수도 있다고 말하는 사람도 있던데요?

린쉬둥　그렇진 않을 겁니다. 제가 받은 인상은, 그 당시 오즈의 영화가 베이징에서 상영되긴 했지만 반응이 그렇게 뜨겁지는 않았습니다. 1988년 제2회 일본영화 회고전에서도 오즈는 화제의 중심이 아니었습니다. 모두가 주목하던 쪽은 구로사와 아키라, 오시마 나기사大島渚, 이마무라 쇼헤이今村昌平같이 비교적 강한 스타일의 감독들이었습니다. 그건 당시의 급진적인 문화적 분위기와 연관된다고 해야겠죠. 오즈와 같이 평온하면서도 심오한 '일상적' 표현은 당시와 같은 문맥에서 피 끓는 청년들이 차분하게 음미할 수 있는 성질의 것이 아니었습니다. 당시 또 다른 중요한 감독인 나루세 미키오成瀨巳喜男의 영화도 베이징에서 상영된 후 별다른 반향이 없었습니다. 영화하는 사람들도 잘해 봐야 "좋네!"라고 한마디 할 뿐이었죠. 제 생각에 핵심은 그것이 그 시대 사람들의 문화적 소구와 관련되며, 또 성장의 배경이 되었다는 것입니다. 처음으로 자기가 어떻게 오즈의 영화를 좋아하게 되었는지를 말한 감독은 자장커賈樟柯였던 것 같습니다. 98년에 〈소무〉小武, 1997를 들고 홍콩영화제에 참가했을 때, 많은 돈을 써서 홍콩에서 오즈의 VCD를 한 아름 사와서는 집에서 침을 질질 흘리면서 봤다고 하더군요.

　　제 자신의 경우를 말하면, 저는 허우샤오셴侯孝賢의 영화를 본 후 그의 '태양 아래 펼쳐진 인물과 사건'을 살펴본 뒤에야 고개를 돌려 조금씩 오즈 야스지로의 순수하고 영원한 힘을 체감할 수 있게 되었습니다.

자젠잉　언제 졸업하셨나요?

린쉬둥　1988년입니다. 졸업한 후 베이징방송대학에서 미술선생이 되었습니다. 근데 그 학교에서의 미술 수업은 정말 재미가 없었어요. 텔레비전을 배우러 온 학생들에게, 즉 기본적으로 감각도 없고 그림 그리기를 즐기지도 않는 학생들에게 미술 수업을 하는 것 자체가 강의하는 사람도 힘 안 나고 학생들도 재미가 없어 어떻게든 수업에 빠지려고 했죠. 그래서 나중에 어떤 기회에 감독 전공으로 바꿔 버렸지요.

자젠잉 감독들을 가르친 건가요?

린쉬둥 예, 영화사를 가르치는 게 전공이 되어 버렸습니다. 바꾸고 나니 모든 게 순조롭게 풀리더군요. 옮기고 나서야 알게 된 건데, 사실 제가 이른바 전공자보다 더 잘 가르치는 거였어요! 전 그저 영화를 좀 많이 봤고, 보고 나면 혼자서 관련 서적을 뒤적여 본 것뿐인데 말입니다. 최근에 방송대학은 중국매스미디어대학中國傳媒大學으로 명칭을 바꿨습니다.

자젠잉 몇 년 전부터 시작된 캠퍼스 합병의 추세에 따라 바꾼 건가요?

린쉬둥 예. 요즘은 어느 학교 할 것 없이 영화감독 전공이 있죠. 얼마 전 펑황鳳凰 위성TV에서 DV 프로그램을 하면서 알게 된 건데, 베이징무용대학北京舞蹈學院에도 영화제작 전공이 있더군요.

자젠잉 아청과 천단칭이 소개해 준 바로는 당신이 막후에서 영화와 TV 쪽 일을 많이 밀어준다고 하던데요. 기획, 제작, 편집에서 자장커를 돕는 등등까지……

린쉬둥 대부분 카메오로 조금씩 도와 준 것에 불과하죠.
　　우선 저와 '6세대' 감독들과의 관계를 설명해야겠군요. 아직 미술대학에서 대학원을 다닐 때 제 기숙사 방은 류샤오둥劉小東의 맞은편이라 매일 시도 때도 없이 얼굴을 마주치곤 했습니다. 졸업할 즈음해서 갑자기 그가 영화대학 대학원에 지원하겠다고 그러더군요. 아무래도 영화 쪽이 잘나가겠다고 생각되었나 봅니다. 장이머우가 단번에 금곰상을 받는 거 봐요. 그림만 그려 가지고 어느 세월에 국제적인 상을 받을 수 있겠어요? 부속중학 때부터 연인 사이였던 위훙喩紅과 학부 4년 동안 유화과 제3화실에 같이 있었는데, 선생님이 매번 위훙의 그림이 자기보다 낫다고 말해서 항상 우울해하곤 했죠. 마침 한 학년 아래인 왕샤오솨이, 루쉐창路學長이 부속중학을 졸업한 후 영화대학에 들어가 아주 총애를 받고 있다는 말도 듣고 한 터라, 애가 타서는 붓을 버리고 영화 쪽으로 뛰어들 결심을 하게 된 겁니다. 그래서 틈만 나면 『영화사전』電影辭典을 들고 낑낑대며 '무슨 '미장센'이니 '알랭 레네'니 하는 것들을 외우고 다니더군요. 하도 외우는 게 힘들어 보여 참다못해 옆에서 몇 번 훈수를 뒀더니 …… 그 다음부턴 노상 제 방으로 건너와 영화에 대해 이야기를 나누게 되었습니다.

어느 날 류샤오둥이 아주 들떠서 뛰어 들어와서는 영화대학 애들이 나를 찍으러 온다, 조금 있다가 내 화실로 오라고 그러더군요. 왕샤오솨이의 작업 중 하나였는데, 촬영은 장위안이 맡았습니다. 그러면서 이들과 안면을 트게 된 것입니다.

88년 5월이었는데, 당시 천카이거의 〈아이들의 왕〉1987이 칸에 갔을 때입니다. 그 며칠 매체에 관련 보도가 넘쳐났죠. 폐막 즈음해서 며칠간 우리는 틈만 나면 미술대학의 영상실에서 함께 뉴스를 보곤 했습니다. 당시 그들은 '5세대' 감독들에게 상당히 모순적인 감정을 품고 있었어요. 일면 아주 불만스러워했지만, 천카이거가 칸에서 '황금종려상'을 탈 수 있을지에 대해서는 또 굉장히 관심을 보였어요. 결국 〈아이들의 왕〉은 '황금종려상'을 받지 못했고, 황금 '알람' 상[가장 지루한 영화에 수여하는 비공식 상]만 받아 감독과의 많은 학생들을 낙담시켰죠.

자젠잉 모두의 영광이라고 생각했던 걸까요?

린쉬둥 그건 잘 모르겠군요. 나중에 그들과의 왕래가 갈수록 많아졌습니다. 특히 89년 이후에는 걸핏하면 같이 놀고 수다를 떨곤 했어요. 그러다가 그들이 영화를 찍을 땐 같이 의견도 주고받고요.

자젠잉 그럼 자장커는요?

린쉬둥 그건 나중 일이죠. 자장커는 그들보다 한참 어렸어요. 그는 1970년생으로 94년에 영화대학에 들어왔는데, 그 즈음에 장위안, 왕샤오솨이 등은 이미 영화제의 '총아'나 다름없을 때였죠. 제가 그를 알게 된 건 98년으로 그가 막 졸업했을 때입니다. 그는 영화대학에서 좀 억눌려 있었어요. 시험을 두 번 봤는데 매번 교양 과목의 점수가 부족해서 결국 청강생으로 수업을 들었으니까요.

자젠잉 게다가 감독과도 아니었다면서요?

린쉬둥 문학과였죠. 그래서 영화대학 출신 중에는 여전히 그를 얕잡아 보는 사람도 있습니다. 교양이 없다면서 말입니다.
　　제가 그와 안면을 트게 된 경과도 말하자면 아주 웃깁니다. 그 시절 저는 항상 프랑스 대사관 문화처에 비디오를 빌리러 다녔습니다. 거기 도서관에는 아주 많은 영화 비디오테이프가 있었는데, 증을 만들기만 하면 한 번에 두 개씩 빌릴 수 있었습니다. 해적판 시대 이전에 제가 자료를 수집하던 주요 소스 중 하나였죠. 당시 영화 쪽 담당자는 소피아라고 저하고 친했습니다. 한번은 테이프를 바꾸러 갔다가 마주쳤는데,

그녀가 요즘 중국영화 쪽으로 무슨 새로운 소식 없냐고 묻더군요. 저는 극장에 가 본 지도 벌써 한참 되었다고 대답했습니다. 그 시절엔 모두들 만나도 중국영화는 거의 이야기하지 않았죠. 이야기하려고 해도 할 만한 게 있어야죠. 한마디면 끝인데. 뭐 그랬었죠.

사실 상당히 오랫동안 영화관에서 그럴듯한 중국영화를 찾아볼 수가 없었어요. 대부분 할리우드 블록버스터뿐이었죠.

자젠잉 그치만 수입영화는 제한이 있잖아요. 1년에 10편이요.

린쉬둥 그런데 모두들 대개는 그 10편밖에 볼 수 없었어요. 한번은 황젠신黃建新의 새 영화를 보려고 한여름에 먼 길을 찾아가 표를 사 들고 극장에 들어갔는데, 상영 직전에 안 틀겠다고 하더군요. 표를 한 장밖에 못 팔았다면서 말입니다! 극장 사장이 와서 표를 물려도 되고 옆에서 상영하고 있는 〈타이타닉〉1997을 봐도 된다고 그러더군요.

일정한 비율로 블록버스터를 제한수입하기 전에는 영화관에서 주로 홍콩, 대만의 옛 영화들을 틀었습니다. 그 당시 영화관은 저녁이면 기본적으로 도시 유입 농민공들의 휴식장소로 변했습니다. 겨울에는 따뜻하고 여름에는 시원한 데다 표 값도 비싸지 않아 한 장에 1, 2위안이면 되었기 때문에 그들도 감당할 수 있었던 거죠. 민공들은 무협영화를 즐겨 봤고, 또 비극적인 대만영화 〈엄마, 다시 한번 사랑해 줘요〉媽媽再愛我一次 같은 영화들도 극장에서 자주 틀어 줬어요. 1988년 우쯔뉴吳子牛의 〈만종〉晚鍾이 베를린에서 은곰상을 받았지만, 베이징에서는 몇 개 극장에서밖에 상영하지 않았습니다. 몇 장 팔리지도 않을 거라면서 말이죠. 아마도 많은 '5세대' 감독들이 그 당시 자주 맞닥뜨린 사태일 것입니다. 블록버스터를 수입한 이후에는 표 값이 단번에 2, 30위안으로 뛰었죠. 지금은 또 5, 60위안에서 7, 80위안까지 해서 일부 화이트칼라들의 패션 소비상품이 되어 있고요.

　그날 소피아를 만나 그렇게 한담을 나누다가, 그녀가 자기에게 젊은 친구들의 신작 영화가 몇 개 있는데 아주 재미있다면서 가져가서 보라고 하더군요. 비디오테이프 몇 개를 빌렸는데 그 속에 〈소무〉가 끼어 있었습니다. 당시 이미 베를린영화제에 가서 '영포럼'에서 넷팩상을 받았을 때죠.

　집에 와서 먼저 다른 영화를 틀었는데 너무 실망스러워서 그만두자, 안 보련다, 녹화해서 자료나 남겨 두자고 생각하고 〈소무〉를 녹화시켜 놓은 뒤 화장실에 가 버렸습니다. 그래서 사실 처음 〈소무〉를 볼 땐 시작 부분은 보지도 못한 셈이죠. 화장실에서 나와서 본 게 그 장면이었습니다. 애들 몇 명이서 물건을 훔쳐 내빼는 원경에서 걸어 나와 소무 혼자서 길 옆 노점에서 횟술을 마시고 있는 …… 그 장면은 단번에 저를 빨아 당겨 그 자리에서 단숨에 끝까지 보게 만들었어요. 당시 제가 한 번에 끝까지 본 영화는 거의 없었어요. 특히 그게 비디오라면 더욱 그렇죠. 영화가 끝나자마자 저는 다시 처음부터 봤습니다. 두번째는 더욱 감동했고요. 그 조숙한 세태가 드러내는 일말의 솔직함——저는 아마도 그때까지 바로 이 영화를 기다리고 있었던 모양입니다. 〈소무〉는 그렇게나 영화적인 방식으로 예리하게 저의 현재적 체험을 정합시켜 주었습니다. 저는 즉시 소피아에게 전화해 제가 최근에 본 것 중에 최고로 좋았던 중국영화라고 말해 줬습니다.

자젠잉 저는 '창쿠'藏酷*에서 〈소무〉를 봤습니다. 저 또한 근래에 본 대륙영화 중 최고의 하나라고 생각되더군요.

린쉬둥 그러자 소피아는 "좋아요, 그럼 제가 감독을 소개해 줄게요"라고 하더군요. 나중에 그녀의 사무실에서 만나는 걸로 약속을 잡고 함께 밥도 먹었습니다. 첫인상은 제가 보아 왔던 대부분의 영화대학 사람들과는 뭔가 좀 다르다, 특히 전혀 감독 '답지' 않다는 느낌을 받았습니다.

자젠잉 근데 또 산시의 작은 도시에서 '소무'와 뒤엉켜 빈둥거리는 길거리 건달 '답지'도 않아요. 그렇게 하얗고 점잖은 모습에다, 말할 때도 영화판에서 흔히 볼 수 있는 겉만 번지르르한 너스레도 떨지 않습니다. 그렇지만 그가 조숙하고 똑똑한 아이라는 걸 즉시 감지할 수 있죠.

린쉬둥 그 당시 그는 조금 낙담해 있었습니다. 영화대학 쪽 사람들 대부분이 〈소무〉를 보고는 별로다, 베를린에서 상을 받은 건 재수가 좋았을 뿐이라고 말했나 봅디다. 그 말을 듣고 제가 다 화가 나서 미국에 있는 천단칭에게 국제전화를 걸어 〈소무〉에 대해 이야기해 줬습니다. 한두 시간 떠들어 대자 참다못해 그가 말하더군요. 그만하고, 테이프나 보내 줘! 제가 테이프를 보내 줬는데 PAL방식이라서 그의 집에서는 볼 수 없어 류쒀라의 집에 가서 봤답니다. 보고 나서 모두가 〈소무〉 팬이 되었다고 하더군요.

자젠잉 재미있군요. 근데 일단 되돌아가서 80년대를 먼저 이야기하도록 합시다. 제가 괜히 자장커를 물어봐서 샛길로 샜는데, 자장커 이야기는 나중에 또 하죠.

---

* 베이징의 창고형 바. 영문 명칭은 'THE LOFT'이며, '창고'와 발음은 같고 '숨겨진 쿨함'이란 의미를 지닌 '창쿠(藏酷)'를 중국어 명칭으로 하였다. 공장, 극장으로 쓰였던 넓은 건물에서 매주 미술작품 전시, 전위음악, 실험성 강한 영화·연극 등의 공연이 벌어진다.

린쉬둥 그러죠. 당시 미술대학에 있던 쑨징보孫景波란 친구가 저한테 뭐라고 한 적도 있어요. 미술대학에 겨우 3년 다니면서 그 중 2년은 영화만 보러 다녔다고 말입니다. 사실 저는 두 번 다시 없을 기회라는 생각뿐이었습니다. 우리처럼 살아온 사람들은 항상 뭔가 좋은 기회를 놓치면 영원히 놓쳐 버리는 게 아닐까 두려워합니다. 예를 들어 좋은 책을 한 권 입수했다 하면 필사적으로 끝까지 봐 버려야 합니다. 그런 판국에 제가 좋은 영화를 놓칠 수가 있었겠습니까? 어떨 때는 영화 한 편을 몇 번이나 보고도 다시 한번 봐야겠다고 생각될 때도 있었어요. 앞으로 두 번 다시 못 볼 수도 있으니 말입니다. 그 시절에 비디오가 있었어요, DVD가 있었어요? 아무것도 없었잖습니까. 이렇게 좋은 영화는 있을 때 한 번 더 가서 봐야죠. 마치 어렵사리 보게 된 유화 진품을 마주했을 때처럼, 한 번 더 볼 수 있을 때 최대한 봐 두자는 심정이었던 거죠. 처음에는 봐도 잘 몰랐지만 자꾸 보다 보니 알 것도 같더군요.

자젠잉 잡지『오늘』의 1992년 영화 특집호에 '라오린'老林이란 이름으로 당신의 첫 글을 실었습니다. 그게 첫번째 영화평론이었나요?

린쉬둥 처음이었죠. 천단칭과 아청이 계속 부추기는 바람에 승낙할 수밖에 없었어요. 저는 보통 쉽게 승낙하지 않는 편이지만, 하겠노라고 승낙한 일에 대해서는 반드시 약속을 지키는 사람입니다. 사실 반쯤 쓰고 나니까 쓰기가 싫어지더군요. 근데 이미 대답은 해버렸고, 천단칭이 판화까지 이미 다 만들어 놨다고 하니 어쩔 수 있나요. 계속 쓸 수밖에요.

자젠잉 당신의 그 글은 지금도 여전히 곱씹어 볼 만한 부분이 있습니다. 당신은 '5세대' 영화에 대해 당시에 이미 자신만의 견해를 가지고 있었고, 또 냉정하고 객관적이며 날카로운 분석이 돋보여 근거 없이 비판하거나 치켜세우는 여타의 평론들과는 달랐던 것으로 생각됩니다.

린쉬둥 그건 아마도 당시에 이미 거리를 두기 시작했기 때문일 것입니다. 사실 그 글을 쓸 때 이미 저는 '5세대'에 아무런 흥미도 느끼지 못하고 있었습니다. 그들의 영화는 더 이상 저를 흥분시켜 줄 거리를 제공해 주지 못했으니까요. 특히 허우샤오셴의 영화를 보고 난 뒤에는 더욱 그랬죠.

자젠잉 그때는 이미 90년대가 시작되었죠? 천카이거는 〈패왕별희〉霸王別姬, 1993를 찍었고, 장이머우는 〈인생〉活着, 1994을 찍었죠?

린쉬둥 〈인생〉은 아직이었고, 〈추국의 소송〉秋菊打官司(귀주이야기, 1992)을 막 끝냈을 때였습니다. 〈패왕별희〉는 한창 찍고 있었던가 그랬죠.

자젠잉 이야기가 또 10여 년을 뛰어넘어 가 버렸네요. '5세대'의 작품을 지금은 어떻게 보는지 말씀해 주실 수 있나요?

린쉬둥 어찌 되었든 그들의 몇몇 영화는 최소한 지금도 여전히 중국영화의 '입구'입니다.

〈황토지〉는 그 당시 분명 중국영화에 대한 저의 상상에 불을 지폈습니다. 그래서 한동안 어디서 '천카이거'라는 글자가 쓰인 것만 봐도 가슴이 쿵쿵 뛸 정도였어요(장이머우에 대해서는 아직 잘 모를 때였죠). 첫 실망은 〈대열병〉大閱兵, 1985을 보고 나서입니다. 〈황토지〉는 좀 원숙하지 못하거나 유치한 부분도 있긴 했지만, 그 솔직함은 마음을 움직이게 하였고 일종의 가능성을 보여 주었습니다. 뭔가 의미 있는 게 나올 수도 있겠다 싶었는데, 그 다음 영화에서 어찌된 일인지 다시 퇴보해 버린 거죠. 다시 이데올로기에 얽매인 억지가 시작된 겁니다.

자젠잉 같은 시기의 다른 영화는요? 예를 들어 〈하나와 여덟〉은 어떻습니까?

린쉬둥 크게 재미있다고 생각되지는 않았습니다. 스토리와 캐릭터가 너무 개념화되어 있고 억지스러우며 알바니아 영화와 별 차이가 없더군요. 조형미에 신경을 많이 썼는데, 아마 우리처럼 미술을 배운 사람에게 그런 조형미는 너무 유치하게 노는 것처럼 느껴졌죠. 『성화』星火의 삽화와 비슷합니다(『성화』는 소련의 문학잡지인데, 여기서 소개된 고필枯筆*로 문지르듯 그린 흑백삽화는 '문혁' 후반 일부 청년 미술가들의 추앙을 받은 바 있습니다).

자젠잉 톈쫭쫭의 〈사냥터에서〉獵場札撒, 1985는요?

린쉬둥 저는 한참 후에야 그 영화를 보게 되었습니다. 아마 88년에 상하이로 설 쇠러 가서 난징로〔南京西路〕에 있는 평안극장〔平安電影院〕에서 봤던 것 같습니다. 입구에 있는 포스터에 "당대 중국의 가장 논쟁적인 젊은 감독"의 첫번째 "탐색적인 작품"이며, 상영하고 있는 프린트가 "국내 유일의 것"이라고 되어 있었습니다. 당시 톈쫭쫭은 "다음 세기"의 관중들을 위해 찍었다는 발언 때문에 각종 매체에 오르락내리락하고 있었어

---

* 물기 없는 붓을 문지르듯 그리는 기법.

요. 그의 영화 중 제가 먼저 본 것은 〈말도둑〉盜馬賊, 1986이었는데, 보고 나서 굉장히 뒤틀려 있다는 느낌을 받아 별로 좋아하지 않습니다. 나중에 그가 "자포자기"하는 심정으로 찍었다고 전해지는 〈책 이야기꾼〉鼓書藝人, 1987을 봤는데, 저는 오히려 그게 괜찮더군요. 당시 '5세대' 영화 중 보기 드물게 조형미를 별로 신경 쓰지 않는 작품이었던 것 같아요. 스토리와 인물의 관계를 처리하는 것 하며, 일부 중국 리얼리즘 고전에서 볼 수 있는 기품 같은 면에서는 '5세대' 중 이 정도 솜씨를 발휘할 수 있는 인물이 몇 없었죠. 톈좡좡이 저에게 주는 느낌은 자기를 어떻게 '돋보이게' 하는지 모르는 감독이라는 겁니다. 그 점에서 장이머우와는 정반대죠. 그의 영화에서 저는 가끔 아주 재미난 것을 마주하게 됩니다. 그 특별한 느낌은 '5세대' 안에서는, 그게 천카이거든 장이머우든 표현해 낼 수 없는 것이었습니다. 근데 왜 그걸 흐리터분하게 처리해서, 속된 말로 '조져' 버리는지 잘 모르겠더군요. 오히려 그가 굉장히 정중한 태도로 '바친' 영화는 정말이지 별로인 것 같더군요. 예를 들어 가냘프고 창백하기만 한 〈작은 마을의 봄〉小城之春[리메이크작, 2002]이 대표적이죠. 아무튼 저는 톈좡좡이 찍은 소수민족에 관한 영화는 별로 좋아하지 않습니다. 최근작 〈더라무德拉姆 : 차마고도 시리즈〉2004도 마찬가지예요. 이 영화는 제가 몇 년 전에 참가한 바 있는 이른바 '산우대회' 山友大會라는 걸 생각나게 하더군요. 그건 지방 유지 몇이서 화이트칼라들을 데리고 죽기 살기로 설산 얼음봉우리에 올라 무슨 느낌을 발견하려던 거였습니다.

자젠잉 그럼 천카이거의 다음 영화는 어땠나요?

린쉬둥 〈아이들의 왕〉 말입니까? 원래 저는 이 영화를 엄청 기대하고 있었어요. 왜냐하면 〈대열병〉이 검열과정에서 말도 안 될 정도로 수정되어, 천카이거 자신도 자기 작품으로 인정하지 않을 정도였다는 말을 들었거든요. 나중에 그가 〈아이들의 왕〉을 찍고 있다는 말을 들었을 때, 아청의 소설을 좋아하기도 했고 또 저 자신도 생산대에서 일한 바 있기 때문에 천카이거가 어떤 모습으로 찍어 줄 건지 굉장히 기대하고 있었습니다.

나중에 영화가 나왔는데 아주 대단하다, 굉장하다는 소문이 들리더군요. 다른 사람이 비디오테이프를 하나 떠 와서 봤는데, 정말 실망스럽더군요. 그런데 여러 사람들이 좋다고들 그러길래, 큰 스크린에서 한 번 봐야겠다는 생각이 들더군요. 류샤오둥과 함께였던 걸로 기억하는데, 날 잡아서 자전거를 타고 천단天壇 공원 남문에 있는 작은 영화관에 갔습니다. 원래는 오후 네 시쯤 되는 걸 보려고 했는데 가 보니 취소되었더군요. 표를 몇 장 못 팔았다면서 보려면 저녁 여섯 시 걸 보라더군요. 허탕 칠 수도 없고 해서 천단 공원을 좀 돌아다니다가 여섯 시에 나와서 영화를 봤습니다.

자젠잉 이번에는 어떤 느낌이 들던가요?

린쉬둥 옆자리의 류샤오둥은 바늘방석에 앉은 것처럼 지겨워하더군요. 차라리 〈신기루〉海市蜃樓, 1987나 보러 가는 게 나을 뻔했다면서 말입니다.

자젠잉 무슨 영화요?

린쉬둥 홍콩 액션영화입니다. 제가 이렇게 놀려 댔습니다. 아서라, 취향이 그래 가지고 영화대학 대학원에 시험이나 치겠냐! (웃음)

근데 사실은 그가 너무나 제대로 말한 거라고 저도 생각하고 있었습니다. 사실 저 같은 '따분한 영화' 마니아도 참고 앉아 있을 수 없었으니까요.

자젠잉 너무 개념적이었나요?

린쉬둥 문제는, 뭔가 속았다는 느낌, 즉 그렇게 '답답함'을 겪고 난 뒤에도 아무런 보상이 뒤따르지 않는다는 느낌이 들었다는 점입니다. 그 영화는 진정한 사유의 긴장감을 결핍했을 뿐 아니라 영화적인 지혜도 부족했다고 생각됩니다. 그렇게 허장성세로 가득한 말투는 거의 설교에 가까운 것이라 초를 씹는 것처럼 아무 맛도 느낄 수 없었어요. 배우들의 연기는 또 어떻습니까. 셰위안謝園의 몸짓 대부분은 평소에 아청이 하는 행동을 모방하고 있다는 걸 한눈에 알 수 있는데, 아무리 봐도 베틀로 찍어 내는 것이지 피와 살을 가진 한 인간 같지는 않더군요.

이와 거의 비슷한 시기에 장이머우의 〈붉은 수수밭〉이 나왔습니다. 그러자 '5세대'의 옹호자는 '장빠'[挺張]와 '천빠'[擁陳]로 갈라졌습니다. (웃음) '천빠'는 영화대학의 교수들과 영화비평을 하던 이론가가 대부분을 차지하고 있었고, '장빠'는 온갖 오합지졸들이 섞여 있었지만 인원수는 훨씬 많았습니다. 제 기억으로 당시 미술대학 사람들은 기본적으로 '장빠' 였어요.

장이머우에 대한 저의 호감은 〈오래된 우물〉老井, 1987에서 보여 준 연기에서 시작됩니다(나중에 들은 건데 〈황토지〉에서 제가 가장 잊을 수 없었던 허리북 장면은 대부분 그의 카메라에 의한 것이었다고 하더군요). 그가 그 영화에서 보여 준 몇 장면의 연기는 참으로 한참 동안 저를 흥분시켜 줬습니다[장이머우는 〈오래된 우물〉의 주연과 〈황토지〉의 촬영을 맡았다].

자젠잉 어떤 장면 말인가요?

린쉬둥 제가 가장 좋아하는 장면은, 바로 그가 우물 파는 기술을 배우러 현에 가는 걸 허락받고 나서, 떠나기 직전에 할아버지 몇이랑 술을 마시는 장면입니다. 조부가 말합니다. 네 혼사에 이래라 저래라 하긴 힘들겠지. 네가 그 애를 좋아한단 것도 잘 알고. 그래도 같이 살 애는 아니다. …… 장이머우는 한마디도 하지 않다가 끝내 술을 한 사발 들이킨 뒤 눈자위가 조금 붉어집니다. 햐, 제 생각에 이런 연기는 중국영화에서 한번도 본 적이 없던 것이었어요. 거의 안토니오니의 경지 아닙니까. (웃음) 보면 별것 아닌 것 같은데 그 밑에 엄청 많은 대사를 깔고 있죠. 또 그보다 약간 앞에 있던 장면도 아주 좋았어요. 그가 머리를 다친 뒤 현에서 조사차 사람을 보냈는데, 장이머우가 멍청하게 웃으면서 커다란 식칼로 과일 캔을 따는 장면입니다. 그렇지만 당시 가장 말이 많았던 우물 밑 장면은 별거 없어 보이더군요.

자젠잉 저도 그 장면은 별로였어요. 오히려 구들 위에서 남녀가 뒹구는 장면 하나가 기억나는데, 별로 길지도 않고 노출도 없었지만 그의 연기는 좋았어요. 중국 배우들은 이전까지 이런 감정을 처리할 때 경극이라도 하는 것처럼 폼만 잔뜩 잡지 내면적인 걸 전혀 표현하지 못했습니다. 그는 반대로 함축적으로, 오랫동안 억눌린 환경에서 살아온 남자의 침울한 감정을 느낄 수 있게 해주었습니다.

린쉬둥 그즈음 시안 영화제작소〔西安電影製片廠〕에서 일군의 영화들이 나왔었죠.

자젠잉 당시 〈야산〉野山, 1985이란 영화도 있었죠.

린쉬둥 그 영화는 〈오래된 우물〉보다 조금 앞서 나왔습니다. 근데 지금은 아무 인상도 남아 있지 않네요. 당시에는 나쁘지 않았던 것 같아요. 딱딱 틀에 맞는 게 구멍도 별로 없고 해서 볼만은 했지만, 그렇다고 저를 흥분시킬 만한 게 딱히 있었던 건 아니었어요.

자젠잉 그 다음에 나온 게 〈붉은 수수밭〉이었죠.

린쉬둥 〈붉은 수수밭〉은 한동안 저를 흥분시켰습니다. 이 영화에 대해 당시 미술대학 학생 중 하나가 아주 그럴듯한 말을 했어요. 이 영화를 보고 나니, 우리 두 다리 사이에도 뭔가가 있었지! 하는 느낌이 들더래요. (웃음)

자젠잉 (웃음) 딱 맞는 표현이군요! 영화가 전체적으로 가장 하고 싶었던 말도 그걸 겁니다. 중국 남자도 남자답다, 양강陽剛한 기운이 있다는 걸 아주 극화된 형식으로 과장되게 묘사했죠. 남자가 여자를 들쳐 업고 달린다든지 휘파람이며 북치는 장면, 수숫대가 바람에 스르륵 쓸려가는 장면 등등…….

린쉬둥 가장 감동적이었던 건, 〔수수밭에서〕 남녀의 정사가 끝난 후 펼쳐지는 공허감이었습니다. 그 무력함, 심지어 처량한 느낌마저 들게 하는 그 장면은 마치 모든 것을 꿰뚫어 본 것 같은 느낌, 인생이란 그저 이런 것일 뿐이라는 느낌마저 들게 했습니다. 영화에서 그 부분은 정말 절묘했던 것 같아요. 함축적이면서도 부각시킬 부분은 또 남김없이 제대로 부각시키고 있습니다.

궁리鞏俐의 출현 또한 언급해야겠군요. 그녀의 연기가 훌륭해서가 아니라 장이머우가 어떻게 활용했는가가 중요합니다. 왜 그, 가마를 흔드는 장면이 지나고 나서 입을 살짝 벌리고 웃는데 덧니가 언뜻 드러나지 않습니까, 그 순간 모든 사람의 머리에 그녀의 얼굴이 각인되어 버렸죠. 중국 여배우 중에 궁리보다 예쁜 사람이 한둘이었습니까. 근데 기억에 남지가 않아요.

자젠잉 궁리의 그 표정은 정말 강렬했어요. 그런 장면들은 당시에 볼 때도 상당히 충격적이었던 것 같아요.

린쉬둥 지금 되돌아보면, 중국 감독 중에서 여배우들과의 그렇고 그런 관계를 영화에서 풍부한 표현력으로 전환시킬 수 있었던 것도 장이머우 한 사람이었던 것 같습니다. 다른 감독들은 보통 그런 일이 있으면 컨트롤이 안 되죠. 정말 그런 일이 많습니다. 왜냐하면 제가 그쪽으로 너무 많은 걸 알고 있거든요. 장이머우와 궁리의 만남은 확실히 그의 영화에 어떤 색깔, 일종의 불꽃이 이는 듯한 느낌을 가져다주었어요. 보통 많이들 언급하는 가마 흔들기 장면이나 장원姜文이 궁리를 옆으로 끼고 수수밭으로 들어가는 몇 장면 같은 건 별 대단할 게 없다고 생각되었어요. 거기서 보여 준 장원의 연기도 별로 좋아하지 않습니다. 너무 과장되어 안정감이 없어 보이더군요. 한때 떠들썩했던 '금계상' 최우수 남우주연상 심사에서 〈오래된 우물〉과 〈붉은 수수밭〉이 막상막하였는데 당시 심사위원이었던 장이머우가 결국 자신이 주연한 〈오래된 우물〉에 표를 던졌다고 말들이 많았죠. 그렇지만 확실히 〈오래된 우물〉에서 보여 준 그의 연기가 장원의 연기보다 훨씬 재미있었어요! 지금 다시 본다 해도 제가 잘못 본 건 아니라고 생각됩니다.

자젱잉 그 맥락을 이어서 계속 말씀해 주세요. 그 다음에는요?

린쉬둥 그후 장이머우는 먼저 왕쉬王朔의 『고무인간』橡皮人을 영화화한다는 소문이 들리더군요. 그래서인지 영화계에서 한동안 왕쉬 영상화 붐이 일기도 했는데, 그 자신은 그걸 안 찍고 난데없이 〈암호명 퓨마〉代號美洲約, 1988라는 걸 찍었습니다. 그런 다음 〈국두〉菊豆, 1990를 찍었고, 이 영화를 찍고 있을 때 톈안먼 사건이 일어났습니다. 같은 시기 그들의 선생님인 셰페이謝飛가 〈운명의 해〉本命年, 1990를 찍었습니다. 그 세대 감독 중에서는 셰페이가 시대와 보조를 가장 잘 맞췄다고 할 수 있습니다.

자젱잉 〈운명의 해〉는 그런대로 인상적이었던 것 같아요. 거기서 장원의 연기는 괜찮았죠.

린쉬둥 맞아요. 저도 그 영화에서 보여 준 장원의 연기는 그런대로 수긍이 갑니다. 그 영화 촬영기간도 톈안먼 사건과 걸쳐져 있죠.

자젱잉 그 시기 '5세대' 감독들은 예술영화와 상업영화 사이에서 갈팡질팡했던 것 같은데, 어떤가요?

린쉬둥 〈붉은 수수밭〉은 '5세대' 영화 중 처음으로 관객몰이에 성공한 작품입니다. 광전부〔國家廣播電影電視總局〕에서 당시 영화 쪽을 관할하던 천하오쑤陳昊蘇가 영화의 '오락적' 기능을 강조하기 시작하면서 영화 홍행에 대한 요구가 제기되었습니다. 저우샤오원周曉文이 성공적인 상업영화

〈최후의 광기〉最後的瘋狂, 1987를 찍었고, 또 〈광기의 대가〉瘋狂的代價, 1988도 내놓아 일부 평론들이 앞 다퉈 '6세대'라는 호칭을 그에게 갖다 붙이기도 했습니다.

천카이거는 〈아이들의 왕〉을 찍은 후 미국으로 갔고, 그 전후로 해서 한동안 대륙 영화계에서 사라졌었죠. 당시 '5세대'로 칭해지던 우쯔뉴吳子牛, 황젠신黃建新 등이 계속해서 물건을 내놓고는 있었지만, 저는 그다지 좋았다는 느낌을 받은 적이 없어요. 〈흑포사건〉黑炮事件, 1986이 대단하다면서 황젠신을 '중국의 고다르'라고 부르는 사람도 있었습니다. 그의 모든 영화는, 꽝이라고 말할 수는 없지만, 그런대로 괜찮긴 한데, 저를 확 잡아끈다는 느낌을 받은 적은 없습니다.

저는 한동안 리샤오훙李少紅을 상당히 주목했습니다. 그녀의 〈은사살인사건〉銀蛇謀殺案, 1988이란 영화를 본 뒤부터입니다. 상당히 상업적인 영화였는데 평범하지가 않더군요. 굉장히 세게 처리했는데도 감독이 여성이라는 느낌이 배어났지요. 〈핏빛 아침〉血色淸晨, 1992도 부분적으로는 상당히 좋아합니다만, 전체적으로 봤을 땐 좀 문제가 있어요. 저는 그 영화에서 두 명의 조연급 인물을 좋아합니다. 여주인공의 두 형제로 나왔는데, 그 중 특히 오빠 역할을 맡은 배우는 중국 남자 특유의 물렁하면서도 잔혹한 기질을 정말 예리하게 잘 보여 주더군요. 근데 주인공 두 사람의 처리는 별로 마음에 들지 않았습니다. 특히 여주인공의 연기가 너무 좀스럽고 상투적이라 단번에 영화 수준을 확 끌어내려 버렸어요.

후에 천카이거가 미국에서 돌아왔습니다. 그의 〈현 위의 인생〉邊走邊唱, 1991을 보니까 닭살이 돋아서 정말 참아 줄 수가 없더군요! 특히 그 노인네가 산 위에서 무슨 "사람아, 사람아" 하면서 노래를 부르는 장면 같은 것들은…… 그렇지만 이즈음 해서 '5세대'는 이미 갈수록 제 시야에서 사라져 갔습니다.

자젠잉 그들이 이후에 보여 준 대작 서사극까지도 포함해서 말인가요?

린쉬둥 그렇습니다. 주요한 원인은 제 자신에게 어떤 변화가 일어나서였습니다. 톈안먼 사건을 거친 이후, 저는 80년대의 '문인적'인 논의방식에, 그렇게 모든 걸 뭉텅거려 버리는 '서생적 기질'에 경계하는 마음을 가지지 않을 수 없게 되었습니다. 종종 의식적·무의식적으로 현실 문제를 과도하게 '심미'적으로 처리해 버리는 것 말입니다.

밥벌이 때문에 수업을 준비하며 영화사를 자세히 검토하다 보니 이런 것도 보이더군요. 다큐멘터리 영화는 중국영화사에서, 최소한 49년 이후의 중국영화사에서 이론에서든 제작에서든 시사보도의 층위로 국한되어 받아들여져 왔습니다. 다시 말해 가장 기본적인 영화적 방식의 하나인 다큐멘터리가 영화문화의 구축이라는 의미에서는 완전히 무시되어 온 것이나 다름없다는 말입니다. 흥미롭게도 이러한 상황은 8, 90년대로 넘어오자 중요한 변화가 일어나기 시작했습니다. '6세대' 감독들의 등장과 거의 동시에 일종의 새로운 다큐멘터리 영화가 제작되기 시작했는데, 그게 또 신세대 감독의 영화적 실천과 유기적인 상호작용을 주고받게 되었습니다. 이러한 현상은 중국영화사상 거의 선례가 없던 것이었습니다.

그때부터 저는 제작에 쏟아 부은 정력과 학술적 흥미 모두 다큐멘터리 위주로 옮겨 가기 시작했습니다.

다시 되돌아가서 '5세대' 감독들의 '서사극'에 대해 이야기하겠습니다. 분명 그들 몇몇 감독의 야심작이며 적지 않은 공을 들인 작품들임에 틀림없고, 그들의 '최고작'이라고 말하는 사람들도 있습니다. 톈좡좡의 〈푸른 연〉藍風箏, 1993은 그 중에서 가장 평이한 축에 속하는데 좀 너무 감상적으로 그렸습니다. 〈인생〉의 후반부는, 특히 결말 부분은 그런대로 괜찮은데 전반부는 너무 '고전극' 傳奇처럼 만들었어요. 세 작품 중 제가 가장 싫어하는 건 〈패왕별희〉입니다. 이 영화는 연기자 몇 명이 돋보였는데, 특히 거유葛優의 연기는 꽤 마음에 들었지만 다른 건……

자젠잉 그때가 천카이거의 전환점이었죠. 〈현 위의 인생〉을 찍고 나서부터 느린 리듬의 이념적인 영화와는 기본적으로 작별하고, 이야기하기를 중시하기 시작했어요.

린쉬둥 이야기를 그렇게 꼭 깜짝 놀라게 해야 한답니까? 제 생각에 그건 그 사람이 서사에 충분한 자신이 없다는 증거입니다. 같은 '서사극'이라도 웅장한 기운이란 면에서 그들 모두는 〈비정성시〉悲情城市, 1989에 미치지 못합니다.

저는 대략 이 시기에 허우샤오셴의 영화를 접하기 시작했습니다. 제일 먼저 본 작품이 영화자료관에서 본 〈펑구이에서 온 소년〉風柜來的人, 1983인데, 어떻게 이 정도로 만들 수 있나 하고 한순간 멍해져 버렸습니다(이 영화는 두 개의 판본이 있는데, 저는 비교적 먼저 본 판본, 즉 리쭝성李宗盛의 곡이 실린 판본을 더 좋아합니다. 제가 지금 가지고 있는 DVD에는 바흐의 음악이 삽입되어 있습니다). 편지를 써서 천단칭에게 이야기했더니, 아마도 아청과의 원고 약속 때문이었던 것 같은데 저보고 허우샤오셴에 대해 써보라고 하더군요. 근데 물건이 너무 좋으니까 함부로 지껄일 수도 없고, 결국엔 '5세대'에 관한 걸 써서 보냈죠. 재미난 현상은 자기와 성장배경이 더 비슷한 '5세대'의 영화를 볼 때는 마치 다른 사람의 '전설'이나 '숨겨진 비사'를 보는 듯한 느낌이었는데 타이완의 허우샤오셴의 영화를 보고는 오히려 자기 이야기를 읽는 느낌이었다는 점입니다. 심지어 제가 살아 오면서 풀리지 않았던 많은 매듭들이 그렇게 느긋한 서술 속에서 자기도 모르는 사이에 풀려 버리더군요.

그의 영화를 그런대로 많이 볼 수 있었던 기회는 톈안먼 사건 이후에 찾아왔습니다. 허우샤오셴이 자신의 영화 6편을 영화대학에 보내어, 당시 그걸 모두 틀어 주었거든요.

자젠잉 〈동년왕사〉童年往事, 1985도 틀었나요?

린쉬둥 예. 〈동년왕사〉, 〈연연풍진〉戀戀風塵, 1986, 〈펑구이에서 온 소년〉, 〈둥둥의 여름방학〉冬冬的假日, 1984, 〈나일 강의 딸〉尼羅河的女兒, 1987, 그리고 〈비정성시〉. 그렇게 애절하면서도 지나친 감상을 배제한 그 아픔은 당시 시대적 상황과 맞물려 더욱 피부에 와 닿더군요.

자젠잉 베이징 또한 톈안먼 사건 이후 때마침 슬픔의 도시〔비정성시〕였으니까요. 저는 〈동년왕사〉를 보고 나서 가장 떨림이 강했습니다. 그게 처음으로 본 허우샤오셴의 영화였는데, 소박하면서도 대범하고 섬세했으며 무거운 주제에 휘둘리지 않고 자연스럽게 시적 분위기를 형성해 나가더군요. 대륙의 영화처럼 너무 힘을 과하게 사용하거나 목소리를 높이지도 않으면서 말입니다. 그가 미디엄 쇼트로 주로 촬영하는 것에 대해서도 그 당시 아주 흥미롭다고 생각했습니다. 이 감독은 세계와 인간에 대해 항상 일정한 거리를 유지하고 있구나, 일종의 객관적 태도를 유지하면서 일어나는 모든 일을 바라보고 있구나, 그렇지만 또 그 시선이 차가운 것도, 높은 곳에서 아래로 내려다보며 중생을 심판하는 것도 아니며 또 영화로 계몽교육을 하는 것도 아니구나 하는 것들에 탄복했습니다. 그 시각과 눈빛은 아주 특별해서, 모든 것을 이해한다는 표정과 함께 동정과 연민을 함께 가지고 있었으며, 안으로 들어갔나 싶으면 또 바깥에서 바라보곤 했죠. 물론 나중에 그의 영화를 많이 보다 보니 조금씩 상투적이 되어 간다는 느낌도 없지 않았지만요.

린쉬둥 그의 '청춘' 시리즈 중에서 저는 〈펑구이에서 온 소년〉과 〈연연풍진〉을 가장 좋아합니다. '서사극' 중에는 〈비정성시〉와 〈희몽인생〉戲夢人生, 1993을 좋아하고, 가장 싫어하는 작품은 〈해상화〉海上花, 1998입니다. 그 또한 조금씩 '고전극' 투로 변해가기 시작했죠.

자젠잉 양더창楊德昌의 영화는요?

린쉬둥 아주 좋아한 것은 아닙니다. 제일 먼저 본 게 〈타이베이 이야기〉青梅竹馬, 1985였고, 나중에 다른 비디오도 몇 개 봤습니다. 제 생각에 그의 영화는 첫째 고전 영화 텍스트의 흔적이 너무 강해서 예술영화 '어투'가 그대로 노출된다는 점, 둘째 의도하는 바가 너무 크고 명확하여 도리어 영화 자체의 상황 속으로 진입하는 것을 방해하기도 한다는 점이 문제입니다. 나중에 천카이거의 〈시황제 암살〉荊軻刺秦王, 1998을 볼 때도 한참을 바깥에서 맴돌며 극 안으로 들어갈 수가 없더군요. 많은 영화들이 그렇습니다. 〈와호장룡〉臥虎藏龍, 2000도 마찬가지고요.

자젠잉 아마도 개인적인 경험과 그런 경험에 의해 형성된 취미 때문이겠죠. 예전에 저희 시아버님도 〈시황제 암살〉을 보고 이렇게 말씀하시더군요. "왜 저 사람들은 계속 고함만 지르는 거냐? 조근조근 이야기할 줄은 모르는 건가?" 처음에 저는 무슨 말씀이신지 몰라 멍하니 있었어요. 원래 이 어르신은 읽어 둔 역사서가 많아 역사적 관점에서 이 영화에 대해 논의하실 줄 알았거든요. 근데 그런 쪽으로는 말씀도 않으시고 다른 걸 물으니 어리둥절해질 수밖에요. 잠시 왜 그런가 생각해 봤더니 저희 시아버님은 원래 49년 이전에 대륙을 떠난 중국인인지라, 그분이 받은 교육이며 경험 등에 확성기로 떠들어 대는 구호나 정치운동 같은 게 없었던 거죠. 그분은 이렇게 고함지르는 걸 듣자마자 불편해서 받아들일 수 없었던 겁니다. 이렇게 고조된 목소리로 역사를 풀어 내는 방식이 오버라고 생각되었을 테고, 그 때문에 극 안으로 진입할 수가 없었던 것 같습니다.

린쉬둥   잘 모르겠지만 그럴 수도 있겠네요. 〈홍등〉大紅燈籠高高掛, 1991 같은 것도 제 생각에 너무 거장인 척한다고 생각되었습니다. 장이머우의 이 '척'은 양더창에도 미치지 못하는 것이었습니다. 경극 하는 허싸이페이何賽飛의 집에 커다란 경극용 얼굴가면을 걸어 놓는다든지 하는 것 좀 보세요.…… 너무 유치하지 않습니까. 장이머우는 후기 영화로 가면 갈수록 '살리고' 싶어 합니다. 톈좡좡과의 차별점이 거기에 있습니다. 뭔가 포착되는 게 있기만 하면 죽기 살기로 '더하기'를 합니다. 톈좡좡은 종종 뭔가 조금 '빠뜨리고' 있는데, 그는 항상 '지나치게' 합니다.

자젠잉   그런 느낌은 〈영웅〉英雄, 2002, 〈연인〉十面埋伏, 2004 같은 그들의 최근 작까지 계속 유효한 겁니까?

린쉬둥   〈연인〉은 아직 보지 못했습니다. 〈영웅〉은 전 거의 부정적입니다.

자젠잉   저도 별로 좋아하지 않습니다. 왜 부정적인지 말씀해 주세요.

린쉬둥   저는 그러한 역사적 태도, 그의 강자 숭배를 받아들일 수가 없습니다. 무엇이 영웅입니까? 천하를 얻을 수 있는 군왕, 혹은 기꺼이 그를 위해 몸을 살라 인仁을 이루고자 한 강호의 협객?

자젠잉 제가 보기엔 패기覇氣와 노기怒氣의 기괴한 혼합물로 여겨지더군요. 〈영웅〉을 순수한 상업영화의 측면에서 변호하는 건 말이 되지 않습니다. 그렇게 상징성이 강한 역사적 인물을 이야기의 중심에 놓고는, 이건 그냥 오락이야, 역사나 현실과는 아무 상관없으니 너무 그렇게 진지하게 생각하지 말라는 식의 태도야말로 생떼죠.

린쉬둥 더구나 지금 진행되고 있는 중국이라는 현실적 문맥 속에서 말이죠. 그런 소리를 듣기만 해도 저는 그 무슨 미학적인 층위니 하는 것에 진입할 수가 없습니다. 먼저 그게 가로막고 있으니까요.

자젠잉 그래요. 외국인이라면 또 모를까. 이 영화가 미국 박스오피스에서 흥행이 좋았다고 신기해할 것도 없어요. 이국적이지 않습니까. 진시황이 누구인지 전혀 모르니 주연배우 천다오밍陳道明의 미끈한 얼굴이 진시황이겠거니 생각하고, 또 이야기 자체가 자신의 역사, 자신의 생활과 조금도 관련되지 않아 아무런 연상도 불러일으키지 않으니 영화에서 펼쳐지는 화면만 감상하면 되는 거죠. 굉장히 아름답고 굉장히 오락성이 풍부하잖아요!

　　사실 『뉴욕타임스』에 장편의 기사가 실린 적이 있어요. 베이징 주재 기자가 쓴 건데, 이 기자는 중국 현지에서 장기간 체류했던 터라 그 안에 어떤 곡절이 있는지 잘 알고 있었습니다. 기사에서 진시황이라는 폭군을 칭송하는 게 왜 문제가 되는지, 장이머우가 80년대에서 지금까지 어떻게 변해 왔는지를 상당히 비판적으로 언급했습니다. 그래도 말투는 꽤 정중한 편이었어요. 홍콩의 매체에선 대놓고 비난 일색이었죠. 또 『타임스』의 베이징 주재 기자가 저에게 아주 긴 전화를 걸어 왔던 것도 기억나네요. 그녀가 〈영웅〉에 대해 어떻게 보는지를 주로 이야기했는데, 화면은 정말 정말 아름답지만 사실은 은근슬쩍 민족주의 이데올로기를 선전하고 있는 것 아니냐, 또 우리 모두는 장이머우를 위시한 '5세대' 감독들이 반항아라고 생각하고 있었는데 이제 보니 정말로 정통에 반항한 적은 한 번도 없었던 것 같다는 등이 주요 논조였죠. 그렇지만 그녀는 또 장이머우 역시도 굉장히 난처한 상황일 거라고 동정하기도 했어요.

아마도 영화 하나를 두고 이런 모든 분석이며 반응들이 벌어지는 건 너무 가혹할 수도 있습니다. 저 또한 장이머우의 난처한 상황을 짐작할 수 있습니다. 그는 그토록 시각적으로 천부적인 재능을 갖추고 있으면서 또 그렇게 영화를 생명처럼 생각하는 사람입니다. 그는 계속하여 살아남고 발전해 가려 해요. 그는 '살고'〔活着: 〈인생〉의 원제〕 싶어 하고, 그러면서 또 시류에 뒤처지지 않으려 애씁니다. 네가 아무리 야단법석을 떨어도 나는 그저 꾸준히 내 일을 하겠다는 태도로 한두 해에 하나씩 새로운 영화를 내놓습니다. 절대 손을 놓지를 않아요! 얼마나 고집 센 산시陝西 촌놈인지! 그의 작품을 보면 비록 조형미를 만들어 내는 그의 끊임없는 열정과 재능에 경탄을 금할 수 없지만, 다른 한편 가치관이나 인간에 대한 관찰이라는 면에서는 갈수록 자기만의 심사숙고를 거친 물건을 내놓지 못하고 있다는 생각이 들게 됩니다. 그래서 한번은 요랬다가 다음번에는 조렇게도 했다가, 각종 다양한 사람의 시나리오에 의지하곤 하는 게죠. 아마도 자기도 어떻게 입장을 정해야 할지 몰라서 그랬을 겁니다.

저도 영화를 정치로 간주하여 걸핏하면 비난의 화살을 돌리는 것에는 찬성하지 않습니다. 그렇지만 설령 중국의 지금과 같은 환경에서라도 예술가가 가려서 하지 말아야 할 게 있지 않겠습니까? 알아서 몸바치는 건 더 말할 필요도 없고요. 물론 한 번의 실수로 전체를 부정하는 것도 삼가야겠죠.

어쨌든 장이머우는 중국영화계에 지대한 공을 세운 사람이니 그런 부분에선 존경해 줘야죠. 그런 점에서 볼 때, 〈연인〉은 오히려 더욱 순수한 오락영화로 멋진 청춘남녀가 나와 무협을 펼치는 것이라 주말에 보고 있으니 머리를 쉬게 할 수 있더군요. 저는 무협영화를 즐기지 않는 편이고 대단히 멋지다는 생각이 든 것도 아니지만, 그래도 당신 말을 빌리자면 볼 때 닭살이 돋거나 그러지는 않더군요. 마지막 결론 부분만 빼고 말이죠. 저도 DVD로 봤어요. 그걸 보려고 영화관까지 갈 열정은 없었다고 해야겠죠. 말이 너무 샜군요. 그럼 천카이거의 〈투게더〉和你在一起, 2002는요?

린쉬둥 DVD로 대충 봤는데 너무 엉망입니다. 그가 어쩌다가 펑샤오강馬小剛*에게 한 수 배우게 되었는지 모르겠어요. 게다가 제대로 배우지도 못했던데요.

자젠잉 예? 펑샤오강만도 못하단 말씀인가요? 너무 잔인한 평가가 아닌지 모르겠네요. 너무 선정적인 결말 때문인가요? 그 아이가 기차역까지 뛰어가 바이올린을 가져오는 장면같이? 사실 예전 영화에도 그런 식의 문예영화 느낌이 좀 많긴 했죠. 그렇지만 이 영화는 그래도 새로운 시도

---

* 〈핸드폰〉(手机, 2003), 〈집결호〉(集結號, 2007) 등을 만든 상업감독. 매년 연말 연초에 개봉하여 흥행을 성공시킨 '설맞이 영화'의 대표 인물.

를 했다고 생각됩니다. 오늘의 중국 도시의 각종 다양한 모습을 묘사하려는 시도 말입니다.

린쉬둥 그렇지만 그는 사실 중국의 보통사람의 도시생활과 너무 멀어져 있어요. 특히 현실에서는 줄곧 운이 트이지 않은 소시민들을 그는 너무 당연하다는 듯이 엮어 내고 있습니다. 장이머우도 나중에 그런 길로 빠지더군요. 왜 그 〈책상 서랍 속의 동화〉—一個都不能少, 1999 같은 거 있잖습니까. 천단칭은 그런대로 받아들이는 것 같던데, 아마도 그가 이들의 현실에 어둡기 때문일 겁니다. 저는 다큐멘터리 쪽 일을 계속 해오다 보니 간혹 이들 저층의 사람들과 접촉하곤 했습니다. 그 영화에 묘사되는 모든 것은 '진실'이라는 기호를 늘어놓은 것으로, '진실'은 그저 포장지 역할만 하고 있습니다. 마치 어떤 사람이 눈을 동그랗게 뜨고는 "이거 정말이라니까!"라고 말하는 것과 마찬가지입니다. 그와 분명하게 대비되는 것이 바로 〈소무〉입니다.

자젠잉 〈소무〉야 정말 있는 그대로라, 문예영화의 가식은 조금도 없죠. 연애 신 몇 장면만 해도 그렇습니다. 소무와 가라오케 아가씨의 관계도 정말 딱이라고 할 정도로 처리되어 실제 생활에서의 감정적 갈등과 마찬가지로 모호하고 미묘하게 묘사되어 있죠. 그런 게 있다면 있는 거지만, 없다고 하면 또 아무것도 아닐 수 있는 그런 감정 말입니다.

린쉬둥 그 영화는 설득력이 있습니다. 저는 그런 사람과 사건이 실제로 있을 수 있다고 생각합니다. 어떤 인물이 출현하는데, 그가 몇 장면 나오지 않는다 해도 이 사람이 실제 생활에서 확실히 살고 있는 사람이라는 걸 믿을 수 있죠. 그런데 그들(5세대)의 영화에 나오는 인물들은 일정한 필요에 따라 설정을 거친 사람들입니다. 예전에 꽤 오랜 시간 동안 그들의 영화가 나오면 내가 좋아하는 것이 아니더라도 가서 한번 봐 줘야 한다고 생각해 왔습니다. 심지어 〈시황제 암살〉처럼 많은 사람이 안 좋게 말해도 영화관으로 달려가 큰 스크린에서 직접 한번 보고 싶었습니다. 그런데 이제 〈연인〉 같은 영화는 보고 싶다는 욕망도 없어져 버렸어요.

자젠잉 당신이 보기에 '5세대' 영화가 80년대에서 90년대를 거쳐 오늘날에 이르기까지 이런 식으로 변화해 온 것이 필연적인 것 같습니까? 아니면 뭔가 문제가 있는 겁니까?

린쉬둥 문제가 있었다고 말하긴 좀 힘들고, 언젠가는 그렇게 될 거였죠.

자젠잉 왜 그렇게 보십니까?

린쉬둥 당신도 앞에서 언급했듯이 그들은 조근조근 이야기할 줄을 몰라요. 장이머우 또한 자신의 영화언어가 '강렬'하다는 점을 아주 자랑스러워하죠. 이런 것들이 이 세대 사람들의 성장배경을 말해 줍니다. 그들이 받은 모든 교육, 그들과 혁명 문예와의 혈연적 관계 같은 것들 말입니다. 예전에 어떤 글에서도 이야기한 바 있지만 그건 일종의 '갈색의 낭만주의'입니다. 현실의 침윤을 거쳐 선명한 빨강색이 갈색으로 퇴색한 것이죠.

자젠잉 절묘한데요. 역시 화가의 언어로 정리해 주시는군요.

린쉬둥 그들에겐 뼛속 깊이 박혀 있는 어떤 선입견이 있는데, 이것에 견주어 현실생활의 여기에서 조금 깎아 내고 저기에서 조금 잘라 내어 속에다 집어넣고는 딱 맞게 만드는 거죠. 뼛속 깊이 그런 게 박혀 있어요.

자젠잉 원래 그들이 받았던 교육에서 강조하던 문예개념 말씀이군요. 예를 들어 문학은 전형화해야 하고 승화시켜야 하며, 더 높고 아름답게 만들어야 한다, 생활에서 출발하지만 생활보다 숭고한 것이어야 한다는 식의…….

린쉬둥 그들이 영화를 시작할 때는 젊고 혈기왕성해서 영화에 대한 그들의 진취적인 생각과 생명의 성장이 정비례를 이루고 있었어요. '문혁'의 고난도 오히려 일종의 경험적 자양분이 되어 그들이 발산할 에너지를 증가시켜 줬다고 할 수 있습니다. 그러나 점점 뒤로 갈수록 원래 가지고 있던 각종 한계들이 조금씩 나타나게 되는 것이죠.

자젠잉 낙엽이 뿌리로 돌아가듯, 거기에 얽매일 수밖에 없는 셈이네요. 어렵군요.

린쉬둥 사르트르가 말한 것처럼 우리 모두는 역사의 인질입니다. 인간이 자신의 역사적 상황을 벗어나기란 정말 어렵습니다. 다른 사람에 대해 왈가왈부할 수는 있지만, 자기 자신이 직접 할라치면 그만큼도 하기 쉽지 않을 테니까요.

자젠잉 그럼 〈황토지〉, 〈붉은 수수밭〉은 모두 청춘기의 산물이라고 보십니까?

린쉬둥　그와 같은 청춘기의 생명의 박동은 그 자체로 무엇과도 대신할 수 없는 미美라고 할 수 있을 것입니다. 뭔가에 쩔쩔매다가 지극히 기초적인 실수를 범하기도 하지만 그런 건 별로 중요하지 않아요. 심지어 어떨 때는 수단과 방법이 제한되어 있다는 점이 오히려 그들의 창조력을 격발시키기도 하니까요.

　　그러나 최초의 성공 뒤에 어떻게 자신이 획득한 자원들, 즉 명성이나 경험, 자금 등의 것들을 잘 추스르는가, 그것에 속박되는 게 아니라 적재적소에 잘 이용할 수 있는가가 관건입니다. 성공은 종종 양날의 검과 같습니다. 〈아마데우스〉의 유명한 대사와 마찬가지로 말입니다. "네가 하느님의 은총을 받은 그때, 사탄은 이미 너를 향해 미소 짓고 있다." '5세대' 부터 계속하여 살펴봤는데, 지금까지 나중 작품이 첫번째 성공작을 넘어선 대륙 감독을 거의 보지 못했습니다.

자젠잉　지금까지도 계속 그렇습니까? 그럼 나중에 나온 더욱 젊은 감독들, 예를 들어 90년대의 이른바 '6세대' 감독들까지도 포함해서 말입니까?

린쉬둥　그들보다 더 젊은 감독도 마찬가지입니다.

자젠잉　자장커는 몇 세대입니까? 그보다 더욱 젊은 감독들은요?

린쉬둥　몇 세대니 하는 이야기는 잠시 거론하지 맙시다. 어쨌든 지금까지도 자장커의 최고 작품은 〈소무〉라고 생각됩니다.

자젠잉　저도 그렇게 생각해요. 심지어 자장커에게도 그렇게 말했어요.

린쉬둥 저도 이야기한 바 있습니다.

자젠잉 몇몇 제 친구들도 그렇지만 자장커 본인도 〈플랫폼〉Platform, 2000이 최고의 작품이라고 생각하더군요. 그렇지만 제가 보기에 〈소무〉에는 어떤 원시적인 생명력이 남아 있어요. 실제 생활에서 사람들이 겪게 되는 그런 투박한 구석과 충동의 순간이 살아 있죠. 〈플랫폼〉에서는 한 시대를 통어하려는 의지가 보입니다. 근데 실제로는 완전히 장악하지를 못했어요.

린쉬둥 그 시기에는 이미 그랑 잘 아는 사이가 되었기 때문에 그 영화의 제작과정을 좀 압니다. 최초의 구상은 그래도 상당히 괜찮았다고 할 수 있습니다. 근데 실제로 만들면서 완전히 장악하지 못한 부분이 있죠.

자젠잉 아마도 당신이 금방 말씀하신 그 판단이 여기에도 적용되는 게 아닌가 싶네요. 정말로 인간은 자신의 형성기에 받아들인 지식과 문화를 넘어서기가 힘든 것 같습니다.

린쉬둥 그런 문제인 것만은 아닌 것 같고, 영화산업의 환경을 포함한 중국 당대의 모든 역사적 조건을 고려해야겠죠. '5세대'를 시작으로 '6세대'인 왕샤오솨이, 장위안, 그 이후 세대인 자장커, 그리고 더욱 젊은 세대 감독들까지, 모두들 개인적인 측면에서 보면 갈수록 노련해지는데 그게 꼭 예술적인 표현과 정비례를 이루는 건 아닌 것 같더군요. 보아하니 그건 개인적인 재능의 문제가 아닌 것 같습니다. 개인적 에너지의 분출은 분명 일정한 역사적 조건이 필요합니다. 왕년의 그 '5세대'들도 만약 끝없이 계속되는 '문혁'을 만났다면 분명 아무런 뜻도 펼쳐보지 못했을 거 아닙니까. 한 개인의 문화적 표현은 분명 그의 특정한 역사적 상황과 관련됩니다. 그가 받을 수 있었던 교육적 배경, 그의 지식 축적은 필연적으로 그의 욕망의 표현방식에 영향을 주기 마련입니다.

자젠잉 당신 말씀은 1949년에서 지금까지 계속 적용되는 건가요?

린쉬둥 설명하자면 길어질 것 같군요. 시작은 사상개조와 정치 만능주의에서부터입니다. '문화대혁명' 때는 문화가 완전히 죽어 버렸습니다. 지금은 또 "지식이 운명을 바꾼다"느니 "지식경제" 등의 표어를 부르짖는데, …… 몇 세대 동안 모두들 사실상 "급하게 필요한 것부터 우선 학습하자"急用先學는 태도에서 벗어나지 못하고 있습니다.

자젠잉 당신의 관점은 천단칭이나 류쒀라하고는 많이 다르네요. 그들은 이전 세대들이야 초창기 역사적 단계에서 받은 문화적 자양분이 너무 열악했지만 요즘 젊은이들에게는 희망을 가져도 된다고 생각하더군요. 왜냐하면 그들은 정보화 시대에 성장하였고 사회적 환경도 앞 세대보다 정상적으로 돌아가고 있으니까요. '5세대'나 60년대에 출생한 사람들의 경우 모두 굉장히 비정상적인 시대에 성장했잖습니까. 70년대에 출생한 이들은 좀 나은 편이죠. 그들에게도 여러 가지 문제가 있긴 하지만 그래도 희망은 있다고 봐야겠죠.

린쉬둥 저는 잘 모르겠습니다. 왜냐하면 아직까지 저는 그런 희망을 품어야 할 이유를 발견하지 못했으니까요.

자젠잉 예외도 없나요?

린쉬둥 없습니다. 요즘 젊은 세대들, 막 대학에 입학하려는 사람들, 아직 고등학교에 다니고 있거나 심지어 초등학교에 있는 학생들까지, 그들이 받는 전체적인 교육 구조를 생각해 보십시오. 더 결정적인 것은, 누가 그들을 교육시킵니까? 그들이 어떤 교육을 받습니까? 그들의 지식구조는? 전 비관적입니다.

자젠잉 사실 그들의 선생이 바로 '5세대'들이죠.

린쉬둥 만약 모두가 '5세대'라면 그나마 괜찮은 편이죠. 잊지 말아야 할 게, 그들이 아무리 떨어진다 해도 지금 세상에서 엘리트라는 건 분명하다는 점입니다. 아이들이 그들의 가르침을 받을 수 있다면야 평생의 행운인 셈이죠. 그런데 기회가 된다면 현재 몇몇 대학교수나 박사 지도교수급 선생들에게서 가르침을 받아 보셔도 무방할 겁니다. 평범한 중고등학교는 말할 것도 없고요. 민국 초기 예성타오葉聖陶 같은 지식인들도 중고등학교 선생을 했으니까요. 언젠가 제가 비교해 본 적이 있어요. 제 사촌누님이 베이징사대 부속여중에서 근무합니다. 한번은 그녀의 선생님을 뵌 적이 있어요. 예전 미션스쿨 출신이고 집안이 특별히 부유한 것도 아닌데, 다만 결혼을 하지 않고 가르치는 것만을 업으로 살아오신 분이더군요. 그다지 거창할 것도 없는 일상적인 이야기만 몇 마디 했는데도 그녀의 말투에서, 이런 게 문화나 교양이라는 걸 체감할 수 있었습니다. 그저 평범하기 이를 데 없는 중학교 퇴직교사일 뿐인데 말입니다. 아마도 이런 게 바로 천단칭이 말한 '민국 여성'民國女子이지 않을까요.

자젠잉 후란청胡蘭成, 1906~1981도 그렇다고 할 수 있습니다. 천단칭은 후란청을 유난히 좋아하는 것 같습니다. 민국 시대도 좋아하고요. 그는 동시대 사람들에게는 비관적이지만, 미래에 대해서는 그래도 희망을 품어 보려고 합니다. 예를 들어 그는 자기 학생들이 보여 주는 식견에 꽤 흡족해하는 것 같습니다. 당신은 사실 철저하게 비관적이신데요. 차라리 나이 따지지 말고, 누구라도 첫 영화보다 나은 차기작이 없다고 말하는 건 어떨까요?

린쉬둥 제가 본 것 중에서라면 그렇죠.

자젠잉 장원姜文의 〈귀신이 온다〉鬼子來了, 2000는요? 제 생각에는 첫번째 영화인 〈햇빛 쏟아지는 날들〉1994보다 좋았던 것 같은데요.

린쉬둥 장원의 영화는 쉽게 받아들여지지가 않더군요. 그의 영화에는 어떤 폭력적인 게 있어요. 꼭 때리고 죽이고 선혈이 낭자해서 그렇다는 게 아니라 반대로 지나치게 휘황찬란하게 치장하는 것에서 그게 드러납니다. 그는 사실 장이머우에게서 안 좋은 측면을 배웠습니다. 근데 장이머우는 그런대로 적절하게 조절하고 있는데, 그는 극히 과장해서 보여 줍니다.

자젠잉 아, 저도 〈햇빛 쏟아지는 날들〉을 안 좋아하는 사람들 이야기를 들은 적이 있는데, 그 이유가 그런 방식으로 '문혁'을 표현하는 게……

린쉬둥 그렇다면 그들이 이야기하는 건 소재의 측면이죠. 저는 그의 영화가 전체적으로 던져 주는 느낌을 말한 것입니다. 예를 들어 영화 말미에 그 바보가 카메라를 향해 뛰어들며 "바보!"라고 외치는 장면 같은 거 말이죠.

자젱잉 위에서 아래로 내려다보는 듯한 감이 없지 않죠. 아주 예민하시네요. 저도 야단법석을 떠는 그 바보가 좀 어색했던 것 같네요. 그렇지만 〈귀신이 온다〉에서 보이는 지극히 어둡고 굴욕적인 것들은 장이머우의 〈붉은 수수밭〉과 비교해서 〈검은 수수밭〉이라고 부를 법하지 않나요? 신화를 단번에 박살내어 속살을 드러내게 했잖습니까. 그러나 두 영화가 사실 일맥상통하긴 해요. 특히 중국 남성의 연약함과 민족적 치욕의 관계에 대한 견해가 두드러지게 일치하고 있죠.

이런 쪽으로는 모옌의 90년대 소설 『풍만한 가슴과 살찐 엉덩이』豊乳肥臀에서도 비슷한 변화가 일어나고 있습니다. 모옌은 더 이상 『붉은 수수밭』을 쓸 때처럼 낭만적으로, 오로지 원시적인 남성성(陽剛)만을 강조하지는 않습니다. 그보다는 종족의 퇴화, 특히 중국 남성의 나약함과 유아적인 오이디푸스 콤플렉스를 남김없이 보여 주고 있습니다. 물론 장원이 결코 모옌 정도로 퇴폐적이고 나약하게 변하지야 않았지만, 그는 "치욕을 아는 것이 용기에 가까운 것이다"는 이야기를 하고 있으며 마지막에 가서는 남자 주인공으로 하여금 용맹하게 일어나 목숨 걸고 싸우게 합니다. 그가 남성의 기개에 대한 꿈을 그렇게 철저히 버릴 수야 없었겠죠. 그렇지만 영화 시작 부분의 남녀 장면에서 이미 암시되고 있어요. 다만 〈붉은 수수밭〉의 야합 장면처럼 형식적이지는 않지만, 시작 부분의 이 장면이 있었기 때문에 결말의 할리우드 느낌이 나는 대형 장면이 자연스러워질 수 있었던 겁니다. 제가 좋아하는 것은 이 과정에서 보여 준 많은 블랙 유머입니다. 그토록 어쩔 수 없는 지경에 이르러서도 여전히 그렇게 풍자적이고 희극적인 디테일을 구성하다니, 절묘했어요. 근데 다시 돌아와, 퇴폐이든 퇴폐가 아니든 '80년대 사람들'과 '5세대'는 여러 측면에서 확실히 어떤 공통분모가 있는 것 같아요. 겉으로 보기에는 다들 제각각인 것 같지만, 그들이 받은 교육이나 대체적인 성장배경은 동일하다는 것을 느낄 수 있습니다. 그들의 개성은 이런 공통적인 배경에서 솟아나온 기질적인 차이에 불과한 것이죠. 그렇다면 당신은 장원이 자장커, 왕샤오솨이 등 '6세대' 사람들과 꽤 다르다고 보시는 건가요?

린쉬둥 나이로 보자면 장원은 장위안과 동갑인가 그런데, 사실 영화계에 훨씬 먼저 뛰어들긴 했죠. 그는 '5세대'와 거의 비슷한 시기에 시작했고 비슷한 시기에 떴어요.

자젠잉 장위안 등은 그 시절에 전혀 알려지지 않았죠. 자장커는 말할 것도 없고요. 한창 산시山西의 작은 마을에서 소무小武 같은 애들하고 길에서 놀고 있었겠죠. 그러고 나서는 당신이 말씀하신 것처럼 영화대학에서 또 몇 년 굴렀을 테고요.

린쉬둥 장원의 또 다른 특수성은 나이가 천카이거 등보다 한참 어린 편이라 성장배경이 그들과는 전혀 다르다는 점입니다. 예를 들어 '문화대혁명'에 대해서도 장원은 천카이거 같은 사람처럼 뼈에 사무칠 수가 없죠. '간부 자제' 大院子弟*라는 점에서 그는 왕쉬와 비슷하지만, 왕쉬와도

---

* 가도거민위원회(街道居民委員會)의 말단 조직의 하나인 대원(大院)은 주로 신중국 건국 후 부대 간부들의 집단 거주 지역을 말한다. 베이징의 푸싱루(復興路) 서쪽에 위치한 십여 개의 대원이 대표적이다. 이곳에서 자라난 대원자제(大院子弟)들은 정치적 엘리트였던 부모들이 각종 정치 운동과 학습으로 바쁜 나날을 보냈기 때문에 부모의 사랑은 거의 받지 못하였지만, 특권층의 하나인 군대에 배속됨으로써 동세대 대부분의 젊은이들과는 달리 하향하거나 생산대에 배속되는 것은 피할 수 있었다. 우월한 생활환경과 정치적인 삶의 강요가 이들을 특징 짓는 키워드이다. 〈햇빛 쏟아지는 날들〉은 이러한 대원자제들의 삶을 다루고 있다. '대원자제'는 특권층 자녀, 부대 간부의 자녀 정도로 옮길 수 있는데, '태자당'(太子黨)을 형성할 정도의 특권층은 아닌바 여기서는 '간부 자제'로 통일한다.

또 다른 게 왕쉬는 개혁개방의 물결에 휩쓸려 시정잡배들 속에서 단맛 쓴맛 다 본 간부 자제라는 점입니다. 그가 입으로는 "나 같은 건달이 누굴 두려워하랴?"라고 떠들어 대긴 해도, 여류작가 왕안이가 역시 한눈에 간파했지 않습니까. 왕쉬는 사실 상심에 잠긴 것이라고 말입니다. 이러한 차이는 〈햇빛 쏟아지는 날들〉로의 영상화에 그대로 나타나고 있습니다. 미란이 등장하는 장면만 봐도 알 수 있습니다. 원작인 『사나운 동물』動物凶猛에서는 "완전히 몰라보게 변한 얼굴"로 그녀는 등장합니다.**
그러나 영화에서는 샤위夏雨(장원의 어린 시절, 즉 극중 '마소군' 역을 맡은 배우)가 침대 밑에서, 갑자기 나타나 조용히 옷을 갈아입는 그녀의 모습을 몰래 훔쳐봅니다. …… 제 생각에 이게 핵심적인 이미지입니다. 이렇게 이미지가 바뀌는 가운데 주제도 180도로 바뀌어 버렸어요. 왕쉬에게서는 이 세상에 누구도 그렇게 대단하지는 않다는 뜻이었는데, 장원에게로 가자마자 "우린 대단해! 너무 대단하지!"로 변해 버렸습니다.

자젠잉   아, 그래서 폭력적이라는 느낌을 받으신 거군요. 꼬맹이 건달들을 사내대장부로 바꿔 버렸다는 점에서요. 그렇지만 〈귀신이 온다〉에서는요? 이 영화에서는 평범한 백성들——이 농민들은 일본군, 국군, 팔로군에 비해 약하디 약한 사람들입니다——이 폭력적인 상황을 마주하여 겁에 질려 무슨 수를 써서라도 살아남으려고 애쓰다가 결국 아무런 출구 없는 막다른 길로 몰리게 되자 어쩔 수 없이 필사적으로 살인을 하게 되는데…….

** "그녀의 얼굴은 완전히 몰라보게 변했다. 나는 그녀를 보고도 아무런 느낌도 없었다." 원작에서 성인이 된 주인공은 친척을 배웅하러 기차역에 갔다가 대합실에서 우연히 그녀와 마주친다. 그러나 그녀인지도 모르는 채 서로 엇갈린다.

린쉬둥 사실 그가 무엇을 찍는가가 아니라 그의 출발점이 어디인지가 문제입니다. 어떻게 말하는 게 좋을까요? 레이 황黃仁宇이 말한 것처럼 역사적 인물의 행위에 대해 어떤 동정심 같은 걸 가질 필요가 있습니다. 입장을 바꾸어 그가 처한 구체적인 상황에서 출발할 필요가 있다는 말입니다. 제 생각에 장원의 영화에는 이런 면이 결핍되어 있습니다. 제가 가장 좋아하는 영화들에는 모두 이런 시각이 살아 있습니다. 예를 들어 허우샤오셴의 영화나 〈소무〉 같은 것 말이죠. 소무는 바로 그렇게 사랑스러우면서도 또 비천하기도 한 인물이에요…….

자젠잉 멍텅구리에 왕재수, 부아가 치밀게 하면서도 자기만의 인간적인 매력을 가지고 있죠. 무슨 말씀인지 잘 알겠습니다. 〈귀신이 온다〉의 농민도 대부분 맹하면서도 간사하여, 가소롭기도 하고 불쌍하기도 하다는 생각을 들게 합니다. 〈햇빛 쏟아지는 날들〉의 꼬맹이 '대장부'들은 출신이 각각이지만, 홍색 정권에서의 위치 때문에 자신들을 쿨하다고 생각하는 우월의식이 깔려 있습니다.

린쉬둥 베이징 부대 간부 자제들의 우월감을 가지고 있죠.

자젠잉 그런 측면에서 보자면 분명 '5세대'와도 어떤 연관이 있겠군요. '5세대'의 영화는 높은 곳에서 내려다보는 듯한, 교육적이고 계몽적인 시각 때문에 평상심을 가지고 보기가 힘듭니다. 그 시절 중국을 특징짓는 엘리트 의식을 아마도 그들은 공유하고 있는 게 아닐까요?

린쉬둥 이른바 "적을 섬멸하고 인민을 교육하자"라는 의식을 공유하고 있죠.

자젠잉 그렇다면 중국영화에 대한 당신의 실망은 오늘에 한정되는 것이 아니라 내일까지 계속되는 것이겠군요.

린쉬둥 하지만 최근 몇 년 사이 새로운 상황이 전개되었습니다. DV 기술의 출현이 그것인데요, 염가와 쉬운 조작법으로 인해 프랑스인들이 50년대에 제기한 카메라 만년필설이 현실이 되어가고 있습니다. 저는 최근 들어 끊임없이 신인들이 배출되기 시작한 것을 똑똑히 보아 왔습니다. 특히 다큐멘터리 쪽에서 말입니다.

자젠잉 당신은 그렇게 많은 다큐멘터리 제작에 참여한 바 있으니, 한 다큐멘터리에 대한 당신의 견해를 들어 보고 싶군요. DV로 찍은 건데, 〈철서구〉鐵西區, 2003라는 영화입니다. 친구들이 이야기하는 건 들어 봤는데 아직 보지는 못했습니다. 정말로 특별한 영화입니까?

린쉬둥 최소한 저에게 있어, 최근 10여 년 사이 가장 중요한 영화 중 하나입니다.

자젠잉 다큐멘터리 중에서요?

린쉬둥 중국 대륙의 모든 영화를 통틀어서 말입니다. 다른 하나는 앞에서 거듭 언급한 〈소무〉고요. 이 둘은 굉장히 영화적인 방식으로 지금의 현실에 대한 저의 체험을 정합시켜 주었습니다. 〈철서구〉는 왕빙王兵이라는 애가 찍었습니다. 생긴 게 어떠냐 하면, 어떤 친구가 농담으로 말한 것처럼, 노가다꾼들 틈에 던져 놓으면 골라 낼 수 없을 정도입니다. 시안西安 출신인데, 사진 촬영을 배웠다가 나중에 자기 돈을 써서 영화대학에서도 공부했습니다. 자장커보다는 한두 살 많은데 듣자 하니 꽤 곡절 많은 삶을 살았더군요. 부친이 시안 건축설계원西安建築設計院 소속이었는데 나중에 가스 중독으로 죽었습니다. 그때가 왕빙이 14살 때인데, 곧바로 부친의 직장에 가서 일을 하게 되었답니다.

자젠잉 그가 찍은 첫 영화인가요?

린쉬둥 그렇습니다. 2년 넘게 찍었고 1년 이상 편집을 했습니다. 그곳은 중국에서 가장 오래된 공업구역입니다. 일본이 만주를 점령한 후 군사공업기지로 개발하면서 발전하기 시작했고요, 50년대에는 사회주의 중국 공업화의 한 축소판이라고 할 정도로 공장이 줄지어 늘어서 있었죠. 당시 철서구에 출근한다는 말은 쇠밥그릇을 차고 있다는 말과 같았어요. 그러나 지금 그곳은, 공장이 하나둘 문을 닫아, 만약 선양沈陽에 가서 내가 철서구에 산다고 말하면 가난하다는 말로 알아들을 정도입니다. 이 영화는 세 편의 상대적으로 독립적인 영화로 구성되어 있으며, 총 9시간짜리입니다. 조금도 과장하지 않고 말하자면 이 영화는 밑바닥 인생을 사는 사람들(小人物)의 서사시입니다.

자젠잉 그 영화가 그렇게 당신을 감동시켰군요. 첫 영화죠?

린쉬둥 그렇습니다. (웃음)

자젠잉 (웃음) 당신 이론대로라면, 이제 그도 다른 길로 전업하는 게 좋겠군요.

린쉬둥　제가 틀리기만을 바라야죠.

자젠잉　다른 다큐멘터리는 어떤가요? 닝잉寧瀛의 〈희망의 길〉希望之路, 2002 도 꽤 괜찮았던 것 같던데요.

린쉬둥　그런대로 괜찮아요. 그것도 DV로 찍었습니다. 그래도 역시 〈철서구〉를 한번 보시는 게 좋겠어요.

자젠잉　몇 년 전에 나온 극영화 〈조 선생〉趙先生, 1998도 괜찮다는 말이 들리던데요?

린쉬둥　그런대로 괜찮았지만, 그래도…….

자젠잉　그래도 역시 제가 〈철서구〉를 한번 보는 게 좋겠죠. (웃음)

린쉬둥　심지어 그 영화에 대해서는 함부로 제 썰을 풀기도 주저하게 됩니다. …… 엉뚱하게 말하게 될까 봐서요. 영화는 직접 보라고 있는 겁니다.

자젠잉　좋습니다. 꼭 보도록 하겠습니다. 마지막으로 TV 드라마 이야기를 좀 합시다. 비록 많은 사람들이 드라마를 비판하긴 하지만 제 생각에 중국 드라마가 그래도 꽤 발전한 것 같습니다. 80년대에 그렇게 낮은 수준에서 출발해서…….

린쉬둥　확실히 그렇습니다. 종수도 많아졌고 수준 면에서도 90년대 이후 비약적으로 발전했어요. 영화보다 훨씬 낫습니다. 아마도 전체적인 산업조건과 맞물려서 나타난 현상인데요, 투자와 회수 면에서 비교적 양호한 순환체계를 형성하고 있습니다. 모두들 드라마를 찍는 게 남는 장사라는 공감대가 형성되어 있죠. 영화는 대부분 손해 보지 않으면 그래도 다행이라고 생각하는데 말입니다. 그래서 사람도 자금도 모두 그쪽으로 흘러들어 가고 있습니다. 일부 감독들도 어쩔 수 없다는 심정으로 하고 있지만요. 현재 중국 감독 중에서는 천카이거, 장이머우, 펑샤오강 정도가 끊임없이 계속 투자를 받을 수 있지 절대다수의 감독들은 돈을 끌어와서 영화 한 편 찍는 게, 특히 자기가 찍고 싶은 영화를 찍는 게 굉장히 어렵습니다. 어쩌다 기회가 된다 해도 기본적으로 예술을 위해 희생한다는 심정으로 온몸을 바쳐야 하죠. 드라마는 다릅니다. 한 편에 얼마나 많은 현금이 흘러듭니까. 못 믿겠으면 한번 조사해 보세요. 중국의 영화감독 중 지금 몇이나 영화를 찍고 있는지? 모두들 드라마를 찍고 있어요.

자젠잉 드라마가 영화보다 지금 중국의 현실생활을 더욱 가까이서 잡아냅니다. 많은 사회문제, 심리적 문제, 감정 문제 등을 드라마에서는 모두 표현해 내려 하고 있어요. 이치대로라면 드라마를 영화와 비교할 수는 없겠죠. 조잡하고 패스트푸드 같은 느낌인 게 사실입니다. 그러나 최근에는 영화보다 더욱 활기찬 모습을 보이고 있어요. 원래 80년대 대륙에서는 한동안 외국 드라마가 완전히 시장을 장악하지 않았습니까? 미국이나 라틴아메리카의 소프 드라마가 얼마나 많이 유통되었습니까. 결국엔 〈갈망〉渴望, 1990을 시작으로 오늘날까지 본토의 드라마가 기본적으로 시장을 되찾게 되었지만요. 드라마가 받는 검열이 영화보다 더 엄격한 것도 사실이죠. 드라마를 보는 사람이 더 많고, 보다 민감하니까요.

린쉬둥 제 이야기로 되돌아 오자면, 그들이 아무리 드라마로 전업했다 해도 어느 정도는 자신의 생각을 실현하려는 시도를 놓지 않고 있습니다. 그러나 드라마가 영화와는 다른 게, 영화는 몇 번 더 상영하고 안 하고가 크게 문제되지 않지만, 드라마는 그렇지 않다는 점이에요. 시간 되면 뭔가를 틀어야 하고, 광고며 시청률의 압박 같은 것까지 고려해야 하니…… 그러다 최후엔 시청자가 좋아하기만 하면 별 대단할 것도 아닌 게 오케이가 되죠.

자젠잉 예를 들어 얼마 전에 본 〈동지〉冬至, 2003 같은 경우만 해도, 요즘 대륙영화 중 현실생활에 대해 이 정도로 표현할 수 있는, 혹은 인간의 심리에 대해 이 정도로 예민할 수 있는 영화가 드문 것 같아요.

린쉬둥 그 드라마는 못 봤어요. 근데 요즘 범죄 드라마 몇 개가 상당히 괜찮았던 것 같습니다. 사회현실에 대한 고발, 전환기 사회의 인성의 충돌 같은 게 아주 깊이 있게 표현되고 있더군요.

자젠잉 인간의 온갖 곤혹스러움, 고민, 막막함, 각종 다양한 욕망과 모순 같은 것들을 드라마는 모두 건드리고 있습니다. 당신이 본 드라마 중에서 몇 가지 예를 더 들어 줄 수 있으신가요?

린쉬둥 몇 년 전에 나온 〈경찰본색〉刑警本色, 1999이라는 드라마가 생각나는군요.

자젠잉 하이안海巖이 만든 건가요?

린쉬둥 아닙니다. 하이안 거는 별로 좋아하지 않습니다. 그 드라마의 감독은 장젠둥張建棟입니다. 영화대학 감독과 교수인데, 연기학과 출신이고 왕즈원王志文과 같은 반이었습니다. 지금은 드라마 쪽에서 대가로 쳐주는 사람입니다. 또 괜찮은 작품으로 〈범죄현장〉犯罪現場이 있습니다. 실의에 빠진 소시민 몇이서 용서할 수 없는 범죄를 저지르는 내용입니다. 얼마 전에 나온 〈정복〉征服도 괜찮았습니다.

자젠잉 제가 본 것 중에는 〈빈 거울〉空鏡子도 그런대로 좋았어요.

린쉬둥 〈빈 거울〉도 괜찮긴 하죠. 감독이 영화도 찍었어요. 〈아름다운 큰 발〉美麗的大脚, 2002이라고.

자젠잉 아, 〈아름다운 큰 발〉이 원래 그 감독이 찍은 거군요. 전 우연한 기회에 〈아름다운 큰 발〉의 심사용 필름을 봤는데, 같은 사람이 만든 거라곤 전혀 생각도 못 했네요. 나중에 〈낭만적인 일〉浪漫的事이라는 드라마도 찍었는데 그것도 좋아요.

린쉬둥 저도 몇 부만 봤습니다. 드라마는 시간을 너무 많이 잡아먹는 것 같아요.

자젠잉 저도 그게 고민이에요. 사실 〈동지〉 같은 드라마도 비디오로 봤어요. 너무 질질 끄는 장면은 넘겨 가면서 말입니다. 그래도 제한적으로 골라서 본 드라마 몇 개는 볼만했어요. 썩 괜찮은 편이었죠. 비교적 빠르게 발전하고 있다는 생각이 들었어요. 그럼, 80년대의 영화라는 주제로 진행된 우리 대담도 어느 정도 막바지에 이른 것 같은데요. 제가 묻지는 않았지만 특별히 덧붙이고 싶은 말씀은 없으신가요?

린쉬둥 없습니다. 사실 저는 80년대에 대해 오래전부터 할 말이 별로 없었으니까요.

자젠잉 그럼 이 정도에서 인터뷰를 마치겠습니다.

10
류쒀라(劉索拉)

작곡가, 보컬, 작가, 음악 제작자. 중앙음악대학 작곡과를 졸업했으며, 초창기 작품으로는 소설 『너에게 다른 선택은 없어』你別无選擇(전국 중편소설상 수여), 『파란 하늘과 푸른 바다』藍天綠海, 『가수왕을 찾아서』尋找歌王 등이 있다. 또한 록오페라 「파란 하늘과 푸른 바다」, 교양시 「류즈단」劉志丹 등의 음악작품을 창작했다. 영국과 미국으로 이주하여 살면서 소설 『카오스와 기타 등등』混沌加等, Chaos and All That, 『계씨 가문의 작은 이야기』大繼家的小故事(중국 대륙판 제목은 『여정탕』女貞湯)를 썼으며, 『동방의 블루스』Blues in the East, 『차이나 콜라주』China Collage 등의 앨범을 발표했다. 귀국한 후 그림과 음악이 같이 있는 출판물 '류쒀라 예술공장 시리즈'(상해문회출판사 출판)를 발표했으며, '류쒀라와 친구들' Liu Sola and Friends; 劉索拉與朋友們이란 이름의 모던 민족 앙상블을 만들었다. 현재 대형 실내악 가극을 창작하고 있다. 이 가극은 유럽의 '앙상블 모던'과 '류쒀라와 친구들' 밴드의 협연으로 2006년 유럽 순회공연을 하여 호평을 받았다.

류쒜라와의 대화
―2004년 7월 14일 베이징 다산쯔

쒜라와는 더할 나위 없이 친한 사이다. 인터뷰도 그녀의 '798공장'*의 loft 침실의 커다란 스위트 침대에 반쯤 드러누워서 진행했다. 침대 위에 놓인 기다란 나무 쟁반에는 각종 과일이며 군것질거리, 음료 등이 가득했다. 이야기를 시작하려다가 보니 아침에 집을 나서면서 녹음기를 챙기지 않았다는 걸 알게 되었다. 그래서 쒜라가 평소 자주 애용하던 산시陝西 출신 택시기사 조씨 아저씨를 전화로 불러 주었고, 드라이브 삼아 자기도 같이 검은색 '홍기'紅旗 택시를 타고 우리 집에 가서 녹음기를 가지고 다시 그녀의 집으로 돌아왔다. 그러고는 다시 침대에 올라 자세를 잡고 이야기를 시작했다. 한참을 말하다가 보니 이번에는 또 테이프에 문제가 있어 하나도 녹음되지 않았다. 쒜라가 화가 나서 욕을 해댔다. "이년이 요렇게도 프로정신이 없어요. 내가 자기를 모시고 반나절

---

* 베이징 다산쯔(大山子) 거리에 위치한 798공장은 1950년대 소련의 자본과 동독의 건축 및 산업기술로 건설된 산업단지였다. 중화인민공화국 초기에 전기전자를 중심으로 한 공장지대였다가, 베이징의 도시화로 산업부지가 외곽으로 이동하여 비어 있는 공장을 예술가들이 차지하면서 자연히 이곳은 예술가들의 메카가 된다. 현재 화랑, 예술센터, 예술가의 아틀리에, 레스토랑, 바 등이 모인 복합 공간으로 발전하여, 국제적 색채의 'SOHO식의 예술취락', 'Loft 생활방식'이 형성되었다. 지금은 '798예술지구'라는 이름으로 베이징의 신명소가 되었다.

을 떠들었는데 한마디도 녹음이 안 됐단 거야!" 둘 다 어이없는 웃음을 지으며 할 수 없이 테이프를 갈아 끼우고 다시 처음부터 시작했다.

내가 쒀라를 처음으로 만난 건 1990년 봄의 어떤 회의에서였다. 회의 장소가 노르웨이에서 스웨덴까지 분산되어 있어 각국에서 날아온 친구들과 충분히 이야기할 수 있는 기회를 주려고 만든 것 같은 그런 회의였다. 여러 해가 지난 후 나는 쒀라의 소설『계씨 가문의 작은 이야기』의 서문에 당시를 회상하며 다음과 같이 썼다. "그 회의에서 우리 둘만 여자였다. 그래서 같은 방을 썼고 금세 친해졌다. 낮에는 종일 회의에 참가했다. 모두들 현재와 미래, 왜와 어떻게를 이야기했고 쒀라는 맥없이 거기에 앉아 있었다. 밤이 되면 우리는 각자 커다란 베개를 베고 마주보며 수다를 떨었는데, 전부 과거에 대한 이야기였다. 그녀는 활기에 차 온갖 손동작과 표정으로 자신의 재치와 비판을 끊임없이 토해 냈다. 이야기는 새벽까지 이어졌지만 눈은 점점 커졌고 빛이 났다. 다음날 일어날 때면 항상 얼굴이 누렇게 떴다. 그렇게 잠 못 드는 열흘의 회의를 끝낸 후 내가 내린 결론은 이런 것이다. 첫째, 이 사람은 지극히 과거지향적인 사람이다. 둘째, 이 사람은 지나간 옛일을 생동감 있게 이야기할 수 있다."

지금 생각해 보면 그때 둘이서 처음으로 긴 이야기를 나눴는데, 가장 많이 이야기한 주제는 사실 80년대였다. 이번 대담에서 쒀라는 자기를 포함한 중국 예술가의 갖가지 심태와 중국교육의 온갖 문제에 대해 날카롭게 비판하고 반성했다. 특히 문화계 인사들이 중국에서 이름을 떨친 후 멀리 서양에 가서 생기게 되는 갖가지 미묘하고 복잡한 심리적 문제에 대해 그녀처럼 진실하고 용감하게 이야기한 걸 보지 못했다. 몇 년 전에 그녀가『음악』樂에 쓴 음악평을 본 적이 있다. 길지 않은 편폭에 서양음악의 변화에 대해 담았는데, 전문 지식과 직관적인 통찰, 아름다운 문장이 삼위일체를 이루어, 정성들여 내놓은 무말랭이처럼 하나하나 씹는 맛이 느껴지는 그런 글이었다. 80년대에 먼 길을 떠났다가 돌아온 쒀라는 확실히 '단수'가 더욱 높아진 모양이다.

* * *

자젠잉 아까 80년대를 "시대를 앞선 사람들(弄潮兒)의 시대"*라고 했잖아, 자세히 좀 설명해 봐.

류쒀라 사실 가만 따져 보면 80년대 중국은 18, 19세기 유럽과 좀 닮은 것 같아. 그 시기 유럽도 정보가 발달하지 못해 어느 나라에서 예술적으로 뭔가 새로운 움직임이 보인다 싶으면 역사책에 기록될 정도였잖아. 안 그래? 중국도 비슷했지 뭐. '문혁'이 뻥 하고 터지면서 단숨에 모든 정보를 끊어 놓았지만, '문혁'이 끝나자마자 곧바로 각종 문화적 조류를 만들어 내는 일군의 사람들이 대거 나타났잖아. 그들이 성공할 수 있었던 건 사실 여전히 문이 꽉 막혀 있었기 때문이라고. 옛날엔 유럽도 마찬가지였지. 나라 문이 모두 닫혀 있었으니 모두들 그저 요 좁은 바닥에 있는 몇 사람이 전부인 줄 알았고, 바깥에서 무슨 일이 일어나는지 알 수가 없었어. 20세기 전까지 서양이 자기들만 음악이란 걸 즐기고 있다고 생각한 것도 그래서겠지. 80년대 중국의 모더니스트도 사실 당시 막 수입되기 시작한 보잘것없는 정보를 가지고 설친 건데, 대담하게도 얼마 되지도 않는 정보를 가지고 뚝딱뚝딱 짜깁기한 것에 불과하지.

---

* 이 말의 원뜻은 전당강(錢塘江)에서 조수가 역류할 때 파도타기 놀이를 하는 소년들을 가리킨 말이다. 주로 '항상 어떤 유행의 최첨단을 달리는 사람', '시대의 진보를 위해 분투하는 사람', '용감하고 진취적인 정신을 가진 사람' 등의 뜻으로 사용된다. 문맥에 따라 '조류를 만든 사람', 혹은 '시대를 앞선 사람', '선구자' 등으로 옮겼다.

이 나라엔 그런 게 있었던 적도 없으니까. 그래서 모두들 "와! 대단한데?"란 생각을 갖게 되었고, 나라 전체가 이 몇 사람을 우러러보게 된 거야. 그들의 성과는 뻥튀기가 되었고, 원래 모습이 어떤 건지도 몰라볼 정도로 몇 배나 과장되어 버렸어. 이런 사람들은 자칫 잘못하면 자기를 금세기가 배출한 천재라고 착각하게 돼. 중국같이 큰 나라 전체가 그렇게 과장되게 띄워 주는데 인물이 아니면 뭐겠냐고요.

곧이어 해외에서도 이들 각 분야를 이끌던 대표적인 인물을 초청하기 시작했고, 해외의 각종 상도 휩쓸었잖아. 그러면서 이젠 사람 목숨이 달린 문제가 됐어. 운명의 전환은 많은 심리학적인 문제를 대동하는 법이니까. 예를 들어, 만약 해외에서도 계속 예술가 노릇을 하려고 했는데, 나라 바깥으로 나가 그 큰 세계를 마주하자마자 갑자기 자기는 아무것도 아니란 걸 깨닫게 된단 말야. 그렇다고 출국하지 않고 안에만 숨어서 눈을 감고 있으면 계속해서 대가 노릇할 수야 있겠지만, 그것도 오래가지는 않아. 5년, 10년 후에 나갔던 사람들이 돌아와서 사실 외국에서는 이러저러하다는 이야기를 해대면 순식간에 자기가 쌓아 온 기반이 무너진다는 느낌이 들 테니까. 앞에서 하던 이야기를 계속하자면, 어쨌든 국내에서 잘난 티를 내던 인물들은 모두 출국할 수 있는 기회가 있었고, 나갔다 하면 제아무리 중국 정부의 대표라 하더라도 상실감을 느끼지 않을 수 없게 되더라고. 대사관 사람들하고만 어울리거나 접대나 받고 가이드 데리고 여행이나 다니면 모를까, 정말로 네가 바깥 사람과 접촉해서 자기를 그 사람들과 똑같은 입장에 놓고 보게 된다면 상실감이 안 생길 수가 없지.

자젠잉 작은 연못의 큰 물고기가 바다에 가 보고는 자기가 피라미에 불과했다는 걸 알게 된 것처럼 말이지.

류쒀라 그렇지. 자기가 쓸 만하다고 생각한 사람일수록 상실감은 더 컸을 거야.

자젠잉 다른 큰 물고기를 보면 두려워지고 불편해질 수밖에.

류쒀라 그렇지. 두 가지 반응이 있을 수 있어. 첫번째 반응은 비교적 적극적인 태도인데, 깨끗하게 자세를 낮추고 80년대에 성취했던 걸 잊어버리고 처음부터 다시 시작하는 거야. 그러려면 꽤 긴 과정을 거쳐야 해. 왜냐면 외국의 문명과 문화 시스템은 몇 세대에 걸쳐서 만들어진 거잖아. 삼대가 덕을 쌓아야 선비 하나가 나온다는 말처럼 말이지. 외국에서는 학자든 예술가든 할 것 없이 오랜 세월의 작업성과를 축적하면서 조금씩 성숙해진 거잖아. 그건 대중문화 스타도 마찬가지로 오랜 세월 축적된 문화적 분위기 속에서 성장하여 어려서부터 심미적인 취향을 길러 왔고 오락문화에 대한 전문전인 훈련을 받아 왔던 사람들이야. 이런 모든 게 시간과 환경에 의해 결정되는 것이지. 그러니 중국에서 나간 예술가들이 직면하게 되는, 무에서 출발하여 하나씩 밟아 가는 과정은 힘들고 더딜 수밖에 없을 거야. 두번째 반응은 아예 못 본 척하는 거지. 내가 이 나이에 뭘 새롭게 시작하겠느냐, 저런 건 인정하지 않으면 그만이다, 라는 태도야.

자젠잉 혹시 80년대 사람들이 출국하던 방식과 관련되는 건 아닐까? 학생으로 나가는 것하고는 다르잖아. 유학이 목적이라면 학생 신분으로 배우러 나가는 거니 마음가짐이 달랐겠지만, 그 사람들은 출국 전에 이미 성공한 예술가라는 신분을 가지고 있으니 그것에 목맬 수밖에⋯⋯.

류쒜라 초창기엔 그들 모두 초청받아 나갔으니 국가대표인 셈이었고, 굉장히 들떠 있었지. 굉장히 좋은 대우를 받으며 항상 누군가가 접대하고 있었으니까. 예를 들어 네가 작가라면 강연할 기회도 주었고 너에 대한 토론도 하고 하니 자신이 대단한 존재가 된 것 같은 기분이 들기 마련이지. 그런데 사실은 네가 '중국의' 작가이기 때문에 그랬던 거고, 나중에야 자신이 빌어먹을 동물원의 수입 원숭이였단 걸 알게 되지. 그들에겐 신선하잖아! 그런데 이제 자기 엉덩이에 헝겊으로 기운 자국을 전 세계 사람들이 다 알게 되었다고 뜨끔해하는 사람도 생겨났지. 그 다음이 중요해. 만약 재빨리 귀국하면 계속해서 허풍이나 떨면서 국내에서 자기가 어떠어떠하다고 잘난 척하면서 지낼 수 있는데, 문제는 돌아가지 않고 국가대표의 신분을 버릴 경우야. 일개 평범한 예술가로 남아 서양인들과 똑같이 생활하게 되면 그 즉시 제로가 되어 버리니까. 오히려 80년대에 중국에서 성공한 적 없이 출국한 예술가들은 이런 고비가 없어서 무엇이든 할 수가 있는데 말야. 그들은 정말 열심히 먹고 사는 문제를 상대하고 자기와 외국의 차이를 직시하며 옛날 좋은 시절을 그리워하지도 않고 앞만 바라보기 때문에 훨씬 잘 헤쳐 나가더군. 근데 성공한 예술가들에겐 굉장히 두려운 부담이 바로 그거야. 그들은 다른 예술가들처럼 그렇게 진정한 삶을 살아갈 방법을 모르니까. 그건 80년대가 이 사람들에게 조성해 준 것인데, 어떻게 이야기하는 게 좋을까…….

자젠잉 심리적 장애.

류쒜라 맞아. 그런 예가 수두룩해. 차라리 발 빼고 도망쳐 버리면 그만인 것이고…….

자젠잉 그럼 네가 보기에 높은 곳에서 철퍼덕 하고 떨어졌다가 다시 일어선 후 자신을 또렷이 인식하게 된 사람은 얼마나 되는 것 같아? 아마 추어에서 시작하여 프로가 되고 계속 앞으로 나아가면서도 본분을 지킬 줄 아는, 그러면서도 좌절 때문에 자신감을 잃어버리거나 자아를 상실하지 않는 그런 사람들 말야. 그게 너무 어렵게 느껴져 소리 소문도 없이 포기하거나 속 시원히 전향해 버리는 사람도 있는 것처럼 말이지. 그게 아니면 중국인 그룹 속으로 숨어들어 외국어도 안 배우고 서양인과의 교제를 회피하기도 하고 말야. 얼마나 많은 사람이 끝까지 계속할 수 있을까?

류쒀라 사실 외국에 머물기만 하면 끝까지 계속할 수밖에 없지 뭐. 걸어가는 방향이야 다르겠지만. 외국에 머물면서 끝까지 변화하지 않으려면 먼저 자신을 직시하는 문턱을 넘어서야 해. 내 생각엔 천단칭 정도가 정신이 똑바로 박힌 부류인 것 같아.

자젠잉 그는 좀 일찍 나갔지. 82년이었으니까.

류쒀라 그래. 그 또한 일찍부터 유명해져 있었지만 80년대에 가장 촉망받던 부류에는 끼지 못했으니까. 그래서 그는 뉴욕에 도착하자마자 상실되고 가라앉는 느낌을 받았을 거야. 그렇다고 포기했던 건 절대 아니고, 수면 아래에서 오랜 시간 뉴욕에서의 고독한 사색과정을 견디고 있었지. 많은 그림을 그렸다더라. 예술가에게 늘상 따라다니는 가난한 생활이었지만, 언제나 관찰하고 사색하며 시간을 보냈지 포기하거나 영합한 적은 한 번도 없었던 것 같아. 그와 이야기를 해보면 세상에 영합하는 사람들에게 묻어 나오는 허세라거나 작은 성공 후에 뒤따르는 허영 같은 걸 전혀 느낄 수 없어. 백만장자가 되지 못했다고 세상을 원망한다거나 그런 사람도 아니고. 작곡가를 예로 들어 볼까? 우리 반 친구들 대부분은 길고 긴 고난의 시간을 보냈어. 80년대에 주가를 날리던 네 명의 천재가 제각기 상이한 인생역정과 변화를 겪었어. 최근에 취샤오쑹瞿小松의 새 작품을 들었는데 엄청난 변화가 느껴졌어. 한 작곡가의 모든 정력을 음악의 미세한 변화에 쏟아부었다는 게 그대로 전해지더군. 그게 순수한 음악가의 본질이지. 자기가 듣고 싶은 소리만을 추구하는 것 말야. 또 궈원징郭文景 같은 친구는 출국하지는 않았지만 "내가 나가지 않았으니 눈도 막고 귀도 막는다"는 식이 아니라 모든 음악에 관심을 보이면서 국내에서 학생처럼 살았어. 출국하게 되었을 때도 어린 아이처럼 뭘 봐도 즐거워했고. 음악에 대해 굉장히 개방적인 태도를 가지고 있어 바깥에서 돌아온 사람을 조금도 배척하지 않더군. 그에게 새로운 정보를 알려 주면 호기심에 들떠 눈을 반짝일 거야. 작곡에 있어서도 자기만의 방식으로 음부 하나하나를 정말로 진지하게 처리해. 그건 그가 창작에 대한 평정심을 항상 유지하고 있다는 걸 말해 주지 ─ 최소한 대부분의 시간은 말야. 우리 같은 사람은 모두 굉장히 미성숙한 단계를 거쳤고, 또 허황된 명성으로 논쟁의 대상이 된 적도 있어. 중국이란 뜨거운 물에서 뛰쳐나와 서양의 차가운 물에 자극을 받았으면서도 폐인이 되지 않은 것만도 행운이라고 생각해.

자젠잉 사실 외국에 나가지 않아도 예민한 사람이라면 자신의 한계를 의식할 수 있다고 봐야겠지. 물론 정보나 시각의 한계도 있고, 견문이 적다 보면 확실히 뭐가 기준인지 이야기하기 힘든 것도 사실이지만. 전제는 먼저 정말로 좋은 걸 봐야만, 그러니까 뭐가 좋고 나쁜지를 알아야만 자신이 도대체 어느 정도인지 알 수 있다는 점이야. 그런 다음엔 용기가 필요해. 자기의 허영심을 굉장히 불편하게 하는 사실을 감히 인정할 수 있어야겠지. 그러려면 꽤나 강인한 자아가 필요해. 과장된 명성과 아부는 사람의 약한 부위를 무너뜨리니까. 아무리 그게 요술거울일 뿐이란 걸 안다고 해도 어쩔 수 없어. 요즘엔 각종 정보가 이러저러한 통로를 통해 조금씩 들어오고 있으니까 그나마 다행이야.

류쒜라 바깥의 정보는 차츰 들어오기 마련이야. 만약 정말로 되는대로 살고 싶다면 현실을 인정하지 않고 눈을 감은 채 다채로운 바깥세계를 부정하면 돼. 그렇지만 총명하고 개방적인 사람이라면, 쾌활한 사람이라면 이렇게 외치겠지. 빨리 이게 무슨 새로운 초식인지 까봐! 진짜로 죽이네! 궈원징은 그런 사람이야. 눈을 반짝이며 이야기를 듣고 명랑하게 이렇게 이야기할 거야. 니네들이 방금 한 거 그게 뭐야? 당장 해봐야겠다! 그는 굉장히 명랑한 경우에 속해.

그렇지만 다른 경우도 많아. 대부분은 소설 쪽이든 음악 쪽이든 눈을 감고 보려고 하지를 않아요. 난 알고 싶지 않아! 나한테 바깥에서 무슨 일이 일어났는지 말하지 마, 내가 짱이니까 고마 닥쳐. 짱 이런 것도 80년대의 산물이야. 다른 시대는 이렇게 짱인 사람을 만들어 내지 못했지. 이유가 뭔지는 모르겠지만, 80년대가 일부 명인들에게 자기가 짱이라는 의식을 심어 준 것 같아. 이런 마음가짐은 옛 홍군紅軍에게나 어울려. "총자루에서 정권이 나온다! 신중국은 우리 것이다!"라는 식의. 그런데 신중국이 세워진 후에 가입한 당원들은 기반이 튼튼하지가 않아 좌우를 살피면서 정치적 조류를 잘 쫓아가야 했지. 외국에 나가서는 상당수의 당원들이 80년대에 국내에서 반동분자라고 비판받았던 예술가들보다 더 공산당에 반기를 들었어. 오히려 80년대의 이들 예술가들은 세계적인 조류를 따르지도 않았는데 말야.

80년대라는 시대만이 이들 옛 홍군과 일맥상통하는 예술가와 문인을 출현시킬 수 있었던 것 같아. 그들은 중국 현대예술의 강산을 자기가 처부숴야 한다고 확신하는 것 같아. 시대가 어떻게 변하든 상관없이 나는 도태되지 않아, 내가 바로 대왕님이니까, 니가 나를 인정하지 않으면 나 또한 마찬가지닷! 그런데 이번에는 옛 홍군식의 행운이 따르지 않았어. 현대예술은 정권이 아니잖아. 정권과는 반대로 현대예술의 성전은 견고함이 아니라 변화에 있으니까. 바로 이 변화 때문에 80년대의 행운아들이 각종 환상과 심리학적 문제를 경험하게 된 거기도 해. 예를 들어 대가에 대한 환상 같은 거. 80년대의 어느 날 갑자기 어떤 사람의 눈앞에 그런 현상이 나타나면서 그 사람은 자기가 대가라고 생각하게 되었는데, 한 이틀 대가 대접받는가 했더니 시대가 변하고 자기가 있던 공간이 변하고 보니까 자기가 아무것도 아닌 거야. 신예술가에 대한 80년대의 환호는 그 전에도 그 이후에도 출현한 적이 없던 거였는데, 그런 환호 또한 일종의 환상이었어. 우리는 마치 20세기 초 서양의 현대적 문예부흥을 맞은 것으로 착각하고 있었던 거야. 근데 문이 열리고 세상을 보게 되면서 뒤죽박죽이 되었어. 우리 모두는 그저 글자나 읽을 줄 아는 수수깡에 불과했단 걸 알게 된 거지. 이렇게 올라갔다 추락하는 느낌은 일종의 특별한 심리학적 과정이야. 80년대가 성공에 부여한 그러한 허영 때문에 사회적으로 성공에 대한 많은 오해가 만들어졌고, 지나치게 명인을 숭배하거나 또 지나치게 명인을 경시하게 된 것이기도 해. 환상은 자기 머리 위에 있는 사람을 깨부수지 못하면 마음이 편치 않게 되는 법. 저놈이 어떻게 성공했지? 저놈은 어떻게 그렇게 성공하게 되었을까? 나는 이 모양인데?…… 모두들 예술의 실질을 논의하는 게 아니라 항상 가치관 문제만 놓고 변죽을 울리고 있으니.

자젠잉 너도 그렇게 오랜 시간을 보내고 크게 한 바퀴를 돌아서야 다시 되돌아왔는데, 80년대의 비교적 성공한, 대표적인 작품과 인물들을 어떻게 평가해? 시야가 넓어지고 성숙한 후 자신의 청춘기를 되돌아볼 때의 느낌은 어때? 그렇게 열정적이었으며 또 그렇게 천진난만했던 게 모두 그/그녀가 막 시작하던 단계였기 때문일까? 사실 전 세계의 청년문학은 모두 그런 특징을 보여 주긴 하지만 그 시기 중국은 그래도 특수한 경우잖아. 폐쇄되고 억압적인 환경에 너무 오래 있었고 문화적인 양분도 거의 끊어져 있던 터라 그 한 세대만 선천적으로 허약했다고 말하기도 곤란하고. 그래서 나이와도 관련 없다고 봐야 할 것 같아. 당시 4, 50 먹은 사람들도 심정적으로는 모두 청년이었을 테니까. 물론 전체적으로 봐서 그렇다는 거지 당시에도 예외는 있었지. 예를 들어 아청 같은 사람이 당시에 썼던 작품들은 지금 봐도 '청년문학'이 아니잖아.

류쒀라 말 나온 김에 아청 이야기를 계속해 보자. 나는 아청이 80년대 '스타' 중 정말로 예외적인 인물이라고 생각해. 그의 소설은 발표되자마자 이미 자기만의 선명한 개성과 스타일을 가지고 있었잖아. 그의 사람됨 또한 작가의 세속적 욕망에 물들지 않았고. 예를 들어 외국에서 아청은 한 번도 무슨 작가기금이니 하는 것들을 신청한 적이 없어. 남들이 요청한다면 또 몰라. 너도 알다시피 국외에서 만약 자기를 중국의 저명한 작가라고 떠벌렸다면 전 세계 모든 대학에 빌붙어 그 돈으로 평생 살았을 텐데 말야. 특히 80년대에는 서양인들이 이들 중국의 현대파들을 중시했으니까. 근데 이런 기금을 얻어 내려면 얼굴이 아주 두꺼워야 하지. 중국 유일의 가장 중요한 작가이므로 나 아니면 안 된다는 식으로 신청서에다 자기를 묘사해야 되잖아. 아청은 중국에서 가장 중요한 작가였지만 나한테 이렇게 말하더군. 그런 신청서를 작성하려니 입이 떨어지지가 않아서 원. 아청의 이런 정신에 나도 많은 영향을 받았어. 그의 말을 들은 후 난 더욱더 자신을 정확히 돌아볼 수 있게 되었고, 나 또한 문학기금 같은 건 신청하려는 시도도 못해 봤어.

내가 말하고 싶은 건, 80년대의 열기에서 걸어 나와 자기의 인격을 구제하고 싶다면 낮은 목소리를 유지하는 수밖에 없다는 거야. 출국한 뒤 일부 80년대의 명인이 중국인들의 파티에서 큰소리로 자기가 어디어디에 있었고 기자에게 무슨 이야기를 했으며 기자가 모모씨[자기를 가리킴]가 당대의 천재라고 했다는 따위를 떠벌렸다는 이야기가 아주 흔하게 들려왔어. 또 혹자는 자기가 어떤 나라의 어떤 사람에게 "당신네 나라에는 희망이 보여, 당신들이 나의 작품에 흥미를 가지는 걸 보니 말야……"라고 말했다는데, 이런 이야기를 들을 때 난 정말 쥐구멍이라도 찾고 싶었다고.

80년대의 떠들썩함을 경험한 후 사람들은 쉽게 혼란에 빠졌고 또 쉽게 깨어났지. 80년대에 있었던 예술가와 예술유파에 대한 시끌벅적한 토론은 확실히 역사상 보기 드문 현상이었고 예술적으로도 굉장히 귀중한 현상이었던 건 분명해. 우리는 줄곧 문화적인 폐쇄상태에 처해 있다가 갑자기 개방되었고, 그러면서 탐색 과정에 있던 수많은 젊은 예술가들이 갑자기 출현하니까 억압되어 있던 문화군중들이 그들을 기꺼이 환영했던 거야. 그건 사실 매우 자연적인 역사적 진행과정이라고 봐야 되겠지. 그렇지만 이들 신흥 예술가들은 충분한 예술적 탐색을 거치기도 전에 자기가 긁어모은 몇 줌 되지도 않는 책 속 지식과 작은 재능을 내다 팔아, 예술이라는 링에서 몇 합 겨뤄 보지도 않고 성공했고 전 국민이 주목하는 예술적 우상이 되어 버렸어. 이러한 현상과 이런 성공은 개방되지 않은 나라에서나 있을 수 있는 거야. 현대음악에서 예를 몇 개 들어 볼까? 쇤베르크는 12음계를 발명하여 유럽 음악의 기본적인 심미관을 무너뜨렸고, 오넷 콜먼Ornette Coleman은 프리 재즈를 발명하여 화성의 자유로운 공간을 열었어. 내 생각에 이런 거야말로 성공이란 이름에 값하는 거지. 성공이란 매체에서 떠들어 댄다고, 돈을 많이 번다고, 무슨 큰 상을 받는다고 되는 게 아니라 자기만의 스타일과 체계를 만들 때 뒤따르는 이름이야.

    80년대 중국의 예술이 부흥하면서 예술의 예 자도 모르는 일군의 예술 대가를 만들어 냈어. 우리가 만약 그들의 성공이 우연적이고 예외적이었단 점을 제대로 파악하고 있지 못한다면 앞으로의 예술의 발전 또한 영향을 받게 될 거야. 모든 성공은 우연히 뜻밖에 찾아오는 것이라고 여기게 될 테니까. 80년대에 발생한 일들은 모든 사건을 역사서를 보는 감각으로 바라볼 수 있게 훈련시켜 주었어. 우리는 역사서에 기만 당하는 경우가 많은데, 그건 역사서에 우연적이고 예외적인 현상을 기록한 후 그게 휘황찬란한 것이었다고 말하곤 해왔기 때문이야. 그런 게 중국에서만 일어난 것은 물론 아냐. 그저 중국의 예술이 변화가 너무 느리고 새로운 환상으로 옛 환상을 대체하는 능력이 너무 떨어졌던 것뿐이겠지. 80년대를 두고 외국의 이론가들은 이렇게 말할 수도 있어. 당신들은 서양과 같은 물질적인 기초가 부재한 상황에서 이렇게 현대적인 예술을 실현해 내었다, 제3세계에서 현대예술을 출현하게 한 그것만으로도 가치 있는 일이다, 라고 말야. 농민들이 흔히 하는 말이 생각나는군. 땅강아지 같은 벌레 소리만 듣고 씨 안 뿌릴 거야? 하기야 땅강아지 우는 소리에 놀라 파종하는 걸 깜박 잊어버렸다고 변명할 수도 있겠지. 만약 매일같이 이런 식의 제3세계 예술 가치관에만 귀를 기울이면 예술 창작에 있어 요행심리만 바라게 될 거고, 따라서 영원히 예술 창작의 진정한 즐거움을 향유하지도, 예술의 진정한 매력을 즐길 수도 없게 될 거야.

자젠잉 말 한번 잘했다, 얘. 근데 중국의 그 당시와 같은 역사적 단계에서는 그런 우연 또한 필연적이었을 것 같아. 분명 그 시기에는 당시의 식견과 감각을 넘어설 수 있는 사람이 거의 없었을 거고, 정말로 있었다 해도 아무도 인정해 주지 않았을 테니, 얼마나 기가 죽었겠어. 너나 할 것 없이 소매를 걷어붙이고 맘껏 능력을 펼쳐 보이려는 순간에도 숨죽이고 있어야 하니까. 그런데 지금 보면 당시에 얼마나 유치했는지 뻔히 보이잖아.

류쒸라 내 경우는 어땠는지 예로 들어 볼게. 국내에 있을 때 모두들 내가 현대파 작가라고 생각했잖아. 다행히 나 자신은 그런 이름표를 받아들이지 않았지. 그렇지 않았다면 내가 해외에 나가 문학을 이해할 수나 있었겠니? 그 당시 나는 미국의 번역자가 『너에게 다른 선택은 없어』를 출판하겠다고 요청해 와도 거절했어. 나부터 자기에 대한 확신이 없었으니까. 또 나는 예전에 로큰롤이 반항이라고 생각하면서 그렇게 많은 로큰롤을 작곡했는데, 영국에 가서 방송국에서 인터뷰할 때 나한테 이렇게 묻더군. 우리 영국인들도 로큰롤을 즐기지 않는다, 그건 오락 음악에 불과한데, 당신은 어떻게 아직도 로큰롤을 문화로 대하고 있는가? 당시 우리가 얼마나 가련한 상황이었는지. 난 정말 울고 싶었어. 나는 빌어먹을 중국인이라구! 나에게 그렇게 가혹한 요구는 하지 말란 말야!

자젠잉 가혹할 뿐 아니라 내가 보기엔 너를 인터뷰한 그 영국인은 옹졸한 '오만과 편견'에 가득 차 있는 것 같아. 우리 중국인들은 그러지 않잖아. 중국어를 잘하거나 경극을 부를 수 있을 정도의 서양인이 있다면 잡지나 TV에서 치켜세우지 절대로 그/그녀를 곤란하게 하지는 않아. 그게 주도권을 쥐고 있는 사람이 취해야 할 관대함이니까. 아쉽게도 현대문화 분야에서 우리는 분명 열세에 처해 있기 때문에, 부적절한 비유를 하자면 우리는 지금 당나라 전성기 때의 오랑캐가 된 기분을 맛보고 있는 셈이야. 운세는 회전하는 법, 지금 태양이 서양문화의 머리 위를 비추고 있으니 우리가 그들을 배우고 모방할 차례인 거지. 로큰롤뿐 아니라 많은 예술형식에서 중국인은 서양을 배우고 있잖아.

류쒀라 내가 아는 한 소프라노 가수는 80년대에 국제무대에서 동시에 몇 개의 금메달을 받을 정도였고 그녀의 공연 또한 빼어나게 훌륭했었어. 출국한 뒤 그녀는 진지하게 내게 위기를 맞았다고 이야기하더라. "중국의 음악가들은 모두 상을 받기 위해 음악을 연습한다, 그래서 굉장히 상을 잘 받는다, 하루 종일 콩쿠르 프로그램만 연습하니까. 그런데 나와서 일자리를 찾으려니 어렵더라. 할 줄 아는 곡이 너무 적었고 서양 오페라 배우만큼의 교양도 없었기 때문이다. 비록 다들 음대 출신이긴 해도 서양의 오페라 배우들은 고전에서 현대를 아우르는 모든 악보에 익숙하지만 중국의 배우들은 상 받은 곡 몇 개만 할 줄 안다." 오넷 콜먼이 내게 이런 말을 하기도 했지. "클래식을 하는 사람 중에는 음악을 사랑해서가 아니라 집안의 체면 때문에 하는 이들도 있다. 가장이 생각하기에 아이가 클래식 음악가이면 체통이 서니까." 내 생각에 아시아에서 그게 더 심한 것 같아. 그래서 음악에 관한 화제가 깊어질 수가 없는 거지. 음악가들 자기도 재미없어 하는데 뭘. 그렇지만 어쨌든 유럽의 오페라는 중국 가극의 전통과는 다른 거니까, 다른 사람 걸 그들보다 더 훌륭하게 모방하는 것도 쉽지는 않은 일이지. 문제는 민족음악을 하든 서양음악을 하든 어떻게 '마음'을 써서 하는가란 점이야. '마음'을 어디 두고 있을까?

자젠잉 그건 80년대와 함께 끝난 문제가 아냐. 지금도 여전하고, 오히려 갈수록 심해진 면도 있어. 중국의 가장들과 교사들은 모두 '입시 세대'라는 표현을 잘 알지. 모든 게 대입학력고사에 대비하여 이뤄졌잖아. 소학교에서는 중학교 시험 준비하고, 중고등학교에서는 대학교 시험을 준비하는 등 모두 시험 때문이었고, 모든 문제를 능수능란하게, 문제풀이 속도는 가장 빠르게, 점수는 가장 높게 받도록 훈련받았지. 그렇지만 이렇게 교육받은 졸업생들은 사회에 나와도 독립적인 사고능력이 결핍되어 있었고 실제적인 작업능력도 뒤떨어지잖아. 이런 교육이 강조한 건 상식이 아니었고 단면적인 인간을 길러 냈어. 그들에게도 장점이야 있겠지만, 넓은 시야와 온화하고 여유롭고 편안한 기질 같은 걸 바랄 순 없지.

문제는 미국인들은 고교 졸업생 절반이 대학에 갈 수 있지만 중국에서는 5%만이 가능하다는 점이야. 중국에서 대입학력고사에 통과하여 대학에 들어가는 건 뒷배경이 없는 보통 사람, 가난한 사람들이 자신의 운명을 변화시킬 수 있는 유일하게 상대적으로 공평한 경로인데, 경쟁이 이렇게 치열하니 그 외나무다리를 건너기 위해 전력투구할 수밖에 없고, 그러다 보니 배움의 과정이나 즐거움을 누릴 여유는 꿈도 못 꿔. 그런 상황에서 귀족적 엘리트 교육의 기준을 그들에게 요구하여, 배운 걸 토대로 사유를 확장하고 공식보다는 원리를 터득하는 경지를 논한다는 건 너무 잔혹한 일이야. 그들이 그 '공식'을 있는 그대로 외우지 않으면 대학에 들어갈 생각을 접어야 하니까. 더 심한 건 그 '공식'의 내용이나 시험 방식의 배후를 관철하는 것은 여전히 통일된 지도사상이란 점이야. 그것이 강조하고 표창하는 건 자유, 독립, 활발한 사유와 질문이 아니라 통일된 사유, 표준답안이야. 그건 마치 겸자를 유아의 연약한 머릿속에 집어넣은 후, 거기에 인공으로 배합한 우유를 들이붓는 것과 마찬가지야. 그런 식으로 젖을 먹이는데 제대로 성장할 수 있겠어? 부모들도 이런 교육이 아이의 개성을 억압한다는 걸 잘 알면서 장래를 위해 이를 악물고 아이를 채근할 수밖에 없으니, 정말 어른이고 애고 불쌍할 따름이지 뭐.

대학에 들어가면 다음 목표를 위해 또 달려야지. 바로 유학 말야. 어떤 기사에서 봤는데, 베이징대학의 한 여학생이 미국의 한 대학에서 장학금 통지서를 받자마자 정신이 나가 버려 멍하니 교문을 나서더니 실종되어 버렸대. 그 소식을 듣고 범진范進이 과거에 급제한 후 미쳐 버린 이야기(청대 소설 『유림외사』의 한 부분)가 생각나 굉장히 괴롭더라. 상 받는 것도 마찬가지야. 모든 과정이 한 가정이나 민족을 빛낸다는 따위의 하나의 목표만을 바라보게 하잖아. 아마도 그건 추월하고 성공하려는 마음만으로 추진되는 제3세계 국가의 교육에서 나타나는 보편적인 증상이라고 봐야 할 거야. 바짝 긴장하여 죽기 살기로 덤비는 게 예전에 장더페이張德培(중국계 미국인 테니스 선수인 마이클 창을 말함. 최연소(17세) 프랑스 오픈(1989) 우승. 최고 랭킹 2위)가 테니스할 때 모습이 연상돼. 키가 작으니까 더욱 죽자고 뛰어다니는 꼴이 어째…….

류쒀라 80년대가 지금과는 다른 또 한 가지는 엘리트 의식이야. 당시 예술가들은 피를 토하는 심정으로 예술을 했어. 서글픈 건 자신의 한계를 알지 못했고 국외에서 직면할 진정한 도전에 대해서도 모른 채 우연히 반향을 얻게 되자 정말로 세계를 깜짝 놀라게 한 거라 생각했던 거야. 사실은 우물 안 개구리일 뿐이었는데. 그렇지만 단순했어. 당시 사람들은 계산할 줄 몰랐잖아. 세계에 각종 다양한 기회가 있을 거란 걸 몰랐고, 나중에 잡은 기회들도 예상하지 못하던 것들이었어. 80년대가 지난 후 90년대부터 지금까지 사람들은 점점 경영 마인드를 체득하여 뭘 배왔다 하면 우선 목적부터 명확히 하고 그 다음 수를 어떻게 둘 것인지도 고려하는 법을 알게 되었지. 문학의 경우 구성을 고려하여 어떻게 말해야 베스트셀러가 될지 알게 되었고, 예술에서도 지름길을 가로질러 개념생략과 같은 기법을 쓸 줄 알게 되었다는 따위가 그 증거야.

 80년대 사람들이 90년대 이후의 사람들에 비해 순박했다고 말할 수도 있겠네. 80년대 사람들은 대부분 '문혁'과 '삽대'를 경험했고, 엘리트를 향한 야심을 가득 품고 있었지만 조금씩은 히피식의 생각도 다들 가지고 있었어. 이렇게 모순적인 사람들이 출국하게 되면서 히피처럼 완전히 느슨해질 수도 없으면서 외국의 엘리트 교육도 받지 못했고 예술의 상업적 마인드도 이해하지 못하는 애매한 상태가 된 거지. 그래서 일부 음악 엘리트들은 나간 지 15년이나 지나서도 여전히 자기가 대가인지 혹은 성공했는지를 논의하고 있는 식인 거야. 외국의 음악가들은 이렇게 '큰' 문제는 입에 담으려 하지 않아. 그렇지만 어떤 악보도 장악하고 있고, 어떤 음악에도 관심을 보이며, 음악이야말로 자기가 좋아하는 일이란 걸 잘 이해하기 때문에 경영에서든 학습에서든 별로 대수로울 게 없는 거지. 외국 음악가들은 수상에 신경 쓰지 않아. 그저 음악 속에서 살 수 있고 음악을 잘 경영할 수 있으면 그뿐이지. 그런데 우리가 받은 훈련에는 음악을 즐긴다는 항목은 없었어——모든 목소리는 사회를 위해 복무해야 하는 것인데 즐길 수 있겠어? 게다가 항상 시비만 따지고 있었으니——누가 전통을 배반하고 새로운 걸 창조해 내면 대역무도한 사람이 되어 버려. 더욱이 음악의 상업적 훈련이란 건 꿈도 꿀 수 없었지. 그런 상황에서 상업적 경영을 시작하게 되었으니 아무런 도덕적 기준도 없고 미학적 규칙도 없는 거야. 어쨌든 몸을 팔든가 아니면 열녀가 되든가 해야지 정상적인 사람은 될 수 없는 상황인데 어떻게 정상적인 예술을 즐길 수 있겠어.

모두들 해외로 나가고 보니 세상이 넓기도 하여 사면초가의 상황이 반복되는데, 어째야 할까? 우리가 누구인가? 자신을 지상으로 끌어내리려니 너무나도 자존심 상하지요. 국내에서 그렇게 총애를 받다가 갑자기 보통 사람이 되려니 마음이 불편해서 오기로 자신을 다잡고 집안에 틀어박혀 대가 흉내나 내면서 차라리 눈을 감고 바깥세상을 보지 않으려 하는 거지. 나는 전문적인 훈련을 받은 사람이야! 아마추어가 아니라구! 대중적인 것도 아니고, 시류를 타는 건 더더욱 아니지! 나는 악보를 볼 줄 안다니까!! …… 사실 만약 서양음악을 한다면서 서양의 이데올로기를 모른다는 건 중국음악을 하면서 중국말을 이해하지 못하는 것과 마찬가지인 셈이야. 그렇다면 제아무리 많은 상을 받았다고 해도 정상적인 심리상태로 자신의 작업을 돌아볼 수 없게 되겠지. 즐기지도 못하면서 다른 사람에게 어떻게 인정받을 수 있을지만 생각하고 있으니 원.

자젠잉 다른 사람에게 인정받는 것, 그게 바로 키포인트야. 캐나다의 철학자 찰스 테일러가 쓴 글 중 「인정의 정치」The Politics of Recognition라는 논문이 있어. 약소민족이나 단체는 심리적으로 뿌리 깊게 다른 사람, 특히 강대 민족이나 단체에게 인정받고 싶은 욕망과 요구를 가지게 된다는 내용인데, 내 생각에 이렇게 '인정받고 싶다'는 욕망은 인간의 본성인 것 같아. 왜냐하면 약자 쪽에서는 그게 '존엄성', 혹은 더욱 중국적인 단어로 '체면'과 연결된 거니까. 아편전쟁 이래로 이러한 심리는 우리 중국 민족의 혈액 속에 삼투되어 있어. 우리가 그걸 분석하고, 반성하고 비판하여 "체면 차리느라 사서 고생하는" 삶을 바꾸라고 말을 할 수는 있겠지만, 정말로 변화를 이끌어 낼 수 있을지는 잘 모르겠어. 지금껏 해오던 걸 바꾼다는 건 정말로 힘든 일이니까. 앞에서 언급한 장더페이가 좋은 예가 되겠지. 어이, 긴장하지 말고 여유를 가져, 바깥세상이 얼마나 아름답다구! 그런데 그에게 그런 말이 귀에 들어올까? 그는 한 번 긴장을 늦추면 아웃되고, 아웃되고 나면 자신의 하늘도 무너져 제아무리 아름다운 세상이라도 자기 자리는 없다고 여겼을 거야. 만약 그가 시합에 참가하지 않았다면 심사위원이 자신을 인정하든 말든 조바심내지 않겠지만, 그게 아니고선 절대 그는 테니스를 즐길 수 없을 거야. 그건 교육체제나 학습태도 때문이기도 하고, 생리적·심리적 조건 때문이기도 하며, 전 지구적인 이 게임에서 중국인이 처한 위치 때문이기도 해. 장더페이에 비해 샘프라스나 애거시 같은 선수는 타고난 신체 조건이 월등하게 뛰어나 같이 시합을 하면 품격이 다르잖아. 장더페이는 중국계 중에서는 굉장히 우수한 편이고 미국에서 나고 자란 그 체제가 길러낸 엘리트임에도 불구하고 말야. 만약 탁구나 바둑으로 종목을 바꾼다면 아마 상황이 완전히 달라지겠지. 동양인들에게 식은 죽 먹기일 테니까. 근데 탁구로는 만족스럽지 않다고 테니스 대회나 나가 볼까 생각하면 즐기기가 정말로 쉽지 않을 거야. 결국 그건 우리 토양에서 생겨난 게 아니니까.

이런 면에서 중국인과 인도인은 태도가 완전히 달라. 몇 년 전의 한 올림픽 때 미국 신문에서 본 인도인의 평론이 상당히 인상적이었는데, 그들은 금메달, 은메달은 하나도 못 따고 동메달도 비인기 종목에서 몇 개 땄나 그랬을 거야. 근데 이 평론은 가볍게 치고 빠지면서 정말 제대로 된 블랙 유머를 구사하더군. 그건 게임을 포기한 사람의 태도라는 생각이 들더라. 최소한 난 이 스포츠 게임은 포기한다, 이 방면으로 약하다는 건 나도 인정한다, 그렇지만 IT를 하고 학술을 하고 요가를 잘하면 되는 것 아닌가, 이렇게 생각하는 거지. 그에 비해 중국은 민족부흥에 임하여 전면전을 벌일 태세로, 문예·체육·무역·제조 등 하나라도 뒤지지 않으려 하잖아. 게다가 공리심도 강하고 즉시 효과를 못 보면 몸이 근질거리지. 그러니 시합이 시작됐다 하면 선수부터 관중들까지 나라 전체가 활시위처럼 팽팽하게 긴장하여, 경기의 승패에 따라 전 국민의 기분이 업되었다가 다운되기를 반복하는 거겠지. 이처럼 세계 모든 사람들(특히 서양인)에게 인정을 받으려 애쓰는 분위기는 80년대에 나라 문이 열리면서 시작되었다고 할 수 있는데 특히 엘리트들에게서 그런 경향이 도드라져. 당시 대학생이 얼마나 적었니. (공식적으로 대입 학력고사가 부활한) 77학번과 78학번에 들어갈 수 있는 사람이 얼마나 되었겠어, 들어갔다 하면 엘리트가 되는 거였지.

류쒸라 성공에 대한 그런 식의 허영심은 '문혁' 이후에 생겨났던 것 같아. 민국 시기의 중국 음악가들은 학문에 대한 추구만을 목표로 했고, '문혁' 전의 음악가들 또한 한 목소리로 민족과 혁명을 위해 열정적으로 부르짖었지, 요즘처럼 걸핏하면 역사의식이 어쩌니 하는 생각들은 하지 않았잖아. 진정한 엘리트 의식은 자기 전공의 질적 향상을 위한 순수한 추구여야지 작품이 사람들의 입에 얼마나 오르내릴까를 생각하는 것이어선 안 돼.

언제부터 시작된 건지 모르겠지만 우리 사회는 군대에 가면 나폴레옹 정도의 거물은 되어야 한다는 식의 생각이 팽배해 있어. 모두가 나폴레옹이 된다면 누가 병졸이 될 건데? 음악대학도 마찬가지야. 음대 학생수는 대대로 소수였지만 우리 학번 때는 그래도 많은 편이었어. 근데 아마도 '문혁'을 거치면서 이전의 혁명 집체의식은 깨졌고 80년대에 막 개인의식이 생겨나기 시작했기 때문인지, 온종일 역사에서 가장 개인성이 도드라졌던 사례만 생각하고 있었던 것 같아. 그래서 작곡가라면 적어도 베토벤 정도는 돼야지! 라는 생각을 다들 하고 있었던 거지. 우린 '문혁' 후 처음으로 음악대학에 입학했기 때문에 작곡과 정원이 원래 10여 명이었는데도 불구하고 우리 반엔 20여 명이 들어왔어. 그 해에 전국적으로 경쟁이 치열하여 수천 명이 몰려들었기 때문에 차마 박정하게 내칠 수가 없어 그렇게 된 거라더군. 그렇게 들어왔으니 모두들 얼마나 기분이 좋았겠어. 내 주위엔 죄다 서양음악사의 유명 인물을 거론하며 거기에서 자신의 위치를 찾으려는 이야기들뿐이었다고. 나중에 누가 상이라도 받게 되면 거의 국보 수준이 되는 거지 뭐. 관현악과나 성악과도 마찬가지였고.

　음대 학생들은 기술적인 훈련 면에서 국제적인 수준이라 할 수 있지만 음악 미학이나 문화적인 훈련은 외국의 중학생 정도에 불과했지. 외국에선 평범한 전업 관현악단의 음악가들도 고전음악에서 현대음악의 모든 유명한 악보를 제대로 장악하고 있고, 생각나는 대로 아무 유파나 이야기해도 알고 어떤 스타일의 악보를 줘도 즉시 파악할 수 있을뿐더러 문학과 미술에도 기본적인 이해를 갖추고 있잖아. 근데 당시 우리는 음악 미학에 대한 교육이 너무 적었고 음악의 각 유파에 대한 교육은 전무했기 때문에 알아서 공부하지 않으면 음악에 대한 이해가 기본적으로 20세기 초에 머물러 있었어. 기껏 해봐야 소련식 혁명적 리얼리즘 낭만주의 교육이 전부였다고. 출국한 후 기술뿐 아니라 미학과 스타일까지 죄다 처음부터 다시 시작해야 하는 상황에 직면했던 거지. 안 그러면 아무것도 모르는 멍텅구리로 있어야 하니까. 문학 쪽에도 그런 사람 있잖아 왜. 번역서 몇 권 읽은 걸로 서양 현대문학을 이해했다고 생각하고는 제멋대로 떠들어 대는 사람들 말야. 세상 사람들이 예의 차리느라 그들의 무지를 까발리지 않아서 그렇게 용감할 수 있는 거지 뭐. 어떤 작가들은 그래도 좀 똑똑해서 '도道'만 이야기하잖아. '도'를 논하면 그래도 촌티는 안 나니까. 근데 음악에서는 '도'만 이야기할 수도 없다구.

음악에 대한 이야기를 하려면 현대음악의 미학을 거론하지 않을 수 없으니까 말야. 음악을 창작하려면 그 음악 배후의 인문정신을 알고 있어야 하고 시대와 자기 정신에 대한 판단을 갖추고 있어야 하고, 음악을 연주하는 사람은 최소한 그 음악의 스타일은 알고 있어야 하잖아. 그런데 맨날 천날 어떻게 하면 상을 받을 수 있을까, 어떻게 하면 돈을 벌 수 있을까, 명품을 입을 수 있을까를 고민하는데도 엘리트라고 할 수 있겠어? 졸부만도 못하지.

자젠잉 그래도 척박한 토지 한 켠에서 발악하면서 풀 몇 포기 틔운 게 어디냐.

류쒀라 그래. 굉장히 단순한 사람들이었지. 개천에서 용 난 사람들이라고 할 수 있으니까. 척박한 문화적 환경에서 혈도를 뚫어 준 건 인정해 줘야겠지…….

자젠잉 가시덤불을 헤치면서…….

류쒀라 그렇다고 그들이 천하무적이었던 건 아니거든. 가련하게도 나가자마자 사방팔방에 복병이 깔려 있어 속수무책이었지. 그 적이란 게 자기 전공에서의 최소한의 경쟁인데, 나가자마자 자기는 평범한 예술가 축에도 못 끼니 어떻게 살 수 있겠어? 작가의 경우 더 어려웠지. 언어의 장벽이 있으니까. 중국어가 괜찮을수록 외국어는 꽝이었잖아. 결국 국내에서 외국어를 전공한 사람은 나가서 작가 행세를 할 수 있었지만, 국내 작가들은 나갔다 하면 전업할 수밖에 없는 상황에 처하게 된 거지. 음악, 회화 쪽은 그래도 나은 편이야. 언어의 장애는 없으니까. 그렇지만 폐쇄된 상태였기 때문에 기술적 훈련이 서양의 미학적 기준에 부합하지 않는 경우가 많았어. 예를 들어 중국에서 한평생 피아노를 쳤던 사람이 외국에서 공부를 더 하려고 갔다가 한 자선음악회에서 연주를 했는데, 건반을 몇 번 두드리기도 전에 주최 측에서 연주 자격을 취소해 버린 일이 있어. 옆에 있던 사람이 이 친구는 평생 음악대학에 있었고, 연주를 시작하기 전에 연습 삼아 건반을 몇 번 친 것에 불과하지 않느냐고 양해를 구했지만, 주최 측에선 오늘 저녁에는 절대 연주할 수 없다, 건반 치는 것만 보면 안다, 그 사람은 다시 50년을 연주해도 가망 없다, 왜냐하면 그 사람은 건반을 어떻게 두드리는지도 모르지 않느냐는 대답만 돌아왔대. 왜 그러냐고 물었더니, 피아노 치는 방법이 완전히 틀렸지 않느냐, 당신들이 하는 소련의 혁명 낭만주의식 연주법은 피아노를 깨부수는 거지 음악이 아니다 그러더래. 이 사람 말이 사실이라면 우린 평생 헛고생한 거지 뭐. 그래서 출국한 후 가르치긴 해도 연주할 기회를 못 찾는 피아니스트가 많더라고. 소학교 때부터 배운 게 러시아 낭만주의의 과장된 기법인데 유럽인들 귀에 제대로 들리겠어? 라흐마니노프가 유럽에서 연주할 때 모든 관중을 분노하게 했다더군. 피아노 예술을 모욕했다는 이유로 말이지. 그런데 그의 음악을 우리는 위대한 정감을 분출하는 모범으로 교육받았잖아. 예전에 소련에서 미국으로 건너간 피아니스트와 이야기해 본 적이 있는데, 그녀도 미국에 와서 유럽식 연주 스타일을 완전히 새로 배웠다고 하더군.

    우리가 어려서부터 받아들인 정보와 교육, 그리고 사회제도 같은 게 서구하고 완전히 다르긴 한데, 그런 것 중 하나가 자신의 성공을 과장하는 거야. 체면을 위해 성공을 과장하는 것, 혹은 세상물정 모르고 과장하는 게 80년대 90년대 넘어가면서 세계 수준의 과장이 되어 버렸어. 신중국 이전 사람들은 세상물정도 알고 집안 교육도 좀 받았던지라 말을 삼가고 돈이 있어도 감출 줄 알았는데 말야. 또 구세대 혁명가들은 신중국을 건립하여 조국을 식민화시키지 않았다는 자존심에 아무 밑천도 없으면서 꼿꼿하게 사는 법을 알았고. 그래서 옛 문인들은 세상을 속이는 허풍을 떨기보다는 겸손하게 자기를 낮추는 것을 미덕으로 삼았잖아. 그런데 80년대의 개방은 신세대 문화인들에게 일종의 환상을 준 것 같아. 전 세계에서 요청을 받고 세계 수준의 상을 받고 세계 수준의 사람이 되면서 인생의 의미가 극도로 과장된 거야. 예를 들어 노벨상을 요즘 문인들이 얼마나 오매불망하냐? 루쉰이 살던 시대에는 그런 게 문인의 생활과 창작의 기준이 아니었잖아. 우리는 어려서부터 영웅이 되라는 교육을 받았는데, 그 결과 도래한 건 명인의 시대야. 영웅과 명인은 완전히 다르지. 영웅은 제 한 목숨 끊으면 그만이지만 명인은 자기 목숨을 역사책 속에 집어넣으려 안간힘을 쓰니까. 갑자기 예전에 어떤 작가가 한 말이 생각나. "내가 누구누구와 같이 뭘 했더니, 제기럴, 단번에 전 세계 사람들에게 퍼져 나가더군!" 어떤 사람은 자기 이름 때문에 평생을 긴장하면서 살지. 일거수일투족을 전 세계 사람이 그/그녀 한 사람만 바라보고 있는 줄 안다니깐.

자젠잉 머리를 잘못 끼우면 평생 바로잡기 힘든 법이니까. 옛 콤플렉스에 새로운 콤플렉스까지 겹치니 멀쩡한 사람까지 꽈배기처럼 비틀어져 버릴 수밖에.

류쒸라 이런 분위기에선 성공하든 성공하지 못하든 심리학적인 문제로 연결되어 버려. 너도 알다시피 지금 많은 사람이 이미 성공해 있지만 그들이 말하는 걸 들어 보면 무슨 심리적 장애를 가진 사람처럼 굉장히 불편해 보여. 이런 것까지 80년대 탓으로 볼 순 없겠지? 최근에 만나본 젊은 사람들조차 이렇게 꼬여 있으니까. 우리네 교육에 일을 즐길 여유 같은 건 없고, 오로지 공명심만 생각하게 하다 보니 머리에 탈이 난 게 분명해. 듣자하니 어떤 성공한 작가는 남들에게 사인을 남기지 않으려 한대. 남들이 자기 필적을 간직하는 게 싫어 편지도 쓰지 않고 메모도 남기지 않는다는 거지. 그런 점에서 천단칭은 소탈해. 종일 남들에게 손으로 편지를 쓰니까.

자젠잉 머리뿐만 아니라 몸도 탈이 나겠지. 갖가지 허세, 불균형, 소모적 증상을 요즘 어디서나 볼 수 있잖니. 분투만 하고 즐기지 않거나, 일단 즐겼다 하면 죽기 살기로 하거나—마약, 폭음, 오입…… 이런 식의 즐김은 일이나 정신생활과 연관된 게 아니라 공허, 퇴폐, 부패와 연결된 것들이잖아. 그게 80년대의 문제인 것은 아니지. 그 당시 사람들의 마음에는 아직 이렇게 서로 충돌하는 욕망은 없었으니까.

류쒀라 80년대에는 공명심이 사람들의 마음을 격동시켰지만 요즘 사람들의 마음을 움직이게 하는 건 주식이야. 요즘 잡지 표지에 사람들의 시선을 잡아끄는 표제는 "연봉 1억, 어떻게 굴릴까?" 같은 거고. 그 당시 작가들은 어떻게 하면 노벨상을 탈 수 있을까를 논의하다가 세상이 불공평하다고 불평만 터뜨렸고, 요즘 사람들은 연봉 1억의 도전에 직면해 있으니 은행 터는 것 말고 무슨 방법이 있을까? "한 묘의 땅에 천 근의 양식을 생산할" 꿈에 사로잡혔던 대약진운동 시기가 재래한 건 아닌가 싶어.

자젠잉 근데 우리가 문제만 이야기하고 결점을 골라내는 데 치중해서 그렇지 사실 많은 측면에서 중국은 그래도 진보 혹은 호전되고 있다고 봐야겠지. 예전에 비해 이 나라는 많이 개방되었고 물질생활도 개선되었으며, 정보나 인적인 교류가 이전보다 활발해졌고, 새롭고 재미난 공간도 일부 출현한 데다, 체제 또한 예전보다는 상당히 탄력적으로 운영되잖아. 그렇다면 요즘 젊은 예술가들을 너는 어떻게 생각해?

류쒀라 난 요즘 학생들과 젊은 예술가들이 중국의 희망이기를 희망하지만, 그들이 더욱 풍부한 문화적 토양에서 성장할 필요가 있다고 봐. 젊은 사람들은 호기심이 강하고 원하는 정보를 취할 수 있는 조건도 갖춰져 있어. 그렇지만 이러한 정보에 대한 예민한 판단력은 활발한 문화적 분위기에서만 길러질 수 있을 거잖아. 미술대학과 음악대학 학생이나 젊은 작가들은 물질적으로 과거에 비해 풍요로워졌고 정보 면에서도 더욱 부족함이 없기 때문에 만약 문화를 중시하는 사회적 환경만 받쳐준다면 뭐든지 자연스럽게 생성될 거야. 주류가 어떻다거나 상업상의 허세를 부릴 필요도 없이 그냥 살고, 일을 벌이고, 생활과 문화를 즐기면 되는 거라고. 그런데 한 사회가 문화적 자양을 충분히 축적하지 않은 상태라면 그저 예술을 놓고 승부를 논하고, 꼼수를 부리고, 누가 누구보다 더 센가 라는 따위의 저속한 취향만 남을 수밖에. 그건 중국 전체에 여러 해 지속된 민중교육의 문제야. 군대 가면 나폴레옹이 되고 싶고, 스포츠를 할 거면 올림픽에 참가해야지. 내가 지는 건 인정할 수 없어. 나한테 좋은 게 아니라면 모두가 좋을 생각들을 말어! 이런 건 80년대만의 문제는 아냐. 그러니 노상 80년대만 잡고 늘어질 필요는 없어. 80년대는 단순한 사람을 만들던 시대이기도 하잖아. 공명이나 이익에 밝지 않아 결과가 어떻게 될지 계산하지도 않고 아주 열정적으로…….

자젠잉 맞아. 예술을 위해 예술을 하던 인간들이 꽤 많았지.

류쒸라 그 당시엔 예술을 위해 예술을 하던 사람이 굉장히 많았어. 근데 그 뒤로는 그렇게 단순하지는 않게 되었는데, 그건 출국한 후 장애를 만나고 가장 실제적인 문제에 부딪히면서 예술가들이 변화되었기 때문이야. 그들과 이야기를 해보면 그들이 어떻게 성공했는지, 어떻게 돈을 벌었으며 어떻게 상을 받아 시대의 아이콘이 되었는지에 대해 이야기를 시작하곤 해. 사실 성공과 재산이 나쁠 것도 없어. 예술가도 잘살 필요는 있으니까. 그렇지만 그렇게 온종일 무료하게 돈 문제와 시합에서의 승리를 토론하고 그 결과를 즐기고 있을 필요까진 없잖겠어?

자젱잉 그렇지. 예술가라고 "속세의 음식은 입에 대지 않고", '범속을 초탈'한 경지에 살겠다고 표방할 필요는 없지. 다른 사람들처럼 편하게 삶을 즐기고 싶을 테고. 그렇긴 하지만 예술가가 다른 사람들과 구별되는 가장 도드라진 특징은 그/그녀의 예술적 재능과 추구이지 트로피와 재산을 다투는 게 아니잖아. 전자는 예술과 관련되지만 후자는 명리와 관련되는 거니까. 그건 가장 기본적인 상식 아닌가? 네가 말한 분위기는 90년대 이후에도 국내의 문화인들 중에서 나타나는 것들이야.

류쒸라 국내의 문화인들이 90년대에 획득하게 된 장점들을 난 잘 몰라. 나는 외국에 있던 사람들이 어떠한지만 알 뿐야. 생존에의 도전에 훨씬 직접적으로 노출되어 있었고 그래서 어떻게 생존해야 할지 배워야만 했는데, 외국의 환경은 굉장히 우리를 힘들게 하는 것들이었지. 우리가 상대해야 하는 건 서양에서 몇 세대에 걸쳐 축적한 물질문명이었으니까. 당시 국외에서 중국 예술가들을 만나기만 하면 자신이 '최고'라고 떠벌리길 좋아했던 광경이 생각나. 그렇게라도 하지 않으면 자기도 뭘 하고 있는지 확신이 서지 않았을 테니까. 그렇지만 80년대에 나갔던 예술가들은 국내에서 출발하여 외국에 나가 예술을 하던 사람들이야. 밖에서 공부해서 중국으로 돌아와 일을 한 사람들이 아니었지. 어려웠다면 그 원인은 여기 있을 거야. 외국에서 예술을 배운다는 학생의 심리적 준비 없이 모두 자기가 중국의 대표선수라는 열정을 품고 있었으니까.

자젠잉 80년대에는 문예계 종사자들이 돈을 벌지 못했어. 모두들 여전히 체제 안에서 국가가 먹여 주는 밥을 먹고 있었으니까. 90년대에 들어서면서 갑자기 돈을 벌 수 있게 되었지.

류쒀라 예술가가 돈을 벌 수 있단 건 좋은 일이지. 벼락부자가 생겨나기 시작한 건 80년대 중반부터 시작되었던 것 같아. 당시 음악계에서는 상업 레코딩이나 공연을 시작했고 촬영 쪽은 상업 광고를 시작했지. 영화계가 제일 짭짤했고. 예전에 80년대에 아청이 자신이 책을 쓰는 건 돈을 벌기 위해서라고 말했던 게 기억나. 난 게다가 소리꾼일 뿐이니 예술가의 고결함보다는 유행음악 레코드를 만들어 돈을 버는 게 더 좋았고. 당시에는 지식계에 대한 반항심리 같은 게 있어서, 예술 엘리트가 되기보다는 가벼운 물질적 관념을 가지고 무거운 문화와 싸우고 싶다는 생각도 들었어. 그때는 모든 게 정말로 반항한 거지 쇼가 아니었지. 근데 나중에 내가 출국한 뒤 보니까 이런 모든 반항이 가장 의미 없는 행동이더구나. 물질숭배적 예술 형식은 벌써 극단적으로 치닫고 있었고 우리가 국내에서 알고 있던 상업음악에 대한 지식은 아무런 쓸모가 없었어. 현대음악을 한다고 해도 우리가 알고 있던 음악 형식은 현대라고 할 수조차 없는 것이었단 말이지. 그러니 우리가 배워야 할 건 너무 많았어. 물질에서 정신까지 죄다 말야. 물질문명의 발전과정을 알지 못하고는 현대예술의 발전과정을 이해할 수가 없었어. 물질과 예술은 서로 연결되어 멋들어지게 하나의 문화를 만들어 낼 수 있는 거였어. 근데 우리는 돈 맛 좀 봤다고 자기가 누구인지도 잊어버리고 발을 동동 구르면서 예술은 내팽개치고 돈만 추구하는 식이었지. 문화예술계 사람들에게 돈이 있다는 건 좋은 일이야. 편안하게 문화를 생산하고 문화의 미학을 자기 마음껏 추구하게 해주니까. 그렇지만 많은 아시아 식민지 국가에서 문화는 오락일 뿐야. 도처에 벼락부자들로 넘쳐 나잖아. 중국은 그렇게 많은 문화를 가지고 있고 또 식민지도 아닌데, 자기부정을 두려워하지 않고 성공에 대한 태도를 조금만 교정한다면…….

자젠잉 그렇지만 삼대가 덕을 쌓아야 선비 하나가 나온다는 말이 사실이라면, 아마 지금은 벼락부자에서 정말로 부유한 사람으로 변해 가는 과정에 있는 게 아닐까?

류쒜라 부유하고 않고의 문제가 아니라 정상적인 심리의 사람으로 변화할 수 있느냐가 관건이겠지…….

자젠잉 그래, 정상적인 심리의, 도량도 넓고, 물질과 정신이 모두 풍부한, 이른바 "부자이면서 예의 바른"富而好禮 문명인…….

류쒜라 건강하고 정상적인 명랑한 사람으로 변화해야겠지. 정상인, 보통 사람 말야. 뭔가 시대를 앞서야겠다는 분위기에서 평범한 정상인으로 변하는 게 쉽진 않겠지만 일단 정상이 되고 나면 굉장히 편안해지는데, 80년대 사람들에게는 별로 어울릴 것 같지가 않아. 예를 들어 자기가 대단한 인물로 주목받지 못하는데 어떻게 살 수 있겠어? 주목받는 인물이 아니라도 즐겁게 살아갈 수 있는 상태가 가장 좋은 심리적 상태겠지.

자젠잉 맞아. 우리가 한참 떠들어 댔지만 결국 이야기는 이 시대의 병폐가 무엇인가라는 점에 모아져. 중국사회가 오랫동안 비정상이었기 때문이겠지. '문혁'의 비정상에서 80년대의 또 다른 비정상으로, 그리고 또 89년 이후 배금주의적 경향에 의한 온갖 상업적 비정상으로 넘어 왔잖아. 만약 항상 "떠들썩하게 네 노래가 끝나자마자 내가 등장한다"는 식으로 세상이 변화무쌍하다면 어떻게 마음을 안정시킬 수 있겠어? 예술가들뿐 아니라 지금 많은 사람들이 뜨거운 솥의 개미마냥 조바심에 절어 있어. 이 뜨거운 솥 위로 올라가야 돼, 떨어지기라도 하는 날엔 낭패를 당할 테니. 생활이 만약 거대한 도박장으로 변해 버린다면 모두들 근시안적인 행동만 일삼아, 쉽게 왔다가 쉽게 사라질 거야. 그러면 아무리 느긋한 사람이라도 조마조마해져 며칠 못 버티게 되는 거고…….

류쒸라 그래. 보통 사람에게도 주목받는 인물이 아니면 살 수 없다는 심리가 있어. 사실 인물이 아닐수록 더 잘 살 수 있는데. 아무런 부담이 없으니까. 평범한 삶에서의 작은 재미를 굉장히 유쾌하게 즐길 수 있잖아. 요즘 모두들 얼마는 있어야 중산계급의 기준에 도달하고, 얼마가 되어야 부호 취급을 받을 거라고 계산하기를 좋아하는데, 계산해 볼수록 더 불안해지잖아. 그런 게 바로 누구나 인정하는 수준으로 갖추려고 하고, 혹시라도 빠진 게 있나 눈치를 살피는 벼락부자의 안절부절함 같은 거야. 아무런 문화적 기초 없이 현실을 마주하면 사실 약간의 돈과 약간의 즐거움만 있으면 돼. 잘하는 일, 하고 싶은 일을 할 수 있는 약간의 기본적인 보장만 있으면 그만이지.

자젠잉 그런 다음 세세하게 따져서 내가 하고 싶은 일을 어떻게 하면 잘 할 수 있을지를 고민하고.

류쒜라 그래. 잘해야지. 사실 그런 게 건강한 보통사람의 심리일 거야. 중국에는 이렇게 보통 사람의 심리에 대한 교육이 너무 적은 것 같아. 그걸 80년대의 과장된 분위기와 연결시키는 건 좀 그렇고 차라리 혁명적 영웅주의 교육과 관련된 것이라고 봐야겠지만.

자젠잉 좀더 위로 소급하자면 과거科擧 문화와 연결될지도 모르겠어. "책 속에 황금 집 들어 있고, 책 속에 옥처럼 아리따운 미인이 있네." 이 말에서도 알 수 있듯이 독서를 위한 독서의 즐거움을 이야기한 게 아니라, 그게 어떤 이익을 가져다주는지를 강조해 왔잖아. 당시에는 국제적인 시상이야 없었겠지만 장원급제라도 되면 부와 명예가 따라왔고 후세에 아름다운 이름을 남길 수 있으니 모두들 과거시험에 목을 매었던 거고. 유가의 학설을 생각해 보면 군자와 소인에 대한 논의가 많은데, 모두 군자가 되어야지 소인이 되면 안 된다, 군자가 소인보다 좋다는 이야기뿐야. 그런데 꼭 이 두 가지 선택만 있어야 하는 거야? 보통 사람이 되는 건 어때? 정상적이고 존엄성과 품위를 가진 보통 사람은 안 좋아?

류쒜라 사실 하늘의 눈으로 볼 때 사람은 미약한 존재에 불과해. 미약함을 달갑게 여기는 게 인간이 행복을 향유할 수 있는 본질이야. 우리 교육은 누구도 자신을 축소시켜 소인물이 되는 걸 원하지 않게 만들고 있어. 80년대의 예술가들은 중국에서 과장된 성공을 했지만 출국한 후 굉장히 실질적인 도전에 직면했어. 즉 어떻게 자그마한 행복이 깃든 자유로운 나날을 보낼 것인가 하는 거야. 귀국한 뒤 요즘 국내에서 성공한 사람과 성공하지 못한 사람이 생활에 어떻게 반응하는지 유심히 살펴봤더니, 몇몇 성공한 사람들은 어떤 일에 대해서 깊이 생각하기를 싫어하더군. 이해되지 않는 건 끝까지 무지한 상태를 유지하려고 애써. 마치 새로운 정보가 성공의 안정감을 위협하기라도 한다는 듯이. 또 성공하지 못한 그 밖의 대다수는 스타나 명인, 부자만이 성공이라고 생각하고 그게 안 되면 세상을 저주하고. 모든 문제는 모두들 자신과 인생을 작게 즐기기를 원하지 않는다는 데 있어. 사실 생활의 모든 즐거움은 자기가 좋아하는 몇 가지 일에 있는 건데 말야. 생활의 즐거움은 표면적인 성공과 재산에 있는 게 아니잖아? 지금 많은 사람들이 평범한 삶을 찬양할 줄을 몰라. 평범한 삶을 실패와 헛산 거라고 간주하는데, 사실 그런 삶이야말로 헛사는 거지.

자젠잉 그 이야기는 '유학파' 海歸에 국한된 게 아니겠지?

류쒀라 일종의 보편적인 현상, 즉 귀국한 뒤 느끼게 된 주위의 분위기를 말한 거야. 예술가에게만 국한되는 것도, '유학파'에게만 국한되는 것도 아닌 것 같아. 현재의 상업계 영웅들과 80년대 예술가들은 조류를 만들어 갔다는 의미에서 같은 상황이라고 할 수 있어. 어떤 전통을 계승한 게 아니라 갑자기 허공에서 터져 나온 거야. 중국에서는 언제나 이렇게 우발적인 현상이 터져 나와. 그러니 각종 매체에서 마구잡이로 졸부식의 생활방식을 퍼뜨리는 거지. 홍콩과 타이완을 그대로 모방하고 제멋대로 서양에서 유행하는 개념을 가져와서는 미니멀리즘과 벼락부자식 생활방식을 뒤섞어 팔아먹을 생각이나 하고, 매릴린 먼로와 여성 사업가를 같이 비교하는 식의 현상이 왜 나오겠어.

자젠잉 그래, 베이징의 많은 신축 빌딩들을 보면 요란한 빛깔의 무지개 아이스크림 같아. 유럽 풍정歐陸風情, 캘리포니아 팜스프링스棕櫚泉, 윈저 애비뉴溫莎大道, 포스트모던 캐슬後現代城*……. 사실 다양한 문화나 이국적인 분위기가 퍼지는 걸 누가 뭐라 그러겠어? 그게 없으면 생활이 얼마나 단조로워지겠니. 근데 아쉬운 건 우린 자신의 일원적인 문화 전통을 잘라 버려 아직 회복도 되지 않은 상태에서 이국적인 정서가 갑자기 만연하니 어째 손님이 주인 노릇한다는 느낌이 든다는 점이야. 우리 자신에겐 아무런 뿌리가 없다는 듯이 말야. 타이완의 룽잉타이龍應台가 전 지구적 물결 속에서의 문화 문제를 이야기한 바 있는데, 그녀의 질문이 일리가 있는 것 같아. "세계와 궤를 같이해야 하는 건 맞다. 그런데 궤를 같이한 후 그 궤를 달리는 열차에 실은 화물은 온통 남의 것들뿐이다. 그렇다면 너 자신은 어디에 있는가?"

류쒸라 우린 사유재산도 없고 현대문화도 부재한 그런 사회제도하에서 자라난 세대야. 그래서 80년대에 나타난 현대예술가와 90년대에 출현한 상인들 모두 느닷없다는 느낌이 강했어. 90년대의 성공한 사람들은 80년대 사람들을 인정하지 않을 거야. 80년대 사람들은 너무 단순하고 상업적 경험도 없으면서 열정에만 가득 차, 아둔하고 촌스러워 보이니까. 90년대의 성공은 대부분 경제적인 측면에서 하는 말이야. 출국했든 귀국했든 중국에만 있었든 상관없이 성공은 상업적인 것이었지.

자젠잉 더 총명해진 건 확실해.

류쒸라 90년대 인물들은 더욱 주류를 추구해. 상업적인 성공은 반드시 주류적인 것이지 쓸모없는 것을 쫓지 않아. 그들이 80년대를 부정하는

---

* 베이징의 고급 아파트 단지의 명칭들이다. LA 부근의 고급 휴양도시인 팜스프링스나 런던의 윈저궁 등에서 이름을 따왔다.

것도 마찬가지야. "당신들은 주류를 점하지 못했지만 우리는 주류다, 대다수 사람들의 마음을 대변하고 있는 거란 말이다." 80년대 사람들은 중국 천하가 자기들 것이라고 감히 생각하지 못했어. 예술이야 말할 것도 없이 한 번도 천하였던 적이 없지. 출국해서 살 집이나 하나 있으면 만족했지. 그런데 90년대 사람들은 천하를 차지하겠다는 패기가 있어. 왜냐하면 성공과 이익이 눈에 보이니까. 그들은 또 출국해서 벽에 부딪치는 따위의 일은 해볼 가치가 없다고 생각했어. 인생을 더 잘 알고 있었던 거지. 80년대 사람들의 참상은 이미 90년대 사람들의 비웃음거리가 되고 있어. "당신들 그렇게 심오한 생각들을 했으면서 뭘 얻었는데?! 예술한다고? 집은 있나? 홍콩, 타이완의 음악을 무시해? 돈도 안 되는 음악이 음악인가? 돈도 못 벌면서 감히 예술을 논한단 말야? 같잖아서! 돈 이야기하지 않는 인간이 인간이야? 내 집과 차가 어떤지 보라고!" 그들은 심오한 문화와 문화를 논의하는 인간을 필사적으로 공격하는데, 그것 또한 뭔가 불안하기 때문이겠지. 이러한 불안이 사회에 미치는 영향은 80년대보다 더 커. 한 사람이 명랑하게 자신을 바라보고, 자신에게 뭐가 있고 뭐가 없는지, 뭘 알고 뭘 모르는지를 안다면 더 편하게 살 수 있을 거야. 편하고 즐겁게 사는 건 돈으로 잴 수도, 표면적인 성공으로 가늠할 수도 없는 거잖아. 평생 자기가 성공했는지, 주류인지만을 영원히 강조한다면 언제나 굉장히 큰 불안감을 안고 살아갈 것이고, 그 정신적인 위기를 또 다음 세대까지 물려주게 될 거야. 나라고 성공을 반대하는 게 아니야. 성공은 물이 흐르면 도랑이 생기는 것처럼 어떤 일을 잘하면 자연히 얻게 되는 수확이니까. 즐기되 과시하지 않는 것, 그건 일종의 품격이고 일종의 문명이야. 자기 지위를 이용하여 다른 사람을 공격할 필요는 없잖아.

자젠잉 맞아. 주류든 주변이든 공존, 호혜하는 마음이 있어야겠지. 얼마 전 베이징대학 교육개혁 논쟁에서 어떤 친구가 나에게 '유학파' 海歸와 '국내파' 土鼈 학자 간에 이익충돌이 일어날 때 사용하는 말이 '자리 차지' 卡位라고 알려 주더군. 아마 타이완에서 건너온 말 같은데. 예를 들어 일자리가 열 개뿐이다. 그런데 누군가 먼저 이 열 개를 차지하고 자리를 남겨 두지 않으면 나중에 온 사람은 조건이 아무리 좋아도 경쟁도 못해 보는 거지 뭐. 자원과 공간이 제한되고 공정한 경쟁이 이뤄지지 않는 곳에서 '자리 차지' 상황이 쉽게 일어나겠지. 그건 인간의 협애한 배타적 본능과 자기만 생각하는 심태를 촉발시켜 왔어. 80년대는 사회주의적 색채가 여전히 농후하여 그런 건 거의 없었던 것 같은데 말야.

류쒸라 80년대에는 서로 돕는 정신이 있었지. 그 당시엔 모두들 단순했으니까. 함께 일을 완수하고 항상 함께 예술적인 새로움을 탐색했으며 다른 사람의 성취에 감동하곤 했어. 아마도 그 시절의 우리 세계는 여전히 작았기 때문에 누구도 더 멀리 바라볼 줄 몰랐던 거지. 나라 문을 나서고서야 그렇게 많은 국제적인 장점들이 기다리고 있단 걸 알게 되었고. 이들 장점은 생존의 질이 완전히 다르단 걸 상징했어. 국제기금이니 상업적 계약서, 예술상 등등. 음악가에게 음악회 하나를 잘 공연한다는 것은 그 다음 공연의 계약, 즉 앞으로의 전망을 의미하는 거였어. 그러니 네가 말한 자리 차지란 게 없지 않아. 예를 들어 어떤 국제음악제에서 한 사람의 중국 음악가만 초빙받을 수 있다면 중국 음악가들끼리 물 밑에서 서로 훼방을 놓곤 해. 네가 어떤 중국 친구에게 어떤 곳에 소개해 줬는데 결국 그 중국 친구가 네 뒤통수를 치는 꼴을 얼마나 자주 본 줄 아니? 나라 밖에서는 중국인들이 자리 차지를 좋아한다는 걸 확실하게 느낄 수 있어. 경쟁심리가 아주 세니까. 그래서 나라 밖에서는 중국인들이 더 위험해. 외국인들보다 더 따지고 서로 싸우고 서로 해코지할 뿐 아니라 외국인들도 잘 이용해 먹고 허풍도 심해. 이런 점에서는 해외의 홍콩인과 타이완인들이 대륙 사람들보다는 단순한 것 같아. 그들은 아마 좁은 땅에서 넓은 곳으로 나오니 숨이 탁 트이는 게 일일이 따지고 할 필요가 없는 거겠지? 뭐, 홍콩인과 타이완인들의 상황에 대해선 난 잘 모르니깐.

자젠잉 타이완은 나도 잘 몰라. 홍콩에는 2년을 살았는데, 비좁고 인구밀도가 굉장히 높지만 대륙 사람들보다는 규칙을 잘 지켜 가며 경쟁을 하는 것 같아. 역사도 다르고 체제도 달랐기 때문이겠지. 그들은 영국인의 감독하에 개조를 거쳤으니까. 근데 우리 쪽의 체제 개혁은 여전히 가다 서다를 반복하며 어렵게 진행되고 있어. '문혁'에서 벗어난 지 불과 30년밖에 되지 않기는 하지만, 그동안도 정말로 밝은 태양 아래서 역사를 진행시키지 못했어. 경쟁을 했다 하면 여전히 음흉하기 그지없게 파벌을 끌어들이고 권모술수를 부리곤 해…….

류쒀라 만약 타이완이 땅이 작아서 서로 싸우고 배척하는 거라면 그런 일이 대륙에선 일어나지 말아야겠지. 대륙에는 땅도 넓고 기회도 많아서 그런 식의 생존 스트레스는 없으니까……. 근데 주류가 되고 싶고 최고가 되고 싶으니까 그러지를 못하는 거야. 그런데 사회는 변하고 새로운 시대가 되면 다른 최고가 나타나기 마련이니 자리를 새로운 최고에게 양보하는 것도 배워야겠지. 80년대 사람들은 명성에 의지하고 90년대 사람들은 돈에 의지했어. 각 시대마다 발열되던 초점이 있어. 장기간의 폐쇄적 문화 때문에 80년대는 문화에 몸을 불살랐고, 오랜 빈곤 때문에 90년대에는 돈에 몸을 불살랐지. 앞으로 또 무엇에 몸을 불사를

까? 80년대 사람이 보기에 90년대 사람들은 너무 저속하고, 90년대 사람이 보기에 80년대 사람들은 너무 맹해. 미래 세대들은 분명 우리 모두를 쳐다보지도 않을 거야. 그들은 더 자연스럽고 21세기의 본질에 다가가 있을 테니까.

자젠잉 그들도 새로운 문제와 어려움을 마주하겠지만, 우리 같은 잘못은 하지 않았으면 좋겠어.

류쒸라 80년대와 90년대 두 진영이 서로 무시하는 건 두 쪽 모두 보통 사람이 되고 싶지 않아서야. 우리에겐 정상적으로 예술을 즐기고 예술을 다루며, 상업을 즐기고 상업을 다룰 수 있는 심리상태가 필요해. 삶은 그렇게 평온하면서도 재미난 것인데, 무엇하러 역사책에 기록되는 인물이 되려고 애쓰고, 자기 성공을 위해 다른 사람을 죽이는 짓을 해야겠어? 더욱이 자기 집의 재산을 다른 사람과 비교할 필요도 없고. 우리는 과거의 영웅주의적 교육을 반성해야 해. 이러한 비극을 야기한 게 바로 야심이기 때문이야.

자젠잉 정상적인 사회라면 저속한 것도 있고 고아한 것도 있고, 대중도 있고 상류층도 있고, 진보도 있고 보수도 있는 법. 각종 다양한 사람들이 운신할 자기만의 공간이 있어야 하는 거야. 왜 석차를 나눠 갑을병정으로 고하를 나누고 또 서로 배척하는 건지 모르겠어.

류쒸라 맞아, 석차 매기는 게 가장 끔찍해. 농민 봉기할 때나 자리 순서에 신경 쓰지. 오랜 문명사회에선 모든 사람이 자기가 어디에 있어야 하는지, 자기가 편하게 살고 일할 수 있는 곳이 어디인지 잘 알고 있어.

자젠잉 부동산 업계의 한 친구가 미국 여행을 갔다가 돌아와서 감탄을 하더만. 미국의 해변을 둘러보니 항상 사람들이 아무 데서나 드러누워 한참을 책을 보는데, 그것도 아주 두꺼운 책을 말야. 그러다가 선글라스를 끼고 우두커니 생각에 잠겼다가 다시 계속 책을 읽곤 하는 모습이 눈에 들어오더래. 또 도시마다 이어폰을 귀에 꽂고 조깅이나 운동을 하는 모습도 인상적이었고. 그런 풍경을 중국에서는 거의 볼 수 없었으니까. 그래서 한마디로 이렇게 정리를 하더군. 중국인들은 생존하고 미국인들은 생활한다. 정리가 아주 재미있지? 똑같이 살아도 중국인들은 항상 바쁘게 뛰어다니고 혹시라도 놓칠까 봐 걱정하면서 살아. 왜냐하면 이 기회가 오늘은 있지만 내일은 어떻게 될지 모르니까. 한 번 지나치면 다음 차는 언제 올지 모르고, 혹시라도 내일 다시 세상이 혼란스러워지지 않을까 항상 노심초사하곤 해. 상황이 이렇기 때문에 일을 할 때도 투기나 도박 심리를 품게 되기 쉽고 놀 때는 또 방탕하게 향락과 방종으로 빠져들곤 하는 거지. 이런 사람에게 장기계획을 기대할 수 있겠어? 흥분하고 쾌감을 느끼는 대상은 있지만 자기만의 경지가 없을 수밖에 없지. 서양에 오래 살다 보면 여유의 리듬을 유럽에서는 흔하게 볼 수 있단 걸 알게 돼. 미국에도 워커홀릭은 많아. 미국인은 work hard, play hard ── 빡세게 일하고 빡세게 논다는 좌우명으로 살아. 그런데 일을 하든 놀든 그 속엔 어떤 정신이 깃들어 있어. 내 생각에 그건 그들의 오랜 신앙 때문인 것 같아.

　　요즘 중국경제는 급속도로 발전하고 있는 반면 사람들의 마음은 여전히 온갖 불안으로 가득해. 그건 중국사회가 백 년 동안 끊임없이 변해 왔고, 한 번 변했다 하면 세상을 갈아엎을 정도로 극변했기 때문이야. 결국 모두들 아무것도 믿을 수도 의지할 수도 없다, 눈앞에서 얻을 수 있는 이익과 쾌락에 충실해야 한다고 생각하게 되어 버린 거지. 빈궁

한 유토피아는 끔찍하지만 번화한 유토피아도 끔찍해. 모두들 중국이 이제 세계 최대의 투자시장, 소비시장이 되었다는 것에 즐거워하는데, 우리가 세계 최대의 정신적 시장이기도 한 걸까? 우리는 13억의 인구를 가졌는데, 이 13억 명의 정신이 의탁할 곳이 어디 있어?

미국 오하이오 주의 한 여성 법관이 중국에 순회강연을 와서 한 바퀴 둘러본 뒤 이렇게 말하더라. "우리 세대의 미국인들도 60년대와 월남전의 소요를 경험했기에 우리가 아주 강렬한 사회적 혼란을 겪었다고 생각해 왔어요. 그런데 당신네 중국인들은 그렇게 많은 혼란을, 그것도 그렇게 큰 진폭의 혼란을 겪었잖아요. 우린 정말 상상이 안 되는데, 심리적으로 그걸 어떻게 적응한 건가요?" 나는 그녀의 질문에 대답할 수가 없었어. 왜냐하면 나 스스로 정말로 거기에 적응하지 못했다고 생각한 게 한두 가지가 아니니까. 주위 사람들의 다양한 심리적 왜곡, 균형 잡혀 있지 않고 건강하지 않은 모습을 보면 견디기 힘들고 어떨 때는 참을 수 없어 냉소를 던지거나 거세게 비판해 보기도 하지만 사실 자기 자신도 그걸 비난할 자격이 없다는 걸 잘 알지. 한 번이라도 이런 역사적 사건과 마주하면 누구라도 심리적 장애를 겪게 될 거야, 안 그래?

92년에 모스크바에 갔었는데, 모스크바는 어떤 면에서 베이징과 기괴하게 닮은 구석이 있더라. 그래서 모스크바 사람과 쉽게 친해지고 서로 통한다는 느낌을 받게 되었어. 한번은 한 모스크바 친구와 보드카를 마시는데 이런 말을 하더라. "러시아 사람에겐 맥도날드도 필요하고 민주도 필요해. 그래도 가장 필요한 건 심리적인 치료야." 안드레이라는 이름의 친구였는데, 지금도 그의 꽃처럼 여리고 민감한 입술이 기억에서 지워지지 않아.

그래도 좀 낙천적으로 생각해 보면 우리에게 온갖 문제가 있긴 하지만, 그렇게 오래 미국에 살다가 돌아온 나 같은 사람 눈에도 이 땅이 뒤죽박죽하면서도 생기가 넘치는 구석이 있다는 게 느껴져. 많은 면에서 규칙도 없고 유치하며 창밖으로 뛰어내리고 싶을 만큼 난감한 상황이 많긴 하지만 온갖 재미난 일이 일어나고 있는 것도 사실이잖아. 그게 쓴웃음을 짓게 만드는 것일지언정. 변화가 빠르고 파악할 수 없는 많은 게 흩어져 있어 내일을 예측하기 어렵지만 그렇기 때문에 뭔가를 도모할 여지가 있는 거겠지. 이런 환경에서 맑은 정신으로 자신의 일을 고수하는 사람이 있다면 감동받고 존경하게 될 거고. 이런 생활에도 그 나름의 매력은 있어.

류쒸라 맞아, 그래. 중국인들이 그렇게 많은 혼란을 겪으면서 나타난 심리상태는 어디에도 없다는 느낌 — 언제고 자신을 외부에 위치시킬 수 있게 되었다는 점이야. 우리는 너무 많은 상실을 경험했기에 어떤 상실도 그다지 심각해하지 않게 된 거지. 한편으로 천당에서와 같은 나날을 보내고 싶지만 또 언제고 지옥을 즐길 준비가 되어 있어. 얼마 전 베이징에 폭우가 쏟아져 큰 홍수가 난 적이 있는데, 그 다음 날 신문 첫면에 게재된 뉴스에 의하면 베이징 사람들은 이 때문에 기뻐 날뛰었다는 거야. 만약 다른 나라였다면 아주 상심하는 분위기였겠지. 집이 잠기고 재산을 못 쓰게 되었으니 말야. 외국인 거주자들만 해도 이 정도 폭우에 대한 배수 관리는 어떻게 해왔느냐? 보험회사에서는 어떻게 배상할 거냐? 등을 묻는데 베이징 사람들 반응은 이런 식이었지. 내 평생 베이징이 이렇게 잠긴 건 처음 봐. 이렇게 폭우가 쏟아져도 조금도 겁나지 않아, 오히려 굉장히 흥분돼, 너무 재미있잖아. 이런 게 전형적인 베이징 사람들의 정서야. 하늘이 무너져도 구경거리는 몰려가서 직접 봐야 된다는 식의.

자젠잉 베이징 사람들에겐 삶을 일종의 연극으로 보는 정서가 있어. 이 연극은 북 치고 꽹과리를 쳐 떠들썩해야 하고 사고도 좀 나고 누군가는 떼돈 벌고 또 누구는 곤경에 처해야 하는 거라고 생각해. 그래야 나중에 부채 흔들면서 더위 식힐 때 이야기할 거리라도 있는 거니까. 그렇다고 나중에 아들 손자에게 무슨 재산을 남기려고 애쓰는 것도 아냐. 뭘 제대로 갖춰 놨는지 따위에는 별로 신경도 쓰지 않잖아.

류쒀라 그렇지. 그런 계획 없이 살지. 베이징 사람들의 매력이 바로 거기 있어. 베이징 사람들은 아쉬운 대로 그럭저럭 지내길 좋아해. 오늘 즐거우면 모두들 같이 즐거워하고 내일은 모르는 거지. 오늘은 오늘이니까. 베이징이 얼마나 많은 사회적 변화를 겪은 곳이냐, 왕조는 또 얼마나 자주 교체되었고. 그래서인지 베이징 사람들에겐 국외인이 이해하기 힘든 어떤 특수한 심리가 있어. 국외인들이 보기에 베이징 사람이 처한 상황이 아주 다급한 것 같아, 당신들 어떻게 그렇게 소극적이냐, 뭐라도 좀 해야 하는 것 아니냐? 라고 물어 보면 베이징 사람들은 이렇게 대답하지. "뭘 하란 말이야? 이 정도면 아주 훌륭하지 뭐." 베이징 사람들의 이런 반응은 굉장히 특수한 것 같아. 아주 편하기도 하고. 다른 데서 보기 힘든 거잖아. 아주 좋아.

자젠잉 그걸 피해 갈 수 없을 거야. 거기가 우리 고향인데 어쩌겠어. 좋든 싫든 영원히 우리들 마음을 붙들고 늘어질 거야. 그걸 항상 염두에 두고 살피는 게 더 좋겠지. 여긴 미국이나 유럽이 아니잖아. 구미 같은 경우 제도가 잘 갖춰져 있고 사회가 성숙해 있으며, 그것도 몇 세대에 걸쳐 내려온 것이라 모든 게 안정된 궤도 위에서 진행돼. 태어나면 앞으로 어떤 학교에 들어갈 거고, 졸업한 후엔 어떤 일을 할 것이며, 몇 살

이후에는 집을 사고 차를 사고, 그런 다음 아이를 키우고 하는 게 대충 결정되어 있고, 결국엔 어찌어찌하다가 퇴직금을 받는 인생을 사는 거지. 불안하지는 않겠지만 그것도 관성이 되면 스트레스가 되고 굉장히 무료할 것 같아. 즐기기는 하겠지만 이미 만들어져 있는 것을 즐기기만 하는 건 좀 불편할 것 같아. 결국 그건 다른 사람이 만들어 놓은 거잖아. 남들은 몇 세대에 걸쳐 길을 닦고 나무를 심은 건데, 차를 타고 가서 바람이나 쐬는 건 너무 거저먹는 것 같기도 하고.

류쒀라 그래서 아까 했던 이야기로 돌아와서, 우리들의 심리상태가 정상이었다면 80년대에 벌어졌던 사건들도 아주 재미난 것이었다는 생각이 들어. 베이징에 홍수가 난 것처럼 말야. 갑자기 폭우가 쏟아져 하수도도 막히고 길에 물이 가득 차 차가 다닐 수도 없고 배추며 토마토가 물에 둥둥 떠다니는 걸 보고 모두들 미칠 것 같았지만 잠시 뒤엔 또 굉장히 즐거워했잖아. 80년대가 바로 이런 느낌 아닐까?

자젠잉 그 또한 하나의 연극이었지. 류짜이푸劉再復가 중국사회과학원 문학연구소 소장일 때 문학 주체성이 어쩌고 하는 강연을 하면 수만 명이 몰려와서 들었다고 하더군. 공원에서 시낭송회 할 땐 사람들로 가득 찼고, 니체, 하이데거 같은 책도 번역만 되면 바로 베스트셀러가 됐잖아.

류쒀라 그래. 우리 반 친구의 현대음악회 같은 것에도 암표를 사고 팔 정도였으니까. 외국 사람들은 믿지도 않아. 작곡가의 현대음악회에 암표를 거래하는 경우가 어디 있어? 유행가요도 아닌데 어떻게 그게 가능해? 모두들 너무 이상하다고 생각들 하지. 그런데 그런 일이 정말로 일어났잖아. 아주 재미난 시대였지.

자젠잉 사람 마음은 원래 아주 모순적이라서 아주 정상적이기를 바라는 동시에 너무 정상적이면 심심하다는 생각이 들기도 하는 법이야. 그래서 어떤 비정상적인 일이 일어나길 바라고 어떤 때는 광기에 휩싸이기도 하고. 인간은 영원히 이성적일 수 없어, 이성이 끝까지 가면 비이성으로 방향을 전환하곤 하지.

류쒀라 그러니 우리가 80년대를 너무 심하게 비판할 수도 없는 노릇이야. 80년대를 형체도 분간 못할 정도로 비판해 버리면…….

자젠잉 사실 아주 사랑스러운 구석도 있지.

류쒀라 모든 시대의 변화는 홍수가 난 길과 마찬가지야. 그 안에 들어가 물놀이를 하고 쓰레기를 가지고 놀고. 같은 느낌인 것 같지 않아?

자젠잉 물론 홍수가 일상적이라고 할 수는 없겠지. 1년 365일 항상 홍수가 난다면 익사하지 않을 수 없을 거야. 그렇지만 가끔 한 차례 쏟아지면 굉장히 흥분되는 게 사실이야.

류쒀라 시대의 큰 물결도 1년 365일 오는 게 아냐. 80년대의 조류도 항상 있는 게 아냐. 그때 한 차례 이후 다시는 찾아오지 않을 거야. 지진보다 드문 거지. 되돌아보고 되새김해야지, 그걸 져야 할 짐으로 바꾸거나 그러한 흥분을 앞으로 삶의 초점으로 삼아서는 안 될 거야. 삶은 매일 그렇게 우발적인 흥분, 그런 영광이나 운만 있는 건 아니니까…….

자젠잉 운수대통만 기대하는…….

류쒸라 항상 운수대통하는 느낌에서 사는 것도 사실 굉장히 재미없을 거야. 삶은 그런 게 아니잖아. 만약 기막힌 운을 만났다면 그저 일회적인 우발적인 사건이란 걸 알고 있어야겠지.

자젠잉 솔직히 인간의 심리적 수용능력은 한계가 있기 때문에 안정된 기반에서 살아갈 필요가 있어. 그러다가 가끔 파문도 일고 벼락도 맞고 그러는 거야 견딜 수 있겠지.

류쒸라 우발적인 사건을 오랫동안 마음에 담아 두다 보면 왜곡된 심리가 나타나기 마련이야. 서양의 히피 운동을 예로 들 수 있을 텐데. 히피들도 모두 시대를 앞서가던 사람들이야. 그런데 히피 운동이 지나간 후 여전히 그것에 연연해하던 사람들은 방향을 잃고 헤맸어.

자젠잉 60년대에 전 세계 곳곳에서 일어난 격렬한 사회운동이 생각나네. 중국은 '문혁'으로 시끄러웠고, 동구에서는 반反전체주의 반소련 운동이, 서구와 미국에서는 반전, 여권, 성해방, 로큰롤과 대마초로 대표되는 움직임이 있었잖아. 언뜻 보면 반권위라는 말로 수렴될 것 같지만 사실 아주 다른 현상이야. 중국은 80년대에 또 다시 집단적인 흥분에 빠져 아주 귀중한 것, 지금도 그리워지게 하는 것들이 많았지만 여전히 성숙되지 못하고 여전히 '청춘의 축제'였던 게 아쉬워. 결국 가장이 나와 귀를 틀어쥐고 한바탕 훈계를 하게 만들었지…….

류쒸라 중국의 '문혁'은 자발적인 게 아냐. 때문에 진정한 청춘의 반항이라고 볼 수 없어. 그렇지만 그 때문에 80년대의 열정이 그렇게 왕성하고 진지할 수 있었을 거야. 갈망하던 사람이 진정한 사랑을 만나게 되니 마른 장작에 불이 붙는 것처럼 활활 타올랐던 거지. 90년대의 상업적인 거대한 파티는 오랫동안 굶주려 왔던 사람들이 홀연 발견한 금광과도 같았기 때문에 또 활활 타올랐던 거고. 만약 사회 발전이 정상적이었다면 이렇게 활활 타오르는 풍조가 노상 출현하는 일은 없었겠지. 서양의 히피 운동 또한 서양 중산계급 사회가 청년들을 장기간 억압했기 때문에 야기된 폭발적인 반항이었어. 아마도 다음 물결은 젊은 세대가 우리에게 반항하는 것이 되겠지. 문화에 반항하고 물질에 반항하고 성공에 반항하는 그때가 되면 모두들 또 이 순간을 회고하겠지. 충분히 일어날 법한 일이잖아. 요즘 독일의 음악가들은 성공을 추구하지 않아. 왜냐하면 독일 현대주의 음악의 대가들이 일찍이 너무 성공했고 너무 영향력을 발휘했는데, 지금의 음악가들은 그러한 성공이 아무 의미가 없는 거라고 생각하니까. 그렇다고 해서 음악을 버리는 게 아니라 더욱 순수하게 새로운 음악을 추구하는 거지. 중국은 진정한 엘리트가 보여 줄 수 있는 이러한 소탈함과는 아직 거리가 있어. 우리가 거쳐야 할 단계가 아직도 많잖아. 다음 회에서는 어떤 연극이 상연될지 아무도 몰라. 우린 그냥 그렇게 살아가야겠지. 우리 세대는 외국 사람들이 몇 세대에 걸쳐 경험한 전환들을 한꺼번에 충분히 겪을 운명이었던가 보지 뭐.

자젠잉 어떡하냐?

류쒀라 왜 아니겠어. 어떡하냐고요.

11
톈좡좡(田壯壯)

1952년 베이징의 영화 가문에서 태어났으며, 1982년 베이징영화대학 감독과를 졸업했다. 즉 태어난 날부터 영화와의 평생의 인연은 결정되어 있었던 셈이다.

'문혁'의 폭풍 속에서 성장했다. 붉은 악몽이 끝난 후 영화대학 감독과에 들어가 공부했다. 거기에서 최초의 필름 작품인 〈작은 정원〉小院을 발표했다.

영화대학을 졸업한 후 베이징 영화제작소北京電影制片廠 〈붉은 코끼리〉紅象, 1982, 〈사냥터에서〉獵場箚撒, 1984, 〈말도둑〉盜馬賊, 1986, 〈푸른 연〉藍風箏, 1993 등을 찍었다. 이들 모두 감독의 마음속 깊은 곳에서 우러나온 영화에 대한 끊임없는 몽상을 담은 작품이다.

10여 년의 침묵 후 2000년에 다시 메가폰을 잡아 리메이크 영화 〈작은 마을의 봄〉小城之春, 2002을 찍었다. 이 영화는 분명 찍지 않을 수 없어 찍은 것이다. 그것은 원작자 페이무費穆에 대한 존경의 표시이며, 중국영화에 대한 존중에서 우러나온 행동이다.

2004년에는 다큐멘터리 영화 〈더라무: 차마고도 시리즈〉茶馬古道系列之德拉姆, 2004를 찍어 영혼과 몽상이 펼쳐진 공간을 탐색하였다.

2004년 말에는 멀리 일본까지 가서 '쇼와 시대의 기성棋聖'에 대한 전기적 이야기인 〈우칭위안〉吳淸源, 2006을 찍었다. 이렇게 창작에 매진하는 시간을 보내며 영화에 대한, 인생에 대한 더욱 확실한 느낌을 지니게 되었다.

톈좡좡과의 대화
—2004년 12월 30일 베이징 영화제작소

톈좡좡은 회색 외투를 입고서 의자에 움츠리고 있었다. 인터뷰 도중에 줄곧 줄담배를 피워 댔으며, 오랜 시간 허리를 굽히고 고개를 숙이고 있었다. 목소리는 약간 맹맹하였다. 이렇게 마치 천천히 생각하면서 말을 하는 듯한 자태로 있다가, 갑자기 선이 분명하고 온갖 경험이 새겨진 얼굴을 들곤 했다. 1980년대에 그는 아주 인상 깊은 이야기를 한 적이 있다. "나의 영화는 21세기의 사람들에게 보여 주려고 찍은 것이다." 얼마나 젊고 기상이 좋은가! 얼마나 80년대다운가! 당시 그가 21세기의 중국이 오늘날과 같은 모습이 되리라고 어떻게 상상할 수 있었겠는가? 누가 상상이나 할 수 있었을까?

예전에 톈좡좡이 스승을 존경하고 친구를 중시하며, 후배들을 잘 보살핀다는 말을 들은 게 한두 번이 아니다. 그가 영화인들 사이에서 얻고 있는 존경은 부친 못지않다. 장원姜文이 언젠가 이런 말을 한 것 같다. 청년 감독들을 돕는다고 호언하는 사람은 간혹 있다. 멀리서 보면 그들이 꽃에 물을 주는 것 같지만, 가까이 다가가서 보면 사실 끓는 물을 붓고 있다는 것을 알게 된다. 톈좡좡은 아니다. 그는 정말로 돕는다. 새로운 사람들에게도 늘 그렇지만 옛 사람들에게도 마찬가지이다. 2005년

장난신張暖忻의 서거 10주년에 나르스娜日斯가 나에게 개인적으로 톈좡좡이 얼마나 열심히 베이징영화대학에서 자기 어머니를 기념하는 활동을 준비했는지 말해 준 적이 있다. 이번 인터뷰에서 나는 톈좡좡을 처음으로 만난 것인데, 충분히 그가 진지한 사람인 것을 느낄 수 있었다. 그는 다른 사람을 들먹이며 말하지 않고 주로 자기반성을 했다. 깊이 생각하는 말투로 이야기를 하지만 약간 의기소침한 면이 없지 않았다. 아마도 그렇게 생각해서일까? 인터뷰를 하던 날은 추운 겨울이었는데, 베이징 영화제작소 바깥 하늘은 어둡고 탁했다. 인터뷰 녹음에는 중국영화의 체제와 영화의 현상에 대한 논의가 원래 더 많았는데, 나중에 톈좡좡이 너무 많은 것 같다고 해서 정리할 때 상당 부분을 삭제했다. 그게 조금 아쉽다.

* * *

자젠잉 80년대 초 베이징에는 내부참고용 영화를 보는 게 유행이었습니다. 먼저 영화대학에 다닐 때 영화를 보던 정황에 대해 말씀해 주시겠습니까?

톈좡좡 영화대학은 분명 영화를 가장 많이 보는 학교입니다. 당시 우리 대학의 학장이 통계를 낸 적이 있는데, 800편인가를 봤다고 했던 것 같아요. 대학이 제공한 영화는 세계영화사, 중국영화사상 걸작이었고, 나머지는 대사관이나 문화교류단체 같은 데에서 구해 온 것도 종종 있었어요. 또 어디서 나온 건지 영화대학에서 여러 영화들을 빌려 와서 학교 식당에 스크린을 걸고 방영해 주곤 했죠. 중국영화자료관에서도 많이 골라 오곤 했습니다.

자젠잉 당신은 영화대학 78학번이시죠?

톈좡좡 예, 사실상 정식으로 대학입시가 부활한 후 첫 세대입니다. 저는 당시 이미 농업 영화제작소에서 3년간 촬영보조를 했습니다. 그때는 젊은 애들이 모두 촬영 쪽을 좋아했어요. 사실 저는 당시 영화 자체에 대해서는 별 느낌이 없었습니다. 전 사회에서 일어나는 일에 별 관심이 없었어요. 비교적 동떨어져서 지내는 사람 중 하나였죠. 영화대학에서 학생을 모집한다는 소식도 몰랐어요. 소속 기관의 상사 하나가 전화를 걸어 영화학교에서 학생모집을 하는데, 가서 공부나 해야 되지 않겠냐고 하더군요. 당시 저는 다자이大寨*에 있었습니다. 농업 영화제작소에는 기자실이 있었는데, 일 잘하는 사람은 거기서 반년만 구르면 촬영기사가 될 수 있었죠.

저는 다자이에 세 차례 갔습니다. '문혁' 초기 전국행진(串聯) 때 처음으로 갔는데, 몇 명이서 베이징에서 옌안까지 줄곧 도보로 이동했어요. 그땐 많아 봐야 열다섯 살 정도였죠. 다자이의 계단식 밭을 보수하는 걸 도울 때는 자진차이賈進才, 궈펑롄郭鳳蓮, 천융구이陳永貴 같은 다자이의 유명 인사들과 돌아가며 악수도 했어요. 천융구이만 손에 굳은살 하나 없더군요. 당시 두 손을 움켜잡을 때의 느낌은 선전에서 떠들던 느낌과는 완전히 달랐어요. 자진차이의 손은 정말로 쇳덩어리 같았죠. 그때 저는 안팎이 모두 가죽으로 된 모자를 쓰고 다녔는데, 영감이 그게 신선하다고 생각되었는지 저랑 모자를 바꿔 쓰지 않으면 안 되겠다고 하더

---

* 산시성의 한 척박한 시골이었는데 생산대대를 중심으로 자급자족적인 공동체의 건설에 성공하여 7배의 생산량을 수확하는 성과를 올렸으며, 1964년 마오쩌둥이 "농업은 다자이를 배우라"(農業學大寨)는 구호를 제기한 후 전국적으로 다자이를 학습하는 분위기가 만들어졌다. 자진차이, 궈평롄, 천융구이 등이 다자이의 대표인물이며, 이 중 천융구이는 '노동모범'을 시작으로 1969년 당 중앙위원, 1973년 중앙정치국원이 되는 등 전국구 정치인으로 부상한다.

군요. 그 영감님 참 귀여웠어요. 그와 함께 하루 종일 돌을 쌓았습니다. 그날 저녁 숙소로 돌아가자마자 붙잡혔어요. 호신용 대검을 차고 있었던 게 문제가 되었던 겁니다(학교 홍위병들이 약탈한 38식 소총의 대검 말입니다). 당시 파벌투쟁이 굉장히 격렬할 때였는데, 그걸로 천융구이를 찔러 죽일 수도 있다고 생각하고는 우리들을 체포한 거죠. 잡히자마자 바로 풀려나긴 했는데, 김이 새서 그냥 돌아와 버렸어요.

두번째로 다자이에 간 건 군대에서 야영 훈련을 할 때였습니다. 아마 1973년인 것 같은데, '9·13' 사건(린뱌오가 도주하다 비행기 사고로 사망한 사건) 이후 부대가 다자이에 주둔했었습니다. 천융구이는 당시 이미 국무원 부총리가 되어 38군 지휘관과 대면하곤 했습니다. 저는 38군 병참부에서 선전업무를 담당하고 있었어요. 사진기자였죠.

자젠잉 군대에서 몇 년이나 계셨습니까?

톈좡좡 총 5년을 있었죠. 당시 별로 안 좋은 인상만 받았어요. 부대가 지나치게 사치스럽다고 생각되더군요. 원래 말단 조직에 있었는데, 병참부로 옮겨 기관 간부를 할 때 보니 너무 다릅디다. 졸병으로 있을 때 먹은 건 좁쌀과 쌀을 섞은 잡곡밥인데 병참부에서는 모조리 통조림만 먹더군요. 한 차 가득 통조림이 쌓여 있었어요. 나중에 천융구이가 왔는데, 거기 앉아서 비싼 '대중화' 大中華 담배를 하나하나 꺼내서 피우더군요. 저는 사진촬영이란 임무를 수행하고 있었죠. 그래서 저는 다자이에 대해 전혀 호감을 느끼지 못하게 되어 버렸습니다.

세번째로 간 건, 사실 다자이에서 반년만 버티면 농업 영화제작소로 돌아와 촬영을 맡을 수 있다는 걸 잘 알고 있었기 때문이에요. 근데 못 버티겠더라고요. 영화대학에서 학생 모집을 한다는 소식을 알게 된 후 바로 전화를 걸어 시험을 치고 싶다고 말했습니다. 영화대학에 붙은 것도 너무 이상하고, 뒤죽박죽이었죠.

자젠잉 아, 저는 당신이 영화 집안에서 태어났기 때문에 어려서부터 그 바닥에서 자랐다고 생각했는데…….

톈좡좡 근데 저는 생활목표라거나 치고 올라가겠다는 욕심 따위가 전혀 없는 사람이었습니다. 줄곧 그랬고, 지금도 여전히 그렇죠.

자젠잉 그래도 대충 시험 한번 치니까 합격했잖습니까.

톈좡좡 아마 무엇이든 인연이 있고, 어떤 시기가 있는 것 같아요. 저는 촬영과에 먼저 응시했는데 연령제한에 걸렸어요. 25세였는데, 촬영과는 23세 이하만 받더군요.

자젠잉 오십 몇 년 출생입니까?

톈좡좡 1952년입니다. 촬영과가 안 되어 어쩔 수 없이 감독과로 접수했어요. 전 어려서부터 촬영장에서 모든 사람들과 어울렸지만 유독 감독들과는 어울려 본 적이 없어요. 감독들이란 매일 의자에 앉아서 뭘 하고 있는 건지 모르겠더군요. 다른 사람들은 모두 바쁘게 일을 하는데 의자에 앉아 위엄만 부리고 있어서, 감독들과는 놀지 말아야겠다고 생각한 거죠. 그렇긴 해도 알고는 있었죠. 평소에 만나면 삼촌, 아저씨라고 불렀지만 그쪽으로 가려고 하지는 않았어요.

자젠잉 방금 말씀하신 건 베이징 영화제작소에서 있었던 일입니까?

톈좡좡 그렇죠. 그래서 당시에는 감독이 뭘 하는 건지 전혀 알지 못했고, 머리에 감독에 대한 의식이 전혀 없으니까 그냥 등록한 거죠. 저녁에 시험이 끝난 후 누가 저희 어머니께 전화를 했는지 엄마가 찾아오더군요. "학교 선생님들은 네가 누군지 모르고, 나를 알지도 못한다. 그저 너희 부친이 영화 바닥에서 꽤나 존경받고 있기 때문에 네가 입학할 수 있게 되길 바라고들 계셔. 근데 너, 너무 건들거리면서 준비도 제대로 안 하는 것 같구나. 2차 시험 칠 때는 좀 제대로 할 수 없겠니?" 2차 시험 준비하면서는 제법 진지해지기 시작했어요. 2차 시험 때도 이상한 일이 있었죠. 정치 과목을 치는 날, 아버지의 옛 전우가 저에게 그날 신문을 한 장 찔러넣어 주었는데, 날짜는 5월 23일자였고, '쌍백방침'雙百方針에 관한 내용이 들어 있더군요. 과연 한 문제 80점짜리 문제로 '쌍백방침'이 나오데요. 영화 분석 시험 때 방영된 건 〈영웅의 자녀〉英雄兒女였습니다. 제 부친이 주연한 영화로 감독은 우자오티武兆堤라는 사람이었습니다. 왠지 모르게 갑자기 감독이 영화를 처리하는 방식이 기억나더군요. 제가 6학년 때 감독이 우리 집에서 스탭들과 장면 처리방식을 논의할 때 했던 말이었어요. 리얼리즘과 낭만주의의 처리방법에 관한 것이었는데, 저는 감독이 말한 그 방식을 가지고 분석했죠. 분명히 다른 사람의 분석보다 적절했을 겁니다.

자젠잉 우연인 것 같지만 결과가 미리 정해져 있었던 거군요.

톈좡좡 은연중에 그렇게 된 거죠. 만약 다른 영화를 분석해야 했다면 전 아주 엉터리로 썼을 겁니다. 어쨌든 몇 과목 보지도 않았어요. 이야기,

영화, 정치, 작문, 이렇게 네 과목을 시험 봤습니다. 작문 시험에는 '금수교' 金水橋〔톈안먼 광장 앞의 다리〕가 나왔습니다. 그때가 마침 '4·5' 톈안먼 사건* 얼마 후였어요. 사실 모두가 그 사건에 대해 쓸 거리가 있었겠지만, 저는 당시 매일 광장에 가서 사진을 찍었거든요. 마지막 날까지 말입니다. 아주 생동감 있게 쓸 수가 있었죠. 그래서 하는 말인데, 영화대학에 합격한 건 은연중에 안배되어 있었던 것이었다고 할 수 있죠.

당시엔 왜 모두들 그렇게 영화 보는 걸 좋아했을까요? 오랜 기간 계속된 문화적 질식 상태였던 데다, '문혁'을 치르던 12년간 대학에서 새로운 교재를 전혀 만들지 않아 50년대와 60년대에 만들어진 교재를 가져다 놓고 선생님들도 어떻게 가르쳐야 할지 모르고 있던 터였어요. 당시 입학한 학생들은 경험에서는 선생들보다 못할 것이 없었고 선생들도 가르칠 방법이 없었으니 어쩔 수 없이 모두 같이 영화를 보고, 떠들고, 토론하고 했던 겁니다. 이 시기에 영화대학을 다녔던 '5세대'가 왜 특수한 걸까요? 그들은 완전히 개방되어 선생과 학생이 같이 가르치던 환경에서 성장한 것이나 다름없습니다. 영화 이념, 정치적 이념, 도덕적 이념까지도, 프로이트, 사르트르 같은 것까지 포함해서, 매일 수업에서든 일상에서든 모두 같이 토론하던 화제들이었습니다.

자젠잉 미국의 대학원생들 토론수업보다 더 활발하게 선생과 학생이 같

---

*4·5 톈안먼 사건. 1976년 4월 초 청명절(당시 봉건적 관습으로 부정되던)을 전후하여 그 해 1월에 죽은 저우언라이를 애도하는 수십만의 시민이 톈안먼으로 몰려와 화환을 바친다. 화환과 대자보를 철거하는 정부에 항의하는 시위가 잇따랐고, 해산 명령을 거부한 수천 명은 민병의 곤봉에 다치거나 체포되었다. '4·5 운동' 혹은 '4·5 톈안먼 사건'이라고 불리는 이 사건으로 덩샤오핑은 실권한다. 그러나 1978년 덩샤오핑의 재등장과 함께 반혁명사건이었던 이 시위가 혁명사건으로 선포되었고 그 불씨는 '민주의 벽'으로 구체화된 1978~81년의 민주화운동으로 이어졌다.

이 공부했나 보군요.

톈좡좡 선생들은 클로즈 쇼트가 어떤 거고 클로즈업이 어떤 거라는 따위의 아주 기본적인 것들만 가르쳐 주고, 나머지는 알아서 하라는 식이었습니다. 누가 뭘 써 오면 선생들도 읽기만 했어요. 선생들도 왜 그런지 분명하게 말해 줄 수 없었기 때문에 서로 읽기만 했던 거죠. 모두 진실한 감정이 담긴 것들이라 선생들도 아주 좋은 것 같다고들 했어요.

자젠잉 학생들이 창작한 시나리오를 말씀하시는 건가요?

톈좡좡 예, 시나리오라고 써 온 게 모두 자기 집안에서 일어난 일들이나 개인적인 운명 같은 것들이라 내용이 탄탄하기는 했어요.

자젠잉 옛날 영화 시나리오에 대한 강의는 없었나요?

톈좡좡 없었어요. 거의 강의한 적이 없었죠. 이런 분위기였기 때문에, 사실 모두들 말라빠진 스펀지를 갑자기 물속에 집어넣기라도 한 것처럼 끊임없이 흡수했어요. 모두들 빵빵하게 빨아들였죠.

자젠잉 처음으로 유럽 영화를 볼 때, 특히 모더니즘 영화 같은 경우 아리송하다거나, 혹은 반감을 느끼시지 않았나요?

톈좡좡 그렇게 이상하지는 않더군요. 모든 영화를, 모든 학생들이 아주 진지하게 봤다고 말할 수 있어요. 그들에게는 그 모두가 신선한 것이었으니까요. 〈8과 1/2〉, 〈지난해 마리앙바드에서〉 같은 유럽 영화가 이해되지 않는다고 배척하거나 하는 사람은 아무도 없었어요. 소련 영화면 무조건 좋다고 하는 사람도 없었고요. 선생님들이야 〈병사의 시〉*Ballada o soldate*, 1959, 〈마흔한번째〉*Sorok pervyy*, 1956, 〈학이 난다〉*Letyat zhuravli*, 1957와 같은 소련 영화를 떠받들고 있었죠. 그들이 배울 때 경전처럼 여기는 것들이었으니까요. 근데 이들 작품을 유럽 영화와 같이 놓고 보면 그렇게 뛰어난 것도 아니더군요. 사회주의 국가의 영화 문화가 이 정도 수준에 올랐다, 중국에 비할 바가 아니다, 라고 말할 수야 있겠지만요.

당시 유행하던 사조와 유파가 아주 많았습니다. 모더니즘, 구조주의, 마술적 리얼리즘, 거기다가 전통적인 리얼리즘 같은 것도 살아 있었죠. 그러나 우린 사실상 그것들 전부를 배척하지 않고 깡그리 흡수했던 것 같아요. 거부할 능력이 없었기 때문이죠. 자기 입장이 없었고 아무런 주견도 없이, 오직 마오쩌둥 사상, 오직 보잘것없는 것만 가지고 있던 시절이었으니까요. 아마도 졸업한 이후일 겁니다. 5세대 영화가 성숙하게 된 것도 아마 80년대 후반은 되어서였죠.

사실 저는 졸업 전에 감독을 맡기 시작했습니다. 아주 우연한 기회에 그렇게 된 건데, 학교의 영화교육센터에서 새로운 설비를 들여와 드라마, 즉 교육용 영화 몇 편을 찍으려고 감독과로 찾아왔더군요. 당시 감독과 친구들은 모두 실습을 떠나 버려, 저하고 지금 우리 부학장으로 있는 셰샤오징謝曉晶, 그리고 추이샤오친崔曉琴이라는 여자애만 남아 있었어요. 우리 셋만 실습을 가지 않았던 거죠. 그때가 1980년이었습니다. 결국 전 졸업도 하기 전에 영화 네 편을 찍게 되었습니다.

자젠잉 근데 공개되지는 않았던 거죠? 학생 작품이라고 할 수 있는 건가요?

톈좡좡 아닙니다. 그걸 뭐라고 해야 할지는 잘 모르겠지만, 저에겐 일거리였죠. 이 최초의 작품은 스톄성史鐵生이 『미명호』未名湖에 발표한 소설 「태양이 없는 모퉁이」沒有太陽的角落를 각색한 것입니다.

자젠잉 아, 그건 베이징대학의 학생 잡지죠.

톈좡좡 그 단편을 TV드라마로 옮겼습니다. 이어서 '아동영화제작소'에서 아동영화 〈붉은 코끼리〉紅象를 찍었고, 돌아와서 〈작은 정원〉小院을 찍었습니다. 이게 저의 졸업작품입니다. 그리고 졸업 전에 드라마예술센터에서 〈여름을 보내며〉夏天的經歷라는 단편 드라마를 찍었습니다. 이렇게 해서 저는 졸업 전에 작품 네 편을 가진 감독이 되어 있었습니다. 지금까지도 영화대학에서 졸업 전에 감독으로 등단한 사례는 없습니다. 저는 스크립터가 된 적도, 조연출을 한 적도 없습니다.

자젠잉 당시 영화를 찍을 때 자기만의 생각이란 게 있었나요?

톈좡좡 두 가지 점은 분명히 자각하고 있었습니다. 우선 영화는 자기만의 언어를 가지고 있다는 것, 이 점에 대해서는 아주 분명하게 느끼고 있었습니다. 근데 당시에는 꽤나 극단적이어서 이야기도 거부하고, 대사도, 설명도 거부했으며, 비영상적인 모든 요소를 거부했습니다. 〈사냥터에서〉에서 〈말도둑〉까지의 시기는 너무 극단적이다 싶을 정도까지 갔죠.

자젠잉 아, 나중에 80년대의 이른바 '선봉소설'에도 그런 경향이 있습니다. 소설을 언어 스타일의 실천으로 간주하여 줄거리, 스토리, 인물까지 거부했었죠. 듣고 보니 당신이 훨씬 먼저 시작하신 거네요. 졸업 전에 찍은 네 편의 영화에서 이미 시작했으니까요.

톈좡좡 줄곧 그랬었죠. 맞아요, 심지어는 현장에 없는 음향도 거부했습니다. 당시에는 줄곧 진실만을 추구했죠. 가장 좋아했던 건 프랑스 '뉴 웨이브' 영화였습니다. 그렇게 개성적인 영화가 좋더군요.

자젠잉 〈400번의 구타〉les quatre cents coups, 1959 같은 거 말입니까?

톈좡좡 예, 〈400번의 구타〉, 〈네 멋대로 해라〉À bout de souffle, 1960는 제가 가장 좋아하는 영화입니다. 저는 페데리코 펠리니는 별로더군요. 그의 〈8과 1/2〉은 별로 좋아하지 않았습니다. 그렇지만 〈나는 기억한다〉 Amarcord, 1973는 굉장히 좋더군요. 굉장히 좋았어요. 저는 안토니오니를 더욱 좋아합니다. 제 생각에 영화, 카메라가 인간의 머릿속에 들어오는 건 아주 어렵습니다. 인간의 두뇌 속에 있는 이미지적인 걸 표현하는 건 회화의 임무죠. 영화는 오히려 포착된 현상을 표현하는 거라고 해야 할 겁니다.

자젠잉 소설은 심리를 개괄하여 묘사할 수 있는데 영화는 쉽지 않죠.

톈좡좡 그렇죠. 문자가 더 적합하죠. 문자는 두뇌와 동시적이니까요, 눈과는 동시적이지 않지만요. 영화는 느낌을 묘사하거나, 어떤 분위기를 그립니다. 제가 졸업하고 처음 찍은 영화 〈9월〉九月은 유치원 선생님에 관한 겁니다. 그 다음에는 〈사냥터에서〉와 〈말도둑〉을 찍었고요. 이들 영화를 찍던 당시, 사실 제 마음 저 안쪽에는 '17년'에 대한 비판이 뿌리 깊게 박혀 있었습니다. 13중전회에서 '문혁'은 전면적으로 부정되었지만 '17년'은 그대로 뒀어요.

자젠잉 '17년'은 중화인민공화국 건국(1950)에서 '문혁'(1966)에 이르는 시기를 가리키는 말이죠?

톈좡좡 예, 사실 그때가 정치적 음모, 파벌투쟁, 건국방침과 경제방침에 대한 논쟁이 가장 격렬하던 시기였습니다. 그렇게 긴 시간의 투쟁이 '문화대혁명'을 폭발시킨 것입니다. 혹은 여러 모순이 뒤섞여 끝내는 해결할 수 없는 지경에 이르렀기 때문에 그렇게 큰 폭발이 일어났던 거니까, 이것도 중국식 대규모 로큰롤이라고 할 수 있겠죠.

자젠잉 극단으로 치달은 거죠.

톈좡좡 예, 지극히 극단적인 현상이에요. 국가경영과 경제방침의 중대한 실수가 초래한 결과가 '문혁'이었단 걸 증명해 주는 거죠. 개혁개방으로의 발전은 필연적이었습니다. 저는 당시 '문혁' 중에 일어났던 일에 대해 몇 가지 생각해 본 게 있는데……, 저는 철학이나 이론 연구를 좋아하지도, 사유에 능한 사람도 아닙니다. 상당히 직감에 의존해서 일을 하는 사람이에요. 근데 그 당시는 제가 성장기일 때였죠. 저는 1952년 2월에 태어났고, 예닐곱 살 때 보고 느꼈던 것에서, 어릴 때부터 '문혁'에 이르기까지, 하나하나 확실히 경험했습니다. 이러한 성장과정에서 저는 조금씩 많은 걸 소화하게 되었고 많은 걸 느끼게 되었어요. 이런 것들은 조금씩 조금씩 기억 속에서, 인상 속에서 떠올라 왔고, 그러면서 그런 것에 대한 비판도 생기게 된 겁니다.

자젠잉 그럼 어째서 〈사냥터에서〉와 〈말도둑〉이란 영화가 '17년'에 대한 비판이 되는 건가요?

톈좡좡 글쎄요, 사실상 아주 독특한 영상을 가지고 있으면서, 서술한 내용은 사실 너무 가벼운 느낌의 것이었습니다.

자젠잉 어떻게 가볍다는 거죠? 왜 가벼운 겁니까?

톈좡좡 제 생각엔 병 없이 신음하는 시늉을 한 것 같아요. 속된 말로 엄청 힘을 줬는데 방귀밖에 안 나온 격이죠.

자젠잉 아마도 그 엄청난 힘은 주로 '형식의 혁명'에 줬나 보죠.

톈좡좡 물론이죠. 저 개인적으로, 〈사냥터〉 같은 영화는 당시 어떤 느낌에 바탕을 두고 있습니다. 몽골 역사를 보고 칭기즈 칸을 연구할 때 저를 일깨워 주는 아주 재미난 점이 있다는 걸 알게 되었어요. 아주 심오한 것인 듯하여 사람들에게 이야기하지 않고는 못 배기겠더군요. 근데 직접적으로 말할 수는 없고 해서 〈사냥터〉와 같은 상태로 만들어진 겁니다.

자젠잉 아, 그렇게 시작된 것이군요.

톈좡좡 예. 제목에서 '자싸' 札撒*가 무슨 뜻일까요? '자싸'는 법률이라는 뜻이고, 제도라는 뜻입니다. 칭기즈 칸이 유럽을 제패한 후, 유럽 사회에 제도가 있고 법률이 있는 것을 보고는 몽골족과 유럽의 것을 융합시켜 많은 조령朝令, 즉 요즘 하는 말로 법률을 제정하여 철판에 새겼는데, 이 철판이 바로 '자싸' 입니다. 당시 저는 그 중 한 조항을 보고 특히 감동을 받았어요. 포위 사냥에 관한 법령인데 아주 재미있더군요. 몽골인들의 포위 사냥 방식은 독특한데, 수많은 사람들이 사냥감을 몰아서 모든 동물을 저지대로 몰아넣은 후 사격을 가합니다. 근데 규칙이 하나 있습니다. 누가 먼저 발견했느냐에 따라 소유가 결정된다, 동시에 발견했으면 각각 절반씩 나눈다, 그리고 어린 동물에게는 사격을 금지한다는 식입니다. 그리고 집에 노동 인력이 없어 사냥에 참가할 수 없는 사람에게 그날 사냥을 한 사람이 일부를 나누어 준다는 규정도 있습니다.

자젠잉 아주 공평하군요.

톈좡좡 예, 아주 재미있죠. 이 법률에는 생태 보호와 모든 부족에 대한 따뜻한 마음이 스며 있다는 것을 느낄 수 있을 겁니다. 그러나 '문혁' 기간에 사람들이 보여 준 참여와 열광은 법률과 제도와는 완전히 무관한 것이었습니다. 당시 저는 이렇게 생각했죠. 원시적인 약탈과정에도 일종의 따뜻함과 보호가 고려되었는데, 오늘날의 평화로운 시대에는 그런 것도 남아 있지 않구나 하고요. 당시 〈사냥터〉를 찍으면서 그런 걸 표현하려 했던 것도 사실 '문혁' 에 대한 어떤 느낌에서 기원한 것입니다. 당시 이 영화를 이리 찍고 저리 찍어 봐도, 초원과 사냥터의 대립적인 구도에 영상이 집중되더군요. 시각적인 것에 치중되어 버렸고 이야기로 분명하게 말해지지 않았습니다.

---

* 〈사냥터에서〉의 원제는 '사냥터의 법칙' (獵場札撒)이다. 본문에서는 국내에 알려져 있는 영어 제목(On the Hunting Ground)을 그대로 사용하였다.

자젠잉　그렇다고 해도 결과적으로는 제대로 방향을 잡은 셈이에요. 1949년 이후의 중국영화는 항상 내용을 강조해 왔었죠. 그래서 이후에 '형식미학 붐'이 일어나기도 했잖습니까. 모두들 〈사냥터〉를 보면서 화면에 관심이 집중되었어요. 시각적인 충격을 받았고, 한 폭의 그림을 보는 것 같다고 느꼈던 거죠. 그러나 당신이 속으로 생각한 그런 의도는 정말이지 누구도 간파하지 못했습니다. 당시 그렇게 분석한 평론가는 아무도 없었죠?

톈좡좡　제 영화는 평론하는 사람이 없었어요.

자젠잉　없었나요? 맞다, 그 당시 반응이 아마도 "톈좡좡의 영화는 이해하기 힘들다"였죠.

톈좡좡　아무도 평론을 쓰지 않았어요.

자젠잉　난삽하니까 그렇죠. 근데 당신 말을 듣고 보니 원래 속으로 그렇게 명확한 생각을 감추고 있었던 거군요.

톈좡좡　그 다음이 〈말도둑〉입니다. 이 또한 사실 '문혁'에 대한 어떤 느낌을 표현한 것이고, 삶과 죽음(人神生死)에 관한 것입니다. 실제로 이 작품의 등장인물을 티베트족藏族으로 설정한 것은 다른 이야기를 하고 싶었기 때문입니다. 당시에는 한족漢族을 소재로 묘사할 수 없었어요. 한족을 소재로 하면 통과되지 않았기 때문에 소수민족을 이야기할 수밖에 없었던 겁니다.

자젠잉 〈사냥터〉 또한 내부에 그런 고려가 있었던 거군요.

톈좡좡 예, 사실 모두 같은 이유 때문입니다. 〈말도둑〉에서 표현한 신에 대한 배반은, 실제로는 마오쩌둥에 대한 배반입니다. 왜일까요? 그는 생존을 위해 말을 훔칠 수밖에 없었습니다. 그러나 그에게 아이가 생기면서, 아이의 생명을 위해 말 훔치는 걸 포기하고 가장 열등한 직종의 일을 했습니다. 그러나 더 이상 살아 나갈 수 없게 되자 예전에 하던 일을 다시 하게 됩니다. 이렇게 간단한 이야기이지만 실제로는 신에 대한 귀의와 배반을 다루고 있습니다. 사실 제가 이런 것들을 찍은 원동력은 분명 '문혁'에서 나온 것입니다.

자젠잉 정말 너무 은밀하게 감춰져 있군요. 보아하니 '문혁'이 당신의 성장기에 있어 가장 중요한 일이었던…….

톈좡좡 맞아요, 여전히 '문혁' 콤플렉스가 있어요. 제 잠재의식에는 과거 생활에 대한 인지와 콤플렉스가 남아 있습니다. 근데 배운 게 영화였기 때문에 영상으로만 표현할 수 있었어요. 처음엔 이야기는 집어넣지 않고 극단적으로 영상화할 생각이었습니다. 근데 마음속의 느낌을 표현하고 싶기도 했습니다. 그때 어떤 구체적인 소재에 흥미가 일게 되었습니다. 그건 속마음을 실어 울분을 풀 수 있는 소재였습니다. 남들이 이해하느냐 못하느냐는 별로 중요하지 않은 것 같아요. 저는 어떤 사람에게도 제 영화가 해석되게 하려 한 적이 없습니다. 왜냐하면 이야기로 풀어내면 그건 영화가 아니니까요. 자신이 이해한 그만큼만 이해하면 되고, 이해 못하더라도 화면이 아름답다고 생각되면 그걸로 좋은 거죠. 영화라는 건 책과 마찬가지로 어떤 사람은 이렇게 읽고 또 어떤 사람은 저렇게 읽는 거죠. 뭐 하느라고 내 영화를 네가 이해 못했으니 내가 제대로 이해시켜 주겠노라고 말해야만 하는 겁니까.

자젠잉 당신은 당시 유명한 명언을 남기셨습니다. "내 영화는 21세기의 관중을 위해 찍은 것이다." 예, 이제 정말로 21세기가 되었으니, 속 시원하게 마음속에 있는 말을 밝혀 주시는 게 어떨까요?

톈좡좡 사실 80년대가 제게 남긴 상처는 〈말도둑〉을 찍고 난 이후입니다. 〈말도둑〉은 1984년에 완성하여 1985년에 검열을 받게 되었습니다. 당시 요리스 이벤스Joris Ivens, 1898~1989 선생과 저는 나이를 잊은 각별한 사이였어요. 그분이 〈사냥터〉를 보고 나서 아주 기뻐했지만 〈사냥터〉는 검열을 통과하지 못했습니다. 그는 당시 문화부의 예술고문으로 있었는데, 그때는 아직 영화가 문화부의 지도를 받고 있을 시절입니다. 이벤스가 샤옌夏衍에게 전화를 걸어 자기가 아주 좋은 영화를 봤다고 말했습니다. 특히나 인상 깊었던 건, 이벤스가 영화를 보고 나서 이렇게 말하더군요. "나는 이렇게 아름다운 곳은 본 적이 없어요. 이곳의 하늘, 태양, 사람, 초원은 모두 진실한 것입니다. 저는 처음으로 자신이 이렇게 진실한 인간이라고 느끼게 해준 걸 만났습니다." 당시 자오중톈趙中天이 "〈황토지〉에 대해 말씀해 주실 수 있습니까?"라고 물었더니, "그것도 거론할 만한 영화이지만, 지금은 말하고 싶지 않습니다. 지금은 이 영화만 말하고 싶습니다."라고 대답했다고 합니다.

자젠잉 〈황토지〉도 검열 중에 있었나요?

톈좡좡 그 두 편은 동시에 완성되었어요. 〈황토지〉는 통과되었죠. 이벤스가 그날 저녁에 샤옌에게 전화를 걸어, 자기가 아주 좋은 영화를 하나 봤는데 통과하지 못했다고 하더랍니다. 샤옌은 딩차오T橋와 스광위石光宇에게 부탁하여 다시 심사를 맡겼지만 사실 제 영화를 비판했습니다. "이 영화 누구 보라고 찍은 거야? 누가 이해하겠어?"

자젠잉 그들도 정치적인 측면에서 비판한 건 아니군요?

톈좡좡 그런 건 아니죠. 그런 다음 말하더군요. "이 영화, 지금은 통과시켜 주는데, 앞으로 이런 영화는 될 수 있으면 찍지 마시오." 그후 〈말도둑〉을 찍게 되었는데, 찍고 나서 보니 마침 이벤스가 여전히 베이징에서 〈바람〉*을 준비하고 있을 때였습니다. '문혁' 시기 저우언라이周恩來가 이벤스에게 〈우공이산〉愚公移山을 영화로 찍어 줄 것을 요청했는데, 그에 대해 들어 보셨는지 모르겠네요?

자젠잉 들어 보긴 했지만 보진 못했습니다.

톈좡좡 자금은 꽤 소모시켰는데, 결과적으로 그가 찍은 건 가짜였어요.

자젠잉 그렇지만 그는 우호적인 인사, '중국인민의 친구'이지 않습니까.

---

* 이벤스가 사망 1년 전에 제작한 작품이며 1988년 베니스 영화제 황금사자상을 수상한 〈바람의 이야기〉(*Une histoire de vent*, 1988)를 말한다. 그는 이 작품 속에서 바람을 하나의 자연 현상으로서, 그리고 문화 사회 혁명의 변화들을 나타내는 은유로서 포착하고자 했다. 중국에서 촬영된 이 작품 속에서 관객은 수십 년간 세계를 변화시키고자 했던 아흔 살 감독의 투쟁을 엿볼 수 있다.

톈촹좡 그는 중국공산당과 상당히 독특한 인연을 맺었어요. 중국공산당 최초의 카메라는 이벤스가 선물한 것입니다. 그는 네덜란드 사람으로 네덜란드에서 쫓겨난 뒤 줄곧 외국에서 유랑생활을 하고 있었습니다. 프랑스에서 많은 영화를 찍었으며 초기 다큐멘터리 영화감독의 한 사람으로, 그가 찍은 〈다리〉De Brug, 1928와 〈비〉Regen, 1929는 유미주의 다큐멘터리의 대표작입니다. 2차 대전 이후에는 강제수용소를 찍었는데 그 작품은 굉장히 대단합니다. 40년대 중일전쟁 때에는 미국인가 연합국에서 조직한 사람들과 함께 중국에서 전쟁이 중국에 미친 영향을 묘사한 작품 〈4억 인민이 일어섰다〉The 400 Million, 1939를 찍었습니다. 그때 그는 난징, 상하이, 시안 등지를 돌아보다가 뭔가 문제가 있다고 느끼고는 공산당이 머물던 옌안延安으로 갔고, 거기서 그는 완전히 새로운 광경을 보게 됩니다. 그 시절의 옌안은 확실히 생기가 넘쳐 흐르고 있었으니까요. 그는 자신의 카메라와 녹음기를 공산당에게 선물합니다. 그것이 중국공산당 최초의 카메라였던 것이죠. 그후 중국의 많은 영화가 이벤스가 가져다준 카메라로 제작되었습니다.

자젠잉 혁명영화를 말씀하시는 겁니까? 이벤스라는 이름은 들어 본 것 같긴 한데 어떤 작품을 남겼는지 구체적으로 떠오르는 건 없네요.

톈촹좡 1957년 저우언라이의 요청으로 와서 논을 묘사한 〈봄비〉Letters from China, 1958를 찍고는 가버렸어요. 별로 영향을 줄 만한 영화를 남기지는 않았죠. '문혁' 때 저우언라이가 또 그와 안토니오니에게 중국을 반영하는 영화를 찍어 줄 것을 부탁했어요. 안토니오니는 그때 〈중국〉을 찍었죠.

자젠잉 그 영화는 알고 있어요. 당시에 반동적인 작품으로 여겨졌었죠. 이벤스 감독이 찍은 건 뭔가요?

톈좡좡 그는 〈우공이산〉Comment Yukong d placa les montagnes, 1976을 찍었어요. 18부작인데 자기가 조달한 돈으로, 성화요원星火燎原[*], 다칭大慶의 노동자, 맨발의 의사(赤脚醫生)^{**} 등 굉장히 많은 걸 찍었죠. 거의 촬영이 다 되어 작품을 발행하려고 준비하는데 중국에서 '문화대혁명'이 끝나 버렸습니다. 갑자기, 그가 찍은 모든 게 가상이었다, 모든 게 조직이 그에게 보여 준 허상이었다는 걸 깨닫게 되어 무척 상심하더군요. 그는 줄곧 중국정치를 반영하는 영화 〈바람〉을 찍고 싶어 했어요. 마침 그가 그 영화를 준비하러 와 있던 터라, 〈사냥터〉를 보고, 〈말도둑〉을 보게 된 거죠. 우리는 그 이전부터 굉장히 좋은 친구 사이, 망년지교였었고요.

자젠잉 당시 연세가 어떻게 되었나요?

톈좡좡 아마 70여 세였을 겁니다.*** 저보다 마흔 몇 살이 많았어요. 그는 올 때마다 베이징 호텔로 저를 불러내 이야기를 나누곤 했습니다. 제게 무슨 새로운 영화를 찍었는지 묻고, 자신의 〈바람〉의 몇 가지 구조에 대해 상의하면서 네가 보기엔 어떻게 하는 게 좋겠느냐는 식으로 물어 보곤 했어요. 〈말도둑〉을 본 뒤에는 말도 없이 가 버려서 이상하다 싶었는데, 저녁에 전화를 걸어 "아무런 의견도 말하지 않아 미안하다, 잘 이

---

* '작은 불꽃이 들판을 태운다' 라는 뜻으로, 1956년 건군 30주년을 맞아 편찬을 시작하여 26년 만에 완성한, 인민해방군에 대한 전기문학 작품을 가리킨다.
** 문혁 시기 가장 기본적인 의료교육만 받고 농촌 등지에서 의료봉사를 한 비정규 의료요원.
*** 요리스 이벤스는 1898년생이므로 80년대 당시에는 80여 세라고 해야 할 것이다.

해되지 않아서 그랬다. 나중에 한 번 더 보여 줄 수 있겠느냐"고 하더군요. 제가 다시 한번 상영을 준비시켰더니, 소설가 아청阿城의 아버지 중뎬페이鐘惦棐와 함께 와서 보더군요. 영화를 다 보고 나서는 이렇게 말했습니다. "이번에는 이해했다. 내 생각에 정말 위대한 작품인 것 같다."

자젠잉 그는 당신의 마음속 의도를 이해했나요?

톈좡좡 그는 간파했습니다. 우리 둘은 많은 이야기를 나눴기 때문에 그는 저의 많은 부분을 이해하고 있었죠. 중뎬페이 노선생은 이 영화를 보고 난 뒤 미학 동아리 사람들을 모아〈사냥터〉를 보기도 했어요.

자젠잉 미학 동아리요?

톈좡좡 당시 영화 미학 동아리가 있었어요. 중뎬페이 노선생이 중국영화 자료관에서 전문적으로 조직한 것인데, 줄곧 중국영화미학을 쓰려고 준비하던 중에 결국 성사시키지 못하고 노선생은 돌아가셨어요. 지금은 그 책도 정리되어 나왔어요. 당시 리퉈, 니전倪震, 첸징錢競 등과 함께 사회과학원의 하오다정郝大征 같은 사람들이 참여하고 있었어요. 중鐘 노선생은〈사냥터〉를 보고 나오면서 이렇게 말씀하셨습니다. "이 두 영화에 영화평론 하나 없고, 비평 하나 없는 것은 영화평론계의 치욕이다." 훗날 중鐘 노선생의 부인이 제게 "중鐘 백부가 네게 편지를 한 통 썼는데, 돌아가시면서 이 편지를 보내지 못해 내가 책 속에 수록했다" 하시더군요.

자젠잉 결국 발표되었습니까?

톈쾅쾅 잘 모르겠어요. 그런 일에는 관심이 없어서 말입니다. 이런 것들이 이 두 영화의 배경이라고 할 수 있습니다. 나중에 이벤스가 이 영화를 베르나르도 베르톨루치에게 소개해 줬습니다. 그땐 이미 1986년으로, 당시 베르톨루치가 중국에서 〈마지막 황제〉The Last Emperor, 1987를 찍고 있을 때였어요. 그는 보자마자 "빨리 베니스 영화제에 보내라, 내가 이번 베니스 영화제의 심사위원장이다"라고 하더군요. 그땐 베니스 영화제가 뭣하는 건지도 모르고 있었어요. 그래서 "내가 뭣 때문에 당신에게 영화를 보내야 하느냐"고 말했죠.

자젠잉 즉 당신들 세대의 감독들은 1986년까지도 국제영화제에 대해 아무런 의식이 없었던 거네요. 모두들 그랬나요? 아니면 당신만 그랬던 건가요?

톈쾅쾅 저는 그랬지만, 다른 사람들이 어떤지는 모르겠습니다.

자젠잉 〈붉은 수수밭〉은 그 당시 아직 베니스에 보내지 않았던가요? 그 작품이 해외로 나가게 되면서 순진한 시대는 끝나 버렸군요.

톈쾅쾅 잘 모르겠어요. 그러나 〈황토지〉는 이미 많은 나라에 보내졌습니다.

자젠잉 그렇지만 상을 받지는 못했죠?

톈쾅쾅 뭘 못 받아요. 하와이 영화제, 낭트 영화제 등 각종 국제 영화제에서 수상했죠. 비록 그렇게 대단한 영화제는 아니긴 해도 많은 나라에 보내졌고 전 세계를 풍미했습니다. 나중에 그가 저보고 베니스로 보내라고 해서, 제가 "베니스 어디로 보내느냐, 누구한테 보내느냐?" 했더니, 그가 또 한 친구를 찾아서 저를 돕게 하더군요. 결국 제가 그만두자고 말했습니다. 저에게는 그런 것들을 보낼 돈이 없었어요. 제가 돈이 어디 있어서 영화 프린트를 보내고, 영어 자막을 준비하고 하겠어요? 제가 어떻게 보낼 수 있었겠어요? 당시의 제가 어떻게 그런 걸 준비할 수 있었겠습니까? 그 당시, 그러니까 〈말도둑〉을 찍고 난 후 저는 영화에 대한 열정이 영화 검열당국에 의해 완전히 무너져 버렸습니다. 제 모든 영화는 영화촬영 시간이 검열에 소요되는 시간보다 훨씬 짧았으니까요.

자젠잉 결국 〈사냥터〉는 통과되지 않았습니까. 〈말도둑〉은 어떻게 되었나요?

톈좡좡 그 작품은 외국 선배감독이 도와 줘서 통과되었습니다. 〈말도둑〉을 검열할 때 영화검열국에서, 영화 프린트도 준비되었고 산시성 위원회에서도 통과되었는데, 영화검열국 편집실에 앉아 있을 때 이렇게 말하더군요. "내가 어디를 자르라고 하면 그대로 잘라야 한다. 내가 어느 장면을 자르라고 하면 그 장면을 그대로 잘라야 한다." 그런 다음 한마디 보태더군요. "만약 통과시키고 싶으면 반드시 잘라야 해." 어쩔 수 있나요, 잘라야지. 모두들 힘들게 작업한 거고 화서花西영화제작소의 돈을 썼는데 영화를 완성시키지 않을 수는 없잖습니까.

자젠잉 잘 알겠네요. 얼마나 잘랐습니까?

톈좡좡 그렇게 많이 자른 건 아닙니다. 근데 제가 보기에 영화에서 가장 중요한 부분이 잘려 나간 것 같아요. 바로 천장天葬 장면입니다. 사실 천장 장면은 사람의 신체를 해체하는 과정입니다. 저는 요즘 티베트족이 하는 방식대로 해석한 것이 아니라 종교적 상태에서 사람을 해체하는 과정을 표현했습니다. 저의 주제에 따르면 영화의 마지막 이야기와 승천昇天은 아주 장엄한 종교적 체험 속에서 몸을 해체하는 상태입니다. 이 부분 전체를 들어내어 버렸으니, 사실 영화의 혼을 잘라내고 인간에 대한 서술을 잘라내어 버린 것과 마찬가지가 된 셈입니다.

자젠잉 이유가 뭐였죠? 그 장면이 너무 폭력적이었기 때문에?

톈좡좡 아니에요. 그냥 천장 장면이 영화에서 나오기를 바라지 않는다고 말했어요. 이런 식으로, 어쨌든 싹둑싹둑 잘랐죠. 전 단단히 기억해 두고 있었습니다. 여기를 잘랐다, 여기부터 여기까지 잘랐으며, 음악과 소리까지 모조리 잘랐다고 말이죠. 그래서 당시 빠져나오면서 그들에게 한마디 해줬어요. 여기가 천장대天葬臺 같다고 말입니다. 제 생각에 저는 아주 순수한 사람입니다. 영화로 돈을 버는 사람이 아니라 영화와 함께 살아가는 사람입니다. 제가 영화를 좋아하는 이유가 뭔지 아십니까? 영화에는 영화만의 서술 언어가 있는데, 그게 사람을 빠져들게 만듭니다. 자신의 생명을, 자기에게 속한 어떤 것을 자신의 영화에 집어넣으면 영화가 그의 생명을 데리고 사회 곳곳을 흘러다니며 퍼뜨려 줍니다. 그건 마치 저라는 사람, 이리저리 떠도는 저 자신과도 닮았습니다. 게다가 얼마간의 세월이 지난 후 자신이 더 이상 존재하지 않게 되고, 아마도 이 세계에 다시 발을 들여놓고 싶지 않더라도 그의 많은 것들은 여전히 떠돌고 있을 겁니다. 저는 당시 중국영화가 그다지 멀리 퍼지지는 못할 거라고 생각했습니다. 적어도 제가 살아 있을 동안은 말이죠. 〈말도둑〉을 찍으면서 하마터면 두어 번은 죽을 뻔했습니다. 산사태 비슷한 걸 만난 적도 있고, 촬영지점이 해발 3천 미터, 4천 미터 하는 곳이었던지라 되돌아와서 한참 동안 심장병이 엄청 심해지기도 했어요. 이런 것들 모두 별로 대수롭지 않습니다. 제 생각에 영화하는 사람들에게 이 정도 희생은 너무 일상적인 거라서 말할 거리도 못 돼요. 자기가 좋아서 그렇게 하는 거니까 자신의 모든 걸 걸고 해야 하는 거죠. 저는 남들에게 칭찬 받을 생각은 없습니다. 그저 저의 이러한 조그마한 마음이 사라지지 않기를 바랄 뿐이죠. 그러나 당시엔 이조차 제대로 못했어요. 그래서 〈말도둑〉을 찍은 후, 대략 80년대 말 즈음일 건데, 그냥 직업 감독으로 만족하자, 누가 돈을 주면 영화 하나 찍어 주는 거지, 라고 생각하게 되었습니다.

자젠잉 그 말인즉슨, 영화를 생계를 위한 돈 버는 수단으로 생각하게 되었다는 말씀이죠?

톈좡좡 그렇죠. 저는 영화로 돈을 벌기 시작했습니다. 사실 그 시기에, 즉 1991년이 될 때까지 저는 기본적으로 그런 방침에 따라 움직였습니다. 그 시기에 너댓 편의 영화를 찍었는데, 완전히 너저분한, 마음대로 찍은 것들입니다. 무슨 〈책 이야기꾼〉鼓書藝人이니, 〈록 청년〉搖滾青年이니, 〈리롄잉〉李蓮英이니 하는 것들까지 모두 전혀 제가 찍고 싶었던 영화가 아니었어요.

자젠잉 즉 결코 의식적으로 전향한 게 아니라는 말이네요. 당시 어떤 사람들은 이들 영화에서 당신이 새로운 시대에 적응하려는 시도를 읽기도 했던 것 같아요.

톈좡좡 그 당시엔 스스로 팔이 넓적다리를 이길 수는 없다, 뻗대 봐야 소용없다고 생각했죠. 〈푸른 연〉을 찍은 후에는 아예 이렇게 말했어요. "나 이제 안 찍어, 그럼 된 거 아냐?"

자젠잉 제 생각에 〈푸른 연〉부터 새로운 단계에 접어든 것 같은데요.

톈좡좡 말이 나왔으니 하는 말인데, 그건 아주 고통스러운 작업이었습니다. 40세, 불혹의 나이가 되자, 이제 더 이상 되는 대로 살 수는 없다, 자기 원칙을 가지고 작업해야지 기껏 입에 풀칠이나 하려고 허리를 숙일 수는 없다는 생각이 들더군요. 〈푸른 연〉을 찍으면서 엄청 애를 썼습니다. 시나리오를 시작으로 모든 작업과정에 이르기까지 엄청난 공력을 들였죠.

자젠잉 방금 전에 〈푸른 연〉을 찍은 후 "안 찍으면 될 거 아니냐"고 말씀하셨다고 했는데, 무슨 뜻인지요?

톈좡좡 그러니까 〈푸른 연〉 이후 10년간 전혀 영화를 찍지 않았어요. 40세에서 50세 사이에 영화를 하나도 안 찍은 셈이죠.

자젠잉 너무 긴 침묵의 시간을 보내셨네요. 그렇지만 〈푸른 연〉은 정말로 찍고 싶었던 작품이었죠?

톈좡좡 당시 문단의 상황과 영화적 관심의 측면에서 볼 때 상황이 좀 좋아진 편이라 다시 찍을 수도 있겠다 싶더군요. 게다가 돌이켜 보니 자기가 여전히 영화를 좋아하고 있고, 영화를 찍고 싶어 한다는 걸 알게 되었어요. 그렇다면 진지하게 한 편 찍어 보자고 생각한 겁니다. 근데 시나리오 심사를 준비하고 있을 때 무슨 일이 터지겠다는 걸 감지했어요. 그렇지만 이 시나리오는 친구와 함께 이미 1년이나 준비한 거였지요.

자젠잉 소설을 기초로 시나리오화한 겁니까?

톈좡좡 아닙니다. 제가 가지고 있던 아이디어에서 시작한 것으로, 같이 이야기를 나누며 채워 나갔습니다. 1년을 쓰고 나니까 더 이상 버려두면 안 되겠다, 이걸 완성시켜야 한다는 생각이 들더군요.

자젠잉 자전적인 요소가 강한가요?

톈좡좡 자전이라고 하기는 힘듭니다. 저에게 그 골목의 사합원四合院이 굉장히 익숙한 곳이라고는 말할 수 있겠죠. 저는 거기서 자랐으니까요. 반드시 이걸 완성시켜야 한다는 생각을 하게 되니까, 한 가지 방침을 세워야 하겠더군요. 그걸 되살려야 한다, 그게 반혁명분자일지라도 살아나게 해야 한다는 방침 말입니다. 그래서 모든 걸 완전히 제가 조종했고, 저의 설계대로 움직이게 했습니다.

자젠잉 그 영화는 '5세대' 감독의 초기작과는 다릅니다. 이전 시기의 영화 서사가 민족 알레고리 식이었고, 거대 서사로 구성된 반면, 〈푸른 연〉에서 갑자기 비교적 개인적인 시각이 들어가 있습니다. 묻고 싶은 게 있는데, 혹시 그 당시 일본의 사실적 스타일의 영화들, 예를 들어 오즈 야스지로의 〈도쿄 이야기〉 같은 작품을 봤나요?

톈좡좡 이미 봤었죠. 저는 그의 작품을 아주 좋아합니다.

자젠잉 아마도 당신의 성격 때문일 건데, 당신은 이렇게 사실적이고 개인적인 영화를 좋아하는 것 같습니다.

톈좡좡 다른 이유도 있을 것 같습니다. 우리 세대는 부모의 교육을 받고 당의 교육을 받아 왔던지라, 혈액 속에 어떤 책임감 같은 게 삼투되어 있습니다. 머리가 잘릴 수도 있고 죽을 수도 있지만 자신의 존엄성, 정의, 진리는 반드시 보호해야 한다고 생각하고 있어요. 고대의 사대부 같은 느낌이 없지 않죠.

자젠잉 지식인의 우국우민이니, 사명감이니 하는 것들 말이군요. 80년대 사람들은 비교적 이상주의와 사명감을 지니고 있었다고들 생각하죠. 90년대에 들어와 상업화의 물결이 밀려오고 정치적인 속박도 분명해지게 되면서, 어떤 것은 추구할 수가 없다는 걸 깨닫게 되었고, 그렇다면 돈이나 추구하자, 라는 식이 된 겁니다. 당신은 어떻게 보시는지 궁금하군요. 사실 이런 식의 구분은 너무 딱딱합니다. 한 사람이 성장기에 경험한 교육과 경력은 시대가 변한다고 해서 가볍게 이리저리 흔들릴 수 있는 게 아닙니다. 이미 혈액 속에 스며들어 있기 때문이죠. 예를 들어 〈푸른 연〉은 90년대의 작품인데, 그 기저에 흐르는 의식은 80년대에 추구하던 것과 똑같습니다. 표현수법이 변화되었을 뿐이죠.

톈좡좡 제가 보기엔 90년대 들어서 사람들의 마음이 도리어 평온해진 것 같습니다. 일반적으로 서른을 이립而立이라고 하고 마흔을 불혹不惑이라고들 하는데, 정말 그런 것 같습니다. 서른 살이 되자 갑자기 마음이 평온해져 버렸습니다. 내가 영화를 못 찍으면 영화를 보면 되는 거죠. 영화를 생각하면 되는 거죠. 다른 사람들이 영화 찍는 걸 도와 주면 그걸로 족한 것 아니겠습니까.

자젠잉 장이머우는 당신보다 나이가 조금 더 많은데, 영화인으로서 그가 보여 주는 행로는 당신과 아주 다른 것 같네요.

톈좡좡 사실 그것 말고 중요하게 고려해야 할 점은 그 사람의 개인사, 즉 그 사람이 어떤 성장기를 거쳤는지, 가정교육은 어땠는지, 어떠한 분위기에서 자랐는지 등입니다. 그건 평생을 살아가며 가장 중요한 부분으로, 영원히 없앨 수도, 배반할 수도 없는 것인 것 같아요. 심지어 그 사람의 할아버지 대에도, 증조부 대에도 그러한 요소가 있었을 수 있어요. 그건 유전자와 마찬가지로 자기 몸에서 없애 버릴 수가 없는 요소입니다. 제 생각에 제가 부모들보다 더욱 과격해진 것 같아요. 저는 책을 보는 것도, 신문도, 인터넷도 좋아하지 않습니다. 지금까지 줄곧 그랬어요. 책은, 제가 좋아하는 것만 골라서 봤습니다. 저는 스토리를 기억하지 못하고, 작가도 기억 못해요. 누가 최근에 무슨 책 읽었느냐고 물으면 저는 대답을 못해요. 저는 아주 자기중심적인 편이라, 다 읽고 나서 자기가 어느 정도까지 왔다는 걸 확인하고 말아요. 그걸 남에게 말하지도 못하고, 책 이름을 기억하지도 못해요. 영화도 마찬가지입니다. 어떤 영화라도, 볼 때는 정말 좋다고 생각하면서 보고 나면 어느 나라 영화였다는 정도 외에는 기억이 안 나요. 아마 외국어를 모르기 때문에 이런 일련의 일들을 아주 분명하게 처리할 수가 없는 것 같아요.

저라는 사람은 굉장히 모호하고 대충대충 타성적으로 살아왔습니다. 저의 가장 큰 특징은 혼자서 뭔가를 생각하기를 좋아한다는 점입니다. 제 머리는 멈춘 적이 없어요. 잠자는 시간 말고는 24시간 내내 뭔가를 생각하고 있죠. 모두가 영화와 관련된 일들입니다. 예를 들어 부친이 일찍 돌아가셨는데, 1974년이었죠. 그래서 영화학교에 들어간 뒤 어머니와 둘이서 영화 개념을 놓고 엉망이 되도록 논쟁을 벌이곤 했어요. 근데 한번은 어머니의 예술생애 50주년 기념행사에 참석하게 되었습니다. 정치협상회의 대강당[政協禮堂]에서였는데, 많은 공산당 노간부들이 모이는 그곳에 저도 와 달라고 전화하셨길래 갔습니다. 커다란 꽃다발을 사 들고 갔더니 아주 기뻐하시더군요. "다른 사람들 접대나 하세요, 저는 신경 쓰지 말고, 오래 있지도 못할 건데요 뭘"이라고 말하곤 멀리서 바라만 봤습니다. 그때 마음속에서 갑자기 자기 자신이 굉장히 멍청하고 아무것도 아는 게 없으며 천박하기 그지없다는 생각이 들더군요.

자젠잉 그들 세대를 제대로 이해하고 있지 못하다고 생각하신 거군요.

톈좡좡 그들은 정말로 신념을 가지고 살았던 사람들입니다. 누구나 뭔가 믿는 게 있어야 즐겁고 착실하게 살 수 있는 법이죠. 그들이 함께 있을 때의 그 즐거움이란 정말로 감동적인 풍경이었어요. 오랜 시간 온갖 고초를 겪으면서, 옌안에서 '정풍'을 거쳐 '문혁'에 이르는 등등, 그분들은 몇 번이나 넘어졌다가 다시 일어나고, 다시 넘어졌다가 일어나기를 반복했지만 여전히 그렇게 즐겁고 건강하더군요. 음, 당시에 정말 진심으로 감동했답니다.

자젠잉 그들과 비교해 볼 때, 당신들 세대는 확실히 믿음이 동요되었고, 결국 믿음이 사라져 어찌할 바를 모르는 상태가 되어 버렸다고 생각하셨겠네요?

톈좡좡　그렇지만도 않습니다. 전 언제나 자신이 믿음을 가진 사람으로 생각해 왔어요. 그러나 그들처럼 그렇게 견고하지는 못했죠. 왜입니까? 저는 영화를 버린 적도 있고, 영화로 돈을 번 적도 있습니다. 전 제가 쟁취해야만 하는 많은 것들을 버렸었어요. 당시에는 저 스스로를 굉장히 멸시했던 것 같아요. 최근에 저는 항상 선천적으로 안 좋다고 생각해 왔는데, 그 주된 이유는 제가 교육을 체계적으로 받지 못해서입니다. '문혁' 때 열네 살이었던지라, 정식으로 문학, 역사를 읽지 못해 마땅히 갖춰야 할 갖가지 기본지식이 전혀 없어요. 고전 한문 해독능력을 포함해서 아주 많은 것을 결핍하고 있습니다. 이 때문에 사람이 살아가는 데 필요한 기초적인 것들, 이를테면 생명은 신비롭다는 사실을 믿는가? 믿음이 있어야만 하는가? 살아가는 것의 가치를 아는가? 등에 대해 저는 분명하고 또렷하게 이해하지를 못합니다. 저는 오히려 눈, 코, 귀, 신체로 바깥세계의 사람들과 접촉하기를 특히 좋아합니다. 그래서 저는 영화하는 사람이 지기地氣를 받아들이지 못할 거면 영화를 찍지 말라고 노상 말한답니다.

자젠잉　생활에 대해, 인간에 대해 아무런 감각이 없는 거니까요.

톈좡좡　맞아요. 좋은 상업영화는 찍을 수 있을지도 모르죠. 상상력이 풍부하니까요. 그러나 사람 냄새(人氣)가 없으면 사람은 더 이상 진실하지 않게 됩니다. 저는 자신이 선천적으로 대단할 게 없다는 걸 잘 압니다. 그러니 제가 운이 억세게 좋다고 말해 왔던 거죠. 왜 그런지 아십니까? 요리스 이벤스, 허우샤오셴, 마틴 스콜세지와 같은 영화 대가들을 만나고 그들과 나이를 잊은 친구가 된 것만 봐도 제 운이 얼마나 좋은지 아시겠죠. 그들 모두가 제 영화의 모델입니다. 영화를 대하는 그들의 태도는 언제나 저를 고무시켜 줍니다. 그러나 저는 그들만큼 깊은 믿음은 없습니다. 4년 전부터 저는 우칭위안吳淸源 노선생과 접촉하게 되었고, 그런 다음 〈차마고도〉*를 찍었습니다. 〈차마고도〉라는 땅은 믿음이 충만한 곳입니다.

자젠잉 단번에 최근 2, 3년 전으로 내려와 버렸네요. 조금 더 이전 이야기를 해주실 수 있을까요?

톈좡좡 80년대의 것을 되돌아보면, 왜 그렇게나 몇 가지 것들에 대해 분명히 알게 되기를 갈망했을까, 왜 그렇게 생존의 의미와 가치를 명확히 하고 싶었을까 싶어요. 80년대에는 아주 굉장히 많은 문제가 쌓여 있다가 90년대에 들어와 조금씩 속에서 익어 갔습니다. 이렇게 발효되어 가던 사이 갑자기 분명해졌습니다. 저는 어떠한 영화도 내용과 대사를 기억하지 못하지만, 제 마음을 때린 유일한 대사가 있습니다. 〈레미제라블〉에서 장발장이 신부의 은그릇을 훔쳐 달아났다가 경찰에 잡혀 돌아왔을 때, 경찰이 신부에게 그가 물건을 훔쳐 갔다고 말하지만 신부는 자신이 준 것이라고 대답하며 장발장을 풀어 줍니다. 그런 다음 신부가 장발장에게 다음과 같은 말을 합니다. "우리가 이 세계에 온 것 자체가 베풂이다"라고 말입니다. 지금까지 저는 '베풂'이 제가 사람으로 살아가면서 받들어야 할 원칙이라고 생각하고 있습니다. 저는 하나의 기본적인 원칙에서, 살아가는 길에 있어, 자기가 받고 좋아하는 것을 버릴 수 없을 것 같습니다. 이러한 잠재의식이 줄곧 마음속에 있었습니다.

---

* 차마고도는 중국 서남부의 윈난, 쓰촨에서 티베트를 넘어 네팔, 인도까지 이어지는 약 5,000km의 장대한 교역로이자 실크로드보다 200년 앞선 인류 역사상 최고(最古)의 문명교역로를 말한다. 2007년 3월 KBS 다큐멘터리로 방영되기도 했다.

자젠잉 그러한 의식은 언제 비교적 명확해졌습니까?

톈좡좡 줄곧 조금씩 탐색하고 있었던 것 같습니다. 예전에는 원한이 있었다는 점에서 구별됩니다만. 곤란한 상황에 처할 때 원한이 생겼습니다. 그 당시 저는 이 나라를 사랑하지만 나라는 나를 사랑하지 않는다고 생각했어요. 〈푸른 연〉 즈음해서는, 아마 그래도 조금은 원한이 남아 있었을 겁니다. 이제는 원한이 사라졌습니다.

자젠잉 그 영화도 검열을 통과하지 못했죠.

톈좡좡 통과하지 못했어요. 지금은 하고 싶은 걸 하지, 다른 사람이 어떻게 볼 것인가는 별로 중요하지 않게 되어 버렸습니다. 이유가 뭘까요? 우선 스스로 그것이 가치 있는지, 사회적 의미가 있는지를 판단할 수 있게 되었어요. 완전히 개인적인 이익을 위해 이 일을 하는 것인지, 아니면 이 작품이 사회적 가치와 의미를 가지는지를 말입니다. 예를 들어 우칭위안이라는 인물은 중일 양국 모두의 재산입니다. 그는 바둑을 아주 잘 뒀을 뿐 아니라 정신적인 가치에 더욱 충실했습니다. 그가 말한바, 각종 힘은 조화되어야 한다, 음양은 조화를 이루어야지 음에 치우쳐서도, 양에 치우쳐서도 안 된다라는 생각은 특히나 훌륭한 것 같습니다. 즉 모든 것, 우리가 하는 말, 하는 일을 포함한 모든 것은 딱 알맞게 해야 한다는 말이죠. 예를 들어 이렇게 말할 때가 있습니다. "이런, 이번 영화는 조금 지나치게 과격하게 찍었어!"라고 하면 안 좋은 거죠. 그렇다고 힘을 너무 빼도 안 좋지만요. 특별히 좋은 상태가 필요한데, 이렇게 조화로운 위치가 어딘가 하면 바로 우칭위안 선생이 말한 중간의 그 위치입니다ㅡ선생의 표현을 빌리자면 '용중' 用中이라고 할 수 있어요. 성사시키려는 일이 이러한 것인지 생각해 볼 수 있습니다. 제대로 안 된 것, 성공하지 못한 것은 균형을 잃었기 때문이 아닌가 하고 말입니다. 80년대에서 90년대를 넘어 새로운 세기에 이르기까지 모두 마찬가지입니다.

어떤 사람은 제가 도도하게 군다고도 하는데, 저는 절대 그렇게 생각하지 않습니다. 제 생각에 제 영화는 사회에 의미가 있습니다. 아마 요즘은 동의하지 못할 사람도 있겠지만, 전 세계의 절대다수가 동의할 거라고 확신합니다. 그들 모두가 이 영화를 본 것은 아닐 수도 있지만, 최소한 제가 표현하려던 것에 그들은 동의할 겁니다. 최근에 저는 조금씩 정치에 대한 비판과 부정에서 걸어 나와, 차츰 '문혁'에서 가졌던 분노를 버리고 인성의 선악, 사람의 심경에 더욱 관심을 가지게 되었습니다. 반대로 예술적인 면에서 볼 때 예술의 '경계'는 어디에 있는 것일까요? 사실 그것은 그런 것 같기도 하고 아닌 것 같기도 한 어딘가에 있다고 해야 할 것입니다.

자젠잉 분명하고 편협하게 한 곳에 고정시키면 안 된다는 말씀이시죠?

톈좡좡 맞습니다. 우리는 생활에 근거해야 한다고 말들 하지만, 만약 생활로 환원시켜 버리면 분명 문제가 될 겁니다. 게다가 환원시킬 수도 없습니다. 그렇다고 온갖 정성으로 만들어 낸 걸 생활의 바깥으로 떠돌게 할 수도 없죠. 그렇게 되면 공기도 없고 햇볕도 없는 것으로 변해 버릴 테니까요. 그래서 저에게 있어 창작 과정은 바로 이런 경계를 추구해 나가는 가장 즐거운 과정입니다.

자젠잉 당신이 지금 하고 계신 생각은 〈푸른 연〉을 찍을 때와는 또 달라 보입니다.

톈좡좡 90년대에 저는 영화를 찍지 않았습니다. 2001년에는 저도 저 자신을 부정하기 시작했습니다. 예를 들어 〈푸른 연〉은 너무 지나치게 사실적이라고 생각되더군요. 이 영화에서 허구적인 것을 묘사하는 부분은 아주 좋습니다. 그러나 당시엔 그걸 그다지 주동적으로 의식하지는 못했습니다. 80년대에 이러한 과정을 거친 후 90년대 말에 마음이 점점 평정을 찾게 되면서 몇 가지 일들을 생각해 보았습니다. 미래의 영화를 생각하고, 오늘날의 영화를 생각하고, 과거 자신의 영화를 생각해 보았습니다. 이렇게 관통시켜서 생각해야만 조금씩 변화할 수 있겠더군요. 〈더라무: 차마고도〉를 찍을 때에는 이미 교만하지도 조급해하지도 않을 수 있게 되었어요.

자젠잉 당신은 시장, 박스오피스, 관중 등의 요소를 얼마만큼 고려하시는지요?

톈좡좡 저는 가장 간단한 고려만 합니다. 가장 적은 돈으로 가장 좋은 품질을 만들어 낼 수 있는가 하는 점입니다. 이것이야말로 제 능력을 발휘할 수 있는 부분입니다. 내가 당신에게 고추를 한 접시 갖다 바쳤는데 당신이 매운 걸 못 먹는다, 내가 또 돼지고기를 바쳤는데 당신이 이슬람이다, 그러면 그건 어쩔 수 없는 거죠. 그렇지만 지금까지는 〈작은 마을의 봄〉도 그렇고 〈차마고도〉도 마찬가지인데 손해를 보지는 않았어요. 만약 내가 손해 보는 감독이라면 그렇게 항상 누군가 찾아와서 영화 찍자고 하는 일은 없을 겁니다. 누가 이름이 좀 있다고 해서 아무렇게나 자기 돈을 멋대로 쓰게 할 사람이 누가 있겠어요. 그건 불가능하죠. 물론 제가 장이머우의 영화나 샤오강의 영화만큼 큰돈을 벌지는 못하지요. 그러나 그렇게 큰돈을 벌려면 실제로 지출되는 광고비는 얼마며, 프린트 비용은 또 얼마나 들겠어요? 그렇게 했을 때 투자 자금의 세 배는 회수할 수 있겠죠. 그렇지만 한 가지 명심할 것은 영화는 1차 시장에서만 자금을 회수하는 게 아니라는 점입니다. 시장에서 처음 회수할 때는 70%만 되면 충분해요. 왜냐하면 영화는 해를 거듭해도 계속해서 팔리니까요.

자젠잉 그런 블록버스터 제작방식은 할리우드에서 건너온 것으로 미국에서도 많은 사람들이 악성순환이라고 비판들을 합니다. 그러나 이미 굳어져서 해결할 방법을 찾지 못하고 있죠. 당신은 그런 제작방식을 어떻게 보십니까? '5세대' 감독 중에는 요즘 그쪽 길을 가고 있는 사람도 있는데요. 가장 대표적인 경우가 장이머우입니다. 블록버스터를 만들어 나라 전체를 폭격하듯 광고를 해대죠.

톈좡좡 그건 말입니다, 제 생각에 꼭 비판할 것만은 아니라고 봅니다. 이런 현상을 비판만 해서는 안 됩니다. 사실 중국에는 영화 시장이 없어요. 모두들 시장이 있기를 바랍니다. 왜냐하면 시장이 있어야만 양성순환이 가능해지기 때문이죠. 시장이 있기를 바라는 시기이기 때문에 모두들 어떻게 이 시장을 만들 것인지 모색하고 있는 것이죠.

자젠잉 왜 시장이 없습니까? 시장이 모두 어딘가로 가버렸단 말입니까?

톈좡좡 시장이 안정적이지가 않아요. 왜일까요? 아주 간단한 예를 하나 들어봅시다. 만약 〈영웅〉이 박스오피스에서 2억 위안을 벌었다고 했을 때, 최소한 네댓 편은 1억 8천, 1억 5천을 버는 영화가 있어야 하고, 1억에도 한두 편, 8, 9천만 위안에도 몇 편 있어야 마땅하죠. 할리우드의 박스오피스를 보면 분명 이런 식의 피라미드 구조를 하고 있습니다. 한쪽은 달에 올라가 있는데 나머지는 모두 지옥에서 헤매고 있는 상황은 가망이 없어요. 그건 영화 한두 편이 모든 돈을 싹쓸이해 갔다는 말이잖습니까. 만약 전국의 모든 박스오피스의 흥행이 제고되지 않는다면 그건 시장에 양성순환이 없다는 말입니다. 원인이 어디 있겠습니까? 모든 국산영화의 매년 투자액과 소득액을 계산하여 정비례하는지 알아보면 됩니다. 만약 정비례한다면 시장이 원활할 것입니다. 그러나 정비례하지 않는다면, 지출은 많고 수입은 적은 것이고, 그럴 경우 이 나라의 영화시장은 문제가 있는 것입니다.

자젠잉 국산영화가 위기라는 말들을 하기 시작한 지가 이미 꽤 되었는데, 당신이 보시기에 난점이 어디에 있는 것 같습니까?

톈좡좡 말할 필요가 없습니다. 중국이 개혁개방한 지가 고작 20년입니다. 영화가 개혁개방한 것은, 즉 배급망에 외국인 투자를 허용한 게 겨우 몇 년밖에 되지 않았습니다. 제 생각에 그건 아주 간단한 이치입니다. 중국의 영화제도는 아직 전 세계 영화제도의 표준에 적응할 수가 없기 때문입니다. 다른 말로 하자면 바깥에 있는 사람이 돈을 가지고 들어올 때, 늑대가 왔을 때, 어떻게 하는 게 좋겠습니까? 아주 명확한 문제입니다. 국산영화를 보호해야 합니까? 국산영화를 보호한다고 했을 때 관건은 보호할 능력은 되는가? 입니다. 중국의 자동차 산업과 마찬가지가 되는 거죠. 결국은 외국 자동차를 만들고 있지 않습니까? 여기에 정부의 태도가 필요합니다. 다른 한편 어떠한 사회주의 국가라도 이데올로기 부문이 가장 늦게 개방될 것입니다. 중국은 어쨌든 마음을 다스리는(治心) 국가입니다. 즉 사람들의 마음을 다스리고 머리를 다스리죠. 그건 역사적으로 이어 내려오던 것이라 바꾸기가 아주 힘든 것이죠.

자젠잉 한 나라의 전사前史이니까요.

톈좡좡 그 옛 역사는 바꾸기가 너무 힘듭니다. 제 생각에 이 점이 해결되지 않으면, 다른 많은 일들도 매듭이 엉겨 잘 흘러가지 않을 것입니다. 한편, 진정한 시장화는 반드시 독점壟斷에서 시작하기 마련입니다. 반드시 대형 영화사가 시장을 독점하여 몇 번은 죽었다 살아나길 반복해야 시장이 비로소 존재할 수 있을 것입니다.

자젠잉 대수혈이 필요하다는 말인가요? 외자가 들어와 모든 걸 점령해 버린다?

톈좡좡 그렇게 간단한 일도 아니에요. 독점이 출현해야 할 때라야 가능하죠. 예를 들어 미국은 8대 영화사가 오랜 시간 독점하다가 훗날 차츰 무너지고, 새로운 많은 영화사가 또 들어섰습니다. 일본의 소니가 미국의 영화사를 사들인 것처럼 새로운 영화사가 8대 영화사와 결합하기도 했죠. 그러나 미국의 영화시장에서 가장 오랫동안 버틴 것은 MGM, 파라마운트, 컬럼비아, 유니버설, 그리고 디즈니 등의 8대 영화사입니다. 사실 이 8대 영화사가 시장에서 경쟁하고 있었고 최후에 어떤 것은 무너지고 어떤 것은 무너지지 않은 것이죠. 또 재력이 있는 회사는 함부로 독점하려 하지 않고 독점을 타파하려 합니다. 미라맥스 같은 경우가 대표적인데, 반드시 몇 번 흔들어 줘야 합니다. 그러나 중국에는 건강한 배급망이 하나도 없습니다. 지금 있는 극장들은 뭘까요? 간단합니다. 여관과 마찬가집니다. 하룻밤 묵으시려고? 오늘 다른 방은 없고 이 방

뿐인데, 잘 거요 말거요? 그러나 진정한 배급망과 진정한 의미의 제작 배급망은 그런 게 아니죠. 미국 배급망의 지불방식만 가지고 예를 들어 봅시다. 아마도 첫주에는 극장 수입의 10%만 가져갈 수 있을 겁니다. 영화를 상영하고 싶다, 그럼 첫주 10% 지불 조건으로 틀래 말래, 동의하면 상영하는 거죠. 근데 둘째 주에는 40%를 가져가고 셋째 주에는 70%를 가져갑니다. 무슨 말인가 하면 영화가 힘이 있고 제작이 힘이 있으면 극장과 실제적인 이익관계를 맺을 수 있다는 겁니다. 지금으로선 근본적으로 중국영화의 시장화를 이야기할 길이 없어요, 너무 이릅니다.

자젠잉 현재 이러한 기본구조는 어쩔 수 없다는 전제하에서, 당신이 보기에 뭘 할 수 있는 것 같습니까? 어쨌든 당신은 여전히 영화를 만들고 있지 않습니까.

톈좡좡 영화 만드는 건 너무 힘들어요. 어떤 소재가 있는데, 좋아하는 사람이 있는지, 지지받을 수 있는지는 모르겠으나 그냥 온몸을 바쳐 그걸 만듭니다. 마음에 부끄러움이 없고 하늘에 당당하고 사람들에게 당당할 수 있으면 그걸로 족하다고 생각하면 마음은 편해집니다. 흥행이 잘 될까, 상을 받을 수는 있을까 따위의 남겨진 문제들은 운에 맡겨야지 내가 어찌할 수 있는 일이 아니잖습니까. 저는 일개 감독입니다. 제가 할 수 있는 건 자신의 생명을 필름에 집어넣는 것뿐입니다. 요즘 영화 좋아하는 사람이 얼마나 많습니까. 영화 찍으려는 사람, 영화 만들려는 사람이 영화 보는 사람보다 많을 지경입니다. 다른 한편, DV라는 놈이 나왔습니다. DV라는 게 뭐가 좋습니까? 아주 신기합니다. 그게 좋지 않다고 말할 수도 있겠지만, 그래도 시각예술과 멀티미디어를 보급시킨 점은 높이 쳐줘야 합니다. DV의 장점은 모든 걸 인간의 눈이 본 그대로 우리에게 펼쳐 보여 준다는 점이죠. 가장 간단하게 있는 그대로 리얼하게 보여 줍니다. 아주 좋은 소재를 발견했을 때 아무도 찍지 못했는데 혼자서 그걸 찍었다 하면 바로 뜨는 거죠. 그렇긴 하지만 영화제작의 품질이란 측면에서 봤을 때 전체적인 품질의 저하를 불러온 것 또한 이 DV라는 놈입니다.

자젠잉 장점을 더 부각시켜 본다면 이러한 기술의 보급이 보편적인 기회의 확대를 불러 왔다, 정말로 재능이 있는 소수에게 치고 나올 기회를 제공했다고 볼 수도 있겠습니다. 그러나 만약 모두가 똑같이 하나의 역사적 문화적 단층에서 성장한 것이라면 머릿수가 아무리 많아도 기본적인 구조는 똑같을 것입니다.

톈좡좡 사실 중국인에게 가장 부족하지 않은 게 바로 인재입니다. 중국 사람 많아요, 13억이잖습니까, 10만분의 1의 비율로 계산해도 어떤 나라의 인재보다 많을 겁니다. 인재에 관해선, 제 생각에 물이 흐르면 도랑이 자연히 생기기 마련인 것 같습니다. 우 선생님〔우칭위안〕이 서예 한 점을 보내 주셨는데, 시간의 '시' 時가 적혀 있더군요. 모든 게 시기가 되면 자연히 성사되니 조급해하는 건 소용없다는 말씀을 해주신 거죠. 제가 영화를 찍을 때, 자금이 충분하지 않다는 걸 우 선생님이 아셨을 때 이렇게 말씀해 주셨어요. 너무 조급해하지 마라, 이 일은 니가 성사시켜야 하는 거니 성사시키면 되는 거다. 성사시키지 못해도 전심전력으로 하면 그걸로 충분하다. 선생님은 이미 신선세계에 속한 분인 것 같아요. 우 선생님은 요즘 매일 『주역』을 봅니다. 혼자서 어떤 일을 점쳐 보기도 하고 바둑으로 점을 치기도 하죠.

자젠잉 득도하셨군요.

톈좡좡 예. 그분이 하시는 말씀은 들을 때는 그런 것 같기도 하고 아닌 것 같기도 한데, 가만 돌이켜 보면 사람을 안심시켜 주고 차분하게 해줍니다.

자젠잉 연세가 어떻게 되나요?

톈좡좡 아흔하나입니다. 80년대를 되돌아보면 저에게는 자신에 대한 검토만이 있었습니다. 당시 저는 성깔이 대단했고 너무 극단적이었습니다. 유일하게 남아 있는 건 영화적 자산뿐입니다. 80년대에 막 졸업하여 의기양양할 때와 비교할 때 요즘은 그런 기세는 없습니다만 마음은 예전보다 더 평온해진 것 같습니다. 많은 사람들이 당신 영화 중에서 제일 좋아하는 게 뭐냐고 묻습니다. 모두 내 아들인데 좋고 싫고가 어디 있겠습니까?

자젠잉 하나하나가 어느 단계를 보여 주는 것이니까요.

톈좡좡 어느 것 할 거 없이 자신의 모습이며, 자신의 태도, 당시에 추구하던 것, 당시의 심정을 담은 것이죠. 진지했냐의 여부는 도망가려도 도망갈 수 없는 거죠. 그러니 영화도 참 잔인한 놈입니다. 거기에 그대로 남아서 바꿀 수도 없고 변명할 수도 없으니까요. 아마 앞으로도 계속 진지하게 영화와 함께 살아가야 할 운명인 것 같습니다.

자젠잉 음, 당신의 영화에서 시종 중요하게 취급하는 건 정신적인 측면입니다. 그러나 90년대 이후의 중국은 사람의 물욕을 굉장히 자극하는 땅이 되었습니다. 어찌 보면 카지노와 비슷하게 왠지 모르게 사람을 흥분시킵니다. 유혹이 많은 데다, 확실히 그걸 손에 넣을 수 있는 기회가 널렸으니까요. 이런 건 80년대 초에는 없었어요.

톈촹좡 없죠, 전혀 없었어요. 70년대에는 돈을 생각하는 게 범죄를 저지르는 듯한 느낌마저 있었습니다. 80년대에 들어와 갑자기…… 그러니 중국인들도 참 재미있는 민족이죠, 중국인들은 사실 관리당하는 걸 굉장히 좋아합니다.

자젠잉 음, 국민성을 말씀하시는 거군요.

톈촹좡 예. 관리당하는 심리는 아주 뿌리 깊은 것으로, 유럽 사람들과는 너무 다릅니다. 예를 들어, 모두들 동일한 하나의 사상을 학습하고 있습니다. 요즘 모든 사람이 돈을 원하고 있는데, 만약 당신이 돈을 원하지 않는다면 그건 당신에게 문제가 있다는 말이고 바보라는 말이죠.

자젠잉 사실 그렇게 다른 사람과 비교하기를 좋아하고 주류를 따르기를 좋아하는 심리는 유럽인에게도 있고, 어딜 가도 있습니다. 인성이라고 해야겠죠. 그렇지만 개인주의가 중국에서 별로 발달하지 않은 것 또한 사실입니다. 왜 그럴까요? 어떤 철학자가 연구해 본 적이 있는데, 그 결과 유럽인과 비교했을 때 중국인의 자아의식은 줄곧 깊이를 결여하고 있다는 점을 발견했습니다. 왜냐하면 중국인의 자아는 영원히 어떤 집체의 네트워크 안에 엮여 있고, 횡적으로 사회화되어 있기 때문에 아주 얇게 펼쳐져 있는 것이죠. 오랜 기간 그 상태가 고착되면서 '개인 그 자체는 중요하지 않다, 집체가 중요하고 전체적인 조류가 중요하다'라는 식의 민족 역사의 무의식을 형성시켜 버렸습니다. 조류라는 게 뭡니까? 다수가 지금 승인하고 있는 가치 아니고 뭐겠습니까?

톈좡좡　그렇죠, 모두들 우르르 몰려가는 상황에서 다른 사람이 돈 많은 걸 보면 눈이 벌게지는 거죠.

자젠잉　80년대의 조류는 이상의 추구였습니다. 당시에는 이상주의자로 넘쳐 났었죠. 그후 소비주의가 유행이 되어, 원래는 이상주의자였던 사람들이 순식간에 소비주의자로 변해 버리기도 했습니다. 그제서야 분명히 알게 되는 것이죠. 그는 사실 무슨 이상주의자였던 게 아니라 조류주의자潮流主義者였던 거라는 걸 말입니다. 내일 조류가 또 바뀐다면 그는 바로 즉시 조정하여 원래 그곳이 자신에게 가장 적합한 환경이었던 것처럼 계속 살아갈 것이 분명합니다. 제 생각에 이것은 아주 중국적인 성격입니다. 게다가 많은 중국인들은 이러한 변통 능력을 대단한 것으로 찬양합니다. 옛날 말로 하면 "그 시국에 할 일을 제대로 아는 자가 준걸이다"識時務者爲俊杰와 같은 것 아니겠습니까? 요즘 말로 하면 "시대와 같이 나아간다"與時俱進라고 할 수 있겠죠. 사실 이 말도 출처가 있는 것이라 새로운 것도 아니지만 말입니다. 이러한 상황에서 당신은 자신이 이 시대의 소수자에 속한다고 생각되지는 않으십니까?

톈좡좡　그렇지만도 않습니다. 사실 저는 아주 정형화된 인간입니다. 빳빳하게 불에 타고, 구불구불 비틀리고, 눌어붙어서 바꿀 수가 없습니다. 만약 지금 정말로 누가 와서 '내가 10억을 줄 테니 영화를 찍지 마라'고 말한다 해도 안 됩니다. 전 그럴 수 없을 것 같아요.

자젠잉 그건 당신 자신의 삶을 파는 것이나 마찬가지이니까요.

톈좡좡 맞아요. 저의 생명을 팔아 치우는 것과 마찬가지죠. 전 그렇게는 안 할 것 같습니다. 그렇지만 만약 앞으로 돈은 한 푼도 없다, 영화 찍되 무보수로 찍으라고 한다면 그렇게도 살 수 없을 것 같아요. 그것은 하나의 법칙과도 같은 것입니다. 왜냐하면 굉장히 극단적인 방식으로 어떤 걸 가정할 수는 없는 거니까요. 그저 이렇게 오랫동안 나는 이런 식으로 지내 왔고 그래도 모든 걸 해냈다고 말할 수밖에 없겠네요. 사실 가끔 아주 가소롭게 여겨질 때도 있습니다. 외부인이 당신을 어떤 형상으로 만들어 내는 것 말입니다.

자젠잉 어떤 사람들을 말씀하시는 건지요?

톈좡좡 집체를 말하는 겁니다. 예를 들어 장이머우는 지금 어떤 모양새가 되어 있다, 펑샤오강은 어떻다, 천카이거는 어떻다, 톈좡좡은 유일하게 깃발을 펄럭이고 있는 예술가다, 라는 식이죠. 그럼 저는 이렇게 말하죠. 당신네들 지금 나를 죽이려는 것 아냐? 만일 내가 좋아서 시장용 영화를 찍겠다고 하면 깃발이 쓰러져 버린다는 말인가?

자젠잉 아마도 많은 사람들이 당신을 욕하겠죠.

톈좡좡 지금 벌써 욕하는 사람도 있어요. 〈우칭위안〉을 찍으면서 자금이 부족하게 되자 어떤 사람들은 제가 돈을 물 쓰듯 쓴다고 하더군요. 이 영화에 자본이 많이 들어간 주요한 원인은 일본에서의 비용이 너무 많이 들었기 때문입니다. 우리는 이미 절약할 수 있는 지출은 최대한 절약했어요. 그러나 다른 사람이 이러쿵저러쿵 해도 저로선 방법이 없죠. 써야 하는 돈은 써야죠, 돈을 쓰지 않으면 영화를 찍을 수 없으니까요. 영화 찍는 것 자체가 돈을 잡아먹는 일입니다. 그렇지만 그들은 모든 걸 간단하게 일반화시켜 버리는 것 같아요.

자젠잉 그 밖에 고려해야 할 것은 어떤 기준으로 문제를 바라보는가 하는 점입니다. 만약 그게 명리라는 기준을 사용한 것이라면 그들이 비교하는 건 예술이 아니라 누구의 관중이 많았는가, 누가 명예와 이익이 많은가 하는 점이겠죠.

톈좡좡 맞습니다. 지금은 물질사회이고 이익사회이죠. 아청이 예전에 했던 한마디가 아주 재미있는 것 같아요. 이렇게 말했죠. 즐겁습니까? 즐거움의 근거는 어디 있습니까? 자신의 마음에 있죠. 베이징 말 중에 어떤 건 아주 재미있는데, 그 중 '궁색한 즐김'窮樂呵이란 말이 있습니다. 궁색한 건 상관없다, 즐길 수 있을 때 즐기면 그만이라는 뜻이죠. 예전 저희 집이 사합원이었는데, 옆쪽에 작은 술집이 있었습니다. 인력거꾼들이 하루 일을 마치고 삼륜거를 한쪽에 세워 두고는 한 냥에 8푼 하는 독한 고구마술과 땅콩 몇 알을 놓고 몇 사람이 거기 앉아서 잡담을 나누곤 했죠. 그들은 정말로 즐겁게 사는 것처럼 보이더군요.

자젠잉 그들의 행복지수는 당신이 영화 하나를 찍고 나서 느끼는 것과 사실 똑같죠.

톈좡좡 똑같죠.

자젠잉 근본적인 문제는 하나의 충실한 자아가 있어야 한다는 점입니다. 그렇지 않으면 항상 집체의 가치에 매여서 이리저리 굴러갈 수밖에 없어요.

톈좡좡 우 선생님과 함께 있어서 좋았던 점이 무척 많습니다. 여러 가지를 제대로 간파할 수 있었던 기회였죠. 예를 들어 이런 말씀을 하셨어요. 사람이 사실 사회와 어떤 관계를 맺고 있느냐 하면, 우리는 태어날 때부터 이 사회에서 굴러먹을 수밖에 없어, 먹어야 하고 마셔야 하고 써야 하지. 그럼 사회에 뭔가를 돌려줘야 할 것 아니냐. 모두가 가져가기만 하고 돌려주지 않으면 이 사회는 아무것도 없어지고 가져갈 것도 없어져. 그래서 그는 이렇게 말합니다. 네가 태어난 이상 뭘 가져갔든지 상관없이 사실은 공적인 곳에서 계속해서 뭔가를 가져가는 것이다. 끊임없이 가져가면서 그것에 유의하지 않으면 가져가는 게 아주 정상적인 것으로 느껴지게 된다. 근데 네가 마땅히 베풀어야 할 것을 내놓지 않고 있는 그 상황을 의식하고 있느냐?

자젠잉 〈레미제라블〉의 신부와 완전히 똑같은 의미의 말씀이군요.

톈좡좡 예, 같은 이치죠. 그래서 제가 모두에게 자선가와 같은 걸 요구하는 게 아닙니다. 모두가 마찬가지니까요. 그렇지만 모두가 자신의 책임을 다하고 자신의 태도를 끝까지 지켜 가야 합니다. 예를 들어 우리는 항상 일본사람을 욕하고 역사 문제를 놓고 일본인을 미워합니다. 그러나 일본에 가서 영화를 찍으면서 알게 된 자기 직업에 대한 그들의 진지한 태도는 정말 감동적이었습니다. 촬영반의 일본 기술자들은 어떤 분야에 일하는 사람이고 할 것 없이 느슨하게 하는 사람이 없습니다. 자기

일에 해당하는 것이기만 하면 반드시 100%로 일을 해놓더군요. 우선, 이것이야말로 필요한 태도라고 생각됩니다. 수당을 챙겨 갔으면 아주 성실한 태도로 그 수당에 걸맞게 보답하는 것이죠. 즉 그들에게 어떤 걸 지불하면 되돌아오는 것 또한 정비례한다는 거죠. 이 점에서만은, 아마도 중국 기술자에게는 그 돈을 줬을 때 등치되는 걸 얻을 수는 없었던 것 같습니다. 이것은 일종의 태도입니다. 밀루티노비치가 한 말이 아주 적절하죠. 태도가 모든 걸 결정한다.

자젠잉 그래요. 많은 외국인들이 대충대충 진지하지 않게 일을 진행하는 중국인의 태도에 특히 반감을 가집니다. 그런데 우리는 어떤가 하면, 감탄하는 대상은 총명함이지 성실함이 아닙니다. 마치 성실함은 멍청함과 마찬가지인 것처럼 여겨집니다. "외국인들은 진실을 따지길 좋아하는데, 맹하고 멍청하다." 많은 사람들이 이렇게 생각합니다. 우리는 공짠데 차지하지 않으면 바보고 잔꾀 부리기 좋아하고 다른 사람 놓고 놀리는 걸 즐기죠. 그게 우리의 국민성이 되어 버린다면 그건 정말로 비관적인 상황일 겁니다. 80년대에서 90년대를 거쳐 지금에 이르기까지 영화 제작에서든 다른 어떤 일에서든, 당신이 보시기에 중국인들이 태도의 면에서 진보한 게 있다고 생각합니까?

톈좡좡 진보는 무슨. 오히려 퇴보한 면이 없지 않죠. 이 또한 의식 내부의 어떤 풍조인데, 우린 잃어버린 게 너무 많아요. 예를 하나 들면, 일본에선 마당을 지나 사무실에 들어설 때까지 모든 일본 기술자들이 인사를 건네더군요. 길을 걷다가 모르는 사람과 처음으로 마주칠 때도 서로 인사를 하기도 합니다. 그건 일종의 예의인 거죠. 제 기억에 중국도 50년대에는 이러한 예의가 있었습니다. 학교에서 친구들끼리 안부를 묻고 선생님께도 인사를 했었죠. 그건 가장 기본적인 태도이며 예의로 아주 간단합니다. 그런데 '문혁' 이후로는 근본적으로 그게 사라져 버렸습니다. 일본에서 그들과 이야기를 나눌 때 많은 일본인들이 중국을 아주 숭상하더군요. 중국은 그들의 어머니와 같다고 생각한다면서요.

자젠잉 문명의 원류 중 하나니까요.

톈좡좡 그들에겐 한국은 그들의 아버지이고 중국은 그들의 어머니라고 여기는 견해가 있더군요. 물론 일부 사람들의 표현입니다만. 그렇긴 해도 너무 많은 사람들이 중국문화를 숭상한다는 느낌을 받았습니다. 왜 그럴까요? 일본에는 사실상 철학이 없고 사상이 없습니다. 기본적으로 모두 중국 거죠. 그와 비교해 볼 때 우리는 잃어버린 전통의 것, 아름다운 것이 너무 많은 것 같습니다.

자젠잉 아청은 전통문화에 관한 문제를 강하게 제기해 왔습니다. 전통이 훼멸되고 철저하게 파괴되었고 뿌리부터 뽑혀나가 버려 다시 회복시키려 해도 아주 오랜 시간이 걸린다는 거죠. 저는 사실 복고주의를 찬성하지도 않고 되돌아갈 수도 없다고 보지만 어쨌든 반드시 지켜야만 하는 것도 있는 법이죠. 특히 그게 아름다운 전통이라면 말이죠. 근대화는 폐허로 변한 평지에 갑자기 고층건물 하나 세우는 걸로 끝나는 게 아니라 하나의 점진적인 과정이라고 해야 할 것입니다. 우리들 한두 세대는 문화적인 면에서 벌써 전부터 뿌리 없이 살아왔어요. 비록 많은 사람들이 그걸 자각하지 못하고 있지만요. 이처럼 오래된 예의지방에서 인사하는 습관조차 잘라 버렸으니 뭘 더 말할 수 있겠습니까.

톈좡좡 당신이 말한 그거, 아청은 우 선생님에 대해 이렇게 이야기한 적이 있어요. 자기가 그를 존경할 수 있는 이유, 그의 순수함, 영원히 우러러보게 만드는 것의 근원은 그가 신문화교육을 받지 않았기 때문이라고 말입니다. 그는 옛 문화의 바탕에서 성장한 사람입니다. 열네 살 때 사서오경을 들고 일본에 갔습니다. 일본에서 바둑과 관련된 일만 하고 살았으니 읽을 수 있는 중국책이라곤 집에서 가져간 그런 책들뿐이었을 겁니다.

자젠잉 그렇기 때문에 '5·4' 신문화운동은 그에게 아무런 영향도 주지 않았다?

톈좡좡 아무런 영향도 받지 않았죠. 예를 들어 우 선생님은 그 연세에 바깥 활동을 하고 돌아가실 때 제가 집 앞까지 모셔다 드리면 언제나 "폐를 끼쳤다" 勞駕, 수고하게 해서 미안하다는 말씀을 꼭 하십니다. 우리 같은 낮은 연배의 사람들이 문을 두드려도 매번 입구까지 맞으러 오시고 돌아갈 땐 입구까지 나와 배웅하십니다. 이제 걸음걸이도 그닥 순조롭지 않으신 분이 말입니다. 그분이 하고 있는 건 일본에서 항상 느낄 수 있는 예의입니다. 어떨 때는 일본이라는 이 나라가 정말 이해되지 않을 때도 있습니다. 그렇게 많은 나라를 치고 그렇게 많은 전쟁을 벌인 나라잖습니까. 그런데 최근 몇 년간 여러 차례 일본을 가서 보니 말싸움도 한 번 안 하더군요. 길거리에서 이러쿵저러쿵 따지는 것도 들을 수 없습니다. 게다가 누가 잘못을 했다 하면 자기가 알아서 먼저 사과를 합니다. 예를 들어 택시 기사에게 길을 재촉했는데, 촬영시간에 맞추려고 촬영장소까지 빨리 좀 부탁한다고 했더니 좀 과속을 해서 거기 도착했어요. 문을 열기 전에 기사가 먼저 미안하다, 내가 금방 너무 빨리 몰아서 아마 좀 불편하셨을 것 같아요. 촬영장소까지 제 시간에 맞추려고 그런 거지만 정말 죄송하다. 앞으로는 조심하도록 하겠다고 말하더군요. 아주 작은 일에서 일종의 태도를 엿볼 수 있는 겁니다. 그러니 일본사회에는 질서가 있고 안정감이 있는 겁니다. 그 밖에도 다른 많은 것이 갖춰져 있죠. 저는 전쟁 때문에, 역사 때문에 마음 깊은 곳에서는 이 나라를 좋아할 수가 없을 것 같아요. 그렇지만 일본 사람을 마주할 때마다 항상 생각합니다. 하나같이 정말 대단한 능력을 지니고 있지 않은가 하고 말입니다.

자젠잉 맞아요. 메이지 유신에서 볼 수 있듯이 사실 그들도 개혁을 단행하긴 했습니다만 문명을 훼멸시키는 짓은 하지 않았어요. 그들은 정말로 서양인들에게 감탄하고 자신의 모습 그대로는 안 된다는 걸 인정했기 때문에 변법을 하고 학습을 한 것입니다. 예전 당나라 시절에 성실하게 중국인에게 배웠던 것과 마찬가지로 말입니다. 다른 한편, 일본은 신앙이 있는 나라입니다. 그들에겐 신도神道, 무사도, 상무와 명예를 중시하는 정신이 있습니다.

톈좡좡 아청이 한 말이 아주 적절한 것 같습니다. '5·4' 신문화운동, '문혁'을 포함한 근현대의 몇 차례에 걸친 거대한 훼멸, 몇 차례의 단절을 겪은 후 오늘날 많은 사람, 아니 대부분의 사람들의 생활이 아주 막연해졌다고 아청이 말한 바 있습니다. 예전부터 느꼈던 건데, 이 나라는 하루가 다르게 번영하고 있고, 하루가 다르게 부강해지고 있지만, 다른 어떤 선진국에서나 느낄 수 있는 그런 안전감, 안정감은 없다는 느낌을 받습니다. 이건 물론 심리적인 감각입니다.

자젠잉 그래요, 많은 사람들이 그걸 느끼고 있죠.

톈좡좡 출국할 때, 공항에 가서 세관만 넘어서면 안정되고 마음이 차분해집니다. 유럽에 가도 마찬가지입니다. 어떤 나라라도, 그 나라의 범죄율이 아주 높음에도 불구하고 전체적인 사람들의 상태는 아주 다르다는 느낌을 받게 됩니다. 그런데 중국에 돌아온 후에는, 밤에 운전해야 할 때나 길을 걸을 때 어떤 불안한 요소가 내 몸을 위협하고 있다는 느낌을 갑자기 받게 돼요. 이유가 뭘까요? 나를 구속하는 힘이 아무것도 없다는 느낌, 여기서는 인간의 자아가 무구속 상에 있다는 느낌이 들어요. 게다가 이 사회에는 제대로 된 법제가 없습니다. 자유롭고 민주적인 법제로 모든 사람을 구속하지 않습니다. 거기에 더해 신앙도 없습니다. 왜냐하면 신앙이 있으면 자제할 수 있을 텐데, 아무런 신앙도 없으니 아주 비극적인 상황인 거죠.

자젠잉 그러니 그저 눈앞의 이익만 추구하는 거죠.

톈좡좡 요즘 부처를 믿는 사람, 종교를 믿는 사람이 아주 많습니다. 종교를 믿는 사람들이 모두 무얼 믿습니까, 기도하는 거라곤 신이 자신을 보호해 달라, 뭐 내년에는 돈을 더 많이 벌게 해달라, 돈벼락 맞게 해달라는 따위잖습니까. 모조리 신을 향해 뭔가를 요구하는 거지 베푸는 게 아닙니다.

자젠잉 요즘의 신도를 말씀하시는 겁니까?

톈좡좡 맞아요. 요즘 절에 가는 사람 아주 많아요. 모두 자기 몸 하나 잘 되겠다고 하는 짓이죠. 내년에 운 좋게 해달라는 식으로 말입니다. 종교를 믿는 건 베풂을 원해서라고 말하는 몇몇도 있지만, 모두 부처에게 무얼 바라고 신에게 무얼 바라는 건 마찬가지죠.

자젠잉 종교조차도 세속적이고 공리적이군요.

톈좡좡 맞아요. 그래서 저는 그걸 신앙이 아니라 미신이라고 말합니다.

자젠잉 신앙과 동일선상에 있는 게 아니라 일할 때 대충 그 순간만 넘기려는 무책임한 태도와 마찬가지라고 봐야 할 것 같네요. 경건하지 않은, 이익만 따지는 태도입니다. 흠, 이번에 일련의 인터뷰를 하면서 보니 모두들 마지막에 가서는 약간 비관적이 되는군요. 신앙, 문화적 토대, 역사의식, 긴 안목에서의 추구 등 이러한 것들은 사실 모두 서로 얽혀 있는 것입니다. 결과적으로 모두가 내린 기본적인 판단은 조금 비관적인 것이었습니다. 지금은 80년대를 살던 사람들처럼 그렇게 천진난만하지 않습니다. 당시에는 아직 청춘기라 그리 분명하게 알지 못했어요. 자기가 해왔던 그 일들에서 뛰쳐나와 시대를 볼 수가 없었죠. 지금은 다릅니다.

톈좡좡 지금은 애들이 없는 것 같은 느낌입니다.

자젠잉 애들이 없다고요?

톈좡좡 아이들이 가장 단순하잖습니까. 요즘 애들은 다 애늙은이 같아요. 대학에 들어가기만 하면 불안해하기 시작합니다. 모두가 굉장히 우울하게 변했고, 많은 부담을 지고 있습니다. 보이지 않는 앞날에 대한 걱정뿐이에요. 젊은이들이 모두 그렇게 변해 버렸습니다.

자젠잉 영화대학 학생들도 마찬가지입니까?

톈좡좡 그럼요. 졸업한 후에 어떻게 되는 걸까? 요즘은 모두들 이런 느낌으로 살고 있습니다. 지금은 공부하는 걸로 치면 가장 빛나는 시기입니다. 그러나 요즘 아이들의 얼굴에는 우리 때와 같은 찬란함이 없습니다. 우리는 당시 아무것도 걱정하지 않는 찬란함이 있었죠. 요즘 아이들은 보기엔 즐겁고 뭔가에 푹 빠져 있는 것 같지만 더 많은 시간을 마음속으로 이런 생각을 하면서 보냅니다. 난 앞으로 뭘 하지? 내가 영화를 찍을 수는 있을까?

자젠잉 당신은 예전에 그렇지는 않았겠네요?

톈좡좡 당시에는 이상이 있었고, 그걸 실현시키려 노력했죠. 그 시절에는 잡지에서도 항상 "아는 것이 힘이다"라고 떠들면서 계속 더 높은 곳을 바라보게 했어요. 요즘은 어느 잡지 할 것 없이 색정적인 분위기로 치닫고 있죠. 모조리 남녀관계, 때로 보는 운세, 연애 스캔들 따위만 가득하잖습니까. 기괴하기 이를 데 없습니다.

자젠잉 음, 사람이 아무런 이상도 없이 이런 것들만 추구한다면 어느 시기에 이르러 갑자기 아주 공허하고 부질없게 느껴질 겁니다. 보아하니 당신도 청년 세대에 대해 비교적 비관적이시군요. 제 생각에 지금 시대는 높은 지력에 초고속으로 움직이는 속 빈 깡정 느낌이 나요. 항상 기술, 소비 주위만 맴돌고 있는데, 그건 마치 강아지가 자기 꼬리를 쫓아 미친 듯이 맴돌다가, 나중에는 그게 꼬리에 불과하다는 걸, 게임에 불과하다는 걸 잊어버리는 것과 같습니다. 아마도 옛 선인들이 말씀하시던 "외부대상을 쫓다보면 근본으로 되돌아올 수 없게 된다"逐物不返도 이런 걸 두고 한 말이겠죠. 그러나 이 주제는 너무 큽니다. 제대로 하지도 못할 거면서 쓸데없이 걱정만 늘린 꼴이네요. 아무래도 당신의 그 우 선생님이 제대로 말씀하신 것 같습니다. 바로 시간의 '시'時 자가 필요하겠죠. 80년대라는 이 주제도 웬만큼 이야기가 된 것 같으니 이 정도에서 접도록 합시다. 감사합니다.

리샤오빈(허옌광何延光 촬영)

80년대 중국 화보

촬영 : 리샤오빈(李曉斌)

노동자, 병사 출신. 1975년에서 1978년까지 중국 혁명역사박물관에서 일했으며, 1978년에서 1979년까지 중앙실험화극원에서 일했다. 1980년에서 1989년까지 베이징의 잡지『신관찰』新觀察에서 편집자와 기자를 역임했다. 1989년 이후에는 중국작가협회 창작연구실에서 일하고 있다.

1976년 1월에서 4월까지 톈안먼 광장에서 펼쳐진 저우언라이 총리 추도활동을 촬영했으며, 1979년에는 베이징 '사월영회'를 조직하여 1979, 1980, 1981년의 세 차례 전시에 참가했다. 대표작품은 「억울함을 풀러 상경한 노인」上訪者으로, 1998년에 중국 혁명역사박물관에 소장되었다.

30여 년 동안 촬영한 중국사회의 변화하는 모습을 모아『변화하고 있는 중국: 1976-1986』이라는 사진집을 2002년에 출간하였다.

▲ 억울함을 풀러 상경한 노인. 1977년 11월 베이징 톈안먼 광장과 오문(午門) 사이의 길거리에서 촬영. 이 사진은 수백 차례 발표되고 많은 평론이 잇따랐으며, 1998년부터 중국 혁명역사박물관에 혁명문물로 소장되어 있다.

▶ 역사의 심판. 1977년 1월 베이징 동장안가(東長安街)의 청년예술극원 극장 앞(현재의 동방광장 정중앙)에 내걸린 '사인방 허수아비'와 몰려든 군중들.

▲ 1978년 1월, 산시(山西)의 지청들이 톈안먼 광장에서 집회를 열어 지청들의 도시로의 복귀를 요구했다. 유사한 집회가 1980년까지 여러 차례 계속되었다. 80년대에 산시 청년의 문제는 기본적으로 해결되어 대다수의 지청들이 도시로 되돌아올 수 있었다.

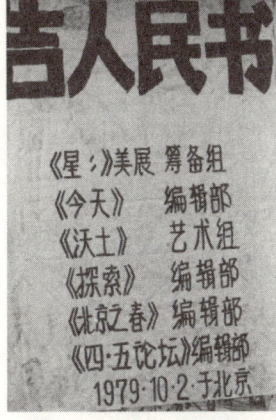
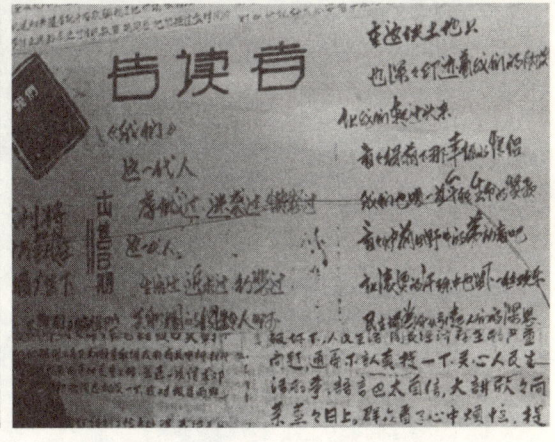

▲ 베이징 시단(西單) 민주의 벽은 '사인방'을 타도한 후 출현하였다. 문혁 때 일어난 대자보 붙이는 습관은 일반 시민들에게 창구 역할을 해주었다. 민주의 벽에 나타난 첫 대자보는 1976년 톈안먼 사건에 대한 명예회복과 덩샤오핑 동지가 업무를 주관하고 군중들의 억울함을 풀어줄 것을 요구하는 내용이 대부분이었다.

▲ 싱싱 미술전. 1979년 9월 중국미술관 바깥에 전시된, 민간에서 자발적으로 조직한 가두 미술전람회. 이 전람회는 동 시기의 '사월영회', '무명화회', 문학작품 「담임 선생님」(班主任) 등과 함께 신시기 문화예술의 회귀와 각성을 알려 왔다. 이들은 그 시절 여러 분야에서 나타난 민간사상과 문화해방의 산물이었다.

▲ 파마머리는 문혁 10년을 지난 후 재등장하여 한동안 '미의 대명사'로 길거리를 장식하였다. 1977년 여름, 베이징 왕푸징의 사련(四聯)이발점에서 촬영.

▼ 고궁(자금성), 홍치(紅旗) 승용차와 초기의 시장경제. 시장경제는 초기에 체제와 권력 앞에서 수줍게 발걸음을 내딛고 있었다. 1980년 겨울, 베이징 고궁에서 촬영(팻말은 2전씩 받고 승용차에 탄 모습을 사진으로 찍어 준다는 내용이다).

▲ 70년대 말~80년대 초 젊은이들이 결혼하여 혼인증을 등록하면 가구를 구입할 수 있는 티켓을 받을 수 있었다. 그러나 가구를 구입하려면 번호표를 받아 밤새도록 줄을 서야 했다. 이 사진은 한 신혼부부가 가구를 사서 귀가하는 모습을 담고 있다. 1980년 여름에 촬영.

▲ 1980년 여름, 고궁 관광하는 사람들. 국보에도 관심 없고 궁전에도 눈길을 주지 않은 채 외국 관광객을 에워싸고 구경하고 있다. 필자는 같은 해 상하이의 와이탄에서도 비슷한 광경을 목격한 바 있다. 1978년 란저우(蘭州)에서는 한 외국 관광단을 란저우 시민 10만 명이 몰려와 구경하기도 했다고 한다.

▶ 1985년 봄, 프랑스의 유명한 패션 디자이너 이브 생 로랑의 패션 전시회가 중국미술관에서 개최되었다. 이브 생 로랑의 패션 개념이 너무 앞서 있어 당시의 중국 상황과는 맞지 않았는지 관람객은 거의 없었다. 만약 이 전시회가 요즘 다시 개최된다면 완전히 다른 상황을 연출할 것이다.

80년대 중국 화보 **803**

▲ 1986년, 미국 '라우션버그 현대예술전'이 중국미술관에서 개최되었다. 중국 미술계, 언론계, 평론계에 한바탕 논쟁이 일어났으며, 일반 관객들은 관람 후에도 감을 잡을 수가 없었다. 이 전람회와 논쟁은 당시 예술계에 큰 사건의 하나였다고 할 수 있다. 전람회 자체가 부정적 평가를 받기는 했지만, 1989년의 '중국현대예술대전'이 중국미술관에서 개최될 때 몇몇 작품에서 '라우션버그 현대예술전'의 영향을 확인할 수 있었다.

◀ 화가 위안윈성(袁運生)과 그의 어린 딸. 우파로 몰려 20년간 축출되었던 위안윈성은 1978년 윈난에서 모교인 중앙미술대학으로 돌아와 교수가 되었다. 그후 베이징 수도공항에 당시 많은 논란을 불러일으킨 벽화 「발수절」(潑水節)을 그렸다. 이 벽화는 한동안 이데올로기가 얼마나 느슨한지를 측량하는 리트머스 종이와 같은 역할을 했으며, 그로 인해 일어난 논쟁은 당대 중국미술사와 변화하고 있는 중국에 깊은 인상을 남겼다. 1979년에서 1980년 사이 중앙미술대학에 위치한 위안윈성의 집에서 촬영.

▲ 70년대 말~80년대 초, 양털모자, 기모 목도리, 군용외투, 수입 라이방(蛤蟆鏡)이 한동안 베이징의 잘나가는 청년들의 필수품이 되었다. 1980년 3월 베이징의 베이하이(北海) 공원에서 촬영.

▲ 화장한 여성이 길거리와 공원에 나타나기 시작했다. 당시 별다른 기교도 없어, 얼굴에 분을 하얗고 두껍게 바른 뒤 눈썹을 약간 다듬는 정도였다. 얼굴과 목덜미의 피부색이 분명하게 차이가 날 정도였지만, 유행을 추구하는 그 열정만은 오늘날의 패셔니스타와 다를 바 없었다. 1980년 3월 베이하이 공원에서 촬영.

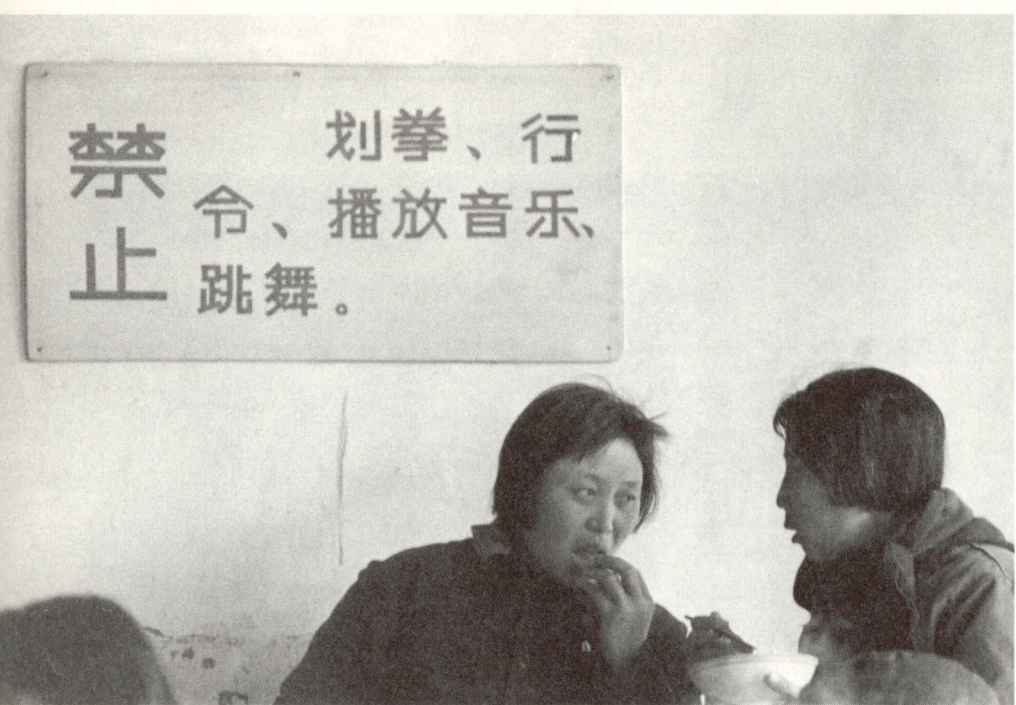

▲ 금기. 문혁의 속박에서 벗어나자 사람들은 어느새 전통적인 유희인 획권(劃拳, 혹은 시권猜拳이라고도 하며, 가위바위보와 비슷한 게임을 벌여 벌주를 마시게 하는 놀이), 주령(酒令), 음악 틀기 같은 놀이를 시작했다. 그러자 '금기'가 부활하게 되었다. 1982년 이화원의 지춘정(知春亭) 식당에서 촬영(사진 속 내용은 "금지: 획권, 주령, 음악 틀기, 춤추기").

▶ 그 시절에는 요즘과 같은 다양한 음료가 없었다. 베이징 전문(前門) 거리에서 대완차(大碗茶)를 팔아 사업에 성공한 인성시(尹盛喜; 노사다관老舍茶館의 주인) 선생은 지청 생활을 마치고 돌아와 이 일을 시작했다. 취업 문제도 해결하고, 군중들도 되살아난 대완차를 반겼다. 대완차는 당시 한 사발에 2전씩에 팔았는데, 베이징 길거리의 새로운 풍속이 될 정도로 인기가 있었다. 1981년 베이징 고궁의 오문 앞에서 촬영.

▲ 1980년 3월 베이징 동물원. 70년대 말~80년대 초, 여러 매체에서 부녀 해방을 부르짖었다. 그 몇 년 동안 베이징의 길거리며 공원에서는 남자가 여자 가방을 매거나 양산을 들어 주는 아름다운 풍경을 흔하게 볼 수 있었다.

▲ 수입품이라는 것을 증명하기 위해 상표를 떼지 않고 라이방을 쓰는 게 70년대 말~80년대 초 베이징의 길거리와 공원에서 유행하던 풍경이었다. 당시 매체에서 공개적으로 이를 비판하기도 했다. 지금 시각으로 보면 명품에 대한 최초의 각성 같은 것이었다고 할 수 있다. 1980년 베이하이 공원에서 촬영.

▲ 80년대 중반 베이징을 위시한 전국의 아가씨들에게 여름에는 빨간색 치마(위), 겨울에는 빨간 파카(아래)를 입는 것이 유행이 되어, 「길거리에 넘쳐나는 붉은 치마」(街上流行紅裙子)라는 영화가 만들어질 정도였다.

▲ 80년대 초 베이징의 '싱싱 미술전', '사월영회', '오늘', '무명화회' 및 5세대 영화감독을 포함한 일부 문예 청년들은 일요일마다 원명원에 모여서 놀곤 했다. 1981년 3월 초 원명원에서 촬영.

◀ '부르주아 정서'를 표출한 이 작품은 많은 비판을 받은 바 있다. 1977년 잉타오거우(櫻桃溝)에서 촬영.

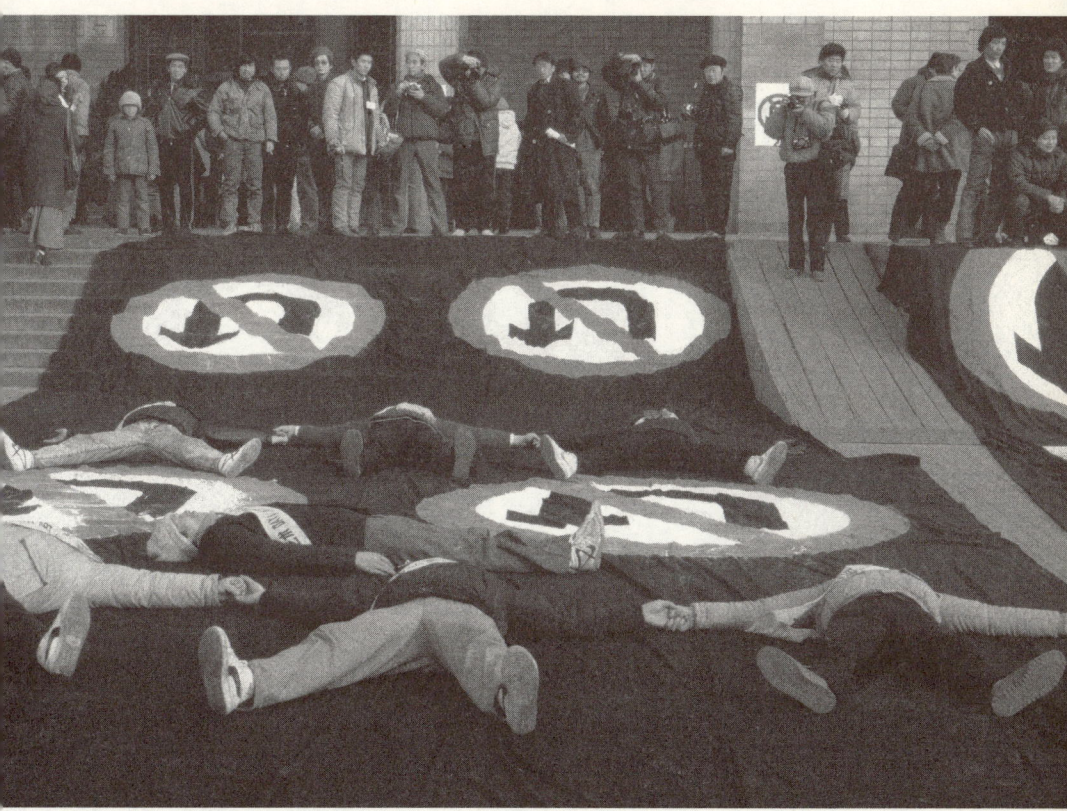

▲ 1989년 2월 첫번째 '중국현대예술대전'이 중국미술관에서 개최되었다. 이 전시회에서 한 행위예술가가 자신의 작품인 「전화박스」에 총을 발사하여 '미술관 총격' 사건으로 회자되었다. 이 사진은 예술가들이 '유턴금지' 표지 위에서 전시한 행위예술.

◀ 베이징 길거리에 처음으로 출현한 대형 미인 광고. 당시 손으로 직접 그린 이 광고판의 시각적 충격력은 굉장하였다. 1979년 겨울 사탄대가(沙灘大街) 사거리에서 촬영.

옮긴이 후기

중국의 80년대가 가지는 현재적인 의미를 반성적으로 되돌아보는 것을 목표로 작가, 예술가, 학자, 평론가 등 다양한 분야에서 활동하는 80년대의 인물들이 모였다. 2006년 5월 출간된 『80년대 중국과의 대화』는 그 해에만 수차례 재판을 찍을 정도로 호응을 얻었으며, 중국의 대표적인 주간지 『신주간』新週刊에 의해 '올해의 책'에 선정되기도 하였다. 출간 이후 각종 매체에서 앞 다퉈 관련 인터뷰와 비평을 소개했으며, 80년대를 주제로 한 다양한 토론회가 조직되고 책에 등장하지 않았던 다른 80년대 주요 인물에 대한 인터뷰가 기획되거나 비슷한 주제의 텍스트가 쏟아져 나와 일시에 '80년대 회고 붐'이 일어날 정도였다.

베이징을 기점으로 한 이러한 80년대 회고 붐은 그에 앞서 중국을 휩쓸었던 1930년대 상하이 회고 붐과 여러 면에서 대별된다. 어떻게 보면 그것은 경제 중심으로서의 상하이와 정치·문화 중심지인 베이징을 구분하는 전통적인 평가를 다시 떠올리게 한다. 옛 상하이에 대한 회고는 경제적인 측면, 즉 물질문명을 둘러싼 중국의 근대화가 어떤 기원에서 시작되었는가에 대한 90년대적 관심의 한 반영이라고 할 수 있다. 그런데 90년대 이후 중국의 급속한 경제성장은 그것의 반대급부로 과도한 소비주의를 낳게 되는데, 이에 대한 반성의 계기로 80년대라는 시좌가 필요했던 게 아닐까? 태초의 혼돈을 깨고 덩샤오핑이라는 만물의 어머니가 세상을 재구성하던 시기, 아직 대지와 바다는 구분되지 않았고 모든 것의 경계가 흐렸지만 꿈틀거리는 생명으로 충만했던 시기가 이른바 중국의 80년대였다. 대중문화와 물질만능주의의 만연, 전문화 현상으로 인한 사회 영역 간의 고립과 소외에 직면한 90년대 이후의 중국을 바라보면서 이들은 다양한 가능성이 충돌하며 이상과 열정을 채워가던 신화적 공간으로 '80년대'를 재호명한다. 매체에 의해 부풀려진 면이 없지 않지만, 90년대와는 다른 가능성의 탐색 기제로 80년대를 돌아보고 평가하는 것이 지금의 중국에서 가지는 의미는 작지 않다.

　　80년대 중국은 두 가지 지점에서 중요한 의미를 지닌다. 10년 동란으로 불리는 문화대혁명이 종결된 후 개혁개방의 물결 속에서 새로운 태도로 세계를 대면하기 시작하였으며, 그와 함께 가치관과 사유방식에서도 거대한 변화를 맞이하였다. 문화대혁명의 시기에 성장기를 보낸 세대들은 신체에 각인된 문혁의 이념에서 완전히 벗어나지 못한 상태였지만 그 음영을 털어내고 새로운 사유방식과 문화를 재건하기 위한 몸부림을 치게 된다. 우리로 치면 386세대라고 할 수 있을 이들이 80년대라는 시기를 어떻게 보내 왔으며, 자신의 분야에서 어떠한 변화를 시도하였는지를 이 책은 잘 보여 주고 있다.

　　저자 자젠잉은 80년대를 '당대 중국의 낭만시대'로 규정한다. 90년대 이후가 경제적 이익이 유일한 목표인 시대라면 80년대는 이상과 정신적 열정이 들끓던 시대였다는 이유에서이다. 이런 시각은 그녀가 책의 뒷표지에서 제시한 80년대와 90년대를 특징짓는 키워드에서도 잘 드러나고 있다.

80년대 : 격정激情, 빈곤貧乏, 열성熱誠, 반항反叛, 낭만浪漫, 이상주의理想主義, 지식知識, 단절斷層, 촌스러움土, 멍청함傻, 허풍牛, 경박함膚淺, 광기瘋狂, 역사歷史, 문화文化, 순진天眞, 단순簡單, 사막沙漠, 계몽啓蒙, 진리眞理, 팽창膨脹, 사상思想, 권력權力, 상식常識, 사명감使命感, 집체集體, 사회주의社會主義, 엘리트精英, 광장廣場, 인문人文, 배고픔饑渴, 화끈함火辣辣, 우정友情, 논쟁爭論, 지식청년知靑, 뒤늦은 청춘遲到的靑春

90년대 : 현실現實, 이익利益, 돈金錢, 시장市場, 평화로운 변화和平演變, 정보信息, 새로운 공간新空間, 솔직明白, 처세世故, 유행時尙, 개인個人, 권력權力, 체제體制, 성형수술整容, 조정調整, 총명精明, 불안焦慮, 상업商業, 소란스러움喧囂, 대중大衆, 분노한 청년憤靑, 자본주의資本主義, 신체身體, 서재書齋, 학술學術, 경제經濟, 주변邊緣, 상실失落, 접속接軌, 국제國際, 다원多元, 가능성可能性

이런 식의 배치가 노리는 것은 80년대와 90년대를 각각 정신적인 것과 물질적인 것으로 양분하는 것임이 분명하다. 각 시기에 주로 사용되었던 단어들을 통해 간명하지만 효과적으로 변화된 가치관을 드러내고 있는 것 또한 사실이다. 그러나 다른 한편 이러한 이분법이 "우리가 청춘기를 보냈던 80년대에 비해 90년대는 너무 변했어!"라는 주관적인 판단을 넘어서는 근본적인 변화를 설명해 주는 것은 아니다. 어떤 면에서 보면 이 책은 지금 현재 정치, 경제, 문화 등 각 방면에서 주류가 되어 있는 80년대의 총아들이 자신의 위치를 특권화한다는 혐의를 지울 수 없다. 그들은 사상적 속박에 구속되어 있던 문혁 시기와 선을 긋는 한편 물질적 소비주의 시대로 특징되는 90년대와도 차별되는 초월적 공간에 자신을 자리매김하는 것이다. 책의 발간 이후 비교적 광범한 사회적 반응을 불러왔던 이유 중 하나로 지금 중국사회에 성공적으로 안착한 특정 계층이 이 책을 통해 개인적 기억을 되살리고 자신들의 역사를 긍정하려 했다는 비판이 거론되는 것도 그 때문이다. 매체를 움직이는 것 또한 이들과 경험을 공유하고 있는 바로 그 세대이니 말이다.

모든 사람의 기억이 발언권을 가지는 것은 아니다. 어떤 기억은 환기되고 다른 많은 기억들은 억압된다. 따라서 이 책에 쏟아진 많은 비평은 "누구의 80년대인가?", "11인의 대담자는 어떤 기준에 의해 선정된 것이며, 그들이 80년대 중국을 대표할 수 있는가?"의 문제로 모아지고 있다. 그에 뒤따르는 비판은 "평민의식"이나 "하층민에 대한 관심"이 결핍되어 있는 "엘리트주의적인 담론"이라는 것이다. 실제로 대담자의 구성은 (여러 가지 현실적인 이유 때문이긴 하지만) 베이징에서 활동하고 있고 저자와 개인적 친분이 있는 일군의 문화계 인사로 제한되어 있다. 이들 대부분은 문혁 이후 처음으로 시행된 대입학력고사를 통해 대학 교육을 받았고 미국 유학을 통해 친분을 쌓았으며 지금 현재 문화계 각 분야에서 성공한 축에 속하는 사람들이다. 따라서 80년대를 총체적으로 보여 주려는 기획이 아니라는 저자의 잇단 해명에도 불구하고 특정 영역에 국한된 엘리트들의 목소리만 담은 것이라는 비판이 어느 정도 타당해 보이는 게 사실이다. 과연 이 책의 대담자들이 중국의 80년대에 대한 기억을 대표할 수 있을까?

그런데 우리는 왜 베스트셀러 작가인 왕쉬王朔가 아닌 아청이, 장이머우가 아닌 톈좡좡이, 자장커의 조력자에 불과한 린쉬둥이 대담자로 선택되었는지를 주의 깊게 살필 필요가 있다. 80년대의 영광을 정말 제대로 추억할 수 있는 문화계의 성공한 엘리트라면 장이머우가 제격 아닌가? 거침없는 문체로 대중을 사로잡은 왕쉬가 더 적절하지 않았을까? 이런 면에서 질문을 "누가 기억하는가?"에서 "무엇을 기억하는

가?"로 옮길 필요가 있다. 평민, 혹은 대중이라는 신분이 정치적 올바름을 보장하는 것은 아닐 것이다. 중요한 것은 대담자의 사회적 신분이 어떠한가가 아니라, 그들이 얼마나 반성적 거리를 가지고 자기 세대를 구성하는 인자들을 분석하며 물려받은 유산을 활용하는지를 세심하게 읽어내는 것이다.

한국 독자에게 이 책은 객관적이고 형해화된 형태로 깔끔하게 정리된 담론에서는 파악하기 힘든 그 시절 중국인들의 개인적이고 평범한 일화를 통해 중국의 감춰진 속살을 체험할 수 있는 기회가 될 것이다. 이 대담은 원경에서 자신들이 포함된 풍경조차 완전히 객관적인 시각으로 구성한 것도, 클로즈업으로 다가가서 다른 무엇과도 비교할 수 없는 나만의 경험을 구술하는 것도 아니다. 20년이라는 시간 간격은 카메라 렌즈에 비유하자면 시야를 횡적으로 확장시키는 광각렌즈도 아니고 주변 풍경을 싹둑 잘라내고 대상만을 강조하는 망원렌즈도 아닌 50mm 표준렌즈의 시각을 가져다준다. 그러면서도 그 렌즈를 활용하는 각각의 개성에 따라 보다 멀찍이 떨어져 폭넓은 풍경을 보여 주거나 지극히 세부적인 문제에 들이대기도 한다. 바로 지금 시점이 80년대를 돌아보기에 적절한 거리를 제공해 주는 것이다. 조금 더 시간이 지난다면 보다 포괄적인 시야가 확보되겠지만 구체적인 세부사항을 판별하기는 힘들게 된다. 보다 이른 시기에 이런 시도가 기획되었다면 특정 사건에 대한 디테일한 분석이 가능했겠지만 다른 것과의 관계에서 그것이 지닌 의미를 드러내기는 힘들었을 것이다(저자 또한 "왜 지금이 80년대를 회고하기에 적절한 시기인가"를 설명하며 현재와 80년대의 거리를 영화의 미디엄 쇼트로 비유한 바 있다).

이런 면에서 보자면 대담자가 저자와 친분이 있는 사람들로 구성된 것이 우리에게 딱히 단점으로 작용할 것 같지도 않다. 이 책은 어디까지나 중국의 80년대 전체에 대한 거대서사를 그리려는 시도가 아니라, 상이한 활동영역과 기질을 지닌 개인의 제한된 목소리와 기억을 들려주고자 한 것이다. 공식화된 역사의 이면을 들여다볼 수 있는 사적이고 은밀한 기억들은 그러한 친밀한 관계 속에서 보다 자연스럽게 발화될 수 있을 것이기 때문이다. 직접적인 경험을 공유하지 못한 우리로서는 이러한 글을 통해 그들이 술자리에서 편하게 나누는 대화를 엿듣거나 밤새 논쟁하던 그 시절을 추체험할 수 있다. 문혁을 막 벗어난 후, 혁명의 열정을 그대로 가지고서 새로운 시대를 만들어 내려는 의욕과 에너지가 분출되던 시기가 80년대였다. 90년대는 그러한 열정의 질적 변화를 특징으로 하지만, 한편으로는 80년대가 축적한 지식과 경험이 성숙되던 시기이기도 하다. 이러한 중국의 80년대가 우리에게 아련한 향수를 불러일으킬지언정 지금의 한국적인 상황에 딱 들어맞는 뭔가를 발견하기가 쉽지 않을 수도 있다. 그럼에도 현재의 중국과 중국인을 이해하기 위한 경로의 하나로 80년대식 뜨거운 피를 구성하는 기본인자가 무엇인지를 확인해 둘 필요는 분명해 보인다.

이 책이 다루고 있는 '80년대'는 1978년의 개혁개방에서 1989년 톈안먼 사건까지의 역사적 시간을 지칭한다. 그러나 대륙에서 출간된 원저에서는 중국 정부에 의해 금칙어가 된 '톈안먼 사건'을 직접적으로 언급할 수 없어 대부분 '89년' 혹은 '80년대 말' 등의 에두른 말로 마감하곤 했다. 그 외에도 주로 공산당이나 마오쩌둥을 직접 거론하여 비판한 내용은 대륙판에서 삭제되었고, 문제의 소지가 있는 미묘한 단어들은 다른 용어로 대체되어 있었다. 한국어 번역본에서는 홍콩판(홍콩 옥스포드 출판사, 2006)을 참고하여 대륙판에서 삭제된 본문내용을 최대한 되살렸다. 재미있는 것은 삭제에 대한 감각이 우리와는 조금 다르다는 점인데, 이런 비판도 가능할까 싶은 문장이 그대로 노출되어 있는가 하면 별 문제가 될 것 같지 않은 단어나 문장은 경우에 따라서는 서너 페이지씩 통째로 잘려나가곤 했다. 이러한 대륙판 원문의 느낌을 전달하기 위해 삭제된 부분을 표시하는 방식을 강구하였으나 편집과정에서 반영되지 못해 아쉽다. 또한 삭제된 분량이 너무 많아 대륙판에서는 출간을 포기한 "류펀더우" 장은 저작권 문제 등으로 인해 한국어 번역본에 실리지 못했다. 적절한 시기에 출판사 홈페이지를 통해 해당 장의 번역을 공개하도록 하겠다.

이 책의 번역에 많은 사람의 도움을 받았다. 먼저 번역 초고의 전반부를 읽고 많은 의견을 제시해 준 김광일 동학은 역자의 번역을 재검토하게 하는 반성적 계기를 제공했지만 바로 그 이유 때문에 이 책의 출간시점은 더 지체될 수밖에 없었다. 반드시 보답하겠다. 몇 가지 언어학적 질문에 성실하게 답변해 준 김석영 동학과 미리 초고를 읽어봐 준 박은석, 김민정, 김은영 동학에게도 고마움을 표하고 싶다. 이들과의 학문적 우정이 오래가길 바란다. 포스코청암재단은 역자가 아시아지역전문가의 일원으로 중국에서 체류하며 공부할 수 있게 지원해 줬다. 문턱을 넘는 것의 중요성을 일깨워 주며 항상 마음으로 지지해 준 서정은과 이보리에게도 고마운 마음을 전한다.

한 사람 한 사람의 말투와 목소리를 표정 없는 글로 옮기는 것은 쉽지 않은 작업이었다. 개념과 논리의 좌표만 잘 잡으면 일관된 논지로 흘러가는 이론 저작과는 달리 곳곳에서 동문서답, 옆길로 새기, 토속어와 그 시기의 유행어, 속어, 관용어 등이 튀어나와 번번이 애를 먹었다. 능력이 닿는 한 원문이 전하는 분위기와 그들의 개성이 한국어로 잘 표현될 수 있도록 고심했다. 번역어에 대한 객관적 기준이 없는 것으로 오해될 소지를 감수하고 경우에 따라서는 다른 말로 풀기도 했다. 같은 말이라도 누가 쓰는가, 어떤 맥락에 쓰는가에 따라 무게가 달라지는 게 대화에서는 당연하다고 판단했기 때문이다(중국어와 한국어의 무게 차이도 고려했는데, 잘못 가늠한 무게에 대해서는 많은 조언을 부탁드린다). 각주는 최소화했으며 앞뒤 문장의 조응에 의해 맥락이 드러날 수 있도록 처리했다. 여러 장벽에 막혀 번역을 끝었지만 그것의 결과로 독자들이 조금이라도 수월하게 실제 '현장분위기' 속으로 들어갈 수 있다면 바랄 나위 없을 것 같다. 그래야 예정된 일정이 한참 지나도록 인내심을 가지고 기다려 준 주승일 차장과 그린비 편집부에게 덜 미안할 것 같아서이다.

2009년 11월

이성현

찾아보기

【ㄱ】

〈가련한 세상 부모의 마음〉(可憐天下父母心) 626
가오밍루(高銘潞) 587, 602, 613
가오샤오화(高小華) 159, 568~569
가오시칭(高西慶) 480~481
가오싱젠(高行健) 160
가오얼타이(高爾泰) 72
가오이(高毅) 277
간양(甘陽) 256, 265, 277, 313, 597, 641
〈갈망〉(渴望) 684
개인성 174~175, 179
개인화된 글쓰기(문학) 56~57, 214, 529
거페이(格非) 86, 523
건쯔(根子) 27, 131
〈검은 계곡〉(喋血黑谷) 639
경젠이(耿建翌) 602
〈경국경성〉(傾國傾城) 632
〈경찰본색〉(刑警本色) 685
『계씨 가문의 작은 이야기』(大繼家的小故事) 689, 691
『고무인간』(橡皮人) 659
『고전문예이론 역총』(古典文藝理論譯叢) 352, 367, 370

『고향을 찾아서』(尋找家園) 72
공공 지식인 문제 250, 254, 256
『공산당 선언』(Manifest der Kommunistischen Partei) 437
공자(孔子) 35~36, 63, 79, 82
『공화국을 향해』(走向共和) 187
과학과 현학 논쟁 390
〈광기의 대가〉(瘋狂的代價) 660
〈광활한 지평선〉(I teti ne bronz) 628
구로사와 아키라(黒澤明) 642~643
90년대 180, 184
『구원과 자유』(拯救與逍遙) 376, 394
구원다(谷文達) 173, 588, 593, 598
〈9월〉(九月) 748
『구토』(La Nausée) 129
〈국두〉(菊豆) 659
국학열(國學熱) 266
군인선전대〔軍宣隊〕 128, 342
굴원(屈原) 103~105, 172
궈루성(郭路生) 125, 131~132, 137
궈샤오촨(郭小川) 131
궈원징(郭文景) 697~698
궈징밍(郭敬明) 87, 498
궈펑롄(郭鳳蓮) 740
궈홍안(郭宏安) 397

찾아보기 **825**

〈귀신이 온다〉(鬼子來了) 203, 676~677, 679~680
그로스, 조지(Grosz, George) 64
근대성(문제) 408, 436, 521
『금병매』 계열의 춘화 595
『금빛 목장』(金牧場) 486
『길 잃은 배』(迷舟) 523
「깨어난 봄바람」(春風已蘇醒) 575
〈꽁치의 맛〉(秋刀魚の味) 642
「꽃이 얼마나 졌는지」(花落知多少) 87, 498

【ㄴ】

〈나는 기억한다〉(Amarcord) 748
나루세 미키오(成瀨巳喜男) 643
나보코프, 블라디미르(Nabokov, Vladimir) 91
「나의 뿌리」(我的根) 60
나이폴, 비디아다르(Naipaul, Vidiadhar) 91
〈나일 강의 딸〉(尼羅河의女兒) 663
「난 안 믿어」(我不相信) 125, 469
〈난 우리집을 사랑해〉(我愛我家) 175~176
『남자의 반은 여자』(男人的一半是女人) 634
〈남정북전〉(南征北戰) 628
〈낭만적인 일〉(浪漫的事) 686
『너에게 다른 선택은 없어』(你別無選擇) 57, 503, 689, 703
〈네 멋대로 해라〉(À bout de souffle) 748
녜화링(聶華苓) 164
노동자선전대〔工宣隊〕 128, 342
노지청(老知靑) 158, 160
『논어』(論語) 35, 62, 82, 494
「논쟁이 수면 위로 오르게 하라」(讓爭論浮出海面) 462
「놈팽이」(混子) 296
「눈물이 풍작을 거둔 논을 가득 채우네」(淚水灌滿豐收田) 155, 544, 632

〈늦봄〉(晩春) 642
니전(倪震) 758
니체, 프리드리히(Nietzsche, Friedrich Wilhelm) 116, 189, 357, 372, 377, 388, 400, 419~420, 433, 435, 511, 597, 732
닝잉(寧瀛) 24, 683

【ㄷ】

〈다리〉(橋, De Brug) 632, 756
다이칭(戴晴) 88
다이허우잉(戴厚英) 375, 523
「단풍」(楓) 568
『담임선생』(班主任) 528
『당대영화』(當代電影) 635
『당대 중국문화의식』(當代中國文化意識) 371
대교류〔串聯〕 332
「대답」(回答) 137, 140, 143, 287
〈대열병〉(大閱兵) 651, 654
〈더라무: 차마고도 시리즈〉(茶馬古道系列之德拉姆) 653, 769, 772
덩광밍(鄧廣銘) 277
덩샤오망(鄧曉芒) 253
덩샤오핑(鄧小平) 72, 155, 234
데리다, 자크(Derrida, Jacques) 360, 368, 373, 377
데카르트, 르네(Descartes, René) 372, 435
〈도라 도라 도라〉(Tora! Tora! Tora!) 629
〈도브〉(The Dove) 629
〈도쿄 이야기〉(東京物語) 642, 764
『독서』(讀書) 37, 66, 229, 240, 242~244, 247, 385, 387, 417, 462, 483~484
　삼인담 242~245
〈동년왕사〉(童年往事) 663
『동방기사』(東方紀事) 504
〈동방의 시공〉(東方時空) 623

「동방홍」(東方紅) 42~43, 544
동신빈(董欣賓) 593
〈동지〉(冬至) 203, 685~686
두보(杜甫) 138, 172
두샤오전(杜小眞) 384
〈둥둥의 여름방학〉(冬冬的假日) 663
둥슈위(董秀玉) 240, 385
뒤뒤(多多, 리스징) 27, 88, 131, 143
뒤라스, 마르그리트(Duras, Marguerite) 640
뒤샹, 마르셀(Duchamp, Marcel) 609
딩링(丁玲) 70
딩차오(丁橋) 755
딩팡(丁方) 600, 603
뚜웨이밍(杜維明) 98, 391, 393

【ㄹ】

〈라쇼몽〉(羅生門) 642
라오린(老林) → 린쉬둥
라오싼제(老三屆) 34, 162
라우션버그, 로버트(Rauschenberg, Robert) 588, 592
라이브 공연 운동 309
랑스닝(郞世寧, 주세페 카스틸리오네) 594
랴오원(廖雯) 538, 615
량수밍(梁漱溟) 71, 192
량쓰청(梁思成) 502
량즈핑(梁治平) 395
량쭤(梁左) 176, 178
량치차오(梁啓超) 187, 259, 262, 550~551
량허핑(梁和平) 404
러다이윈(樂黛雲) 377
러상이(勒尙誼) 570, 573
런던, 잭(London, Jack) 119, 486
레닌, 니콜라이(Lenin, Nikolai) 340, 584
레르몬토프, 미하일(Lermontov, Mikhail Yurievich) 138, 235, 324~325, 341

레이이(雷頤) 484
레이펑(雷鋒) 92, 231, 294
로티, 리처드(Rorty, Richard) 356
〈록청년〉(搖滾靑年) 762
롤랑, 로맹(Rolland, Romain) 230~232
루쉐창(路學常) 645
루쉰(魯迅) 51, 66, 77, 115, 118, 153, 167, 189~192, 248, 532, 550, 620, 631, 714
루시디, 살만(Rushdie, Salman) 91
루신화(盧新華) 561
루카치(Lukács, György) 497
루환싱(陸煥興) 133
룽겅(容庚) 276
룽이런(榮毅仁) 65
룽잉타이(龍應台) 723
뤄룽지(羅隆基) 192
뤄중리(羅中立) 159, 569, 574
뤼성중(呂勝中) 592
뤼위안(綠原) 118
류거(劉歌) 492~493
류녠춘(劉念春) 141~142
류둥(劉東) 392, 396, 403, 407, 442, 444, 450, 597
류샤오둥(劉曉東) 174~175, 180, 644, 654
류샤오보(劉曉波) 189
류샤오춘(劉驍純) 586
류샤오펑(劉小楓) 353~354, 367, 369~370, 376~377, 393, 399, 416, 418, 420, 439
류쉰(劉迅) 557~558
류쒀라(劉索拉) 47, 55, 57, 91, 153, 170, 210, 257, 290, 503, 649, 674, 689
　~의 80년대 692, 706~708, 715, 734
류위(劉羽) 130
류전윈(劉震雲) 228, 624
류쥔닝(劉軍寧) 441
류짜이푸(劉再復) 315, 423~424, 641, 732
류칭펑(劉靑峰) 407, 597

류펑(劉峰) 383
류하이쑤(劉海粟) 548
리다자오(李大釗) 264
리딩밍(李鼎銘) 65
〈리롄잉〉(李蓮英) 762
리빈(李斌) 568
리샤오훙(李少紅) 660
리셴팅(栗憲庭) 537
리솽(李爽) 561
리스정(栗世征) → 둬둬
〈리쓰광〉(李四光) 519
리어우판(李歐梵) 241, 248, 315
『리유차이의 설창』(李有才板話) 543
리이스(李毅士) 552
리제(李劼) 598
리쩌허우(李澤厚) 68, 101, 264, 382, 393, 591
리톄푸(李鐵夫) 552
리퉈(李陀) 85, 97, 160, 246, 257, 315, 404, 429, 457, 562, 598~599, 641, 758
　~의 80년대 463, 470, 508
리허린(李何林) 237
리화(李樺) 541
린겅(林庚) 237, 276
린다오췬(林道群) 460
린뱌오(林彪) 321, 344, 629
린쉬둥(林旭東, 라오린) 623
　6세대 감독들과의 관계 644
린위탕(林語堂) 253~254
린자오화(林兆華) 500
린펑몐(林風眠) 548, 551
린후이인(林徽因) 47, 502

【ㅁ】

마더성(馬德生) 155, 158, 561~562
마루야마 노보루(丸上昇) 241, 248

마르케스, 가브리엘 가르시아(Márquez, Gabriel García) 86, 142
마르쿠제, 허버트(Marcuse, Herbert) 367, 369, 380, 415
마세리, 프랑(Masereel, Frans) 64
마오쉬후이(毛旭輝) 597
〈마오 주석이 홍위병을 접견하다〉(毛主席接見紅衛兵) 628
마오쩌둥(毛澤東) 71, 85, 87, 110~111, 115, 129, 132, 155, 193, 204, 208~209, 227, 235, 274, 329, 343, 351, 469~471, 495, 515, 542, 550, 554, 584, 618, 753
「마오쩌둥 예술 양식 개설」(毛澤東藝術模式槪述) 541~542
마위안(馬原) 474
마이커(邁克) 56
「마지막 총성」(最後一槍) 458
〈마지막 황제〉(The Last Emperor) 759
〈마흔한번째〉(Sorok pervyy) 746
막시모프, 콘스탄틴(Maksimov, Konstantin Mefodovich) 570
〈만종〉(晩鍾) 647
〈말도둑〉(盜馬賊) 258, 653, 747~748, 750, 752~755, 757, 760~762
말리노프스키(Malinowski, Bronislaw) 511
맑스, 칼(Marx, Karl) 111, 157, 230~232, 340, 437, 584
망커(芒克) 26~27, 88, 125, 130~134, 142~143
머우쭝싼(牟宗三) 393~394
멍웨(孟悅) 461
메이즈(梅志) 70
「모란정」(牡丹亭) 314
모옌(莫言) 57, 86, 160, 165, 634, 677
「못 다한 말」(多餘的話) 342~343
몽롱시(朦朧詩, 오늘파의 시) 137, 143, 519
　~논쟁 519

〈무대의 자매〉(舞臺姐妹) 628
무명화회(無名畵會) 545, 549, 556, 558
무신(木心) 42, 186
〈무훈전〉(武訓傳) 628
「문화가 인류를 제약한다」(文化制約人類) 44, 60
문화대혁명 72, 96, 115, 126~128, 187, 223, 227, 231, 318, 320, 322, 324~326, 328~329, 515~516, 628, 630, 744, 751
    ~시기의 그림 572
    ~이후 문화적 단절 44
    ~콤플렉스 753
문화열(文化熱) 62, 73, 76, 192, 239, 251~252, 258, 267, 359, 378, 389, 401, 509, 597, 604
'문화 : 중국과 세계'(文化 : 中國與世界) 총서 255~257, 313, 362, 382, 384, 388, 392, 401, 597
『미국의 민주주의』(De la démocratie en Amérique) 430, 433~434
『미국 체류 일기』(留美日記) 171
「미래를 믿는다」(相信未來) 137
'미래를 향하여'(走向未來) 총서 256, 362, 392, 396, 406, 634
『미명호』(未名湖) 747
『미술』(美術) 537, 545~546, 566, 568~569, 586, 602
『미의 역정』(美的歷程) 68
『미정고』(未定稿) 232
미학열(美學熱) 509
〈민족영웅 투도르〉(Tudor) 628
민주의 벽 132, 155~157, 398, 744, 797

【ㅂ】

바오쭌신(包遵信) 407, 479
바이양뎬(白洋澱) 26~27, 130~131
바이예(柏樺) 463
반우파운동(투쟁) 44, 71, 126, 319~320
    ~의 근원 72
『반조류』(Against the Current) 198
반 훌릭(van Gulik, Robert Hans) 95
발자크, 오노레 드(Balzac, Honoré de) 119, 325
〈발터, 사라예보를 방어하다〉(Valter brani Sarajevo) 632
『백관승관도』(百官升官圖) 328
「백구 그네」(白狗秋千架) 57, 59
『백년의 고독』(Cien años de soledad) 391, 634
「백모녀」(白毛女) 543
벌린, 이사야(Berlin, Isaiah) 121, 198~199, 380, 417~419
〈범죄현장〉(犯罪現場) 686
베르톨루치, 베르나르도(Bertolucci, Bernardo) 759
베버, 막스(Weber, Max) 83, 380, 388, 409, 511
베이다오(北島) 26~27, 43, 88, 123, 257, 287, 469
베이징대학 교육개혁 논쟁 247, 253
베이징대학 외국철학연구소 → 외철
〈베이징을 떠돌다〉(流浪北京) 599
〈병사의 시〉(Ballada o soldate) 746
보이스, 조지프(Beuys, Joseph) 609
「본래 아무런 물상이 없거늘, 어디에 티끌이 일겠느뇨」(Where Does the Dust Itself Collect?) 211
〈봄날의 강물은 동쪽으로 흐르네〉(一江春水向東流) 626
〈봄비〉(Letters from China) 756
부버, 마르틴(Buber, Martin) 367
〈북경 자전거〉(十七歲的單車) 204
「북방의 강」(北方的河) 77

분노한 청년(憤青) 194, 228
〈불을 찾아서〉(La Guerre du feu) 636
『붉은 등, 노란 등, 푸른 등』(紅燈, 黃燈, 綠燈) 473
〈붉은 사막〉(Il Deserto Rosso) 638
『붉은 수수 가족』(紅高粱家族) 58~59
〈붉은 수수밭〉(紅高粱) 58~59, 642, 657~659, 671, 677, 759
〈붉은 코끼리〉(紅象) 747
〈비〉(Regen) 756
『비극의 탄생』(Die Geburt der Tragödie) 388
비루셰(畢汝邪) 130
비어즐리, 오브리(Beardsley, Aubrey Vincent) 64
「비유학편」(非留學篇) 213
〈비정성시〉(悲情城市) 662~664
비코, 조반니(Vico, Giovanni Battista) 112~113, 135, 198~199
〈빈 거울〉(空鏡子) 203, 686

【ㅅ】

『사나운 동물』(動物凶猛) 679
〈사냥터에서〉(獵場札撒) 258, 653, 747~748, 750~754, 757~758, 760
『사람아 아, 사람아』(人啊, 人) 375, 523
사르트르, 장 폴(Sartre, Jean Paul) 30, 129, 230, 360, 364~365, 400, 511~512, 597, 671, 744
〈400번의 구타〉(Les Quatre Cents Coups) 748
사상해방 505, 509~510, 522
  ~과 신계몽 513, 515~516, 520
〈4억 인민이 일어섰다〉(The 400 Million) 756
사오옌샹(邵燕祥) 143

4·5 톈안먼 사건 744
사월영회(四月影會) 139, 793
사인방(四人幇) 132, 155
사청운동(四淸運動) 127, 322
사하로프, 안드레이(Sakharov, Andrei) 171
사회과학의 성장 271
'사회와 사상' 총서 361
『삼련생활주간』(三聯生活週刊) 192, 504
「3월과 마지막날」(三月與末日) 27
삽대(揷隊) 33, 68, 97~98, 119, 126, 131, 219, 221~222, 574, 628
상산하향(운동) 128, 325, 333, 505, 628
「상수리나무에게」(致橡樹) 143
상업문화 196, 201, 589, 611
상업화가 가져온 문제 81, 497
『상하이문학』(上海文學) 204, 519
「상흔」(傷痕) 561
상흔문학 139, 523, 528~530, 560, 634
상흔미술 560, 575
상흔회화 159
「새로운 장정에 나선 로큰롤」(新長征路上的搖滾) 286
『색에 물들다』(塵埃落定) 531
샤바오위안(夏葆元) 631
샤샤오훙(夏曉虹) 221, 233, 236
샤옌(夏衍) 519~520, 754~755
샤오관훙(蕭關鴻) 507
샤오루(蕭魯) 604
샤오후이샹(蕭惠祥) 578
샤즈칭(夏志清) 118
『샤페이 여사의 일기』(莎菲女士的日記) 70
『서양의 추학』(西方的醜學) 396, 597
선봉문학(先鋒文學) 523
선봉소설 139, 523, 747
선솽(沈雙) 489
선창원(沈昌文) 37, 385, 405, 484
선충원(沈從文) 44, 198

선톈완(沈天萬) 548
셰샤오징(謝曉晶) 746
셰진(謝晉) 201~202
셰페이(謝飛) 659
셴싱하이(洗星海) 543, 593
셸리, 퍼시(Shelley, Percy Bysshe) 353, 366, 370
〈소무〉(小武) 203, 643, 648~649, 669, 672, 680~681
『소포장』(小鮑莊) 172
수웨이(舒煒) 314
수탕(舒婷) 143
『순문학 만담』(漫說純文學) 530
순이이(孫依依) 384
『술의 나라』(酒國) 531
「술집에서」(在酒樓上) 77
쉬베이훙(徐悲鴻) 166, 550~552, 572, 593
쉬빙(徐冰) 173, 204~205, 207, 210, 592
쉬유위(徐友漁) 353, 367, 369, 374, 384, 386~387, 395, 398, 406, 416, 439, 441
쉬즈마(徐志摩) 47
쉬즈모(徐志摩) 552
쉬쯔둥(許子東) 315, 461
슐리크, 모리츠(Schlick, Moritz) 357
슝웨이(熊偉) 277, 355~357, 384, 400
슝칭라이(熊慶來) 65
스광위(石光宇) 755
스즈(食指) → 궈루성
스톄성(史鐵生) 143, 228, 747
스트린드베리, 요한 아우구스트(Strindberg, Johan August) 230
『시간』(詩刊) 144, 403
『시를 위한 변호』(A Defence of Poetry; 爲詩一辯) 353, 366, 370
『시인철학가』(詩人哲學家) 416, 420
『시적 철학』(詩化哲學) 367, 370, 376, 394
〈시황제 암살〉(荊軻刺秦王) 527, 664, 670

신계몽(新啓蒙) 505, 509, 511
~과 사상해방 513, 515~516, 520
~의 한계 514
『신과학』(Scienza Nuova) 113
신도 가네토(新藤兼人) 642
신좌파(新左派) 80, 204, 209
신지식문고 388
신춘 유화풍경과 경물 전람회 545~546, 558, 560
실러(Schiller, Johann Friedrich von) 353, 367, 418, 424
실존주의 230~232, 524
심근문학(心根文學) 59, 85, 139, 258, 273~274, 521
심근소설 473
심근파(心根派) 63, 75, 78
『심령사』(心靈史) 77
12인 회화전 545~549, 556
싱싱 미술전(星星美展) 155~158, 162~163, 206, 545~561, 566, 634, 798
쑤궈쉰(蘇國勛) 353~354, 380, 384, 405
쑤웨이(蘇煒) 315, 404, 467
쑨간루(孫甘露) 215~217
쑨리저(孫立哲) 492
쑨즈강(孫志剛) 사건 255
쑹웨이(宋偉) 602~603
쓰촨의 지청 세대 작가 567

【ㅇ】

아렌트, 한나(Arendt, Hannah) 420
〈아름다운 큰 발〉(美麗的大脚) 686
아방가르드 예술 63, 76, 97
「아버지」(父親) 159, 569
「아빠빠빠」(爸爸爸) 74
아이기, 겐나디(Aygi, Gennady) 138
「아이들의 왕」(孩子王) 164

〈아이들의 왕〉 645, 653~654, 660
아이웨이웨이(艾未未) 163, 207, 561
아이칭(艾青) 519
아청(阿城) 21, 125~126, 143, 153, 158~165, 173, 209, 235, 257, 286, 349, 503, 561~562, 564, 624, 634, 644, 650, 654, 662, 700~701, 718, 758, 786~787
   ~의 인민 31~33
   ~의 80년대 24, 43, 125
   지식구조의 형성 38~39
『아홉 단계의 파도』(九級浪) 130
〈안드레이 루블료프〉(Andrei Rublev) 636
안토니오니, 미켈란젤로(Antonioni, Michelangelo) 638, 656, 748, 756
『안후이문학』(安徽文學) 144
알튀세르, 루이(Althusser, Louis) 471, 635
『암시』(暗示) 531
〈암호명 퓨마〉(代號美洲豹) 659
〈야마모토 이소로쿠〉(山本五十六) 629
〈야산〉(野山) 657
양더창(楊德昌) 664~665
양두(楊度) 187
양롄(楊煉) 403, 624
양리화(楊麗華) 385, 484
양사오빈(楊紹斌) 538
양쉬성(楊煦生) 231
양위수(楊雨樹) 549
양이즈(楊一之) 400
양페이윈(楊飛雲) 573
「어군삼부곡」(魚群三部曲) 27
〈어두운 밤의 그녀〉(她在黑夜中) 626
「어째서 딱 적절했던 적이 없는가?」(怎么就沒有正好過) 191
어푸밍(鄂復明) 141
〈엄마, 다시 한번 사랑해 줘요〉(媽媽再愛我一次) 647
『에덴의 문』(Gates of Eden) 460, 462

에렌부르크, 일리야(Ehrenburg, Ilya) 129
에어, 앨프리드(Ayer, Alfred Jules) 356
〈에피 브리스트〉(Fontane-Effi Briest) 640
엘리엇, T. S.(Eliot, Thomas Stearns) 88
〈여름을 보내며〉(夏天的經歷) 747
연동(聯動, 수도홍위병 연합행동위원회) 127
〈연연풍진〉(戀戀風塵) 663~664
〈연인〉(十面埋伏) 429, 526, 665, 668, 670
『연환화보』(連環畫報) 569
『열미당필기』(閱微堂筆記) 550
〈영웅〉(英雄) 665~667, 773
「영화언어의 현대화에 대해」(談電影言語現代化) 517
〈영화 이야기〉(電影傳奇) 200
예샤오강(葉小鋼) 47
예성타오(葉聖陶) 675
〈예세니아〉(Yesenia) 632
「예술적 새로움의 초점은 형식이다」(藝術險新的焦點是形式) 518
예양(葉揚) 98
예위산(葉維山) 569
옌롄커(閻連科) 475, 533
옌리(嚴力) 27, 88, 561~562
옌부커(閻步克) 256, 277, 397
옌안(延安) 문예좌담회 61, 205, 542
옌쥔(顏峻) 194
옌푸(嚴復) 188
『옛날 사진』(老照片) 47
『오늘』(今天) 112, 123, 132~137, 139~141, 143~145, 155, 285, 547, 650
   ~의 경향 137
   ~의 정간 142
   ~의 창간 132
〈오니바바〉(鬼婆) 642
〈오래된 우물〉(老井) 655, 657~658
「5·4 미술운동 비판」(五四美術運動批判) 547, 550

5·4운동(신문화운동) 77, 188~189, 273, 317, 786~787
　　~의 문화적 급진주의 188
5세대 감독들의 서사극 661~662
5세대 영화(감독) 201, 258, 637, 639~642, 645, 647, 650~651, 653, 659~660, 662, 667, 672~675, 678, 680, 744, 746, 773
오시마 나기사(大島渚) 643
오즈 야스지로(小津安二郎) 642~643, 764
〈오케스트라 리허설〉(Prova d'orchestra) 640
와이어스, 앤드류(Wyeth, Andrew) 576
와트, 이언(Watt, Ian) 257
〈와호장룡〉(臥虎藏龍) 664
완즈(萬之) 135~136, 138
왕광메이(王光美) 382
왕광이(王廣義) 598, 601~603, 612
왕궈웨이(王國維) 189, 259, 264
왕더웨이(王德威) 570
왕뤄수이(王若水) 231
왕리(王力) 237
왕멍(王蒙) 43, 55~56, 139, 427, 450, 477
왕멍치(王孟奇) 593
왕빈(王斌) 525
왕빙(王兵) 681~682
왕사오광(王紹光) 127
왕샤오둥(王小東) 445
왕샤오밍(王曉明) 423, 425~427, 440~441
왕샤오솨이(王小帥) 645, 670, 673, 678
왕샤오창(王小强) 361
왕샤오핑(王小平) 134, 228
왕쉬(王朔) 25, 85, 87~88, 175, 178, 190, 427~428, 659, 678~679
왕안이(王安憶) 159, 161~165, 171~172, 334, 679
왕야오(王瑤) 236~238, 248, 276
왕옌(王焱) 385, 406, 411

왕웨이(王煒) 353~354, 366, 384, 405, 408
왕위안화(王元化) 264, 509
왕제(王捷) 134~135
왕주싱(王玖興) 400
왕즈원(王志文) 686
왕지쓰(王季思) 276
왕창(王强) 383
왕치산(王岐山) 363
왕칭제(王慶節) 353, 366, 396, 400, 408
왕커핑(王克平) 158, 561~565, 577
왕후이(汪暉) 247, 460~461, 513
「왜?」(爲什麼) 159, 568
외철 351~353, 355, 357~359, 366, 384
『왼쪽』(左邊) 463
우경회조(右傾回潮) 219, 234
〈우공이산〉(愚公移山) 755, 757
우관중(吳冠中) 634
우다위(吳大羽) 548
우량(吳亮) 459
『우리 시대의 영웅』 325, 341~343
우빈(吳彬) 385, 484
우산쥔(吳山專) 592, 598, 601
우샤오난(吳曉南) 228
우원광(吳文光) 599, 624
우이친(吳一廑) 338
우쭈광(吳祖光) 161
우쭈샹(吳組緗) 237, 276
우쯔뉴(吳子牛) 639, 647, 660
우칭위안(吳淸源) 769~770, 777, 786
〈우칭위안〉 50, 781
우훙충(吳宏聰) 276
〈운명의 해〉(本命年) 659
원루민(溫儒敏) 238
원이둬(聞一多) 236, 532
원후이(文慧) 624
『웨이밍후』(未名湖) 228
웨이징성(魏京生) 157

웨이후이(衛慧) 529
웨중(岳重) → 건쯔
위다푸(郁達夫) 65
위샤오(于曉) 383, 387, 406
위안스카이(袁世凱) 187
위안윈성(袁運生) 559, 578, 580, 804
위안윈푸(袁運甫) 578
위펑(郁風) 634
위핑보(兪平伯) 502, 532
위화(余華) 85~86
위훙(喻紅) 645
『69학번 중학생』(六九屆初中生) 162, 164
6·4 → 톈안먼 사건
6세대 640, 660~661, 673, 678
융, 카를(Jung, Carl Gustav) 511
〈은사살인사건〉(銀蛇謀殺案) 660
『음악』(樂) 186, 523, 691
〈이른 봄 2월〉(早春二月) 632
이마무라 쇼헤이(今村昌平) 643
이백(李白) 119, 138
이벤스, 요리스(Ivens, Joris) 754~756, 759, 768
이성화회(理性畵會) 587
『이 세대』(這一代) 228
『이소』(離騷) 103~104, 133
20세기 중국문학 240~241, 245, 248
『20세기 중국문학 삼인담』 240
〈이인전〉(二人轉) 105, 290
이토 도라마루(伊藤虎丸) 241, 248
이하(李賀) 110, 119
『인간·세월·생활』(People, Years, and Life) 129
『인간의 미적 교육에 관한 서한』(Briefe über die ästhetische Erziehung des Menschen; 審美書簡) 353, 367
『인간이란 무엇인가』(An Essay on Man, 人論) 358, 375, 384, 386

인강(殷罡) 95
인권헌장77 309~310
인다이(尹大貽) 512
〈인디아 송〉(India Song) 640
인문정신 논쟁 378, 423, 426, 428, 459
인민을 위한 예술(藝術爲人民) 204
『인민일보』(人民日報) 176, 576
〈인생〉(活着) 525, 651, 661
「인정의 정치」(The Politics of Recognition) 708
「일무소유」(一無所有) 281, 286~287
〈임씨네 가게〉(林家鋪子) 632
『임해설원』(林海雪原) 159
잉다(英達) 175

【ㅈ】

자오난(趙南) 135
자오수리(趙樹理) 119
자오슝핑(焦雄屛) 165
자오원량(趙文量) 549
자오웨성(趙越勝) 124~125, 353~354, 366~367, 369, 380, 386, 395, 399, 402~403, 405~406, 415~416
자오위안런(趙元任) 95, 98
자오이헝(趙毅衡) 95
자오전카이(趙振開) → 베이다오
자오중톈(趙中天) 754
자오징싱(趙京興) 131
「자유인」(自在者) 512
자유주의와 신좌파의 논쟁 247, 266, 459, 462
자이융밍(翟永明) 403
자장커(賈樟柯) 203, 643~644, 646, 649, 672~673, 678, 682
자진차이(賈進才) 740
〈작은 마을의 봄〉(小城之春) 653, 772

〈작은 정원〉(小院) 747
장광즈(張光直) 98~100, 107
장광톈(張廣天) 204, 209
「장기왕」(棋王) 40, 60, 92, 143, 164, 171, 174, 350, 503
장난신(張暖忻) 404, 458, 485, 517, 519~520, 739
장다이녠(張岱年) 277
장둥쑨(張東蓀) 390
장룽시(張隆溪) 98
장셴량(張賢亮) 32~33
장스잉(張世英) 355, 358
장신(張欣) 474~475, 480~481
장신신(張辛欣) 133
장아이링(張愛玲) 198
장원(姜文) 676~680, 738
장웨이잉(張維迎) 362
장위안(張元) 640, 645~646, 673, 678
장이머우(張藝謀) 58, 428~429, 525~527, 645, 651, 653, 655~656, 658, 666~670, 676~677, 684, 766, 772~773, 781
장이우(張頤武) 427
장이허(章怡和) 70, 72, 187
장젠둥(張建棟) 686
장쥔자오(張軍釗) 639
장즈롄(張芝聯) 277
장즈양(張志揚) 354
장쯔단(蔣子丹) 467
장청즈(張承志) 160, 486~487, 562
장칭(江靑) 204, 583
『장 크리스토프』(Jean Christophe) 230
장펑(江豊) 557~558
장페이리(張培力) 602~603
『장한가』(長恨歌) 531
장허(江河) 469
저우궈핑(周國平) 198, 353~354, 384~385, 388, 393, 400, 403, 406, 416, 597

저우샤오원(周曉文) 659
저우양(周揚) 118, 522
저우언라이(周恩來) 71, 132, 755~756
저우징신(周京新) 593
저우치런(周其仁) 361
저우친루(周勤儒) 47
『적공안』(狄公案, Celebrated Cases of Judge Dee) 95
〈정복〉(征服) 686
〈정사〉(L'avventura) 638
정완룽(鄭萬隆) 60, 473, 486, 562
정이(鄭義) 568
『정치철학자 스트라우스』(政治哲人施特勞斯) 316
〈조 선생〉(趙先生) 683
〈조씨 고아〉(趙氏孤兒) 499~501
『존재와 시간』(Sein und Zeit) 371, 384, 388, 400, 408
『존재와 허무』(L'Être et le néant) 384, 388, 400
『종산』(鐘山) 171, 474
좌익문학 65~66, 205
주성하오(朱生豪) 348
주쉐친(朱學勤) 73
주신젠(朱新建) 593, 595~596
주웨이(朱偉) 23, 461, 486, 504
주정린(朱正琳) 353~354, 403
주쯔칭(朱自淸) 236, 532
〈중국〉(Chung Kuo-Cina) 638
중국 뉴시네마 운동 517~518
'중국문화서원' 총서 362~363
『중국미술보』(中國美術報) 585~587, 600
『중국소설 서사양식의 변화』(中國小說敍事模式的轉變) 257
『중국시보』(中國時報) 25, 29
중국영화의 시장화 776
『중국음악』(中國音樂) 48

『중국의 세속과 중국소설』(中國世俗與中國小說) 52
중국의 전위예술 205, 207
『중국청년』(中國靑年) 229
『중국 청동시대』(中國靑銅時代) 99~100
중국현대예술대전 → 현대예술전
『중국현대학술의 건설』(中國現代學術之建立) 272
「『중국회화사』와 『현대회화간사』를 세탁기에 넣고 2분간 돌리다」 591, 601, 606
중밍(鐘鳴) 511
중바이화(宗白華) 532
중아청(鐘阿城) → 아청
「중요한 것은 예술이 아니다」(重要的不是藝術) 566, 607
『지난 일은 결코 연기처럼 스러지지 않는다네』(往事幷不如煙) 71
『지난 일은 연기처럼』(往事如煙) 70
〈지난해 마리앙바드에서〉(L'Anée dernière à Marienbad) 641, 745
〈지략으로 웨이후산을 취하다〉(智取威虎山) 628
지식구조 23
  ~와 문화적 구성 25~26, 40, 48, 59
지식청년(知靑) → 지청
『지적 직각과 중국철학』(知的直覺與中國哲學) 393
지전화이(季鎭淮) 236, 276
지청(知靑) 30, 55, 69, 125, 156, 161, 222, 234, 313, 333, 346, 569, 574
  ~의 교류방식 349
  ~의 70년대 30
〈지하갱도 전투〉(地道戰) 628
진관타오(金觀濤) 256, 362~363, 392, 396, 407, 597
진웨린(金岳霖) 502
「진흙 오두막」(黃泥小屋) 78

짱커자(臧克家) 519
쯔중쥔(資中筠) 191

【ㅊ】

차오리(曹力) 634
차이위안페이(蔡元培) 53
찬쉐(殘雪) 85~86, 97, 253
〈책상 서랍 속의 동화〉(一個都不能少) 669
〈책 이야기꾼〉(鼓書藝人) 653, 762
천단칭(陳丹靑) 42, 91, 97, 110, 151, 544, 567, 570~573, 575, 577, 579, 595, 624, 632, 644, 649, 662, 669, 674, 696, 715
  ~의 80년대 76, 112, 155, 158, 164, 175~176, 186
천두슈(陳獨秀) 192, 264, 550
천라이(陳來) 98, 256, 277, 353, 392~394, 397
「천서」(天書) 207
천쉔량(陳宜良) 384
천스샹(陳世驤) 95
『천연론』(天演論) 188
천옌구(陳燕谷) 457
천웨이강(陳維綱) 367
천융구이(陳永貴) 740~741
천이밍(陳宜明) 568
천이쯔(陳一咨) 362
천이페이(陳逸飛) 163, 631~632
천인췌(陳寅恪) 65, 264
천잉전(陳映眞) 31~33, 172
천자잉(陳嘉映) 353~354, 357, 369, 384, 394, 399~400, 402, 406, 421, 439
천전(陳箴) 211
천젠궁(陳建功) 404, 467, 473, 486, 503, 562
천치웨이(陳啓偉) 355
천카이거(陳凱歌) 137, 139, 210, 527~528,

645, 651, 653~654, 660, 662, 664, 668, 678, 684, 781
『1844년의 경제학 철학 수고』(Ökonomisch-philosophische Manuskripte aus dem Jahre 1844) 230~231
천핑위안(陳平原) 219, 396, 483
　~의 80년대 245
　베이징대학 생활 236~238
천하오쑤(陳昊蘇) 659
〈철서구〉(鐵西區) 681, 683
『철학의 원리』(Les Principes de la philosophie) 435
〈청궁비사〉(淸宮秘史) 628
『청년논단』(靑年論壇) 390
『청대학술개론』(淸代學術槪論) 259, 262
청충린(程叢林) 159
『청춘의 노래』(靑春之歌) 231
체호프, 안톤(Chekhov, Anton) 230
첸리췬(錢理群) 237, 239, 247, 256
첸중수(錢鍾書) 52, 621
첸지보(錢基博) 52
첸징(錢竟) 758
〈초여름〉(麥秋) 642
〈초점 인터뷰〉(焦点訪談) 255
「총통부 점령」(占領總統府) 631
〈최후의 광기〉(最後的瘋狂) 660
〈추국의 소송〉(秋菊打官司, 귀주이야기) 651
추안핑(儲安平) 189~190, 192
추이샤오친(崔曉琴) 746
추이융위안(崔永元) 200~203
추이젠(崔健) 175, 180, 281, 404, 458
추이즈위안(崔之元) 484
취레이레이(曲磊磊) 158~159, 561
취샤오쑹(瞿小松) 47, 697
취추바이(瞿秋白) 342, 532
치스차코프 교육법 572
「침묵」(沉默) 564

【ㅋ·ㅌ】

〈카비리아의 밤〉(Le Notti di Cabiria) 626
카시러, 에른스트(Cassirer, Ernst) 358~359, 366~367, 375~377, 391, 421, 511
『카일라스의 유혹』(岡底斯的誘惑) 474
카프카, 프란츠(Kafka, Franz) 86, 97, 128
칸트, 임마누엘(Kant, Immanuel) 340, 348, 370, 372, 418, 511
칼그렌, 베른하르트(Karlgren, Bernhard) 62
캉유웨이(康有爲) 187, 262, 550~551
콜먼, 오넷(Coleman, Ornette) 702, 704
콜비츠, 케테(Kollwitz, Käthe) 64
『쾌활』(受活) 531
쿤데라, 밀란(Kundera, Milan) 91, 172, 215
크로체, 베네데토(Croce, Benedetto) 511
타르코프스키, 안드레이(Tarkovsky, Andrei) 637
〈타이베이 이야기〉(靑梅竹馬) 664
『타향의 이상한 이야기』(異鄕異聞) 473
탄둔(譚盾) 47~48, 60, 210
탕샤오펑(唐曉峰) 130
탕쑹라이(唐宋來) 604
탕이밍(唐翼明) 117
탕이제(湯一介) 362, 392
「태양이 없는 모퉁이」(沒有太陽的角落) 747
텅원지(滕文驥) 639
테일러, 찰스(Taylor, Charles) 708
톈안먼 사건 25, 50, 182, 296, 315, 406, 417, 422, 426, 604, 614, 659, 661, 663
톈좡좡(田壯壯) 50, 258, 653, 661, 665, 737
　~의 80년대 769, 780
톈친신(田沁鑫) 499~500
토마스, 딜런(Thomas, Dylan) 136

토크빌, 알렉시스 드(Tocqueville, Alexis de) 430~436
『퇴보집』(退步集) 153
〈투게더〉(和你在一起) 668
「투명한 붉은 무」(透明的紅蘿卜) 57~59, 165
「티베트 연작」(西藏組畵) 151, 157, 163, 166, 171, 211~212, 570~571, 573, 579

【ㅍ】

『파동』(波動) 138
파스빈더, 라이너 베르너(Fassbinder, Rainer Werner) 640
파스테르나크, 보리스(Pasternak, Boris) 138
파운드, 에즈라(Pound, Ezra) 88
판원란(范文瀾) 338
판용(范用) 385, 484
판제(潘潔) 314
판징마(范競馬) 404
〈8과 1/2〉 745, 748
80년대
    간양의~ 361
    류쒀라의~ 692, 706~708, 715, 734
    리퉈의~ 463, 470, 508
    아청의~ 24, 43, 112, 116, 118
    천단칭의~ 76, 112, 155, 158, 164, 174, 176, 186
    천핑위안의~ 245
    톈좡좡의~ 769, 780
    표현기로서의~ 26, 125~126
    ~문학과 신계몽의 관계 523
    ~문화열 62, 73, 76, 192, 239, 251~252, 258, 267, 359, 378, 389, 401, 509, 597, 604
    ~사상의 한계 514

~의 개인성 174
~의 문예 175
~의 문학 257, 522, 530
~의 베이징 490
~의 예술 702
~의 우정 464, 468, 504, 506, 524
~의 중국인 466
~의 지식인 251
~의 천박함 530
~의 총서 256
~의 학술 246~249, 259~260, 273
『82년도 졸업생』(八二屆畢業) 222
85 신사조(운동) 156, 585, 588, 592, 601~602, 607
팝아트 588~589
팡리쥔(方力鈞) 595, 598, 600, 614
팡쉰친(龐薰琹) 558
팡푸(龐朴) 527
〈패왕별희〉(覇王別姬) 527, 651, 662
〈패튼 대전차 군단〉(Patton) 629
펄만, 이작(Perlman, Itzhak) 161
펑강(彭剛) 130~131
〈펑구이에서 온 소년〉(風柜來的人) 662~664
펑궈둥(馮國東) 512, 559
펑샤오강(馮小剛) 668, 684, 772, 781
펑유란(馮友蘭) 277, 390
페미니즘 510, 512
페이샤오퉁(費孝通) 247
펠리니, 페데리코(Fellini, Federico) 640, 748
〈편집부 이야기〉(編輯部的故事) 175, 178
포스트구조주의 510
포스트 식민담론 512
포크너, 윌리엄(Faulkner, William) 86
포퍼, 칼(Popper, Karl) 417
『푸레이의 편지』(傅雷家書) 189
〈푸른 연〉(藍風箏) 661, 763~765, 770~772

푸샤오훙(傅曉紅) 474
푸시킨(Pushkin, Alexander) 138, 235, 324~325, 341, 370
푸코, 미셸(Foucault, Michel) 30, 360, 373
『풍만한 가슴과 살찐 엉덩이』(豊乳肥臀) 58, 677
「풍파」(風波) 631
프로이트, 지그문트(Freud, Sigmund) 511, 597, 744
〈플랫폼〉(Platform) 673
〈핏빛 아침〉(血色淸晨) 660

【ㅎ】

〈하나와 여덟〉(一個和八個) 526, 639, 652
〈하늘은 스스로 돌보는 자를 돌보지 않는다〉(Jeder für sich und Gott gegen alle) 640
하버마스, 위르겐(Habermas, Jürgen) 369
하벨, 바츨라프(Havel, Václav) 172, 189~190, 309~310, 412
〈하상〉(河殤) 68, 75, 274, 506~508, 516
하오다정(郝大征) 758
『하이난 실황』(海南紀實) 468
하이데거, 마르틴(Heidegger, Martin) 355, 357, 360, 364~381, 384, 387, 394, 400, 408, 419, 423, 429, 435, 511, 597, 732
하향(下鄕) → 상산하향(上山下鄕)
학술(학문)과 사상 논쟁 264, 268
〈학이 난다〉(Letyat zhuravli) 746
『한가로운 이야기』(閑話閑說) 52, 89
한보유(韓柏友) 548
한사오궁(韓少功) 59~60, 74, 87, 466~469
〈해변〉(海灘) 639
〈해상화〉(海上花) 664
〈해안의 폭풍우〉(Oshëtime në bregdet) 628
〈햇빛 쏟아지는 날들〉(陽光燦爛的日子) 43, 676, 680

허광후(何光滬) 395
허둬링(何多苓) 575~577
허린(賀麟) 400
『허삼관 매혈기』(許三觀賣血記) 531
허우더방(侯德榜) 65
허우샤오셴(侯孝賢) 165, 643, 651, 662~663, 680, 768
허우원이(侯文怡) 587
허자둥(何家棟) 382~385
허젠궈(何建國) 596
허지원(何志雲) 486
허징즈(賀敬之) 131, 518
허칭롄(何淸漣) 83
헤겔, 게오르크(Hegel, Georg Wilhelm Friedrich) 340, 348, 355, 370, 372, 418
헤어초크, 베르너(Herzog, Werner) 640
『혁명 시대의 사랑』(El amor en los tiempos del cólera) 142
현대예술전 401, 601, 603~604, 612, 805
『현대화의 함정』(現代化的陷阱) 83
〈현 위의 인생〉(邊走邊唱) 660, 662
〈협녀〉(俠女) 629
호금전(胡金銓) 629
『홍기보』(紅旗譜) 231
『홍두』(紅豆) 228~229
〈홍등〉(大紅燈籠高高掛) 665
『홍루몽』(紅樓夢) 177, 235
『홍암』(紅岩) 231
홍오류(紅五類) 332
〈환성〉(幻城) 498
황난썬(黃楠森) 408
황루이(黃銳) 132~133, 136, 158, 561~562
황용핑(黃永砅) 580, 587, 591~592, 598, 601, 606
황젠신(黃建新) 647, 660
황쯔핑(黃子平) 56, 228, 237, 239, 256, 315, 401, 404, 457, 461, 641

〈황토지〉(黃土地) 637~639, 651, 655, 671, 754, 759
황핑(黃平) 492
「황하대합창」(黃河大合唱) 543
황하이장(黃海章) 276
후란청(胡蘭成) 675
후설, 에드문트(Husserl, Edmund) 366
후스(胡適) 192, 213, 273, 390
후차오무(胡喬木) 351
후펑(胡風) 70, 118
후핑(胡平) 398, 410

홍첸(洪謙) 277, 351, 355~356, 358~359, 384, 400
휴머니즘〔人道主義〕 522~523
『휴머니즘에 관한 편지』(*Briefe über den Humanismus*) 360
〈흑포사건〉(黑炮事件) 660
〈희망의 길〉(希望之路) 683
〈희망의 여행〉(希望之旅) 204
〈희몽인생〉(戱夢人生) 664
『힘없는 자의 힘』(*The Power of the Powerless*) 310